国家哲学社会科学成果文库

NATIONAL ACHIEVEMENTS LIBRARY
OF PHILOSOPHY AND SOCIAL SCIENCES

国有控股金融机构治理研究

李维安 等著

科学出版社

内 容 简 介

　　本书在充分把握我国公司治理系统行政型治理和经济型治理并存特征的基础上,搭建了一个我国国有控股金融机构的二元治理结构分析框架,同时围绕公司治理风险这一核心概念,构建了囊括超级股东、股东行为、股东相对谈判力、董事会权力配置等重要概念的逻辑体系。在此基础上,对我国国有控股金融机构的股东治理、董事会治理、外部治理、治理风险和治理评价进行了研究,同时对银行、证券公司和保险公司三类具体金融机构的治理进行了探讨。

　　本书为推进我国国有控股金融机构治理能力现代化进程提供了重要的理论支撑和决策参考。本书可供金融机构治理领域的专家学者、监管部门的政策制定者及金融机构的各级管理人员阅读。

图书在版编目(CIP)数据

国有控股金融机构治理研究/李维安等著. —北京: 科学出版社, 2018.3
(国家哲学社会科学成果文库)
ISBN 978-7-03-056769-7

Ⅰ. ①国… Ⅱ. ①李… Ⅲ. ①国有控股公司-金融机构-金融管理-研究-中国 Ⅳ. ①F832.3

中国版本图书馆 CIP 数据核字(2018)第 047877 号

　　　　　　责任编辑: 徐 倩/责任校对: 贾娜娜 孙婷婷
　　　　　　责任印制: 张克忠/封面设计: 肖 辉 黄华斌

科 学 出 版 社 出版
北京东黄城根北街 16 号
邮政编码: 100717
http://www.sciencep.com

北京通州皇家印刷厂 印刷
科学出版社发行　各地新华书店经销
*
2018 年 3 月第 一 版　开本: 720×1000 1/16
2018 年 3 月第一次印刷　印张: 42 插页 4
字数: 765 000
定价: 298.00 元
(如有印装质量问题, 我社负责调换)

作者简介

李维安 1957 年 1 月生，管理学博士、经济学博士，全国首批管理学科长江学者特聘教授。现任天津财经大学校长、南开大学中国公司治理研究院院长，《南开管理评论》主编，《中国大百科全书·工商管理卷》主编。兼任国务院学位委员会第六届学科评议组（工商管理）召集人、教育部高等学校工商管理类专业教学指导委员会副主任委员、全国工商管理专业学位研究生教育指导委员会委员、第七届全国高等学校设置评议委员会委员、中国管理现代化研究会联职理事长、中国企业管理研究会常务副会长等学术职务。带领团队在国内较早从事公司治理研究，率先制定《中国公司治理原则》，推出作为上市公司治理状况"晴雨表"的中国公司治理评价体系，并连续发布中国公司治理指数（China corporate governance index，CCGI），近期发布全球首份《绿色治理准则》。研究成果分获第十届孙冶方经济科学奖（著作奖）、第二届蒋一苇企业改革与发展学术基金奖（优秀著作奖）、教育部第三届中国高校人文社会科学研究优秀成果奖管理学一等奖等奖项，并于 2007 年获复旦管理学奖励基金会"管理学杰出贡献奖"，个人获教育部第五届高等学校教学名师奖、宝钢优秀教师奖，获全国五一劳动奖章荣誉称号。

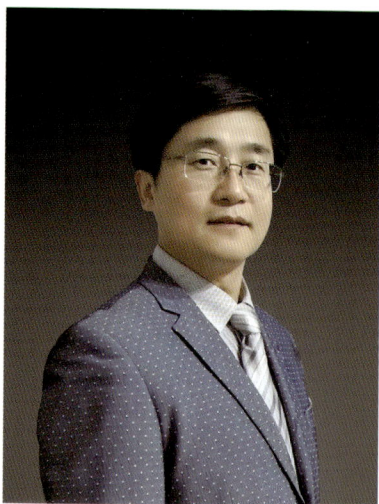

作者简介

郝 臣 1978年4月生，管理学博士，现为南开大学中国公司治理研究院、南开大学商学院财务管理系副教授。主要研究领域为金融机构治理。先后主持国家社会科学基金青年项目、国家社会科学基金年度项目等多项国家级和省部级项目，作为第一作者或者课题组成员在核心期刊发表学术论文六十余篇，独著或作为第一作者出版著作《治理的微观、中观与宏观——基于中国保险业的研究》《保险公司治理对绩效影响实证研究——基于公司治理评价视角》《中国保险公司治理研究》等。

《国家哲学社会科学成果文库》

出版说明

为充分发挥哲学社会科学研究优秀成果和优秀人才的示范带动作用，促进我国哲学社会科学繁荣发展，全国哲学社会科学规划领导小组决定自 2010 年始，设立《国家哲学社会科学成果文库》，每年评审一次。入选成果经过了同行专家严格评审，代表当前相关领域学术研究的前沿水平，体现我国哲学社会科学界的学术创造力，按照"统一标识、统一封面、统一版式、统一标准"的总体要求组织出版。

全国哲学社会科学规划办公室
2011 年 3 月

目　　录

Contents

第　一　章

研究问题的提出

本章首先介绍本书的研究背景，提出本书的研究目的和意义；其次，回顾当前国内外金融机构治理相关的研究成果；再次，在文献综述基础上，明确研究思路和研究内容，并给出章节安排与章节概述；最后，分析本书研究的学术贡献与创新。

第一节　研究背景、目的与意义

一、研究背景

（一）国际背景

金融业和实业的发展相互促进（黄宪和范薇，2016），而金融机构是金融业的重要微观主体。2008 年爆发的全球金融危机再一次向世人强调了完善金融机构治理的关键性，由于金融机构当事人在激励与约束上的不匹配、权利与责任上的不对等，以及监管者对金融机构治理风险的识别滞后、防范失当，缺乏公司治理层面制约的金融产品创新最终为各国实体经济带来了巨大的灾难。

1997 年亚洲金融危机的根源之一是新兴市场经济国家的公司治理系统缺陷。2008 年全球金融危机则表明，即使是在法律和监管体系较为完善且执行力较高的发达国家，其金融机构整体的公司治理也潜存着巨大的系统性治理风险。金融产品和金融机构组织的不断变革决定了金融机构的公司治理是一个与时俱进、不断更新的命题，不存在一种公司治理模式可以永久地满足不断演进的金融系统的需要。

目前国际上学术界和实务界都已普遍认识到完善金融机构治理的重要性。国际公司治理网络（International Corporate Governance Network，ICGN）、国际注册会计师协会（The Association of Chartered Certified Accountants，ACCA）、经济合作与发展组织（Organisation for Economic Co-operation and Development，OECD）及欧盟高层小组关于金融监管的报告（*Report of the High Level Group on Financial Supervision*）均认为 2008 年金融危机"很大程度根源于公司治理的根本性失效"；有关金融机构治理的理论和实证文献也不断涌现；另外，各国监管当局和金融机构本身也不断提出新的公司治理改革设想和治理缺陷防范措施。根据学术界和实务界的这些具体行动，2008 年金融危机至少可以带给我们以下两方面的启示：第一，金融机构的公司治理状况对于整个金融体系的稳健性至关重要，金融机构治理的目标不仅仅在于保护投资者的利益，更重要的是降低资本市场的负外部性和保持金融体系的稳定；第二，金融机构最大、最根本的风险是治理风险，对金融机构的治理风险进行分析、评估、预警和防治应是完善金融机构治理研究的主要方向，能够为各类金融机构改革和发展提供重要依据和指导建议。这些洞见无论是在理论方面还是实务方面均为本书研究的展开提供了一个基础性的铺垫。

（二）国内背景

自改革开放以来，我国国有控股金融机构的公司治理经历了一个从无到有、从初步建立到逐步完善的过程。以国有控股银行为例，从 2003 年开始，国家为原有兼具政策功能和财政功能的国有商业银行进行了注资和不良财产剥离、明确了投资主体、制订了股改方案、引入了战略投资者，最终推动这些银行走向证券市场实现上市。正是我国国有控股金融机构自 2003 年以来在公司治理内外部机制方面的建设和改善，使 2008 年金融危机对我国金融系统的整体冲击程度有限。对中国来说，如何从这场全球性金融危机中吸取经验教训、总结理论启示，是我们面临的重要任务（吴晓求，2009）。

然而，从目前来看，国有控股金融机构虽然明确了出资人的权利与责任界限，建立了董事会、监事会和经理层等治理架构，但由于金融机构对于中央及地方各级政府的经济政策、战略和下辖企业、行业乃至区域经济的发展都至关重要，中央、地方各级政府及其代理人仍有动机显性或隐性地越过表面形式上的治理机制，干预金融机构的人事任免、经营目标与资金配置。受原计划经济体制的路径依赖式影响，政府作为金融机构的控股股东，仍然倾向于在全社会范围内而不是企业边界范围内，依照政治收益和政治成本而非经济收益和经济成本的权衡，整体性地谋划金融资源的配置，从而在实质上突破了其作为股东的有限权力，形成了中国公司治理系统内特有的"超级股东"。政府股东干预金融机构的动机越复杂，其干预的形式也就越多样，有时其利益目标会与战略投资者等其他性质的股东发生矛盾，从而影响董事会的权力配置和运行机制，并在投融资决策中形成其特有的治理风险，削弱金融体系整体的健康度。

中国作为兼具新兴市场和转轨特征的特殊经济体，其金融体系和公司治理系统在近 20 年中经历了与其他国家完全不同的发展历程，呈现出了与其他国家完全不同的整体特征，李维安（1996，2005a，2005b，2009）将其概括为"以政府行政干预为特色的治理模式，逐步从'行政型治理'向'经济型治理'转型"。这种行政型治理与经济型治理长期的二元并存可能是"中国式"金融体系和公司治理系统区别于英美法律和监管导向型、德日关系导向型、东南亚家族式乃至其他转型与新兴市场国家金融体系和公司治理系统最重要、最特殊的特征，对中国企业和金融体系的发展具有深远而广泛的影响。

鉴于我国金融体系和公司治理系统中仍潜存的整体性治理风险，为消除我国金融市场进一步开放后国有控股金融机构所面临的威胁，温家宝同志在 2010 年政府工作报告中提出，"要继续完善国有控股金融机构公司治理，改善经营管理机制，提高风险管控能力"，正式将深化国有控股金融机构治理改革提上了日程，其中"改善经营管理机制，提高风险管控能力"直接针对的就是我国国有控股金融机构治理结构和治理风险的进一步优化。李克强（2012）在《求是》杂志上撰文指出，要健全金融体制，加强金融监管，防范金融风险，维护金融稳定与安全。"十三五"规划中也专门提出，"深化金融监管体制改革，健全现代金融体系，提高金融服务实体经济效率和支持经济转型的能力，有效防范和化解金融风险"。2017 年 4 月 25 日，习近平总书记在中共中央政治局以"维护国家金融安全"为主题的第四十次集体学习中强调，"金融活，经济活；金融稳，经济稳。必须充分认识金融在经济发展和社会生活中的重要地位和作用，切实把维护金融安全作为治国理政的一件大事，扎扎实实把金融工作做好"，并就维护金融安全提出要"深化金融改革，完善金融体系，推进金融业公司治理改革，强化审慎合规经营理念，推动金融机构切实承担起风险管理责任，完善市场规则，健全市场化、法治化违约处置机制"，"加强金融监管，统筹监管系统重要性金融机构，统筹监管金融控股公司和重要金融基础设施，统筹负责金融业综合统计，确保金融系统良性运转，确保管理部门把住重点环节，确保风险防控耳聪目明，形成金融发展和监管强大合力，补齐监管短板，避免监管空白"。

上述我国国有控股金融机构治理发展和演化的现实背景为理论界揭示出以下两个重要命题：第一，在宏观上，国有控股金融机构治理中的二元治理结构是政府综合考量其政治目标和经济目标后的均衡性选择，既有优势也有劣势。优势是政府仍然可以掌控和发展经济，"集中力量办大事"；劣势是可能会引发金融体系的政策性、制度性系统风险，完善国有控股金融机构治理的最终导向应该是规避这种治理模式的劣势。第二，在微观上，国有控股金融机构治理机制的核心是政府超级股东的行为模式和董事会的权力配置，这两点是国有控股金融机构治理风险的原发性来源。完善国有控股金融机构治理的具体途径应该将重点放在克服超级股东行为和董事会权力配置的缺陷上，最终表现为治理风险的防范和抵御。这两个命题是本书研究得以确立的重要现实依据。

二、研究目的

自 2008 年金融危机以来，金融机构治理与治理风险防范等问题越来越受到各方的重视，各国涌现出了众多有关金融机构治理的理论研究成果和政策措施建议。我国国有控股金融机构的公司治理也经历了一个从无到有、从初步建立到逐步完善的过程。然而，到目前为止，虽然我国国有控股金融机构明确了出资人的权利与责任界限，建立了董事会、监事会、经理层等治理结构，但由于金融机构的重要性和特殊性，我国的金融机构特别是国有控股金融机构的人事任免、经营目标与资金配置等方面依旧受到政府及其代理人的过度干预和影响。这种情况可能引发金融机构经营决策中的治理风险，进而削弱金融体系整体的稳定性。基于上述情况，本书的首要目标在于厘清我国国有控股金融机构治理体系中行政型治理和经济型治理二元并存和演化共生的关系框架；并在此基础上聚焦于国有控股金融机构中政府超级股东的行为模式和董事会的权力配置，探究国有控股金融机构内部治理、外部治理的优化和完善路径；同时建立一套工具化的治理评价体系，以提高监管者和金融机构自身的治理风险防控能力，从而有效实现金融机构服务于实体经济的重要职能。

三、研究意义

2008 年金融危机对于全球的金融发展来说是一个非常严峻的挑战，各国与国际监管体系和金融系统都面临着重构还是修复完善的两难抉择。我国金融体系的发展除了在认清自身问题的基础上，还应该更多地吸取国际同行的教训和经验，这为本书研究创造了一个空前的契机。具体来说，本书主要有以下两个方面的意义。

(一)理论意义

第一，本书在充分把握中国公司治理系统行政型治理和经济型治理二元并存特征的基础上，搭建了一个中国国有控股金融机构的二元治理结构分析框架。该框架不同于单纯以经济型治理为主的传统公司治理理论，而是强调政府组织在参与金融机构治理时特殊的行为动机和行为模式，二元治理结构下的治理主体、治理成本、治理边界和治理风险等基本概念体系均不同于标准公司治理理论。这个框架不仅可以服务于本书中对国有控股金融机构的研究，而且为国内针对一般企业的公司治理研究和国际上针对公司治理系统进行的国别比较研究提供了重要的理论拓展，具有非常重要的参考价值和借鉴意义。

第二，在对中国国有控股金融机构所处制度环境和公司治理机制特殊性充分把握的基础上，本书试图围绕公司治理风险这一核心概念，构建一个囊括超级股东、股东行为、股东相对谈判力和董事会权力配置等重要概念的逻辑体系。目前学术界对中国金融机构治理方面的关注虽多，但直接相关的理论与实证文献却相当匮乏，并缺乏成形的研究体系。对于一些基本关注点，如国有控股金融机构的股东行为、董事会治理、经理层薪酬和外部监管等均没有达成一个统一的研究起点。本书构建的逻辑体系为中国金融机构的公司治理研究提供一个可以基本达成共识的研究平台，也供国际学术界在此基础上进一步探讨。

（二）现实意义

第一，对于政府股东而言，本书能够厘清行政型治理边界，指导政府股东改善金融机构行政型治理和经济型治理的配置结构，降低或消除行政型治理对金融机构内部治理机制造成的负面影响，使政府能够着眼于长期、长效的市场化、规范化制度建设，不断强化退出干预的意识，尊重金融机构的独立性，优化金融机构宏观的治理环境，提高金融体系整体的公司治理质量，进而为提高金融服务实体经济效率和支持经济转型的能力，全面深化改革、加强供给侧结构性改革做出贡献。

第二，对于监管机构而言，本书有助于使其认识到国有控股金融机构治理风险的本源在于二元治理结构下政府超级股东行为的特殊性，所以本书将完善国有控股金融机构治理的重点放在金融机构股东、董事会和监事会等内部治理结构的同时，还关注了股东和监管者的相对谈判力，探讨如何在金融机构之外完善金融机构内部治理机制的执行力度，提高监管机构对治理风险的识别能力及其自身相对于超级股东的谈判力与执行力，从而将内外部治理相结合，遏制超级股东的负面效应，弱化金融机构整体治理风险诱因。

第三，对于国有控股金融机构本身而言，本书在考虑国有控股银行、保险公司和证券公司三种金融机构治理差异的基础上，以理论研究部分构建的概念体系为剖析工具分别对这三种金融机构的公司治理机制进行深入分析，同时为这三种金融机构分别建立相应的公司治理评价模型，发现其相应的治理缺陷，提出相应的治理完善措施，将强制性治理转换为自主性治理，将治理风险控制在一个可接受的范围内。金融机构治理是其发展壮大的"内功"，只有修炼好"治理内功"，才能在制度层面保障其做大、做强。

第二节　国内外相关研究的回顾

本节将从金融机构治理研究概述、政府与金融机构的关系、金融机构董事会、金融机构治理风险与评价及金融机构监管与治理关系五个方面对相关文献进行评述。

一、金融机构治理研究概述

金融机构具有重大的资源配置权，金融机构的价值追求将可能成为未来改变世界的巨大力量（田国立，2017）。金融机构治理是人们反思亚洲金融危机之后，将公司治理应用于商业银行等金融机构这一特殊行业的直接产物。在 20 世纪 90 年代以前，金融机构就已经与公司治理联系在一起了，但人们更多的是从一般公司治理的角度提到金融机构，金融机构是作为重要的监督力量参与公司治理的。1997 年的亚洲金融危机增加了人们对金融业自身公司治理状况的关注，通过对危机原因的分析，人们开始认识到金融机构的公司治理状况对于整个金融体系的稳健性至关重要。金融机构高负债、高风险、高回报的特点，以及其较强的外部影响，使金融机构的公司治理格外引人关注（李剑阁，2005）。2008 年全球金融危机的爆发，再一次印证了这一观点。而且 Peni 和 Vahamaa（2012）发现治理水平较好的公司在 2008 年世界金融危机中受到的不良影响较小。Ho 等（2016）认为，银行首席执行官（chief executive officer，CEO）的过度自信可能降低贷款标准，进而提升公司的负债率，是金融危机爆发的一个重要原因。金融机构的治理目标不仅仅在于保护投资者的利益，更重要的是减少市场系统风险和保持金融体系的稳定。Srivastav 和 Hagendorff（2016）对银行治理的相关文献进行回顾后，指出未来银行治理改革的方向应当是控制银行承担的潜在的不良风险。在国内，自 2003 年开始大规模改革以来，国有控股商业银行和保险公司在股权结构、外部环境和内部机制建设等方面做出了很多尝试和努力。金融机构治理的形式日益完善，但是功能和机制建设尚处起步阶段。我国金融机构上市是改革的必经阶段，但不是最终状态，新一轮的改革亟须启动。而坚持市场化的方向，减少政府对包括银行在内的金融机构的控制，形成合理的公司治理架构，是必然的趋势（周春生，2010）。从理论研究的角度看，金融机构治理方面的研究更多的是针对一些具体问题的对策性研究，系统性的理论分析尚不够深入；由于金融机构治理刚兴起不久，基本还停留在理论架构的构建和实证经验的提供，虽然有一些文献探讨治理机制与金融机构风险控制之间的关系，但更多的只是经典委托代理理论的简单应用，尚没有深入到治理风险层面去反思金融机构治理问题，这为本书提供了足够的研究空间。

二、政府与金融机构的关系研究

国内外直接针对中国国有控股金融机构股东行为的研究并不多见，大量的研究集中在政府行为影响金融体系发育和金融秩序稳定方面，针对政府作用于金融机构微观层面的研究较少，综述如下。

（一）政府对金融机构的影响

总体而言，政府对金融机构的参与主要分为两种形式：一种是政府作为政治力量对金融机构产生影响；另一种是政府作为金融机构股东并由此对金融机构产生影响。在政府对金融机构的参与及其效果的研究上，往往主要集中在以下两方面。

1. 宏观层面：政府对系统性金融风险和金融体系发育乃至经济增长的影响

有研究表明，银行的国有股权与较低的经济增长（La Porta et al.，2002；Beck and Levine，2002）和金融发展（Barth and Green，1999）、更高概率的金融风险（Caprio and Martinez Peria，2000）相联系。Yeyati 和 Sturzenegger（2004）对国有银行对于金融发展和经济增长的正反两方面效

应的研究进行了评述。

Bichsel 和 Spielmann（2004）对瑞士地方银行 1996～2002 年样本的实证研究表明，国有股权并不是增强银行业竞争程度的有效方法。Goldstein 和 Turner（1996）认为，由于政治动机会扭曲银行的运作，政府股权可能在引发银行业危机方面扮演关键的角色。Barth 和 Green（1999）采用全球 60 多个国家作为样本的研究表明，政府控制的银行资产比例越高，金融体系的发展水平越低，但是并未发现政府股权与银行业危机之间的关联。而 Caprio 和 Martinez Peria（2000）研究发现政府股权增加了银行业危机的可能性和银行危机的成本。

宏观层面的研究还涵盖或者诱发了以下两部分相关研究。

第一，政府监管及监管过程中的政治因素。这方面的研究主要包括两方面内容：一是政府监管的必要性。目前对于银行监管必要性的争论较为激烈并且仍未形成一致意见，Santos（2001）对此做了较为详细的述评。二是政治在银行监管形成中的作用。研究表明，银行治理的法律和监管不仅取决于经济价值本身，同时也是政治过程均衡的结果，并且反映了不同利益集团的政治力量及其变化的趋势（Rosenbluth and Schaap，2003；Kane，1996；Kroszner and Strahan，1999）。

第二，转轨过程中的政府行为及其对银行业的影响。Clarke 和 Cull（2002）对促使政策制定者放弃国有企业控制权的因素进行了理论和实证分析。结果发现，政治成本和收益对私有化决策产生了显著的影响。政党也在其中扮演重要的角色，这从阿根廷庇隆主义党领导人（其支持者群体与从政府部门和国有企业获利群体关联较少）所在的省份的快速私有化现象中可见一斑。Megginson 等（2004）、Andrews（2005）对商业银行私有化的相关研究进行了述评。

2. 微观层面：政府行为对银行资源配置的影响

借贷行为是银行资源配置的重要方面，Sapienza（2004）利用意大利银行的贷款合同样本进行的实证研究表明，政府股权和选举结果对银行借贷行为产生了影响，国有银行的贷款利率较私有银行低，政党实力越强大的地区的企业获得贷款的利率越低。An 等（2007）利用韩国 1987～1997 年的银行样本研究表明，政府控制银行较私人控制银行有更低的贷款比率、不成比例的不良贷款率和更低的效率。Dinc（2005）对 20 个主要新兴市场国家的研究表明，在控制了宏观经济变量的条件下，新兴市场国家的政府控制银行在选举年比私有银行的贷款增长比率更高、边际利率减少得更多，而且在选举的后一年其不良贷款率增加额要比私有银行大，从而为国有银行的政治动机提供了跨国的银行层面的实证证据。Carvalho（2014）发现政府控制的银行会对企业决策造成政治影响。Bertay 等（2015）认为与私营银行相比，国有银行借贷行为是逆经济周期的。

（二）政府股东的发展观点

总体而言，从理论上可以将政府股东对银行等金融机构的影响划分成两种针锋相对的观点——发展观点和政治观点。这两种观点的分歧源于两种完全对立的假设：第一，假设政治市场是有效的，理性政府存在最大化社会福利的激励；第二，假设政治市场是无效的，政治家会追求自身利益的最大化。

发展观点的主要依据如下。

第一，国有股权虽然在银行业的比例有所下降，但是目前仍然是全球范围内主要的股权形式。例如，在 20 世纪 70 年代，在各国最大银行的股权结构中，发达国家的政府拥有其 40%的股份、新兴市场国家的政府拥有其 65%的股份。从 1987 年到 2003 年，超过 250 家银行被私有化，融资 143 亿美元（Megginson et al.，2004）。到 20 世纪 90 年代中期，25%左右的发达国家的最大银行、50%的发展中国家的最大银行的资产仍然控制在国家手中。

第二，虽然有研究认为，政府监管和存款保险可以弥补市场的缺陷，但是在发展中国家因为较多的腐败问题和制度的缺失，监管措施和存款保险制度并不能发挥令人满意的作用（Demirguc-Kunt and Kane，2002；Barth et al.，2003）。在这个意义上，政府直接持有银行股份可以增加社会公众对银行系统的信任，因而有利于金融体系的发展。这种观点被 Andrianova 等（2008）所证明，他们研究发现，俄罗斯公众对银行体系的不信任导致他们将资金保持在银行体系之外，仅有的储蓄存款被最大的国有银行吸收。

第三，有实证研究表明在一些情况下国有银行依然具有效率优势。例如，Molyneux 和 Forbes（1995）的研究显示，20 世纪 80 年代后期欧洲的国有银行比其他类型银行更有效率，Altunbas 等（2001）发现德国的国有银行在一定程度上要比私有银行的效率更高。

（三）政府股东的政治观点

与发展观点不同，政治观点认为国有企业只不过是政治家追求个人政治目标（如最大化就业、喜好的企业融资等）的一种机制（Shleifer and Vishny，1994），并由此推断国有企业低效率的主要原因是政治家制定政策将资源向其支持者转移（Shleifer，1998），Backman（1999）及 Dinc（2005）提供了政府控制银行比其他类型银行获得更多优惠政策的证据。

Kane（1977）指出，政府对银行系统的干预会导致政治考虑而不是经济因素决定信贷配置，Sapienza（2004）、Khawaja 和 Mian（2004）对此提供了实证支持，他们通过对意大利和巴基斯坦银行借贷行为的研究表明政治联盟在信贷分配中发挥了重要的作用。

Dinc（2005）认为，政府在银行中的作用会比一般的国有企业更加突出，主要原因有三点：①借贷银行与外部人在特殊贷款质量上的严重不对称使掩饰贷款背后的政治目的更加容易；②延长贷款期限就可以掩饰任何政治贷款的成本；③非银行国有企业往往局限于某一个具体的行业因而限制了政治家控制资源的能力，但是银行能够渗透到国民经济的各个部门并为政治家控制资金提供了更大的空间。Flannery 和 Giacomini（2015）发现，在金融危机期间许多大型银行的收益损失都由政府承担。

赵昌文等（2009）研究发现，在我国，商业银行的政府持股比例与银行业绩之间存在显著的倒"U"形关系，即不单纯支持政府股东发展观点。政府股东目标的多样性决定了政府在国有企业中股东行为的特殊性。要想实现这些多重目标，政府除了利用股东赋予的经济权利外，还需要借助其固有的行政权力，这也是政府股东"超级"之所在。经济力量是推动金融体系演变的内在原因，而政治制度在很大程度上约束、影响着金融体系的具体技术安排（吴晓求等，2005）。从治理模式的角度来看，国有企业的政府股东行为主要以"自上而下"的行政干预为主导，表现为人事任免行政化、经营目标行政化和资源配置行政化（李维安和邱艾超，2010）。钱先航等（2011）的研究以城市商业银行为样本验证了政府股东的"政治观"，他们发现地方官员的晋升压力会通过增加中长期贷款、增加房地产贷款及提高集中度的途径形成不良贷款，且在官员考核中增加环境、民生指标能够有效抑制不良贷款的累积。李维安和钱先航（2012）的研究则发现不同类型市委书记辖内城市商业银行的信贷投放存在显著差异。王倩和李颖华（2012）的研究则发现，政府干预会增加银行风险，特别是政府作为股东时，这种不利影响更加严重。于一和何维达（2012）、马丽华和王振山（2014）研究发现政府行政干预是影响董事会结构的重要外生因素。周开国和邓月（2016）的研究发现金融危机后政府控股银行的收益波动性和股本波动性显著增加，即风险承担水平增加。

上述发展和政治观点分别对政府股东对商业银行的实际影响提出了不同的理论解释和结果描述。总体而言，发展观点对政府股东持正面的态度，认为政府股东有利于银行风险控制；相反，政治观点对政府股东保持消极的看法，认为政府股东会加大银行风险。从目前的研究态势看，政治观点占有明显的优势。但是该领域实证研究文献仅仅停留在政府所有权的一般性影响上，而没有深入到机制层面，在具体分析时大多采用政府持股比例等一般性指标，同时这些实证研究大多采用发达国家样本，转轨和新兴市场国家的研究相对缺乏，更没有发现利用中国银行业样本的相关研究。

中国的情况既不同于发达国家，也不同于其他转轨和新兴市场国家，由于政治结构和历史条件方面的因素，各级政府在整个企业改革过程中一直发挥着非常重要的引导作用，在法律和监管体系发展比较滞后的情况下，政府及国有持股一直替代性地起着约束和激励国有企业及国有控股金融机构治理当事人的作用，其中有正面作用，也有负面效果。所以，在研究中国国有控股金融机构时，不能简单地以发展观或政治观进行二元划分，而应该全盘考虑政府及官员在整个金融系统改革过程中的动机与行为逻辑，在此基础上分析国有控股金融机构的治理优化问题。国内学者李维安和曹廷求（2004）在国有控股金融机构股东行为问题上做了有价值的探索。

三、金融机构董事会特征、行为与绩效研究

鉴于金融机构的重要性及其行业的特殊性，研究者对金融机构治理的特

殊性及其治理模式等一般性问题进行了较深入的研究。而有关金融机构董事会治理的研究则主要将董事会治理作为金融机构治理的一个关键方面加以分析，结合金融机构治理特殊性和治理风险防范而对金融机构董事会治理开展专门研究的成果还比较少。已有的研究成果中涉及金融机构董事会治理的研究也主要沿袭一般性董事会治理逻辑，围绕董事会结构特征、运作机制及其绩效后果等方面展开。

（一）金融机构董事会结构特征及绩效效应

作为公司治理的核心，董事会是金融机构战略决策和管控中心。有关金融机构董事会治理的研究成果主要集中在董事会结构特征及其绩效效应上。Booth 等（2002）研究发现，与其他行业的董事会相比较，银行业董事会规模偏大。Adams 和 Mehran（2003）实证比较研究表明，在 1986～1996 年，美国 35 家金融持股公司董事会规模、外部董事的比例平均高于相同规模的制造业企业，金融持股公司董事会中次级委员会的数量及开会频率也高于相同规模的制造业企业。de Andres 和 Gonzalez（2006）基于欧美 6 国银行业的跨国数据研究显示，由于资产规模较大，加上越来越多的商业银行采用金融持股公司组织形式，商业银行董事会的规模一般较大，外部董事的比例也较高。事实上，商业银行的特殊性决定了其董事会不像非银行类公司那样仅为股东服务以追求股东利益最大化，商业银行董事会成员和高层管理人员（以下简称高管）需要承担从股东到存款人再到监管者所给予的"信托"责任（Macey and O'Hara，2003；Fanto，2006）。

在对金融机构董事会结构特征进行分析的基础上，研究者进一步检验了董事会特征与绩效之间的关系。Prowse（1997）发现银行控股公司的董事会在惩罚管理者方面比一般公司董事会表现得更加不果断，因此给银行绩效带来负面影响。Byook 等（2000）认为，对于银行业而言，董事可能成为银行的客户并且获取贷款，这就使银行董事的独立性很难保证，因此对董事的激励作用可能更为重要。同时，董事会规模越大越不利于银行的风险控制。Belkhir（2009）发现银行董事会规模与银行绩效成正比。Beck 等（2005）指出，在法律体系完善的发达国家，商业银行董事会的内部监管对经营绩效具有最为显著的正面影响。Byrd 等（2001）的研究表明，董事会的独立性更有助于风险控制。de Andres 和 Gonzalez（2006）的研究表明，董事会规模与银行绩效之间存在着倒"U"形曲线关系，外部董事比例和董事会会议频率对银行绩效有显著的正面影响。Staikouras 等（2007）以欧洲大银行为样本研究发现，在 2002～2004 年，样本银行的盈利能力与董事会规模显著负相关，外部董事比例与银行盈利能力正相关，但是不显著。Liang 等（2013）对 2003～2010 年中国商业银行的研究发现，董事会会议次数及独立董事比例对银行绩效有显著的正向影响，而董事会规模与银行绩效负相关。李维安和张耀伟（2004）通过实证分析发现，样本银行的董事会规模相对适中，而且对银行绩效有正面的影响，而外部董事比例并没有对银行绩效产生影响。魏华和刘金岩（2005）以山东、河南两省商业银行调查数据为依据，用总资产收益率（return on asset，ROA）、净资产收益率（return on equity，ROE）为绩效指标，对两省银行的内部治理机制与银行绩效做了实证研究，结果发现外部董事比例与银行绩效正相关。朱建武（2005）以我国中小银行 26 个样本为依据，用经济增加值（economic value added，EVA）作为银行绩效指标回归，却得出了执行董事比例与 EVA 回报率正相关的结论。丁忠明和胡志强（2007）实证研究表明，我国股份制银行董事会规模过大，且独立性不强，独立董事比例对银行风险控制的反作用说明了独立董事作用的有限性。宋增基等（2007）通过实证分析认为，上市银行董事会规模对业绩的作用是相反的，独立董事对绩效有微弱的促进作用。潘敏和李义鹏（2008）的研究表明，银行业董事会的规模略大于非金融性企业，董事会规模与绩效之间存在非线性的倒"U"形曲线关系；商业银行外部董事的比例较高，且与绩效之间呈正相关关系，但不显著；董事长与总经理两职合一的领导结构对 ROA 有显著的负面影响；董事会次级委员会的数量与托宾 Q 之间呈显著的负相关关系；外部董事拥有的董事席位数与绩效显著负相关；董事会的会议频率对当年度银行绩效的影响不显著，但与前一会计年度的绩效之间存在显著的负相关关系；董事会持股比率与银行绩效之间存在非单调的相关关系。曹廷求和朱博文（2013）发现董事会规模和独立性对贷款规模影响较小。

关于保险公司董事会治理，Wang 等（2007）运用我国台湾保险公司的数据的同时研究了保险公司董事会规模、董事长与 CEO 是否两职分离、内外部董事的比例三个治理要素的经济影响，发现外部董事的存在对公司的经营效率具有显著正面影响，而董事会规模及董事长与 CEO 两职合一对保险公司的经营效率则具有显著负面影响。Lai 和 Lin（2008）的研究表明，董事会规模的增大会降低总体资产和股权的风险，但也会增加系统性风险。Brick 和 Chidambaran（2008）的研究表明董事会独立性与以股票回报波动性为指标的公司风险呈负相关关系。Mayers 和 Smith（2010）验证了董事会结构同按业绩支付薪酬机制之间的联系，认为外部董事较多的公司，按业绩支付薪酬和资产回报率之间存在显著的正相关关系。Ho 等（2011）证实了董事会规模同所有类型的风险均正相关，独立董事比例降低也会导致投资风险和总风险的加剧。张惠（2007）分析了我国保险公司治理的发展进程、治理环境和存在的问题，检验了股权结构、董事会规模等公司治理机制对保险公司绩效的影响。谢晓霞和李进（2009）依据建立董事会特征与业绩模型进行分析，得到如下结论：董事会规模与保险公司业绩负相关；独立董事及具有金融从业经验的独立董事与保险业绩无关。

关于证券公司董事会治理，Yeh 等（2010）通过对我国台湾 26 家证券公司的研究发现董事会规模不会影响公司效率，设立平行主席和经理（holding of concurrent posts of president and general manager）不能影响公司的经营效率。何杰（2005）就中国契约型基金的治理及基金管理公司治理结构、独立董事及其与基金业绩的关系进行严格的理论研究和完整经验数据的计量分析。于宏凯（2002）探讨了独立董事在基金治理结构中的作用，并分析了以独立董事为核心的美国共同基金治理结构模式对我国基金治理的启示。

设置董事会专门委员会有助于保证董事会内部分工和运作的独立高效，而委员会设置本身亦将增加一定的运作成本。同时在董事会规模和外部董事人数有限的情况下，设置委员会将增加内部董事在不同委员会兼职的可能性，从而降低委员会运作的独立性。根据董事会的职能与作用，一般在董事会内部设立提名委员会、薪酬委员会、执行委员会、审计委员会、风险委员会和战略委员会等。1986~1999 年，美国每个银行董事会平均设有 4.42 个委员会，委员会的每个委员平均在 1.87 个委员会工作。Fich 和 Shivdasani（2006）的研究表明，次级委员会数量与总资产收益率之间不存在显著的相关性。Adams 和 Mehran（2005）的研究结果表明，银行专门委员会数量的自然对数值与托宾 Q 之间存在显著的负相关关系。Andres 和 Gonzalez

（2006）的研究认为，专门委员会数量与银行绩效之间存在正相关关系。Diacon 和 O'Sullivan（1995）较为系统地研究了董事会治理机制对英国保险公司绩效的影响，发现董事会专门委员会设置与任命具有较大影响力的董事长能够限制高管薪酬，进而对公司盈利具有正面影响。

有关金融机构董事会特征及其绩效效应的研究表明，金融机构董事会具有自身的结构特征，如何建立"规模适中、独立性强、运作高效"的董事会是关键。已有研究侧重于对金融机构董事会的结构特征及其与绩效间的关系进行实证研究，缺乏结合金融机构特殊性而构筑嵌入治理风险的董事会治理分析框架，以及在此基础之上的董事会治理与绩效和风险之间关系的实证研究。由此，构筑嵌入治理风险的董事会治理分析框架，并在此基础上构建相关变量，实证检验金融机构董事会治理与绩效和风险承担之间的互动关系十分必要。

（二）金融机构董事会职能

鉴于金融机构自身的特殊性，金融机构董事会承担着与一般企业不同的职能和责任，并呈现出自身的结构特征和运作模式。Macey 和 O'Hara（2003）认为，银行的高杠杆作用及资金和负债的不匹配，要求银行董事会不仅要对股东负责，还要对有固定收益要求的债权人负责，银行的董事会应建立更广的治理范围。2006 年 2 月，巴塞尔银行监管委员会（Basel Committee on Banking Supervision）发布的《加强银行公司治理》突出了董事会在稳健公司治理原则中的特殊地位：①董事会应称职，清楚理解其在公司治理中的角色，有能力对银行的各项事务做出正确的判断；②董事会应核准银行的战略目标和价值准则并监督其在全行的传达贯彻；③董事会应制定并在全行贯彻执行条线清晰的责任制和问责制；④董事会应确保高级管理层按照董事会政策实施适当的监督；⑤董事会和高级管理层应有效发挥内部审计部门、外部审计师及各内部控制部门的作用；⑥董事会应确保薪酬政策及其做法与银行的公司文化、长期目标和战略、控制环境相一致；⑦银行应保持公司治理的透明度；⑧董事会和高级管理层应了解银行的运营架构，包括在低透明度国家或在透明度不高的架构下开展业务。

中国银行业监督管理委员会（以下简称中国银监会）2005 年出台的《股份制商业银行董事会尽职指引（试行）》规定董事会的基本职责包括：确

定商业银行的经营发展战略；聘任和解聘商业银行的高级管理层成员；制订商业银行的年度财务预算方案、决算方案、风险资本分配方案、利润分配方案和弥补亏损方案；决定商业银行的风险管理和内部控制政策；监督高级管理层的履职情况，确保高级管理层有效履行管理职责；负责商业银行的信息披露，并对商业银行的会计和财务报告体系的完整性、准确性承担最终责任；定期评估并完善商业银行的公司治理状况。同年底，中国银监会通过了《银行业金融机构董事和高级管理人员履职监管指引》，进一步明确了金融机构董事的履职要求。

后危机时代，巴塞尔银行监管委员会于 2009 年再次召集了全球银行监管当局的代表，总结银行治理在金融危机中暴露出的种种缺陷及解决之道，并着手对 2006 年版文本进行再次修订。同时，英国戴维·沃克（David Walker）爵士代表英国政府于 2009 年 11 月发布了《英国银行与其他金融实体公司治理报告（最终建议）》，指出了英国银行业在公司治理方面存在的根本缺陷：一是董事会成员并没有很好理解所运营机构的真正规模及其风险；二是非执行董事的监督权威没有得到很好体现；三是银行普遍采用了无视风险的短期盈利模式；四是机构投资者过于重视财务报表上的"盈利数字"，从而纵容了银行追求高杠杆的行为。沃克的报告从董事会规模、构成及任职资格、董事会运行和绩效评估、机构投资者的沟通与参与、治理风险和薪酬这六个方面提出了 39 条建议。伦敦 Nestor 咨询公司于 2009 年 5 月发布了对于欧洲最大的 25 家银行治理问题的报告，指出了董事会在银行风险管理方面存在的三个最主要的弊病和面临的挑战：失察银行的过高杠杆率，低估流动性风险，以及过于关注风险的衡量而不是潜在风险的识别。国际金融协会（Institute of International Finance，IIF）也对金融机构的公司治理和风险管理提出了专门的报告。

有关金融机构董事会职能的研究，基本是董事会治理理论在金融机构的应用，有关董事会职能的界定，也主要体现在各种监管规章中。已有研究缺乏结合金融机构治理特殊性而对其董事会职能边界和权力配置的系统阐述，并未构筑基于治理风险防范导向的董事会治理分析框架。因此，结合金融机构特殊性而对金融机构董事会治理分析框架等问题进行研究，就显得非常必要。

（三）金融机构高管薪酬与绩效

高管薪酬被认为是协调所有者—管理者代理问题的激励机制（Shleifer and Vishny，1997）。研究者对金融机构高管薪酬的研究主要蕴含在公司研究之中，部分学者以商业银行业为样本对公司研究理论进行了实证研究。Houston 和 James（1995）研究显示，银行业 CEO 平均所持有的股票期权及股票期权在其总收入中所占的比重都低于制造业的 CEO，报酬与银行绩效的联系不明显。Houston 和 James（1995）对经理股权与银行风险之间的关系进行了研究。Griffith 等（2002）使用 EVA 指标衡量发现所有权和银行的绩效的关系并非是单调的，而是呈明显的曲线，公司的价值增加，然后降低，之后随着管理者（代理人）拥有的股权增加而增加。Adams 和 Mehran（2003）研究表明，在管理层的平均持股比率和平均持股价值上，银行业比制造业都要低。Jensen（1993）认为，长期稳定持有一定比例银行股份的董事会和高管会降低追求股东利益最大化的动机；同时，更小的董事会规模会产生一个更有效的银行内部控制体系。Saunders 等（1990）的研究证明，大股东主导的银行比管理层主导的银行更有动机实施高风险行为。如果股东比管理层具有更大的风险偏好，股东就会联合董事会成员和管理层人员从事高风险的经营活动。于是，当管理层人员和董事会成员拥有较高的股权比例时，银行发生财务危机的概率就会增大。Ang 等（2000）对 1993～1996 年的美国银行研究发现，与其他行业相比，商业银行的薪酬不仅更高，薪酬结构所体现的激励效果也更加明显。Nam（2004）总结了商业银行激励机制的主要方式，认为股权激励是缓和管理者和股东之间利益冲突的重要途径，能够降低监督成本。Sierra 等（2006）从标准普尔（S&P）高管薪酬数据库中收集了 76 家银行 1992～1997 年高管薪酬数据，经研究发现，CEO 的薪酬与银行绩效显著正相关。而 Cheng 等（2015）探究了金融机构的高管薪酬与风险间的关系，发现高薪酬带来了公司高风险行为。阙澄宇和王一江（2005）以美国福布斯 500 强排名中的前 20 家大银行作为样本研究发现，在 1992～2002 年的 11 年间，样本银行的全体高管人员奖金占总收入的总平均数为 27.5%。宋增基等（2008）采用 2002～2006 年 8 家上市银行样本研究发现，银行报酬对银行业绩有显著促进作用，而对股东权益却有相反影响。

李维安和曹廷求（2004）以 2001～2003 年 11 家商业银行 19 个年报为依据，用 ROA 和 ROE 为银行绩效指标，发现高管（包括董事）的薪酬激励对银行业绩有显著影响。曹廷求和于建霞（2005）发现农村信用社的高管薪酬激励在风险控制方面发挥了积极的作用。王倩等（2007）也发现高管人员薪酬越高时，银行风险承担越低。

关于保险公司高管薪酬，Mayers 和 Smith（1992）基于委托代理问题下的激励协调问题，通过对人身保险公司 CEO 薪酬的研究，证实股份制保险公司经理人的薪酬高于互助型保险公司经理人的薪酬，且不同组织形式下保险公司分支机构经理人获得的整体薪酬水平较高。Grace（2004）围绕 CEO 薪酬结构和薪酬水平影响因素进行了较全面的实证分析，发现公司规模和风险越大，使用薪酬激励越多；而在监管和 CEO 持股下的公司，薪酬激励使用较少；而且公司治理结构、CEO 持股与监管关注都不足以防止 CEO 的过度薪酬。在高管薪酬对治理结果的影响方面，Barrese 等（2007）考察了保险公司股权结构、高管持股比率和托宾 Q 之间的关系，实证结果没有支持激励相容和堑壕效应假设，认为两种激励随着持股比例的变化而呈现"U"形关系。此外，还有研究基于薪酬激励计划进行设计，围绕高管与盈余管理行为展开。Browne 等（2009）研究了管理者持有的股权激励的价值对股价波动的敏感性同保险公司准备金差错（reserve error）的关系，发现基于股权的高管激励同股价敏感性越高的公司，会存在越高的准备金提取不足差错和越低的准备金提取过量差错。Eckles 和 Halek（2010）研究了保险公司管理者在不同薪酬激励下，通过操纵损失准备金（manipulate loss reserves）最大化其报酬的动机。与以往将损失准备金提取差值局限于规避税收和监管方面的研究不同，Eckles 等（2011）以准备金估计差错（reserve estimation error）作为管理者盈余操纵的衡量变量，研究了管理层薪酬激励与治理对盈余操纵的影响。Yeh 等（2010）通过对我国台湾 26 家证券公司的研究发现增加高管平均红利会降低公司效率。

部分研究者对金融机构高管薪酬的业绩敏感性问题进行了探讨。Crawford 等（1995）研究了 1976～1988 年 124 家美国商业银行的样本，以工资奖金、股票期权和股权作为 CEO 薪酬的衡量标准，发现在取消了对银行跨国开展业务的管制后，CEO 薪酬与银行业绩之间的敏感性增加了。

John 和 Qian（2003）研究发现，与相同规模的制造业企业相比，银行业的高管薪酬与银行绩效之间敏感度更低。这些学者很少从商业银行的特性出发，对高管薪酬进行深入探讨。

随着中国金融体系改革的深化和金融机构的陆续上市，学者们开始研究如何对银行高管进行激励以提高经营绩效。陈学彬等（2003）通过对商业银行激励约束机制进行模拟分析，认为提高与经营效益挂钩的浮动收益比重有利于充分调动经营者经营积极性。聂泳祥等（2003）针对国有商业银行以控制权回报为主要激励手段的问题进行博弈模型分析，认为以剩余分享权作为激励手段则更能激励基层行长努力提高银行经营绩效。魏华和刘金岩（2005）通过实证分析认为，在高管人员薪酬激励方面，样本银行高管人员薪酬对银行绩效没有产生影响。蒲勇健和宋军（2004）则分别从当期剩余索取权、当期与长期剩余索取权相结合的角度来探讨激励约束机制，论证了股份制商业银行普遍实行的当期剩余索取权制度实际是无效的。周建松和郭福春（2004）研究认为我国商业银行在激励机制上以短期激励为主，影响和束缚了商业银行异质型人力资本价值的发挥。周素彦（2004）认为我国国有商业银行激励约束双重不足，应当加强制度建设，变银行员工的不可执行合同为可执行合同来改善激励约束状况。

部分学者尝试对银行高管薪酬的决定因素进行相关的实证分析。苟开红（2004）对我国股份制商业银行薪酬构成及长期激励进行了研究，分析认为银行高管的薪酬与主营业务收入、净利润无显著相关性，而高管薪酬总额与收入和利润还呈现了负的相关关系。李克文和郑录军（2005）利用山东、河南两省调查样本进行实证研究表明，商业银行行长的薪酬激励对银行绩效产生负面影响。王敏（2007）以山东省城市商业银行、农村合作银行及部分其他地区城市商业银行为样本进行研究，认为第一大股东的性质、股东持股比例、股权结构、董事会独立性及银行业务领域等对商业银行高管薪酬存在明显的影响。

金融机构的特殊性凸显了治理风险防范的核心地位，作为金融机构治理核心的董事会理应把治理风险的监控作为其主要职能。董事会必须确立适当的制度和程序，对各种治理风险因素进行监控，确保高管薪酬与公司绩效和风险水平相匹配。已有研究表明，金融机构的激励机制发挥了一定的积极作用。但是，这种激励机制也容易导致银行高管过于追求提高银行业绩，而忽视对风险的控制。高管的薪酬方案应由董事会下的薪酬委员会来制定，董事会在制订高管薪酬方案时，理应使薪酬方案与金融机构经营绩效和风险承担相匹配。由此，基于治理风险防范视角，探讨董事会构筑与金融机构经营绩效和风险承担相匹配的高管薪酬体系的机制和途径，确保高管薪酬不会助长冒险行为，就成为当前研究的重点。

四、金融机构治理风险与评价研究梳理

(一)金融机构治理风险界定

金融机构的治理体系具有特殊性，这种特殊性来源于金融机构自身特殊的经营目标、复杂的委托代理关系、政府管制、资本结构的特殊性及特殊的金融产品等。关于金融机构自身的特殊性，学者们已有过深入的描述（Macey and O'Hara，2003）。金融机构合约的不透明性导致其信息不对称更加严重，信息不对称的最终结果，是银行管理者对投资高风险项目或者金融衍生品盲目乐观。同时，金融合约的不透明使监管部门评估和监督更加困难。因此，金融机构由于其相对薄弱的治理体系而面对更大的治理风险和金融风险。

罗胜和邱艾超（2008）认为金融机构的治理风险是金融机构在其自身治理和对业务对象治理的双重治理问题中，由于面对过于复杂的委托代理关系和信息不对称，所形成的治理风险累积。委托代理理论认为，公司本质上是一系列委托代理契约的组合，金融机构治理的特殊性，决定了其特殊的委托代理关系，且利益相关者存在着更多的信息不对称，从而面对更多的风险。金融机构的治理目标是保持金融机构系统的稳定性，在实现效益最大化的同时，追求金融风险的最小化。金融机构主要的治理风险可以被分解为治理结构风险（即治理结构的不完善）、治理行为风险（即决策不科学）和治理对象风险（即金融机构对自身业务治理的风险）。金融机构的公司治理应同时关注其系统运行中的治理环境的变化所形成的治理环境变化风险，但是法律、国家政治及经济政策变化等带来的风险是客观存在且不以人的意志为转移的，公司只能在一定的范围内控制这些治理风险。

（二）金融机构治理评价

1. 公司治理评价方面的研究进展

中外学者对公司治理评价的关注是基于满足公司治理实务发展的需要，尤其是机构投资者的需要。公司治理评价萌芽于 1950 年杰克逊·马丁德尔（Jackson Martindell）提出的董事会绩效分析，随后一些商业性的组织也推出了公司治理状况的评价系统。最早的、规范的公司治理评价研究是由美国机构投资者协会在 1952 年设计的正式评价董事会的程序，随后出现了公司治理诊断与评价的系列研究成果，如 Salmon（1993）提出诊断董事会的 22 个问题；1998 年标准普尔创立公司治理服务系统；1999 年欧洲戴米诺（Deminor）推出戴米诺公司治理评价系统；2000 年亚洲里昂证券（Credit Lyonnais Securities Asia，CLSA）推出里昂公司治理评价系统；2003 年南开大学公司治理研究中心①公司治理评价课题组推出"中国上市公司治理评价系统"（中国第一个全面系统的公司治理评价系统），2004 年公布《中国公司治理评价报告》，同时发布中国上市公司治理指数。美国机构股东服务公司（Institutional Shareholder Services，ISS）还建立了全球性的公司治理状况数据库，为其会员提供公司治理服务；另外，还有布朗斯威克（Brunswick Warburg）、公司法和公司治理研究所（Institute of Corporate Law and Corporate Governance，ICLCG）、信息和信用评级代理机构（Information and Credit Rating Agency，ICRA）、世界银行公司治理评价系统、泰国公司治理评价系统、韩国公司治理评价系统、日本公司治理评价系统（CGS、JCG Index）及我国台湾公司治理与评价系统等。

一般而言，公司治理评价系统具有以下四个共同特征：一是评价系统均是由一系列详细指标组成，且各个评价系统均包括了股东权利、董事会结构及信息披露在内的三个因素。二是在所有的评价系统中，评分特点是相同的。总体而言，较低的得分意味着较差的治理水平，反之意味着较好的治理水平。但也有两个例外，一个是 ICRA 评价系统，它使用相反的评分方法，公司治理评级 CGR1 意味着最好的治理状况，公司治理评级 CGR6 意味着

① 2012 年更名为南开大学中国公司治理研究院。

最低的治理水平；另一个是布朗斯威克的治理风险分析，它是以惩罚得分的形式来计算，得分越高，公司的治理风险越大。三是绝大多数评价系统都使用了权重评级方法，根据治理各要素重要程度的不同赋予不同的权重，从而计算出公司治理评价值。四是获取评价所需信息的方法是一致的，主要来自公开可获得信息，其他信息通过与公司关键员工的访谈而获得。不同评价系统的主要区别在于以下两个方面。

一方面，一些评价系统是用来评价某一个别国家的公司治理状况（如 DVFA、Brunswick Warburg 等），另一些评价系统则涉及多个国家的公司治理评价，如标准普尔、戴米诺和里昂证券评价系统包含了国家层次的分析。这些评价使用的标准都很相似。标准普尔提供了一个关于法律、管制和信息基础的有效程度的评估；戴米诺评级服务包括一个由法律分析和特定国家范围内的公司治理实务组成的国家分析报告，其服务范围涵盖了 17 个欧洲国家；里昂证券主要利用与管制和制度环境有关的六个宏观公司治理因素来对各个市场进行评级，涉及 20～25 个新兴市场；世界银行的研究也基于与公司治理有关的六个综合指标进行了国家层次上的比较；戴维斯和海德里克比较了公司治理的国别差异，但采用了不同的方法，他们主要考虑了基于公司治理实务和单个公司治理状况的国家层次平均水平。

另一方面，各评价系统关注的重点、采用的标准及评价指标体系的构成呈现出较大差别。例如，标准普尔以《OECD 公司治理原则》、美国加利福尼亚州公共雇员退休基金（California Public Employees' Retirement System，CalPERS）等提出的公司治理原则及国际上公认的对公司治理要求较高的指引、规则等制定评价指标体系，把公司治理评价分为国家评分与公司评分两部分。前者从法律基础、监管、信息披露制度及市场基础四个方面予以考核，后者包括所有权结构及其影响、利益相关者关系、财务透明与信息披露及董事会的结构与运作四个维度的评价内容。戴米诺则以《OECD 公司治理原则》及世界银行的公司治理指引为依据制定指标体系，从股东权利与义务、接管防御范围、公司治理披露及董事会结构与功能等维度衡量公司治理状况，重视公司治理环境对公司治理质量的影响，特别强调接管防御措施对公司治理的影响。里昂证券评价系统则从公司透明度、管理层约束、董事会的独立性与问责性、小股东保护、核心业务、债务控制、股东的现金回报及公司的社会责任等八个方面评价公司治理的状况，注重公司透明度、董事会的独立性及对小股东的保护，强调公司的社会责任。

2. 金融机构治理评价的发展

金融机构治理的特殊性使金融机构治理评价也具有一定的特殊性，主要体现在评价内容上。许多国家的中央银行及其他的金融监管者主要采用"骆驼"模型（因其评估包含的五部分内容的英文首字母分别为 C、A、M、E、L 而被简称为 CAMEL 方法）去分析和评价一个银行是否健康。CAMEL 法通过评估银行的资本充足率（capital adequacy ratio，CAR）、资产质量（asset quality）、管理（management）、收益水平（earnings）和流动性（liquidity）来判断银行的状况。其他的一些评级机构对于银行业的评级往往也会参照这种分析模式。而随着公司治理越来越被重视，在银行业的评价体系中，引入公司治理作为一个评价因素的呼声也越来越高了。作为在银行评价中添加公司治理因素的先行者，亚洲开发银行提出"5+7"的银行治理评价模式。其中，"5"是指国际通用的 CAMEL 法的五大要素，而"7"就是与公司治理相关的因素，即独立董事，提名委员会，审计委员会，薪酬与合规委员会，责任与透明度，公司治理委员会，以及评价、效率和教育。国内方面，李维安和唐跃军（2006）从控股股东行为、董事会、监事会、经理层、信息披露及利益相关者六个维度对金融机构的治理状况进行了初步评价，结果显示我国金融机构的治理水平随着行业改制有了较高的提升，治理指数总体水平已排在 13 个行业的前列，尤其是新上市的金融机构通常会依据更加规范的治理规则进行公司运营管理与治理制度的建设。

尽管国内外关于金融机构的治理评价已经取得了一定的成果，但是与一般公司治理评价相比还存在较大理论与实践的滞后性，对于金融机构的治理环境与治理特殊性考虑不足。除了银行和保险公司在治理评价方面做过尝试研究和实践，其他类型金融机构的治理评价还没有被探究。金融机构治理风险是其最大、最根本的风险，评价是识别风险的基础和前提，从这一点来说，金融机构治理评价的重要性远远超过一般公司。因此，无论是理论研究上，还是实践上，金融机构治理评价工作都亟待开展和推进。

五、金融机构监管与治理关系研究梳理

尽管在概念上，研究将公司治理分为外部和内部两种，但实际上两者是密不可分的。多数的研究赞成外部治理机制是内部治理机制设计的决定因素之一的观点，比如，在投资者保护水平较差的地区，所有权的集中可视为股东保护自身利益的替代机制（La Porta et al.，1999）。因此，从这个角度讲，研究更倾向于将外部治理与内部治理结合起来进行分析。Zalewska（2016）认为银行业董事会的激励不应仅停留在解决代理冲突之上，应将其纳入监管范围之内。对金融机构监管的分析也大致延续这样的思路。依据所考察的委托代理问题不同，这些研究可以分为两类：第一类研究侧重分析所有者与管理者之间存在的利益冲突；第二类研究侧重分析所有者和管理者与其他利益相关者之间存在的利益冲突，如监管机构、存款人和债券持有人等。本部分将依据上述分类分别总结有关的文献。

（一）基于所有者与管理者委托代理问题的金融监管分析

由于研究关注的焦点是如何消除所有者与管理者之间的委托代理问题，相关的研究侧重于分析外部监管与内部公司治理在解决上述问题时是替代还是互补的关系，而这是一个颇具争议的主题。

1. 替代观点

替代观点的研究从两个方面提出了支持的证据。一些研究分析了在给定外部监管的条件下，被监管企业与未被监管企业在公司治理方面的差异。比如，Carroll 和 Ciscel（1982）、Joskow 等（1993）发现监管企业 CEO 的报酬更低。但与这些研究不同的是，另外一些研究则从监管放松的角度，分析了外部监管与内部公司治理机制之间的关系。Houston 和 James（1995）认为，随着监管的放松，银行与非银行公司在公司治理方面的差异会逐渐缩小，如更多的银行会采取股权激励。类似地，Crawford 等（1995）认为，随着监管的不断放松，银行 CEO 的报酬会对银行的业绩更为敏感。Becher 等（2005）赞成上述研究的观点，并进一步分析监管放松时，董事会结构及董事激励变化的关系。他们发现在 1992～1999 年，采用股权作为报酬的程

度越高，银行的业绩越好，增长也越快，并且风险并没有因此而增加。他们还发现，这些银行具有更高的后续增长速度，更容易介入到控制权市场。除此之外，他们还发现外部监管放松，并没有在董事会结构方面产生影响，即董事会规模和董事会的独立性没有显著变化。在国内的研究中，洪正和周轶海（2008）对中国商业银行的研究也发现，外部监管的确改变了内部监督机制。李维安和王倩（2012）发现银行面临的资本监管压力是其进行对外融资的直接动因，当监管压力越大时，资本增长越迅速。在外部融资形式的选择方面，银行更多采用股权融资补充核心资本，只有当银行面临的监管压力不太大时，才更多地使用债券融资补充附属资本。也就是说，这些研究表明，外部监管是内部治理机制的替代机制。

2. 互补观点

互补观点的研究则认为，与没有监管的企业相比，受监管企业的公司治理并不会因监管而变弱。Adams 和 Mehran（2003）就发现，与一般公司相比，银行控股公司的董事会规模更大，外部独立董事的比例更高，专门委员会数量更多，而且每年开会的频率更高。Booth 等（2002）对外部独立董事比例、董事长与 CEO 两职分离、管理层股权及外部监管四种公司治理机制之间关系的分析表明，与未受监管的公司相比，受到严格监管的银行其外部董事占比与管理层股权的负相关关系更弱，并且随着管理层股权的增加，其两职分离的概率也更低。这些实证研究的结果表明，除了薪酬之外，外部监管与内部公司治理机制的替代假设是不成立的，甚至是相反的。

综上，针对两种假设，目前研究都提供了支持的证据。这些研究认为，不管是外部监管还是内部公司治理，其目标为消除管理层与股东利益不一致的委托代理问题，实现股东价值最大化。但是这些研究忽略了股东价值最大化与商业银行外部效应冲突的问题，因此，外部监管与内部公司治理机制是替代还是互补并不是一个合适的问题，准确地说，研究应该关注两者如何在缓解银行冒险方面发挥积极的作用（Alexander，2006）。

（二）基于利益相关者代理问题的监管分析

以所有者与管理者之间的委托代理问题为目标的研究和实践，对于一般公司而言并没有太多的争论，但当这些结论应用到金融机构时却遭遇了很大的挑战。鉴于金融机构的高负债、高外部效应的特殊性，基于股东价值最大化目标对风险的追求可能会使金融机构的风险增加，并可能使金融系统不稳定。对于金融机构，冒险的股东有动机采取足够的激励或者依靠较强的控制权来保证管理者与其利益趋向一致。因此，此类研究认为，所有者与管理者之间的委托代理问题并不是主要的问题，所有者或者与所有者利益趋同的管理者与存款人、债券持有者等利益相关者的冲突才是监管的目标。

Saunders 等（1990）认为银行所有者是风险偏好的，而管理层是风险厌恶的，因此相比之下，所有者控制的银行（所有权集中的银行）要比管理层控制的银行（即所有权分散的银行）更容易冒险，他们还发现随着管制的不断放松，这种差异越来越显著。Laeven 和 Levine（2009）则指出，尽管银行管制对所有者和管理者的冒险激励影响存在差异，但这些研究并没有考虑到所有权结构会决定所有者影响银行风险的能力。与小股东相比，那些拥有较大表决权和现金流权的股东具有较大的影响力和激励来影响银行的行为，并可能导致银行去冒险。他们还指出，所有者所拥有财富的多样化程度将决定其风险偏好的水平，即那些财富比较分散的股东更偏好风险。在所有权比较集中的情况下，拥有控制能力的所有者会迫使管理层接受风险较高的投资，以弥补资本投入所造成的机会成本。实证研究结果表明，控制权越大的股东越倾向于冒险，而外部管制对银行风险的影响主要取决于银行的所有权结构。

与他们的研究不同，John 等（2000）分析了银行监管对管理层报酬设计的影响。他们认为在分散的股权结构中，风险投资选择通常是由管理层控制的，而他们的风险偏好又取决于股东决定的薪酬结构。他们认为尽管股东给予管理层股权，但如果存款保险费率能够准确地体现管理层薪酬结构的影响，那么直接的薪酬管制是不必要的，反之则需要必要的薪酬管制。Bris 和 Cantale（1998）的研究同样以股权分散的银行为研究对象，并考察了同时存在两种委托代理问题时的情形，即监管机构与银行之间存在外部的委托代理问题及银行所有者与管理者之间存在内部的委托代理问题。他们假设股东和管理层都是风险中性的，并且监管部门可以决定最优的信贷组合。基于这样的假设他们构建了一个理论模型，该模型的重要结论是，当给定最优的资本和存款保险管制时，所有权与控制权的分离可以大幅减少银行的冒险行为

（即投资不足），并且管理层对贷款的监督会更加努力，但同时他们也指出，风险中性的假设可能使研究结论存在一定的局限。Barth 等（2013）对 180 个国家的银行监管研究发现，银行监管制度未形成一个统一的标准。

综上，外部监管对公司治理风险的影响主要取决于所要解决的委托代理问题类型。这表明，作为外部治理机制，外部监管的好坏及外部监管与内部公司治理机制的协调程度都可能影响到最终的整体公司治理风险。与以往的研究相比，本章的研究更接近于第二类研究，因为国有控股金融机构典型的特点就是存在具有绝对控股地位的政府股东。在这种情况下，政府股东的风险偏好及风险偏好转移都可以通过其绝对控制权（股东表决权及董事会多数席位），来影响管理层的最终决策。但是，由于目前研究多集中于国外的样本，还没有研究分析在存在政府控股股东及其影响的背景下外部金融监管的治理效果，而这正是本书的核心内容之一。

六、研究文献综述总结

（一）综述小结

美国次贷危机导致的全球金融危机已经给世界各国的金融体系和经济发展造成巨大的冲击和影响，学术界和实务界开始对金融危机进行反思。从已有文献和观点来看，学术界大多从宏观的角度来剖析金融危机的成因，将爆发金融危机的原因归结为监管部门在金融创新和金融自由化的同时放松了金融监管。较少从微观治理的角度来分析金融危机。事实上，监管的缺失和金融机构治理的不完善是导致这次金融危机的两个主要原因。

金融机构缺乏治理保障的金融创新，最终导致了巨大的灾难。金融机构最大、最根本的风险是治理风险。将着力点放在金融机构治理风险，是金融机构治理研究的明确选择及指导各类金融机构改革和发展的主要方向（李维安，2005b）。金融机构治理系统不完善导致治理风险日积月累，达到阈值并最终以金融风险的形式爆发。2008 年由美国引发的近乎波及全球的金融危机就是最好的例证。

（二）未来研究展望

目前，从公司治理层面分析金融危机的文献主要集中在金融机构高管薪酬激励上。现有的文献对金融机构治理的研究还有待深入。

第一，缺乏一个金融机构治理的理论框架。金融机构治理方面的研究更多的是针对一些具体问题的对策性研究，系统性的理论分析相对匮乏，虽然有一些文献探讨治理机制与金融机构风险控制之间的关系，但更多的只是经典委托代理理论的简单应用，尚没有深入到治理风险的层面去反思金融机构治理问题。

第二，缺乏对金融机构治理风险的研究，同时缺乏从金融机构治理风险的角度来分析金融风险。金融机构的治理体系具有特殊性，这种特殊性来源于金融机构自身特殊的经营目标、复杂的委托代理关系、政府管制、资本结构的特殊性和金融产品的特殊性等。同时，在金融机构自身治理和对业务对象治理的双重治理问题中，过于复杂的委托代理关系和信息不对称容易造成治理风险累积。

第三，有关金融机构的政府超级股东的行为研究文献还较少。已有政府与金融机构关系的文献主要分为两类：一是政府作为政治力量对金融机构产生影响；二是政府作为金融机构股东并由此对金融机构产生影响。

第四，已有金融机构董事会治理方面的研究主要将其作为金融机构治理的一个维度加以分析，考虑股东影响、结合金融机构治理特殊性和治理风险防范对金融机构董事会治理开展专门研究的成果较少。

第五，尽管国内外关于金融机构的治理评价已经取得了相当大的成果，但是与普通公司治理评价相比还存在较大理论与实践的滞后性，对于金融机构尤其是广大的非上市金融机构治理评价体系设计和评价结果应用都明显不足。

本书将从金融机构政府所有权、董事会和外部治理等微观治理层面上研究如何完善国有控股金融机构治理，并考虑不同类型金融机构治理的差异性，以减少治理风险，进而降低金融风险。

第三节 研究思路与研究内容

一、研究思路

中国的公司治理系统既不同于英美式市场导向型公司治理，也不同于以关系治理为主的德日式银行导向型公司治理，更不同于东南亚的家族式公司治理，而是具有自己所独有的一系列本土特征。李维安（1996，2005a，2005b，2009）将其概括为"以政府行政干预为特色的治理模式，正在逐步实现从'行政型治理'向'经济型治理'的转型"。目前，我国金融机构治理具有以下特点。

第一，产权结构虽然有了改革，但没有根本性的变化，国有股一枝独大。股份制改革和上市完成后，我国国有控股金融机构在名义上已经不是"国有独资"。而实际上，国有控股金融机构的控制权仍然掌握在政府手中，政府作为超级股东有多重动机来干预金融机构，从而影响董事会的运行，形成治理风险，削弱金融体系的健康度。

第二，上市后的国有控股金融机构的董事会形同虚设。金融机构在人事上缺乏自主权，相当多的高管由政府直接任命，这样的行政型治理无法满足现代公司治理的规范要求。

第三，金融机构高管激励和约束机制的缺陷使高管出现机会主义行为的可能性相当高。金融机构出于短期绩效的考虑，可能会追求风险较高的业务，从而导致治理风险的累积。如果监管不到位，则极易引发系统性风险。

第四，长期以来，监管机构依靠行政指令等强制治理手段来约束国有控股金融机构。严格的监管可能会影响金融机构董事会等内部治理机制的作用，导致"挤出效应"，国有控股金融机构尤其是商业银行的上市给监管提出了更高的要求，监管不能单纯依赖行政命令，必须更多地依靠市场手段。

上述特点或者情况的存在，意味着还需要从股东行为、董事会及包括监管在内的外部治理等层面来完善国有控股金融机构的公司治理，特别是商业银行和保险公司的治理。新一轮的改革亟须启动。其中，坚持市场化的方向，减少政府对银行的控制，形成合理的公司治理架构，是必然的趋势。本书研究旨在提高中国国有控股金融机构治理的有效性，以达到微观上保护投资者等利益相关者的利益，宏观上减少市场系统性风险和维持金融体系稳定的目的。

"国有控股金融机构治理研究"这一研究恰恰回应了上述的国内外背景和政府部门提出的重大现实问题。根据对我国国有控股金融机构治理现存问题的认识和对相关理论的把握，本书在研究过程中坚持以下几个重要思路或者导向。

第一，以我国公司治理系统中行政型治理和经济型治理的二元并存及演化共生为基本的理论框架。如上所述，行政型治理和经济型治理的二元并存是我国公司治理系统区别于其他国家（地区）公司治理系统最为关键的特征，而我国的国有控股金融机构最能够集中体现这种二元并存特征。

第二，以国有控股金融机构中政府超级股东的行为模式和董事会的权力配置为研究的分析重点。股东行为和董事会治理这两项机制是分析和研究任何公司治理模式的起点，应当以这两项机制作为国有控股金融机构治理机制研究的基础。

第三，以国有控股金融机构治理内部机制、监管体系和治理风险的优化为研究的最终指向。前文已经提到，治理风险是金融机构的根本性风险，任何公司治理机制和监管制度完善或优化的最终体现都应该是治理风险的控制和降低。

第四，以建立工具化的治理评价体系、提高监管者和金融机构自身的治理风险防控能力、服务于实体经济为现实目标。没有工具化的治理评价体系，根本无法认识、分析和控制金融机构治理风险的构成和形式。

本书遵循着提出问题—分析问题—解决问题的经典研究思路，具体的研究思路如图 1-1 所示。基于研究背景的分析，首先，提出研究的科学问题，即国有控股金融机构治理；其次，进行了相关文献的梳理与总结，并提出了研究的框架，框架包括五大主要研究内容；最后，基于研究内容的开展，提出相关的对策建议以提升我国金融机构治理的有效性。

在研究方法上，本书使用了问卷调查和实证研究等方法。大量金融机构治理原始数据主要是通过与监管部门合作、发放问卷调查的方法获取。在实证研究中，注重用系统的观点综合考虑各种因素的影响，比如，研究外部治理时，改变了过去仅仅研究外部治理对风险承担影响的模式，将内部治理及多元外部治理的情况综合考虑，从而系统地分析了外部治理与内部治理影响我国金融机构风险承担的机理。此外，在研究金融机构的股东行为时，还在国内较早地导入了实验经济学的研究方法，用实验方法研究股东之间的相对谈判力和超级股东的干预行为等。

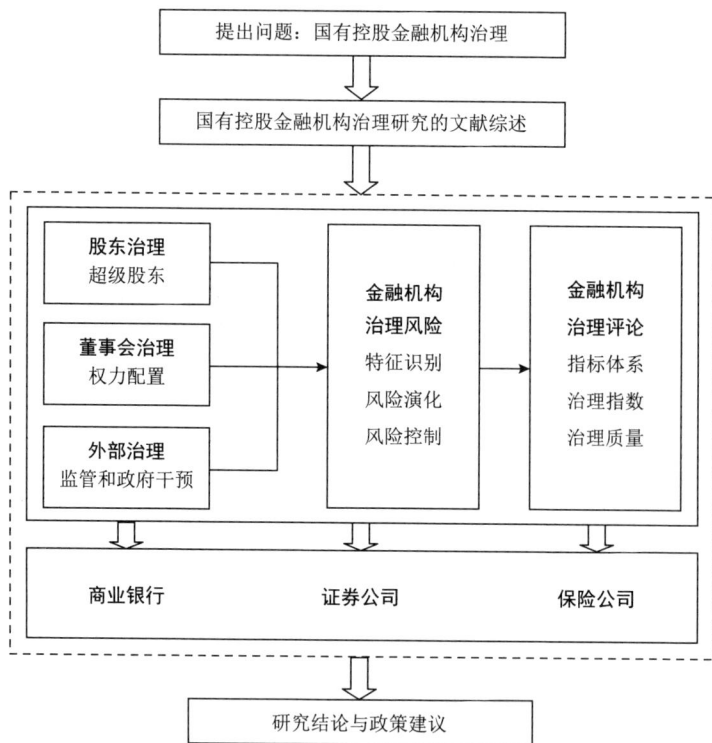

图 1-1　研究思路示意图

二、研究内容

(一)主要内容

本书的主要内容包括如下五个方面。

第一,基于以政府行政干预为特色的治理模式和从行政型治理向经济型治理转型这一历史背景,深入研究了国有控股金融机构治理系统中二元治理结构的成因与特征,并建立了国有控股金融机构的二元治理框架体系。本书回顾了我国国有控股金融机构所处的制度背景和国有控股金融机构治理模式的演进历程,提出了政府超级股东这一概念,从人事任免、经营目标和资源配置等三个方面入手,分析了政府对国有控股金融机构的干预及超级股东的行为模式,探讨了政府超级股东以超出股东的权限谋划和分配金融资源的行为及其与金融市场内在运行逻辑的冲突，并通过实验研究的方法探索能够缓解这一冲突的有效治理机制。

第二，对金融机构超级股东的正负面影响与股东的相对谈判力、董事会权力配置与董事会治理有效性及外部治理与内部治理如何有效互动等现实问题进行了深入研究。在股权安排方面，因为战略投资者和其他性质的股东相对于政府股东的谈判力较低，所以在股东治理中其他性质股东的意志难以得到体现，这是国有控股金融机构的突出问题所在。具体来说就是"表面"多元的其他股东并不能有效遏制超级股东的政治性干预动机。在董事会治理方面，董事会成员的权力配置不能真正体现出资人的经济利益导向，董事会"形似而神不至"，与真正以董事会为核心的公司治理相去甚远。在外部治理方面，关注了外部监管和政府干预等金融机构特有的治理机制。我国金融体系的监管机构实质上隶属于政府系统，监管容忍度容易受政府影响，"政监资"未实现三分开，监管独立性较差，难以对超级股东形成有效的制衡，而政府干预则提升了金融机构风险承担水平。

第三，在国有控股金融机构股东行为和董事会治理研究的基础上，探讨了现阶段我国国有控股金融机构治理风险的特殊性、生成机理与防治及其与金融风险的关系等理论问题。金融机构自身特殊的经营目标、复杂的委托代理关系及其特殊的产品特征决定了金融机构的治理结构容易造成难以察觉的治理风险累积，当治理风险达到阈值时便会以金融风险事故的形式爆发，进而导致其自身陷入困境或破产，甚至引发委托代理链条上其他利益相关机构的倒闭，严重威胁社会、经济、生活的各个链条，所以金融机构最大、最根本的风险是治理风险。因此，防范和化解治理风险成为金融机构治理研究的前沿问题。

第四，公司治理指数是对公司治理状况的科学量化反映，在考虑我国金融机构治理的特殊性的基础上，对我国上市和非上市国有控股金融机构的治理状况进行了系统的评价并基于评价结果实证检验了治理的有效性。本书基于从 2008 年开始连续九年的中国上市公司治理指数对我国上市金融机构治理状况进行了全面的评价，重点分析了国有控股上市金融机构的公司治理状况并提出了完善国有控股上市金融机构的公司治理的政策建议；同时，设计了针对非上市银行、证券公司和保险公司等金融机构的公司治理评价系统，并利用该系统对我国银行、证券公司和保险公司全行业的治理状况进行了诊断和分析。这些治理评价体系的建立，为监管机构出台防范治理风险的政策，以及各类金融机构的改革和发展提供了理论依据。

第五，在上述理论研究的基础上，为服务现实应用和体现研究的价值，本书对我国金融机构的治理改革与发展提出了相关政策建议。这些政策建议从其适用对象来说，既有针对监管者完善治理及其监管的具体措施，也有针对银行、证券公司和保险公司等不同类型金融机构提升治理水平的对策建议；从其内容范围来说，既有金融机构治理总体方面的，也有金融机构股东治理、董事会治理和外部治理等方面的内容。

（二）篇章结构

根据上述思路和内容，本书分为十章内容，各章之间逻辑关系如图 1-2 所示。第一章是研究问题的提出，是本书的导论部分。第二章、第三章分别对国有控股金融机构的股东治理和董事会治理进行了研究，侧重于金融机构的内部治理。第四章则研究了国有控股金融机构的外部治理问题，这其中也包括金融机构内外部治理关系的研究。第五章和第六章则为国有控股金融机构的治理风险与治理评价研究。第七章至第九章从不同性质或类型的金融机构的角度，分别就国有控股商业银行、国有控股证券公司和国有控股保险公司三类金融机构的治理进行了研究。需要说明的是本书只选择了金融机构中的银行、证券公司和保险公司三种类型，主要考虑其资产规模及其对经济发展的影响较大，随着研究的深入，其他类型金融机构治理问题也会纳入研究范畴。第十章是研究总结与启示。

1. 研究问题的提出

本章是研究问题的提出，是本书研究的起点。本章首先分析了本书的选题背景和研究意义。之后，本章对国内外相关研究进行了回顾，主要从政府与金融机构关系、金融机构董事会、金融机构治理风险、金融机构治理评价、外部治理环境及监管等几个方面对相关文献进行评述。然后对全书的研究框架和内容安排进行了设计，最后对本书的章节安排进行了说明。

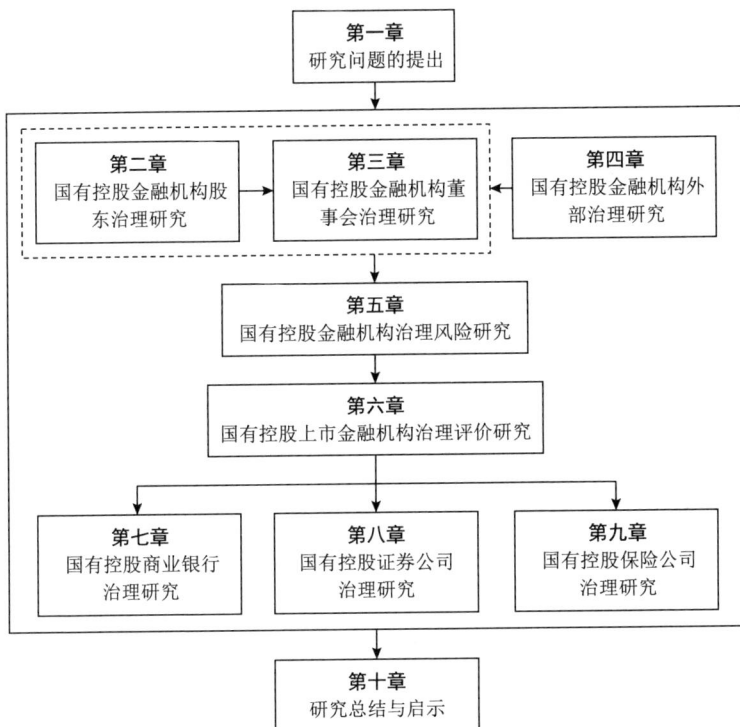

图 1-2　本书篇章结构

2. 国有控股金融机构股东治理研究

该章重点关注我国国有控股金融机构的股东行为，是整个研究的基础。首先分析国有股东、国有法人股东及其他性质股东的行为特征，然后进一步刻画他们之间的博弈行为，进而探讨这些行为特征对国有控股金融机构董事会治理和金融机构治理风险的影响，最后提出完善国有控股金融机构股东治理的政策建议。

该章内容包括四个方面：①建立统一的政府股东的行为模式分析框架，即"超级股东论"。现有关于国有控股企业的研究中，对于国有控股股东的行为模式缺乏一个统一的框架，于是建立一个统一的政府股东的行为模式分析框架，包括国有股东行为动机、行为方式、行为后果和社会效率分析及演化过程，作为分析国有控股金融机构股东治理的基础。②探讨二元治理结构的成因和特征，并结合我国实践提出转型建议。③深入研究金融机构股东间相对谈判力、超级股东的干预行为、其他股东的治理参与及金融机构股东的决策行为。④提出优化我国国有控股金融机构政府股东治理模型、股东间谈判和履约机制、股东参与治理和股东决策行为的政策建议。

3. 国有控股金融机构董事会治理研究

该章的研究目的是结合金融机构及其治理的特殊性，剖析超级股东下董事会权力配置，分析国有控股金融机构董事行为特征与董事会运作效率，探讨以防范治理风险为导向的董事会治理机制和风险防控机制，从而为完善国有控股金融机构董事会治理提供对策建议。为此，该章借鉴国内外有关金融机构治理理论和实践，结合金融机构治理的特殊性及我国国有控股金融机构所处的制度环境和改革实践，剖析金融机构董事会职能边界及权力配置，探讨国有控股金融机构董事行为特征和董事会治理效率，分析金融机构董事会治理与风险行为间的作用机理，提出完善董事会治理的对策建议。

该章的主要内容包括：①基于金融机构治理的特殊性，界定金融机构董事会的职能边界，确定其权力配置。从金融的本质出发，在对金融机构及其治理特殊性进行分析的基础上，剖析金融机构董事会治理的目标及其职能边界、权力配置等基本问题。②提出嵌入治理风险的董事会治理分析框架。金融机构的特殊性决定了其面临的最大风险是治理风险。董事会作为公司治理的核心，其关键职责在于防范各种可能的治理风险。该章在剖析金融机构董事会治理特殊性的基础上，基于治理风险防范视角，探讨治理风险导向的董事会治理机制和风险防控机制，搭建嵌入治理风险的董事会治理分析框架。③分析国有控股金融机构董事个体行为特征与董事会运作效率。从金融机构董事会异质性及银行家个体行为特征视角出发，剖析其特征及其对金融机构风险行为的影响。④提出完善国有控股金融机构董事会治理的对策。结合实证研究的结论，指出今后董事会治理改革的重点并给出相应的对策。

4. 国有控股金融机构外部治理研究

完善外部公司治理机制对降低公司治理风险有着非常积极的意义。但对于金融机构而言，其外部治理与一般企业相比具有特殊性，本书所述的外部治理是相对于内部治理而言的，主要包括资本监管、市场约束、政府干预和特许权价值。

该章包括以下三方面内容：①检验外部治理与金融机构风险承担的直接关系分析。重点分析外部治理与金融机构风险承担的直接关系。若外部治理可以作为内部治理机制的替代机制，那么外部治理的好坏应当与风险承担存在直接的关系。所以首先在没有考虑内部治理的情况下，分别研究各个外部治理机制对金融机构风险承担的直接影响。②研究外部治理、内部治理与金融机构风险承担的间接关系分析。除了直接的关系之外，某些外部治理需要通过作用于内部公司治理然后影响到最终的风险承担。结合中国金融机构的特点，来分析外部治理与内部治理之间的互动关系，以及对最终风险承担的影响。这也打破了已有的直接从外部治理到风险承担的研究模式，采用从外部治理经内部治理最终到金融机构风险承担的研究模式。③考察多元外部治理与金融机构风险承担。在前述两个分析的基础上，进一步考察同时存在多个相互关联的外部治理机制与金融机构风险承担的关系。

5. 国有控股金融机构治理风险研究

2008 年世界金融危机的爆发，再一次凸显了金融体系"繁荣"背后的治理风险。金融机构缺乏治理保障的金融创新，最终为宏观经济带来巨大的灾难。金融危机的深刻教训表明，金融机构的公司治理目标不仅在于保护投资者的利益，更重要的是减少市场系统风险和保持金融体系的稳定。本章研究的目标是，在上述理论和现实背景下，在国有控股金融机构股东治理、董事会治理和外部治理研究内容的基础上，基于对一般公司治理风险的分析，探讨现阶段我国国有控股金融机构治理风险的特殊性、生成机理、与金融风险的关系及在监管机构和金融机构层面的防治等重要问题。

该章主要内容包括：①讨论一般公司治理风险和金融机构治理风险。分析一般公司治理风险的概念框架，其中重点分析现代公司的核心董事会的治理风险。在此基础上阐明金融机构治理风险的特殊性，并对金融机构的整体治理风险进行结构化分解，在此基础上描述金融机构治理风险的产生机理。②分析商业银行改革对治理风险的影响。在一般性金融机构治理风险概念框架的基础上，充分考虑当前我国国有控股金融机构的公司治理现状，分析我国国有控股商业银行的核心治理风险的特征，并分别从银行内部和外部两个方面，以及宏观和微观两个层面分析商业银行存在的治理风险。③给出金融机构治理风险管控的对策建议。在分析我国国有控股金融机构核心治理风险特征的基础上，提出防范国有控股金融机构治理风险的政策建议。

6. 国有控股上市金融机构治理评价研究

目前国内外专门针对金融机构所构建的治理评价体系比较少见，大多按照一般公司的治理评价体系来对金融机构的治理状况进行评价。国有控股上市金融机构作为我国上市公司中的重要组成部分，其公司治理的最低要求是符合一般公司治理的基本要求。综合考虑我国上市金融机构样本构成的现状，该章沿用目前我国理论界和实务界应用较为广泛的评价指标体系——中国上市公司治理指数，从多个维度来分析和评价包括国有控股上市金融机构在内的上市金融机构的治理状况。

该章具体研究内容包括：①梳理关于一般公司和金融机构治理评价的国内外研究进展。总体上来说，目前专门针对不同类型金融机构治理评价的研究鲜有。②详细分析中国上市公司治理指数的构成和指标体系。该指数包括股东治理、董事会治理、监事会治理、经理层治理、信息披露和利益相关者治理六大维度。③进行上市金融机构的治理状况评价和分析。基于 2008～2016 年中国上市公司治理指数，对我国上市金融机构进行治理总体状况的评价，并重点分析国有控股金融机构的总体和六大治理维度的状况。④基于该指数从公司财务绩效和风险承担两个视角实证检验上市金融机构治理的有效性。⑤提高我国上市金融机构治理水平的对策建议。基于上述研究，给出提高我国上市金融机构，特别是国有控股上市金融机构治理水平的政策建议。

7. 国有控股商业银行治理研究

银行治理被视为我国新一轮国有银行改革的重心，自 2003 年开始大规模改革以来，国有控股商业银行在股权结构、外部环境和内部机制建设等方面做出了很多尝试和努力。国有控股商业银行治理的形式日益完整，但是功能和机制建设尚处起步阶段。从理论研究的角度看，这方面的研究更多的是针对一些具体问题的对策性研究，系统性的理论分析尚不够深入。由于银行治理刚兴起不久，基本还停留在理论架构的构建和实证经验的提供阶段，虽然有一些文献探讨治理机制与银行风险控制之间的关系，但更多的只是经典委托代理理论的简单应用，尚没有深入到治理风险的层面去反思银行治理问题，这为该章留下了足够的空间。基于以上背景，在理论研究方面，通过研究治理风险及以此为目标的国有控股商业银行治理机制体系建设的研究，进一步创新银行治理理论；并以此为突破，实现银行治理与治理风险的理论对接，从而构建相对完善的银行治理的理论架构；最后开展实证分析，提供大样本、多类型的银行治理的实证经验，为商业银行风险控制提供理论支持和经验证据。

该章内容主要包括：①回顾总结国内外银行治理研究文献。其包括银行股权结构和股东行为、董事会治理和高管激励等具体治理结构与机制方面，以及银行治理与风险承担关系方面等。②从内外部治理视角分别研究银行的治理环境和董事会治理有关问题。在外部治理环境方面，基于超级股东理论，从地区法律环境层面深入到政府官员层面；在董事会治理方面，实证检验银行董事会结构和机制的内生性影响因素并检验其对银行收益和风险的影响。③尝试进行银行治理状况的评价。侧重将公司治理、银行治理的相关理论与公司治理评价理论结合并应用于国有控股商业银行治理的评价中，创新商业银行治理评价体系，最终落脚于国有控股商业银行治理风险的最小化，并从治理环境和治理质量等方面展开对商业银行治理问题的评价研究。

8. 国有控股证券公司治理研究

完善的治理是证券公司防范风险和创新发展的根本保障。我国证券业经过近十几年的快速发展，已产生了质的飞跃。但由于我国证券公司特殊的生成机制及我国金融体制改革的滞后，国内证券公司在治理结构建设上并没有取得同步发展，还存在诸多问题，如证券公司的股权过于集中，证券公司的法人治理结构不规范等。目前理论界正试图从公司治理这一特殊的视角，将这一领域的研究成果尤其是对一般公司的观察和理解应用于证券公司中。但是鉴于证券公司治理理论上的特殊性、复杂性及行业数据的可获得程度的局限，这方面的研究进展并不尽如人意。目前，证券公司治理的理论架构远没有形成，实证经验也难以满足系统性和政策参考等现实要求。

该章的研究内容包括：①构建证券公司治理的理论框架。结合我国证券公司发展和证券公司治理实践进程，构建证券公司治理的研究框架。②进行国内外证券公司治理文献综述。对国内外已有关于证券公司治理的研究进行回顾和综述，发现已有研究缺乏关注证券公司治理有效性的研究。③检验证券公司股东治理和董事会治理与绩效的关系。选取股东治理和董事会治理相关要素指标，实证分析证券公司治理与绩效的关系，检验证券公司治理的有效性。④设计证券公司治理评价体系并基于评价结果进行实证研究。在考虑证券公司治理特殊性的基础上，参考已有研究，设计证券公司治理评价体系，采用哑变量求和的方法得到证券公司治理指数，并基于该指数从整体视角再次检验证券公司治理的有效性。

9. 国有控股保险公司治理研究

保险公司是我国金融机构的重要组成部分，自 2006 年中国保险监督管理委员会（以下简称中国保监会）出台《关于规范保险公司治理结构的指导意见（试行）》以来，保险公司治理成为我国保险监管的三大支柱之一。保险监管部门、投保人和保险公司极其关注保险公司治理状况，因此在对已有保险公司治理文献进行梳理的基础上，构建保险公司治理研究的理论框架，设计出更加有针对性的保险公司治理评价指标体系，并对保险公司治理状况进行全面评价，尤其重点分析国有控股保险公司的治理状况，为我国保险公司治理的完善提出科学且具有一定可操作性的对策建议。

该章的主要内容包括：①构建保险公司治理理论框架。在已有金融机构研究内容的基础上，以我国保险公司为研究对象，在梳理国内外保险公司治理经典文献、分析保险公司经营和保险公司治理特殊性的基础上，建立保险公司治理研究的基本理论框架。②进行保险公司治理状况评价研究。为准确把握我国保险公司治理的脉搏，设计了包括不同治理层次和不同治理内容的保险公司治理评价指标体系，并运用该指标体系对保险公司治理状况进行全面评价，尤其重点分析国有控股保险公司的治理状况。③检验保险公司治理的有效性。基于评价结果和相关保险公司治理要素，进行国有控股保险公司治理对保险公司偿付能力及风险承担影响的实证研究，实证检验保险公司治理的有效性。④提出提升我国保险公司治理水平的对策建议。该章最后基于上述研究得出我国保险公司治理的六大研究结论，并为我国保险公司治理的完善提出六大对策建议。

10. 研究总结与启示

本书进行了国有控股金融机构治理有效性的理论研究，包括第一章研究问题的提出，以及从第二章到第九章的核心章节研究内容。但公司治理学科的应用性特点决定了研究成果要能够切实指导实践，促进治理实践的发展。因此，该章在对本书进行总结的基础上，得到关于我国国有控股金融机构治理的八大研究结论；同时针对研究发现的问题，给出提升我国国有控股金融机构治理能力的八大对策建议。

第四节　学术贡献与创新

本书的学术贡献与创新可以总结为以下五点。

第一，在充分把握我国公司治理系统行政型治理和经济型治理二元并存特征的基础上，搭建了一个我国国有控股金融机构的二元治理结构分析框架，同时围绕公司治理风险这一核心概念，构建了一个囊括超级股东、股东行为、股东相对谈判力、董事会权力配置和治理风险等重要概念的逻辑体系。该框架和体系是在对已有零散金融机构治理研究进行总结和提炼并结合我国金融机构治理实际情况基础上构建的；该框架可以引领未来金融机构治理领域的研究，同时对一般国有企业治理问题的研究也可以提供一定的借鉴和参考。基于上述理论框架和逻辑体系的分析，厘清了政府超级股东的治理边界，有利于指导政府股东改善金融机构行政型治理和经济型治理的配置结构，降低行政型治理对金融机构内部治理机制造成的负面影响。

第二，在考虑我国国有控股银行、证券公司和保险公司三种最重要的金融机构治理差异的基础上，以本书所搭建的理论框架为指导，将本书构建的包括超级股东和治理风险等的概念体系作为剖析工具，分别对这三种金融机构的公司治理结构与机制进行深入分析。具体来说，研究了金融机构的股东治理和董事会治理等核心的内部治理问题；也研究了金融机构的外部治理，进而从外部减少超级股东的负面效应，消除金融机构整体治理风险的诱因；最后还从内外部治理相互关系的视角探讨了如何提高金融机构治理机制的有效性，如何提高监管机构对治理风险的识别能力和自身相对于超级股东的谈判力与执行力。

第三，在国有控股金融机构股东行为和董事会治理研究的基础上，探讨现阶段我国国有控股金融机构治理风险的特殊性、生成机理，以及治理风险与金融风险的关系，在监管机构和金融机构层面对治理风险的防治等问题进行创新研究。金融机构的治理体系具有特殊性，这种特殊性来源于金融机构自身特殊的经营目标、复杂的委托代理关系及其产品的特殊特征等。这种特殊的治理结构容易造成难以察觉的治理风险积累，当治理风险达到阈值时便会以金融风险事故的形式爆发，进而导致其自身陷入困境、破产，甚至引发委托代理链条上其他利益相关机构的倒闭，严重威胁社会、经济、生活的各个链条。因此，金融机构最大、最根本的风险是治理风险。

第四，在考虑金融机构治理环境与治理机制等方面特殊性的基础上，以金融机构治理风险优化理论为指导，建立了更加科学、更具现实性和适应性的金融机构治理评价指标体系，并基于所构建的指标体系对我国上市金融机构和各类型金融机构的全行业样本分别进行了系统评价。治理评价是运用科学的评价方法，以指数形式反映其评价对象的治理状况。治理评价在上市公司开展较多，而对于非上市公司进行大样本评价的研究并不多见，特别是针对金融机构进行评价的研究鲜有。通过评价能够发现其相应的治理缺陷、识别其治理风险，进而提出更具有针对性的治理完善措施，使其将强制性治理转换为自主性治理，把治理风险控制在一个可接受的范围内。针对不同类型金融机构的治理评价研究丰富了一般公司治理评价理论和方法体系。

第五，在研究方法方面，将实验经济学中的比较制度范式与实证、调研和案例分析相结合，以实验室微观经济系统来模拟金融机构现实的治理环境，在一定程度上验证了理论创新的现实解释力。目前国际上金融机构治理方面的研究大多是基于大跨度、大样本的实证研究，而我国国有控股金融机构数量少且大部分为非上市公司，因此金融机构治理信息的获取相对困难。所以本书另辟蹊径，将实验经济学中的比较制度范式与实证、调研和案例分析相结合，以实验室微观经济系统来模拟金融机构现实的治理环境，从而检验理论创新的现实解释力。这为国有控股企业内部治理特别是股东治理的理论研究开辟了一条新的路径。金融机构治理的实验研究对已有的一般公司治理领域的大样本实证和案例研究等经典方法形成有益补充。

第　二　章

国有控股金融机构股东治理研究

　　金融业是中国进行市场化改革所必需的基石和核心。中国加入世界贸易组织（World Trade Organization，WTO）后全面开放国内金融市场并逐步探索金融机构改革，但目前中国的金融机构仍以国有控股为主体（姚树洁等，2004）。本章旨在分析国有控股金融机构中的股东治理问题，特别聚焦于政府股东行为。嵌入中国经济转型二元治理结构中的国有控股金融机构治理在实践上体现出行政型治理和经济型治理并存的二元治理结构，微观层面上的二元治理结构与宏观经济上的二元治理结构相呼应。国有控股金融机构处在政府有最足够的动力去实施有力的干预和控制的领域中，这种地位决定了国有控股金融机构中股东行为的一个重要特征，即超级股东的存在。

第一节　问题提出与研究思路

　　本节首先界定了超级股东的概念，在此基础上提出国有控股金融机构股东治理的研究问题；本节还概述了本章的研究思路，介绍了各节的研究内容。

一、问题提出

　　超级股东就是政府股东，超级股东这个概念，旨在强调政府的股东行为的双重性——政治性和经济性，以及政府股东行为的权力：它的决策影响力超出其股权份额或股东身份所赋予的权力界限。超级股东的存在，贯彻了中国二元治理结构的基本模式，即政治目标和经济目标并重但以政治目标为先导，行政手段和经济手段并行但以行政手段为保障，且行政目标越来越借助经济手段来实施的模式。

政府股东与其他股东之间不可避免地存在冲突，但更多的时候是协调，面对强势但又拥有关键资源的政府股东，股东互动更多采取了谈判的形式。同时，股东们参与治理的方式也是一种博弈，是基于产权和信托关系的博弈。政府股东的一个重要行为特征是预算软约束，无论是哪一类股东，在金融市场这一存在严重从众行为的市场中，其行为也往往存在从众的可能，其信念出现钝化，在外部信息流冲击下的决策表现为信息瀑布现象。

二、研究思路

本章的研究框架可以用图 2-1 概括。根据图 2-1 的逻辑，本章第二节首先对有关政府股东行为的研究进行了回顾，从股东行为、股东行为动机和实施保障三个方面分析了政府的股东行为。在现有有关中国国有企业的研究中，对于政府股东的行为模式缺乏一个统一的框架，需要建立一个统一的政府股东的行为模式，包括国有股东的行为动机、行为方式、行为后果和社会效率分析及演化过程，作为分析国有企业政府股东行为的基础。接下来，本章第三节分析了超级股东出现及国有金融机构治理改革的转型国家治理背景，集中讨论了二元治理结构。在第四、五节中，重点研究金融机构中政府股东的博弈策略选择及其特殊的治理行为决策，即特定竞争与偏好条件下的谈判与治理，以及政府股东特有的干预行为与预算软约束问题。在第六、七节中，重点研究非政府股东参与国有控股金融机构治理的博弈过程，特别是围绕着产权和委托代理关系的博弈，以及股东间的信任问题。在第八、九节中，分析金融机构中股东决策的信息决策权重、信念钝化和信息瀑布行为。最后，第十节总结本章，提出优化国有控股金融机构中股东治理的建议。

环境：经济转型中的二元治理结构

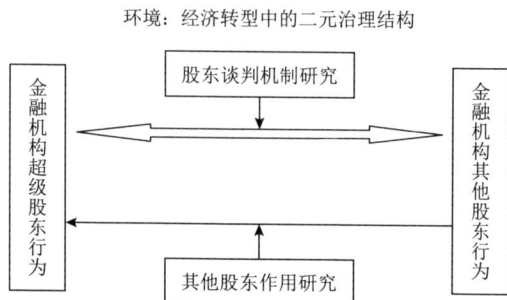

图 2-1 国有控股金融机构股东治理研究框架

第二节 金融机构超级股东理论框架

现代企业制度下，公司治理模式逐步从行政型治理向经济型治理转型。但是，在这一转型过程中，行政型治理的主体政府股东的多重目标和多维权利将其塑造成为超级股东，政府时常会根据政治收益和经济收益两方面的综合核算和权衡，突破其作为股东所拥有的有限经济权力。本节从政府股东行为的视角，梳理回顾相关文献，试图从股东行为动机、行为影响和实施机制三个方面构建一个政府股东行为模式框架——超级股东论。

一、超级股东理论的背景

改革开放以来，中国各方面都取得了举世瞩目的成就（巴曙松等，2005）。就企业改革而言，其先后经历了企业经营自主权（1979 年）、利改税（1980 年）、承包经营责任制（1992 年）和建立与完善现代企业制度（1993 年）等几个阶段，实现了从简单的放权让利到政企分开，从经营责任制到产权制度改革。在此期间，国有企业也完成了从政府的行政附属物向独立的市场主体的转变，在现代公司制的国有企业中，政府作为股东拥有国有企业的所有权，实现了政企分开，所有权和经营权的分离。

现代公司制需要企业设计公司治理结构和机制来协调和平衡股东与高管之间的利益，并保证决策的科学性。然而，由于路径依赖，中国的公司治理系统既不同于以外部监管为长的英美式市场导向型公司治理，也不同于以关系治理为主的德日式银行导向型公司治理，更不同于东南亚的家族式公司治理，而是具有自己所独有的一系列本土特征。李维安（1996，2009）将其概括为以政府行政干预为特色的治理模式。而治理改革的方向是逐步实现从行政型治理向经济型治理的转型。在这一转型过程中，行政型治理的主体——政府股东的多重目标和多维权利将其塑造成为超级股东，政府时常会根据自身在政治收益和经济收益方面的综合核算与权衡，突破其作为国有股东所拥有的有限经济权力，选择性地在人事任免、资源配置和经营目标三个维度上行政化地干预国有控股甚至国有参股企业的运营，以达到某些超越公司边界的社会性或政治性目标。政府作为国民经济的管理者与企业国有股东权利的行使者这一双重身份所形成的"治理困境"，易造成经济型治理外壳下的行政型治理或变形，从而造成行政型治理实质上的残存（李维安，2009）。

已有的文献从政府进行企业民营化、国家所有权对企业绩效的影响、政治联系与企业绩效的关系及政府干预企业的动机等方面进行了研究，并已经开始关注公司治理背后的制度背景和政府行为。政府作为股东必然拥有股东所固有的属性（经济权利），同时其本身又固有行政权利，本节从政府股东的行为这一视角，系统地梳理和剖析政府与企业的关系，构建超级股东论。

二、超级股东行为动机分析

20 世纪 90 年代后，随着现代企业制度的建立和市场化的发展，国有企业进行了一系列的产权改革和资产重组，越来越多的国有企业被纳入民营化序列。在这个过程中，政府选择性地放弃一些企业的所有权和控制权，将其转移给个人；而保留一些企业的所有权，成为这些企业的股东。从股东的角度来看，股东的经济目标是利益最大化，选择投资企业时必然以经济利益作为首要依据。然而不同于一般股东，政府作为社会管理者，其政治目标举足轻重。所以政府在选择成为哪些企业的股东，放弃哪些企业所有权的时候，会根据成本收益和其政治目标进行决策。经济目标和政治目标兼顾是政府作为超级股东的特质之一。政府在对企业进行选择时，主要有经济动机和政治动机两方面的原因（夏立军和陈信元，2007）。

从经济动机的角度考虑，国有企业经营业绩不佳在世界范围内都是一个普遍性的现象。Toninelli（2000）、Megginson 和 Netter（2001）、Djankov 和 Murrell（2002）等经典研究文献都认为"人们的研究越来越集中到这样一个观点，即民营化对改革国有企业至关重要，许多已经实施的民营化改革方案都对企业的运作产生了积极的影响"（王红领等，2001）。政府放弃国有企业的所有权和控制权能够提高企业的运行效率，或者权衡这些国有企业在政府的控制下产生的收益和运营成本及民营化后的机会成本，民营化是明智的选择。民营化后不仅企业减少了政府的成本，而且政府能够从高效运营中获得更多的税收。

王红领等（2001）将政府民营化的观点归纳为三点：一是政府放弃国有企业是为了提高企业的效率；二是政府放弃国有企业是为了增加政府财政收入；三是政府放弃国有企业是作为政治博弈中的一个战略行动。他们通过构建理论模型和实证的方法，进一步对前两种观点进行了检验。他们的检验结果否定了"效率论"而为"收入论"提供了支持，同时发现由于运营糟糕的国有企业造成的财政负担，政府倾向于将其民营化。韩朝华和戴慕珍（2008）发现产权重组显著提高了改制企业的纳税水平和创税效率，政府在民营化的过程中存在追求财政收益最大化的动机。许多学者的研究支持"效率论"，胡一帆等（2006）发现绩效较好的国有企业优先被民营化，而且民营化后的国有企业绩效明显提高。他们进一步利用 1996～2001 年对 700 多家公司进行调查得到的数据进行实证研究，发现民营化后的企业业绩表现好于政府控股的国有企业。刘小玄（2004）对 2001 年全国基本单位普查数据进行分析后发现，国有企业对于效率有明显的副作用，民营企业对于效率则有正面的作用。得出类似实证结论的还有刘小玄和李利英（2005a，2005b）、宋立刚和姚洋（2005）、Chen 等（2008）。

从政治动机的角度来考虑，就业、社会稳定和国家安全等都是政府在转让国有企业控制权时需要考虑的重要因素。政府在追求自身财政收入最大化时，任何改革都必须在迎合政治利益的约束条件下进行（Shleifer and Vishny，1998）。王红领等（2001）也发现避免增加失业和失去控制国有企业的政治利益抑制了民营化。近几年来政府转让国有企业控制权的政治动机更加明显，追求企业经营业绩的经济动机减弱（杨记军等，2010）。

2006 年底，在对过去多年推行的"抓大放小"和"战略调整"的国有企业改革经验进行总结的基础上，国务院国有资产监督管理委员会（以下简称国务院国资委）发布了《关于推进国有资本调整和国有企业重组的指导意见》（以下简称《指导意见》），明确了中央企业的重组目标和国有资本所应集中的重要行业和关键领域。《指导意见》发布后，国务院国资委进一步明确强调，国有经济要对关系国家安全和国民经济命脉的重要行业和关键领域保持绝对控制力，包括军工、电网电力、石油石化、电信、煤炭、民航和航运七大行业。2007 年，中共十七大进一步指出要优化国有经济布局和结构，增强国有经济活力、控制力和影响力。操作层面上，国有企业通过联合、兼并和改组等多种方式逐步向关系国民经济命脉的重要行业和关键领域集中，而在一般竞争性行业中则逐步退出。夏立军和陈信元（2007）发现地区市场化进程减轻了地方政府控制公司的经济动机，而中央政府的"抓大放小"和"战略调整"的国有企业改革策略使地方政府具有控制大规模公司和管制行业公司的政治动机。战略性行业往往表现为关系国家安全和国民经济命脉的重要行业，其提供的产品和服务是社会经济稳定发展的重要基础，必然会受到中央政府的高度重视。杨记军等（2010）认为这类企业无论是被中央政府控制还是被地方政府掌管，即使面临着经营困难，其控制权一般也只会局限于在整个政府内部进行战略性调整，而不会轻易选择民营化。

从已有文献可以发现，政府民营化的目标和动机是多样的，在不同的时期、不同的行业也不一样。杨记军等（2010）认为随着改革的逐步深入，政府放弃国有企业控制权的动机可能经历了一个从以经济动机为主到经济动机与政治动机并重再到以政治动机为主的渐进式变迁路径。王红领等（2001）的研究样本是从 1980 年到 1999 年，在这期间民营化的经济动机表现明显。夏立军和陈信元（2007）的研究样本是从 2001 年到 2003 年，这期间政府对国有企业的控制表现为经济动机和政治动机并重。杨记军等（2010）的研究样本是从 2003 年到 2007 年，这期间政府对国有企业的民营化主要源于政治动机。从上述研究中可以看出，政府保持目前的国有企业更多的是基于政治利益的考虑。明确政府作为国有企业股东的动机，是分析政府股东行为的前提和基础，也是分析超级股东的逻辑起点。

三、超级股东行为影响分析

政府行为既是企业外部治理环境中最为重要的方面，又是金融机构内部治理的重要组成部分。政府作为金融机构的股东，具有很强的政治动机，这在金融机构的运营中势必会产生影响。政府股东最主要的特点就是具有多重目标。一是经济目标，政府也以金融机构利益最大化为目标，对国有资产的增值和行业健康稳定发展负责。曹廷求等（2006）发现政府以股东身份对银行的控制起到了降低银行风险的明显效果，这支持了政府股东对银行业影响的发展观点。而 Zhu 和 Yang（2016）关注了中国银行的国有股权是否会带来风险承担行为的问题，发现国有股权与风险承担水平呈正相关关系，外资股权能够显著降低公司的风险水平。二是政治目标，政府需要金融机构来执行国家产业政策。从某种意义上说，国有企业是实现政治经济政策的工具（潘岳，1996）。国有银行比民营银行提供了更多的贷款，国有银行承担着经济复苏的任务（Brei and Schclarek，2015）；类似的观点，国有银行在经济复苏中占有重要地位，能够起到促进金融稳定的作用（Bertay et al.，2015）。一些私人部门投资风险较大、投资资金不足或不愿投资的重要领域，需要政府通过国有企业来支持和发展。金融机构作为政府投资的企业，其本身就是政府制定和实施公共政策、产业政策及其他政策的结果。政府通过对金融机构经营决策施加影响来实现其政策目标。三是社会目标，政府借助金融机构来实现公共利益。公共产品的提供往往采取国家供给的形式，基础设施、基础教育和国防等公共产品一般由国家提供，很多公共产品的提供都是由国有企业承担的。薛云奎和白云霞（2008）指出增加税收收入和扩大就业是我国各级政府的两个主要目标，政府官员往往利用手中掌握的对金融机构的控制权去实现这些目标。Cornett 等（2016）则关注了银行的社会责任与银行绩效间的关系，发现规模较大的银行更关注于社会责任对绩效提升的影响。

政府作为金融机构的控股股东，对金融机构来说具有一定的优势，如政府以国有资本作为金融机构经营的信誉保证，提供了垄断优势；然而，与其他股东相比其劣势主要表现在，政府股东缺乏监督激励机制，而且目标多重性及金融机构内部法人制衡机制的缺陷影响经营决策权的行使。

　　目标决定行为，政府股东目标的多样性决定了政府在金融机构中的股东行为的特殊性。要想实现这些多重目标，政府除了利用股东赋予的经济权利外，还需要借助其固有的行政权力，这也是政府股东所谓"超级"之所在。从治理模式的角度来看，国有企业的政府股东行为主要以"自上而下"的行政干预为主导，表现为人事任免行政化、经营目标行政化和资源配置行政化（李维安和邱艾超，2010）。

　　学者们从多个角度研究了政府行为对国有企业的影响，曾庆生和陈信元（2006）从公司雇员的角度研究了国家控股对上市公司社会性负担的影响，其经验证据表明，国家控股公司比非国家控股公司雇用了更多的员工，且国家控股公司的超额雇员主要来自上市初的历史遗留冗员；超额雇员和高工资率共同导致国家控股公司比非国家控股公司承担了更高的劳动力成本。潘红波等（2008）通过研究地方国有企业的并购事件，发现地方政府干预对盈利公司的并购绩效有负面影响，而对亏损公司的并购绩效有正面影响；其研究结果表明，出于自身的政策性负担或政治晋升目标，地方政府会损害或支持国有上市公司，从而同时验证了"掠夺之手"和"扶持之手"理论。田利辉（2005a）指出，国家对于企业和银行的双重所有权所带来的预算软约束问题导致了杠杆治理的扭曲，即债务融资恶化了国有企业的公司治理水平。田利辉（2005a）发现国家持股规模和公司绩效之间呈左高右低的非对称"U"形关系，国家持股对企业的绩效具有两面性影响；作为事实上的国有股东，政府存在着政治和经济双重利益，从而既通过政治干预攫取企业财富，又借助公司治理和优惠待遇来提升关联企业的价值。曹廷求等（2007）的研究发现省级政府和市级政府控股对公司绩效产生了显著的负向影响。Lepetit 等（2015）检验了股东超额控制权对银行营利性和风险的影响，结果表明，超额控制权会带来银行的低收益和高风险。

　　国有企业中政府股东基本处于控股地位，大股东掏空行为时有发生，严重损害了中小股东的利益。张光荣和曾勇（2006）的研究认为，我国上市公司的治理情况比较特殊，独立董事、监事会等作用不明显，甚至外部审计也并不总是值得信赖；相对而言，在我国制度环境中，对大股东的制约可能更多地来自股权制衡和法律监督。对于国有企业来说，政府既作为股东又作为监督者，法律监督的制约能力值得质疑。政府的特殊地位和行政任命权，使其他股东的谈判力相对较弱，对其的制衡能力亦较欠缺。而且李增泉等（2004）提供的证据表明，在基于特殊的股票发行制度、企业改制模式和再融资的管制模式下，政府作为控股股东有强烈的动机和足够的能力通过资产重组从上市公司转移利润，以支持母公司的存续和地方的发展。李增泉等（2004）的研究发现国有企业控制公司的控股股东占用的资金高于非国有企业控制的上市公司。刘运国和吴小云（2009）的研究发现中央政府控制的上市公司被控股股东"掏空"的总程度最小，金字塔控制层级越少，控股股东的"掏空"行为越严重。罗党论和唐清泉（2007）的研究表明地方政府的财政赤字会直接或间接地驱动控股股东的"掏空"行为。

从制度和政府本身角度考虑能够为政府的股东行为做出一定的解释，周黎安（2004）认为我国地方官员具有双重特征，一方面，他们是"经济参与人"，行政性分权和财政包干强化了地方政府的经济动机；另一方面，他们是"政治参与人"，关注政治晋升和政治收益。以国内生产总值（gross domestic product，GDP）增长为基础的晋升激励极大地提高了地方政府官员发展经济和干预企业的热情。周黎安（2007）提出了"政治锦标赛"模式，强调在目前的行政体制下，地方官员对地方经济发展的巨大影响力和控制力，表现在行政审批、贷款担保、土地征用和财政优惠等方面。

然而，我国不同级别政府之间的动机和行为也有差别，夏立军和方轶强（2005）指出在我国现有行政框架下，由于各级政府权力和职能不同，其动机和行为可能不同；行政分权使中央政府和地方政府存在类似"委托代理"的关系。方军雄（2009）认为中央政府控制的国有企业和地方政府控制的国有企业，由于约束条件、政府干预程度和经营目标市场化程度的不同，其行为也存在显著差异。黎凯和叶建芳（2007）则认为中央政府可能比地方政府更注意自身形象，减少对市场的直接干预。对于地方政府更加明显的干预行为的解释，辛清泉等（2007）认为行政分权使地方政府处于委托代理链条的下游，承担着诸如文教、卫生、就业、基础设施建设及国有企业员工医疗费用和离退休职工的养老费用等公共支出，财政压力大；因此，对于地方政府而言，一方面具有培育当地经济发展以做大"蛋糕"的强烈激励，另一方面也有更强的动机侵占中小投资者的利益，存在严重的"掏空"行为。

因为金融机构承担了政府政治目标，金融机构的预算约束软化。政府作为银行等金融机构的股东，在最大化整体利益时，如果追加的贷款成本低于收回全部贷款本金和利息的可能收益，贷款方就愿意软化预算约束，继续提供贷款而非清算重整企业（Dewatripont and Tirole，1994）。Kornai（1998）指出，因为政府和某些企业存在隶属关系，所以该企业管理者产生了对政府援助的理性预期，致使企业财务的预算约束变软。田利辉（2005b）从预算软约束的角度，提出国有企业的债务融资与经理代理成本之间的协同关系。他认为因为国有（控股）企业和银行（政府控股）都由政府控股，所以两者之间的关系较为密切，国有企业的预算约束较软。

四、超级股东的实施机制

政府的股东行为既有多重动机的驱动，又有执行机制的保障。政府作为金融机构的股东，既有股东所赋予的经济权利，又有政府所固有的行政权力。金融机构的财产权归国家所有本身决定了国家能够对金融机构施加支配性影响。政府通过国有资产管理部门及其任命的董事、监事和总经理，对企业的经营决策施加影响，以实现政府的政治经济目标。李维安（1996，2009）从公司治理的角度将行政型治理分为三个维度，即经营目标行政化、资源配置行政化和高管任免行政化。经营目标行政化是政府股东多重目标的直接体现，资源配置行政化是手段也是结果，而高管任免行政化则是政府保证前两者得以实现的重要手段和执行机制。

薛云奎和白云霞（2008）强调，国有企业高管的任免、考核和薪酬最终决策权掌握在作为终极控制人的国务院、省（自治区、直辖市）国资委的手中。Fan 等（2007）也强调政府尽管已经将国有企业的主要经营决策权下放给了经理层，但仍旧保留了对合并、收购、资产处置及 CEO 的任命等重大事项的最终决策权。国有企业高管人员的任命权仍完全由政府控制，地方政府和中央政府分别拥有地方和中央国有企业高管人员的任免权（陈信元等，2009）。

政府主导的高管行政性任免决定了政府的行政序列中各级政府官员和国有企业高管构成了一个内部劳动力市场。在内部劳动力市场中，高管更换更加频繁（Alchain，1969），而且高管因业绩不好更容易被更换（McNeil et al.，2004）。从国有企业高管的考核指标来看，在政府行政性任免的情况下，高管的升迁变更和强制更换，都与公司业绩和政府目标的实现紧密相关。这种行政性任免对国有企业高管特别是国有控股金融机构高管来说具有很强的威胁或诱导作用；在该内部劳动力市场中，由于政府的多重目标，对国有控股金融机构高管的考核不仅仅局限于经济业绩，政治业绩也是重要的考核指标。政府股东对现任高管的去留和继任者的选择，不会只考虑高管人选的能力和经济业绩，还会考虑到其执行政府政策、满足政府偏好和意图的意愿。

以行政为基础的考核指标自然需要以行政为依归的激励措施，如政治晋升等（陈冬华等，2005）。黄福广等（2011）的研究认为，国有企业与政府之间的行政关系会影响国有企业，因此会导致国有企业和民营企业之间高管薪酬对于代理成本影响程度的不同，他们利用中央控股、地方控股和民营上市公司的数据研究发现，国有控股和民营上市公司内高管薪酬与代理成本之间的关系差异明显；在国有控股上市公司中，行政级别引致的行政激励对公司高管具有显著的激励作用，并且行政激励对薪酬激励具有一定的替代效应。颜剑英（2002）认为，国有企业经理激励机制中货币报酬偏低及声誉、职业升迁激励异化。

行政激励能够发挥重要作用的主要原因是，国有控股金融机构高管具有行政级别，在国有控股金融机构高管任命过程中遵循逐级提拔的原则。国有控股金融机构高管的行政级别通常与该机构的行政级别相对应，国有控股金融机构高管的选拔和任命也参照党政干部选拔和任命的要求，逐级提拔。级别越高，高管获得控制权收益也会越大：权利、地位、荣誉、对资源的掌控和高额的职位消费，甚至各种灰色收入（李敬湘，2011）。

高管任免行政化将行政激励作为激励手段，在中国特有的行政体系下，有足够的激励让国有企业高管在经营企业时，同时考虑政府股东的经济目标和政治目标。高管任命行政化既是政府股东的行为，又是政府股东行为得以有效实施的保障机制。

第三节　转型国家治理结构与国有控股金融机构

股东治理

本节主要回顾中国国有控股金融机构股东治理的研究背景：首先具体阐述二元治理结构问题的提出；之后回顾关于转型中的公共秩序和政府行为及私立秩序和政府行为的已有研究；在此基础上探讨二元治理结构的成因和特征，并结合我国实践提出我国转型的瓶颈。

一、转型国家治理特征——以二元治理结构为核心

从 20 世纪 80 年代开始，包括东欧、苏联、越南和中国在内的三十多个经济体陆续进行了从计划经济向市场经济的转型，涉及世界总人口的 1/3。虽然在转型的早期，受新古典经济学阿罗-德布鲁范式（Arrow-Debreu model）的影响，以企业快速私有化、价格自由化和宏观经济稳定化"三化"为中心思想的"华盛顿共识"（Washington consensus）在有关转型的认识中占据了上风，但到了转型的后期，随着以俄罗斯为代表的独联体国家激进式转型模式的失败，以及以中国为代表的增量式经济改革所获得的成功，"演化-制度学派"逐渐开始获得来自各方的关注和重视。

虽然不同的国家由于其独特的历史背景和政治条件选择了不同的转型路径和转型速度、形成了不同的转型模式、导致了不同的经济增长程度，但可以说它们转型的实质都是市场的产权保护体系、契约执行体系和公共产品提供机制不断完善，公共秩序（public order）和私立秩序（private order）进行重构并相互磨合的过程。根据现有各方面有关转型的研究结果，转型国家的一个很重要的制度特征是不同经济个体在使用公共秩序时的机会和成本是不对等的，即那些脱胎于原计划体系的个体或企业，或者与转型政府及官员关系比较密切的个体或企业，又或者经济实力比较雄厚有能力影响或俘获转型政府的个体或企业总是能够按照他们自己的利益方向使用、扭曲或者重塑包括政府组织、法律体系、规制机构、经济政策等在内的一系列公共秩序；而

同时那些没有机会进入上述"俱乐部"的个体或企业则不得不自发组织一些诸如地下经济、商业网络、集体行动等私立秩序来保护他们的产权不受政府及强势经济个体的双重侵犯，保证契约能够得到执行。

本章将转型经济体中这种公共秩序与私立秩序相分离的经济治理特征称为"二元治理结构"，这种二元结构对于转型经济体的长期发展非常不利，如果上述二元结构依赖于政府及强势经济个体的维系行为自我强化而达到均衡，就会构成经济转型的瓶颈。本节的目的就是对转型中最具代表性的二元治理结构现象及由此导致的瓶颈问题进行一个系统性的阐释。

二、转型中的公共秩序与股东行为

在市场经济中，公共秩序的维持与运行都是和政府及其代理人的行为密切相关的，在从计划向市场的转型中，很大一部分工作是政府组织方式和运行模式的转变。

(一)产权保护与政府腐败

在计划经济中，作为计划当局的政府控制经济运行的方方面面，要转向市场经济须做好三步工作：一是取消政府对经济的全面控制；二是将政府的主要职能转换为构建并维护包括政治制度、法律体系和市场规制机构等一系列市场导向的公共秩序；三是制衡政府代理人，防止他们通过对公共秩序的扭曲来牟取私利，侵犯企业和个体的利益。大爆炸式的转型方案虽然部分移除了政府对企业、商品价格和财政预算的控制，但却没有对后两步的工作做出显著贡献。

在东欧诸国，如波兰，经济转型启动之后的几年内，政府逐渐转变了其组织方式和运行模式，能够减少对私有化企业的不良干预，官员普遍受到约束，不能随意设租，也不能与强势利益集团相勾结牟取私利。而在独联体国家中，如在俄罗斯，经济转型政策发生之后，政府及其代理人对经济生活仍然具有相当的控制力，不但没有为企业提供足够的产权保护，还时常凭借其控制力侵犯中小企业权益；在私有化进程中形成了强势的经济寡头，他们与政府官员相勾结攫取暴利；此外有组织的犯罪活动猖獗，危害企业财产安全。根据 Shleifer 等（1996）的调查报告《俄罗斯公司治理：初步观察》（*Corporate governance in Russia: an initial look*），在俄罗斯建立和运营一家中小企业非常困难，首先在企业建立阶段需要向多个政府部门提出申请和注册，其次在企业运营阶段需要应付多个政府部门的检查和干预，每个阶段都需要向这些部门支付不同程度的贿赂；在波兰，中小企业经营者担心的根本不是政府的干预，而是企业运营中的竞争压力。另据 Johnson 等（1997）的一项名为《转型经济中的政治和企业家精神》（*Politics and entrepreneurship in transition economies*）的调研，在俄罗斯和乌克兰 90%被调查企业的经理声称曾向政府官员支付过贿赂，而在斯洛伐克这一比例是 40%，在波兰和罗马尼亚仅有 20%。欧洲复兴开发银行（European Bank for Reconstruction and Development，EBRD）1996 年的转型报告表明，在 1995 年波兰有 200 万家中小企业，俄罗斯却只有 100 万家中小企业注册在案，而后者的人口是前者的四倍。可见转型中的政府及其代理人对企业私有产权的尊重和保护对于企业长期的成长和发展非常重要，从而也会影响整体经济的绩效。

与东欧和独联体国家不同，中国的改革并没有涉及政治体制的变动，政府的转型主要以中央政府向地方各级政府的纵向权力下放为特征，其中尤以中央与地方的财政分权最为引人瞩目。在财政分权的大格局下，地方政府激励、鼓励、支持甚至参与其辖下的经济个体在国有部门以外建立市场导向的小企业来增加财政收入、推动本地区的经济发展，大量的乡镇企业在此背景下应运而生。但需要特别指出的是，在转型初期中国地方政府对非国有中小企业产权的尊重和保护并不是由于受到了某种正式制度安排的限制和约束，恰恰相反，他们这种行为是由于受到了地方财政收入和经济发展甚至是政府官员私人利益的感召和激励。转型的初期这种过渡性的制度安排虽然不是基于规则的市场治理模式，却非常有利于调动地方政府在经济转型中的积极性，但同时也为日后的深化改革埋下了隐患，如果参与或干涉企业创建和经营能够为地方政府及官员带来利益，这种倾向一旦形成，不加约束终将成为企业改革层面的障碍。

（二）契约执行与法律体系

在东欧和独联体国家激进式的私有化浪潮中，大量的国有企业一夜之间转为私有，众多的企业间专用性交易不再受政府的居中协调，完全暴露于没有任何契约保障、初生的市场环境中，此时一旦某个在交易链条中处于优势地位的企业选择了机会主义行为，其后果就可能是连锁性的，一系列与其相关的企业将不能正常进行生产活动，从而造成企业产出的大范围下降。在中国却并没有这一现象的发生，这是由于转型初期的中央政府没有意向立即在国有部门内推行市场化导向的改革；在非国有部门，地方政府及官员部分地替代了正处于起步阶段的法律体系，起到了契约执行的作用，有时他们会通过各种行政措施甚至人际关系来确保本地企业发展所需的各种基本投入并协调企业间的关系。

随着国际上对法治和法律体系影响经济发展的认识不断深化，大部分转型国家在经历过不同程度的经济衰退后都开始注重加强法治建设，但法律体系的建设和完善非一日之功，至少有两个方面会影响转型国家法律制度的改进。首先是法律天然的不完备性，即便是在法律体系比较完善的发达国家，人们也不可能在法律文本中穷尽所有的违约现象，更不要说在转型国家了。如此短时间内大规模的复杂的制度变迁，任何国家之前都没有经历过，所以转型国家的法治建设很大一部分工作是对现有成功市场经济的法律进行移植、仿效和修改。尤其是在独联体国家，其实行计划经济体制时间最长，而且在此之前也没有什么市场经济积淀。与此相比，东欧的情况要好得多，这些国家靠近欧盟，又有加入欧盟的迫切愿望，在实行计划体制之前就已经具备了相当程度的市场体制经验。

法律的文本虽然很容易移植，但对法律的解释和执行却不那么容易移植，这涉及执法者的能力、经验与公正性，所以影响转型国家法律制度改进的第二个因素就是执法和司法的公正和效率问题，在法律不完备的情况下，执法和司法的公正性及效率决定了契约的执行特征。在转型国家，法律的不公正性主要来自两个方面：一方面是对政府及其代理人的约束力不足，另一方面是容易受强势经济个体及其利益集团的影响，当司法者有动力以其司法权为己牟取私利时，上述两种情形就更容易发生。效率问题主要依赖于执法者和司法者的人力资本积累，所有的转型国家都不同程度面临市场经济法律体系人力资源缺乏的问题。

以上两个因素一个阻碍了转型国家文本意义上的法治建设，另一个阻碍了转型国家执行意义上的法治建设，这两种因素所导致的直接结果就是普通经济个体倾向于避免使用法律体系，对法律的执行力表示不信任，在发生经济纠纷时，他们倾向于发展私立秩序进行治理；同时政府及其代理人和强势利益集团的机会主义行为不能得到有效制约，甚至以法律为工具牟取私利。东欧、独联体国家和中国在法律体系构建中都存在着上述问题，独联体国家程度最甚，东欧诸国程度最轻；在中国直到党的十五大才将"依法治国"确立为"党领导人民治理国家的基本方略"，在此之前地方政府对当地企业的干预部分地起到了替代商法的作用。

三、转型中的私立秩序与股东行为

在公共秩序覆盖范围之外，转型国家的经济个体还会构建出各种私立秩序来辅助解决产权保护、契约执行问题。私立秩序是公共秩序的有益补充，同时又被动地反映了公共秩序的运行特征，公共秩序的功能越扭曲、特征效率越低下，私立秩序就越需要承担更多的职责、行使更多的功能。

（一）地下经济与黑社会性质组织

转型过程中公共秩序功能不良的原因有很多，归纳起来大致有三个方面：首先，在政府机构和法律体系应有的职能缺位或正在补充和加强中，经济个体暂时没有可以借助的正式性制度安排；其次，虽然存在必要的政府机构、法律体系和规章制度，但这些制度的执行受政府及其代理人的影响，腐败现象较为严重，个体经济人如果要使用这些公共秩序必须要向他们支付高昂的贿赂，有时他们甚至主动出击侵犯个体经济人的产权；最后，某些经济个体经济实力过于强大，如俄罗斯私有化过程中形成的经济寡头，出于巩固其利益的目的往往俘获政府及其代理人，将公共秩序的制定和执行偏向于他们的利益，从而侵犯了其他弱势经济个体的利益。尤其是后两种情况对于那些既没有特殊渠道贿赂政府官员，又没有经济实力俘获政府机构的一般经济个体影响最为严重，如果他们感觉到公共秩序不可用或不利于他们，他们就会自发地采取行动通过私立秩序来保护自身的产权不受侵犯。

在转型经济中私立的产权保护秩序主要包括两个方面。一方面是发展地下经济（unofficial economy），即企业由于担心政府机构不正当的进入规制和运营规制或者执法和司法体系的不公正运作而不向政府公开企业的建立和运行或者隐藏企业的绩效信息。虽然大部分的转型国家都存在一定程度的地下经济，但由于不同国家公共秩序的执行特征不同，地下经济的发展程度也不同。一般来说，由于独联体国家的政府功能转型落后于东欧诸国，独联体国家地下经济的发展程度也相应高于东欧国家。根据 Johnson 等（1997）的估计，在 1995 年，波兰的地下经济占其 GDP 的比例低于 15%，而俄罗斯和乌克兰的地下经济都占其 GDP 的 50%左右。对于那些公开注册的企业，在乌克兰有 41%的销售额被这些企业隐藏不报，在俄罗斯这一比例有 29%，而在斯洛伐克、罗马尼亚和波兰这一比例仅为 5%～7%。另一方面，由于企业不自愿使用公共秩序，那么面对犯罪活动他们只好求助于暴力组织即黑社会性质组织的保护。在上述三位学者的调查中，俄罗斯和乌克兰样本企业中有 90%的企业经理声称曾向黑社会性质组织支付"保护费"，在斯洛伐克这一比例仅为 15%，在波兰为 8%，在罗马尼亚为 1%。对于黑社会性质组织的产生，需求因素总是比供给因素更加关键，如果作为公共产品的社会安全不能由政府有效提供，或者即使提供了服务对象也是有选择性的，即只有那些能够影响政府或者能够通过贿赂购买该项服务的经济个体能够享受到，那么此时其他经济个体将会被迫与有组织的犯罪活动相妥协，接受黑社会性质组织的"保护"。

我们在上一节已经指出，在中国地方政府对企业产权的保护并不是出于正式制度安排的约束，而是由于受到一些过渡性制度安排的激励，在中央向地方纵向分权的趋势下，地方政府及其官员对于非国有企业的支持不仅仅限于产权保护。在改革之初，不论是在意识形态上还是在正式制度安排中，私有产权的地位"尴尬"，此时某些地方政府（如浙江温州地区）甚至愿意为其辖区的非国有企业提供政治上的合法性，此外他们还主动帮助非国有部门超级股东获取生产活动所需的一系列资源，如资本、土地、水电、采购和销售渠道等。同时那些与政府部门关系比较密切的私有经济个体也踊跃加入创业者的行列，他们为了获取政治上的庇护和资源上的支持主动与政府机关接近，甚至将企业挂靠在政府机关之下，与地方政府及其官员共享企业收益。

另外，那些与政府关系较为疏远的经济个体也努力通过与官员之间的各种人际关系进入上述网络。

但需要注意的是，这种产权保护体系并不能覆盖全体经济个体，它并不以普适性的政府功能转型和法律体系建设为基础，其本质上只是一种以地方政府为主导的私立秩序，地方政府愿意提供这种私立秩序是因为受到切实地方性利益的诱导。在这种发展模式下，虽然市场得到了一定程度的发育，但是那些与政府及官员毫无关联的经济个体并不能分享到这种私立秩序所带来的收益。在经济改革的起步阶段，政府及官员从鼓励和参与企业发展中获得的收益远大于掠夺企业带来的收益，而当企业经济发展到一定阶段后，后者将大于前者，此时建立公共秩序约束政府行为就成为维护市场经济的必需。

(二)关系治理与商业网络

转型经济中另一项重要的私立秩序是基于治理关系层的契约执行机制，当政府机构、执法和司法体系不能保障经济个体之间的契约执行时，经济个体会自发地组织起基于长期交往的关系型契约治理，这种基于长期关系的治理方式主要包括三种：双边关系治理、多边关系治理和中介式治理，三种治理方式在转型国家企业间契约的执行中都有所体现。

Hendley 等（1999）对俄罗斯的 327 家样本企业的契约执行状况进行了调研，他们发现双边关系治理是样本企业与其他企业间最常用的契约执行方式，同时也是最有效的执行方式。样本企业存在的时间越长、规模越大，就越愿意与其上下游企业保持长期的交易关系，甚至与这些企业的中低层管理人员保持长期交往，契约执行中遇到的问题都可以通过这种长期关系得到协调解决。这种双边关系大部分都脱胎于苏联时期，在苏联时期的计划经济体制下，按照计划当局的指令，这些企业之间就已经存在着长期供货关系，苏联解体以后，虽然这些企业进行了相应的产权重组，但企业间的交易关系却被企业自愿地保留了下来。因为保留这种双边关系是有价值的，在正式的法律体系功能不良或执行扭曲的情况下，企业不敢轻易脱离原来的交易对象去寻找替代的交易伙伴。他们对于企业间双边关系重要性的理解很好，以退出长期关系为威胁构成了一种有效的契约执行手段，据 Hendley 等（1999）的调查，大约有 2/3 的企业曾经使用过退出威胁作为保障契约执行的手段。

Johnson 等（1997）对俄罗斯、乌克兰、波兰、斯洛伐克和罗马尼亚五国的制造企业发放了调查问卷，调查结果也表明双边关系治理是大部分企业间交易契约的基础。McMillan 和 Woodruff（1999）对越南企业的两次调研也得到了类似的结果。

双边关系的局限性在于潜在的交易伙伴太少，经济个体无法将交易拓展到双边关系之外，发展可替代性的交易关系是企业节省交易成本的一个重要方式。所以在转型国家，无论是新建立的企业还是私有化后的原国有企业，都将发展多边关系治理和中介式治理作为双边关系的补充治理方式。比如，每个企业都会发展一批重点交易伙伴，企业与他们频繁发生交易，这种商业群体往往依托于已有的社会网络，通过声誉机制和社会规范惩罚机制来维持多边治理结构。再比如，他们可以加入某些商业协会来进入某个商业网络，借助声誉效应来辅助契约执行。大部分的转型国家都有不同类型的商业协会，这些商业协会正是为了解决多边交易中的违约行为而自发形成的非正式组织。根据 Hendley 等（1999）的调查，在俄罗斯超过 1/5 的样本企业会通过其他企业了解当前交易伙伴的信用状况；如果当前的交易伙伴违约，约有一半的企业会将其违约的信息通过商业网络传递给其他企业以损害其声誉。另据 Johnson 等（1997）在俄罗斯、波兰等五国的调查，样本企业中有47.8%的企业参加了某个商业协会；在参加商业协会的企业中又有 2/3 的企业表示商业协会有助于他们搜索交易伙伴或者获得交易伙伴的信用评价信息；有的企业会通过商业协会对他们与其他企业之间的契约纠纷进行仲裁。

有关中国转型中契约执行问题的研究非常少。黄少卿（2005）仿照 Johnson 等的调查问卷在 2005 年对超级股东进行了一次调研，调查结果表明：样本企业在遇到契约纠纷时，一半以上的企业会选择私下协商解决，约1/4 的样本企业会选择法庭诉讼，剩下的企业会选择通过第三方中介进行协调；在对契约执行中介进行评价时，有 32 家企业倾向于法庭，15 家企业倾向于各级政府，4 家企业倾向于其他组织，7 家企业认为没有有效的中介；如果不得不使用法庭执行契约，约有一半的企业愿意向法官行贿；样本企业已有的长期交易关系有 20 家是通过社会网络建立的，有 23 家是通过商业网络建立的，14 家是通过政府机构建立的，16 家是在市场中建立的。随着市场分工的不断深化和市场规模的不断扩展，企业对非人格化（impersonal）

交易中契约保障机制的需求越来越紧迫。

在正式法律体系建设滞后的情况下，企业不得不求助于社会关系网络和具有强制力的政府。如上文所述，在中国转型过程中，各级政府及官员的积极性非常重要，在企业间的契约执行中同样也很关键。中国社会中的"关系"（guanxi）与西方文化中的"关系"（relation）具有鲜明的区别，前者可以说是中国人的一种生活方式，折射出中国社会在历史和现实中长期缺乏公共秩序的特征，带有明显的功利性和排外性。这种"关系"网络一旦与官员的权力结合起来就会对网络内企业的契约执行产生重要的影响，在中国转型过程中的地方保护主义现象及地方官员干涉地方司法的问题都与此有关，这种以权力为核心的关系网络对于网络之外的经济个体具有非常明显的负面影响，所以那些距离网络核心较远的个体总是要努力通过"拉关系"进入"关系"网络。

四、转型国家治理结构的成因与特征

从上面对东欧、独联体国家和中国在转型中公共秩序和私立秩序的横向对比可以看出，以波兰和捷克为代表的东欧国家在公共秩序的构建上优于以俄罗斯和乌克兰为代表的独联体国家，从而导致它们在私立秩序上也呈现出显著差异，而这两个地区转型秩序的构建与中国既有区别又有联系。

（一）转型前的初始条件

1999 年世界银行和 EBRD 联合在 22 个转型国家进行了一次商业环境与企业业绩调查（business environment and enterprise performance survey，BEEPS），这次调查的一个重要内容就是考察转型国家政府的被俘获程度，即经济个体能够在多大程度上通过贿赂手段俘获议员、政府官员或法官来修改现有法律，制定有利于自己的规制政策或影响法庭判决结果，这一指标可以衡量转型国家公共秩序的执行特征。调查结果表明，独联体国家的俘获指数普遍高于东欧国家，且俘获者企业总是能够比其他企业获得更好的发展条件。实际上转型之前的俄罗斯和波兰有着相类似的经济条件和政治条件，首先两个国家都有一定的工业基础，但国民经济都处于崩溃的边缘；其次，在政治上共产党对经济、社会、生活的控制全面解除，两个国家都仿照西方建立了名义上的民主政体。但由于转型之前其他一些初始条件，两个国家在转型之后却呈现出完全不同的制度特征和发展速度，这些条件主要包括以下两个方面：一方面针对经济个体及其利益集团；另一方面针对政府及其代理人。

首先，也是上述调查结果所强调的，转型之前经济个体是否能够组织有效的集体行动约束或抵制政府及利益集团建立掠夺性政府，对于转型中公共秩序的构建至关重要。Bruszt 等（2005）研究了转型国家的市民社会（civil society）发展水平对转型政府的塑造作用，研究结果表明转型国家的市民社会基础越好，转型政府及其代理人所受的约束也就越大，政府转型也就越成功。在转型之前波兰等国的经济个体及其利益集团就已经组织过大量针对政府行为的反抗行动，而在俄罗斯和乌克兰这样的行动相对较少，一方面反映出独联体政府对社会生活的控制力较强，另一方面也反映出东欧国家一般经济个体的集体行动意识和政治参与意识较强。

其次，转型前计划经济政府及其代理人的残余政治力量对于转型后公共秩序的构建及运行具有重要影响，虽然"大爆炸"式改革方案放松了政府对经济的直接控制，但是在涉及市场规制、执法司法等公共事务方面政府官员仍然具有相当大的自由裁量权，若前计划经济政府的官员仍留在转型后的政府中行使这些权力，那么转型后的市场经济必定会带有鲜明的权力特征。独联体国家的计划经济历史远远长于东欧，从官员的人力资本意义上讲，在转型之初俄罗斯要比波兰更加缺少具有市场经验的政府官员和司法人员，而且在政体转换过程中仍然有大量原政府官员凭借其政治力量、通过各种手段保持其政治影响力，所以在俄罗斯转型后的各级政府中都存在原政府官员位居要职的现象。由于法治建设的滞后，他们不仅在私有化进程中中饱私囊，甚至在私有化后还凭借权力继续侵犯其他经济个体的利益。私有化进程中的官员徇私行为产生了大量的强势经济个体即经济寡头，他们与官员相勾结，不仅在经济上甚至在政治上都要求建立以他们的利益为导向的公共秩序，抵制进一步的制度变革。

中国在计划经济时期就与东欧和独联体国家存在着较大的差异，按照 Qian 等（2006）的观点，前者是 M 型计划体制，后者是 U 型计划经济体制。M 型体制下每个行政区域都有相对独立的计划体系，而 U 型体制下整体计划体系以产业职能模块为组织原则，而不以行政区域为划分。这样一来，与财政分权相结合，M 型体制就能够给予地方政府及其官员较大的自主权和改革激励，鼓励他们支持地方企业。同时由于中国政治体制上的稳定性，国有部门的改革一直比较保守，在转型之初没有形成强势的经济个体或利益集团，政府及官员与经济个体之间的联系以社会关系为主，那些与政府官员距离较近的经济个体有幸获得优先发展，对其他经济个体的影响也以正外部性为主，所以转型之初在非国有部门也不存在强势经济个体俘获政府机构的情况。结合上述东欧和独联体国家的情况，可以说转型前的初始条件对于转型后经济治理的发展和演化具有决定性的作用。

(二)秩序的交互

由于上述初始条件，转型后的一个很重要的制度现象就是在某些转型国家经济个体使用公共秩序和私立秩序时的机会及成本不对等，即那些原来依托在计划体系中、转型过程中依然具有影响力的企业或个体，以及转型后与政府及官员关系比较紧密的企业或个体，能够通过俘获、贿赂或其他手段，按照自己的利益目标建立、修改或扭曲本应由所有经济个体平等享有的政治体制、规制法规或法律体系；与此同时，那些无法进入上述网络的一般性经济个体将被迫组织私立秩序来治理他们之间的经济交往，本书研究将转型中这样的经济秩序称为"二元治理结构"。

成功的市场经济中经济个体在使用公共秩序和私立秩序时的机会和成本应该是大致对等的，每笔交易是选择公共秩序还是选择私立秩序进行治理，要依交易本身的信息条件而定，而非依照交易者与公共秩序执行者的关系而定。但是在二元治理结构中，弱势的经济个体由于担心被俘获的公共秩序有可能会对他们构成侵害而不得不依赖于私立秩序。虽然私立秩序对于经济治理是必不可少的，但这种与公共秩序相脱节的二元结构是不利于长期经济发展的。首先，从社会成本和效率意义上讲，由于公共秩序不能覆盖全体，私立秩序功能有限，大量潜在的交易不能发生，社会剩余白白损失；其次，从公平意义上讲，二元治理结构会造成利益分配的不平等，这种不平等分配通过长期积累将进一步拉大强势经济个体与弱势经济个体之间的经济力量差距，更加便于强势经济个体维持现有的二元治理结构，也就是说，这种二元治理结构一旦形成就有可能是自我维持并自我强化的——能够按照自己的利益目标使用或修改公共秩序的政府官员和强势经济个体希望这样的二元结构能够维持下去,被排除在公共秩序之外的其他经济个体虽然非常想去打破这种二元结构,但却苦于没有积累到足够的经济力量和政治力量。所以可以说在很多转型国家,向成功市场经济迈进的一个很重要的瓶颈就是消除这种均衡意义上的二元治理结构。

五、转型的瓶颈

不同转型国家在转型之前的初始条件不同,二元治理结构相分离的程度也有所差异。世界银行从 1996 年开始编制全球 212 个国家和地区的全球治理指数(worldwide governance indicators,WGI),这一指数从六个维度按年度连续、综合地衡量样本国家公共秩序的运行质量。根据他们的研究结果,虽然自 21 世纪以来转型国家的公共秩序都有一定程度的改进,但东欧国家公共秩序质量各方面提高的速度和幅度都高于独联体国家。在波兰和捷克等国,无论是在政治体制还是在经济活动中,经济个体之间的参与机会都相对均等,弱势经济个体也有使用和修改公共秩序的机会与权利。对于这些国家,转型的瓶颈并不在于消除二元治理结构,而是在于如何进一步在各治理层次的具体运作上与欧盟接轨、融入欧洲社会,逐步去除计划经济时期的历史烙印。

但是在俄罗斯和中国,二元治理结构的瓶颈效应就比较难以消除,其原因都是在于某些经济参与人意图维持这种二元结构,同时其余参与人却无力消除之。但由于转型的初始条件和路径不同,两个国家的二元治理结构在机理上存在着较大的差异,俄罗斯的二元治理结构主要是以强势经济个体为主导的,而中国的二元治理结构主要是以政府及官员为主导的。在俄罗斯的叶利钦时代,那些对计划体系深恶痛绝的政治力量为了遏制苏共重新掌握国家政权,曾经与私有化进程中形成的强势经济个体结盟来巩固当时并不稳定也不健康的市场体制,这在行动上进一步壮大了强势经济个体的实力。在普京时代之前,强势个体俘获政府对经济发展的不利影响就已经全面地爆发出来。普京及其继任者的一个重要任务就是获取一般经济个体的政治支持,与国家及各地区的强势个体相抗衡，稳定并改善各个层面上的公共秩序，消除强势个体主导的二元结构对进一步完善市场秩序造成的障碍。

中国的情况比较特殊，除农业改革之外，国有部门和非国有部门的改革全部都是在各级政府的控制和主导下进行的，各方面的经济个体在改革过程中自始至终对公共秩序的构建并没有太大的推动作用，而且这些改革大多不是以规章制度、法律体系等公共秩序实现的，而是以各级政府的过渡性安排和权宜性行动为主线的。虽然非国有部门的改革取得了巨大成就，但同时也产生了大量的问题，那些与政府关系比较紧密的企业和个人能够优先获得使用政府各项资源的机会，而政府也愿意与这些企业保持紧密联系并分享由此产生的巨大租金，其他企业和个体却被排除在这个圈子之外。国有部门的改革虽然采取了"放权让利""公司化改革"等一系列措施，但却很难说取得了成功。由于政治体制方面的原因，国有企业产权层面改革的选择空间比较狭窄，企业的生产和增值激励一直难以落实，同时却为企业代理人的以权谋私行为大开方便之门。国有企业天生与政府机构的联系比较紧密，使用公共秩序的机会最多、成本最低。所以中国的二元治理结构更多是由各级政府或国有部门的代理人维持的，他们不愿意深化改革、消除二元治理结构，因为现有的经济秩序能够给他们带来持续的租金。

第四节　金融机构政府股东的谈判博弈分析

在国有控股金融机构中，存在一个强势的政府股东，同时也存在大量中小股东。金融机构内的第二类委托代理问题可以刻画为一类股东间契约，这类契约也恰恰是金融机构最常面对和处理的。金融机构内强势的超级股东和其他中小股东的博弈，可以用偏好机制、竞争态势影响下的股东间契约的治理问题来刻画。偏好机制作为规制道德风险行为的基础制度安排，受到了股东间契约所处竞争态势的影响，二者共同决定了股东间契约的治理效率。本节采用比较制度实验方法，研究了对称市场、买方竞争（即超级股东内部竞争）和卖方竞争（中小股东内部竞争）三种信贷市场中偏好机制的治理效率，对比分析了三种竞争状态下的市场绩效和收益分布。结果表明：买方竞争强化了偏好机制的治理效能，卖方竞争削弱了偏好机制的治理效能；股东间契约治理效率随时间逐渐降低，对称市场的签约比率下降最快，卖方竞争市场的守约比率下降最快；买方竞争市场平均绩效最高，卖方竞争市场最低；买方竞争的投资者占有了较大比例的交易剩余；卖方竞争的超级股东占有了较大比例的交易剩余。

一、股东的偏好、竞争与公司治理效率

在我国转轨经济背景下，制度的缺失和法律的不完善导致投资者利益无法得到有效保障。针对信贷签约、项目选择和收益分配中的道德风险问题，理论文献设计并研究了各种正式的缓解制度，这些制度设计大都以行为人偏好稳定、信息完全等严格条件为假定前提，而现实经济交易当事人具有非标准偏好和非标准信念，并且他们在决策过程中具有系统性偏差。许多研究表明并不是所有的经济行为人都会最大化自己的收益，在一个非常宽泛的经济设置范围内，许多参与人表现了社会偏好和公平偏好的行为（Fehr and Falk，1999）。契约当事人的道德风险行为对其起到了一定的缓解作用，而且在传导着各类正式制度安排的效能，对企业股东间契约治理发挥着基础且关键的作用。偏好机制产生于契约当事人的自省和良心效应，同时受制于所处交易环境的竞争态势，竞争从不同方面促进或制约着偏好机制在股东间契约治理中的作用。

当市场中不存在任何正式的契约执行机制，即使存在，也因无法有效甄别道德风险行为或甄别成本过高而不能有效执行时，偏好治理就会发挥作用。Guiso 和 Paiella（2004）的研究表明，在信贷市场中社会偏好和公平偏好是一种非常重要的治理机制，社会动机保证了一些代理人履约分配收益，因为如果他们不履约就会承担心理成本。Stigler 和 Becker（1977）等曾试图将这种人们关注他人利益的行为纳入新古典范式。还有一些博弈论学者，如Fudenberg 和 Maskin（1990）试图用重复博弈来刻画人们的这种利他行为。Guth 等（1982）利用最后通过博弈实验验证了社会偏好的存在性。Rabin（1993）最先试图对这些现象进行建模。国内学者叶航等（2005）、李晓义和

李建标（2009）、陈叶烽（2009）等也都从不同的角度研究了偏好机制所发挥的治理作用。竞争可能会使公平偏好的个体在契约执行过程中表现出自私行为，因为增加竞争会降低公平偏好个体相对自私个体的收益（Fischbacher et al.，2009）。部分理论研究（Fehr and Schmidt，2000；Falk and Fischbacher，2006）对比分析了竞争对契约缔结双方行为的影响，指出市场竞争是影响参与人行为的重要因素。Guth 等（1997）、Grosskopf（2003）利用实验方法分析了不同竞争者数量是如何影响契约执行效率的。一些文献指出交易双方的剩余所得受制于各自从竞争中获得的谈判权利（Stiglitz and Weiss，1981；Mester，1994；Brito and Hartley，1995）。

现有文献分别对偏好机制和竞争问题进行了研究，而把二者结合起来分析股东间契约治理效率问题的文献还不多见。现实股东间契约执行中，偏好机制不仅存于对称市场中，而且经常受到买方竞争或卖方竞争的影响，是与不同竞争状态交互影响共同发挥治理作用的。由于实地数据获取的困难，利用比较制度实验研究方法分析偏好机制在三种信贷市场竞争状态下的治理效率及当事人行为和收益情况，对投融资双方签订最佳激励契约具有重要的参考意义。

二、实验设计与实验过程

（一）实验被试与实验设置

本节的三场实验分别于 2011 年 7 月 17 日、2011 年 7 月 22 日和 2011 年 7 月 25 日在南开大学泽尔滕实验室进行。每场实验招募 10 名被试，分为投资者被试（A 类型被试）和超级股东被试（B 类型被试）两种类型，所有被试均为高年级本科生或研究生。为避免学习效应，所有被试均是无经验被试。每场实验进行 20 期，单期实验结构相同并重复进行，每场实验持续 1~1.5 小时的时间。每场实验开始前，都要对被试进行风险态度的分离，根据被试所填写的风险态度量表得分进行排序，分值高的前五名被界定为风险偏好型被试，后五名被界定为风险规避/中性型被试。

（二）实验基本框架

除由被试人数结构决定的竞争状态不同外，三场实验的其他设置均相同。实验开始时，计算机随机确定被试是 A 类型还是 B 类型，被试类型一旦确定，在整个实验中就不再改变，被试身份号码是在每期开始时计算机随机赋予的。三场实验均是通过这种不固定身份的匿名交易形式实现偏好机制的功能。每期中，A 作为投资者拥有初始禀赋 32G\$（实验货币），B 没有初始禀赋，A 和 B 通过谈判决定是否签约。若签约，则由 B 来决定该资金的用途，可以用于高风险项目 H，也可以用于低风险项目 L，其中 H 项目的成功概率为 30%，成功收益为 200G\$，失败概率为 70%，失败收益为 0；L 项目的成功概率为 80%，成功收益为 100G\$，失败概率为 20%，失败收益为 0。

（三）单期实验结构

单期实验由三个决策阶段构成：投资者投资决策阶段、超级股东项目选择决策阶段和超级股东收益分配决策阶段。第一阶段中 A 和 B 决定是否签约，若签约，实验进入第二阶段。若签约失败，则 A 获得稳定的 32G\$，作为丧失签约机会的补偿，B 获得 10G\$的稳定收益，A 和 B 等待进入下一期实验。第二阶段 B 做出项目选择决策，B 完全按照自己的意愿进行项目选择。第三阶段 B 做出收益分配决策，B 完全按照自己的意愿进行收益分配，如果项目失败，A 和 B 的收益均为 0。所有 A 和 B 的三阶段决策都完成之后，实验进入下一期，结构和以上相同。

（四）被试收益计算

实验报酬取决于被试的决策，实验结束后，根据被试在实验中所获得的总点数，按照 40G\$=1 元人民币的比例兑换成现金并加上 5 元人民币的出场费支付给被试。A 和 B 的最终收益由单期收益之和构成。

A 的单期收益为：$\pi_A = \begin{cases} 32, & \text{签约失败} \\ r, & \text{签约成功且项目成功} \\ 0, & \text{签约成功但项目失败} \end{cases}$

B 的单期收益为：$\pi_B = \begin{cases} 10, & \text{签约失败} \\ R-r, & \text{签约成功且项目成功} \\ 0, & \text{签约成功但项目失败} \end{cases}$

其中，R 表示项目收益额；r 表示 B 分配给 A 的数额，分配额 $0 \leqslant r \leqslant R$，若项目失败，则 R 和 r 均为 0，签约失败 A 和 B 的收益分别为 32G\$ 和 10G\$。

三、实验结果与分析

(一)不同竞争状态下的股东间谈判与执行效率

1. 股东间契约三阶段治理效率的描述性统计分析

卖方竞争中股东间契约第一阶段签约比率的平均值最高，为 0.460；其次是买方竞争信贷市场，为 0.400；对称市场中最低，为 0.350。另外，从股东间契约第二阶段和第三阶段的守约比率平均值来看，买方竞争信贷市场中最高，其次是对称信贷市场，最低的为卖方竞争信贷市场。由于股东间契约治理效率考察的首要因素是竞争和偏好机制对第二阶段和第三阶段超级股东道德风险行为的规制效应，通过二者的守约治理传导到第一阶段的签约问题。因此可以得出，在 20 期实验中，买方竞争下的偏好机制治理效率最高，其次是对称市场，卖方竞争下最低。这主要是由于买方竞争自身就对超级股东道德风险行为发挥了一定的规制效应，并且超级股东自身的偏好机制因买方竞争而强化，而卖方竞争削弱了投资者的谈判地位，加大了超级股东的道德风险可能性，弱化了偏好机制的功能。在卖方竞争第一阶段签约过程中，因投资者人数多于超级股东人数，即使有部分投资者预期到卖方竞争对偏好机制的弱化可能加大超级股东的道德风险行为从而选择不投资，也可能会出现投资人数等于甚至多于对称市场的情况，那么考察第一阶段治理效率时，就不能单纯利用签约比率来度量，同时还要考虑到被试的风险态度，实验数据显示卖方竞争信贷市场中的被试风险态度得分高于对称市场和买方竞争市场，因此，投资者提供股东间契约和超级股东接受股东间契约的比例也就相对较高。

图 2-2、图 2-3 和图 2-4 给出了三阶段治理效率指标变动趋势。三种市场竞争下的偏好机制维系的签约比率和守约比率均呈现了随时间下降的趋势，第一阶段签约比率在三种竞争市场中呈现的下降趋势基本一致，其中买方竞争和卖方竞争信贷市场中，偏好治理机制维系了近一半股东间契约的达成，实验前 9 期签约比率较高，后 8 期下降明显，逐渐降低为 0。第二阶段

守约比率的整体下降趋势比第一段签约比率明显，在实验的后 5 期均已降低到 50%以下，在最后 3 期守约比率已经全部为 0。第三阶段守约比率一开始就明显低于前两个阶段，整个 20 期实验中偏好机制维系的守约比率一致都低于 60%，大部分低于 40%，且迅速趋近于 0。从总体上看，三种竞争市场中偏好治理下的信贷市场都逐渐走向了破灭，这主要是由于在缺乏正式制度约束的情况下，单纯依靠竞争和偏好对当事人行为和心理影响所产生的规制作用逐渐减弱甚至消失，竞争和偏好所产生的积极作用逐渐被当事人的经济人理性所抵消，并且随着实验期数的增加，股东间契约当事人的经济人理性逐渐显现并不断增强，导致了整体信贷市场三阶段治理效率都逐渐降低，但是三种不同的竞争状态对偏好机制的影响存在差异。

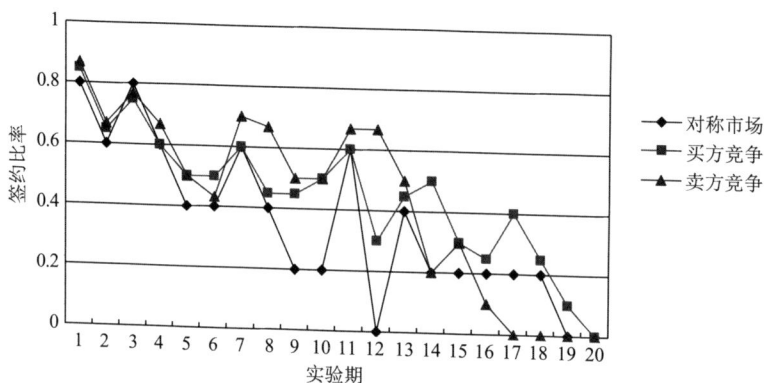

图 2-2   第一阶段签约比率趋势图

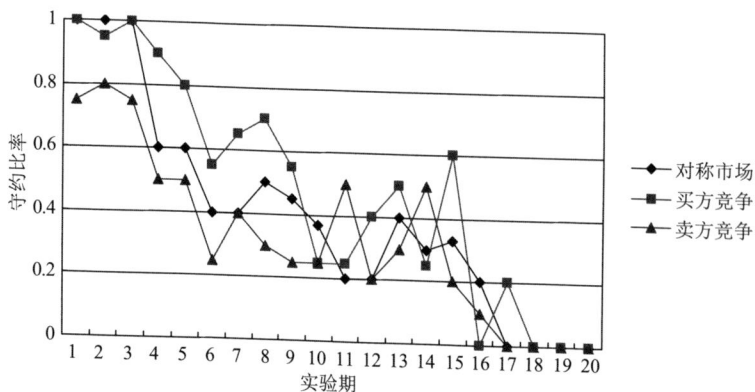

图 2-3   第二阶段守约比率趋势图

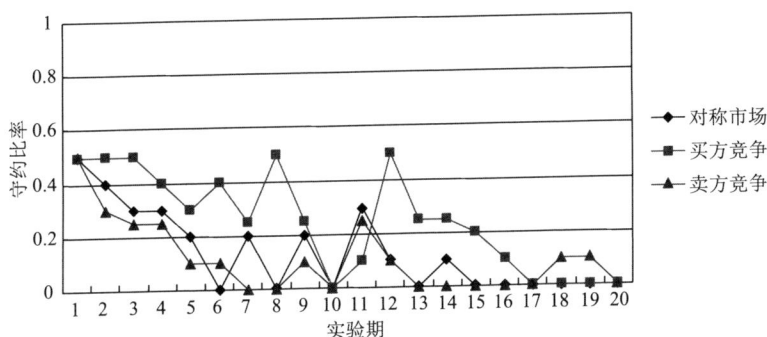

图 2-4 第三阶段守约比率趋势图

2. 股东间契约三阶段治理效率的统计检验

利用多独立样本非参数检验对竞争和偏好在股东间契约三阶段治理效率中的作用差别是否显著进行了检验。检验结果表明，第一阶段签约比率的 K-W 检验 p 值为 0.003，J-T 检验 p 值为 0.006，因此可以看出，三种竞争市场中的偏好机制对第一阶段签约比率带来影响的差异是显著的。同理可知三种竞争市场中的偏好机制对信贷交易第二阶段守约比率和第三阶段守约比率带来影响的差异也是显著的。

(二) 不同竞争状态下的股东间谈判绩效与收益分布

1. 信贷市场绩效与收益分布的描述性统计分析

从信贷市场绩效来看，买方竞争信贷市场平均绩效最高，为 618.4G\$；其次是对称市场，为 593G\$；卖方竞争信贷市场平均绩效最低，为 552.8G\$。这主要是由于买方竞争强化了偏好机制对超级股东道德风险的规制作用，增加了信贷交易剩余，而卖方竞争则弱化了偏好机制的治理作用，导致超级股东守约比率降低，挤出了部分交易剩余。从图 2-5 可知，买方竞争市场中投资者占有了大部分交易剩余，这主要是由于买方竞争提高了投资者的谈判地位；卖方竞争对投资者谈判权利的削弱导致了超级股东占有了大部分交易剩余（即图 2-5 中企业家收益）；由于在超级股东群体中存在着一部分具有社会偏好和公平偏好，也就是诚实的超级股东，他们不分配给投资者收益，则会承担一定的心理成本，这部分超级股东进行了收益分配，但毕竟超级股东在收益分配中占据优势地位，因此，对称市场中超级股东占有了相比投资者较多的交易剩余，但低于卖方竞争市场，高于买方竞争市场。

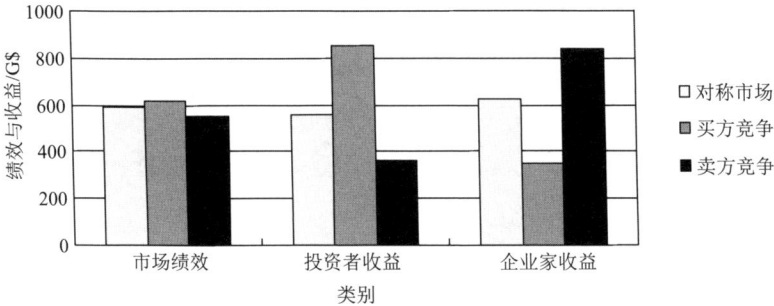

图 2-5　三种竞争状态下市场平均绩效和平均收益分布比较

　　诚实的超级股东的比例决定了信贷交易收益的分布，图 2-6 给出了三种竞争市场中表现为诚实的超级股东的比例变动趋势。本章中根据 H 项目和 L 项目的期望收益来界定诚实超级股东，无论超级股东选择 H 项目还是 L 项目，单期实验的交易收益期望值为：（200×30%+100×80%）/2=70G$，按照平均分配原则，诚实超级股东应该分配给投资者 35G$，因此，界定分配额高于 35G$的超级股东为诚实超级股东。从图 2-6 可以看出，诚实超级股东比例存在较大波动，买方竞争市场中诚实超级股东比例明显高于另外两种市场，卖方竞争市场中诚实超级股东比例最低。由此可知，竞争对超级股东的收益分配产生了重要影响，买方竞争使部分自私的超级股东也在模仿诚实超级股东的行为进行收益分配；在卖方竞争市场中，诚实超级股东也会模仿自私超级股东的行为以最大化自己的利益。虽然诚实超级股东的存在能够使投资者从交易剩余中分到一部分收益，但是从图 2-7 可以看出 20 期实验中每期的平均分配额都比较低，只有买方竞争市场的第 1 期、第 2 期、第 5 期、第 8 期、第 9 期、第 11 期和第 13 期的平均分配额等于或高于 32G$（也就是投资者的初始禀赋），其他期的平均收益虽然也高于另外两种市场，但均低于 32G$。

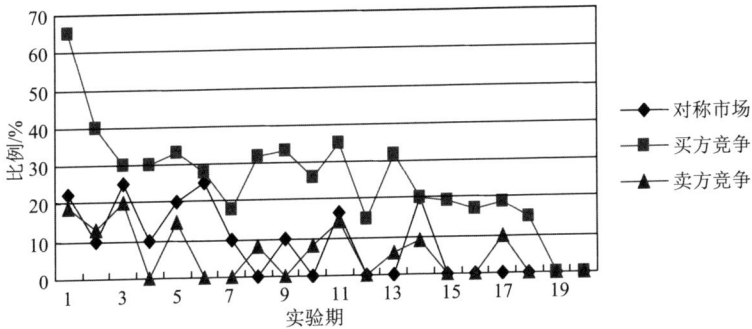

图 2-6　分配额超过 35G$的比例变动趋势

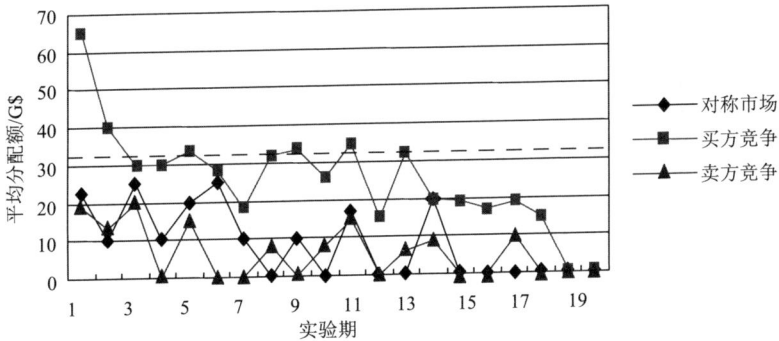

图 2-7　三种竞争状态下平均分配额变动趋势

2. 信贷市场绩效与收益分布的统计检验

　　利用多独立样本非参数检验对三种竞争状态在信贷市场绩效、投资者收益和超级股东收益中的作用差别是否显著进行了检验。检验结果表明，市场平均绩效的 K-W 检验 p 值为 0.002，J-T 检验 p 值为 0.004，可知，竞争对市场绩效影响的差异是显著的。同理可知三种竞争状态对投资者收益和超级股东收益影响的差异也是显著的。

　　股东间契约治理效率除了受到竞争状态和偏好机制的影响，还会受到实验被试个人特征的制约，其中风险态度和性别是两个最关键的要素。风险偏好型投资者要求的 H 项目达到了 27.1%，而风险规避型、中性型投资者要求的 H 项目只有 16.9%，二者的差异显著，这主要是因为风险偏好型投资者关注的重点是项目成功后的收益，而风险规避型、中性型投资者关注的重点是两类项目的成功概率。风险偏好型投资者的平均收益低于风险规避型、中性型投资者，但统计检验并不显著，这主要是由于收益分配权掌握在超级股东手中，投资者的收益受制于超级股东的分配行为。风险偏好型超级股东选择 H 项目的比例显著高于风险规避型、中性型超级股东，道理类似于投资者，但是风险偏好型超级股东的平均收益却显著低于风险规避型、中性型超级股东，因为 H 项目的期望收益小于 L 项目。从性别角度来看，无论是投资者还是超级股东，男性偏好 H 项目的比例都显著地高于女性，并且男性的收益高于女性，但并不显著。

3. 股东间契约治理效率的影响因素

为了考察竞争与偏好机制对股东间契约治理效率的影响程度及其他因素在其中的作用，本章界定了股东间契约治理效率指标作为被解释变量，并筛选了 10 项影响股东间契约治理效率的因素作为解释变量。被解释变量包括两大类六项指标：第一阶段是否签约（$Contract_1$）、第二阶段是否守约（$Contract_2$）、第三阶段是否守约（$Contract_3$），市场绩效（$Revenue_T$）、投资者收益（$Revenue_A$）、超级股东收益（$Revenue_B$）。解释变量包括买方竞争市场（BC）、卖方竞争市场（SC）、对称市场的第 1～5 期（P_{1-5}）和第 16～20 期（P_{16-20}）、P_{1-5} 与 BC 的交叉项、P_{1-5} 与 SC 的交叉项、P_{16-20} 与 BC 的交叉项、P_{16-20} 与 SC 的交叉项、被试风险态度（Riskattitude）和性别（Gender）共 10 项。本章共构建了四个回归模型，其中式（2.1）和式（2.2）单独考察了三种竞争状态对股东间契约治理效率和收益情况的影响，式（2.3）和式（2.4）考察了 10 项解释变量对股东间契约治理效率和收益情况的影响，回归结果见表 2-1 和表 2-2。

$$Contract_i=\alpha_0+\beta_1BC+\beta_2SC+\varepsilon_i \quad (2.1)$$

$$Revenue_j=\alpha_0+\beta_1BC+\beta_2SC+\varepsilon_j \quad (2.2)$$

$$Contract_i=\alpha_0+\beta_1BC+\beta_2SC+\beta_3P_{1-5}+\beta_4P_{16-20}+\beta_5P_{1-5}\times BC+\beta_6P_{1-5}\times SC+\beta_7P_{16-20}\times BC$$
$$+\beta_8P_{16-20}\times SC+\beta_9Riskattitude+\beta_{10}Gender+\varepsilon_i \quad (2.3)$$

$$Revenue_j=\alpha_0+\beta_1BC+\beta_2SC+\beta_3P_{1-5}+\beta_4P_{16-20}+\beta_5P_{1-5}\times BC+\beta_6P_{1-5}\times SC+\beta_7P_{16-20}$$
$$+\beta_8P_{16-20}\times BC_{20}\times SC+\beta_9Riskattitude+\beta_{10}Gender+\varepsilon_j \quad (2.4)$$

表 2-1　股东间契约三阶段治理效率 **Probit** 回归结果

模型变量	（1）Contract$_1$	（2）Contract$_1$	（3）Contract$_2$	（4）Contract$_2$	（5）Contract$_3$	（6）Contract$_3$
BC	0.137*** （3.72）	0.108*** （4.55）	0.111** （2.51）	0.096*** （2.76）	0.091*** （4.66）	0.073*** （3.31）
SC	0.088 （0.78）	0.084 （1.01）	−0.117*** （−4.18）	−0.102*** （−2.96）	−0.124** （−2.44）	−0.098*** （−3.92）
$P_{1\text{-}5}$		0.131*** （3.71）		0.128*** （3.83）		0.161*** （5.76）
$P_{16\text{-}20}$		−0.101*** （−2.66）		−0.150*** （−6.10）		−0.118*** （−5.14）
$P_{1\text{-}5}$×BC		0.105*** （3.64）		0.157*** （4.12）		0.087** （2.11）
$P_{1\text{-}5}$×SC		0.118*** （3.64）		0.149*** （3.91）		0.093*** （3.10）
$P_{16\text{-}20}$×BC		−0.158** （−2.38）		−0.083 （−1.25）		−0.104*** （−3.66）
$P_{16\text{-}20}$×SC		−0.111*** （−3.23）		−0.127** （−2.28）		0.058 （1.12）
Riskattitude		0.214** （1.99）		−0.106*** （−3.32）		−0.128*** （−3.21）
Gender		0.106 （0.58）		−0.110* （−1.88）		−0.092 （−0.57）
常数项	0.369*** （3.23）	0.489*** （3.19）	0.379*** （3.25）	0.497*** （3.20）	0.352*** （5.63）	0.418*** （4.92）
样本量	600	600	600	600	600	600
Pseudo R^2	0.155	0.191	0.116	0.243	0.137	0.271

注：括号内为 z 值
*、**和***分别表示在 10%、5%和 1%的水平显著

表 2-2　股东间契约市场绩效与收益分布最小二乘回归结果

模型变量	（1）	（2）	（3）	（4）	（5）	（6）
BC	11.220*** (2.97)	9.768*** (5.16)	10.090*** (3.76)	9.082** (2.03)	−8.300* (−1.74)	−7.402** (−2.05)
SC	−12.901*** (−4.64)	−10.800*** (−2.70)	−21.160** (−2.22)	−17.070*** (−3.72)	10.330** (2.36)	9.410** (2.08)
$P_{1\text{-}5}$		72.800*** (6.34)		2.980*** (5.03)		4.300* (1.89)
$P_{16\text{-}20}$		−18.000** (−2.38)		−1.100*** (−5.46)		−2.900*** (−4.43)
$P_{1\text{-}5}\times$BC		24.221*** (4.23)		3.515** (2.11)		2.664 (1.02)
$P_{1\text{-}5}\times$SC		30.669*** (4.52)		5.320*** (3.65)		2.066** (2.10)
$P_{16\text{-}20}\times$BC		−17.015*** (−4.26)		−1.010*** (−3.04)		−1.897** (−2.08)
$P_{16\text{-}20}\times$SC		−15.029*** (−4.42)		−1.045** (−2.27)		−2.985*** (−3.27)
Riskattitude		−11.965 (−1.02)		−8.599 (−1.46)		−6.399*** (−5.12)
Gender		15.761 (0.78)		9.620 (0.43)		7.169 (1.05)
常数项	268.533*** (48.47)	252.837*** (24.86)	16.370*** (8.52)	14.107*** (11.35)	15.635*** (5.55)	13.308*** (3.94)
样本量	600	600	600	600	600	600
Pseudo R^2	0.152	0.214	0.146	0.223	0.106	0.194

注：括号内为 z 值

*、**和***分别表示在 10%、5%和 1%的水平显著

表 2-1 的第 1 行和第 2 行表明，相比对称市场，买方竞争市场的第一阶段签约数、第二阶段守约数和第三阶段守约数都得到了显著提高，这主要是由于买方竞争强化了偏好机制的治理效能；卖方竞争信贷市场的签约数也因

风险偏好型被试比例较大而得到提升，但统计检验不显著，第二阶段和第三阶段的守约数则因卖方竞争对偏好机制的弱化作用而降低，并且统计检验显著。表 2-1 的第（2）列数据表明，P_{1-5} 的系数显著为正，P_{16-20} 的系数显著为负，表明在对称市场中观察到的签约数时间趋势是显著的，并且在实验的后 5 期具有比较显著的截止期效应。通过引入交叉项，可以发现买方竞争和卖方竞争信贷市场签约数也都存在显著的下降趋势和截止期效应。被试风险态度对第一阶段签约数带来了显著为正的影响，被试性别的影响不显著。表 2-1 的第（4）列数据表明，对称市场和卖方竞争市场的第二阶段守约数存在显著的下降趋势和截止期效应，买方竞争市场前 5 期存在显著时间趋势，但截止期效应不显著。被试风险态度对第二阶段守约数带来了显著为负的影响，表明风险偏好型超级股东更加倾向于选择违约，被试性别的影响也显著为负。表 2-1 的第（6）列数据表明，对称市场和买方竞争市场的第三阶段收益分配守约数存在显著的时间趋势和截止期效应，卖方竞争市场收益分配守约数在实验前 5 期时间趋势显著，但在后 5 期的截止期效应不显著。

表 2-2 的第（1）列和第（2）列数据表明，相比对称市场，买方竞争市场绩效因买方竞争对偏好机制的强化而显著提升，卖方竞争市场绩效则显著降低。表 2-2 的第（2）列显示，三种竞争状态下的市场绩效均存在显著的时间趋势和截止期效应，被试风险态度和性别对整体市场绩效的影响不显著。表 2-2 的第（3）列和第（4）列数据表明，竞争通过强化或弱化偏好机制给投资者收益带来了显著影响，三种竞争市场中投资者收益均呈现了显著的时间趋势和截止期效应，被试风险态度和性别对投资者收益影响不显著。表 2-2 的第（5）列和第（6）列数据表明竞争给超级股东收益带来了显著影响，超级股东在买方竞争市场中收益降低显著，在卖方竞争市场中收益提升显著。表 2-2 第（6）列的数据还表明对称市场和卖方竞争市场中的超级股东收益均存在显著的时间趋势和截止期效应，买方竞争市场前 5 期的时间趋势不显著，后 5 期的截止期效应显著。被试性别对超级股东收益影响不显著，超级股东风险态度与其收益存在显著的负相关关系。

第五节　国有控股金融机构政府股东干预行为分析

20 世纪 80 年代以来，围绕 Kornai（1979）的预算软约束（soft budget constraint）概念，学者们展开了广泛的思想提炼。若预算软约束确实存在，作为一种存在着的事实或者不言而喻的习惯做法，自然会对投资者形成一种信念层次上的制度安排，进而改变着他们的偏好。本节设计了四类设置变量的预算软约束市场，利用实验经济学的方法来验证这种情形，实验结果表明：投资者在决策时，表现出资产极高或极低时的冒险和资产中等时的相对风险规避；投资者在决策时具有短视效应，前期收益情况对当期选择具有明显的影响；持续经营对风险偏好的影响具有逆向作用，它减弱了投资者的风险偏好程度；在同样的持续经营环境下，预算软约束增加了投资者的风险偏好程度；与男性被试相比，女性被试更可能发生风险偏好漂移。

一、政府股东的投资偏好与预算软约束

20 世纪 80 年代，Kornai（1979）提出了预算软约束概念，这一概念的提出沿袭了 20 世纪三四十年代关于社会主义那场著名论战的传统（Hayek 和 Mises 等对 Lange 和 Lerner 等）——给社会主义经济的无效率找寻原因。

随着理性的胜出，学者们发现预算软约束现象并非社会主义经济所特有，对预算软约束的认知也逐渐分野为两大版块。第一，寻找预算软约束产生的原因并刻画其机理。钱颖一较早地将 Kornai 的预算软约束理念模型化并解释了苏联国家的短缺原因（Qian，1994）；Dewatripont 和 Maskin 具有代表性的 D-M 模型（Dewatripont and Maskin，1995）成为预算软约束的经典模型，后来的模型大都是在这一模型的思想上加以推进，如白重恩和王一江模型（Bai and Wang，1998）、黄海洲和许成钢模型（Huang and Xu，1998，1999）等，20 世纪末的有关模型大都是和转轨经济结合在一起来研究预算软约束的。这当中林毅夫及其合作者提出了政策性负担的解释（Lin and Tan，1999）并发展了林毅夫模型，林毅夫及其合作者还利用中国的数据验证了预算软约束的存在。最近出现的预算软约束动态模型（Gu and

Zhang，2006）较好地将 D-M 模型和林毅夫模型囊括于一个框架之中。第二，将预算软约束当作一个前提或原因来解释各种经济现象。如一些中国学者分析中国上市公司的融资结构、公司业绩和证券市场时就是这种思路（田利辉，2004，2005b；李涛，2005；辛清泉和林斌，2006）。第二个版块中的研究以实证研究为主，普遍认为预算软约束降低了效率，浪费了资源，而黄海洲和许成钢（1999）在研究亚洲金融危机时发现，在日本和韩国的赶超时期，也即在技术不先进的模仿阶段，项目的不确定性表现得不明显，此时预算软约束经济的效率并不比预算硬约束经济的效率低，但是一旦经济状态过了技术模仿阶段，特别是当技术需要自行创新时，项目的不确定性就迅速增大，预算软约束的不利因素将发挥主导作用，此时金融制度的缺陷就暴露出来，预算软约束不但降低了研究与开发项目的有效性，而且妨碍投资者对这些项目的投资，预算软约束导致了金融危机的发生。长期来看，预算硬约束并不必然总是更优的，在经济达到发展边界之前，其研究与开发活动主要是模仿成功经济体的技术，此时不确定性相对较低，预算软约束经济将更为可取。

总的来看，目前研究预算软约束的文献主要采用了理论模型和实证检验的研究范式，为我们理解预算软约束提供了参考。若预算软约束确实存在，作为一种存在着的事实或者不言而喻的习惯做法，自然会对投资者形成一种信念层次上的制度安排，进而影响着他们的偏好，在众多的文献中我们首先利用实验经济学的方法来验证这种情形，我们设计不同的预算约束设置，用实验室实验检验投资者在不同预算软约束条件下的投资决策偏好。本节以下部分的结构如下：第二部分是实验设计与实验过程，第三部分是实验结果与分析。

二、实验设计与实验过程

每个被试代表一个投资者（控制一家金融机构），在不同的预算约束条件下进行投资决策，测度被试在不同预算约束条件下的风险偏好及其漂移情况。在实验中，我们设计了三种风险程度不同的投资选项，如表2-3所示。此外，企业是否持续经营对其风险态度也有着重要的影响。对此，我们设计了不同程度的预算软约束下静态和动态系列实验。实验设置见表2-4。

表 2-3　投资选项风险程度（单位：G$）

选项	选项内容	期望值	风险程度
C_1	获得固定盈利 10G$	10	0
C_2	盈利 100G$ 与损失 100G$的概率均为 50%	0	100
C_3	有可能损失 250G$，也有可能盈利，盈利金额为正的随机数，最高盈利金额可达 500G$，盈亏概率各为 50%	0	270

注：风险程度用标准差表示

表 2-4　实验设置（一）

实验	动静态	预算约束	亏损时补贴金额/ G$	补贴次数	期数/期	被试数/人
S_1	静态	硬	—	—	1	30
S_2	静态	软	100	1 次	1	30
S_3	静态	软	200	1 次	1	30
S_4	动态	硬	—	—	10	30
S_5	动态	软	100	1 次	10	30
S_6	动态	软	200	1 次	10	30
S_7	动态	软	100	每次	10	30

在静态实验中，被试被赋予 100G$的初始资本，只有一次投资机会；在动态实验中，被试被赋予 200G$的初始资本，每局实验进行 10 期，每期实验结构相同，每期的收益累计到被试的投资余额中，作为资本进行下期的投资。实验结束后，分别根据账户余额兑换成人民币支付给被试。静态实验不同设置下的期望值如表 2-5 所示。

表 2-5　静态实验不同设置下的期望值（单位：G$）

实验	C_1		C_2		C_3	
	期望值	标准差	期望值	标准差	期望值	标准差
S_1	10	0	0	100	0	270
S_2	10	0	50	50	50	248
S_3	10	0	100	0	100	181

本实验在专业的经济学实验室完成，实验决策利用 Z-tree 程序平台在局域网上进行，被试均来自该实验室被试数据库，被试未曾参加过类似的实验。除实验决策收益外，被试每人可以获得 10 元人民币作为出场费。实验开始时，首先讲解实验说明、计算机程序界面说明，并就实验中可能出现的问题设计成题目让被试作答，在确认被试对实验过程充分理解后，进行上机实验。在不同实验设置中，我们选择了同一组被试，这样可以有效检验被试在不同预算约束条件下的偏好变化，避免不同群体统计上的偏差。

三、实验结果与分析

(一)预算约束对股东风险偏好的独立影响

静态实验重点测度不同的预算约束对风险偏好的独立影响（表 2-6）。从 30 名被试总体来看，随着预算软约束程度的提高，选择高风险选项的被试比例呈现明显的递增现象（从 30%到 40%再到 57%）。由于不需要付出投资成本，10G\$对被试的激励效应不够强烈，他们更愿意冒险以期获得更高的收益。在弱预算软约束条件下（实验 S_2），根据期望效应理论，无风险选项 C_1 已经没有任何优势可言，实验结果也证实了这一点。实验 S_2 与实验 S_1 相比，风险偏好增加的被试占 27%，风险偏好不变的被试占 63%；实验 S_3 与实验 S_1 相比，风险偏好增加的被试占 40%，风险偏好不变的被试占 47%；实验 S_3 与实验 S_2 相比，风险偏好增加的被试占 37%，风险偏好不变的被试占 47%。具体见表 2-7。

表 2-6 不同实验设置下对不同风险选项的投资人数分布

投资选项	实验设置						
	S_1	S_2	S_3	S_4 首期/全局	S_5 首期/全局	S_6 首期/全局	S_7 首期/全局
C_1	3	1	2	8/92	7/121	6/120	5/79
C_2	18	17	11	19/109	14/104	9/98	10/142
C_3	9	12	17	3/31	9/27	15/61	15/67

注：每个持续经营实验局共 300 个决策，其中因破产不能决策的次数 S_4 中 68 个，S_5 中 48 个，S_6 中 21 个，S_7 中 12 个；每局实验人数 30 人，如在 S_1 中有 3 人选择了 C_1，则其比例就为 10%，以此类推

表 2-7   不同实验设置下风险偏好比较

风险偏好变化	实验比较					
	S_2-S_1	S_3-S_1	S_3-S_2	S_5-S_4	S_6-S_4	S_7-S_4
风险偏好增加	8	12	11	9	15	17
风险偏好不变	18	14	14	17	10	10
风险偏好降低	9	4	5	4	5	3

注：后三栏数据均为各实验局的首期数据

在实验 S_1 中，C_2 和 C_3 的期望值相同，但 C_2 的风险程度小于 C_3，60%的被试选择了 C_2，这与期望值理论预期一致。随着预算软约束条件的加入，C_2 和 C_3 的期望值都在增加，风险程度都在衰减；不过，C_2 和 C_3 的期望值增加的幅度相同，但风险衰减程度不同，C_2 的风险衰减程度要高于 C_3，如 C_2 的风险程度分别由 100 衰减到 50 和 0，C_3 的风险程度分别由 270.03 衰减到 248.37 和 181.43。虽然 C_3 的风险程度更高，但是被试在决策时，更多被试的选择却由风险程度较小的选项 C_2 转向风险程度较高的选项 C_3，预算软约束导致被试的风险态度发生了漂移，预算软约束程度越高，被试的风险偏好越向高风险程度漂移。这种现象可以用框架效应来解释。以实验 S_3 为例，在实验 S_3 中，如果加上对亏损的补贴，三个投资选项实际上就变为：{C_1，获得固定盈利 10G\$；C_2，获得 100G\$；C_3，有可能损失 50G\$，也有可能盈利，盈利金额为正的随机数，最高盈利金额可达 500G\$，盈亏概率各为 50%}。在我们的实验设置中，首先告诉被试一个风险不同的投资选项，然后提供一个补贴的机会，根据框架效应，他们在进行决策的时候，会主要考虑重要的显性事件。本实验中，被试可能主要考虑最高收益 500G\$和补贴 200G\$这两个显著性数值，这样，他们就会认为损失会得到补偿，而盈利有可能获得 500G\$的高额盈利，因此，被试表现出风险偏好增强倾向。

(二)持续经营预期与预算软约束对风险偏好的影响

实验中，我们测度了持续经营与预算软约束对风险态度的影响。首先比较了静态实验与动态实验第一期的实验数据。动态实验的第一期和静态实验的结构完全一样，唯一的区别是，如果没有亏损，动态实验还可以继续进行。实验结果表明，持续经营下，选择无风险选项的被试比例显著增加（表 2-6）。在预算硬约束条件下，静态实验中只有 10% 的被试选择无风险选项，而在动态实验中，有 27% 的被试选择无风险选项，被试的风险偏好发生了漂移；在弱预算软约束条件下，静态实验中只有 3% 的被试选择无风险选项，动态实验为 23%；在中度预算软约束条件下，静态实验为 7%，而动态实验为 20%。

动态实验中，被试最多可以进行 10 期实验，如果在实验中破产，被试将不能再进行后续的实验，收益就会受到影响。由于被试的初始资本金是有限的，被试为了获取长期的利益，就会避免较早破产，因此，被试在进行首次投资选择时往往比单局投资谨慎得多。实验数据显示，在动态实验中，虽然被试更多地倾向于低风险的选项，但是随着预算软约束条件的放松，被试的风险偏好在增强。具体见表 2-7。

（三）持续经营环境下预算软约束对股东风险偏好的影响

通过对不同的预算约束条件进行非参配对秩和检验发现，预算硬约束和补贴 100G\$、补贴 200G\$相比，不能拒绝原假设（p 值分别为 0.126 和 0.574），被试的选择没有明显区别；但是，连续补贴改变了被试的风险态度，在连续补贴条件下，被试选择 C_1 的比例大大降低，平均值由硬约束的 41% 降为 28%，通过 Wilcoxon 配对秩和检验，p 值为 0.011，原假设被拒绝。S_5 和 S_6 中，在 10 期实验中只有一次的补贴机会，软约束的程度并不高，与 S_4 差异不大；S_7 中被试因亏损而破产的概率比较低，被试倾向于冒险，所以行为偏好特征与其他设置明显不同。风险选项 C_2 和 C_3 与无风险选项 C_1 的选择有所不同，通过对不同的预算约束条件进行非参配对秩和检验发现，在 S_4、S_5、S_6、S_7 四种预算约束条件下，对于 C_2 来说，只有 S_6 与 S_4 之间存在显著差别，其他设置之间没有明显差别；对于 C_3 来说，S_6、S_7 与 S_4 之间在 90% 的水平上存在差别（p 值分别为 0.080 和 0.066），其他设置之间没有明显差别。总体来说，随着预算软约束程度的提高，被试的风险偏好程度随之增加。

通过上面的分析，实验结果的主要结论如下：①预算软约束的存在增加了被试的风险偏好程度，预算约束越"软"，被试越偏好风险；②持续经营减弱了被试的风险偏好程度；③被试在决策时，表现出资产极高或极低时的冒险和资产中等时的相对风险规避；④被试在决策时具有短视效应，前期收益情况对当期选择具有明显的影响，前期获利时，风险态度倾向于向风险偏好方向漂移，前期亏损时，风险态度倾向于向风险规避方向漂移。

1. 心理账户改变评价参照点

选项 C_1 的期望值为 10G\$，C_2 和 C_3 的期望值为 0，且 C_2 和 C_3 的风险程度远大于 C_1。在预算硬约束条件下，按照前景理论，C_2 和 C_3 似乎不能成为最优选择，但我们的实验结果不支持这一理论。我们以选项 C_1 和 C_2 为例作进一步的探讨。令 $v(x)$ 为投资者的价值函数，$\pi(p)$ 为决策权重函数，对于选项 C_1，效用值表示为

$$U_1 = \pi(1)v(10) \tag{2.5}$$

对于选项 C_2，效用值可表示为

$$U_2 = \pi(1/2)v(100) + \pi(1/2)v(-100) \tag{2.6}$$

在实验中，选项 C_2 盈利和亏损的概率都是 50%，对于这一点，被试没有理解上的偏差。被试选择 C_2，意味着被试 U_2 f U_1，即

$$v(-100)\ \text{f}\ 2v(10) - v(100) \tag{2.7}$$

由式（2.7）可知，获得的正向效用要优于损失的负向效用绝对值。这是因为被试参与决策的资本是实验主持人提供的，不是被试自己的资本。由于心理账户效应，他们会认为收益是自己的，亏损的资本不是自己的，从而关注收益的程度要大于关注损失。因此，本节的实验结论与前景理论并不相悖。此外，我们的实验是比较制度研究，重点比较被试在不同预算约束条件下的表现，因此，心理账户效应的存在不会影响我们的结论。

2. 预算软约束实际上是增加了经营期限

令 U_t 为投资者第 t 期的效用值，$\delta(t)$ 为第 t 期的折现因子，在这里，$\delta(t)$ 为双曲线性折现，M 为被试持续经营的期数，$M \leqslant 10$，那么，在预算硬约束条件下的持续经营效用 U 就可以表示如下：

$$U = \sum_{t=1}^{M} \delta(t)U_t, \quad M \leqslant 10 \tag{2.8}$$

多期预期效用 U 显然要大于单期预期效用U_t，但如果经营破产，实验结束，将没有任何所得。M 值是决定被试总效应的关键变量，M 值越大，则实验进行的期数就越长，被试的预期总效用 U 就越大。在持续经营环境下，被试为了获得最大效用，就会尽量延长经营期数，避免破产，而避免破产的关键是采取稳健的投资方式，降低风险偏好程度。

在预算软约束下（S_5、S_6），投资者在获得一次补贴以后，与预算硬约束条件相比，投资者可以多经营 N 期，如式（2.9）所示：

$$U' = \sum_{t=1}^{M+N} \delta(t)U_t ，\quad M \leqslant 10 ，\quad N \geqslant 1 \tag{2.9}$$

显然，$U' f U$。进行一次补贴以后，被试就减少了一次破产机会，增加了被试的收益预期效用。与没有补贴相比，在获得补贴后，被试的收益预期增加，相当于增加了被试的资本，从而拥有了更多进行冒险的机会。

第六节　政府股东干预下的股东治理参与

金融机构中，政府股东作为金融机构的实际控制者和规制者，扮演着分配者的角色。在国有控股而股东多样的金融机构中，其他股东的权力束和政府股东的权力束，以及政府的委托人即其他利益相关者的权力束，都可以表达为一种产权，这些利益相关者的冲突，本质上是一种基于产权的互动。产权本质上应该视为一种信念，受偏好影响的信念。我们用一个最后通牒与独裁者混合博弈的三人分配框架来拟合金融机构中股东的博弈，针对不同来源的产权考察其认同信念及其对公平偏好的挤出。实验研究发现：产权不仅导致作为提议者（政府股东）对回应者（其他股东）和接受者（其他利益相关者）有产权认同信念，也导致回应者的公平偏好被挤出；通过对利他偏好、策略行为和第三方评价的分离，产权信念得到测度；提议者没有强烈的公平偏好动机，而是通过策略行为来最大化自身收益；信息结构加剧收益分配的差异。

一、私有产权、混合博弈与非超级股东的公平偏好

产权作为强有力的激励机制，它能在多大程度上对内生于人类自身演化过程的公平偏好产生影响？传统经济学一直假定偏好是人类行为的起点并在此基础上构建经济学的理论大厦。然而，1986 年 Kahneman、Knetsch 和 Thaler 发现公平偏好受框架效应影响，Hoffman 和 Spitzer（1985）、Cherry 和 List（2002）的实验也发现，产权的不同获得方式会对个体的公平偏好产生重要影响，这种情形被 Camerer 等（2005）定义为公平偏好的状态依存性（state-contingent），这样的定义具有颠覆性意义，因为它不仅否定了"偏好是起点"的观念，而且认为偏好是不稳定的。这也解释了为何大多数遵纪守法的公民在飓风过后或者发生政治动乱时沦为了机会主义的抢劫者（Kimbrough et al.，2010）。

产权作为外生的制度变量发挥作用时，必须通过制度规则过程中当事人内在的偏好、信念和行为来表现，这就需要我们认知产权的内生过程，一些学者有过类似的论述，如将产权界定为一种社会约定（Hume，1740；De Young et al.，1998；Kimbrough et al.，2010）和"共同意愿"（common will）（Hayek，1988），它依赖于人们达成尊重他人产权的约定的程度（Kimbrough et al.，2010），而不诉诸外部的和绝对的规范（Hume，1740）；产权不只是与法律相联系，更多的是与社会习俗、规范和文化等相联系（Schmid，1987；Demsetz，1967）。产权是在博弈过程中形成的（汪丁丁，1996），它需要获得认可，不仅是自我的认可，也是他人的认可。例如，A 的权利是 B 认可 A 在其权利范围内索取利益的一种义务（Schmid，1987）。Schmid 还从利益团体和公平偏好的角度分析了产权认同问题，他认为现实生活中有的人的产权得到认同，而有的人的产权却得不到认同是由于利益团体的存在，在利益团体内部人们由于共享利益而相互之间认同产权，而在利益团体外部由于外部人无法给内部人造成潜在损失，内部人的行为无需承担可能的成本，从而导致其产权无法获得认同。但即使是在一个具有相互依赖并共享利益的团体内部，产权有时候也不被认同，这可能又涉及公平问题，不仅是绝对的公平，也是相对的公平。在这里 Schmid 将公平（平等）作为了产权被认可的原因，也就是说产权和公平偏好有互为因果的关系。

在厘清产权和公平偏好关系的研究中，已有的实验经济学研究在两人分配框架中做了诸多贡献。在两人分配框架中，已有的实验研究涉及了产权界定与认可对个体公平偏好和讨价还价行为的影响（Hoffman et al.，1994；Ruffle，1998；Forsythe et al.，1994；Hoffman and Spitzer，1985；Guth et al.，1982；Guth and Tietz，1986；Roth et al.，1991；Smith，1998；Cherry and List，2002；Oxoby and Spraggon，2008）。这类实验结果表明：在产权没有清晰界定时，谈判结果偏离子博弈精炼纳什均衡；但改变实验设置使被试通过自己"努力挣得"产权，则提议者表现得更"自私"，回应者也很少拒绝提议，交易双方都认可产权，实验结果也更加接近子博弈精炼纳什均衡。

当然，获得产权的方式是多样的，Swope 等（2008）也是在两人分配框架中设计了 5 个独裁者博弈实验，其中 2 个是独裁者拥有 20$并决定给予接受者多少钱的实验（简称 GD）和接受者拥有 20$而独裁者决定拿走多少钱的实验（简称 TD）。按照标准博弈论预测，两个实验的结果应该是一样的，即独裁者保留或拿走全部的钱。但实验结果却发现：独裁者自己要求的值 TD 显著低于 GD，均等分配的频率 TD 也明显高于 GD，独裁者保留或拿走全部钱数的频率 TD 也显著低于 GD，这意味着"初始给定"的产权对被试的分配行为产生了重要影响。类似地，Leliveld 等（2008）也在两人分配框架中设计了"给钱"（giving）、"拿钱"（taking）和"分钱"（splitting）三个最后通牒博弈的实验并结合不同的信息水平进行研究，结果却发现提议值（offer）在"拿钱"实验最高，"给钱"实验最低，而"分钱"实验介于两者之间。他们认为在"拿钱"和"给钱"实验中，正是被试的"所有权感知"（perceived ownership）导致了在"拿钱"实验中出于尊重回应者的产权而"拿"得较少，而在"给钱"实验中认为自己被"授权"（entitlement）应该保留得更多，这说明产权的初始界定通过影响个体的权利意识最终影响了被试的行为。

两人分配框架中的最后通牒博弈和独裁者博弈实验开启了理解产权的实验研究之门，但产权的社会属性——"共同意愿"——表达了产权被认可的广泛性，当把产权和公平偏好放在一起考察时，两人分配框架中的博弈实验可能较难反映产权共同意愿的社会属性，两人博弈中，先动者权衡的只是对方同意的可能性和自己可能的最大化利益，不涉及被第三方评价的自己对别人的态度。三人分配框架中的混合博弈实验是将最后通牒博弈和独裁者博弈统一于一个框架——提议者对于回应者而言是一个最后通牒博弈，对接受者而言则是一个独裁者博弈，但是这个独裁者受到回应者的评价。增加第三方会使被试的决策行为变得更加复杂（Reuben and van Winden，2008），尤其是涉及了被评价的提议者对别人的态度，在这样一个三人混合博弈实验中嵌入产权，探讨其与公平偏好的关系，更能帮助我们观察产权这一社会约定的内生性。

　　三人分配框架的混合博弈实验最早由 Guth 和 Damme（1998）采用，并结合三种不同的信息条件来研究被试的公平偏好对决策行为的影响。我们首次将产权变量嵌入三人混合博弈框架来考察其与公平偏好的关系，这一框架能够充分展现产权的社会属性。我们特别关注三人混合博弈框架中产权的界定和认可及公平偏好的变化，如提议者是否会认同接受者的产权而留给他较多的金钱，回应者是否具有公平偏好而拒绝提议者不公平的提议，并且结合不同的信息条件试图分离利他偏好、策略行为和第三方评价及测度产权的认同信念；我们也同样关注中国情境下提议者和回应者是否会形成具有相互依赖性的利益团体来剥削接受者，以及提议者是否会真的在意公平，还是只是一种策略反应，即提议是"看起来"公平的方案以免回应者拒绝。

二、实验设计和过程

（一）实验设计

　　混合博弈实验由分钱设置和拿钱设置组成，其中分钱设置是基础组实验，拿钱设置是对比组实验。分钱是指被试 X、Y 和 Z 就一笔固定额度的金钱在他们三人之间进行分配，X 提议一个分配方案，Y 选择接受或者拒绝提议，Z 没有决策权。若接受，则 X、Y、Z 三人得到相应的分配额；若拒绝，三人收益均为 0。拿钱是指 Z 拥有一笔固定额度的金钱，而 X 决定从 Z 处拿走部分金钱并在 X 和 Y 之间提出分配方案，然后 Y 选择拒绝或者接受，Z 没有决策权。若接受，则 X、Y、Z 三人得到相应的分配额；若拒绝，三人收益均为 0。每个实验都在三种不同的信息条件（xyz、y 和 z）下进行，xyz 表示 Y 能看到 X 提议的整个分配方案，即能看到 X、Y、Z 全部三人的分配额；y 表示 Y 仅看到 X 分给自己的数额，而看不到其他人的分配额；z 表示 Y 仅看到 X 分给 Z 的数额，而看不到 X 和 Y 自己的分配额。

每个设置进行 2 局实验，共 4 局，每局进行 9 轮。每局实验有 27 名被试，4 局实验共 108 名被试。实验开始时，首先将被试随机分为 X、Y 和 Z 三种类型并编号，每一类型 9 人。然后，计算机以循环赛模式从每一类型的 9 人中各抽取 1 人组成一个 3 人组，共 9 组。实验中被试的类型和编号保持不变，每轮实验开始时每一配对组有 120G\$。具体的实验设置见表 2-8。

表 2-8　实验设置（二）

实验局	轮数								
	1	2	3	4	5	6	7	8	9
分钱设置（2 局）	xyz	y	z	xyz	y	z	xyz	y	z
拿钱设置（2 局）	xyz	y	z	xyz	y	z	xyz	y	z

（二）实验过程

本实验是 2010 年 7 月至 8 月在南开大学泽尔腾实验室进行的，实验通过 Z-tree 平台编程并在计算机局域网上完成。被试由高年级本科生和研究生通过网上自愿报名组成，其中研究生 67 人（62%）。所有被试以前均未参加过类似的实验，正式实验（不包括预实验）共有 108 人，其中女性 60 人（56%）。

实验开始时，主持人当众宣读实验说明，并让被试完成实验测试题，以确保被试完全理解实验结构和程序。然后，每个被试都通过独立且相互隔离的计算机终端登录到实验服务器上，使用实验程序提供的界面进行决策并计算收益。实验为有偿实验，报酬取决于被试在实验中的决策。所有被试都是相互匿名的，实验中也禁止相互交流。实验结束后，我们根据被试在实验中获得的总收益按照 25∶1 的比例支付现金。整个实验约 1 小时，每个被试平均获得 15 元人民币的支付。

三、实验结果与分析

（一）描述性统计

实验共获得 324 个观察值，其中分钱设置和拿钱设置各 162 个观察值。图 2-8 为提议平均值和拒绝次数比较图，表 2-9 给出了提议平均值和标准差。

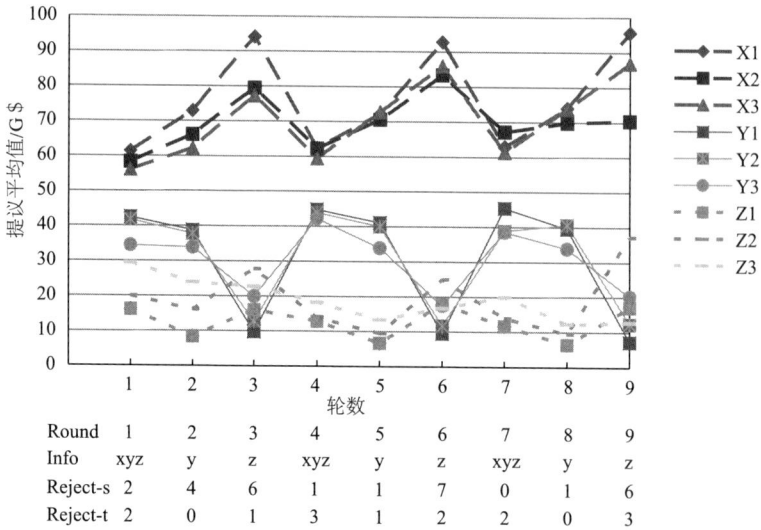

Round	1	2	3	4	5	6	7	8	9
Info	xyz	y	z	xyz	y	z	xyz	y	z
Reject-s	2	4	6	1	1	7	0	1	6
Reject-t	2	0	1	3	1	2	2	0	3

图 2-8 不同实验设置的提议平均值和拒绝次数

图中不同形状的点线分别代表 X、Y 和 Z 三个不同设置下的各期实验结果。其中，X1、X2 和 X3 表示分钱设置中提议者的提议值，Y1、Y2 和 Y3 表示拿钱设置中回应者的提议值，以此类推。Round 表示轮数，Info 表示信息条件，Reject-s 表示分钱设置的拒绝次数，Reject-t 表示拿钱设置的拒绝次数

表 2-9 提议平均值和标准差

信息条件	分钱设置			拿钱设置		
	X	Y	Z	X	Y	Z
xyz	62.24 （13.14）	44.20 （9.49）	13.56 （10.68）	62.41 （19.54）	38.15 （12.87）	19.44 （17.01）
y	73.06 （8.49）	39.80 （8.15）	7.15 （4.29）	72.83 （16.40）	33.46 （8.57）	13.70 （13.15）
z	94.13 （14.18）	8.82 （7.45）	17.06 （11.26）	87.78 （22.23）	16.02 （13.66）	16.20 （12.09）
拒绝次数	28			14		

注：表中数值单位均为 G$。括号内数值为标准差，大写字母表示提议平均值，小写字母表示信息条件，如 X 表示提议者的提议值，xyz 表示信息条件 xyz，以此类推，下文类同

1. 不同被试类型的提议值

提议者的提议平均值在信息条件 y 和 z 下，拿钱设置比分钱设置低，而在信息条件 xyz 下略高。另外，无论是分钱设置还是拿钱设置，提议者的提议平均值在信息条件 z 下最高，其次为信息条件 y、信息条件 xyz。

回应者的提议平均值在信息条件 xyz 和 y 下，拿钱设置比分钱设置低，而在信息条件 z 下较高。另外，无论是分钱设置还是拿钱设置，回应者的提议平均值在信息条件 xyz 下最高，其次为信息条件 y、信息条件 z。

接受者的提议平均值在信息条件 xyz 和 y 下，拿钱设置比分钱设置高，而在信息条件 z 下较低。另外，在分钱设置中，接受者的提议平均值在信息条件 z 下最高，其次为信息条件 xyz、信息条件 y；在拿钱设置中，接受者的提议平均值在信息条件 xyz 下最高，其次为信息条件 z、信息条件 y。

2. 拒绝次数

分钱设置有 28 次拒绝，拒绝率为 17.3%，这比 1998 年 Guth 和 Damme 的实验结果高 10.5 个百分点（Guth 和 Damme 的拒绝率为 6.8%）。拿钱设置有 14 次拒绝，拒绝率为 8.6%，与分钱设置相比下降 8.7 个百分点。另外，分钱设置下，相比较于其他信息条件，拒绝次数在信息条件 z 下最多，为 19 次，占总拒绝次数的 67.9%；拿钱设置下，相比较于其他信息条件，拒绝次数在信息条件 xyz 下最多，为 7 次，占总拒绝次数的 50%，具体结果见图 2-9。

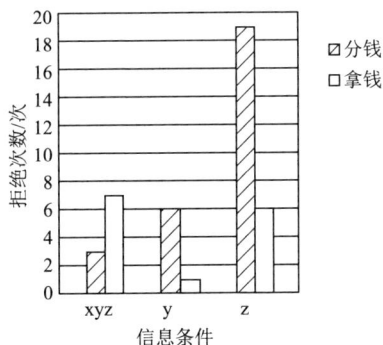

图 2-9　不同信息条件下的拒绝次数

（二）提议者股东行为

1. 信息差异与产权认同

我们对提议值的检验发现，在不同的实验设置下：提议者的提议值在所有信息条件下都没有显著差异；回应者的提议值在所有信息条件下都有显著差异；而接受者的提议值在信息条件 xyz 和 z 下无显著差异，在信息条件 y 下有显著差异。另外，分钱设置下，提议者、回应者和接受者的提议值都表现出了显著的信息差异；拿钱设置下，提议者和回应者的提议值表现出了显著的信息差异，而接受者的提议值信息差异不显著。具体结果见表 2-10 和表 2-11。

表 2-10   不同设置下的提议值检验

实验设置	ANOVA		Mann-Whitney U		信息差异
	F	Sig.	Z	Sig.	
X-xyz	0.003	0.959			不显著
X-y	0.008	0.930			不显著
X-z	3.134	0.080			不显著
Y-xyz			−2.299	0.021	显著
Y-y			−3.364	0.001	显著
Y-z			−2.683	0.007	显著
Z-xyz			−1.668	0.095	不显著
Z-y			−3.604	0.000	显著
Z-z			−0.532	0.595	不显著

注：X-xyz 表示在信息条件 xyz 下的提议者的提议值，Y-y 表示在信息条件 y 下的回应者的提议值，以此类推，下文类同

表 2-11   不同信息条件下的提议值检验

实验设置		ANOVA		Kruskal-Wallis		信息差异
		F	Sig.	χ^2	Sig.	
分钱	X	95.56	0.000			显著
	Y			109.32	0.000	显著
	Z			33.61	0.000	显著

续表

实验设置		ANOVA		Kruskal-Wallis		信息差异
		F	Sig.	χ^2	Sig.	
拿钱	X	23.01	0.000			显著
	Y			58.13	0.000	显著
	Z			4.50	0.105	不显著

虽然实验也观察到少数绝对公平的分配方案（分钱设置有 5 个，占 3.1%；拿钱设置有 11 个，占 6.8%），但是不同被试类型在几乎所有信息条件下具有显著的信息差异说明提议者并没有强烈的内在动机去追求公平偏好，提议者提议"看起来"公平的方案以免回应者拒绝，并在不同的信息条件下运用策略来最大化自身的收益，信息结构加剧了不同被试类型的收益差异，这与 Guth 和 Damme（1998）的结论基本一致。

2. 利他偏好、策略行为和第三方评价的分离

通过比较信息条件 y 和 z 下的回应者提议值可以分离出提议者对回应者的利他偏好和策略行为，而通过比较信息条件 y 和 z 下的接受者提议值可以分离出提议者对接受者的利他偏好和第三方评价，具体结果见表 2-12。

表 2-12　利他偏好、策略行为和第三方评价的分离结果

实验设置		利他偏好	策略行为	第三方评价	产权信念-Y	产权信念-Z
分钱设置	Y	8.82（7.4%）	30.98（25.8%）		7.20（6.0%）	6.55（5.5%）
	Z	7.15（6.0%）		9.91（8.3%）		
拿钱设置	Y	16.02（13.4%）	17.44（14.5%）			
	Z	13.70（11.4%）		2.50（2.1%）		

注：括号内数值是平均值与总分配额的比值，产权信念-Y 表示提议者对回应者的产权认同度，以此类推

无论是分钱设置还是拿钱设置，提议者对回应者和接受者的利他偏好程度虽有轻微差异，但统计意义上并不显著，这说明不管是面对拥有决策权的

回应者还是没有任何权力的接受者，提议者的利他偏好程度都是一样的，利他偏好与身份地位无关。

Camerer 通过总结大部分实验发现：在独裁者实验中的利他偏好程度为 10%～20%，而在最后通牒实验中的提议值范围为 30%～50%（Camerer，2003），那么其策略行为值范围就是 20%～30%。但这些都是在两人框架下的结果，无法体现实际中的决策是要被第三方评价的现实。三人混合博弈不仅更接近现实，而且可以实现对利他偏好、策略行为和第三方评价的分离，本节发现在分钱设置中，提议者的利他偏好值低于大多数实验的平均值；而策略行为比值为 25.8%，与大多数实验结果一致；第三方评价比值为 8.3%，大于利他偏好程度，这说明相比较于内置在人类自身的利他偏好，人们更在意别人怎么看待自己。

表 2-13 检验了提议者的利他偏好、策略行为和第三方评价的产权效应。拿钱设置中，利他偏好-Y 和利他偏好-Z 相比较于分钱设置都有显著差异，分别增加了 7.20 和 6.55，这实际上就是提议者分别对回应者和接受者的产权信念值（表 2-12）；有趣的是，虽然实验中我们指定接受者拥有初始产权，但显然提议者对回应者的产权认同度高于接受者，这再一次证明了 Schmid（1987）的观点，即拥有权利就是拥有产权，而那些没有权利或拥有不多权利的人，由于不能给他人带来成本将会是贫穷的人。另外，策略行为值和第三方评价值都显著地下降了 13.54 和 7.41，这表明在产权明晰的情况下，提议者似乎减少了"第二方信念"（Camerer et al.，2005）的运用并且更少在意别人的评价。

表 2-13   利他偏好、策略行为和第三方评价的产权效应检验

实验设置	ANOVA		Mann-Whitney U	
	F	Sig.	F	Sig.
利他偏好–Y			−2.683	0.007
利他偏好–Z			−3.604	0.000
策略行为	29.610	0.000		
第三方评价			−3.794	0.000

注：利他偏好-Y 表示提议者对回应者的利他偏好值，利他偏好-Z 表示提议者对接受者的利他偏好值

(三)回应者股东公平偏好的挤出效应

图 2-9 和表 2-9 的数据表明：第一，在信息条件 xyz 下，当回应者的提议平均值从分钱设置的 44.20 减少到拿钱设置的 38.15，拒绝次数从 3 次增加到 7 次。回归分析（表 2-14）表明，回应者在完全能够看到所有人钱数的情况下会很在意自己的分配额，如果面对较低的分配额就倾向于拒绝提议，这一结果与 Grygolec（2008）的结论一致。第二，在信息条件 y 下，回应者的提议平均值从分钱设置的 39.80 显著地减少到拿钱设置的 33.46，但拒绝次数却从 6 次减少到 1 次。回归分析表明，回应者在只能看到自己分配额的情况下，回应者自身的分配额和实验设置的变化都会影响拒绝行为，这解释了为何提议值的下降却伴随着拒绝次数的减少。第三，在信息条件 z 下，不同实验设置的接受者提议值没有显著差异，但回应者的拒绝次数却显著下降，从分钱实验的 19 次减少到拿钱实验的 6 次。回归分析表明，在回应者只能看到接受者的分配额时，仅实验设置的变化对拒绝行为有显著的影响，而接受者的提议值并不影响拒绝行为。综上所述，回应者能看到所有人的提议值时，他们倾向于进行比较，较低的分配额导致较高的拒绝率；而当只能看到自己或者接受者的提议值时，实验设置的变化（产权效应）导致了回应者的公平偏好被挤出，他不再强烈要求获得大约 1/3 的总钱数。

表 2-14　回应者行为的 Probit 回归结果

变量	rej.-xyz	rej.-xyz	rej.-xyz	rej.-y	rej.-z
Y-xyz	0.087^{***} （0.022）	0.064^{**} （0.028）	0.090^{***} （0.023）		
X-xyz		-0.026 （0.017）			
Z-xyz			0.026 （0.017）		
Y-y				0.060^{**} （0.028）	

续表

变量	rej.-xyz	rej.-xyz	rej.-xyz	rej.-y	rej.-z
Z-z					−0.001 （0.012）
Treatment	0.169 （0.482）	−0.015 （0.503）	−0.015 （0.503）	1.430** （0.612）	0.835*** （0.286）
常数项	−1.892 （1.183）	0.975 （2.249）	−2.117* （1.228）	−2.475 （1.527）	−0.344 （0.467）
LnLikelihood	−19.61	−17.89	−17.89	−21.11	−53.71
Pseudo R^2	0.412	0.463	0.463	0.186	0.081
样本量	108	108	108	108	108

注：括号内为 t 值

*、**和***分别表示在 10%、5% 和 1% 的水平显著

（四）金融机构中利益集团选择的产权效应

在分钱设置中，接受者的产权相比较于回应者在面对提议者的"权力"时无法得到认同和尊重，这是由于接受者是三人中唯一没有能力将产权的成本强加到他人身上的人（Schmid，1987），或者说当一个人权利的实现程度取决于他人如何使用自己的权利时（Barzel，1989），那么这个"他人"的产权才能获得尊重。这样导致的结果就是那些有权利影响他人成本的人会组成利益团体，而其他人则被排除在这一团体之外。显然，产权不仅是人们关于获得、保持和放弃权利的选择问题（Barzel，1989），而且是关于利益团体的选择问题。在团体内部，成员之间共享利益，并将交易成本内在化（本节是指公平偏好），从而实现团体的最大化收益；而在团体外部，他们形成联盟与其他个人甚至利益团体进行竞争，从而获得资源分配的有利优势。这样，利益团体内成员的产权得到相互认同，而团体外成员的产权却被团体"侵害"。

然而即使是在利益团体内部，成员的产权有时会被认同，而有时却不被认同。这可能又涉及公平的问题，不仅是绝对的公平，也是相对的公平。拿

钱设置中的回应者在面对更低的提议值时，拒绝次数却显著低于分钱设置。也就是说，相比较于后者，前者更容易形成利益团体。这是由于在分钱设置中并没有清晰地界定产权，回应者会认为产权处于一种共有的状态，在这种状态下，他有强烈的公平偏好要求均等的分配额（本实验中为 40G$），如果无法满足这一最低的产权要求，那么他会认为不公平并且通过拒绝来惩罚那些贪婪的提议者。而在拿钱设置中由于清晰地界定了产权，回应者的公平偏好被挤出，这样当提议者和回应者形成利益团体"侵害"接受者的产权时，回应者对较低的分配额倾向于接受。

这其实也符合 Locke 的财产权理论，提议者通过"掠夺"这一过程向财产注入了劳动，而这一劳动成果是要在提议者和回应者这一利益团体内进行分配，双方都认为提议者为团体"挣得"了财产，而回应者作为团体成员通过"选择接受"这一劳动协助提议者，因此提议者理应获得至少一半甚至大部分的财产（类似于原始狩猎部落，成功的狩猎者往往要求得到大部分的猎物），而回应者不再要求至少 1/3 的分配额。这样在博弈过程中，提议者和回应者对于这一"共同掠夺"的财产权的信念发生了变化，提议者要求获得大部分的钱数，而回应者倾向于接受更低的钱数。例如，在信息条件 xyz 和 y 下，回应者低于 40G$ 的提议值在分钱实验中有 31 个，而在拿钱实验中增加到了 45 个，但拒绝次数却显著降低了，这也说明通过努力劳动获得产权不仅是自我认同的基础，也是获得他人认同的重要手段。

（五）不同偏好对金融市场交易效率的影响

李晓义和李建标（2009）的实验发现具有显性激励的契约（制度安排）不但没有提高市场效率，反而对行为个体的社会偏好（信任和互惠）产生了挤出效应。本章的研究发现产权制度的安排导致提议者的自利偏好和回应者的公平偏好挤出并提高了市场效率。例如，在表 2-9 中的分钱设置，信息条件从 z 到 xyz 的变化对提议者的自利偏好产生了挤出，其提议平均值从 94.13 减少到 62.24。因此，明确地界定产权能够优化市场交易当中的资源配置，最终提高经济制度的运行效率（Coase，1960）。

第七节　股东信任偏好与股东治理参与

近 40 年的改革开放使我国信任问题由人际信任逐步转变为制度信任，转型期的信任问题更值得关注。本节利用信任博弈实验，采用策略的方法测度了不同类型被试所模拟的国有控股金融机构内股东的相互信任偏好与信念，结果发现这些模拟的金融机构股东之间存在较高的信任水平与可信赖水平，不同性别在信任水平和可信赖水平间的差异不显著，被试的信任水平和其社会偏好及信念相关，被试的可信赖水平与对方的信任水平显著正相关，信任者和被信任者收益无显著差异。

一、转型背景下的股东相互间信任及其影响

信任是建立社会秩序的主要工具之一，随着改革开放，制度信任正在逐步替代人际信任，熟人交往的社会格局慢慢转向一个陌生人社会。传统社会的人际交往主要以血缘和地缘关系展开，其特征是熟人信任，本质上是一种关系信任。费孝通（1947）认为中国传统社会信任关系如同一个同心圆，中心是自己，最里层是最为亲密的直系亲属，如父母和子女，然后以亲缘关系的远近依次向外扩展。这种信任关系所形成的"差序格局"构成了中国传统社会其他组织结构和制度的基础。随着从传统社会向现代社会的转型，人们的交往范围日益扩展，交往频率逐渐加大，人们面对越来越多的"陌生人"。处在急剧转型中的中国社会，传统的信任模式逐渐失效，现代的信任模式还在生成，在这种新旧交接的情势下，社会信任呈现一种空白状态。测度转型期个体的信任水平和信念、探讨维持中国社会信任的有效机制显得尤为重要。事实上，中国企业的股东之间也面临严重的信任问题，特别是在国有金融机构治理优化和国有企业混改背景下，如何使社会资本股东与超级股东之间建立牢固的信任和稳定的对未来的预期是一个提高混改绩效的关键。国有金融机构和其他国有企业在混合所有制改革中解决股东间信任问题的思路，也仍然要植根于中国传统的社会文化特征，并考虑信任行为的一般行为基础与规律，如社会偏好和风险偏好的相关影响。所以本节从信任的视角考

察股东间交互策略行为，利用实验室实验考察股东的信任偏好与信念，为国有金融机构治理优化寻找一个微观基础。

二、实验设计和过程

为测度被试的信任与可信赖水平，本章以 Berg 等（1995）的信任博弈实验为基础，将被试随机分为 A 和 B 两种角色，A 是提供信任和信用的一方，在国有控股金融机构的委托代理关系中，可以视为中小股东；B 是接受信任和信用的一方，可以视为政府股东，一个 A 和一个 B 组成一个决策组。A 类型被试扮演委托人，实验一开始得到 X 的初始禀赋，可以向扮演代理人的 B 类型被试转移任意数量 x 的现金，$0 \leqslant x \leqslant X$，也可以自己全部保留。$x$ 在 B 那里变为 $3x$，B 得到的现金为 $3x$，其可以选择任意现金 y 返还 A，$0 \leqslant y \leqslant 3x$。最终 A 的收益是 $X-x+y$，B 的收益是 $3x-y$。本实验设置初始禀赋为 10 元，即 $X=10$，要求投资量和返还量均为整数。实验设置中，信任是向陌生人转移一定量的现金，希望该陌生人采取合作行为，对其付出做出互惠反馈，从而返还给施信者部分现金。利用 x（投资量）衡量匿名交往中信任者（A 类型被试）对陌生人的信任水平，利用 y（返还量）和 y / x（返还份额）衡量被信任者（B 类型被试）的可信任水平。

本章采用策略实验的方式测度信任与可信赖水平，让被试分开同时做决策，A 类型被试填写其投资量 x，B 类型被试针对 1 到 10 每种可能的投资 x，填写其返还量 y。被试仅进行一次决策，要求被试在决策单中填写其决策。被试的收益取决于他的决策和对方的决策，实验结束后主持人将随机选择 10 人，按照 1∶1 支付现金。实验过程中被试身份是保密的，实验主持人和其他人都不知道，仅被试自己知道自己的决策。在实验开始之前，被试自己阅读实验说明五分钟之后由实验主持人口头讲解实验说明，确保被试完全理解实验结构及过程。在整个实验过程中被试不允许相互交流。实验为有偿实验，报酬取决于被试在实验中的决策。实验结束后，我们根据被试在实验中获得的总点数按照一定的比例现场背对背支付现金。

实验在南开大学泽尔腾实验室进行，实验为手工实验，并且实验为单次决策实验。我们将被试引导到独立的小隔间或者彼此独立的位置上进行决策，被试不知道彼此的决策信息，决策过程中也不进行信息交流。共 59 名被试参加了该实验，一名被试没有配对者，仅考察其信任水平，不考察与之配对者的可信赖水平。被试男女比例大致为 1：2，平均年龄为 20 岁。

三、实验结果与分析

（一）被试表现出较高的信任水平和可信赖水平

信任者的投资量为 6.77，投资份额比为 67.7%，返还比为 1.32（被信任者的回报额与信任者的投资额之比）。Berg 等（1995）在明尼苏达大学的实验表明信任者将其禀赋的 52% 交给对方，被信任者返还比为 30%；Camerer（2003）的实验结果是 55% 和 110%；Cox（2004）在亚利桑那大学的实验结果分别是 59.7% 和 83%；Ashraf 等（2006）在俄罗斯的实验结果是 49% 和 29%；Sutter（2007）在施瓦茨大学（奥地利）的实验结果分别是 65.6% 和 31%；陈叶烽（2009）的实验结果分别是 34.5% 和 120%（平均投资额为 6.9，返还量为 8.3），显然我们被试的信任水平和可信赖水平均高于这些大学的在校学生的信任水平和可信赖水平。

（二）不同性别在信任水平和可信赖水平间的差异不显著

图 2-10 和图 2-11 给出不同性别的信任水平和可信赖水平的统计描述。女性的投资量（信任水平）平均值为 6.57，方差为 2.53，最小值为 3，最大值为 10；男性的投资量（信任水平）平均值为 7.22，方差为 2.95，最小值为 1，最大值为 10。利用 Kruskal-Wallis 非参检验，p 值为 0.35，不同性别的信任水平差异不大。

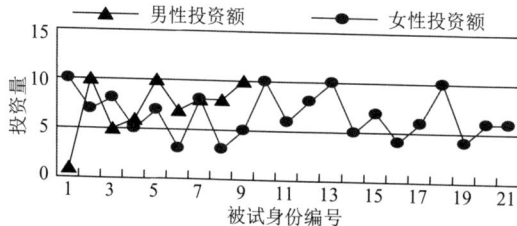

图 2-10　不同性别投资量

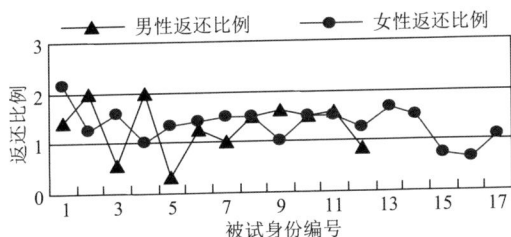

图 2-11　不同性别返还比例

女性的返还比例（可信赖水平）平均值为 1.33，方差为 0.36，最小值为 0.67，最大值为 2.14；男性的返还比例（可信赖水平）平均值为 1.30，方差为 0.52，最小值为 0.33，最大值为 2。从统计描述上来讲，女性的可信赖水平高于男性。利用 Kruskal-Wallis 非参检验，p 值为 0.93，不同性别的可信赖水平差异不大。从不同性别的信任水平角度来看，我们的结果与 Croson 和 Buchan（1999）的实验结果一致，与 Chaudhuri 和 Gangadharan（2007）、Croson 和 Gneezy（2009）、陈叶烽（2009）的实验结果不一致，其认为男性信任水平高于女性，我们的结果是不同性别的信任水平是无显著差异的；从不同性别的可信赖水平角度来看，我们的结果与 Croson 和 Buchan（1999）、Scharlemann 等（2001）、Chaudhuri 和 Gangadharan（2002）都不一致，他们都认为女性的可信赖水平高于男性，但我们的结果与陈叶烽（2009）的研究结果一致，不同性别的可信赖水平没有表现出显著差异。

(三) 被试的信任水平和其社会偏好及信念相关

为考察被试的信任行为，我们进行实证检验。回归结果发现，信任行为仅和社会偏好（信任者在增值三倍的独裁者博弈中分配给对方的数量）及信念（关于对方的返还额）显著相关，与性别、风险态度、最近有无受到欺骗、最近有无得到陌生人帮助、家庭财产水平等无显著关系，这验证了个体的偏好和信念影响个体行为。但 Bohnet（2007）的结果表明一次性信任博弈中的愿意分配额与独裁者博弈中的分配额（社会偏好）几乎没有关系，这与我们的结论不一致。我们分别对不同性别的被试进行检验，找寻不同性别的信任行为的差异，回归结果表明女性的风险态度和其信任行为弱相关，但这一结论并不适合男性被试。限于篇幅，相关表格在此不予报告。

对信任者信念的回归结果表明被试的信念也受到其社会偏好的影响，但是和风险态度等因素不相关。我们对不同的性别被试分别进行检验，结果发现不存在性别差异。Bohnet（2007）的信任博弈也表明被试的社会偏好影响其信念，这与我们的结论一致。

（四）被试的可信赖水平与对方的信任水平显著正相关

我们发现被试的可信赖水平与信任者的行为正相关，信任行为可以诱导可信赖行为。被试的可信赖水平与其社会偏好、信念、性别、风险态度和财富等都不相关。我们分别对不同性别的被试进行检验，结果显示女性被试的可信赖水平与其社会偏好、信念、对方的信任水平及家庭富裕程度相关，但男性被试的回归数据并不支持这一结论。

（五）信任者和被信任者收益无显著差异

信任者的平均收益为 12.34，方差为 3.02，最小值为 7，最大值为 20；被信任者平均收益为 11.17，方差为 4.27，最小值为 0，最大值为 19。利用 Kruskal-Wallis 非参检验，p 值为 0.37，两组数据无显著差异。

第八节　金融机构股东的信息加权决策动因与行为

金融机构面对的金融市场的一个重要现象是严重的从众行为，而从众也往往是股东和董事进行决策时的重要特征。信息瀑布是从众现象的一个重要类型，我们运用信息瀑布模型来刻画金融机构股东进行决策时的从众行为规律，包括信息决策权重、钝化信念及信息流冲击下的决策行为。现有信息瀑布模型对不同信息采取了等权重赋值的简化处理方式，而信息瀑布实验中个体的实际决策行为证伪了信息等决策权重假设，尤其是在损失框架下私人信息被赋予更高的决策权重，另外信息决策权重在决策个体间也存在异质性。

修正现有信息瀑布模型，将信息瀑布的等权重模型拓展到异权重模型是本节重要的创新。

一、信息瀑布与股东决策

从 St. Petersburg 悖论（1738 年）挑战期望值理论到 Allais 悖论（1953 年）和 Ellsberg 悖论（1961 年）引发期望效用（expected utility）理论危机，再到行为经济学理论的集大成——前景理论（prospect theory）的提出，每一次风险条件下的决策范式的推进、拓展和完善，其本质都涉及了对结果或者效用的概率权重赋值的反思和修正，而决策中表征客观概率或效用（结果）的载体是信息，因此信息的决策权重深入而广泛地存在并作用于个体风险条件下的决策行为。

Kahneman 和 Tversky（1979）的前景理论首次用权重函数（weighting function）解释客观概率与主观概率之间系统性的偏差关系，其实质是个体对表征客观概率的结果赋予了不同的决策权重。前景理论的价值函数（value function）认为人们面临损失和收益时风险态度不同，对于损失、收益结果赋予的决策权重不对称，说明不同损益框架下个体对结果赋予的决策权重不同。受该思想启发，我们认为，在风险条件下人们面临不同来源的信息时可能产生不同的反应，相对于公共信息，人们在心理上可能更加看重私人信息。此外，过度自信和禀赋效应也是个体对自己或属于自己的信息赋予了过高的决策权重的可能解释。近年来价值函数、过度自信和禀赋效应等理论的运用与拓展受到了较多的关注，但对于作用、影响上述理论的根源——信息决策权重问题却没有给予应有的重视。

序贯决策框架下的信息瀑布行为，其核心是个体对信息加工形成主观概率的过程，该过程囊括了不同来源信息、损益框架和客观与主观概率传导机制等因素，其中的每种因素均有可能导致个体对信息赋予不同的决策权重。信息决策权重问题的处理是信息瀑布模型必须涉及的问题，对于该问题的正确理解是研究信息瀑布行为的前提和起点。但现有信息瀑布研究将该问题用所有信息等权重的方法简化处理，这种简化处理的方法使理论预测的结果常常与决策行为不一致。本节以信息的决策权重问题作为起点，通过分析信息瀑布实验中个体对信息决策权重的真实赋值行为，反思现有信息瀑布模型所有信息等权重的基本假设，改进现有的等权重信息瀑布模型。

二、模型构建

现有信息瀑布理论对所有决策信息赋予了相同的权重，我们称其为"等决策权重信息瀑布理论"，该理论刻画了持有不完全信息的个体对互补事件进行群体序贯决策时，赋予不同来源的信息相等的决策权重，通过贝叶斯更新法则形成集体一致信念的过程。该模型主要的特征可归纳为事件互补、私人信息不完全、群体序贯决策及等决策权重的贝叶斯加工等四个方面，具体如下。

事件互补：假设有两个备选集，A 和 B，记为 $\Omega=\{A,B\}$，$A=\bar{B}$ 真实的状态表示为 $\omega \in \Omega$。

私人信息不完全：私人信息表示为 $s_i \in \{a,b\}$，信息的精度 $\Pr(s=\omega|\omega)$ 是公开信息。之所以不完全，是因为 $\Pr(A|a)<1$ 和 $\Pr(B|b)<1$；之所以有用，是因为在对称设置下其信息价值体现为 $\Pr(B|a)=\Pr(A|b)<\dfrac{1}{2}<\Pr(A|a)=\Pr(B|b)$，其中 $\Pr(A|a)=1-\Pr(B|a)$，$\Pr(B|b)=1-\Pr(A|b)$。

群体序贯决策：每位参与人由外生给定的顺序获得私人信息，观察到私人信息 s_i 的同时可以看到之前决策人的选择历史，$H=\{c_1, c_2, \cdots, c_{i-1}\}$。每个决策者需要根据私人信息和历史信息做出自己的决策 c_i，即选择 A 或选择 B。如果 $c_i=\omega$，参与人 i 可获得一定收益，如果 $c_i\neq\omega$，则收益为 0。

等决策权重的贝叶斯加工：实验参与人根据贝叶斯法则更新信念，并且这种更新是共同知识，n 和 m 分别为表征事件 A 和事件 B 的信息个数，$\Pr(A)$ 和 $\Pr(B)$ 分别代表事件 A 和事件 B 发生的先验概率。那么第 i 个决策者看到 n 个表征事件 A 的信息和 m 个表征事件 B 的信息时，其认为 A 事件发生的概率 $\Pr(A|n,m)$ 可用式（2.10）表述：

$$\Pr\left(A \mid n,m\right) = \frac{\Pr\left(n,m \mid A\right)\Pr(A)}{\Pr\left(n,m \mid A\right)\Pr(A) + \Pr\left(n,m \mid B\right)\Pr(B)}$$

$$= \frac{\left[\Pr\left(A \mid A\right)\right]^{n}\left[\Pr\left(B \mid A\right)\right]^{m}\Pr(A)}{\left[\Pr\left(a \mid A\right)\right]^{n}\left[\Pr\left(b \mid A\right)\right]^{m}\Pr(A) + \left[\Pr\left(a \mid B\right)\right]^{n}\left[\Pr\left(b \mid B\right)\right]^{m}\Pr(B)}$$

（2.10）

由信念更新法则可知，现有"等决策权重信息瀑布理论"在计算某事件发生概率时仅考虑了信息的数量 n 或 m，无论私人信息还是处在不同决策序位的历史决策信息，均视为同质信息。

三、实验设计及其实施过程

本实验是在南开大学泽尔滕实验室完成的，决策均是在独立的小隔间中完成的。共观察到了 72 个被试的 1080 个决策，平均支付为 29 元/人。所有的被试均是从实验室被试数据库中选取，通过自愿报名参加，具体的实验设计方案见表 2-15。

表 2-15 实验设计方案（一）

编号	备选集	损益框架	每组人数/人	实验组数/组	实验人数/人	实验期数/期
实验 1	对称	收益	6	5	30	15
实验 2	对称	损失	6	5	30	15
实验 3	对称	收益	6	2	12	15

实验开始前，计算机将实验参加者随机分组，每组 6 人，每组进行 15 期。每期实验开始时，计算机从盒子 A 和盒子 B 随机选择一个盒子，A 和 B 出现的概率均为 50%，A 盒子中有两个 a 球和一个 b 球，B 盒子中有一个 a 球和两个 b 球。实验参加者不知道计算机随机选定的盒子是哪一个。盒子一旦选定，当期不变。计算机随机给定实验参加者的出场顺序后，将按如下规则进行：第一个决策者从计算机确定的盒子中随机抽取一个球，球上的标签（a 或 b）显示在第一个决策者的屏幕上，他要据此判断本期他所抽取的

球是来自盒子 A 还是 B。第一个决策者做完决策后，其决策结果显示在第二个决策者的计算机屏幕上，第二个决策者也是从计算机确定的盒子中随机抽取一个球，获取球上的标签，他根据自己获得的信息和第一个人的选择结果进行决策。后续决策者以此类推。每期实验中组内最后一个决策者做完判断后，计算机屏幕上将显示正确答案（实验开始时随机确定的盒子编号）和每个决策者的判断结果。如果决策是正确的，本期可得 10G$，否则为 0G$。实验结束后，计算机会将每个人在 15 期中获得的 G$ 累加起来，并按 10G$=2 元人民币的比例折合成人民币现场背对背支付现金。另外，实验参加者每人还得到 5 元人民币的出场费。最后，每个实验参加者需要填写对实验整体评价的问卷，该问卷以开放性问题为主，主要了解实验参加者对实验的感受及决策动机。

损失框架与上述的收益框架决策过程完全一样，不同的是收益获得方式，损失框架下被试在实验开始之前获得初始禀赋 150G$，在以后 15 期的实验中，每判断错误一次则从初始禀赋中扣掉 10G$，判断正确则不扣除。

四、实验结果与分析

信息瀑布有力地刻画了序贯决策中群体一致行为形成背后个体信念相互影响从而系统性地违背"理性"的机理，在一定程度上摒弃了经典理论的分析范式。虽然现有信息瀑布理论着力于群体层面理性的探讨，但微观层面所有个体完全理性却是该理论的重要前提假设，而在决策过程中个体可能并非完全理性，即使所有个体完全理性但完全理性不能成为共同知识时，完全理性的个体对其他个体的一阶信念就会产生异质性，个体层面的决策规则是群体行为的微观基础，该假设存在的偏差无论程度大小，造成的行为结果偏离可能是本质性和系统性的。

本节从私人信息权重赋值、信息效应的边际递减和损益框架的影响三个方面探讨了信息瀑布中信息的决策权重问题，实验共观察到 72 个被试的 1080 个决策数据，结果证明个体对不同的信息赋予的决策权重是不同的，并且个体间存在异质性。个体对私人信息均赋予了较高的决策权重，且损失框架下更高；信息瀑布的触发和形成的阈值比等决策权重模型下的理论预测值高。此外，信息数量引致的客观概率增加及客观概率引致的选择人数比例增加均符合边际递减规律。最后在反思现有理论的基础上给出了更一般化的模型。

第九节　金融机构股东的钝化信念决策动因与行为

信息瀑布模型是刻画金融市场中股东根据外界信息冲击而更新信念与行动的重要模型。自 1992 年信息瀑布概念被提出以来，这一理论一直处在不断深化和完善的过程中。由于行为现象的相似性，信息瀑布行为很难与其他从众行为区分，Celen 和 Kariv 在 2004 年首次对信息瀑布和羊群行为这两个一直以来难以区分的概念进行了实验室分离，由于其所构建的分离模型过于粗糙，仍难以解释和指导很多管理决策问题。本节在对信息瀑布研究范畴进行界定的基础上，首次提出了信息瀑布和羊群行为的区分标准——钝化信念，其本质是信息到信念之间传递的敏感度降低，表现形式是以参照点为常数。这种界定方式提高了信息瀑布概念在决策领域应用的可操作性。

一、金融市场中股东钝化信念模型

理论上，信息瀑布有其独特的存在环境，不存在与其他群体一致行为的区分问题。信息瀑布行为赖以存在的不确定性条件环境是特定的，即在此环境下不可能触发其他的群体一致行为；并且当外界不确定条件改变时，信息瀑布行为也有可能被挤出，如价格机制的引入，信息瀑布被挤出后有可能继而发生羊群行为，也有研究证明过信息瀑布和羊群行为不能在同一层面的不确定条件下共存。因此，信息瀑布行为仅在其存在边界之间形成并发展。

钝化信念是本节首次提出的概念，旨在将维系信息瀑布的信念可识别化。其本质是信息到信念之间传递的敏感度降低，其表现形式是以参照点为常数。以下的分析将给出钝化信念的正式表达形式。

偏好和信念共生演化（Choi and Bowles，2007），序贯决策情景下也不例外。现有信息瀑布理论假设个体同质，即偏好是外生给定的且对于所有个体是相同的。偏好与信念共同决定个体行为，当偏好既定时，信念就成了群体序贯决策中决定个体行为最重要的影响因素。在 Avery 和 Zemsky（1998）刻画的金融市场中，价格机制缺失时信息瀑布才有可能发生。序贯决策中，参与者对某一事件结果的信念类似于价格，当不存在像价格那样将人们的信念明确揭示的机制时，有限理性决定了行为人不可能按照贝叶斯法则精准地计算出当期历史公开信息所代表的大众信念，只能通过拇指法则（thumb rule）等启发式（heuristic）思考来指导决策，此时序贯决策行为人的决策信念被"钝化"。假设个体采取某个行动的概率参照点（reference point）为 0.5，那么当个体认为某一事件发生的概率大于 0.5 时，他就会执行相应的行动，即个体的当前信念（current belief）大于 0.5；反之当个体的当前信念小于 0.5 时不会执行该行动。信念钝化的过程可以分为两步：首先，理性的个体计算出关于某个事件发生的当前信念；其次，通过比较当前信念和参照点的大小来做出判断。行动的执行按照赢者通吃的模式进行，即只要当前信念和参照点之间有差异，即使这个差异是非常细微或很极端，个体均会按照对比的结果执行行动，此时的信念就是钝化信念，个体行为只反映了信念所代表的行为方向，体现不出信念值的大小。就是这种赢者通吃的模式影响了大众信念的更新，维持着信息瀑布的稳健性。因此，一旦信息瀑布被触发，个体信念就不再更新，即 $P(h_t|V,H_t)=P(h_t|H_t)$。并且大众信念等于个体信念为常数，即 $E[V|H_t,s]$。

与信息瀑布行为不同的是，羊群行为不能使信念钝化。羊群行为模型中一般都存在做市商，由做市商给定的价格反映了市场中的所有可获得信息。只要有新信息进入市场，价格就会及时反映出来。所以说由更新的大众信念所构成的价格会挤出信息瀑布。

本部分首次提出界定信息瀑布的新标准——钝化信念的概念。下面为钝化信念正式的定义与特征。式（2.11）～式（2.13）中的"＋""－"并非数学意义上的"加""减"，其代表了某因素对信念施加作用的方向。钝化信念取决于个体当前信念与参照点（值）的比较，这里的参照点相当于参照临界值。钝化信念反映了个体当前信念是否超过了参照点（值），具体如式（2.11）所示：

$$钝化信念=个体当前信念－参照点 \tag{2.11}$$

其中，参照点等同于 Celen 和 Kariv（2004）提出的截点（cutoff），个体的当前信念受历史大众信念与该个体私人信息的共同影响，私人信息与历史大众信念所代表的信息一致时，两者是叠加关系，用"+"表示；否则，两者相互抵消，用"－"表示，具体如式（2.12）所示：

$$个体当前信念=历史大众信念±私人信息 \tag{2.12}$$

信息瀑布中，个体决策是钝化信念的函数，根据钝化信念所代表的行为方向，个体采取不同的行为，即个体行为只取决于钝化信念所代表的行为方向，如式（2.13）所示，其中，sgn（）是一个符号函数。

$$决策行为 = sgn(钝化信念) = \begin{cases} 采取某一行动，钝化信念<0 \\ 两种行为无差异，钝化信念=0 \\ 采取相反的行动，钝化信念>0 \end{cases} \tag{2.13}$$

当且仅当以下两条同时满足时信息瀑布才能存在：第一，不存在能够揭示大众信念更新的显性机制，这种显性机制会挤出信息瀑布；第二，参照点是一个固定的常量，所有的参与者共享同一个参照点。从这个视角来看，Celen 和 Kariv（2004）的实验中，信息瀑布中的参照点（该文中是截点）是固定的常数，这也是信息瀑布和羊群行为最根本的差异之一。

进一步，式（2.12）和式（2.13）可以合并为式（2.14），如下：

$$钝化信念=（历史大众信念－参照点）±私人信息 \tag{2.14}$$

式（2.14）的右边有两项。当第一项（历史大众信念－参照点）的绝对值大于第二项私人信息的绝对值时，信息瀑布就触发了，并且发展为一个稳定的行为模式（具体模式取决于私人信息的符号）。根据贝叶斯法则，私人信息的权重会随着时间的推移越来越小。由于参照点是一个不变的常数，钝化信念就取决于历史群体信念。所以说信息瀑布是历史依存的行为。

进一步，由于参照点的值固定不变，一旦特定的行为模式在某期建立起来，那么下一期行为模式会更稳健，即等式右边的第一项是自我强化的（self-reinforce）。此外，根据贝叶斯法则，私人信息的权重会随着时期的推移而降低。在这个意义上，在钝化信念的维系下，信息瀑布触发后是非常稳健的。

二、金融市场中股东信息瀑布研究

对信息瀑布的已有研究忽略了贝叶斯决策和信息瀑布之外的行为，也没有考虑贝叶斯决策和潜在信息瀑布之间的交集。本书研究按照是否遵守贝叶斯法则将决策者全部行为分为三大类：贝叶斯法则决策、非贝叶斯法则决策和平衡。本书研究使用一个特别设计的，包含了分离收益与损失框架、被试类型、备选集对称与否、性别、手工与计算机局域网的序贯决策实验，探讨了序贯条件下被试的行为和决策正确率，并从心智成本、禀赋效应和模糊规避等角度剖析了平衡状态下个体选择行为；实验数据支持了 Goeree 等的观点，反映正确信息的瀑布是稳定的，逆转的信息瀑布具有一定的自我修正功能；此外，该实验中 6 人一组的信息瀑布发生概率（48.5%）远低于纳什均衡的预测值（98.5%）。

现有对信息瀑布的研究以模型的规范推演为主，着重阐述信息瀑布的机理，为数不多的实验研究文献更多地关注信息瀑布的存在和表现形式。如在 Celen 和 Kariv 的基础上，Alevy 等（2007）进行了信息瀑布的实验室实验和场景实验，同时对比了来自芝加哥期货交易所（Chicago Board of Trade，CBOT）的专业人员被试和学生被试。在他们的序贯决策实验中，如果最初的几个决策人公布的结果是一致的，那么后续的决策者就会遵循已建立起来的模式，不去考虑自己的私人信息，这样就形成了一个信息瀑布。已有这些研究都为我们的进一步拓展奠定了基础，本实验研究使用一个特别设计的，包含了分离收益与损失框架、被试类型、备选集对称与否、性别、手工与计算机局域网的序贯决策实验，有 2160 个决策点，价值诱导合理。本实验研究中，我们首次使用局域网实验，手工实验使用独立的决策空间，最大可能地避免实验污染，而以前的研究由于技术条件的限制都没有做到这些。而以前的研究，如 Alevy 等（2007）就忽略了贝叶斯决策和信息瀑布之外的行为，也没有考虑贝叶斯决策和潜在信息瀑布之间的交集。

信息瀑布实验与信息决策权重实验共享同样的实验过程，但设置更丰富。具体实验设置见表 2-16。

表 2-16 实验设计方案（二）

编号	被试类型	备选集	损益框架	实验手段	每组人数/人	实验组数/组	实验人数/人	实验期数/期
实验 1	普通	对称	收益	手工	6	5	30	15
实验 2	普通	不对称	收益	手工	6	5	30	15
实验 3	普通	对称	损失	手工	6	5	30	15
实验 4	普通	不对称	损失	手工	6	5	30	15
实验 5	专业	对称	收益	局域网	6	2	12	15
实验 6	专业	不对称	收益	局域网	6	2	12	15

我们将实验中出现的行为全部纳入研究范围，按照是否遵守贝叶斯法则将决策行为划分为三大类：贝叶斯法则决策、非贝叶斯法则决策和平衡，见表 2-17。

表 2-17 决策行为分类

贝叶斯法则决策		非贝叶斯法则决策		平衡
贝叶斯决策	信息瀑布	基于私人信息	无法解释的行为	

三、实验结果与分析

被解释变量分别为贝叶斯法则、信息瀑布、贝叶斯决策及决策正确率的 Probit 模型，解释变量定义如下：Choice 表示决策人收到的私人信息与每组第一个决策者的决策进行比较，当两者表示的信息一致时为 1，否则为 0；解释变量 Trader 表示不同的被试，专业被试为 1，其他学生被试为 0；解释变量 SYM 表示实验备选集结构的对称性，对称结构为 1，不对称为 0；解释变量 GAIN 表示损益框架，获得框架为 1，损失框架为 0；解释变量 Order 表示被试决策顺序的关系，后两个（第 5，第 6）为 1，其余为 0；解释变量 Gender 表示被试性别，男为 1，女为 0；解释变量 Accumulative 表示累积损益，该轮决策前有连赢/输两次为 1，否则为 0；解释变量 DIFF 表示被试决策时面临情况的后验概率，DIFF=Prob（urn=A）−0.5。此外我们讨论了信息瀑布发生概率与稳定性及行为视角下的决策分析。实验结果表明：①不对称设置下信息瀑布的正确率高于对称设置，也就是说，在不对称设置下，信息瀑布较少发生逆转。②对于符合贝叶斯法则的两种决策行为，其平均正确率与实验设置的对称性有关。在对称设置下，贝叶斯决策的平均正确率高于信息瀑布约 17.5%；而在不对称设置下，信息瀑布正确率高于贝叶斯决策约 14%。③专业被试作决策时并不比普通被试更偏好使用贝叶斯法则，决策正确率也并不比普通被试高。④决策者的累积损益、性别不影响决策者的行为方式；决策的成功率与决策次序没有关系，决策次序靠后的决策者的决策符合贝叶斯法则的可能性较大；决策者的私人信息与第一个决策者的决策结果是否一致影响该决策者的决策行为和正确率。⑤损失框架下，决策者的心智成本相对于决策成本有所降低，决策者会加大心智投入，即更多地使用贝叶斯法则；受禀赋效应和模糊规避行为的影响，平衡状态下个体选择行为倾向于相信私人信息。⑥实验中 6 人一组的信息瀑布发生概率（48.5%）远低于纳什均衡的预测值（98.5%），在这点上我们的研究结果与 Anderson 和 Holt（1997）的实验结果一致。对于信息瀑布的稳定性，本实验结果支持了 Goeree 等的观点，即反映正确信息的瀑布是稳定的，逆转的信息瀑布具有一定的自我修正功能。

第十节　本章主要结论与政策建议

一、国有控股金融机构政府股东治理模式及其优化

我国国有企业改革的起点是完全由政府控制的国有独资企业，在此起点上沿着两个方向进行渐进式调整：一个方向是政府逐渐退出对企业在人事任免、经营目标和资源配置方面的干预；另一个方向是逐渐放松对企业的所有权，具体如图 2-12 所示。

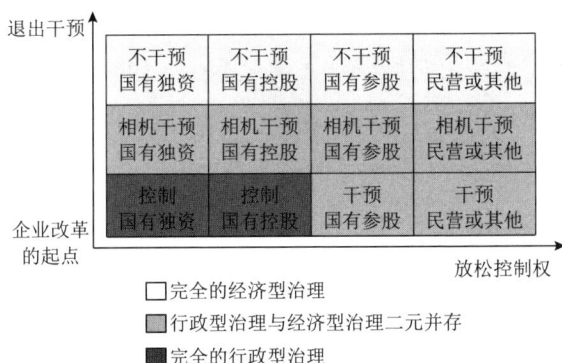

图 2-12　国有控股金融机构股东治理模式

我国的公司治理模式是行政型治理和经济型治理并存的二元治理结构，然而在此二元治理结构中，行政型治理和经济型治理相对分离，在不同类型的企业中两种治理模式占据的地位差异明显。国有控股金融机构是典型的二元治理模式，政府作为国有控股金融机构的股东，通过股东所赋予的经济权力的表象，来实现行政干预的本质，其采取的股东行为是为了实现政府多重目标。高管任命行政化为政府股东行为提供了保障，从政府股东的经济权力出发，任命高管是其股东权力的体现；然而从其任命方式和本质来看，是政府行政权力通过经济权力的体现。

中国的金融机构除外资控股和股份制金融机构外，其余全部为国有全资或控股金融机构，虽然表面明确了出资人的权利与责任界限，建立了董事会、监事会等治理机构，但由于金融机构对于辖下企业、行业乃至区域经济

的发展至关重要，各级政府及其代理人仍有强烈的动机干预金融机构的经营目标与资金配置。政府作为金融机构的股东倾向于在全社会范围内政治性地谋划金融资源的配置，从而在实质上突破了其作为股东的有限权力，形成了金融机构系统内的超级股东。而且，政府干预金融机构的动机复杂，干预的形式多样，有时其利益目标会与其他性质的股东发生矛盾，从而影响董事会的运行，并在投资决策中形成治理风险，削弱金融体系的稳健性。但是，改革开放以来历次金融危机的经验也表明，在我国特殊的经济治理体系中，政府作为超级股东发挥干预作用，在一定程度上有助于化解金融机构风险、帮助金融机构渡过难关。虽然这种行为客观上产生预算软约束性质的不良预后效果，但在外生冲击下可能是有效的。因此，需要建立政府股东的相机治理机制。政府股东需要在日常经营和发展过程中，秉持市场化原则，作为平等的一位股东，共同决策金融机构的发展战略。但政府机构可以保留有条件的否决权，在面对较大金融风险时启动。当启动支持功能时，政府股东需要付出代价而不是补偿，以制约政府股东滥用控制力的行为。

当然，优化金融机构中股东治理，更重要的是必须优化我国国有控股金融机构所处的经济治理环境。当前，我国的二元治理结构对中国经济发展带来的不利影响非常广泛，其中一个重要的后果是，中央向地方政府的纵向分权虽然充分调动了地方政府的积极性，但随着市场的纵深发展，地方政府的负外部性行为，如腐败行为或者对金融或地产行业风险的纵容，将会溢出到整体国民经济，并最终由中央政府负担。而中央政府对地方政府、国有控股金融机构的制约以人事关系为主，缺乏基于法治的正式约束，由此导致中央与金融机构内其他利益相关者的关系紧张。因此，一个重要的外部治理环境优化措施是启动权力更加分散化的横向分权改革，政府逐渐放松其在金融市场主体中过强的、全面的控制力，着重调整政府分配金融资源的方式，使政府职能集中在金融市场规制、提供稳健的金融市场秩序方面，而不再让任何级别的政府能够实施直接干预金融机构经营决策而获取金融资源的行为。

二、国有控股金融机构股东间谈判和履约机制及其优化

我们发现，在国有控股金融机构中，偏好机制是影响股东治理当事人签

约行为和收益分布的最基础因素，不同竞争状态对偏好机制产生了强化或弱化作用，并通过偏好机制传导到股东博弈之中，影响着谈判当事人的行为和收益。本节利用比较制度实验的方法对比考察了对称的谈判、买方竞争谈判和卖方竞争谈判中的契约签订和执行效率及信贷市场绩效和当事人收益分布。本节得到了如下结论。

竞争和偏好机制通过当事人签约和守约行为影响着股东谈判机制的绩效和收益分布。买方竞争信贷市场平均绩效最高，卖方竞争下最低；买方竞争提高了投资者在信贷交易中的谈判地位，从而使投资者占有了较大比例的交易剩余；卖方竞争削弱了投资者的谈判地位，超级股东占有了较大比例的交易剩余；由于社会偏好和公平偏好超级股东的存在，对称市场下的收益分配差距较小。风险态度对投资者和超级股东期望或实际选择项目的行为产生了显著影响，风险偏好型被试选择了较多的高风险项目，不同风险态度的投资者收益差异不显著，风险偏好型超级股东收益显著低于风险规避型、中性型超级股东。

通过本章分析发现，虽然偏好和竞争对股东间契约治理均产生了一定的作用，但单纯依靠这些隐性机制的规制效应很难达到有效的治理作用，虽然能够维系部分股东间契约的签订和执行，但效率较低。因此，贯穿于股东间契约三阶段的正式治理机制就显得非常重要，为维系信贷市场并保护投资者利益，通过国家法律层面、行业协会层面及超级股东关系层面构建起各种正式约束制度并实现制度的互补，对股东间契约的治理将会发挥更加积极的作用。特别是针对政府股东而言，制定约束政府股东的日常干预行为，但又提供其对金融秩序负责的激励机制，是未来国有控股金融机构股东治理的治本之策。其具体机制设计还需要进一步探索。

三、国有控股金融机构股东参与治理机制及其优化

本章通过三人混合博弈的实验研究，得出如下结论：第一，产权的清晰界定虽然导致提议者对回应者和接受者有产权认同信念，但是产权认同度有差异，由于回应者具有将产权的成本强加到他人身上的"权力"，提议者对回应者的产权认同度高于接受者。另外，产权也导致回应者的公平偏好被挤

出，在面对无差异甚至更低的提议值时，产权清晰下的回应者倾向于接受提议。第二，通过对利他偏好、策略行为和第三方评价的分离，产权信念得到测度。研究发现提议者对回应者和接受者的利他偏好一致，利他偏好与身份地位无关；混合博弈与两人框架博弈的策略行为值并没有显著差异；第三方评价值大于利他偏好值说明相比较于内置在人类自身的利他偏好，人们更在意别人怎么看待自己；产权减少了提议者"第二方信念"的运用并使其更少在意别人的评价。第三，提议者没有强烈的公平偏好动机，而是通过策略行为来最大化自身收益，回应者更多的是与提议者形成利益团体来"侵害"接受者的产权。第四，信息结构加剧收益分配的差异，不同的信息条件导致不同的被试类型具有不同的信息优势，最终加剧了收益的差异。

正如 Coase 认为的，产权的初始配置很重要，因而在实践中，排污权的初始分配方式是排污权交易制度的关键问题（卜国琴，2010a），但 Coase 并没有阐释产权的不同配置方式是否会对市场效率产生影响。而 Hoffman 和 Spitzer（1985）研究发现被试对待"初始给定"和"努力挣得"的产权是存在区别的。因此，产权制度的建设中有必要研究这两种产权配置方式下的产权认同信念，以及检验这样的市场均衡是否是稳定的。本章虽然通过循环赛的模式来尽量避免被试采用重复博弈的思维模式进行决策，但是实验研究还是发现有部分被试试图建立声誉来避免提议被拒绝（Guth 和 Damme 的研究也发现这一现象）。这就使我们有必要重视社会规范和信念在产权博弈过程中的作用，社会规范作为外在因素影响产权的研究已经在世界许多国家做过，实验结果发现文化和习俗等社会规范确实存在一定的影响（Camerer，2003），而产权作为一种信念却很少从内置于人类本身的心智角度被研究，因此，通过神经元实验的方法来研究产权是未来的一个主要方向（Chorvat et al.，2005）。另外，进行制度设计时需要考虑社会偏好者的存在及社会偏好者与自利偏好者之间的相互作用，制度设计要求构建"恰当的逻辑"引导制度及其成员，最优的制度安排应该充分利用社会偏好的重要作用，避免制度对社会偏好的挤出，力求达到二者的互补。公共政策或者法律的一个重要目的就是让人们对反社会行为产生羞愧之心来影响超级股东的价值观和行为。

四、国有控股金融机构股东决策行为及其优化

第八节从私人信息权重赋值、信息效应的边际递减和损益框架的影响三个方面探讨了信息瀑布中信息的决策权重问题，实验共观察到 72 个被试的 1080 个决策数据，结果证明个体对不同的信息赋予的决策权重是不同的，并且个体间存在异质性。个体对私人信息均赋予了较高的决策权重，且损失框架下更高；信息瀑布的触发和形成的阈值比等决策权重模型下的理论预测值高。此外，信息数量引致的客观概率增加及客观概率引致的选择人数比例增加均符合边际递减规律。最后在反思现有理论的基础上给出了更一般化的模型。

序贯决策中，参与者对某一事件结果的信念类似于价格，当不存在像价格那样将人们信念明确揭示的机制时，有限理性决定了行为人不可能按照贝叶斯法则精准地计算出当期历史公开信息所代表的大众信念，只能通过拇指法则等启发式思考来指导决策，此时序贯决策行为人的决策信念被"钝化"。

现实中的群体一致行为表象的背后存在多个层面的不确定性条件，多个层面的多种不确定条件下，群体一致行为往往是由信息瀑布等多种行为共同推动。金融危机的爆发之所以"势不可挡"，是因为金融市场上疯狂抛售资产的羊群行为和恐慌情绪传染的信息瀑布共同作用，两种行为交互印证，联袂推波助澜，使大众信念无法逆转。具体地，资本市场上泡沫破裂、价格跳水造成的市场崩盘为羊群行为所致，崩盘过程中由大众信念传染导致恐慌及疯狂从众的罪魁祸首则是信息瀑布。此外，如信息瀑布理论在公司治理领域的应用。公司治理的核心是董事会，董事会科学决策的核心机制和微观机理是群体决策机制。群体决策被认为是比个人决策更加理性与无偏，因此公司内部的重大决策都需要董事们的群体决策来决定。群体决策最终结果的达成是靠群体一致行为或部分群体一致行为，而实现群体一致行为的表象下可能存在两种情形：一种是互不影响的分散个体独立做出的决策结果在群体层面上达成了一致；另一种是群体一致结果的达成中存在个体间的相互影响，这种情况下，序贯决策的初期某个提议一旦占据上风，会很快以压倒性的优势博取其他董事的选择，此时对于后续的单个董事来讲，很难真正地"独立"做出决策。实际上，群体序贯决策中，个体很难不受其他人影响完全独立地

做出决策。公司内部董事或执行高管往往对外部董事在权力和威望方面有很大的压力，因此当内部董事强烈推荐某项提议时，董事会内部就可能发生信息瀑布行为，Sharfman 和 Toll（2008）定义董事会内的这种群体一致行为是对权威人士一种病态的顺从，而且涉及"顺从"的董事们大都是无意识的，也觉察不到自己行为的不理性。若董事会的集体一致决策是在这种无意识的"顺从"中达成的，公司治理的结构和机制将很难发挥有效作用，由董事会中信息瀑布行为带来的决策偏差和效率损失对公司的发展和生存都是本源性的。对于这方面的拓展，目前最大的困难是现有理论在实验室外的环境中很难找到着力点，现实市场和生活中行为数据的不可观察性是问题的关键。

第 三 章

国有控股金融机构董事会治理研究

　　本章结合金融机构治理特殊性和治理风险防范对金融机构董事会治理展开研究。首先提出董事会权力配置的框架并进行具体分析，同时明确董事会治理对金融机构治理风险防范的重要意义。之后，基于中国情景，探究我国金融机构董事会治理特征与权力配置。紧接着，基于商业银行治理的特殊性实证分析商业银行风险防范问题，包括董事会治理与商业银行风险承担的关系及董事会异质性对商业银行风险承担的影响；同时从银行家人口特征、两职特征差异的角度研究商业银行资源配置问题。最后在实证结果分析的基础上，提出完善金融机构董事会治理的对策和建议。

第一节　金融机构特殊性及其董事会权力配置

　　本节首先结合实践探讨董事会构建和权力配置，并对金融机构的特殊性和治理风险的相关研究进行回顾；其次，介绍中国情境下金融机构董事会的权力配置；最后，对本节研究进行小结。

一、金融机构董事会权力配置

（一）金融机构董事会权力配置总体框架

伴随中国改革开放的深入，现代企业制度在金融行业建立，而金融行业作为货币流通和信用活动，在国民经济发展的战略和现实意义也愈发突出，金融风险成为众多风险中对经济社会影响最为重要的风险之一，2007 年以来发生的金融危机在很大程度上反映了金融中介对实体经济和社会的影响，而上述众多问题多来源于金融机构的治理风险，所以公司治理问题成为金融行业的重要问题。作为公司治理的核心，金融机构董事会治理是金融机构治理的重中之重，如何进行我国金融机构董事会权力配置会对金融机构治理作用的发挥产生重要影响。

按照一般公司董事会治理原则，董事会权力配置包含董事会人员构成及规模、董事长和总经理两职配置、独立董事制度及董事会专门委员会配置。基于我国特殊的国情和经济发展阶段，结合金融机构特点，研究我国目前存在的超级股东条件下的董事会权力配置问题，对我国金融机构治理水平的提高和公司科学决策的实施有一定的理论和现实意义。按照上述逻辑，本节通过分析和总结，构建我国金融机构董事会权力配置框架，如图 3-1 所示。

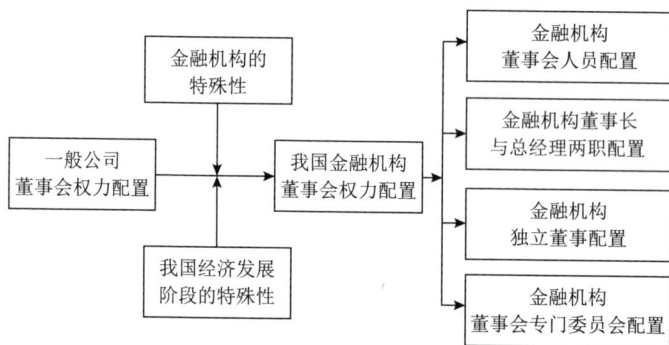

图 3-1　超级股东下金融机构董事会权力配置框架

（二）金融机构董事会权力配置具体分析

作为履行股东受托责任的组织机构，董事会在各国的实现形式有所不同。从总体来看，董事会作为公司治理的核心，主要职能体现为董事会的战略职能及监督职能。为实现董事会上述职能，在董事会构建和权力配置上主要考虑以下几个方面。

1. 董事会人员构成及规模

董事会是伴随现代公司发展的产物，随着公司的发展，以及融资和决策的需要，公司日常事务必须由一些具有实际权力和威望的人来代表公司进行管理，这些人即是公司的董事。对于董事会的人员构成，《中华人民共和国公司法》（以下简称《公司法》）明确规定，两个以上的国有企业或者两个以上的其他国有投资主体投资设立的有限责任公司，其董事会成员中应当有公司职工代表；其他有限责任公司董事会成员中可以有公司职工代表。除此之外对董事会成员未作具体要求，实践中董事一般会按照具体职能有不同分类，即执行董事和非执行董事，其中执行董事是指在公司运营中从事具体的管理工作，一般也称为内部董事，非执行董事一般由公司外部人士担任。现实实践和研究表明，董事会人员构成对董事会的决策具有一定的影响，法律也明确规定了独立董事的数量不得少于董事会成员的 1/3。另外研究表明，董事会成员的特质对董事会的决策也有一定的影响作用，其中，董事的专业背景、知识水平、性别和人格等特质因素影响董事会的决策质量。因此，一个高效的董事会定是一个高水平的决策团队。

董事会发挥作用的基础在于集体决策，董事会的规模不可避免影响董事会决策的质量。如果董事会人员太多，则会带来巨大的沟通成本和决策成本；相反，如果董事会人员太少，专业知识、阅历及相关信息的缺乏，会带来决策质量的下降。所以在不同的国家和地区，甚至相同地区的不同公司及不同时间的相同公司，董事会规模在空间和时间上也存在一定差异。我国《公司法》指出，股份有限公司的董事会成员为 5～19 人，有限责任公司的董事会成员为 3～13 人，对于股东人数较少或规模较小的有限责任公司，可以设 1 名执行董事，不设立董事会。执行董事可以兼任公司经理，同时为公司法定代表人。《公司法》虽然给出我国董事会规模设立的上下界，但并未对董事会人数做出强制性规定。研究表明，董事会的规模与公司特质有一定的相关关系：①公司规模。研究表明，公司规模较大，由于信息的需求和决策的事务相对较多，董事会的规模相对较大；②行业性质。美国的研究表明，银行业和教育机构中董事会的规模相对较大。③公司的多元化水平。由于多元化要求公司的不同决策背景和知识，需要不同背景的董事的参与，多元化水平较高的公司，董事会规模相对较大。

2. 董事长和总经理两职配置

董事长和总经理作为公司的高管，对战略的制定和实施起重要的作用。按现代公司的运行规则，原则上战略决策和战略执行要分开。董事长作为战略制定负责方，总经理作为战略执行方，两职分离对战略实施的有效性和监督具有一定的促进作用。其一，董事长可以从日常的管理岗位上解放出来更加深入地考虑公司的战略发展和长期目标；其二，董事长作为董事的代表，受股东的委托负责公司的全权事宜，总经理作为公司管理层的代表与股东存在利益冲突，由于代理成本的存在，两职分离可以对战略执行不力的总经理实施有效监督。虽然按照现代公司的观点董事长与总经理两职分离可能会带来更高的效率，现实运作中两职分离也存在一些问题，造成目前两职合一和两职分离两种状态共存的局面。两职合一的观点是，由于董事长和总经理均属于公司的高管，两职分离造成该权力的争夺进而影响公司的正常运作，造成公司的低效率。另外，两职合一可以消除公司存在的董事长和总经理的代理成本，可以更为有效地提高公司的决策和执行效率。可见对于董事长和总经理两职设置需要根据公司的具体情况不同对待。

3. 独立董事制度

独立董事制度在美国已经有很长的历史且比较成熟，国外众多针对独立董事的研究表明独立董事在公司治理中起到积极的作用。为保护中小投资者的利益，优化我国上市企业的公司治理，自 2001 年我国开始引入独立董事制度。自该制度引入以来，学者、专家对独立董事制度褒贬不一，众多研究得出的结论也各不相同，对于独立董事是否有价值也存在争议。为更好实现独立董事的作用，2001 年 8 月中国证券监督管理委员会（以下简称中国证监会）发布了《关于在上市公司建立独立董事制度的指导意见》，正式开始在我国上市公司推行独立董事制度，上述文件规定在 2002 年 6 月 30 日前，董事会成员中应当至少包括 2 名独立董事，在 2003 年 6 月 30 日之前上市公司独立董事的比例不得低于 1/3。根据 2001 年 8 月中国证监会发布的《关于在上市公司建立独立董事制度的指导意见》中对独立董事任职条件的规定，独立董事与上市公司具备独立性的同时必须具备一些素质和能力，如指导意见中规定上市公司独立董事具备上市公司运作的基本知识，熟悉相关法律、行政法规、规章及规则，另外具有五年以上法律、经济或者其他履行独立董事职责所必需的工作经验。从上述规定与之前的研究中我们发现，不同背景的管理人员对决策的影响不同。基于独立性和决策，独立董事的引入对于提高我国上市公司的公司治理水平及中小股东的保护有一定的现实意义，独立董事也可以代表中小股东的利益在公司的决策中发挥一定的作用。

4. 董事会专门委员会配置

因为董事会规模和时间等条件的限制，对于公司重大决策及决策执行需要细致的前期调研，所以由董事及专业人员形成的专门委员会对董事会重大决策的制定和决策的执行具有一定的推动作用。首先，专门委员会是对董事会负责的专门委员会，现实中一些公司将专门委员会设置在总经理办公室下，将专门委员会变成高级管理者的咨询机构，与董事会专门委员会建立的初衷背道而驰；其次，专门委员会的人员构成应该有一定的专业知识，可以识别公司在本领域出现的问题和机会。

一般而言，董事会专门委员会设置战略委员会、审计委员会、薪酬委员会和提名委员会。其中，战略委员会主要负责公司使命陈述、战略发展、战略实施及战略选择和控制。2002 年我国发布的《上市公司治理准则》中提出，公司战略委员会的主要职能是对公司长期发展战略及重大投资决策进行研究并提出建议。《上市公司章程指引》中也明确了公司重大投融资方案必须经过董事会批准。战略委员会的设立，是完善公司治理机制的有效途径。与麦肯锡研究一致，牛建波和刘绪光（2008）利用南开大学中国上市公司治理指数的研究指出，设立战略委员会能为公司带来显著的治理溢价。审计委员会作为许多公司常设委员会，其作用主要体现在以下两个方面：其一，从公司的内部讲，审计委员会通过对公司财务的审计和内部控制，从而为董事进行财务判断和考察总经理的业绩提供可靠的数据支撑，另外，审计委员会为董事会决策和监督提供更多的时间支持；其二，从公司的外部看，审计委员会的设置为公司对外提供一个积极的信号，为外部人士和投资者对公司的规范和数据的可信性提供一定的支持。薪酬委员会主要职能是对公司高管的报酬设计合理方案，通过与同行业同规模比例公司的对比设计公司高管合理的薪酬并上报董事会。提名委员会的主要职能来源于向公司董事会提出有能力担当董事的人选并对现任董事会的构成及人员进行科学合理的评价，促使董事会在合理的框架下开展工作，并对董事会和高管的工作做出恰当的评价，为董事会和高管工作的有序进行提供一定的政策和建议支持。

二、金融机构特殊性、治理风险与董事会治理

金融机构作为一种特殊的企业，其行业、产品、风险及社会影响与一般企业均存在显著的差异，这种特殊性在一定程度上影响金融机构董事会权力配置和安排。

(一)金融机构特殊性

1. 高风险

金融机构的特殊性，使其本身存在的固有的风险加大。一般来讲，金融机构的风险分为以下几个方面：①信用风险，信用风险分为自身信用风险、贷款信用风险和投资信用风险三类，其中金融机构自身信用风险指金融机构本身无法承兑到期的存款本金与利息，贷款信用风险指贷出款项到期本金和利息无法收回，投资信用风险指金融机构投资无盈利或投资款项无法收回本金；②流动性风险，当金融机构的客户需要提取现金时，金融机构必须为此支付，进而为满足这种流动性需求，金融机构必须牺牲已有的投资机会和投资项目，特别是当大客户需要提取现金时，金融机构不能拒绝，同时金融机构又不能违反其他合同收回其他贷款，而只能出售中长期债券，从而造成金融机构的流动性风险；③衍生工具风险，金融机构衍生工具的存在对优化金融机构产品布局和适应国际货币体系及汇率制度的变化提供一种自我保护机制，但衍生工具的不断创新导致金融机构产品风险不断放大，从而造成金融机构的损失。上述风险的存在造成金融机构的高风险。

2. 行业特殊性

与其他行业相比，金融行业具有其特殊性。在市场经济中，金融机构通过自身信誉发行对自身具有索取权的金融证券，通过集聚社会小额款项向资

金需求者提供贷款来发挥金融机构的信用中介作用，执行金融机构的资产转换职能（Gurley et al.，1960）。第一，金融机构自有资金较少，大部分资金来源于借贷关系，高资产负债率是金融机构作为信用中介的典型特征，即便其他行业的企业也通过负债获取外部的资金资源，但金融机构的负债率往往更高甚至达到 90%以上，即使是作为全球银行业监管标准的巴塞尔协议对银行的自有资金要求也仅仅是 8%以上；第二，由于上述借贷关系涉及的范围较大，金融机构的债权人处于极为分散的状态；第三，金融行业存在的关联风险指金融机构风险的传递性，一家金融机构出了问题可能会影响其他金融机构。

3. 产品特殊性

金融机构的产品特殊性，主要是指与一般企业的产品不同，金融机构的产品主要由期限不同的贷款组成，但这种贷款采用的是非市场化的一对一的市场合同，而非标准合同。对不同的借款对象，针对其信用状况不同，金融机构提供的合同的交易条件均存在显著的不同。由于这种非标准化合同导致金融机构资产交易存在非透明性，金融机构在股东、债权人与金融机构内部人存在的信息不对称程度更为严重（Furfine and Remolona，2005）。第一，这种产品的特殊性使金融机构的外部投资者对金融机构的资产质量很难衡量，特别是在短期内对有问题的资产更难观察到；第二，信息的不对称导致金融机构较容易改变其产品风险；第三，由于产品的特殊性和信息不对称存在，金融机构可以通过内部多种方式掩盖自身存在的问题而不被外界发现；第四，由于信息不对称和产品的特殊性，金融机构在新兴国家的关联交易更为普遍（Lopez-de-Silanes et al.，2003）。

4. 社会影响

金融机构的高风险、行业特殊性及产品特殊性造成金融机构的社会影响与一般企业相比范围更大，影响更为深远。特别是金融机构的产品特殊性和严重的信息不对称性造成金融机构的脆弱性，以及金融机构危机的负外部性，这种极强的负外部性造成的社会影响更为深远。这种社会影响造成社会对金融机构的监管与一般企业相比更为严格和宽泛。例如，各国政府和监管部门均对金融机构的进入进行了严格的限制，对股权结构、公司治理和并购兼并等控制权方面进行严格的准入限制和要求，在金融机构的运营方面，各国监管部门对金融机构的运营要求和运营过程进行严格的过程控制，要求金融机构在运营时必须达到一定的标准。在监管方面，由于上述社会影响的存在，除受金融机构内外部审计机构的监管，中国银监会、中国证监会及中国保监会的现场和临时监督均为金融机构的风险爆发提供及时的监控。

（二）治理风险与金融机构董事会治理

自 2008 年的金融海啸以来，金融机构风险更受到社会各界广泛关注，李维安（2005b）指出金融机构的根本风险是治理风险。然而，金融机构的治理风险却是在其自身治理和治理对象的双重治理问题之中。因此，厘清金融机构双重治理框架对控制金融风险，促进金融机构科学决策具有重要理论价值和现实意义。目前，对金融机构治理的研究主要集中在金融机构治理风险研究、金融机构治理目标研究、金融机构治理机制研究和操作指引这四个方面。在凸显金融风险的金融机构治理风险研究方面，包括从各个角度解释金融机构治理风险的内涵、金融机构治理风险评级及通过二分类模型对金融机构治理风险进行预测等。李维安（2005b）认为治理风险是研究金融机构治理的着力点，可见治理风险研究在金融机构治理研究中的地位。对于金融机构治理目标，不同的学者从不同的角度进行了研究，Arun 和 Turner（2004）将金融机构的治理目标扩大到体现金融机构特点的广泛的存款人；李维安（2003）则认为金融机构作为国民经济的重要行业，其治理目标还应包括宏观经济的稳定和金融体系的健康。为了实现这些金融机构治理目标，Levine（2007）、Macey（2004）、Ciancanelli 和 Reyes-Gonzalez（2000）分别从商业银行信息不透明，商业银行高负债、网络化和风险承担机制的特殊性，存款保险政策和政府管制的角度，研究了金融机构治理机制问题。John 等（2016）认为银行的风险选择受到银行内部治理和外部监管的共同影响。操作指引方面，以计量技术为主要手段的大量实证文章和定性的分析框架都为如何加强金融机构治理提出若干条政策建议。

作为现代经济的核心，金融机构的根本使命可以从两个层面理解：作为金融服务实体经济的载体，其运作理应遵循服务实体经济这一根本目标；作为利益相关者链接体，其运作须符合以股东为中心的全体利益相关者利益。

同时，金融机构的治理体系具有特殊性，这种特殊性来源于金融机构自身特殊的经营目标、复杂的委托代理关系、政府管制、特殊的资本结构、特殊的金融产品等。金融机构的特殊性决定了其兼具治理者和被治理者双重角色，其治理亦具有自身治理和对业务对象治理的双重特征。金融机构自身治理和对业务对象治理的双重治理问题中，过于复杂的委托代理关系和信息不对称，大大增加了金融机构治理的复杂性，决定了金融机构治理亦具有特殊的目标和机制，并使其治理更易造成治理风险的累积。金融危机的深刻教训再次表明，金融机构的治理目标不仅是要保护投资者的利益，更重要的是减少市场体系风险和保持金融体系的稳定性，确保金融服务于实体经济。金融机构治理体系的不完善，蕴含着金融机构自身的治理结构风险、治理行为风险和治理对象风险，累积到一定程度，会爆发金融风险事故。因此，金融机构董事会的核心目标，就在于防范、化解治理风险。

三、中国情境下金融机构董事会权力配置

(一)中国情境下的金融机构治理

1. 新兴经济

根据 Jain（2006）的定义，新兴经济体是指那些处于工业化进程中经济快速增长的经济体，Arnold 和 Quelch（1998）、Hoskisson 等（2000）认为，新兴经济体是指那些经济增长较快，政府采取市场化导向的经济自由化政策，并且注重发展外向型经济，且保持出口快速增长的经济体。近年来，一些学者和研究机构将少数经济表现较好的国家作为新兴经济国家的代表，如"金砖国家"和 G20 中的 11 个发展中国家。与传统发达国家和不发达国家相比，新兴经济体有其自身的特殊性，在收入水平上，虽然经济不平衡仍然是全球较为明显的特征，新兴经济体相对于发达经济体和欠发达经济体其经济增长更为强劲；在不同地区和不同年代的比较中，研究发现，新兴经济体内部经济增长的差异表现为同一时期不同地区的增长差异和同一地区不同时期的增长差异，即在时间和地区上均存在显著的差异；在工业化进程上，新兴经济体表现为在 20 世纪 70 年代到 90 年代，出现了明显的工业化进程，特别是 90 年代中期出现了制造业比重的不断上升；在对外依赖程度方

面，研究指出，新兴经济体参与国际分工更为明显，各新兴经济体参与国际分工的程度和深度更为宽广，同时，新兴经济体对外依赖程度高于发达国家（王勋和方晋，2011）。我国属于新兴经济体的一员，在经济发展过程中明显存在上述新兴经济发展的特质。

2. 转轨经济

转轨经济是指 20 世纪 60～70 年代，许多实行中央集权的计划经济国家和采取中央集权的不发达国家逐步引入市场机制的变革，对于我国则指由计划经济向市场经济过渡的经济。根据前人的研究，经济转轨是为了实现一定的目标，目前众多学者广为赞成的转轨目标有以下四个方面：第一，通过引入具有弹性的相对价格并创造对世界经济开放的竞争性市场来纠正社会主义经济的扭曲，从而提高资源配置的效率；第二，构建对于价格体系正常运作不可缺少的稳定宏观经济；第三，提供更好的激励机制和公司治理安排，使企业对市场信号做出适当的反应；第四，创造对市场经济来说"适度的"政府机构，虽然学者对"适度"概念存在分歧，但对以下两点有共识，即政治和制度稳定的需要，以及保护私有财产免受侵犯，并保护纳税人不受对政府施压的压力集团的寻租行为的损害（Roland，2002）。

3. 社会主义市场经济

与其他转轨国家有所不同，我国的市场转轨经济是在保留当前社会主义制度前提下，对经济体制进行的改革。社会主义市场经济要求坚持公有制为主体，多种所有制经济共同发展，一切符合"三个有利于"的所有制形式都可以用来发展社会主义市场经济；在分配制度上，坚持按劳分配为主体，多种分配方式并存，将按劳分配与按生产要素分配结合起来，坚持效率优先，兼顾公平；在宏观调控上，鉴于以公有制经济和按劳分配为主体，国家在宏观调控上更能发挥计划与市场的作用。《中共中央关于建立社会主义市场经济体制若干问题的决定》中阐述，社会主义市场经济的基本框架包含三个制度和三个体系，三个制度即建立现代企业制度、分配制度和多层次的保障制度，三个体系即建立全国统一开放的市场体系、以间接调控手段为主的宏观调控体系及健全和完善的法律体系。

在上述外部环境的影响下，我国金融机构董事会的权力配置必然会受到一定的影响，我国金融机构董事会权力配置也会出现一定的特殊性。

（二）中国情境下金融机构董事会权力配置具体分析

中国情境的特殊性决定了金融机构治理的特殊性，造成我国金融机构的董事会权力配置与一般企业相比具有显著的特殊性。当前在我国金融机构存在超级股东的前提下，如何配置董事会权力对我国金融机构董事会正确地做出科学的决策和监督有积极的推动作用，有助于实现治理风险防范目标。

1. 我国金融机构董事会人员配置

统计资料表明，我国商业银行董事会人员平均值在 14 人左右，董事会人员规模大于非金融类公司董事会规模。在上述董事会规模中，不同类型银行的董事会存在显著差异，其中股份制商业银行董事会的平均人数达到 16.81 人，城市商业银行董事会平均人数为 12.62 人。2003～2010 年的统计数据说明，对于上述银行，董事会规模最大的为渤海银行，其规模达到 26 人（2009 年数据），规模最小的为柳州市商业银行，董事会人数为 6 人（2007～2010 年数据）。相对于一般企业，金融机构特殊性和我国经济的现状决定了金融机构董事会的规模要比一般企业的董事会规模大。

在董事会构成人员中，由于超级股东的存在，可以按一定的比例安排独立非执行董事的数量。结合国外金融机构董事会的董事人员构成状况，独立董事在国外所占的比例均大于执行董事的比例，借鉴国外模式结合国内超级股东存在的现实，扩大独立董事的比例，在董事会人员构成上发挥非执行董事的功能。

2. 我国金融机构董事长与总经理两职配置

董事长和总经理作为金融机构高管中重要的两个职位，对金融机构重大战略问题的决策和实施起到极其重要的作用。目前我国银行董事长和行长从个人特征数据上分析在性别上无显著差异，即无论是银行的董事长还是行长，男性仍然占据主要地位。从年龄上分析，城市商业银行董事长的年龄显著大于行长年龄，董事长的企业社会资本也显著大于行长的企业社会资本。同时董事长的任职时间大于行长的任职时间，但我国城市商业银行董事长的受教育程度和经济管理专业背景显著低于行长的受教育程度及经济管理专业背景。统计数据显示，现阶段，我国金融机构董事长和总经理两职处于分离状态，这种两职分离的配置对于金融机构科学的决策和监督均能起到一定的推动作用。特别是由于我国金融机构超级股东的存在，有必要在金融机构董事会和高管安排上做一些制度上的安排，通过制度安排发挥由超级股东存在带来的益处而避免其影响金融机构治理的水平。出于按资安排的原则，可以考虑在我国目前金融机构治理中由超级股东选派董事长，而根据董事会的安排安排总经理治理，做到董事长和总经理两职分离合理布局，优化我国金融机构治理水平。

3. 我国金融机构独立董事配置

从 2005 年 10 月中国建设银行作为首家在香港 H 股上市银行引入独立董事制度以来，金融机构独立董事制度在中国金融机构开始执行并深化，对我国金融机构治理水平的提高做出了一定的贡献。与国外相比，目前我国金融机构独立董事制度虽然执行数年，但国内金融机构独立董事的比例低于国外。另外，独立董事不独立，且独立董事的遴选缺乏一定有效的机制也是目前存在的突出问题。我国金融机构中，独立董事的选聘多来源于大股东、管理层等的选派，这样造成独立董事代表性与独立董事制度之前的设计存在偏差。以四大国有银行为例，其独立董事均由财政部或中央汇金投资有限责任公司（以下简称中央汇金公司）选派，由于上述人员大部分在专业性和社会名气等方面力有不逮，除了原先在银行系统有工作经验的独立董事能够很快进入独立董事状态，其他专业性不强的独立董事很难在短时间内胜任独立董事工作。再者，独立董事与执行董事和高管存在严重的信息不对称，这在很大程度上影响独立董事决策的科学性和正确性。

针对上述现存现象，我国金融机构独立董事制度需要从以下几个方面完善，以有效发挥独立董事在金融机构治理中的作用：第一，引入专业化独立董事，鉴于金融机构目前已不是经营传统的存款、贷款、汇兑和结算等业务，而是跨行业、跨领域、跨国别和跨币种等的高风险企业，专业性经营极强，独立董事决策所需的知识支持在独立董事科学决策中的位置越来越重要，专业化独立董事的引入对于推动独立董事的监督和建议等职能的实施具有一定的积极作用；第二，从决策信息支持方面，由于科学的决策需要相当的信息支持，对于需要董事会决策的事项，在决策前、决策中需要给独立董事提供相当的信息，以便独立董事结合自己的专业知识做出科学的决策；第三，鉴于金融机构特殊性，需要提高独立董事在董事会成员中的比例以便金融机构董事会科学决策的实施。

特别地，由于超级股东的存在，有必要建立一套科学的董事甄别和引进机制，由于独立董事存在的一个重要方面是保障和保护中小股东利益，在超级股东存在的前提下，有效地引入一些制度和机制设计以避免超级股东在独立董事行事时受到超级股东的干扰，这就需要将独立董事的激励和监督与超级股东分开，目前国家实施建立的独立董事库确定独立董事的负责人，有效发挥独立董事在超级股东条件下的监督和科学决策作用。

4. 我国金融机构董事会专门委员会配置

为实现金融机构董事会科学决策，一般需要设立必要的专门委员会以实现金融机构董事会科学决策和监督的有效实施。结合国外金融机构董事会中专门委员会的配置，一般金融机构常见的专门委员会包括战略委员会、提名委员会、薪酬委员会、审计委员会、稽查委员会、风险委员会及治理委员会等。目前，结合国内金融机构的需要，大部分上市金融机构都设立了审计委员会、风险委员会、战略委员会、提名委员会、薪酬委员会及关联交易控制委员会等，上述董事会专门委员会的设立为董事会制定相关的策略、行使职能权力、履行科学决策和监督等职能发挥积极的作用。比如，董事会根据审计委员会出具的审查意见对现行高管进行考察和评估，薪酬委员会根据国内外本行业薪酬的具体情况安排行业和本企业高管的具体薪酬，并提出切实有效的意见和建议。

四、分析小结

按照一般公司董事会权力配置的原则，结合我国特殊的国情、经济发展阶段和金融机构特点，特别是我国目前存在的超级股东，在上述条件下构建我国金融机构董事会权力配置，我们得出以下结论。

第一，在超级股东条件下，董事会需要保持在一个适当的规模，且独立董事人数要占据一定比例。由于金融机构涉及的范围更广，内容更为复杂，适当规模的董事会可以在复杂、不确定的环境下更合理地做出科学的决策，以利于金融机构董事会公司治理的科学性、合规性和有效性。鉴于我国金融机构利益相关者利益保护的需求及超级股东的存在，在董事人员安排上应以独立董事为主，独立董事占董事会的比例应该超过一半，以保障金融机构利益相关者的利益。

第二，金融机构董事长和总经理的两职分离有利于超级股东下董事会治理水平的提高。鉴于金融机构董事长和总经理的特殊地位，随着金融机构业务结构的复杂性提高，通过董事会权力配置将金融机构战略和执行分开来应对金融机构的复杂性，以治理的有效性规避治理中存在的战略制定和战略执行中的风险。

第三，在金融机构中引入专业独立董事，并给予独立董事一定的战略参与和决策权。金融机构业务的复杂性和多样性及环境的不确定性造成金融机构战略决策的难度加大，另外由于需要考虑其他利益相关者，在超级股东条件下，引入专业独立董事并让独立董事在金融机构的战略决策中发挥主导作用对保护金融机构利益相关者和战略的科学制定有一定的促进和优化作用。

第四，建立有利于金融机构决策的相关专门委员会。专门委员会对董事会战略决策和监督职能的发挥起到重要的辅助作用，通过建立有利于金融机构决策的相关专门委员会，优化董事会权力配置，促进科学决策的制定与实施。

第二节　商业银行董事会治理与风险承担

董事会风险控制作为一种内部治理机制，影响到银行投资决策的选择和行为偏好。相关文献表明，董事会风险控制与银行风险承担行为之间存在着某种联系，在影响银行的风险承担水平的驱动因素中，董事会风险控制相关变量对银行风险承担存在某些影响。本节从董事会的结构风险控制、机构设置风险控制和运作风险控制三个方面来分析董事会风险控制对银行风险承担的影响。

一、董事会结构、董事会运作与风险承担

(一)董事会结构与银行风险承担

Merton（1977）、Marcus 和 Shaked（1984）提出了道德风险论，认为股东才是银行贷款的主要决策者。股东与管理层相比，更加偏好风险。规模较小的董事会，其决策效率比较高，股东对董事会的控制比较强，代理成本低，减少了搭便车现象，更能够代表股东的利益。大股东偏好投资风险大的项目，从而增加了银行的风险承担。规模较大的董事会则可以吸收董事不同的专业背景和社会资源，形成优势互补，降低经营过程中环境不确定性带来的风险，提高决策的科学性。资源依赖理论的学者认为董事会的规模能够显著影响到公司获取外部资源的能力。但是董事会的规模过大也会降低信息传递的速度和影响决策的达成，削弱董事会对管理层的控制，形成内部人控制的局面。因此，提出假设 3-1：董事会规模与银行风险承担负相关。

一般而言，独立董事的比例越高，越能够有效地监督管理层的行为，越能降低管理层机会主义行为发生的概率，加强对管理层的监督，降低银行的风险承担。因此，提出假设 3-2：独立董事比例与银行风险承担负相关。

当银行总经理与董事长两职合一时，董事会的独立性降低，监督机制形同虚设，总经理会拥有更多的话语权，为了保护自身的利益，他们会选择规避风险。因此，提出假设 3-3：两职合一与银行风险承担负相关。

董事会各专门委员会的建立有利于保持董事会的独立性和专业性，弥补董事会自身的缺陷。董事会成员由于时间和精力的限制，并不能全面地监督公司的行为，各专门委员会可以很好地解决这些问题，发挥独立董事的作用，提高工作的效率，降低经营风险。因此，提出假设 3-4：专门委员会设置与银行风险承担负相关。

(二)董事会运作与银行风险承担

董事会会议次数反映了董事会的活跃程度，董事会会议次数越多，董事

有更多的时间履行其职责，应对不断变化的外部环境，降低经营风险。董事会成员积极参加董事会会议，能够更好地了解银行的发展状况，并提出相应建议，降低银行的经营风险。因此，提出假设 3-5：董事会会议次数与银行风险承担负相关，董事尽职情况与银行风险承担负相关。

控制权是选择大部分董事会成员和指导公司管理的权力。股东都希望自己获得最大化收益，按照自己的意志进行决策，而控制董事会正是实现这一目标的前提，这也是董事会控制权争夺的诱因。在股权集中的情况下，控股股东通过控制董事会来影响管理层的任用和解聘，垄断信息的传递，获得超额收益，中小股东只能被迫用脚投票，这可能会造成决策的不科学。并且，股权越集中的公司，其董事会的独立性也就越低。因此，提出假设 3-6：上市银行董事会中第一大股东董事占董事会的比例与银行风险承担正相关。

二、研究设计

(一)样本选择与数据来源

本节选取了 2007～2011 年的上市银行作为样本，鉴于我国银行上市时间的不同及银行治理数据的可得性，剔除了中国光大银行和中国农业银行这两家上市比较晚的银行，以上市银行 5 年的年报数据作为研究样本，样本数量为 70 个。此外，本章还根据上市银行的性质，将上市银行分为国有控股商业银行、全国性股份制商业银行和城市商业银行，重点考察国有控股商业银行董事会风险控制对风险承担的影响，并与其他类型银行对比。

上市银行的主要财务数据来源于 CCER（China center for economic research）经济金融数据库及上市公司的年报；治理数据大部分来源于国泰安 CSMAR（China stock market and accounting research）数据库及银行的年报，还有部分指标数据来源于上市银行的网站信息披露。

(二)变量的设计

1. 被解释变量

银行的风险承担主要是指银行选择并承担某种风险的行为，包括风险选择的动机、决策和执行，是利益相关者之间相互博弈的结果。现有文献对银行风险承担指标的衡量并不一致。传统来讲，银行的风险是银行风险承担行为的一种结果表现形式，因此很多人用银行风险指标来衡量风险承担。这类指标主要包括不良贷款率、银行股票收益波动率、资产收益的风险、风险加权资产的比重等。Dimson（1979）、Bartram 和 Bodnar（2009）利用资本资产定价模型，将银行风险分为系统性风险和非系统性风险。

不良贷款率（NPL）=逾期贷款期末余额/各项贷款期末余额，使用不良贷款率主要是衡量银行的信用风险，而信用风险是银行存在的主要风险。但是不良贷款率是一个事后指标，并不能反映当期的信用风险水平，具有滞后性，另外仅仅考虑银行的信用风险，并不能代表银行的整体风险水平。

银行股票收益波动率是指上市公司股票日波动率的标准差。在我国，由于资本市场还不完善，股票的波动性比较大，在一定程度上并不能完全反映上市银行的风险水平。

风险加权资产的比重=商业银行风险加权总资产/商业银行资产负债表中的总资产。不同性质的资产，其风险系数不同，也就意味着风险的大小有所差别。由于风险系数的计算可能受到人为主观因素的影响，容易被操纵，一般不选取这个指标作为衡量银行风险的指标。

鉴于以上指标的缺陷，Boyd 和 Graham（1988）提出了一种新的衡量银行风险承担的方法。他们采用 Z-score 来衡量银行风险承担。Z-score 等于资产收益率与资本资产比率之和除以资产收益率的标准差。Z-score=（ROA+CAR）/σ（ROA），这一指标主要是衡量银行破产的概率，不受股票市场波动性的影响，稳定性比较强。另外，由于银行的资产业务主要集中在贷款方面，选择不良贷款率作为该指标的辅助衡量指标。

2. 解释变量

本节以董事会风险控制的各个变量作为解释变量，包含了结构风险、机构设置风险和运作风险三个方面。

董事会规模（BOD），用董事会总人数来表示。

董事会的独立性用独立董事比例（IDR）来表示，它等于独立董事人数除以董事会总人数。

董事会的领导权结构用银行总经理或行长是否与董事长或副董事长两职合一（POW）这个虚拟变量来表示。若两职合一则为0，两职分离则为1。

董事会专门委员会的衡量用专门委员会设置（SC）这个变量来表示，即设置的专门委员会的数目。董事会专门委员会主要包括风险委员会、审计委员会、薪酬委员会和提名委员会等。

董事会运作风险用董事会会议次数（SI）和董事尽职情况（SL）、第一大股东董事占董事会的比例（SH）来衡量。董事尽职情况主要用尽职董事人数占董事会人数的比例来衡量，若某一股东实际参加的会议次数少于应当参加的会议次数，则视为该董事未尽职。

3. 控制变量

为了更好地考察董事会风险控制对银行风险承担的影响，在参考相关实证研究的基础上，选择了公司规模（Size）、银行性质（BI）、财务杠杆比率（LEV）、银行成长性（Growth）和GDP增长率（GI）作为控制变量。

公司规模（Size）采用总资产的自然对数来衡量，一般认为，规模大的银行获取外部资源的能力比较强，具有规模经济的优势，能够承担更大的风险。

银行成长性（Growth）用（期末总资产–期初总资产）/期初总资产来表示，当银行处于快速成长的阶段时，银行的投资机会很多，投资的规模也很大，为了迅速扩张，银行愿意承担更大的风险。

银行性质（BI）设为哑变量，分别用GOB、COB和MB来表示，若上市银行属于国有控股商业银行则为1，否则为0；属于全国性股份制商业银行则为1，否则为0；若为城市商业银行则为1，否则为0。

财务杠杆比率（LEV）用资产负债率来表示，相关研究表明债权融资具有特殊的治理效应，资产负债率越高，银行的财务风险就越大，银行也就承担更大的风险。

GDP增长率（GI）通过查询国家统计局的网站获得，当外部经济形势良好的时候，企业对资金的需求增加，银行的放贷规模扩大，面临的信用违约风险也就越大。表3-1给出了各变量的定义和描述。

表 3-1　各变量的定义

变量类型	变量名称	变量符号	变量含义	变量计算方法
被解释变量	Z-score	Z-score	—	（ROA+CAR）/σ（ROA）
	不良贷款率	NPL	—	逾期贷款期末余额/各项贷款期末余额
解释变量	董事会规模	BOD	结构风险	董事会总人数
	独立董事比例	IDR	结构风险	独立董事人数/董事会总人数
	两职合一	POW	结构风险	若两职合一则为 0，两职分离则为 1
	专门委员会设置	SC	机构设置风险	设置的专门委员会的数目
	董事会会议次数	SI	运作风险	银行报表中董事会召开的会议次数
	董事尽职情况	SL	运作风险	尽职董事人数/董事会人数
	第一大股东董事占董事会的比例	SH	运作风险	第一大股东董事人数/董事会人数
控制变量	公司规模	Size	—	总资产的自然对数
	银行成长性	Growth	—	（期末总资产−期初总资产）/期初总资产
	银行性质	GOB	—	若上市银行属于国有控股商业银行，则为 1；否则为 0
		COB	—	若上市银行属于全国性股份制商业银行，则为 1，否则为 0
		MB	—	若上市银行属于城市商业银行，则为 1，否则为 0
	财务杠杆比率	LEV	—	资产负债率
	GDP 增长率	GI	—	每年经济增长率

（三）实证模型

为了检验前面根据文献提出的理论，我们分别建立多元回归模型进行大样本的检验，尽可能多地考虑解释变量对被解释变量的影响。

$$Z\text{-score}=\alpha_0+\alpha_1 BOD+\alpha_2 IDR+\alpha_3 POW+\alpha_4 Size+\alpha_5 Growth+\alpha_6 BI+\alpha_7 LEV+\alpha_8 GI+\varepsilon \quad （3.1）$$

$$Z\text{-score}=\alpha_0+\alpha_1 SC+\alpha_2 Size+\alpha_3 Growth+\alpha_4 GOB+\alpha_5 COB+\alpha_6 MB+\alpha_7 LEV+\alpha_8 GI+\varepsilon \quad （3.2）$$

$$Z\text{-score}=\alpha_0+\alpha_1SI+\alpha_2SL+\alpha_3SH+\alpha_4Size+\alpha_5Growth+\alpha_6BI+\alpha_7LEV+\alpha_8GI+\varepsilon \qquad （3.3）$$

其中，BI 代表银行性质的各个变量，分别用 GOB、COB 和 MB 来表示。式（3.1）、式（3.2）和式（3.3）分别从董事会结构风险控制、机构设置风险控制及运作风险控制三个方面检验其对银行风险承担的影响。

三、主要变量的描述性统计

由表 3-2 中国有控股商业银行的描述性统计结果可知，样本公司各变量之间的差异并不大。Z-score 最高为 4.06，最低为 3.74，平均为 3.94，标准差为 0.07。可见，国有控股商业银行风险承担的水平相差不大。

表 3-2   国有控股商业银行的描述性统计结果

变量	平均值	标准差	全距	最小值	最大值
Z-score	3.94	0.07	0.32	3.74	4.06
BOD/人	16.25	1.07	3.00	15.00	18.00
IDR	0.33	0.05	0.15	0.25	0.40
POW	0.00	0.00	0.00	0.00	0.00
SC/个	5.25	0.44	1.00	5.00	6.00
SI/次	10.45	4.30	19.00	5.00	24.00
SL	0.94	0.08	0.22	0.78	1.00
SH	0.41	0.15	0.06	0.38	0.44
Size	22.72	0.56	1.99	21.47	23.46
Growth	0.19	0.06	0.17	0.12	0.29
LEV	0.93	0.02	0.08	0.87	0.95
GI	0.10	0.01	0.04	0.09	0.13

从董事会结构风险变量来看，董事会规模最高为 18 人，最低为 15 人，平均值为 16.25 人，标准差为 1.07；独立董事比例最高为 40%，最低为 25%，平均值为 33%；全部国有控股商业银行均为两职合一。从董事会机构设置风险变量来看，专门委员会的设置数量最高为 6 个，最低为 5 个，平均值为 5.25 个，标准差为 0.44。从董事会运作风险变量来看，董事会会议次数最高为 24 次，最低为 5 次，平均值为 10.45 次，标准差为 4.30。从董事

尽职情况来看，尽职董事占董事会人数的比例最高为 100%，最低为 78%，平均值为 94%，标准差为 0.08，表明董事基本上履行了自己的职责，勤勉度高。第一大股东董事占董事会的比例最高为 44%，最低为 38%，平均值为 41%，标准差为 0.15，表明第一大股东董事占董事会的比例差异不明显。

从控制变量来看，公司规模最大为 23.46，最低为 21.47，平均值为 22.72，标准差为 0.56；银行成长性方面，最高为 29%，最低为 12%，平均值为 19%，标准差为 0.06；财务杠杆比率最高为 95%，最低为 87%，平均值为 93%，标准差为 0.02，表明我国国有控股商业银行存在极高的资产负债率；GDP 增长率受外部环境的影响，是银行不能控制的外部变量，最高为 13%，最低为 9%，平均值为 10%，标准差为 0.01。

表 3-3 给出了全国性股份制商业银行的描述性统计结果。由表可知，样本银行各变量之间的差异较国有控股商业银行要大。Z-score 最高为 4.27，最低为 2.92，平均为 3.71，标准差为 0.28。可见，全国性股份制商业银行风险承担的水平相较国有控股商业银行要小。从董事会结构风险变量来看，董事会规模最高为 19 人，最低为 14 人，平均值为 16.57 人，标准差为 1.67；独立董事比例最高为 44%，最低为 29%，平均值为 35%；全国性股份制商业银行两职合一，最高为 1，最低为 0，平均值为 0.57，标准差为 0.50。从董事会机构设置风险变量来看，专门委员会的设置数量最高为 6 个，最低为 3 个，平均值为 5.29 个，标准差为 0.99。从董事会运作风险变量来看，董事会会议次数最高为 20 次，最低为 5 次，平均值为 10.46 次，标准差为 3.93。从董事尽职情况来看，尽职董事占董事会人数的比例最高为 100%，最低为 50%，平均值为 95%，标准差为 0.11，表明董事基本上履行了自己的职责，勤勉度高。第一大股东董事占董事会的比例最高为 60%，最低为 17%，平均值为 29%，标准差为 0.16，表明第一大股东董事占董事会的比例差异明显。公司规模最大为 21.75，最低为 19.68，平均值为 20.96，标准差为 0.53；银行成长性方面，最高为 43%，最低为 15%，平均值为 28%，标准差为 0.08；财务杠杆比率最高为 98%，最低为 90%，平均值为 95%，标准差为 0.02，表明全国性股份制商业银行存在极高的资产负债率；GDP 增长率受外部环境的影响，是银行不能控制的外部变量，最高为 13%，最低为 9%，平均值为 10%，标准差为 0.01。

表 3-3　全国性股份制商业银行的描述性统计结果

变量	平均值	标准差	全距	最小值	最大值
Z-score	3.71	0.28	1.35	2.92	4.27
BOD/人	16.57	1.67	5.00	14.00	19.00
IDR	0.35	0.03	0.15	0.29	0.44
POW	0.57	0.50	1.00	0.00	1.00
SC/个	5.29	0.99	3.00	3.00	6.00
SI/次	10.46	3.93	15.00	5.00	20.00
SL	0.95	0.11	0.50	0.50	1.00
SH	0.29	0.16	0.43	0.17	0.60
Size	20.96	0.53	2.07	19.68	21.75
Growth	0.28	0.08	0.28	0.15	0.43
LEV	0.95	0.02	0.08	0.90	0.98
GI	0.10	0.01	0.04	0.09	0.13

表 3-4 给出了城市商业银行的描述性统计结果。由表可知，样本公司各变量之间的差异较全国性股份制商业银行要大。Z-score 最高为 4.61，最低为 3.80，平均为 4.16，标准差为 0.25。可见，城市商业银行风险承担的水平相较全国性股份制商业银行要大。从董事会结构风险变量来看，董事会规模最高为 18 人，最低为 13 人，平均值为 16.20 人，标准差为 1.70；独立董事比例最高为 36%，最低为 27%，平均值为 34%；城市商业银行两职合一，最高为 1，最低为 0，平均值为 0.33，标准差为 0.49。从董事会机构设置风险变量来看，专门委员会的设置数量最高为 6 个，最低为 5 个，平均值为 5.67 个，标准差为 0.49。从董事会运作风险变量来看，董事会会议次数最高为 11 次，最低为 5 次，平均值为 8.20 次，标准差为 1.82。从董事尽职情况来看，尽职董事占董事会人数的比例最高为 100%，最低为 100%，平均值为 100%，标准差为 0，表明我国城市商业银行董事全部履行了自己的职责，勤勉度非常高。第一大股东董事占董事会的比例最高为 15%，最低为 7%，平均值为 10%，标准差为 0.06，表明我国城市商业银行第一大股东董事人数占董事会总人数的比例较低。公司规模最大为 20.68，最低为 18.18，

平均值为 19.27，标准差为 0.80；银行成长性方面，最高为 63%，最低为 −1%，平均值为 35%，标准差为 0.17，表明我国城市商业银行在发展性方面差距很大；财务杠杆比率最高为 95%，最低为 87%，平均值为 92%，标准差为 0.02，表明我国城市商业银行存在极高的资产负债率；GDP 增长率受外部环境的影响，是银行不能控制的外部变量，最高为 13%，最低为 9%，平均值为 10%，标准差为 0.01。

表 3-4　城市商业银行的描述性统计结果

变量	平均值	标准差	全距	最小值	最大值
Z-score	4.16	0.25	0.81	3.80	4.61
BOD/人	16.20	1.70	5.00	13.00	18.00
IDR	0.34	0.02	0.09	0.27	0.36
POW	0.33	0.49	1.00	0.00	1.00
SC/个	5.67	0.49	1.00	5.00	6.00
SI/次	8.20	1.82	6.00	5.00	11.00
SL	1.00	0.00	0.00	1.00	1.00
SH	0.10	0.06	0.08	0.07	0.15
Size	19.27	0.80	2.50	18.18	20.68
Growth	0.35	0.17	0.64	−0.01	0.63
LEV	0.92	0.02	0.08	0.87	0.95
GI	0.10	0.01	0.04	0.09	0.13

综上对比可知，城市商业银行的风险承担水平最高，其次是国有控股商业银行，全国性股份制商业银行最低，表明城市商业银行采取了更加激进的投资选择。在董事会规模方面，三类银行相差不大，反映出银行的性质并不会直接影响到董事会规模的大小。在独立董事比例方面，三类银行都达到了中国证监会要求的独立董事的比例不低于 1/3 的要求，相比较而言，全国性股份制商业银行的独立性更高一些。国有控股商业银行总经理与董事长均两职合一，全国性股份制商业银行两职合一程度要低于城市商业银行。专门委员会设置上，三类银行差别不大，表明银行在独立性、专业性和审慎性方面做得比较好。在董事会会议次数方面，全国性股份制商业银行最高，其次是国有控股商业银行，城市商业银行最低，考虑到全国性股份制商业银行面临

的资源和政治背景较国有控股商业银行和城市商业银行有劣势，外部环境对全国性股份制商业银行的影响更加明显，董事会需要根据环境的变化不断做出调整。在董事尽职情况方面，三类银行几乎没有区别，表明我国银行中董事基本能履行自己的职责，尽到了勤勉义务。第一大股东董事占董事会的比例，国有控股商业银行最高，全国性股份制商业银行次之，城市商业银行最低，由于全国性股份制商业银行其股权集中度较国有控股商业银行要低，第一大股东希望董事会中有更多代表自己利益的董事。在公司规模方面，国有控股商业银行拥有其他类银行无法比拟的资源和优势，其规模最大，城市商业银行因受地域范围的限制，规模最小。在银行成长性方面，三类银行成长性都很快，但成长速度有所降低，城市商业银行最高，全国性股份制银行次之，国有控股商业银行最低，主要原因在于国有控股商业银行承担了大量的政府贷款的任务和社会责任，效率比较低，服务水平和质量渐渐落后于其他类型的专业银行，大规模的基数导致增长比较慢。在财务杠杆比率方面，全国性股份制商业银行最高，表明负债业务对其的重要程度。GDP 增长率属于外部环境因素，银行自身无法控制。

　　表 3-5 给出了各变量之间的相关系数。董事会规模与独立董事比例高度正相关，相关系数为 0.305，与专门委员会设置高度正相关，相关系数为 0.599，这表明董事会规模越大，独立董事比例越高，两职合一情况越多，专门委员会的设置就越齐全。董事会规模与其他解释变量之间不存在显著的相关关系，说明董事会规模与其他解释变量之间存在着独立性，指标选取符合要求。独立董事比例与专门委员会设置呈显著正相关关系，相关系数为 0.232，表明董事会的独立性越高，专门委员会的独立性也就越高，也就越能发挥其作用。专门委员会设置与第一大股东董事占董事会的比例呈显著负相关关系，相关系数为–0.480，表明专门委员会的独立性能够抑制大股东控制董事会的情况，加强了对大股东的监督，发挥了自己的作用。董事会会议次数与董事尽职情况呈显著负相关关系，相关系数为–0.380，表明董事的精力和时间是有限的，对于董事会会议的重要性存在着边际效用递减的可能。公司规模与银行成长性呈显著负相关关系，相关系数为–0.520，表明银行规模越大，需要协调的资源越多，关系越复杂，付出的协调成本越多，这就抑制了银行的快速发展，产生了所谓的"大企业病"。

表 3-5　解释变量的 Pearson 相关系数检验

变量	BOD	IDR	POW	SC	SI	SL	SH	Size	Growth	LEV	GI
BOD	1										
IDR	0.305*	1									
POW	0.460*	−0.070	1								
SC	0.599*	0.232*	0.160	1							
SI	0.063	−0.190	0.090	0.058	1						
SL	−0.180	0.148	−0.204	−0.100	−0.380*	1					
SH	−0.190	0.061	0.074	−0.480*	0.182	0.036	1				
Size	0.017	−0.04	0.038	−0.010	0.228*	−0.070	0.211	1			
Growth	−0.040	0.030	0.029	−0.080	−0.080	0.139	−0.030	−0.520*	1		
LEV	0.178	0.153	0.146	0.083	0.164	−0.140	−0.120	0.149	0.060	1	
GI	0.066	−0.140	0.000	−0.060	0.128	−0.010	0.062	−0.160	0.150	−0.060	1

*表示在 10% 的水平显著

四、实证结果与分析

为了检验本节的研究假设，我们进行了各变量之间的多元线性回归分析。表 3-6 给出了多元回归分析的结果。

表 3-6　董事会风险控制变量对银行风险承担的回归结果

变量	Z-score						
	式（3.1）			式（3.2）		式（3.3）	
常数项	15.216*** (19.273)	15.330*** (19.399)	15.432*** (19.867)	15.137*** (19.335)	15.456*** (19.50)	15.269*** (17.869)	15.380*** (19.910)
BOD	−0.097** (−2.23)						
IDR		0.463*** (9.43)					
POW			−0.063* (−1.852)				
SC				−0.030** (−2.289)			

续表

变量	Z-score						
	式（3.1）			式（3.2）	式（3.3）		
SI				0.071 （1.41）			
SL					−0.010*** （−9.58）		
SH							0.218* （1.900）
Size	−0.013*** （−5.72）	0.012*** （9.14）	0.012*** （9.08）	0.014*** （9.62）	−0.012*** （−9.17）	0.013*** （8.607）	0.010*** （6.64）
Growth	0.144** （2.208）	0.135*** （7.75）	0.124*** （7.29）	0.162** （2.034）	0.132*** （4.47）	0.134*** （7.85）	0.178*** （5.301）
LEV	12.213* （1.81）	11.992*** （14.60）	12.313*** （15.327）	12.227*** （15.109）	12.272*** （15.10）	12.106*** （14.687）	12.390*** （15.328）
GI	−1.092 （−0.909）	−1.187 （−0.985）	−1.046 （−0.894）	−0.954 （−0.806）	−1.326 （−1.104）	−1.129 （−0.965）	−1.129 （−0.965）
Adj-R^2	0.783	0.784	0.792	0.788	0.788	0.781	0.793
DW 值	1.103	1.202	1.102	1.162	1.212	1.120	1.102

注：括号内为 t 值

***、**和*分别表示在 1%、5%和 10%的水平显著

在式（3.1）中，董事会规模对银行风险承担通过了 5%显著性水平的检验，即董事会规模与银行风险承担之间存在显著的负相关关系。这表明董事会规模越大，银行的风险承担越低。因此，假设 3-1 的结论成立。独立董事比例对银行风险承担的影响通过了 1%显著性水平的检验，即独立董事比例与银行风险承担之间存在显著的相关关系，但两者之间是正相关关系。这表明独立董事比例提高，并没有降低银行的风险承担。因此，假设 3-2 的结论不成立。两职合一与银行风险承担之间通过了 10%的显著性水平检验，即两职合一与银行风险承担之间存在负相关关系。因此，假设 3-3 的结论成立。

式（3.2）集中检验了专门委员会设置对银行风险承担的影响。专门委员会设置对银行风险承担的影响通过了置信水平为 5%的显著性检验，表明专门委员会设置确实会对银行风险承担产生显著的影响，即专门委员会设置

得越完备，银行的风险承担越低。因此，假设 3-4 的结论得到证实。

式（3.3）检验了董事会运作风险对银行风险承担的影响。董事会会议次数与风险承担之间没有通过显著性检验，且与之前假设的负相关关系相反，这表明董事会会议次数并不能够显著影响银行的风险承担水平，存在着滞后效应的可能性。因此，假设 3-5 前半部分不成立。董事尽职情况对银行风险承担的影响通过了置信水平为 1% 的显著性检验，表明董事尽职情况确实会对银行风险承担产生显著的积极影响，董事的勤勉度越高，银行风险承担越低。因此，假设 3-5 后半部分的结论得到证实。第一大股东董事占董事会的比例对银行风险承担的影响通过了置信水平为 10% 的显著性检验，验证了其与银行风险承担之间存在着正相关关系，表明董事会中第一大股东董事占董事会的比例越高，其越倾向于偏好风险。因此，假设 3-6 的结论不成立。

值得注意的是，本章所选取的控制变量中，公司规模与银行风险承担在 1% 的置信水平内显著相关，但呈现出不同的关系。这表明公司规模对银行风险承担的影响并不一致，在不同的解释变量作用下，其发挥了不同的协调效应，两者之间可能并不是单纯的线性关系。银行成长性对银行风险承担的影响通过了显著性检验，银行发展速度越快，其越倾向于偏好风险以获得更大的收益。财务杠杆比率对银行风险承担的影响通过了显著性检验，由于财务杠杆存在的特殊效应，其比率越高，银行的财务风险也就越高，风险承担越高。GDP 增长率对银行风险承担的影响没有通过显著性检验，且与前面预期的银行风险承担的符号相反。这表明外部经济环境的影响是银行不能控制的外部变量。

从式（3.1）到式（3.3）的整体回归效果来看，经过调整的 R^2 在 0.78 左右，方程的拟合程度比较高，这说明方程充分考虑了董事会风险控制变量对银行风险承担的影响。检验自相关程度的重要指标 DW 值为 1.20 左右，由于本章是混合截面数据，DW 值并不是很重要的衡量自相关的指标。检验多重共线性的重要指标方差膨胀因子（variance inflation factor，VIF）为 1.17 左右，小于 5，因此不存在多重共线性的问题。从各方程的 F 统计量来看，显著不为 0，证明方程的设置是比较合理的。

五、稳健性检验

为了验证实证分析结果的可靠性，我们进行稳健性检验。我们用不良贷款率代替 Z-score，由于银行的负债业务以存款业务为主，资产业务以贷款为主，银行的风险主要是信用违约风险。相关文献研究表明，银行的信用风险与银行整体风险之间存在显著的相关关系，且相关系数很大。通过稳健性检验，我们发现主要变量的符号和显著性没有发生很大变化，因此结论的可靠性比较高。

表 3-7 给出了检验结果。董事会规模与不良贷款率之间存在显著的负相关关系，独立董事比例与不良贷款率之间存在着正相关关系，两职合一与不良贷款率之间存在显著的负相关关系，专门委员会设置及董事尽职情况都与不良贷款率呈负相关关系，董事会会议次数与不良贷款率之间存在正相关关系，但不显著，第一大股东董事占董事会的比例与不良贷款率呈正相关关系。

表 3-7 董事会风险控制变量对银行风险承担稳健性检验结果

变量	NPL						
	式（3.1）			式（3.2）		式（3.3）	
常数项	10.034*** （8.64）	10.033*** （8.25）	10.048*** （8.82）	10.029*** （7.60）	10.033*** （8.14）	10.023*** （5.31）	10.039*** （9.73）
BOD	−0.107*** （−7.92）						
IDR		0.028*** （6.42）					
POW			−0.013* （−1.99）				
SC				−0.022** （2.18）			
SI					0.001 （0.65）		

续表

变量	NPL						
	式（3.1）			式（3.2）		式（3.3）	
SL						−0.009*** （9.51）	
SH							0.020** （2.073）
Size	−0.047*** （−8.46）	0.042*** （8.20）	0.044*** （8.94）	0.041*** （7.13）	−0.042*** （−7.41）	−0.043*** （−8.08）	0.040*** （7.82）
Growth	0.083*** （2.62）	0.090** （2.14）	−0.080** （−2.08）	−0.074** （−2.16）	−0.009*** （−9.87）	−0.008*** （−9.00）	−0.012 （−1.01）
LEV	0.022*** （5.36）	0.015*** （6.39）	0.019*** （6.47）	0.017*** （6.73）	0.004*** （9.18）	0.003*** （6.90）	0.010*** （7.42）
GI	0.308*** （5.20）	0.290*** （4.78）	0.300*** （5.11）	0.294*** （5.02）	0.292*** （4.77）	0.297*** （4.92）	0.300 （4.96）
Adj-R^2	0.320	0.299	0.327	0.335	0.290	0.295	0.287
DW	1.688	1.742	1.687	1.679	1.693	1.701	1.703

注：括号中为 t 值
***、**和*分别表示在 1%、5%和 10%的水平显著

六、实证结论

（一）董事会规模与银行风险承担

董事会规模与银行风险承担负相关。这种结果产生的原因是规模较小的董事会，其决策效率比较高，股东对董事会的控制比较强，代理成本低，减少了搭便车现象，更能够代表股东的利益。大股东偏好投资风险大的项目，从而增加了银行的风险承担。Jensen（1993）认为较小的董事会更加有效。具体到我国的银行来说，规模一般都很庞大，大规模带来了协调的成本上升，资源配给和利用上效率降低，边际收益不断递减，为了降低成本，董事会会采取保守的投资策略。另外，董事会也可能存在过度控制管理层的现象，削弱了管理层职能的发挥，使他们不能够投资那些可以为银行带来高收益的项目。规模较大的董事会则可以吸收董事不同的专业背景和社会资源，形成优势互补，降低经营过程中环境不确定性带来的风险，提高决策的科学性。相反，规模较小的董事会，其更能够快速达成决策，降低协调成本，加

强对管理层的监督。管理层基于声誉的考虑，其被解雇的风险很大，因此管理层会选择跟股东利益一致，从而增加银行风险承担。我国的银行大部分的控股股东都是国有性质，其更加关注的是国有资产的保值，风险比收益更重要，因而会在董事会决策中偏好规避风险，这也降低了银行的风险承担。

(二)独立董事比例与银行风险承担

从实证检验结果来看，独立董事比例与银行风险承担正相关，即独立董事比例上升反而增加了银行的风险承担。其主要原因在于我国银行独立董事的作用难以发挥。我国上市银行虽然引入了独立董事制度，但是独立董事被称为花瓶董事。独立董事与上市公司并不发生任何利益上的联系，因此缺乏相关的激励机制来保证独立董事能够认真履行其职责，并真正提出合理化的建议。我国上市银行的独立董事基本都是形式上独立，实质上并不独立，对独立董事的任免由控股股东决定，这导致了独立董事的独立性受到很大的限制，他们并不是完全意义上的独立。另外，即使独立董事的独立性不受到影响，但是独立董事作决策或提出建议的时候是根据管理层提供的银行信息，特别是在信息本身存在错误的情况下，会误导独立董事决策的制定。还有我国银行独立董事的专业性方面也表现较差，更多的独立董事缺乏银行治理的经验，还有的具有政治背景，很难提出有效改善银行治理的建议。

(三)两职合一与银行风险承担

两职合一与银行风险承担负相关。根据委托代理理论，两权分离下的公司存在股东与经理层之间的代理问题。由于经理层有限理性和自利性的缺陷，在追求个人利益最大化的同时，会损害股东的利益。当外部治理机制（如经理人市场、产品市场等）失效时，内部治理机制应当发挥作用，两职合一导致董事会对经理层的监督作用削弱的同时也会降低财务报告披露的质量，经理层操纵财务报表的可能性增加。Abbott 等（2002）发现虚假陈述在 CEO 既是发起人，又控制董事会的上市公司中发生的概率高。因此，两职合一降低了公司的绩效（李常青和赖建清，2004），而两职分离可以保证董事会监督的独立性。

（四）专门委员会设置与银行风险承担

专门委员会设置与银行风险承担负相关。董事会效率的高低不仅取决于其规模和构成，还要看董事之间的责任和分工状况。各专门委员会的建立有利于保持董事会的独立性和专业性，弥补董事会自身的缺陷。董事会成员由于时间和精力的限制，并不能全面地监督公司的行为，各专门委员会可以很好地解决这些问题，发挥独立董事的作用，提高工作的效率，降低了经营风险。审计委员会通过检查公司的会计制度和财务状况，保证内部控制的有效性，降低财务报表欺诈的概率，保证信息披露的质量，能够协调审计师与公司管理层之间的矛盾冲突，降低审计师的变更带来的负面影响。风险委员会通过对公司的经营风险、市场风险和操作风险进行评估，制定内部控制的相关制度，降低不确定性。

（五）董事会会议次数、董事尽职情况与银行风险承担

董事会会议次数与银行风险承担不相关。董事会召开会议仅仅是一种弥补机制和灭火器，具有时滞效应，公司业绩越差，会议次数越多。董事会召开会议仅仅是在公司出问题的情况下发生的，不能达到事前预防的功效。李常青和赖建清（2004）实证研究发现，董事会会议次数与 ROE 存在正相关关系，与 ROA 存在负相关关系，与 EVA 则没有显著关系，进一步验证了其时滞效应的存在。当公司的经营业绩下降时，董事会开会的次数明显增多。Jensen（1993）认为董事会会议次数只是在公司出现问题时的一种反应，并不能够改善公司治理的水平。当公司前期业绩不好时，董事会通过增加会议次数来解决危机，以改善公司业绩。

董事尽职情况与银行风险承担负相关。董事会成员越尽职，越能够深入了解银行经营的当前状况，也就越能够约束管理层的机会主义行为，为银行提出更加科学的建议，降低银行的经营风险。

（六）第一大股东董事占董事会的比例与风险承担

上市银行董事会中第一大股东董事占董事会的比例与风险承担正相关。控制权是选择大部分董事会成员和指导公司管理层的权力。股东都希望自己

获得最大化收益，按照自己的意志进行决策，而控制董事会正是实现这一目标的前提，这也是董事会控制权争夺的诱因。在股权集中的情况下，控股股东通过控制董事会来影响管理层的任用和解聘，垄断信息的传递，获得超额收益，中小股东只能被迫用脚投票，这可能会造成决策的不科学。并且，股权越集中的公司，其董事会的独立性也就越低。

第三节　银行家人口特征、两职特征差异与资源配置

公司高管及高管团队的行为特征与公司绩效的关系一直是治理领域研究的热点，自 Pfeffer 利用社会学中的人口特征模型考察高管团队稳定性以来，对高管人口统计学特征与公司绩效的研究方兴未艾。本节以 Hambrick 和 Mason（1984）的高阶理论（upper echelons）框架为基础，结合 Carpenter 等（2004）的最新研究，探讨我国商业银行董事长及行长两类高管人员的特质与银行资源配置的关系。

一、高管特质与资源配置关系的理论分析

（一）理论框架构建

在 Pfeffer 的研究的基础上，Hambrick 和 Mason（1984）通过系统总结前人的研究，提出高阶理论，根据 Hambrick 和 Mason（1984）的观点，高管的特质（如价值观、认知模式和个性等）影响管理层的战略决策进而影响企业的战略选择和绩效。因为企业高管的特质很难观察和测量，而管理者的人口特征可以从一个侧面反映管理者的特质，所以企业高管的人口特征可以有效地解释企业的绩效。Carpenter 等（2004）在分析和总结近期关于高阶理论研究的成果时指出过去研究存在的问题，同时阐述未来研究的方向和注意问题。根据高阶理论和社会资本理论，银行高管的特质（认知模式、价值观及洞察力等）可以影响银行的资源配置水平，由于银行高管特质心理因素难以度量，本节利用银行董事长和行长的年龄、性别、受教育程度、专业背

景、任职时间和企业社会资本六个人口特征变量考察银行高管的特质，利用上述人口特征变量研究银行董事长和行长两类高管人口特征、差异与银行资源配置之间的关系，本节研究框架如图 3-2 所示。

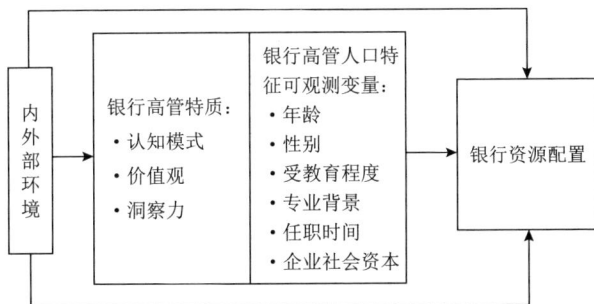

图 3-2　基于高阶理论银行家人口特征、两职特征差异与资源配置的研究框架

（二）研究假设提出

1. 年龄

银行董事长与行长的年龄代表董事长与行长的经验阅历和风险倾向，从而影响银行董事长和行长的行为，进而影响银行的资源配置。年龄较大的银行家，一方面，会出现认知能力和变通能力下降、知识结构老化等问题，对于银行外界和内部的变化会持有抵触态度，在面对特定决策时信心降低，表现出风险规避；另一方面，由于年龄的增大，对信息的整合能力和决策的时间相对年轻的董事长和行长来说缺乏优势。而对于年轻的银行家，由于整合信息的能力决策时间相对较短，并且急于表现自己的能力，往往过度自信表现出风险偏好（Hambrick and Mason，1984）。Taylor 的研究指出，虽然年长的企业家可以通过搜寻更多的信息和花费更多的时间进行决策，但企业家的年龄与决策信心和决策整合信息能力依旧呈负相关关系。Margarethe 和 Bantel（1992）针对企业多元化的研究表明，企业家年龄越大，其行为越保守。Wei 等（2003）通过研究我国的企业家年龄特征发现，年长的企业家比年轻的企业家拥有更多的资源，特别是关系资源，进而影响企业的资源配置。综合上述观点，本节提出假设 3-7a：银行家的年龄与银行资源配置呈倒 "U" 形关系。如前文所述，由于年龄的差距可以带来整合决策的信息及

决策速度方面的差异，本节提出假设 3-7b：银行董事长与行长的年龄有显著差异时，会改善银行资源配置。

2. 性别

心理学和管理学的研究表明，不同性别的企业管理者其行为存在显著的差异，进而会给企业带来不同的影响。Boden 和 Nucci（2000）通过对美国企业家的调查研究发现，与男性企业家相比，女性企业家经营的企业在同行业中生存能力更强。何威风和刘启亮（2010）在研究我国上市公司高管背景与企业财务重述行为时指出，男性企业家由于容易表现出过度自信，相对于女性企业家来说更易做出激进的决策从而带来企业的财务重述。Adams 和 Ferreira（2009）在研究女性成员在董事会中的作用时指出不同性别的董事会成员有助于董事会作用的发挥，进而提高董事会的效率和公司业绩。通过上述分析，本节提出如下两个假设。假设 3-8a：与男性银行家相比，女性银行家的资源配置更好。假设 3-8b：银行董事长与行长的性别不同时，银行的资源配置更好。

3. 受教育程度

企业家受教育程度包含丰富且复杂的信息，受教育程度可以从一个侧面反映企业家的认知能力、知识基础和基本技能，同时在一定程度上说明企业家接收信息、处理信息和问题的能力。一般来说，高学历的企业家在接受新事物和新变化及获取和处理信息方面有一定的优势。Margarethe 和 Bantel（1992）研究发现，企业高管学历越高，其对企业发生多元化和战略革新的影响越大。屈耀辉等（2007）在研究企业管理者与企业过度投资的关系时指出，企业管理层的学历越高，企业的过度投资行为越少。何威风和刘启亮（2010）在研究我国上市公司高管背景与企业财务重述行为时得出，企业高管的学历越高，其财务重述行为越少。通过上述分析，可以看出企业家的受教育程度可以在相当大范围内体现企业家的视野和能力，受教育程度对企业的发展及风险的降低有明显的作用，因此针对银行业本节提出如下两个假设。假设 3-9a：银行家的受教育程度与银行的资源配置呈正相关。假设 3-9b：银行董事长与行长的受教育程度差别越大，资源配置越低。

4. 专业背景

专业背景是企业家专业技能的基础，其在很大程度上影响企业家的认知和决策及处理问题的能力。Hambrick 和 Mason（1984）指出，拥有工程专业背景的人士和拥有法律及历史背景的人士在认知结构上有显著的不同。Margarethe 和 Bantel（1992）在研究高管背景与战略改变时发现，拥有科学及工程专业背景的高管与其他专业背景的人员相比更愿意改变公司的战略。陈传明和孙俊华（2008）研究我国企业家人口特征与多元化战略时指出，拥有技术类专业背景的企业家的多元化程度更高，拥有财务背景的企业家的多元化程度更低。金融是一项技术专业性很强的科学，鉴于上述分析，本节提出如下两个假设。假设 3-10a：银行家拥有经济金融专业背景与银行资源配置呈正相关。假设 3-10b：银行董事长和行长专业不一致，与银行资源配置呈负相关关系。

5. 任职时间

长期稳定任职可以使企业家和高管更加清楚地了解企业的现状，有利于企业管理人员发展组织内部的相互联系，形成相互合作、相互信任的环境，从而改善企业的经营环境，进而提高企业的绩效。Katz（1982）的研究指出，高管任职时间会带来高管团队稳定性从而提高企业的绩效。Michel 和 Hambrick（1992）、Hambrick 等（1996）研究高管团队时得出高管任职时间与公司的绩效、高管团队凝聚力及公司整合程度正相关。孙海法等（2006）的研究得出，我国高管团队平均任期与公司绩效有显著的相关关系。根据上述分析，本节提出假设 3-11a：银行家任职时间与银行资源配置呈正相关关系。

Zenger 和 Lawrence（1989）针对组织成员任职时间的研究指出，与任职时间相同的组织成员相比，任职时间不同，会造成组织内人员沟通不流畅，进而我们提出假设 3-11b：银行董事长与行长任职时间的不同，与银行资源配置呈负相关。

6. 企业社会资本

1988 年 Coleman 研究认为，社会资本指个人通过社会联系获取稀缺资源并获利的能力。根据边燕杰和丘海雄（2000）的观点，企业社会资本指企业通过纵向、横向及社会联系汲取稀缺资源的能力，企业的纵向联系主要是指企业与上级领导机关、当地政府部门及下属企业的联系，企业的横向联系指企业与其他企业之间的联系，而企业的社会联系指企业的经营管理者的社会联系。目前众多研究针对企业管理人员纵向联系展开，胡旭阳和史晋川（2009）通过研究民营企业的政治关联和企业多元化的关系指出，民营企业拥有的企业社会资本与企业多元化存在显著的正相关关系。Francis 等（2009）利用中国首次公开募股（initial public offerings，IPO）公司研究发现具有政治关联的企业在公司 IPO 时报价高，成本低。众多研究证明企业社会资本能够提高企业的经营能力和企业绩效，所以本节提出假设 3-12：与没有企业社会资本的银行董事长相比，拥有企业社会资本的银行董事长资源配置更好。

二、研究设计

（一）样本抽样与数据来源

本节研究样本目录来源于中国银监会网站公布的公开资料数据，所有银行高管数据和财务数据均来自银行网站和银行财务报表公开披露数据，这些数据通过手工收集得到。为保证样本数据的完整性和科学性，本节选取2009 年中国银监会公布的 124 家城市商业银行为本章的研究样本，在得到上述样本后查阅样本商业银行网站及财务报表信息，逐一手工收集上述商业银行样本的高管人口特征数据和商业银行财务数据。在上述原始样本的基础上，本章按如下原则得到上述银行样本：①剔除无网站及信息披露的银行；②剔除 2009 年及之后成立的城市商业银行；③剔除高管背景特征和财务数据不全的银行样本。最后得到的研究样本共计 56 家，表 3-8 给出样本银行的地区分布。

表 3-8　银行样本地区分布（单位：家）

地区	家数	地区	家数	地区	家数	地区	家数	地区	家数
浙江	11	内蒙古	2	江苏	2	黑龙江	1	湖北	1
山东	8	上海	2	河北	2	陕西	1	新疆	1
辽宁	4	四川	2	河南	2	甘肃	1	云南	1
广西	3	北京	2	安徽	1	宁夏	1	贵州	1
广东	2	天津	2	重庆	1	江西	1	福建	1

为研究国内城市非上市商业银行高管特征与国内上市银行的不同特点，本章选取中国银监会公布的国内上市银行样本共计 16 家作为对比样本。表 3-9 给出配对样本具体名单。

表 3-9　配对样本银行名单

序号	名称	序号	名称	序号	名称	序号	名称
1	中信银行	5	华夏银行	9	南京银行	13	中国光大银行
2	招商银行	6	兴业银行	10	中国工商银行	14	中国建设银行
3	北京银行	7	中国民生银行	11	宁波银行	15	中国农业银行
4	中国银行	8	交通银行	12	深圳发展银行	16	上海浦东发展银行

(二)银行家定义

与西方经济社会不同，我国商业银行一般采用董事长作为公司的法人代表而非董事会或行长。现实中，与一般企业相同，商业银行的董事长往往是银行中的重要决策者，享有更多的决策权，但是与董事长任命相同，国内大部分商业银行的董事长、行长由地方政府任命，所以本节将商业银行的董事长和银行行长均定义为银行的企业家（银行家）。

(三)变量设计

1. 被解释变量：银行资源配置变量

参照曹廷求和段玲玲（2005）的研究，定义银行资源配置（Resource）=银行总贷款/银行总存款。

2. 解释变量：银行家人口特征变量

（1）性别（Gender$i$），定义当银行董事长或行长性别为男时值取 1，为女时取 0。i=1,2,3，分别表示董事长、行长、董事长与行长个人特征差异。

（2）年龄（Age$i$），银行家年龄=样本年份（2009）-银行家出生年份，并定义当银行董事长与行长有 5 岁差异时，两者之间有显著不同。

（3）受教育程度（Education$i$），根据前人的研究，将银行董事长、行长的受教育程度按博士、硕士、本科、大专和中专及以下分为 5 个标准并赋值 5～1。

（4）专业背景（Professionij），本章分三个虚拟变量研究银行家特征与银行绩效的关系，本节将银行家专业背景分为经济管理、理工、法律和其他四种，因此应用三个虚拟变量反映银行家专业背景，其中 Profession1 定义拥有经济管理专业背景赋值 1，否则赋值 0；Profession2 定义拥有理工科背景的为 1，其他为 0；Profession3 定义拥有法律专业背景的为 1，其他为 0。当银行家拥有多个学位时以第一个专业为其专业背景。

（5）任职时间（Tenure$i$），定义银行董事长或行长的任职时间为担任董事长或行长的开始时间至样本研究月份，任职时间用月表示。

（6）企业社会资本（Social$i$），根据边燕杰和丘海雄（2000）的研究，结合学者对政治关联的定义，本部分定义银行董事长企业社会资本为银行董事长纵向联系，即银行董事长与上级领导机关、当地政府部门及下属企业的联系，定义有纵向联系赋值 1，否则赋值 0。

3. 控制变量

（1）银行规模（Size），本部分运用银行总资产的对数表示银行规模。

（2）银行不良贷款率（NPL），按照《中国银行业监督管理委员会关于推进和完善贷款风险分类工作的通知》（银监发〔2003〕22 号）、《贷款风险分类指导原则》（银发〔2001〕416 号）及相关法规要求，根据贷款五级分类标准，银行不良贷款率（NPL）=（次级类贷款＋可疑类贷款＋损失类贷款）/各项贷款×100%。

（3）单一最大客户贷款比（LLC），其计算公式为，单一最大客户贷款比（LLC）=第一大客户贷款/各项贷款×100%。

（四）模型设计

本节分别研究银行董事长或行长人口特征、银行董事长与行长的人口特征差异对银行资源配置的影响，并建立了以下回归模型：

$$\text{Resource} = \alpha_0 + \sum_{i=1}^{k} \alpha_i X_i + \sum_{m=1}^{n} \beta_m C_i + \varepsilon \qquad (3.4)$$

式（3.4）用于检验商业银行董事长或行长人口特征数据及财务指标数据对银行资源配置的影响。其中，Resource 表示银行资源配置变量，X 表示银行高管人口特征变量，C 表示控制变量，ε 表示误差项。

$$\text{Resource} = \alpha_0' + \sum_{i=1}^{k} \alpha_i' X_i' + \sum_{m=1}^{n} \beta_m' C_i' + \varepsilon \qquad （3.5）$$

式（3.5）用于检验商业银行董事长与行长人口特征数据的差异及财务指标数据对银行资源配置的影响。其中，Resource 表示银行资源配置变量，X_i' 表示银行董事长与行长人口特征差异变量，C'表示控制变量，ε 表示误差项。

三、实证结果与分析

（一）描述性统计分析

为分析样本银行特征，初步探索银行家人口特性及银行家人口特征与银行资源配置的关系，同时为观察银行家特征变量是否存在共线性，本节对研究样本进行描述性统计分析和相关分析，具体结果见表 3-10～表 3-13。

表 3-10　我国城市商业银行基本资料描述性统计表

变量	样本值	平均值	方差	最小值	最大值
Size	53	15.952	13.920	13.169	17.791
Resource	53	0.648	0.098	0.408	0.989
NPL/%	53	1.335	1.153	0.000	7.500
LLC/%	47	11.803	12.452	2.550	61.210
Interest	46	0.864	0.180	0.477	1.607
Fee	45	0.372	0.092	0.174	0.595
Staff/人	43	1 810.302	1 417.095	236.000	6 140.000
ROA/%	48	1.529	2.564	0.010	14.540
Adequacy/%	55	13.773	3.800	10.210	33.670

表3-11　城市商业银行董事长特征描述性统计结果与相关系数矩阵

变量	平均值	标准差	1	2	3	4	5	6	7	8	9	10	11	12	13
ROA/%	1.528	2.560	1.000												
LLC/%	1.335	1.150	-0.182	1.000											
NPL/%	11.800	12.450	-0.107	0.122	1.000										
Fee	0.372	0.092	-0.055	-0.041	-0.039	1.000									
Resource	0.648	0.098	-0.219	-0.092	0.010	0.071	1.000								
Gender1	0.910	0.287	0.086	0.031	0.078	-0.076	-0.195	1.000							
Age1/岁	51.530	5.730	-0.191	0.125	-0.024	0.044	0.098	-0.180	1.000						
Education1	3.350	0.749	0.008	0.096	0.012	-0.084	-0.273	0.066	-0.194	1.000					
Tenure1/月	51.350	48.860	0.119	0.020	0.173	-0.310	0.058	0.157	-0.148	-0.252	1.000				
Social1	0.892	0.312	0.079	0.108	0.134	-0.008	-0.117	0.094	0.134	-0.144	0.066	1.000			
Profession11	0.767	0.426	0.068	0.141	0.189	0.062	0.034	0.273	-0.179	0.322	-0.097	0.083	1.000		
Profession12	0.053	0.227	-0.041	0.103	0.009	-0.091	-0.064	-0.204	0.089	-0.221	0.005	0.082	-0.433	1.000	
Profession13	0.035	0.187	-0.071	-0.148	-0.062	0.321	0.114	-0.277	0.067	-0.222	-0.141	0.067	-0.350	-0.046	1.000

注：表中第一行第一列依次表示第一列各变量名称。1～13依次表示第一列各变量名称。

表 3-12　城市商业银行行长特征描述性统计结果与相关系数矩阵

变量	平均值	标准差	1	2	3	4	5	6	7	8	9	10	11	12	13
ROA/%	1.528	2.560	1.000												
LLC/%	1.335	1.150	-0.182	1.000											
NPL/%	11.800	12.450	-0.107	0.122	1.000										
Fee	0.372	0.092	-0.054	-0.041	-0.039	1.000									
Resource	0.648	0.098	-0.219	-0.092	0.010	0.071	1.000								
Gender2	0.875	0.333	0.080	0.122	0.134	0.220	0.186	1.000							
Age2/岁	48.400	4.430	-0.178	0.145	0.323	0.276	-0.067	0.077	1.000						
Education2	3.640	0.672	-0.093	-0.056	0.072	0.411	0.152	0.041	0.148	1.000					
Tenure2/月	35.690	30.100	0.193	0.059	0.070	-0.268	-0.094	0.183	0.007	-0.236	1.000				
Social2	0.428	0.499	0.201	-0.168	0.030	-0.062	-0.160	-0.109	0.023	0.031	0.160	1.000			
Profession21	0.875	0.333	0.064	-0.104	0.127	0.117	-0.016	-0.143	0.175	0.203	-0.020	0.218	1.000		
Profession22	0.0357	0.187	-0.047	0.168	-0.051	0.001	0.059	0.073	0.067	0.103	0.034	0.028	-0.509	1.000	
Profession23	0.017	0.133	-0.035	0.020	0.000	0.082	0.486	0.051	-0.198	0.072	-0.148	-0.117	-0.357	-0.026	1.000

注：表中第一行 1～13 依次表示第一列各变量名称

表3-13　两职差异描述性统计结果与相关系数矩阵

变量	平均值	标准差	1	2	3	4	5	6	7	8	9	10	11	12	13
ROA/%	1.528	2.560	1.000												
LLC/%	1.335	1.150	-0.107	1.000											
NPL/%	11.800	12.450	-0.182	0.122	1.000										
Fee	0.372	0.092	-0.054	-0.039	-0.041	1.000									
Resource	0.648	0.098	-0.219	0.010	-0.092	0.071	1.000								
Gender3	0.214	0.414	-0.124	-0.159	-0.121	-0.127	-0.015	1.000							
Age3/岁	0.500	0.504	-0.210	-0.144	-0.071	0.094	0.156	-0.087	1.000						
Education3	0.464	0.503	-0.216	-0.040	-0.148	0.245	-0.142	-0.050	0.286	1.000					
Tenure3/月	0.321	0.471	-0.121	0.089	0.199	0.254	0.202	-0.173	-0.077	0.049	1.000				
Social3	0.535	0.503	-0.210	0.002	0.169	-0.004	0.079	0.137	0.215	0.221	0.257	1.000			
Profession31	0.214	0.414	-0.085	-0.148	-0.060	0.088	0.317	0.046	0.348	0.125	0.107	0.050	1.000		
Profession32	0.089	0.287	-0.064	-0.026	0.191	-0.075	-0.026	-0.011	0.188	0.085	0.053	0.040	0.459	1.000	
Profession33	0.053	0.227	-0.079	-0.062	-0.110	0.289	0.380	0.069	0.238	0.097	0.006	0.222	0.456	-0.075	1.000

注：表中第一行1~13依次表示第一列各变量名称

从表 3-10 我们可以得出，样本银行总资产、人数（Staff）存在较大的差异，这说明目前各个城市商业银行发展存在很大差距，从资产和员工人数分析，资产最大的是北京银行，其资产是资产最小的样本泸州市商业银行的102 倍，人员最多的深圳平安银行，其员工人数是员工人数最小的昆仑银行的 26 倍。而各城市商业银行资源配置维持在 0.6 左右，方差较小。对于各城市商业银行，利息目前仍然是各银行收入的主要来源，利息与营业收入的比值（Interest）平均值为 86.4%，由于经营原因，广州银行、天津银行利息收入超过营业收入。通过比较管理费用与营业收入的比值（Fee），本节发现管理费用与营业收入的比值平均值为 0.372，最低为 0.174，最高为 0.595。各大城市商业银行不良贷款率平均值为 1.335%，其中最低为广州银行，不良贷款率为 0，最高为北京农村商业银行，不良贷款率为 7.500%。各城市商业银行资本充足率（Adequacy）平均值为 13.773%，均大于巴塞尔协议中对银行资本充足率的要求，另外，各城市商业银行的单一最大客户贷款比平均值为 11.803%，最大值为大连银行 61.210%。

从表 3-11 至表 3-13，我们可以得出，城市商业银行董事长年龄平均值为 51.530 岁，年龄最大的为温州银行和杭州银行董事长夏瑞洲和马时雍，年龄最小的为浙江稠州商业银行 38 岁金子军。对于城市商业银行行长，平均年龄为 48.400 岁，年龄最大的为兰州银行行长房向阳 58 岁，最小为 39岁乐山市商业银行行长杨志敏。从性别分析，无论是董事长还是行长，几乎大部分为男性，在所有样本中，女性董事长和行长仅为 5 名和 7 名，占据的比例非常小。在受教育程度上，城市商业银行董事长和行长的平均值分别为3.350 和 3.640，均超过本科水平。而对于企业社会资本变量，城市商业银行董事长和行长的平均值分别是 0.892 和 0.428，可见董事长企业社会资本多于行长；但对于城市商业银行银行家的专业背景，从统计数据分析，行长经济管理专业背景平均值为 0.875，大于董事长的 0.767。

从相关性分析结果来看，从表 3-11 和表 3-12 可知，董事长的性别、受教育程度、企业社会资本和理工科专业背景与银行资源配置呈负相关关系，董事长年龄任职时间、经济管理专业背景和法律专业背景与银行资源配置呈正相关关系。银行行长的性别、受教育程度、理工科专业背景和法律专业背景与银行资源配置正相关。而年龄、任职时间、企业社会资本和经济管理专

业背景与银行配置负相关。从解释变量共线性角度我们发现相关系数均小于
0.75，表明变量之间并不存在严重的多重共线性。

从表 3-13 得知，与预期相同，城市商业银行银行家个人特征差异变量
如年龄、任职时间、企业社会资本、经济管理专业背景、法律专业背景差异
与银行资源配置均呈正相关关系，但性别、受教育程度、理工科专业背景差
异与银行资源配置均呈负相关关系，从相关系数看，银行家两职差异特征变
量也不存在严重的多重共线性问题。相关分析仅给出本节相关变量的简单关
系，具体分析在下文给出。

(二)银行家两职对比分析及与配对银行样本比较分析

为研究城市商业银行董事长与行长个人特征是否存在显著性差异，本节
进行了样本数据 t 检验，具体结果如表 3-14 所示。

表 3-14　城市商业银行董事长与行长个人特征 t 检验结果

变量	平均值		t 值
	董事长	行长	
Gender	0.911	0.875	0.607
Age/岁	51.535	48.400	3.170***
Education	3.357	3.640	−2.124**
Tenure/月	51.357	35.690	2.042**
Social	0.892	0.428	5.900***
Profession	0.767	0.875	−1.482*

***、**和*分别表示在 1%、5%和 10%的水平显著

对于我国城市商业银行，银行董事长和行长在性别上无显著差异，即无
论是银行的董事长还是行长男性仍然占据主要地位。从年龄上分析，城市商
业银行董事长的年龄显著大于行长年龄，其 t 值为 3.170，在 1%水平显著，
董事长的企业社会资本也显著大于行长的企业社会资本，其 t 值为 5.900，
也在 1%水平显著。同时董事长的任职时间也在 5%显著水平下大于行长的
任职时间。而我国城市商业银行董事长的受教育程度和专业背景显著低于行

长的受教育程度及专业背景，其 t 值分别为-2.124 和-1.482。

同时，为研究城市商业银行银行家与上市银行银行家人口特征的不同，本章将研究样本银行家个人特征数据与上市银行银行家个人特征数据进行比较分析，结果如表 3-15 所示。

表 3-15　城市商业银行与上市银行银行家个人特征 t 检验结果

变量	董事长平均值		t 值	行长平均值		t 值
	城市商业银行	上市银行		城市商业银行	上市银行	
Gender	0.911	0.947	−0.503	0.875	0.866	0.085
Age/岁	51.535	54.368	−1.920**	48.400	55.330	−5.069***
Education	3.357	3.894	−2.589**	3.640	4.000	−1.559*
Tenure/月	51.357	38.842	1.059	35.690	45.800	−1.189
Social	0.892	0.842	0.583	0.428	0.800	−2.644**
Profession	0.767	0.684	0.717	0.875	0.800	0.734

***、**和*分别表示在 1%、5%和 10%的水平显著

与城市商业银行董事长和行长的比较不同，城市商业银行董事长与上市银行董事长在年龄和受教育程度两个维度存在显著的不同，并且城市商业银行董事长的年龄和受教育程度都小于上市公司董事长，t 值分别为-1.920 和-2.589 均在 5%水平下显著不同，而其他特质变量无显著不同。通过对城市商业银行行长和上市银行行长个人特征的比较分析，本节得出城市商业银行行长和上市银行行长在年龄、受教育程度和企业社会资本方面都存在显著差异的结论。

（三）模型回归结果

本章采用 Stata 10 软件对前述城市商业银行董事长个人特征及城市商业银行两职差异与银行资源配置模型进行回归分析，为分析城市商业银行银行家个人特征与银行资源配置的关系，本章首先将银行家的性别、年龄、受教育程度、任职时间、企业社会资本和专业背景分别单独放进模型，最后将所有个人特征变量放入模型进行回归，董事长个人特征与银行资源配置回归结果见表 3-16，城市商业银行行长及两职个人特征差异与银行资源配置的回归结果见表 3-17。

表 3-16　城市商业银行董事长个人特征对银行资源配置影响实证结果

变量	（1）	（2）	（3）	（4）	（5）	（6）	（7）
Gender	0.195* （1.69）						0.231* （1.92）
Age^2		−0.001 （−1.04）					−0.002* （−1.83）
Age		0.099 （0.97）					0.178* （1.74）
Education			0.129** （2.60）				0.160*** （3.02）
Tenure				−0.001 （−0.21）			−0.001 （−0.41）
Social					0.068 （1.33）		0.075 （0.64）
Profession1						−0.028 （−0.28）	−0.159* （−1.65）
Profession2						0.071 （0.41）	0.081 （0.51）
Profession3						−0.162 （−0.80）	−0.092 （−0.46）
Size	1.290 （0.41）	0.135 （0.04）	3.100 （−0.91）	1.480 （−0.41）	0.588 （0.16）	0.013 （0.99）	2.810 （0.83）
LLC	−0.001 （−0.06）	−0.002 （−0.53）	0.001 （0.01）	0.001 （0.09）	−0.001 （0.0043）	−0.001 （−0.04）	−0.001 （−0.02）
NPL	0.059* （1.78）	0.058* （1.71）	0.053* （1.64）	0.066* （1.94）	0.062* （1.85）	0.062* （1.74）	0.025* （1.78）
常数项	1.323 （0.00）	−1.190 （0.70）	1.090 （0.00）	1.522 （0.00）	1.320 （0.00）	1.518*** （14.46）	−3.583* （−1.31）
R^2	0.148	0.146	0.196	0.095	0.128	0.099	0.464
Adj-R^2	0.060	0.034	0.114	0.002	0.039	0.046	0.256
F	1.70	1.31	2.39	1.03	1.44	0.68	2.23

注：括号中为 t 值

***、**和*分别表示在 1%、5%和 10%的水平显著

表 3-17　城市商业银行行长个人特征两职差异对银行资源配置影响实证结果

变量	（1）	（2）	（3）	（4）
Gender	−0.156 （−0.45）	−0.148 （−0.68）	0.011 （0.13）	0.043 （0.38）
Age^2	0.002 （1.43）	0.002 （1.31）		
Age	−0.275 （−1.39）	−0.289 （−1.28）	−0.064 （−0.80）	−0.133 （−1.32）
Education	0.008 （0.15）	0.002 （0.03）	0.114 （1.53）	0.155 （1.57）
Tenure	−0.001 （−0.59）	−0.001 （−0.74）	−0.082 （−1.05）	−0.070 （−0.69）
Social	0.123 （1.60）	0.164 （1.61）		
Profession	−0.360** （−2.37）	−0.382** （−2.16）	−0.136* （−1.17）	−0.125 （−0.85）
Size		−2.020 （−0.43）		1.170 （0.28）
LLC		−0.000 （−0.13）		−0.000 （−0.49）
NPL		0.057 （1.51）		0.042 （1.04）
常数项	8.700* （1.76）	8.970 （1.59）	1.614*** （23.39）	1.580*** （14.59）
R^2	0.263	0.244	0.177	0.181
Adj-R^2	0.109	0.014	0.049	0.066
F	1.71	0.94	1.39	0.73

注：括号内为 t 值
***、**和*分别表示在 1%、5%和 10%的水平显著

根据表 3-16 的回归结果，城市商业银行董事长的年龄平方项与银行资源配置呈负相关，一次方项与资源配置正相关，总体呈倒"U"形关系，验证假设 3-7a；与假设 3-8a 相反，城市商业银行董事长的性别与银行资源配

置呈正相关关系，且在 10%水平下显著；城市商业银行董事长受教育程度与银行资源配置呈正相关关系，验证了假设 3-9a；与假设相反，城市商业银行董事长经济管理专业背景与银行资源配置呈负相关且在 10%水平下显著。从回归结果来看，控制变量除不良贷款率与银行资源配置存在显著正相关外，其他控制变量显著性水平不高，甚至不显著。

表 3-17 中模型（1）和模型（2）代表城市商业银行行长的个人特征与银行资源配置的关系，模型（3）和模型（4）代表城市商业银行董事长和行长个人特征差别与银行资源配置的关系。从表 3-17 的回归结果，本节得出一个很有趣的结论，银行行长性别、年龄与银行董事长和银行资源配置关系相反，但是关系不显著；与银行董事长与银行资源配置的关系相同，银行行长受教育程度与银行资源配置呈正相关，任职时间和专业背景与资源配置负相关，同样关系不显著。从模型（3）和模型（4）的回归结果我们发现，与原假设相同，银行董事长和行长在性别和受教育程度差别下与银行资源配置正相关，而年龄、任职时间和专业背景存在差异时与银行资源配置呈负相关，但回归结果不显著。

四、稳健性检验

本节通过采用其他衡量银行资源配置的指标和变换回归方法对我们上述研究进行稳健性检验。对于银行资源配置变量，有的学者利用绩效指标作为资源配置的替代变量，本节借鉴众多学者的做法将资产回报率作为银行资源配置的替代变量进行回归，回归结果系数符号与上文一致。另外本节利用中位数回归方法对模型进行回归，回归结果与上述结果一致，鉴于篇幅，不再赘述。

第四节   董事会异质性与银行风险承担

本节关注了商业银行董事会异质性对银行风险承担的影响，考察商业银行董事年龄、性别、民族、教育、职业经历和董事任职的异质性的影响。研究发现董事年龄异质性同银行不良贷款率显著负相关，年龄异质性有助于银行规避风险，但是教育异质性同银行不良贷款率显著正相关，其他的四个要素同不良贷款率的关系的实证结果并不显著。因此，本节建议银行在选择董事时应综合仔细考虑以甄选合适的董事，合理配置不同年龄段的董事，同时规避教育方面的异质性。

一、董事会异质性与风险承担关系的机理分析

作为公司治理核心的董事会的构成会对其运行产生影响，因此选择什么样的董事至关重要。公司应该构建更异质性的董事会还是应该构建更同质性的董事会，对此学者有不同的观点。一种观点认为，董事会董事成员教育、年龄、性别、工作经历和民族等方面的异质性会对董事会作用的发挥有消极的作用。众多学者（McCain et al.，1983；O'Reilly et al.，1989；Zenger and Lawrence，1989）研究认为异质性较高的团队的整体性较差，会产生交流的障碍和观念等方面的冲突，而同质性较高的团队协调和交流更容易，因此效率也更高。另外一种与此截然相反的观点认为，背景不同、来源不同的团队成员绩效会更好，因为这些异质性更强的董事会更可能提供来自不同视角的观点和经验，有利于及时发现决策过程中的错误。本章认为对于公司来说，需要面对不同的、动态性的外部经营环境，需要来自不同教育程度、不同年龄段、不同性别、不同工作经历和不同文化背景的董事提供差异化的观点，以全面了解外部环境，获得竞争优势。更进一步，董事会异质性对银行这种特殊的公司更为重要，因为银行所面对的客户来自不同的行业，为不同行业的公司提供金融服务更需要不同背景的董事以规避运营风险。因此，本节提出假设3-13：董事会异质性同银行风险显著负相关。

本节所研究的董事会异质性由六个要素组成，分别为性别、民族、年龄、教育、职业经历和董事任职，不同层面的董事会异质性对公司运营的影响有不同的学者进行研究，然而对这些要素进行统一的研究并不多见。Anderson 等（2011）利用六个要素分别组成董事会异质性、董事会社会异质性、董事会职业异质性，考察它们同绩效的关系，结果发现虽然部分要素可能会对董事会效率产生影响，但是总体来说，董事会异质性并没有显著提高董事会的效率。本节分析认为，在计算董事会异质性过程中，不同的要素

的作用有可能相反，从而相互抵消导致其结果的不显著。不同的要素异质性，对公司的效率可能有显著的影响。因此，本节分别对六个要素异质性对风险承担的影响进行考察，以更深入地揭示董事会异质性的作用。

首先考察年龄异质性对银行风险承担的影响。不同年龄段的董事有不同的优势和劣势。通常认为，年龄越大规避风险的倾向越强烈，因为年龄越大越接近退休，无须为不必要的风险承担而用自己的未来做赌注。同时随着年龄的增长，董事经验不断增加，其对风险的识别也会更准确。对于年龄小的银行董事来说，其经验不足，且往往有风险偏好的倾向，对必须要面对风险的银行来说，这种风险偏好也必不可少。由不同年龄组成的银行董事会更可能很好地规避风险。因此，本节提出假设3-14a：银行董事会年龄异质性同风险承担显著负相关。

随着女性不断加入劳动大军和女权势力的不断崛起，社会对女性在公司所处的地位和扮演的角色越来越关注。在这种背景下不断有女性加入董事会，成为公司决策的重要力量。由于性别的不同，相对于男性，女性有其自身的优势。相较于男性的过度自信（何威风和刘启亮，2010），女性更加客观，但是经验的研究结果似乎显示了女性董事的两面性。Shrader 等（1997）认为女性董事的比例同公司绩效有显著负相关关系，女性董事不但没有起到改善公司绩效的作用，反而使绩效更差。女性董事的增加没能改善公司绩效，可能是因为女性董事数量的增加不是源自公司内在需求，更多的是由于内部偏好或者外部的压力（Farrell and Hersch，2005）。然而也有研究发现女性董事的正面作用，女性可能更愿意遵纪守法，况学文和陈俊（2011）研究发现董事会中加入女性董事会改善对外部的审计需求，但是仅仅局限于管理层权力较弱的情况下。同时女性董事有可能改变董事会决策时看问题的视角，因而会增加公司的价值。Carter 等（2003）、Adams 和Ferreira（2009）研究发现女性董事成员的比例同以托宾 Q 表示的公司的价值正相关。Erhardt 等（2003）的研究结果也表明女性董事比例同 ROA、投资回报率正相关。Catalyst（2004）研究了财富 500 强中的 353 家公司1996~2000 年的数据，结果发现高管层女性比例最高的 88 家公司比其他公司有显著高的股票回报率和总回报率。本章认为女性董事独特的认知视角、较为仔细客观的特征更可能为规避风险提供有价值的信息。因此，在银行董事会加入的女性董事越多，对男性董事力量的平衡就越大。因此，本节提出假设 3-14b：女性董事比例同银行风险承担显著负相关。

不同民族、不同国家的董事，由于来自不同的文化和生活环境，他们的观念、态度、行为规范及看问题的视角有可能产生影响，也因此可能提高董事会处理问题的能力。当然，不同民族的董事成员可能会产生交流上的困难。Putnam 和 Unum（2007）认为民族的多样性可能会减少个体之间的合作，并会对交流造成困难，增加社会的负担，Arrow（1998）、Lang（1986）也持相同的观点。Cox 等（1991）研究了不同民族的团队成员对团队的影响，结果发现来源国集体主义和个人主义文化会对他们的合作行为产生影响，来源于集体主义国家的成员更倾向于合作。Westphal 和 Milton（2000）的研究也发现少数民族董事会对董事会决策产生显著影响，他们将会提供不同的看法（Crano and Chen，1998），同时他们将会拓宽其他董事成员解决问题的思路（Nemeth，1986）。董事会作为一个团队，成员民族多样性也会对其行为进而对绩效产生影响，Garcia-Meca 等（2015）研究发现董事会团队的国籍多元化会导致银行绩效的减少，而 Erhardt 等（2003）发现少数民族董事比例同 ROA、投资回报率正相关。因此本节认为，董事会民族多样性会减少公司的风险承担。但是由于在信息披露时没有披露董事的民族，且在中国国境内，各族都会受到中国大文化环境的影响，相较于外国董事，其差异性更少。因此，本章使用的是外国董事比例来表示民族异质性。因此，本节提出假设 3-14c：董事会民族异质性同银行风险承担显著负相关。

教育使受教育者获得不同技能的同时，塑造其世界观。不同的教育水平、不同的专业背景会对董事看问题的方式及思考的逻辑模式造成深远的影响。Useem 和 Karabel（1986）认为教育水平同社会地位、社会关系网络及职业有很大的相关性。银行董事受教育程度及受教育专业的差异性会对董事会的决策有重要影响。Margarethe 和 Bantel（1992）的研究也发现高管团队的学历会对其决策有重要影响。因此，本节认为，董事会教育异质性可能会为其决策提供不同的观点，减少决策风险。本节提出假设 3-14d：董事会教育异质性同银行风险承担显著负相关。

Anderson 等（2011）认为董事职业经历同其对公司难题的认知、解决问题的方式有紧密的关系。职业经历异质性使董事会具有决策时所必需的看问题的深度和广度，因此会减少决策失误的可能性。

遵循 Anderson 等（2011）的做法，本节董事会职业经历异质性由四个要素组成。第一个要素是银行董事是否时任外部公司的总经理或董事长，这些董事可以分享作为公司高级管理者管理时持有的观点和解决问题的思路；第二个要素是董事的职业经历，以工作过的公司数目衡量，经历越丰富可能提供的经验就越重要；第三个要素是董事曾任高级职务的数量，高级职务包括副总裁、副行长、党委副书记及副董事长以上职务；第四个要素是董事职业所在专业领域的数目，Klein（1998）在研究董事会的构成时发现不同类型专家董事组成的董事会更能提高公司的效率。本节认为的专业领域有四个，分别为法律、会计、投资银行（或风投）和咨询。在不同的领域任职可能为董事提供了不同的经验和处理问题的方法。积累的经验越多，对风险的识别越准确，越可能规避风险。因此，本节提出假设 3-14e：董事会职业经历异质性同银行风险承担显著负相关。

Anderson 等（2011）认为银行董事在其他公司或银行任职董事的经历使其能更深刻地体会团队动态性、公司文化、信任、同公司内部和外部人员合作的重要性。同时在本银行任职期限也会对其行为产生影响，入职时间越长，对本银行认识越多，因循守旧的可能性也越强；时间越短，经验较少，但是解决问题可能不会受固有或明或暗规制的约束。Reagans 和 Zuckerman（2001）研究了 224 个公司的研发团队后发现，团队的任期异质性同团队的生产率没有显著相关性，而团队关系的异质性对生产率有显著的正向影响。与此同时，Ancona 和 Caldwell（1992）认为，进入组织的时间不同，成员往往具有不同的技术，也因而对组织的观点是不同的，这样的团队可以形成一种互补性更强的解决问题的能力。因此，本节提出假设 3-14f：董事会董事任职异质性同银行的风险承担显著负相关。

银行是特殊的行业，关系到国家经济的命脉，也因此受到更多的政府监管，高管由地方政府或中央政府直接任命，并且由于中国社会高的权力距离，由政府任命的高管拥有更大的权威。特别是当董事长和行长兼职，甚至是董事长、行长和党委书记三职位合一时，董事长拥有更大的权威，对董事的任命、起作用的方式和范围有影响。本节认为，董事长兼职情况会对董事会异质性和银行风险承担之间的关系起到调节作用。因此，本节提出假设 3-15：董事长兼职情况调节董事会异质性和银行风险承担之间的关系。

二、研究设计

(一)变量设计

1. 被解释变量：银行的风险承担

国内外学者在研究银行风险承担时多采用股票价格的波动率、Z 值 (Laeven and Levine，2009)等来表示，由于在我国上市银行只有 16 家，不能使用股票价格的波动来衡量银行的风险承担。且本节使用的是 2008 年一年的横截面数据，不适合使用 Z 值。同曹廷求和王营(2010)一致，本节使用不良贷款率来衡量银行的风险承担。同时为了检验结果的稳定性，利用不良贷款拨备覆盖率(Provision)作为替代进行检验。

2. 解释变量：董事会异质性

根据 Anderson 等(2011)的做法，董事会异质性由六个方面组成，分别为年龄、性别、民族、教育、职业经历和董事任职的异质性。下面对六个变量的计算方法加以说明。

第一，年龄异质性(Age)，即银行董事会董事年龄的差异程度。本节使用董事年龄的变异系数来表示，计算方法是，年龄变异系数=年龄标准差/平均年龄；同时根据整个样本的变异系数，把整个样本变异系数按照四分位数划分，从小到大排列，公司的年龄变异系数如果落在第一组，那么就为 1，最大为 4。在本章中，年龄异质性取值为 1～4。

第二，性别异质性(Gender)，即董事会董事性别的差异程度。本节使用董事会中女性董事数量/董事会规模表示，即性别异质性系数=女性董事数量/董事会规模，将性别异质性系数从小到大排列并按照四分位数划分，第一组为 1，最大为 4，性别异质性取值范围为 1～4。

第三，民族异质性(Ethnic)，即董事会董事民族的差异程度。本节使用中国内地(大陆)之外的董事数量/董事会规模表示，中国内地(大陆)之外的董事所接受的教育、生活与人文环境都同内地(大陆)董事有显著的差异，有可能对董事会的决策有重要的影响。民族异质性系数=中国内地(大陆)之外的董事数量/董事会规模，中国内地(大陆)之外的董事包括作为银行董事的中国香港、澳门、台湾地区及国外公民。将民族异质性系数从小到大排列并按照四分位数划分，第一组为 1，最大为 4，民族异质性取值范围为 1～4。

第四，教育异质性（Education），即董事会董事受教育程度和类型的差异性。教育异质性有两个要素：教育深度异质性和教育广度异质性。教育深度是指董事受教育程度，可分为博士、硕士、本科、大专及其他，博士为 5，以下依次递减，其他类为 1；关于教育广度，按照 Anderson 等（2011）的做法，教育分为四类，即经济管理类[包括工商管理硕士（master of business administration，MBA），但不包括高级管理人员工商管理硕士（executive master of business administration，EMBA）]、技术类、法律类和文学艺术类。按照董事受教育深度和广度将其分类，分别计算教育深度异质性系数和教育广度异质性系数。教育深度异质性系数为董事受教育程度的赫芬达尔指数，教育广度异质性为董事受教育广度的赫芬达尔指数。将两类系数排序并按照四分位数划分，从小到大排列分别分为四组，第一组为 1，最大为 4。然后加总两类系数，教育异质性的取值范围为 2～8。

第五，职业经历异质性（Profession），即董事会董事职业的差异性。职业经历异质性有四个要素：①董事是否时任外部银行或公司的董事长或总经理，如果是则为 1，否则为 0，计算时任外部银行或公司的董事长或总经理的比例。②董事曾经任职过的公司或银行的数量（包括政府部门），此异质性系数=任职公司或银行数量的标准差/任职公司或银行的平均值。③职业生涯中，董事曾任高级职务的数量。本节认为的高级职务为副总裁、副行长、党委副书记及副董事长以上职务，此异质性系数=曾任高级职务的数量标准差/曾任高级职务数量平均值。④董事职业所在专业领域的数目。本章认为的专业领域有四个，分别为法律、会计、投资银行（或风投）和咨询，如果有个董事曾在其中的一个领域任职，则记为 1，否则为 0。公司董事如果至少在某个专业领域任职，则记为 1，否则为 0，最后加总即为董事职业所在领域的异质性。前三项指标数值按照四分位数分为四组，从小到大排列，最小组赋值 1，最大为 4。四个要素所得值加和即为职业经历异质性，因此取值为 4～16。

第六，董事任职异质性（Director），即银行董事在董事会任职时间长度和数量的差异性。董事任职异质性有两个要素：其一为董事任期，职业生涯中作为本银行董事的时间，为精确计算以月份度量，在银行任职一个月中超过 15 天则为 1 个月，否则不计入任期。此异质性系数=董事任期标准差/董事任期平均值；其二为职业生涯曾经或者现任其他公司或银行董事的数量（不包括本银行），此异质性系数=任职其他公司或银行数量标准差/任职其他公司或银行数量。分别将两要素取值按照四分位数分为四组，按照从小到大排序，最小赋值 1，最大为 4。将两要素的赋值加和即为董事任职异质性取值，取值范围为 2～8。

3. 调节变量和控制变量

银行的董事长或行长对银行的风险承担有巨大的影响，董事长和行长如果两职合一影响更大，两职合一情况对银行的风险承担有调节作用。董事长是否兼任行长（Duality），是则为 1，否则为 0。并参考先前学者研究银行风险（Laeven and Levine，2009；李燕平和韩立岩，2008；曹廷求和王营，2010）的做法，将银行成长性、银行规模和银行流动性作为控制变量。银行成长性变量用总资产增长率衡量，银行规模用总资产的对数衡量，银行流动性用流动资产/总资产衡量。

（二）实证模型与数据来源

1. 实证模型

$$NPL=\alpha+\beta Heterogeneity+\gamma LnAsset+\delta Growth+\sigma Liquity+\varepsilon \qquad (3.6)$$

其中，NPL 为银行不良贷款率；Heterogeneity 为董事会异质性变量，检验董事会异质性对不良贷款率的影响时，为六个要素，即性别、民族、年龄、教育、职业经历及董事任职，而在检验董事长兼职情况的调节作用时，为了规避要素之间的显著相关性，Heterogeneity 为六个要素中的一个；LnAsset 为银行总资产的对数，以减少数量级上的差异；Growth 为银行总资产增长率，表示银行成长性本节总资产增长率为 2008 年相对于 2007 年的总资产增长率；Liquity 为银行流动性；ε 为残差项。

2. 数据来源

本节研究所需要的数据是有关银行董事会的背景资料，包括性别、民族、年龄、教育、职业经历及董事任职，都是未经编码的档案资料。主要从银行公布的季报、年报及次级债券募集说明书中获得所需的数据，并从权威媒体和讯网、新浪财经、凤凰财经及董事会成员兼任的上市公司的年报获得数据加以补充和佐证。在收集资料的过程中，检索了 16 家上市银行、农村商业银行及一百多家城市商业银行的年报资料，剔除对董事会成员资料公布不完整或者难以完全收集到的银行，共获得 33 家银行的数据作为研究样本。其他控制变量的数据（董事长是否兼任行长、总资产增长率、总资产及流动性数据）都来自年报。

三、实证结果与分析

（一）描述性统计

表 3-18 列示的是董事会特征异质性的描述性统计结果，从表 3-18 中可以看出，我国银行的不良贷款率并不高，平均为 1.585%，但是不同银行间的不良贷款率差异较大，最小值为 0.250%，最大值为 2.970%。不良贷款拨备覆盖率平均较高，为 171.521%，最小值为 101.040%，最大值为 447.770%。这两个指标反映了不同银行的风险承担是有较大差异的。2008 年银行总资产最大为 9.760 万亿元，最小为 108 亿元，这反映了银行规模差别巨大。

表 3-18　董事会特征异质性描述统计结果

变量	平均值	中位数	标准差	最小值	最大值
NPL/%	1.585	1.550	0.778	0.250	2.970
Provision/%	171.521	151.220	75.098	101.040	447.770
Age	2.515	3.000	1.121	1.000	4.000
Gender	2.515	2.000	1.093	1.000	4.000
Ethnic	2.485	3.000	1.202	1.000	4.000
Education	4.879	5.000	1.269	2.000	7.000
Profession	9.667	10.000	2.327	4.000	14.000
Director	5.000	5.000	2.236	2.000	8.000
Asset/元	1.15×10^{12}	1.73×10^{11}	2.33×10^{12}	1.08×10^{10}	9.76×10^{12}
Growth/%	26.193	23.517	16.363	3.040	91.570
Liquity/%	54.871	52.600	16.588	33.300	112.500
Duality	0.333	0.000	0.479	0.000	1.000

表 3-19 列示的是上市银行特征和董事会特征的描述性统计结果。从表 3-19 中可以看出，银行董事平均年龄为 52.981 岁，最大值为 91 岁，最小值为 30 岁，差别较大。女性董事的比例平均为 11.100%，最多的为 4人，外国董事的比例平均为 11.700%，女性董事和外国董事的比例都较低。董事会成员的平均受教育水平为 3.550，可以看出银行董事的平均受教育水平在本科以上。从工作经历看，董事平均工作过的公司或银行数为 4.069个，经历较为丰富。董事会成员在董事会的任期平均为 36.740 个月，任期超过 3 年时间。曾任其他公司董事数为 1.011 次，即每个银行的董事平均来说都曾任职于其他公司的董事会。

表 3-19　上市银行特征和董事会特征描述性统计结果

变量	平均值	中位数	标准差	最小值	最大值
年龄/岁	52.981	53.000	8.137	30.000	91.000
性别（女性人数/规模）/%	11.100	7.600	0.079	0.000	26.300
民族（外国董事人数/规模）/%	11.700	9.500	0.114	0.000	40.000
教育	3.550	4.000	1.121	1.000	5.000
曾工作银行（公司）数量/个	4.069	3.000	2.612	0.000	16.000
副总裁以上职位数/个	1.426	1.000	1.557	0.000	10.000
银行董事任期/月	36.740	30.000	25.461	4.000	188.000
曾任其他公司董事数/次	1.011	0.000	1.717	0.000	11.000

（二）实证检验结果

本节利用 Stata 11 进行最小二乘回归，在验证董事会异质性与银行不良贷款率的关系时，发现结果并不显著，假设 3-13 没有得到证明。可能的原因在于不同指标要素之间的影响相互抵消而造成结果不显著，因此本节使用六个变量对银行不良贷款率的影响进行检验，以进一步研究董事会异质性对银行风险承担的影响。

1. 董事会异质性对不良贷款率的影响

由于六个要素异质性（年龄、性别、民族、教育、职业经历和董事任职）之间有可能存在线性相关性，在进行显著性检验之前需要对其进行线性相关性检验，检验结果表明六个要素没有显著相关性，不会对多元回归的结果造成不利影响。

由表 3-20 可以看出，董事会年龄异质性同银行不良贷款率在 5%水平下显著负相关，这验证了假设 3-14a。董事不同的年龄有不同的优势和劣势，形成了优势互补。这主要是因为随着年龄的增长，解决问题的思路、看问题的视角并不会形成固定的模式。因此，不同年龄段的董事虽然由于年龄的不同可能对问题的解读不同，但是由此带来的优势超过了由此而带来的劣势。职业经历和董事任职异质性没有通过显著性检验，但是结果同预期方向一致，表明职业经历和董事任职异质性可能为银行的风险承担决策产生有益的影响。性别和民族异质性的结果不显著，且影响的方向同预期相反，性别和民族异质性的增加不但没有减少银行的风险承担，反而增加了银行的风险。可能的原因是女性董事和男性董事的分歧过大，而导致了沟通上的困难；外国董事不熟悉中国文化的特殊性，同时对相关背景不了解，因此不但没有降低银行风险，反而增加了风险。最令人诧异的结果是教育的异质性同银行的不良贷款率在 10%水平上显著正相关，这意味着对于银行来说，董事会教育异质性越大银行风险越大。可能的原因是不同的教育水平和专业可能会形塑个人的思维模式，因此教育异质性会导致不同思维模式的人很难认同他人，进而造成了交流沟通的困难。另外一个可能的原因是银行的特殊性，相对一般公司来说银行的专业性更强，关于风险的知识更是高深，因此需要高学历而不是学历的差异性。对于银行业来说，董事会要素的异质性并非越大越好。

表 3-20 董事会异质性对不良贷款率的影响

变量	系数	标准误	t 值（p 值）
Age	−0.239	0.115	−2.090** （0.049）
Gender	0.120	0.109	1.100（0.283）

续表

变量	系数	标准误	t 值（p 值）
Ethnic	0.104	0.106	0.980（0.337）
Education	0.192	0.101	1.900*（0.070）
Profession	−0.053	0.052	−1.010（0.324）
Director	−0.053	0.073	−0.730（0.475）
Duality	0.600	0.266	2.250**（0.035）
Growth	−0.014	0.008	−1.750*（0.094）
Liquity	0.003	0.010	0.350（0.729）
LnAsset	0.024	0.117	0.200（0.842）
常数项	0.808	4.089	0.200（0.845）

***、**和*分别表示在 1%、5%和 10%的水平显著

2. 董事长兼职的调节作用

由于银行业的特殊性，其运行一直受到国家的强力干预，银行高管任命受到政府的干预甚至是被政府直接任命。也因此银行的高管拥有巨大的权力，特别是当董事长和行长由一人兼任的时候，董事长拥有巨大的权力影响银行业务的运行，包括贷款、坏账拨备及董事的任命，同时会对董事会起作用的方式产生影响。本节认为在银行董事长和行长兼任的时候其权力更大，对董事会异质性起作用的方式和范围影响也更大；当两职分离时，对董事会异质性起作用的方式影响较小。换句话说，本节认为银行董事长和行长两职合一与否对董事会异质性起作用的方式有调节作用。因此，本章以董事长是否兼任行长为调节变量，检验在全球金融危机中银行面临巨大风险的情况下，董事会异质性对银行不良贷款率的影响。

同时由于董事长是否兼任行长是虚拟变量，其值取 1（两职合一）或者 0（两职分离），考虑到其同董事会六要素的交叉项所得值之间有可能有线性相关的情况，本章对其交叉项进行线性相关性检验，结果发现变量之间有显著的线性相关性，因此在检验银行董事会异质性对不良贷款率的影响时，应分别进行多元回归。表 3-21 是回归的结果，结果表明董事长和行长两职合

一情况对董事会异质性和不良贷款率有显著的调节作用。在没有考虑两职合一情况下，年龄异质性同银行风险承担显著负相关，而在考虑两职合一的调节作用后同银行风险承担没有显著相关性，且系数由负变为正。教育异质性同银行风险承担的相关性得到了加强，在考虑两职合一的调节作用后教育异质性对银行风险承担增强作用更加明显。对于剩余的四个要素，在董事长两职合一情况下，也对银行的风险承担有显著正向促进作用，这验证了本节的推测。即使在两职分离的情况下，部分要素的董事异质性可以抑制银行的风险承担；在两职合一的情况下，董事长的权力非常大，可能利用不同董事之间观点和决策方式的分歧，施加自己的影响，从而增加了银行的风险承担。因此，为了降低银行的风险，应该对两职合一进行抑制。

表 3-21　董事会异质性对不良贷款率影响分别检验结果

变量	系数	标准误	t 值（p 值）
Age×Duality	0.157	0.098	1.60（0.120）
Gender×Duality	0.238	0.103	2.31[**]（0.029）
Ethnic×Duality	0.170	0.099	1.73[*]（0.095）
Education×Duality	0.162	0.047	3.43[***]（0.002）
Profession×Duality	0.065	0.026	2.48[**]（0.020）
Director×Duality	0.079	0.045	1.76[*]（0.089）

***、**和*分别表示在 1%、5%和 10%的水平显著

四、稳健性检验

实证结果表明，部分董事会异质性要素对银行的风险承担有抑制作用，部分有增强作用。为了检验结果的稳定性，参照李燕平和韩立岩（2008）检验银行风险承担的做法，本节利用拨备覆盖率作为不良贷款率的替代变量检验董事异质性的作用。不良贷款率反映的是银行风险承担情况，而拨备覆盖率却是反映银行的安全性。验证的结果如表 3-22所示。

表 3-22　董事会异质性对拨备覆盖率的影响

变量	系数	标准误	t 值（p 值）
Age	22.047	11.655	1.890*（0.072）
Gender	14.075	11.103	1.270（0.218）
Ethnic	−11.125	10.790	−1.100（0.284）
Education	−11.125	10.279	−1.080（0.291）
Profession	9.187	5.293	1.740*（0.097）
Director	0.340	7.457	0.050（0.964）
Duality	−15.686	27.106	−0.580（0.569）
Growth	2.260	0.795	2.840***（0.009）
Liquity	1.524	0.999	1.530（0.141）
LnAsset	6.921	11.996	−0.580（0.570）
常数项	−245.232	416.102	−0.590（0.562）

***、**和*分别表示在 1%、5%和 10%的水平显著

由表 3-22 可以看出，董事会年龄异质性同拨备覆盖率在 10%水平下显著正相关，证明了董事会年龄异质性确实会对银行的风险有抑制作用。教育异质性同拨备覆盖率为负相关关系，同使用不良贷款率作为被解释变量时结果一致，但是差别是此时二者关系不显著。职业经历异质性、董事任职异质性同拨备覆盖率有正相关关系，民族异质性同拨备覆盖率呈负相关关系，证明了结果的稳定性。唯一出现符号翻转的是性别异质性，这说明了性别异质性的不稳定性。根据稳健性检验的实证结果，本节得出结论，董事会异质性要素同银行风险承担之间的关系的实证结果是基本稳定的。

五、实证结论

作为公司核心的董事会在决策、监督和建议等各个方面都发挥重要作用，董事的选择至关重要，如果选择不当将会使公司面临巨大的治理风险。已有的经验证据表明，董事会异质性可以使董事拥有不同的经验、思考问题

的视角及解决问题的办法，因此增加董事会异质性有助于提高其决策绩效。商业银行业作为一种营利单位，其属于现代公司范畴的同时又有其特殊性。银行为不同行业的不同企业提供贷款，面临的不确定性和行业范围大大超出了一般公司，从这种意义上说银行可能更需要异质性的董事会以规避风险。实证研究的结果表明董事会整体的异质性同银行不良贷款率没有显著的相关性，出现这种结果可能的原因是董事会整体异质性是由年龄、性别、民族、教育、职业经历、董事任职六个要素的异质性合成的，而这六个要素的异质性作用方向可能相反，相互抵消而造成结果的不显著。

为了进一步检验本节的推测，利用六个要素对银行不良贷款率进行最小二乘回归，结果显示董事会年龄异质性同银行不良贷款率显著负相关，年龄异质性有助于银行规避风险的原因可能是，不同年龄段的董事，虽然经历的不同对其认知产生影响，但是并没有形成固定的模式，且不同年龄段的董事可以形成优势互补。但是教育异质性同银行不良贷款率显著正相关，同预期完全相反。本节认为有两种可能的原因，其一是作为高度专业化行业的银行，需要学历更高、专业化程度更高的董事进行决策，而不是教育程度差异化的董事；其二是不同专业和教育程度的董事可能会形成一种固有的思维模式，造成了彼此交流的障碍，因而影响了对风险承担的抑制作用。其他的四个要素同不良贷款率关系的实证结果并不显著。这也部分证明了相关学者的研究结论（McCain et al.，1983；O'Reilly et al.，1989；Zenger and Lawrence，1989），他们认为异质性可能会造成交流、合作方面的障碍。本节认为，银行董事会不同的要素之间需要的异质性是不同的，同时也并不是异质性越大越好，可能在一定的范围内更为合理。就本节的实证结果而言，银行在选择董事时应综合仔细考虑以甄选合适的董事，合理配置不同年龄段的董事，同时规避教育方面的异质性。

银行的根本风险是治理风险，银行风险对整个经济平稳运行有重大影响，因此受到了远远超过一般公司所应有的监管。在中国的银行高管为政府任命，在权力距离较大的情况下其权威性更大，当董事长和行长两职合一时尤为如此，可能会对董事选择和董事会决策产生重大影响。本节检验了两职合一状况对董事会异质性和银行不良贷款之间关系的调节作用。实证结果表明两职合一确实起到了调节作用，当两职合一时年龄异质性对不良贷款率的抑制作用被逆转，同时其他的五个要素同不良贷款率显著正相关。可能的原因是两职合一时董事长的影响力在董事会异质性越大时会变得越大，更容易将自己的观点强加给董事会。这也是很容易理解的，如果董事会其他成员高度一致，那么即使董事长持有不同观点，也很难说服所有董事服从他的意见。

第五节　本章主要结论与政策建议

一、主要结论

(一)商业银行董事会构建与权力配置

董事会权力配置包含董事会人员构成及规模、董事长和行长两职配置、独立董事制度及董事会专门委员会配置。本章通过数据统计分析发现以下几点。

在董事会人员构成及规模上，相对于一般企业，金融机构特殊性和我国经济的现状决定了金融机构董事会的规模比一般企业的董事会规模要大；并且从个人特征数据上分析，目前我国银行董事长和行长在性别上无显著差异，即无论是银行的董事长还是行长男性仍然占据主要地位；城市商业银行董事长的年龄显著大于行长年龄；董事长的企业社会资本也显著大于行长的企业社会资本；同时董事长的任职时间大于行长的任职时间；但我国城市商业银行董事长的受教育程度和专业背景显著低于行长的受教育程度及专业背景。

在董事长和行长两职配置上，我国商业银行董事长和行长两职处于分离状态，这种两职分离的配置对于金融机构科学的决策和监督均能起到一定的推动作用。

在独立董事制度上，从 2005 年 10 月中国建设银行作为首家在香港 H 股上市银行引入独立董事制度以来，独立董事制度开始在中国金融机构执行并深化，为我国金融机构治理水平的改善和提高做出了一定的贡献。目前，我国金融机构独立董事虽然执行数年，但与国外相比，国内金融机构独立董事的比例仍然偏低。另外，独立董事不独立，且独立董事的遴选缺乏一定有效的机制。

（二）商业银行董事会与风险承担

1. 商业银行董事会治理与风险承担

我们从董事会的结构风险控制、机构设置风险控制和运作风险控制三个方面分析了董事会风险控制对上市银行风险承担的影响，通过实证分析发现：董事会规模与银行风险承担负相关；独立董事比例与银行风险承担正相关；两职合一与银行风险承担负相关；专门委员会设置与银行风险承担负相关；董事会会议次数与银行风险承担不相关，董事尽职情况与银行风险承担负相关；第一大股东董事占董事会的比例越高，其风险承担越高。

2. 董事会异质性与银行风险承担

作为公司核心的董事会在决策、监督和建议等各个方面都发挥重要作用，董事的选择至关重要，如果选择不当将会使公司面临巨大的治理风险。已有的经验证据表明，董事会异质性可以使董事拥有不同的经验、思考问题的视角及解决问题的办法，因此增加董事会异质性有助于提高其决策绩效。我们利用六个要素对银行不良贷款率进行回归，结果显示董事会年龄异质性同银行不良贷款率显著负相关，年龄异质性有助于银行规避风险的原因可能是，不同年龄段的董事，虽然经历的不同对其认知产生影响，但是并没有形成固定的模式，且不同年龄段的董事可以形成优势互补。但是教育异质性同银行不良贷款率显著正相关。其他的四个要素同不良贷款率的关系的实证结果并不显著。这也部分证明了相关学者的研究结论（McCain et al.，1983；O'Reilly et al.，1989；Zenger and Lawrence，1989），他们认为异质性可能会造成交流、合作方面的障碍。我们认为，银行董事会不同的要素之间需要的异质性是不同的，同时也并不是异质性越大越好，可能在一定的范围内更为合理。

银行的根本风险是治理风险，银行风险对整个经济平稳运行有重大影响，因此银行受到了远远超过一般公司所应有的监管。在中国的银行高管为政府任命，在权力距离较大的情况下其权威性更大，当董事长和行长两职合一时尤为如此，可能会对董事选择和董事会决策产生重大影响。本节检验了两职合一状况对董事会异质性和银行不良贷款率之间关系的调节作用。实证结果表明两职合一确实起到了调节作用，当两职合一时年龄异质性对不良贷款率的抑制作用被逆转，同时其他的五个要素同不良贷款率显著正相关。可能的原因是两职合一时董事长的影响力在董事会异质性越大时会变得越大，更容易将自己的观点强加给董事会。

(三)银行家特征与商业银行资源配置

我们利用高阶理论研究我国城市商业银行银行家人口特征与银行资源配置的关系，通过比较及回归分析，得出银行家人口特征及银行家两职差异的确影响银行的资源配置的结论。从实证回归分析的结果来看，作为银行家的城市商业银行董事长其年龄和受教育程度与上市银行董事长存在显著差异，且城市商业银行董事长的性别、年龄、受教育程度、经济管理专业背景与银行资源配置存在显著的相关关系，但除专业背景外，作为行长的银行家其人口特征与城市商业银行资源配置关系不显著，从城市商业银行董事长和行长两职分离的人口特征和银行资源配置的关系看，两职差异与假设方向一致但不显著。具体而言，在影响银行资源配置的银行家个人特征中，相较于女性银行董事长，男性董事长银行资源配置更优，但这种关系在银行行长方面关系不显著，并且当两职分离时关系不显著，这在一定程度上说明男性董事长对于银行资源配置拥有优势。城市商业银行董事长年龄与银行资源配置呈倒"U"形关系，这种关系在行长及两职差异方面不显著。与其他专业相比，城市商业银行董事长和行长的经济管理专业与银行资源配置呈负相关关系，但系数较小，这与我们预期有很大差异，考虑到目前国内银行的盈利模式比较单一，专业背景这一优势未能体现。城市商业银行董事长与行长两职差异中性别、受教育程度与资源配置呈正相关关系，年龄等其他变量与银行资源配置呈负相关关系，但结果不显著。从上述分析中我们发现，作为董事长的银行家，其很多特征变量与银行资源配置相关而行长及两职差异的特征变量与资源配置关系不密切，考虑到国内城市商业银行董事长的决策对银行的影响更大，所以董事长的特征变量与银行资源配置关系更为密切。以上结论说明在研究银行资源配置时有必要考虑银行家背景，特别是银行董事长这一重要因素。

二、政策建议

基于上述研究结论，本章提出完善金融机构董事会治理的对策。

第一，增加金融机构独立董事比例并充分发挥独立董事的作用。按照一般公司董事会权力配置的原则，结合我国特殊的国情和经济发展阶段及金融机构特点，特别是我国目前存在的超级股东，构建我国金融机构董事会权力配置。主要措施包括：在超级股东条件下，董事会需要保持一个适当的规模，且独立董事人数要占据相当比例；金融机构董事长和总经理的两职分离有利于超级股东下董事会治理水平的提高；在金融机构中引入专业独立董事，并给予独立董事一定的战略参与和决策权；建立有利于金融机构决策的相关专门委员会，优化董事会权力配置，促进科学决策的制定与实施。

第二，加强政府对商业银行的监管。政府可以通过加大对违规银行高管和董事的处罚力度，来使银行管理层审慎评估信息披露失真所带来的风险，鼓励银行进行自愿性信息披露。在当前激烈的竞争环境下，要努力控制信贷的规模，引导银行综合化经营，有效控制经营风险。

第三，优化商业银行董事会结构以降低治理风险。银行的风险承担主要是指银行选择并承担某种风险的行为，包括风险选择的动机、决策和执行，是利益相关者之间相互博弈的结果。要降低商业银行的治理风险，可以从优化董事会结构的角度出发，主要政策包括：在董事会结构方面，适当增加董事会规模，因为规模较大的董事会可以利用董事不同的专业背景和社会资源，形成优势互补，降低经营过程中环境不确定性带来的风险，提高决策的科学性；在独立董事配置上，选聘更具专业背景的独立董事，并制定相关的激励机制来保证独立董事认真履行其职责，真正提出合理化的建议；在两职关系上，两职分离有助于提高银行业绩；设置相应的专门委员会，以提高决策的科学性；避免董事会中股权集中的情况，提高董事会独立性从而优化其决策。在董事会异质性方面，为了规避银行最根本的风险——治理风险，需要仔细甄别银行的董事人选，合理配置不同年龄层次的董事并尽力避免董事会教育异质性过大。同时，由于银行高管的行政任命本身就赋予了其很大的权力，为了避免风险，需要将董事长和行长分开设立，以提高绩效。

第四，优化商业银行资源配置。鉴于银行家个人特征对商业银行资源配置的重要影响，在配置董事资源时，有必要对银行家，特别是董事长与行长任职资格进行具体规范。研究发现，作为董事长的银行家，其很多特征变量与银行资源配置相关，而行长及两职差异的特征变量与资源配置关系不密切；考虑到国内城市商业银行董事长的决策对银行的影响更大，董事长的特征变量与银行资源配置关系更为密切。因此，可以从银行家特别是行长和董事长的背景特征方面对商业银行资源配置进行优化，从而使我国商业银行资源配置更趋合理化。

第 四 章

国有控股金融机构外部治理研究

完善外部公司治理机制对降低金融机构风险承担有着非常积极的意义。但对于金融机构而言，其外部治理与一般企业相比具有一定的特殊性，本章所述的外部治理是相对于内部治理而言的，主要包括资本监管、市场约束、政府干预和特许权价值。具体而言，本章首先分析外部治理与金融机构风险承担的直接关系，其次分析外部治理、内部治理与金融机构风险承担的间接关系，最后进一步考察存在多个相互关联的外部治理机制与金融机构风险承担的关系。本章的研究成果有助于理解各外部治理与风险承担的关系，同时也有助于国内监管部门改进监管政策、完善监管机制和提高监管效率。

第一节 研究背景、思路与内容

一、研究背景

根据 Denis 和 McConnell(2003)、Gillan(2006)的总结，外部公司治理机制包括投资者法律保护、控制权市场、经理人市场和产品市场等。外部公司治理机制的完善对于降低风险承担有着非常积极的意义，并已经在很多研究中得到了证实。比如，投资者法律保护水平的提高有助于加强对股东利益的保护，尤其是小股东，保障股东权利的实施，从而能够更好地监督和约束董事会及管理层；控制权市场的不断完善可以提供一种外部的力量，来约束管理层过度自利而损害股东利益的行为；经理人市场的完善使公司在选择代理人方面可以有更好、更多的选择；而产品市场的竞争也会带来一种外部的压力，迫使经理层付出更多的努力来实现股东价值的最大化。以上研究所涉及的外部治理机制对于所有的公司都是普遍存在的，但对于金融机构而言，其外部治理与一般企业相比具有特殊性，本章所述的外部治理机制是相对于内部治理机制而言的，主要包括资本监管、市场约束、政府干预和特许权价值。

尽管其他行业也或多或少有一些监管，如环保有关的行业，但从来没有哪一个行业像金融业一样存在如此众多、如此严格的管制和监督措施。外部监管对防范和化解金融机构风险有重要的意义（曹凤岐和鹿波，2009）。就国际环境来看，巴塞尔银行监管委员会一直尝试在全球更大的范围内推广其监管理念。在《巴塞尔新资本协议》（The New Basel Capital Accord）中，最低资本充足率要求和政府监管部门的直接干预是非常重要的两个支柱，而且这一理念在始发于美国的金融危机的冲击下，越发得到许多国家的认可。次贷危机之后，巴塞尔银行监管委员会等国际银行业组织于 2010 年 9 月最终确定了巴塞尔协议III新的资本监管框架，提出了更严格的资本监管要求。国际上另外一个重要的监管行动是美国政府通过的金融监管改革法案《多德-弗兰克华尔街改革和消费者保护法》（Dodd-Frank Wall Street Reform and Consumer Protection Act）。2010 年 7 月，深受金融危机冲击的美国政府正式通过了该法案，法案明确规定要加大对金融机构的监管力度，设立金融稳定监管委员会，建立金融市场的综合监管机制，将场外衍生品纳入监管范围，限制银行自营交易和高风险衍生品交易；建立消费者金融保护局保护消费者利益；赋予美联储更大的监管职责；对金融机构高管的薪酬进行监管，确保薪酬制度不会导致高管对风险的过度追求等。从法案的内容可以看到，美国对金融机构的监管范围不断扩大，监管力度不断增强。

金融危机后，以保护金融消费者为目标的行为监管理念深受各国推崇（闫夏秋，2016），各国金融监管部门普遍提出需要加大对金融机构的监管力度（刘利敏等，2016）。就中国而言，尽管中国的金融机构在危机中并未受到较大的冲击，但监管部门对金融机构的监管在最近几年一直很严格（周莉萍，2016）。国内监管部门对金融机构的监管措施充分吸收了《巴塞尔新资本协议》的要求及巴塞尔银行监管委员会推出的其他措施，还加强了对非信贷业务（包括风险较高的衍生品业务）的监管。在 2008 年 12 月，中国保监会下达了《关于保险公司高级管理人员 2008 年薪酬发放等有关事宜的通知》，要求 5 家国有控股保险公司严禁违规发放薪酬和坚决防止发放过高薪酬，而在 2010 年 2 月中国银监会也出台了《商业银行稳健薪酬监管指引》。2012年 6 月出台了《商业银行资本管理办法（试行）》，于 2013 年 1 月 1 日开始实施，构建了多层次的资本监管体系，总的资本监管标准也大为提高。

尽管监管如此的普遍，但从公司治理视角来分析监管的研究在国内外还比较有限，这就使研究的结论在解释中国的问题时存在一定的局限。而且，这些有限的研究还表明，并没有足够的证据可以证明金融监管是一种有效的外部治理机制，因为金融监管的治理作用要受到多种因素的影响。而就中国的国有控股金融机构而言，在其特殊的内外部治理环境下，金融监管的内容、强度及监管的方式是否会影响及如何影响风险承担？目前，尽管监管部门一直在强调监管的积极意义，并不断加大监管的力度、扩大监管的范围、提高监管的频率，但实务界、学术界及媒体似乎并不完全赞成监管部门的观点。因此，就国有控股金融机构所面临的金融监管而言，尚需更多的研究展开更为深入的分析和讨论。

另外，在 20 世纪 30 年代以前的自由银行业制度中，银行监管以市场约束为主，1929～1933 年大危机之后，世界各国加大了对经济的干预力度，市场约束作用被弱化并逐渐为官方的监管约束所取代。但进入 20 世纪 70 年代以来，银行监管所面临的环境发生了深刻的变化：金融全球化及混业经营，同时各种金融创新工具和衍生产品的推出也进一步增强了市场的复杂性，政府监管越来越力不从心。于是巴塞尔协议 II 中正式提出并规定市场约束作为第三支柱，是对最低资本要求（第一支柱）和监管（第二支柱）的补充。市场约束机制就是通过建立银行业金融机构信息披露要求，调高其经营管理透明度，使市场参与者得到及时、可靠的信息，以对银行业务及内在风险进行评估，通过奖励有效管理风险、经营效益良好的银行，惩戒风险管理不善或效率低下的银行等方式，发挥外部监督作用，推动银行业金融机构持续改进经营管理，提高经营效率，降低经营风险。而中国于 2006 年底也全面开放了银行业市场，市场对中国商业银行风险承担的约束作用也越来越大，但是我们也意识到中国的金融机构中目前市场约束作用的发挥还受到了诸多制约，如信息披露的强化程度及信息披露质量等。

政府干预在我国经济发展中是一种比较普遍的现象。虽然政府干预在一些情况下是完全必要的，如界定和保护产权等，但是从资源配置和银行的风险承担方面，政府干预的负面作用常常很明显。在财政分权的背景下，地方政府为促进地方经济的增长也有干预银行信贷的强烈动机。在事权和财权不匹配的情况下，每个地方政府既要追求地方之间锦标赛的发展目标，又要兼顾中央提出的维护稳定的目标。在这种情况下，地方政府一方面会根据中央方针政策和辖区的具体情况来制定各项政策，维护社会稳定，但另一方面地方政府也会利用条块分割体制来谋取社会稳定成本的分摊，这一目标的最佳实现手段就是地方政府通过干预信贷市场来为地方谋取更多的信贷资源，通过加快经济增长的方式来扩大就业，获取经济增长绩效。

同时，由于金融机构经营具有高风险的特性和银行危机的广泛性，监管当局对其准入条件进行了严格的规定，并通过审查和限制发放经营许可证的方式保证金融业经营的有序和稳定运行。行业准入限制带来的经营许可证价值就被称为特许权价值。而金融机构一旦经营不善最终破产时，就面临着失去这种可以获得未来超额利润的特许权价值。因此，管理层会主动加强自身业务风险的管理，保证机构运行的稳定，进而产生风险自律效应。因此，特许权价值也是金融机构面临的一大外部治理机制。但是这种特许权价值是否发挥了应有的自律效应呢？

本章研究的初始动机正是基于上述观察和分析，并期望能够对上述问题提供理论和经验两方面的分析及证据，以便更好地理解外部治理的作用，为完善金融机构外部治理提供可供决策参考的政策建议。本章研究的意义体现在两个方面：第一，理论意义在于，对于金融机构而言，普遍存在的外部约束是其所特有的，有关外部治理机制与风险承担的理论分析还非常有限，并使这一问题在理论层面存在诸多争议。本章研究不仅从一般意义的角度分析了各种外部治理机制与风险承担的关系，还结合国有控股金融机构的内部治理特点进行了分析，因此，本章研究进一步拓展了有关的理论研究，提供了更为丰富的结论。第二，现实意义在于，本章研究充分考虑国有控股金融机构的特点，并将其纳入外部治理机制与风险承担的分析中，紧紧围绕当前国有控股金融机构治理所面临的外部治理问题来展开，有关的结论不仅具有理论基础，还具有非常显著的现实意义。本章的研究成果将有助于理解各种外部治理机制与风险承担之间的关系，而且研究的结论将有助于国内监管部门改进监管政策、完善监管机制和提高监管效率。

二、研究思路

本章的主要研究思路在于从三个角度系统地分析各个外部治理机制对中国金融机构风险承担的影响：第一是外部治理与金融机构治理之间的直接关系；第二是外部治理、内部治理与金融机构风险承担的间接关系；第三是多元外部治理与金融机构风险承担的关系。本章的研究改变了过去仅仅研究外部治理对风险承担的直接影响的模式，而是将内部治理机制及多元外部治理机制的情况综合考虑，进一步丰富和深化了现有的关于外部治理的研究。另外为了本章的研究，山东大学银行治理研究中心手工搜集了中国 189 家商业银行 2001～2011 年的年报信息，建立了银行治理数据库，弥补了银行治理研究中数据不足的问题。

本章研究涉及的重要概念包括三个，即外部治理、内部治理和金融机构风险承担，具体如下。

第一，外部治理与金融机构风险承担的直接关系分析。在本章，重点分析外部治理与金融机构风险承担的直接关系。若外部治理可以作为内部治理机制的替代机制，那么外部治理的好坏应当与风险承担存在直接的关系。所以我们首先考虑在没有内部治理的情况下，分别研究各个外部治理机制对金融机构风险承担的直接影响。

第二，外部治理、内部治理与金融机构风险承担的间接关系分析。我们认为，除了直接的关系之外，某些外部治理需要通过作用于内部公司治理来影响到最终的风险承担。本章结合中国金融机构的特点，来分析外部治理与内部治理之间的互动关系，以及对最终公司风险承担的影响。这也打破了已有的直接从外部治理到风险承担的研究模式，采用从外部治理经内部治理最终到金融机构风险承担的研究模式。

第三，多元外部治理与金融机构风险承担的关系分析。这一部分研究将在前述两个分析的基础上，进一步考察同时存在多个相互关联的外部治理机制与金融机构风险承担的关系。比如，同时存在资本监管和市场约束时，或者同时存在市场约束与政府干预时，或者同时存在市场约束与特许权价值时，对金融机构的风险承担的综合影响如何？多元外部治理机制之间的相互作用如何？现有的研究多是针对某个单一的外部治理机制，这一部分的创新点在于考虑了多个外部治理机制之间的相互作用。

三、研究的具体内容

（一）外部治理与金融机构风险承担

本小节分析单个外部治理机制对金融机构风险承担的直接影响，主要以资本监管与特许权价值为例展开论述。第一，资本监管与金融机构风险承担。金融危机后巴塞尔协议Ⅲ又提高了监管资本的要求，但是资本监管是否约束了商业银行的风险承担这一问题始终没有定论。本节使用 189 家商业银行 2004～2011 年 1300 多个观测值运用联立方程模型进行研究，并且进一步检验资本变动与风险变动的关系是否因初始资本水平的不同而不同，实证研究结果证明了这一推论，资本监管显著约束了商业银行的风险行为和资本行为，并且资本变化与风险变化的关系在初始资本不同的银行中有不同的表现，进一步而言，不同类型的银行、不同资本构成的银行及面临不同市场约束程度的银行，其资本变动与风险变动的关系又不相同。本部分的研究对监管部门的差别监管及增强信息披露和加强市场约束具有重要的启示作用。第二，隐性保险下的特许权价值自律效应。来源于超额利润和商誉等无形价值的特许权价值会对银行风险产生抑制作用。基于特许权价值的自律效应，我们对现有研究进行了拓展，运用 2006～2009 年 35 家商业银行的年度数据系统性地分析了特许权价值在政府隐性保险下对上市和非上市银行的自律效应。研究发现，即使在政府隐性保险下，特许权价值的自律效应依然显著，并且上市和非上市银行的特许权价值自律效应均显著，但是借助投融资优势和治理优势，上市银行的特许权价值自律效应受到的抑制作用更大，隐性保险激励其承担更多的风险。

(二)外部治理、内部治理与金融机构风险承担

本节结合中国金融机构的特点,来分析外部治理与内部治理之间的互动关系,以及对最终风险承担的影响。在此,本节以市场约束、内部治理机制与金融机构风险承担为例展开论述。市场约束的本质是银行机构的利益相关者约束其风险承担行为的激励机制。然而,作为一种外部约束机制,其作用的充分发挥取决于诸多内外部条件,如政府隐性担保、银行自身的治理机制等。本节探究了在政府隐性担保下内外部风险约束机制和银行风险承担行为之间的关系,并发现在隐性保险和治理机制的影响之下,价格约束能够有效抑制非上市银行的风险承担行为;不同股东的利益取向使其对待风险的态度存在差异,董事会规模、独立性等增加能够有效地抑制银行风险承担行为。

(三)多元外部治理与金融机构风险承担

本节进一步考察同时存在多个相互关联的外部治理机制与金融机构风险承担的关系。

第一,市场约束、政府干预与金融机构风险承担。市场约束和政府干预是目前中国商业银行的两种主要外部治理机制,这两种外部机制对商业银行风险承担的影响是一个重要的问题。本部分运用全国性股份制商业银行和城市商业银行 2001~2010 年的数据,分析了市场约束和政府干预对商业银行风险承担的共同影响。研究发现:由于我国存在的隐性存款保险制度和市场制度的不完善,政府干预显著地增加了银行的风险,而市场的约束作用比较弱,其中全国性股份制商业银行受政府的干预比较少,但城市商业银行受到政府干预的程度较高,显著地增加了其风险。同时从分组回归的结果我们也发现在 2005 年之后政府干预机制逐渐减弱,而市场的价格约束机制逐渐增强。

第二,资本监管、市场约束与金融机构风险承担。巴塞尔协议II中将市场约束作为三大支柱之一,认为其能够加强资本监管,中国的资本监管起步较晚,并且于 2006 年底才开始全面放开银行业市场,在这种背景下,资本监管和市场约束怎样共同作用于商业银行的风险承担?本部分使用 74 家商业银行的数据对此进行了实证分析。研究发现商业银行的风险近年来确实有

了显著的降低，但资本监管和市场约束这两种机制对中国商业银行的交互影响随着时间发生了很大变化，在 2007～2010 年资本监管和市场约束的相互作用开始显现，呈一种互补的关系。

第三，特许权价值、市场结构与金融机构风险承担。银行业的风险程度关系到整个经济体的稳定与发展，控制风险是银行经营的重要目标之一。目前对银行风险承担的研究主要从特许权价值和市场竞争两个角度分别展开分析。本部分以 156 家中国商业银行为研究对象，同时分析了银行特许权价值和市场竞争程度对银行风险的影响。通过实证分析，我们发现目前影响我国商业银行特许权价值的因素主要来自银行因素；在没有控制内生性的前提下，银行特许权价值有效地约束了银行风险，而市场竞争的加剧增加了银行风险行为；在控制银行风险和特许权价值内生性后，特许权价值对中国商业银行风险的约束效应基本不存在。因此，要维持银行业的稳定，需要规范银行的竞争行为，提高特许权价值的风险约束效应。

第二节　外部治理与金融机构风险承担

本节实证检验外部治理对金融机构风险承担的直接影响，这里我们主要以资本监管与特许权价值为例展开论述。

一、资本监管与金融机构风险承担

资本是银行资产超过其存款和其他债务的数量(Kaufman，1991)，资本的作用是充当保护存款者和其他债权人在银行面临损失时的缓冲，在银行面临损失或破产时，损失先是由股东承担，其次是存款人，其他条件相同的情况下，银行持有的资本越多，存款人损失的可能性就越小。正是基于这种理论，巴塞尔协议Ⅰ、巴塞尔协议Ⅱ中设定了资本充足率要求，并且在金融危机后又设定了更严格的资本充足率要求，以期望能够约束商业银行的风险行为。

但是关于资本约束对商业银行风险承担影响的理论研究的结果是不一致

的。Furlong 和 Keeley(1989)、Keeley 和 Furlong(1990)、Jeitschko 和
Jeung(2005)发现资本约束能降低风险资产总量，从而有利于提高银行系统
的稳定性。然而，银行会利用监管中的漏洞，降低资本提升带来的成本，从
而造成资本监管的隐性成本(Kisin and Manela，2016)。资本监管也有可能
鼓励银行选择高风险的资产来冲销最低资本要求对其杠杆率和盈利性的负面
影响(Koehn and Santomero，1980；Kim and Santomero，1988；Rochet，
1992；Blum，1999)，或者降低银行的监督(Gennotte and Pyle，1991；Boot
and Greenbaum，1993；Giammarino et al.，1993；Besanko and Kanatas，
1996)，因此严格的资本监管要求在某些情况下就会增加银行的破产风险。
Calem 和 Rob(1999)、Camara 等(2012)的研究也表明，由于银行的资产组
合选择依赖于其初始的资本监管水平，在其遵守最低资本要求过程时，可能
会降低组合风险，也可能会增加组合风险。实证分析的结论也是不统一的
(Shrieves and Dahl，1992；Berger，1995；Jacques and Nigro，1997；
Aggarwal and Jacques，2001；Rime，2001；Heid et al.，2004；van Roy，
2005；Altunbas et al.，2006；方意，2017；孙强和崔光华，2017)。

还有另外一类文献认为由于银行拥有超额资本，银行都有自己的目标资
本和风险水平，而不是严格遵守资本监管标准(Allen and Rai，1996；Peura
and Jokivuolle，2004；Barth et al.，2008a；Berger et al.，2008)。银行会根
据其超额资本的水平来调整其资本和风险水平，从而达到它们的目标水平
(Milne and Whalley，2001；Ayuso et al.，2004；Lindquist，2004；
VanHoose，2007；Jokipii and Milne，2008；Jokipii and Milne，2011；Stolz
and Wedow，2011)。尽管这一类文献认为资本监管没有约束力，但是超额
资本对商业银行的风险是有约束的，也就是说资本依然能够约束银行的
风险。

国内学者对资本约束对商业银行风险承担的影响的研究也没有定论。胡
杰(2006)、吴栋和周建平(2006)、曹艳华(2009)认为资本约束了商业银行的
风险承担；朱建武(2006)、王晓龙和周好文(2007)、刘夏和蒲勇健(2007)、
许友传(2011)则认为资本没有显著地约束商业银行的风险承担；吴俊等
(2008)则认为资本约束增加了商业银行的风险承担。

总之，国内外的文献或者关注于资本的变动对风险的影响，或者关注于

超额资本与风险的关系，但资本的变化怎样影响银行的风险承担行为，以及不同的资本构成对银行风险承担的影响是否不同，这两个问题依然没有定论，这给本部分的研究留下了充足的空间。本部分的研究目的有两个：第一是检验资本变化和风险变化关系的符号是否依赖于商业银行的初始资本水平。以前的文献考虑到了资本水平对风险承担的影响，但是没有考虑资本水平对资本变动和风险变动关系的影响。资本严重不足的银行会承担较高的风险来满足资本要求，这可能会增加银行破产的可能性(Calem and Rob，1999)，同时由于是有限责任，这种银行也可能会由风险厌恶变为风险偏好(Rochet，1992)。资本比较不足的银行和资本比较充足的银行预期会采取一种审慎的行为，因为在目前的资本水平下，它们很容易达到监管标准来逃避监管惩罚，也很容易使资本充足率进一步恶化，这一行为与众多理论和实践的研究一致(Calem and Rob，1999；Shrieves and Dahl，1992；Jacques and Nigro，1997；Aggarwal and Jacques，2001；Rime，2001)。而资本非常充足的银行由于持有较多超额资本，资本变化和风险变化的关系就不确定，因为持有较多缓冲资本的银行可能会采取审慎的投资策略，也可能喜欢较高风险的投资策略，这与 Calem 和 Rob(1999)发现的资本与风险承担之间的"U"形关系是一致的。第二是检验银行的风险承担是否受到不同资本构成变动的影响。因为巴塞尔协议Ⅲ中强调不仅要增加资本水平，还要考虑监管资本的定义，即核心一级资本、一级资本和二级资本。

(一)研究设计

1. 模型设定

理论文献通常假设面对最低监管资本要求，银行同时调整资本和风险。因此，我们采用 Shrieves 和 Dahl(1992)及其后继者的分析框架，来分析我国商业银行监管压力和风险水平。银行资本和风险水平可观察或实际变化由两部分构成：相机调整部分和银行外生变量部分。

$$\Delta \text{CAR}_{j,t} = \Delta^{\text{d}} \text{CAR}_{j,t} + \varepsilon_{j,t} \tag{4.1}$$

$$\Delta \text{Risk}_{j,t} = \Delta^{\text{d}} \text{Risk}_{j,t} + \nu_{j,t} \tag{4.2}$$

其中，$\Delta\mathrm{CAR}_{j,t}$ 和 $\Delta\mathrm{Risk}_{j,t}$ 分别表示银行 j 在时间 t 可观察的资本和风险的变化，即银行实际资本或风险的变化；$\Delta^{\mathrm{d}}\mathrm{CAR}_{j,t}$ 和 $\Delta^{\mathrm{d}}\mathrm{Risk}_{j,t}$ 分别表示银行 j 在时间 t 的资本和风险的相机调整变化，也就是说，银行的实际资本不符合监管要求的情况下，银行应采取一些措施，如发行次级债券，或降低高风险资产比重，以使实际资本达到监管要求；$\varepsilon_{j,t}$ 和 $v_{j,t}$ 分别表示银行 j 在时间 t 的外生变量部分。

利用局部调整模型模拟银行资本相机调整变化 $\Delta^{\mathrm{d}}\mathrm{CAR}_{j,t}$ 和风险相机调整变化 $\Delta^{\mathrm{d}}\mathrm{Risk}_{j,t}$，目的就是要识别银行在任何时候都不能即时调整资本和风险水平的情况下，如何保证银行实际资本符合监管要求。在局部调整模型中，Shrieves 和 Dahl(1992) 及其后继者认为银行资本和风险相机调整变化与银行目标资本(风险水平)、银行在时期 t–1 的实际资本(风险水平)的差成比例，即

$$\Delta^{\mathrm{d}}\mathrm{CAR}_{j,t} = \alpha(\mathrm{CAR}^{*}_{j,t} - \mathrm{CAP}_{j,t-1}) + \varepsilon_{j,t} \tag{4.3}$$

$$\Delta^{\mathrm{d}}\mathrm{Risk}_{j,t} = \beta(\mathrm{Risk}^{*}_{j,t} - \mathrm{Risk}_{j,t-1}) + v_{j,t} \tag{4.4}$$

其中，$\mathrm{CAR}^{*}_{j,t}$ 和 $\mathrm{Risk}^{*}_{j,t}$ 分别表示银行 j 在时间 t 的目标资本和目标风险水平。把式(4.3)和式(4.4)分别代入式(4.1)和式(4.2)，银行资本和风险可观察或实际的变化可写为

$$\Delta\mathrm{CAR}_{j,t} = \alpha(\mathrm{CAR}^{*}_{j,t} - \mathrm{CAR}_{j,t-1}) + \varepsilon_{j,t} \tag{4.5}$$

$$\Delta\mathrm{Risk}_{j,t} = \beta(\mathrm{Risk}^{*}_{j,t} - \mathrm{Risk}_{j,t-1}) + v_{j,t} \tag{4.6}$$

因此，银行 j 在时间 t 的资本和风险可观察或实际的变化是目标资本和目标风险水平、滞后资本水平和滞后风险水平、外生变量的函数。

2. 变量描述

1) 资本变动

采用各商业银行按《商业银行资本充足率管理办法》计算的资本充足率作为银行资本的指标，用资本(CAR)的一阶差分 $\Delta\mathrm{CAR}$ 表示资本变动。另外本部分还需要进一步检验银行资本的变动对风险的影响是否在初始资本水

平不同的银行中有不同的表现，因此本部分借鉴 Aggarwal 和 Jacques(2001)、
Rime(2001)、朱建武(2006)及曹艳华(2009)的研究，按照上一期资本充足
率的水平将样本银行分为三类：第一类是资本充足率高于 10%的银行
(CARH)，我们称之为面临高资本约束的银行，其中 CARH 为虚拟变量，如果
$CAR_{j,t-1}>10$，$CARH_{j,t}=CAR_{j,t-1}-10$，否则 $CARH_{j,t}=0$；第二类是资本充足率介于
8%和 10%的银行(CARM)，我们称之为面临预警约束的银行，CARM 为虚拟
变量，如果 $8<CAR_{j,t-1}<10$，$CARM_{j,t}=10-CAR_{j,t-1}$，否则 $CARM_{j,t}=0$；第三类是
资本充足率低于 8%的银行(CARL)，我们称之为面临惩罚约束的银行，如果
$CAR_{j,t-1}<8$，$CARL_{j,t}=8-CAR_{j,t-1}$，否则 $CARL_{j,t}=0$。

同时本部分也进一步检验核心资本和附属资本的变化对商业银行风险
承担的影响，因此本部分也用核心资本充足率(CCAR)来反映银行的资本
水平。

2) 风险变动

我们使用两个指标来度量银行风险，第一个指标是加权风险资产占总资
产的比重(RWA)，这一衡量方法由 Shrieves 和 Dahl(1992)首次提出，随后
被 Jacques 和 Nigro(1997)、Aggarwal 和 Jacques(2001)、Heid 等(2004)、
van Roy(2005)、Jokipii 和 Milne(2011)、Camara 等(2012)所借鉴，RWA 反
映了资产在不同权重中的分配，并不必然地反映真实的风险水平，但是使用
这一指标使我们能够评价资本在银行不同权重的资产组合中的重新分配，所
以这一指标通常被看作衡量总风险的一个可靠的事先指标，与真实的风险正
向相关(Avery and Berger，1991)。我们采用的第二个指标是不良贷款占总
贷款的比重(NPL)(Shrieves and Dahl，1992；Aggarwal and Jacques，
2001)。不良贷款包括次级类贷款、可疑类贷款和损失类贷款，与 RWA 不
同的是，NPL 是一种事后的风险度量，但同时也是未来绩效很好的预期
(Berger，1991)，NPL 中可能包含 RWA 中没有包含的风险。本部分使用两
个风险指标的年度变化来反映风险的变化(ΔRWA 和 ΔNPL)，以达到本节检
验资本的变化对银行风险变化的影响的目的。

3) 资本与风险的滞后项

银行根据上一期资本在当期对资本进行调整，上期资本较低的银行会增

加本期资本，因此 $CAR_{j,t-1}$ 系数预期为负。同样银行根据上一期风险在当期对风险进行调整，上期风险较高的银行会在本期降低资产风险，因此 $Risk_{j,t-1}$ 系数预期为负。

4）其他控制变量

（1）银行规模（LnA）。银行规模与银行的风险分散程度、投资机会和利用资金市场进行融资的便利有关，因而它能够影响银行的目标资本和风险水平。本部分采用银行总资产的自然对数代表银行规模。

（2）盈利水平（ROAA）。营业收益是资本金的重要来源，银行可以通过内源性融资的方式提高其资本充足率，并且当前较高的盈利能力就意味着资产经营质量较高，其资本侵蚀就较低，资产的整体风险也就较低。本部分采用银行平均资产收益率（ROAA）来代替银行当期的盈利。

（3）GDP 增长率（GDPG）。GDP 的增长会影响到银行的风险水平，因此本部分控制了 GDP 的增长率。

由此，建立本部分的联立方程模型：

$$
\begin{aligned}
\Delta Risk_{j,t} = {} & \alpha_0 + \alpha_1 \Delta CAR_{j,t} + \alpha_2 Risk_{j,t-1} + \alpha_3 CARH_{j,t} + \alpha_4 CARM_{j,t} \\
& + \alpha_5 CARL_{j,t} + \alpha_6 \Delta CAR_{j,t} CARH_{j,t} + \alpha_7 \Delta CAR_{j,t} CARM_{j,t} \\
& + \alpha_8 \Delta CAR_{j,t} CARL_{j,t} + \alpha_9 LnA_{j,t} + \alpha_{10} GDPG_{j,t} + \alpha_{11} ROAA_{j,t} \\
& + \varepsilon_{j,t}
\end{aligned} \tag{4.7}
$$

$$
\begin{aligned}
\Delta CAR_{j,t} = {} & \beta_0 + \beta_1 \Delta Risk_{j,t} + \beta_2 CAR_{j,t-1} + \beta_3 CARH_{j,t} + \beta_4 CARM_{j,t} \\
& + \beta_5 CARL_{j,t} + \beta_6 \Delta Risk_{j,t} CARH_{j,t} + \beta_7 \Delta Risk_{j,t} CARM_{j,t} \\
& + \beta_8 \Delta Risk_{j,t} CARL_{j,t} + \beta_9 LnA_{j,t} + \beta_{10} GDPG_{j,t} + \beta_{11} ROAA_{j,t} \\
& + \varepsilon_{j,t}
\end{aligned} \tag{4.8}
$$

其中，$\varepsilon_{j,t}$ 表示扰动项。

各变量的具体定义如表 4-1 所示。

表 4-1 变量定义（一）

变量符号	变量说明
$\Delta Risk_{j,t}$	j 银行第 t 年的风险水平的变化，用该行当年的不良贷款率（加权风险资产占总资产的比重）减去上一年的不良贷款率（加权风险资产占总资产的比重）

续表

变量符号	变量说明
$CAR_{j,t-1}$	j 银行第 $t-1$ 年的资本水平，用第 $t-1$ 年的资本充足率表示
$CCAR_{j,t-1}$	j 银行第 $t-1$ 年的核心资本水平，用第 $t-1$ 年的核心资本充足率表示
$Risk_{j,t-1}$	j 银行第 $t-1$ 年的风险水平，用第 $t-1$ 年的不良贷款率(加权风险资产占总资产的比重)表示
$CARH_{j,t}$	面临高资本约束的银行，若 $CAR_{j,t-1}>10$，$CARH_{j,t}=CAR_{j,t-1}-10$，否则 $CARH_{j,t}=0$
$CARM_{j,t}$	面临预警约束的银行，若 $8<CAR_{j,t-1}<10$，$CARM_{j,t}=10-CAR_{j,t-1}$，否则 $CARM_{j,t}=0$
$CARL_{j,t}$	面临惩罚约束的银行，若 $CAR_{j,t-1}<8$，$CARL_{j,t}=8-CAR_{j,t-1}$，否则 $CARL_{j,t}=0$
$ROAA_{j,t}$	j 银行第 t 年的盈利水平，用第 t 年的平均资产收益率表示
$GDPG_{j,t}$	GDP 增长率，计算公式=(本年 GDP−上年 GDP)/上年 GDP×100%
$LnA_{j,t}$	银行规模，取银行总资产的自然对数

3. 数据来源

本部分的数据来源于山东大学银行治理研究中心，该中心手工搜集了 2001～2011 年所有公布年报的银行的信息，并且经过反复核对，能够保证数据的准确性。考虑到《商业银行资本充足率管理办法》颁布于 2004 年 2 月，本部分选取的时间段为 2004～2011 年，样本银行共 189 家，其中 4 家国有控股商业银行，10 家全国性股份制商业银行，175 家城市商业银行及农村商业银行，总共得到 1300 多个观测值。

(二)描述性统计

为了观测各变量的特征，我们对样本进行了描述性统计。表 4-2 是总样本的描述性统计。从表 4-2 的结果可以看出，2004～2011 年商业银行的不良贷款率(NPL)平均为 2.792%，差距很大，最大的为 38.218%，最小的为 0.004%；加权风险资产占总资产的比重(RWA)的平均值为 56.871%，最小值为 26.815%，而最高达到 99.084%，这在一定程度上反映了商业银行风险程度的好转及银行之间的差异。商业银行的资本充足率(CAR)的平均值为 11.594%，最小值为 0.620%，最高值为 38.090%。商业银行总资产的自然对数(LnA)的平均值为 17.767，银行的规模差异也很大，最小的为 11.684，最大的为 23.462。GDP 增长率(GDPG)平均值为 17.983%，但是不同的年份差距也很大，最大为 200.571%，最小的仅为 0.587%。另外平均资产收益率(ROAA)的平均值为 0.908%，最小值为–4.200%，最大值为 2.999%。

表 4-2　总样本的描述性统计

变量	平均值	标准差	全距	最小值	最大值
NPL/%	2.792	3.796	38.214	0.004	38.218
RWA/%	56.871	10.046	72.269	26.815	99.084
CAR/%	11.594	4.116	37.470	0.620	38.090
LnA	17.767	1.859	11.778	11.684	23.462
GDPG/%	17.983	6.872	199.984	0.587	200.571
ROAA/%	0.908	0.551	7.199	–4.200	2.999

　　为了更好地考察变量随时间变化的趋势，我们按年份进行了描述性统计，从表 4-3 的结果可以看出，商业银行的不良贷款率(NPL)逐年降低，2004 年为 7.255%，2011 年仅为 0.939%；加权风险资产占总资产的比重(RWA)总体上是下降的，但是不如不良贷款率的变化那么明显；资本充足率(CAR)呈逐年上升的趋势，2004 年仅为 7.475%，2005 年平均就为 8.404%，达到了《商业银行资本充足率管理办法》的要求，随后继续上升，2011 年变为 13.620%；平均资产收益率(ROAA)也呈上升的趋势，2004 年仅为 0.393%，2011 年为 1.212%。另外为了更加直观地观测风险、资本的关系，我们也做出了几个主要变量随时间变化的趋势图(图 4-1 和图 4-2)，从图 4-1 中也可以看出，不良贷款率和资本充足率的变化方向完全相反。

表 4-3　变量分年度描述性统计

变量	2004 年	2005 年	2006 年	2007 年
NPL/%	7.255 (6.130)	6.549 (5.808)	3.969 (3.441)	2.809 (2.962)
RWA/%	62.761 (7.482)	57.822 (9.851)	59.586 (10.825)	56.482 (10.484)

续表

变量	2004 年	2005 年	2006 年	2007 年
CAR/%	7.475 (5.161)	8.404 (3.370)	9.299 (2.970)	10.752 (3.431)
LnA	17.538 (1.971)	17.412 (1.888)	17.167 (1.812)	17.387 (1.775)
GDPG/%	20.213 (3.678)	19.072 (3.997)	16.919 (2.100)	21.518 (13.320)
ROAA/%	0.393 (0.374)	0.549 (0.380)	0.621 (0.451)	1.129 (0.523)
变量	2008 年	2009 年	2010 年	2011 年
NPL/%	2.179 (1.400)	1.815 (2.444)	1.633 (4.059)	0.939 (0.798)
RWA/%	55.606 (9.358)	55.311 (8.660)	55.795 (10.521)	58.733 (10.566)
CAR/%	12.800 (5.270)	13.219 (3.451)	13.283 (2.540)	13.620 (2.609)
LnA	17.692 (1.747)	17.924 (1.729)	18.256 (1.831)	18.718 (1.768)
GDPG/%	19.630 (3.676)	9.645 (3.217)	19.047 (2.489)	17.160 (1.027)
ROAA/%	0.911 (0.738)	1.029 (0.396)	1.155 (0.368)	1.212 (0.348)

注：括号内为标准差

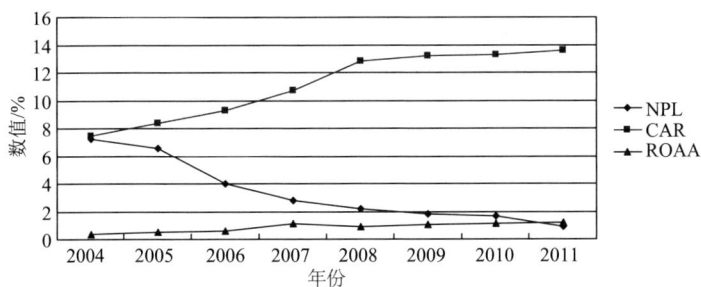

图 4-1　NPL、CAR、ROAA 时间趋势图

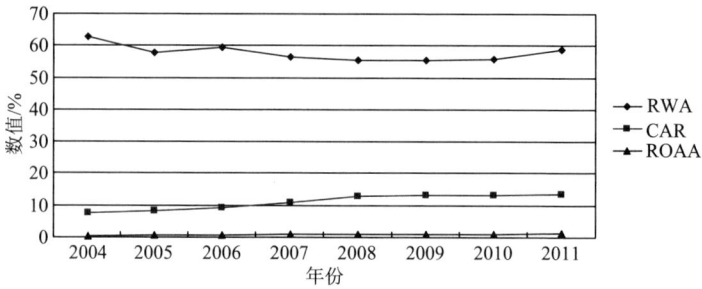

图 4-2   RWA、CAR、ROAA 时间趋势图

表 4-4 对主要解释变量的相关性进行了检验，Spearman 相关系数表明变量之间的相关性很低，不存在多重共线性问题。

表 4-4   主要变量的相关系数

变量	ΔCAR	CARH	CARL	CARM	LnA	GDPG	ROAA
ΔCAR	1.000						
CARH	−0.100	1.000					
CARL	0.411	−0.192	1.000				
CARM	−0.059	−0.038	−0.171	1.000			
LnA	−0.126	−0.024	−0.181	−0.016	1.000		
GDPG	0.019	0.130	0.065	0.021	0.051	1.000	
ROAA	0.169	0.236	−0.089	−0.151	−0.228	0.098	1.000

(三)实证结果

为了进一步地衡量初始资本、资本变动与商业银行风险承担的关系，我们采用三阶段最小二乘法(3-stage least squares，3SLS)对联立方程进行估计，因为如果各方程中都不包含内生解释变量，则对每个方程进行最小二乘回归估计是一致的，但不是最有效率的，而单一方程最小二乘回归忽略了不同方程的扰动项之间存在相关性，同时如果方程中包含内生解释变量，对每个方程进行两阶段最小二乘法估计是一致的，但也不是最有效率的，因为单一方程的两阶段最小二乘法估计忽略了不同方程的扰动项之间可能存在的相关性，所以使用三阶段最小二乘法对联立方程进行估计是有效率的。

1. 总体回归

我们首先对总样本按照联立方程模型[式(4.7)和式(4.8)]进行回归，计量结果如表 4-5 所示。

表 4-5　总体回归结果

变量	(1) NPL		(2) RWA	
	ΔRisk	ΔCAR	ΔRisk	ΔCAR
Risk(−1)	−0.096**		−0.448***	
	(−2.00)		(−8.52)	
CAR(−1)		0.122		0.999**
		(0.29)		(2.21)
CARH	0.082	−0.735*	−0.047	−1.642***
	(1.36)	(−1.69)	(−0.17)	(−3.52)
CARM	−0.012	0.321	0.071	1.069**
	(−0.04)	(0.64)	(0.05)	(2.01)
CARL	−0.131	0.584	2.125*	2.805***
	(−0.78)	(0.88)	(1.93)	(3.86)
ΔCAR×CARH	0.005		−0.013	
	(0.85)		(−0.53)	
ΔCAR×CARM	−0.022		−0.651	
	(−0.29)		(−1.15)	
ΔCAR×CARL	−0.027		−0.137	
	(−1.47)		(−1.42)	
ΔRisk×CARH		−0.013		0.004
		(−0.51)		(0.62)
ΔRisk×CARM		−0.031		0.011
		(−0.26)		(0.35)
ΔRisk×CARL		−0.139**		−0.006
		(−2.31)		(−0.21)
LnA	0.043	−0.062	−0.047	−0.034
	(0.79)	(−0.80)	(−0.18)	(−0.46)
GDPG	−0.018	−0.030	−0.118***	−0.012
	(−0.77)	(−0.89)	(−3.33)	(−1.13)
ROAA	0.191	1.031***	3.836***	1.363***
	(0.71)	(2.83)	(2.79)	(3.52)

续表

变量	(1) NPL		(2) RWA	
	ΔRisk	ΔCAR	ΔRisk	ΔCAR
常数项	−1.122 (−0.92)	1.078 (0.24)	24.090*** (3.76)	−8.871* (−1.92)
样本量	295	295	219	219
R^2	0.1170	0.4287	0.2922	0.5505
χ^2	39.09	221.45	95.18	273.38
Prob>F	0.0000	0.0000	0.0000	0.0000

注：括号内为t值
***、**和*分别表示在1%、5%和10%的水平显著

表 4-5 的回归结果中，第(1)列以不良贷款率(NPL)作为风险指标，第(2)列以加权风险资产占总资产的比重(RWA)作为风险指标。第(1)列的回归中，在风险方程中，只有 Risk(−1) 的回归系数为−0.096，在 5%的水平上通过了显著性检验，说明若上一期的风险较大，本期银行就会注意降低银行的不良贷款率；在资本方程中，CARH 的回归系数为−0.735，在 10%的水平上通过了显著性检验，说明面临高资本约束的银行，资本越充足，越会倾向于降低资本水平，转而关注银行的收益性，ΔRisk×CARL 的回归系数为−0.139，在 5%的水平上通过了显著性检验，说明在面临惩罚约束的银行中，银行会通过降低风险的方式来提高资本水平，另外 ROAA 的回归系数为 1.031，在 1%的水平上显著，说明银行的平均资产收益率增加，会增加银行的资本水平，因为这时银行的利润会增加，留存收益就会增加，从而增加资本水平，其余系数不显著。

在第(2)列使用加权风险资产占总资产的比重(RWA)的回归中，系数的符号基本与第(1)列一致，但显著性明显增强。风险方程中，Risk(−1) 的回归系数为−0.448，在 1%的水平上通过了显著性检验，说明上一期的风险较大时，银行在本期会注意降低风险；CARL 的回归系数为 2.125，在 10%的水平上通过了显著性检验，说明在面临惩罚约束的银行中，资本不足的程度越高，风险就越高，银行期望通过高风险的决策获取高风险的回报，从而弥补资本压力；另外 GDPG 的回归系数为−0.118，在 1%的水平上显著，这说明随着 GDP 增长速度的增加，银行的风险也随之增加；ROAA 的回归系数

为 3.836，在 1%的水平上通过了显著性检验，说明随着银行平均资产收益率的增加，银行的风险也随之增加，也说明了银行的风险投资策略。在资本方程中，CAR(–1) 的回归系数为 0.999，在 5%的水平上显著，说明银行上期的资本水平较高时，本期仍会选择增加资本的水平，或许是为了传递一种良好的信号。CARH 的回归系数为–1.642，在 1%的水平上显著，说明面临高资本约束的银行，资本越充足，就越会降低资本水平，这时可以选择一些风险程度较高的投资，来获取较高的回报；CARM 的回归系数为 1.069，在 5%的水平上显著，CARL 的回归系数为 2.805，在 1%的水平上显著，说明在面临预警约束的银行中，资本充足率水平越接近 8%，或者面临惩罚约束的银行中，资本不足的程度越高，银行在本期就越会增加资本水平，从而避免受到监管部门的惩罚；ROAA 的回归系数为 1.363，在 1%的水平上显著，说明平均资产收益率增加，银行的资本水平会增加。

总体而言，资本监管对商业银行的风险行为和资本行为均有显著的影响，但对资本行为的影响更为明显。就风险行为而言，资本监管会增加面临惩罚约束的银行的风险水平；就资本行为而言，面临高资本约束的银行会选择降低资本水平，而面临预警约束的银行和面临惩罚约束的银行会选择增加资本水平。

2. 国有控股商业银行与全国性股份制商业银行、城市商业银行与农村商业银行的分组回归

考虑到银行的性质不同，可能其资本与风险行为也会有差异，我们对样本进行了分组，考虑要样本量，我们将国有控股商业银行和全国性股份制商业银行作为一组，将城市商业银行和农村商业银行作为一组，分别进行模型 (1) 的回归，回归结果如表 4-6 所示。

表 4-6　按银行的种类分组回归结果

变量	Panel A 国有控股商业银行及全国性股份制商业银行			
	(1) NPL		(2) RWA	
	ΔRisk	ΔCAR	ΔRisk	ΔCAR
Risk(–1)	−0.292*** (−5.73)		−0.937*** (−6.86)	

续表

Panel A 国有控股商业银行及全国性股份制商业银行

变量	(1) NPL		(2) RWA	
	ΔRisk	ΔCAR	ΔRisk	ΔCAR
CAR(−1)		−1.339***		−0.879**
		(−3.80)		(−2.29)
CARH	0.079	0.719**	−0.991	0.170
	(1.35)	(1.96)	(−0.64)	(0.48)
CARM	0.020	−0.851**	−0.288	−0.249
	(0.13)	(−2.05)	(−0.08)	(−0.53)
CARL	−2.028*	2.667	—	—
	(−1.96)	(1.21)		
ΔCAR×CARH	0.041		−0.364	
	(1.49)		(−0.54)	
ΔCAR×CARM	−0.085		−0.814	
	(−1.40)		(−0.58)	
ΔCAR×CARL	0.379		−1.613	
	(1.43)		(−0.66)	
ΔRisk×CARH		0.354**		−0.015
		(2.05)		(−1.38)
ΔRisk×CARM		−0.058		−0.015
		(−0.28)		(−0.82)
ΔRisk×CARL		2.154**		1.525
		(2.44)		(1.13)
LnA	0.038	0.584***	−1.701	0.337*
	(0.46)	(3.42)	(−0.86)	(1.75)
GDPG	0.018	0.101***	−0.078	0.087***
	(1.30)	(3.30)	(−0.24)	(2.76)
ROAA	−0.735**	0.470	9.640	1.254*
	(−2.28)	(0.70)	(1.35)	(1.67)
常数项	−0.270	—	82.900**	—
	(−0.16)		(2.00)	
样本量	69	69	60	60
R^2	0.5870	0.6229	0.4604	0.6309

续表

Panel A 国有控股商业银行及全国性股份制商业银行

变量	(1) NPL		(2) RWA	
	ΔRisk	ΔCAR	ΔRisk	ΔCAR
χ^2	99.17	140.12	51.36	116.48
Prob>F	0.0000	0.0000	0.0000	0.0000

Panel B　城市商业银行与农村商业银行

变量	(1) NPL		(2) RWA	
	ΔRisk	ΔCAR	ΔRisk	ΔCAR
Risk(−1)	−0.072		−0.289***	
	(−1.27)		(−6.20)	
CAR(−1)		0.222		1.355***
		(0.44)		(2.58)
CARH	0.074	−0.842	0.286	−2.055***
	(1.02)	(−1.63)	(1.24)	(−3.79)
CARM	−0.105	0.438	0.774	1.016
	(−0.28)	(0.70)	(0.61)	(1.52)
CARL	−0.131	0.727	1.807**	3.286***
	(−0.68)	(0.93)	(2.15)	(3.94)
ΔCAR×CARH	0.004		0.005	
	(0.65)		(0.24)	
ΔCAR×CARM	−0.005		−1.016**	
	(−0.06)		(−2.03)	
ΔCAR×CARL	−0.028		−0.095	
	(−1.35)		(−1.29)	
ΔRisk×CARH		−0.014		0.010
		(−0.50)		(1.29)
ΔRisk×CARM		−0.023		−0.052
		(−0.17)		(−0.80)
ΔRisk×CARL		−0.140**		0.002
		(−2.09)		(0.06)
LnA	0.152	0.012	−0.132	0.212
	(1.23)	(0.07)	(−0.31)	(1.18)
GDPG	−0.023	−0.062	−0.102***	−0.017
	(−0.76)	(−1.51)	(−3.75)	(−1.39)

续表

Panel B　城市商业银行与农村商业银行

变量	(1)NPL		(2)RWA	
	ΔRisk	ΔCAR	ΔRisk	ΔCAR
ROAA	0.300 (0.93)	1.018** (2.41)	3.071*** (2.72)	1.433*** (3.06)
常数项	−3.123 (−1.29)	−0.611 (−0.10)	16.250* (1.78)	−16.590*** (−2.76)
样本量	226	226	159	159
R^2	0.1177	0.4364	0.3188	0.5749
χ^2	30.14	174.91	78.56	221.79
Prob>F	0.0008	0.0000	0.0000	0.0000

注：括号内为t值，空格表示模型中没有该变量，—表示放入模型但被自动去掉了
***、**和*分别表示在1%、5%和10%的水平显著

从表 4-6 回归结果来看，这两组的风险行为和资本行为确实不同。国有控股及全国性股份制商业银行中，在以 NPL 作为风险指标的回归中，风险方程中，Risk(–1)的回归系数显著为负，说明银行上期的风险水平较高时，本期会降低银行的风险水平；CARL 的回归系数为–2.028，说明面临惩罚约束的银行中，资本不足的程度越高，银行的风险越低，说明资本监管显著约束了该类银行的风险承担；ROAA 的回归系数为–0.735，在 5%的水平上显著，说明随着平均资产收益率的增加，银行的风险水平随之降低。在资本方程中，CAR(–1)回归系数显著为负，说明若银行上期的资本水平较低，在本期就会增加资本水平；CARH 的回归系数为 0.719，在 5%的水平上显著，说明在面临高资本约束的银行中，资本水平越充足，银行越会提高资本水平；CARM 的回归系数为–0.851，在 5%的水平上通过显著性检验，说明面临预警约束的银行中，资本水平越接近于 10%，也就是说资本水平越高，银行会降低其资本水平，越接近于 8%，为了逃避监管惩罚，银行会增加其资本水平；ΔRisk×CARH 的回归系数为 0.354，在 5%的水平上通过显著性检验，说明面临高资本约束的银行会通过增加风险而提高资本充足水平；ΔRisk×CARL 的回归系数也显著为正，说明面临惩罚约束的银行也通过增加风险而提高资本充足水平。

在以 RWA 作为风险指标的回归中，风险方程中，Risk(–1)的回归系数依

然显著为负。在资本方程中，CAR(–1) 的回归系数依然显著为负；另外，LnA 的回归系数为 0.337，在 10% 的水平上显著，说明银行的规模越大，资本水平越高；GDPG 的回归系数为 0.087，在 1% 的水平上显著，说明随着 GDP 增长率的提高，银行的资本水平也会提高；ROAA 的回归系数为 1.254，在 10% 的水平上显著，说明随着平均资产收益率的增加，银行的资本充足率也增加。

在城市商业银行和农村商业银行的样本中，在 NPL 作为风险指标的回归中，在资本方程中，$\Delta Risk \times CARL$ 的回归系数为 –0.140，在 5% 的水平上显著，说明面临惩罚约束的银行通过降低风险而提高资本充足率水平；ROAA 的回归系数显著为正，说明平均资产收益率的提高，会提高银行的资本水平。在 RWA 作为风险指标的回归中，风险方程中，Risk(–1) 的回归系数显著为负，CARL 的回归系数为 1.807，在 5% 的水平上通过了显著性检验，说明面临惩罚约束的银行中，资本不足的程度越高，银行的风险水平越高；$\Delta CAR \times CARM$ 的回归系数为 –1.016，说明在面临预警约束的银行中，在资本接近于 10% 时，通过增加资本的方式提高风险，在资本接近于 8% 时，会通过降低资本水平的方式增加银行的风险承担；GDPG 的回归系数显著为负，说明随着 GDP 增长率的提高，银行的风险水平降低；ROAA 的回归系数依然显著为正。在资本方程中，CAR(–1) 的回归系数为 1.355，在 1% 的水平上显著，说明银行上期的资本水平较高时，本期银行仍然会增加资本水平，或许为了给公众传递一个良好的信号；CARH 的回归系数为 –2.055，在 1% 的水平上显著，说明在面临高资本约束的银行中，上期的资本越充足，银行越在本期会降低资本的水平，转而更加注重收益；而 CARL 的回归系数为 3.286，在 1% 的水平上通过了显著性检验，说明在面临惩罚约束的银行中，上期资本越不足，银行在本期就越会提高资本的水平来逃避监管部门的惩罚；同时 ROAA 的回归系数依然显著为正。

总之，资本监管对国有控股商业银行及全国性股份制商业银行、城市商业银行及农村商业银行的资本和风险行为的影响确实不同。对于风险行为而言，资本监管显著约束了国有控股商业银行及全国性股份制商业银行中面临惩罚约束的银行的风险承担，却刺激了城市商业银行及农村商业银行中资本不足银行的风险承担；另外，资本监管还影响了城市商业银行及农村商业银行中面临预警约束的银行的风险行为，在资本接近于 10% 时，通过增加资本的方式提高风险，在资本接近于 8%时，会通过降低资本水平的方式增加银行的风险承担。对于资本行为而言，在国有控股商业银行及全国性股份制商业银行中，资本监管显著提高了资本面临高资本约束的银行的资本水平，显著降低了资本面临预警约束的银行的资本水平，同时面临高资本约束和惩罚约束的银行都是通过增加风险的方式提高了资本水平；在城市商业银行及农村商业银行中，资本监管降低了面临高资本约束的银行的资本水平，增加了面临惩罚约束的银行的资本水平。

3. 核心资本充足率的回归结果

1)总样本的回归

本部分的第二个研究目的是检验商业银行的风险承担是否受到不同资本构成变动的影响，因此，我们使用核心资本充足率代替模型(1)中的资本充足率，进行回归，结果如表 4-7 所示。

表 4-7　核心资本充足率的回归结果

变量	(1) NPL		(2) RWA	
	ΔRisk	ΔCCAR	ΔRisk	ΔCCAR
Risk(−1)	−0.021		−0.269***	
	(−0.35)		(−5.15)	
CAR(−1)		−0.304**		−0.430***
		(−2.33)		(−3.35)
CARH	0.108	−0.277**	0.286	−0.123
	(1.49)	(−2.02)	(1.10)	(−0.86)
CARM	0.069	−0.031	−0.049	−0.094
	(0.23)	(−0.08)	(−0.04)	(−0.23)
CARL	−0.124	−0.048	2.065**	0.695**
	(−0.63)	(−0.16)	(2.00)	(2.55)
ΔCCAR×CARH	0.007		0.001	
	(0.96)		(0.05)	
ΔCCAR×CARM	−0.011		−0.367	
	(−0.14)		(−0.78)	
ΔCCAR×CARL	−0.032		−0.133	
	(−1.32)		(−1.26)	

续表

变量	(1) NPL		(2) RWA	
	ΔRisk	ΔCCAR	ΔRisk	ΔCCAR
ΔRisk×CARH		−0.010		−0.002
		(−0.39)		(−0.21)
ΔRisk×CARM		−0.051		0.022
		(−0.38)		(0.64)
ΔRisk×CARL		−0.198***		−0.001
		(−2.67)		(−0.04)
LnA	0.049	−0.094	0.088	−0.053
	(0.75)	(−1.04)	(0.36)	(−0.57)
GDPG	−0.028	−0.042	−0.102***	−0.009
	(−1.03)	(−1.24)	(−3.30)	(−0.81)
ROAA	0.259	0.891**	1.981	1.360***
	(0.84)	(2.32)	(1.60)	(3.11)
常数项	−1.421	5.380**	11.910*	4.404*
	(−0.99)	(2.17)	(1.92)	(1.81)
样本量	241	241	187	187
R^2	0.0763	0.4267	0.2210	0.5093
χ^2	19.89	179.53	55.05	197.29
Prob>F	0.0299	0.0000	0.0000	0.0000

注：括号内为t值
***、**和*分别表示在1%、5%和10%的水平显著

　　表 4-7 的回归结果与总样本的回归结果表 4-5 基本一致。具体来说，在以 NPL 作为风险指标时，风险方程的回归结果与总样本的回归一致，系数基本上均不显著；在资本方程中，我们关注的回归系数中，依然只有 CARH 和ΔRisk×CARL 回归系数显著，符号与总样本的回归一致，只是大小不同，CARH 的回归系数为-0.277，在 5%的水平上显著，而在表 4-5 总样本的回归中，CARH 的回归系数为-0.735，由此我们得出，在面临高资本约束的银行中，资本越充足银行越会选择降低其资本水平，会同时选择降低核心资本水平和附属资本水平；ΔRisk×CARL 的回归系数为-0.198，在 1%的水平上显著，而在表 4-5 总样本的回归中，该系数为-0.139，由此可以看出在面临惩罚约束的银行中，银行会选择通过降低风险来增加核心资本的水

平，而通过增加风险来增加附属资本的水平。

在以 RWA 作为风险指标时，在风险方程中，同总样本的回归结果一样，只有 CARL 的回归系数显著，CARL 的回归系数为 2.065，在 5%的水平上显著，而表 4-5 总样本的回归中，CARL 的回归系数为 2.125，两者差距不大；在资本方程中，表 4-7 中，CARL 的回归结果为 0.695，在 5%的水平上显著，而表 4-5 总样本的回归中，CARH 的回归系数为–1.642，在 1%的水平上显著，CARM 的回归系数为 1.069，在 5%的水平上显著，CARL 的回归系数为 2.805，在 1%的水平上显著，由此可以看出，在面临资本约束时，面临高资本约束的银行会选择降低附属资本的水平，面临预警约束的银行会选择增加附属资本的水平，面临惩罚约束的银行会选择同时增加核心资本和附属资本的水平。

总之，资本约束对商业银行的风险行为和资本行为均有显著的影响，但是对资本行为的影响更大，并且对核心资本和附属资本的影响不同，在面临资本约束时，面临高资本约束的银行会选择降低附属资本的水平，面临预警约束的银行会选择增加附属资本的水平，面临惩罚约束的银行会选择同时增加核心资本和附属资本的水平，并且面临惩罚约束的银行会选择通过降低风险来增加核心资本的水平，而通过增加风险来增加附属资本的水平。

2)国有控股商业银行及全国性股份制商业银行、城市商业银行与农村商业银行的分组回归

同样考虑到银行的种类不同，可能其资本与风险行为也会有差异，我们对样本进行了分组，分为国有控股商业银行及全国性股份制商业银行、城市商业银行与农村商业银行两组，来分别深入探讨银行在面临资本约束时其资本与风险行为，回归结果如表 4-8 所示。

表 4-8　按银行种类分组回归的结果

变量	国有控股商业银行及全国性股份制商业银行		城市商业银行与农村商业银行			
	(1) NPL		(2) NPL		(3) RWA	
	ΔRisk	ΔCCAR	ΔRisk	ΔCCAR	ΔRisk	ΔCCAR
Risk(−1)	−0.295*** (−4.78)		0.010 (0.14)		−0.283*** (−5.74)	

续表

变量	国有控股商业银行及全国性股份制商业银行		城市商业银行与农村商业银行			
	(1)NPL		(2)NPL		(3)RWA	
	ΔRisk	ΔCCAR	ΔRisk	ΔCCAR	ΔRisk	ΔCCAR
CCAR(−1)		−0.645***		−0.362**		−0.470***
		(−2.64)		(−2.24)		(−3.03)
CARH	0.104	0.089	0.104	−0.229	0.382	−0.128
	(1.59)	(0.31)	(1.18)	(−1.37)	(1.59)	(−0.75)
CARM	−0.057	−0.014	0.023	−0.024	0.187	−0.289
	(−0.35)	(−0.03)	(0.06)	(−0.05)	(0.15)	(−0.53)
CARL	−2.043*	0.249	−0.116	−0.115	2.173**	0.615*
	(−1.66)	(0.09)	(−0.52)	(−0.34)	(2.39)	(1.95)
ΔCCAR×CARH	0.058*		0.006		0.008	
	(1.72)		(0.77)		(0.41)	
ΔCCAR×CARM	−0.031		−0.007		−0.332	
	(−0.58)		(−0.07)		(−0.63)	
ΔCCAR×CARL	−3.579		−0.035		−0.141	
	(−1.24)		(−1.26)		(−1.53)	
ΔRisk×CARH		0.435*		−0.010		0.003
		(1.79)		(−0.38)		(0.30)
ΔRisk×CARM		−0.004		−0.054		−0.010
		(−0.01)		(−0.35)		(−0.14)
ΔRisk×CARL		0.787		−0.200**		0.009
		(0.68)		(−2.48)		(0.29)
LnA	0.052	0.830***	0.203	−0.040	−0.219	0.239
	(0.54)	(3.03)	(1.35)	(−0.21)	(−0.47)	(1.13)
GDPG	0.020	0.081**	−0.032	−0.067	−0.099***	−0.012
	(1.36)	(1.98)	(−0.92)	(−1.59)	(−3.65)	(−0.96)
ROAA	−0.903**	0.693	0.385	0.802*	1.851	1.359***
	(−2.30)	(0.71)	(1.05)	(1.83)	(1.60)	(2.61)
常数项	−0.468	−13.920***	−4.246	5.483	17.990*	−0.228
	(−0.24)	(−2.63)	(−1.45)	(1.33)	(1.79)	(−0.05)

续表

变量	国有控股商业银行及全国性股份制商业银行		城市商业银行与农村商业银行			
	(1) NPL		(2) NPL		(3) RWA	
	ΔRisk	ΔCCAR	ΔRisk	ΔCCAR	ΔRisk	ΔCCAR
样本量	57	57	184	184	139	139
R^2	0.5580	0.4886	0.0850	0.4437	0.3176	0.5333
χ^2	72.40	54.50	17.12	146.86	68.58	161.50
Prob>F	0.0000	0.0000	0.0718	0.0000	0.0000	0.0000

注：括号内为t值
***、**和*分别表示在1%、5%和10%的水平显著

表 4-8 中，在国有控股商业银行及全国性股份制商业银行中，在风险方程中，CARL 的回归系数为–2.043，在 10%的水平上显著，ΔCCAR×CARH 的回归系数为 0.058，在 10%的水平上显著，而在表 4-6 使用总资本充足率的回归中，CARL 的回归系数为–2.028，在 10%的水平上显著，由此得出，资本监管显著约束了面临惩罚约束的国有控股商业银行及全国性股份制商业银行的风险承担，并且面临高资本约束的银行通过提高核心资本充足率的方式增加了银行的风险承担；在资本方程中，ΔRisk×CARH 的回归系数为 0.435，在 10%的水平上显著，而在表 4-6 中，CARH 的回归系数为 0.719，在 5%的水平上显著，CARM 的回归系数为–0.851，在 5%的水平上显著，ΔRisk×CARH 的回归系数为 0.354，在 5%的水平上显著，由此得知，在国有控股商业银行及全国性股份制商业银行中，面临高资本约束的银行会增加附属资本水平，面临预警约束的银行会降低附属资本的水平，并且面临高资本约束的银行通过增加风险而提高总的资本充足率水平。在国有控股商业银行及全国性股份制商业银行样本中，由于样本量不够，使用 RWA 作为风险指标的方程没有通过检验。

在城市商业银行及农村商业银行中，在以 NPL 作为风险指标的回归中，在风险方程中，如同表 4-6 一样，我们关注的解释变量均不显著，在表 4-8 的资本方程中，ΔRisk×CARL 的回归系数为–0.200，在 5%的水平上显著；在表 4-6 中，ΔRisk×CARL 的回归系数为–0.140，在 5%的水平上显

著，两者基本一致，说明城市商业银行及农村商业银行中面临惩罚约束的银行通过降低风险而增加了核心资本的水平。在以作为风险指标的回归方程中，在表 4-8 的风险方程中，CARL 的回归系数为 2.173，在 5%的水平上显著，而表 4-6 中，CARL 的回归系数为 1.807，在 5%的水平上显著，ΔCAR×CARM 的回归系数为–1.016，在 5%的水平上显著，由此可以看出，在城市商业银行及农村商业银行中，资本监管刺激了面临惩罚约束的银行的风险承担，并且面临预警约束的银行通过增加附属资本水平的方式降低了银行的风险水平；在资本方程中，CARL 的回归系数为 0.615，在 10%的水平上显著，而在表 4-6 中，CARH 的回归系数为–2.055，在 1%的水平上显著，CARL 的回归系数为 3.286，在 1%的水平上显著，由此可知，在城市商业银行及农村商业银行中，面临预警约束的银行降低了附属资本水平，而面临惩罚约束的银行同时增加了核心资本和附属资本水平。

总之，通过表 4-8 和表 4-6 的对比分析我们得出，在国有控股商业银行及全国性股份制商业银行中，资本监管显著约束了面临惩罚约束的银行的风险承担，并且面临高资本约束的银行通过提高核心资本充足率的方式增加了银行的风险承担；在面临资本约束时，面临高资本约束的银行会增加附属资本水平，面临预警约束的银行会降低附属资本的水平，面临高资本约束的银行通过增加风险而提高总的资本充足率水平；在城市商业银行及农村商业银行中，资本监管刺激了面临惩罚约束的银行的风险承担，面临预警约束的银行通过增加附属资本水平的方式降低了银行的风险水平；在面临资本约束时，面临预警约束的银行降低了附属资本水平，而面临惩罚约束的银行同时增加了核心资本和附属资本水平。

4. 进一步的研究

考虑到商业银行资产的来源主要有市场债务和存款，存款受到隐性存款保险的保护，可能对银行的监督不如债券持有者那么敏感，因此，资产来源不同的银行在面临资本监管时，应该会有不同的风险和资本行为。我们对样本重新进行分组，按照存款占总资产的比重的中位数 (82.602%) 为界来划分，低于 82.602%的一组称为市场约束强组，高于 82.602%的一组称为市场约束弱组，具体的回归结果如表 4-9 所示。

表 4-9　按市场约束的强弱分组

Panel A　市场约束弱组

变量	(1) NPL		(2) RWA	
	ΔRisk	ΔCAR	ΔRisk	ΔCAR
Risk(−1)	−0.426***		−0.388***	
	(−7.71)		(−5.69)	
CAR(−1)		0.091		−0.032
		(0.16)		(−0.05)
CARH	0.024	−0.784	0.066	−0.727
	(0.32)	(−1.31)	(0.17)	(−1.07)
CARM	0.817**	0.544	0.025	−0.505
	(2.49)	(0.78)	(0.02)	(−0.69)
CARL	0.414**	0.118	1.476	0.724
	(2.27)	(0.14)	(1.17)	(0.67)
ΔCAR×CARH	0.002		−0.009	
	(0.34)		(−0.38)	
ΔCAR×CARM	−0.150**		−0.461	
	(−2.29)		(−0.70)	
ΔCAR×CARL	−0.060**		−0.205	
			(−0.96)	
ΔRisk×CARH		−0.157		0.013
		(−1.33)		(1.02)
ΔRisk×CARM		−0.116		−0.016
		(−0.94)		(−0.28)
ΔRisk×CARL		−0.327***		0.078
		(−3.11)		(1.52)
LnA	0.022	−0.099	−0.146	−0.048
	(0.36)	(−0.95)	(−0.58)	(−0.54)
GDPG	0.009	−0.091**	0.212**	−0.092***
	(0.34)	(−2.10)	(2.11)	(−2.58)
ROAA	−0.269	0.306	4.240***	0.075
	(−0.98)	(0.71)	(3.28)	(0.18)
常数项	0.160	3.598	17.780**	4.340
	(0.12)	(0.58)	(2.51)	(0.64)

续表

Panel A 市场约束弱组				
变量	(1) NPL		(2) RWA	
	ΔRisk	ΔCAR	ΔRisk	ΔCAR
样本量	128	128	82	82
R^2	0.3758	0.5082	0.4434	0.7180
χ^2	79.28	134.80	72.21	213.01
Prob>F	0.0000	0.0000	0.0000	0.0000

Panel B 市场约束强组				
变量	(3) NPL		(4) RWA	
	ΔRisk	ΔCAR	ΔRisk	ΔCAR
Risk(−1)	0.202***		−0.485***	
	(2.91)		(−6.87)	
CAR(−1)		0.568		1.108*
		(0.99)		(1.94)
CARH	0.189**	−1.220**	0.161	−1.758***
	(2.04)	(−2.03)	(0.36)	(−2.96)
CARM	−0.683	0.944	−0.751	1.550**
	(−1.56)	(1.34)	(−0.33)	(2.22)
CARL	−0.754***	1.874*	3.647*	3.372***
	(−2.93)	(1.95)	(1.88)	(3.76)
ΔCAR×CARH	0.022		0.001	
	(1.64)		(0.01)	
ΔCAR×CARM	0.279*		−0.348	
	(1.75)		(−0.44)	
ΔCAR×CARL	0.004		−0.215	
	(0.17)		(−1.53)	
ΔRisk×CARH		0.003		0.003
		(0.11)		(0.35)
ΔRisk×CARM		0.398*		0.016
		(1.65)		(0.42)
ΔRisk×CARL		0.014		−0.048
		(0.17)		(−1.39)

续表

Panel B 市场约束强组

变量	(3) NPL		(4) RWA	
	ΔRisk	ΔCAR	ΔRisk	ΔCAR
LnA	0.025 (0.30)	−0.099 (−0.86)	0.299 (0.76)	−0.091 (−0.82)
GDPG	−0.064* (−1.80)	0.031 (0.64)	−0.127*** (−3.03)	−0.011 (−0.95)
ROAA	0.065 (0.15)	2.476*** (4.30)	2.519 (1.16)	2.473*** (4.27)
常数项	−0.495 (−0.26)	−5.036 (−0.83)	19.960** (2.12)	−9.972* (−1.72)
样本量	168	168	137	137
R^2	0.1776	0.4462	0.3043	0.5368
χ^2	37.77	137.45	61.71	161.12
Prob>F	0.0000	0.0000	0.0000	0.0000

注：括号内为t值

***、**和*分别表示在1%、5%和10%的水平显著

　　从表 4-9 的回归结果可以看出，市场约束的强弱确实影响了资本约束下商业银行的资本与风险行为。具体来说，对于资产主要来源于存款即市场约束弱的商业银行组来说，在风险方程中，CARM 和 CARL 的回归系数显著为正，说明资本约束刺激了面临惩罚约束的银行和面临预警约束的银行的风险承担，即在这类银行中，资本充足率水平越低，银行的风险水平越高，另外ΔCAR×CARM 和ΔCAR×CARL 显著为负，说明面临惩罚约束和预警约束的银行在资本不足时，通过降低资本水平增加了银行的风险承担。

　　对于资产主要来源于市场负债即市场约束强的组来说，在风险方程中，CARH 的回归系数显著为正，说明在面临高资本约束的银行中，资本越充足银行越会增加风险水平，来获取较高的收益；ΔCAR×CARM 回归系数显著为正，说明面临预警约束的银行通过增加资本水平增加了银行的风险承担。在资本方程中，CARH 的回归系数显著为负，说明面临高资本约束的银行，资本越充足越会降低银行的资本水平，转而关注银行的收益性；而

CARL 的回归系数显著为正，说明面临惩罚约束的银行，在面临资本约束时会增加银行的资本水平；另外ΔRisk×CARM 的回归系数显著为正，说明面临预警约束的银行通过增加风险水平，提高其资本充足率水平。

总之，市场力量的强弱对资本约束下商业银行的资本与风险行为有显著的影响，在市场力量较弱时，资本约束对商业银行的风险行为的影响较为显著，对资本行为的影响不显著，资本约束刺激了面临惩罚约束和预警约束银行的风险承担，并且这两类银行通过降低资本水平而增加了银行的风险承担；在市场力量较强时，资本约束对商业银行风险行为的影响不如对资本行为的影响那么大，资本约束增加了面临预警约束的银行的风险承担，并且面临高资本约束的银行在面临资本约束时，选择降低资本水平，而面临预警约束和惩罚约束的银行，选择增加风险增加其资本水平，来逃避监管部门的惩罚。

（四）实证结论

本部分使用2004～2011 年189 家商业银行1300 多个观测值，运用联立方程模型详尽地检验了资本约束下商业银行的风险行为与资本行为。研究发现，自《商业银行资本充足率管理办法》实施以来，商业银行的资本状况大为改善，资本充足率水平大大提高，风险水平也大为降低。并且实证研究发现资本的变动与风险变动的关系确实因商业银行初始资本水平的不同而不同，具体如下。

第一，从总样本来看，资本监管对商业银行的风险行为和资本行为均有显著的影响，但对资本行为的影响更为明显。就风险行为而言，资本监管会增加面临惩罚约束的银行的风险水平；就资本行为而言，面临高资本约束的银行会选择降低资本水平，而面临预警约束的银行和面临惩罚约束的银行会选择增加资本水平。

第二，从国有控股商业银行与全国性股份制商业银行、城市商业银行与农村商业银行的分组分析来看，资本监管对国有控股商业银行及全国性股份制商业银行、城市商业银行及农村商业银行的资本和风险行为的影响确实不同。对于风险行为而言，资本监管显著约束了国有控股商业银行及全国性股份制商业银行中面临惩罚约束的银行的风险承担，却刺激了城市商业银行及农村商业银行中资本不足银行的风险承担；另外，资本监管还影响了城市商业银行及农村商业银行中面临预警约束的银行的风险行为，在资本接近于10%时，通过增加资本的方式提高风险，在资本接近于 8%时，会通过降低资本水平的方式增加银行的风险承担。对于资本行为而言，在国有控股商业银行及全国性股份制商业银行中，资本监管显著提高了资本面临高资本约束的银行的资本水平，显著降低了资本面临预警约束的银行的资本水平，同时面临高资本约束和惩罚约束的银行都是通过增加风险的方式提高了资本水平；在城市商业银行及农村商业银行中，资本监管降低了面临高资本约束的银行的资本水平，增加了面临惩罚约束的银行的资本水平。

第三，从对核心资本充足率的分析来看，资本约束对核心资本和附属资本的影响不同，在面临资本约束时，面临高资本约束的银行会选择降低附属资本的水平，面临预警约束的银行会选择增加附属资本的水平，面临惩罚约束的银行会选择同时增加核心资本和附属资本的水平，并且面临惩罚约束的银行中，银行会选择通过降低风险来增加核心资本的水平，而通过增加风险来增加附属资本的水平。在国有控股商业银行及全国性股份制商业银行中，资本监管显著约束了面临惩罚约束的银行的风险承担，面临高资本约束的银行通过提高核心资本充足率的方式增加了银行的风险承担；在面临资本约束时，面临高资本约束的银行会增加附属资本水平，面临预警约束的银行会降低附属资本的水平，面临高资本约束的银行通过增加风险而提高总的资本充足率水平；在城市商业银行及农村商业银行中，资本监管刺激了面临惩罚约束的银行的风险承担，面临预警约束的银行通过增加附属资本水平的方式降低了银行的风险水平；在面临资本约束时，面临预警约束的银行降低了附属资本水平，而面临惩罚约束的银行同时增加了核心资本和附属资本水平。

第四，从进一步的研究来看，市场力量的强弱对资本约束下商业银行的资本与风险行为有显著的影响。在市场力量较弱时，资本约束对商业银行的风险行为的影响较为显著，对资本行为的影响不显著。资本约束刺激了面临惩罚约束和预警约束银行的风险承担，并且这两类银行是通过降低资本水平而增加了银行的风险承担；在市场力量较强时，资本约束对商业银行风险行为的影响不如对资本行为的影响那么大，资本约束增加了面临预警约束的银行的风险承担，并且面临高资本约束的银行在面临资本约束时，选择降低资本水平,而面临预警约束和惩罚约束的银行,选择增加风险以增加其资本水平,来逃避监管部门的惩罚。

总之,本部分的研究表明,资本监管显著约束了商业银行的风险行为和资本行为,并且资本变化与风险变化的关系在初始资本不同的银行中有不同的表现,进一步来说,不同类型的银行、不同资本构成的银行及面临不同程度市场约束的银行其资本变动与风险变动的关系又不相同。本部分的研究印证了巴塞尔协议Ⅲ中差别监管的理念,对于不同类型的商业银行、不同资本构成的商业银行均要根据其初始资本水平的不同而有针对性地提出资本监管要求。同时本节的研究也印证了市场约束对资本监管的效果有影响,我们应该增加商业银行的信息披露,进一步加强市场约束的力量。

二、隐性保险下特许权价值的自律效应

特许权价值这一重要概念是 Buser 等(1981)、Marcus(1984)在分析银行业道德风险时提出的。所谓特许权价值,即通过对利率和市场准入的限制为银行创造的租金,这些租金使金融特许营业牌照对于持有者而言具有价值,这些价值主要来源于三个方面:一是金融监管当局的管制限制了竞争,银行因垄断而获得超额利润;二是银行的杠杆经营特性获得超额利润;三是银行在经营中形成的商誉、客户关系等价值。

在道德风险假说中,监管机构会通过干扰银行运营和取消银行特许权的方式阻止道德风险的发生。当特许权价值降低时(如 20 世纪 80 年代,激烈的非银行竞争和利润率下降导致特许权价值较低),股东拥有较少的动机采取谨慎承担风险的行动。如果不谨慎的风险承担行为导致最终传递给存款保险人损失,随之会产生道德风险问题。所以,特许权价值低的存款机构常出现道德风险;但当特许权价值能够阻止高风险策略时,即通过增加财务困境成本进而降低股东期望风险水平的方式发挥约束作用,那么道德风险可能就不会被称为一个问题。关于特许权价值和银行风险之间的关系,Marcus(1984)从理论上进行了探讨,Keeley(1990)从实证的角度进行了检验,他们均发现特许权价值和银行道德风险之间是负相关的。Demsetz 和 Saidenberg(1997)也支持此种观点,并以美国 1991~1995 年 350 家上市银行

控股公司为样本进行了实证研究，发现商业银行特许权价值与经营风险之间存在显著的负相关性。

既然特许权价值和银行风险之间呈反向关系，那么特许权价值是否能对银行风险起到约束作用呢？Demsetz 等(1996)发现特许权价值较高的公司拥有更多的资本和更少的资产风险，由此推断，特许权价值在控制银行风险承担方面具有约束性作用。但是，特许权价值对风险的约束作用还会受到当局监管体制的影响，Galloway 等(1997)发现当特许权价值较高和当局风险控制措施加强时，银行的事后风险承担受到限制，并且对于事前风险承担动机较高和较低的银行而言并不存在差异；当特许权价值较低和当局风险控制措施减弱时，事前风险承担动机高的银行事后风险承担行为更高。除此之外，对于特许权价值能够影响的银行风险种类而言，Agusman 等(2006)发现特许权价值在限制杠杆风险、信用风险和流动性风险方面有效，但是不能降低资产风险。

在国内，对于特许权价值的研究起步较晚，陆前进(2002)、李艳和张涤新(2006)提出了计算特许权价值的公式，前者分析了特许权价值与风险的关系，后者探讨了影响银行特许权价值的因素，并且苑素静(2005)利用前者的方法比较并解释了中美银行特许权价值的差异。马晓军和欧阳姝(2007)在比较中美银行特许权价值的基础上进行了更深入的研究，探讨了其影响因素；梁缤尹(2005)认为特许权价值是银行自律的执行动力。尽管上述文献均发现特许权价值对于银行具有自律效应，但并没有分析特许权价值与银行风险之间的关系，韩立岩和李燕平(2006)采用托宾 Q 的方法衡量特许权价值，结果发现中国上市银行特许权价值与风险行为之间存在负相关关系，并且认为盈利能力造成了风险行为的个体差异，但其经营杠杆对其过度风险行为却没有显著影响。然而，国内研究主要局限于银行业未完全开放时的上市银行和产险公司，鲜有研究涉及未上市银行尤其是城市商业银行，这就为本部分提供了切入点。本部分通过对 35 家商业银行 2006～2009 年的样本数据进行分析得出了与以往研究不同的结论，尽管隐性保险在一定程度上影响了特许权价值的自律效应，但在上市和未上市的银行中特许权价值对银行风险的自律效应依然显著存在。

（一）研究设计

我们手工采集了中国 35 家商业银行 2006～2009 年 134 份原始面板数据，其中包括 14 家上市银行和 21 家城市商业银行，数据主要来源于中国统计年鉴、各银行年报和网站及国泰安数据库。

国内外大多数文献中对于银行风险承担行为常常是以股票收益率的波动来替代的，而截至 2010 年底，我国只有 16 家上市银行，因此我们采用不良贷款率（NPL）这一反映银行风险承担的指标作为被解释变量。在解释变量的选取上，衡量特许权价值的方法主要有三种：托宾 Q 法、资产负债法（陆前进，2002）和税前利润法（李艳和张涤新，2006）。但是，资产负债法忽略了除存款利息之外的金融机构往来支出、手续费支出、工资支出等其他成本费用（李艳和张涤新，2006），且托宾 Q 法以上市银行为前提，因此，我们采用税前利润法来计算样本银行的特许权价值。对于政府隐性保险，与韩立岩和李燕平（2006）不同的是，我们设置了虚拟变量对银行的第一大股东性质进行控制，如果为国有则为 1，否则为 0，这样就可以更加准确地描述政府隐性保险对银行风险承担的影响；我们还将以总资产为替代的银行规模、经营杠杆和资本杠杆作为控制变量引入分析。各变量的具体定义参见表 4-10。

表 4-10　主要变量定义（一）

变量名称	变量符号	变量说明
银行风险承担	NPL	不良贷款占全部贷款的比重
特许权价值	BFV	单位资本特许权价值，来源于李艳和张涤新（2006）
第一大股东性质	DIS	虚拟变量，第一大股东为国有时取值为 1，否则为 0
上市	List	虚拟变量，银行上市时取值为 1，否则为 0
经营杠杆	OPLV	银行每年末固定资产与总资产之比
资本杠杆	CLV	银行每年末股东权益与总资产之比
银行规模	LnAsset	银行每年末总资产的自然对数

根据上述思路，我们构建的模型如下：

$$\text{NPL}_{j,t}=\alpha_0+\alpha_1\text{BFV}_{j,t}+\alpha_2\text{DIS}_{j,t}\times\text{BFV}_{j,t}+\alpha_3\text{OPLV}_{j,t}+\alpha_4\text{CLV}_{j,t}+\alpha_5\text{LnAsset}_{j,t}+\varepsilon_{j,t}$$

$$(4.9)$$

$$\text{NPL}_{j,t}=\beta_0+\beta_1\text{BFV}_{j,t}+\beta_2\text{List}_{j,t}\times\text{BFV}_{j,t}+\beta_3\text{OPLV}_{j,t}+\beta_4\text{CLV}_{j,t}+\beta_5\text{LnAsset}_{j,t}+\varepsilon_{j,t}$$

$$(4.10)$$

$$\text{NPL}_{j,t}=\gamma_0+\gamma_1\text{BFV}_{j,t}+\gamma_2\text{DIS}_{j,t}\times\text{BFV}_{j,t}+\gamma_3\text{List}_{j,t}\times\text{BFV}_{j,t}+\gamma_4\text{OPLV}_{j,t}+\gamma_5\text{CLV}_{j,t}+\gamma_6\text{LnAsset}_{j,t}$$
$$+\varepsilon_{j,t}$$

$$(4.11)$$

根据式(4.9),我们对政府隐性保险下特许权价值的自律效应进行分析,我们所要观察的是 α_1 和 $\alpha_1+\alpha_2$,对二者大小的比较得出政府隐性保险下特许权价值的自律效应;通过式(4.10)我们可以获得 β_1 和 $\beta_1+\beta_2$ 的关系,进而探究上市银行和非上市银行的特许权价值自律效应;通过式(4.11)获得 γ_1 和 $\gamma_1+\gamma_2$ 的比较,我们考察在上市银行中政府隐性保险对特许权价值自律效应的影响。

（二）统计描述与实证分析

1. 样本描述性分析

表 4-11 给出了国有控股商业银行、全国性股份制商业银行和城市商业银行主要变量的描述性统计。从总体来看,三类银行的风险均呈逐年下降的趋势,国有控股商业银行和全国性股份制商业银行的不良贷款率从 3.156%下降到 1.095%,并且银行之间的风险承担差异也逐年缩小,从 2.198 下降到 0.388；城市商业银行的不良贷款率从 3.801%下降到 1.241%,虽然城市商业银行之间的风险承担差异也逐渐缩小(从 3.278 下降到 0.584),但是其风险高于国有控股商业银行和全国性股份制商业银行,并且银行之间的风险差距较大。在特许权价值方面,国有控股商业银行和全国性股份制商业银行的特许权价值相对稳定并且银行之间的差距较小；而城市商业银行的特许权价值呈逐步增加的趋势(从 0.151 上升到 0.181,且最大值为0.212),这反映了城市商业银行为化解历史风险所采取的重组、注资及引进战略投资者等措施的积极作用,并且在更名、跨区域经营和上市的“三步走”规划下,治理结构逐步优化、自身竞争力逐渐提升进而获取了更高的显性和隐性收益。相比之下,城市商业银行的特许权价值显著低于国有

控股商业银行和全国性股份制商业银行，这就意味着在市场激烈竞争尤其是外资银行进入和五年窗口期结束及自身利益的驱动下，隐性保险可能会激励国有控股商业银行和全国性股份制商业银行做出高风险的投资决策，承担更多的风险获取更高的利益，进而增加银行的风险承担行为。从统计结果看，特许权价值对城市商业银行风险的约束能力优于国有控股商业银行和全国性股份制商业银行。

表 4-11 按类型划分的商业银行主要变量描述性统计

变量	2006 年		2007 年		2008 年		2009 年	
	平均值	标准差	平均值	标准差	平均值	标准差	平均值	标准差
国有控股商业银行和全国性股份制商业银行								
NPL/%	3.156	2.198	2.295	1.284	1.571	0.644	1.095	0.388
BFV	0.255	0.090	0.248	0.055	0.287	0.084	0.253	0.045
OPLV/%	0.924	0.428	0.719	0.311	0.666	0.292	0.584	0.286
CLV/%	4.183	1.959	5.356	1.866	5.314	1.511	5.018	1.036
LnAsset	9.243	1.184	9.661	1.060	9.859	1.018	10.104	1.009
城市商业银行								
NPL/%	3.801	3.278	2.142	1.429	1.910	1.166	1.241	0.584
BFV	0.151	0.084	0.212	0.103	0.208	0.090	0.181	0.057
OPLV/%	0.897	0.466	0.789	0.383	0.866	0.403	0.771	0.372
CLV/%	5.814	1.789	6.273	2.763	6.889	2.076	6.839	1.655
LnAsset	5.647	1.087	6.005	1.135	6.124	1.152	6.477	1.164

从表 4-12 可以看出，上市银行的不良贷款率从 2.805%下降到 1.077%，下降幅度达到 60%左右，并且上市银行之间的风险差异越来越小，从 2.136 下降到 0.353；非上市银行的不良贷款率下降幅度达到 70%左右，这归因于作为非上市银行主力军的城市商业银行为争取早日上市采取的剥离不良资产等化解历史风险措施的积极意义。尽管上市和非上市银行的风险均呈逐年下降的趋势，但是凭借投融资渠道和治理结构等方面的优势，上市银行的风险显著低于非上市银行，并且上市银行之间的风险差异小于非上市

银行之间的差异。在特许权价值方面，上市银行的特许权价值显著高于非上市银行，但是二者之间的差距逐渐缩小(从 0.1 缩小到 0.05)；并且二者的变动趋势不相同，前者相对稳定，后者呈逐年增加的趋势(从 0.141 增加到 0.184)。从统计上看，特许权价值对非上市银行的自律效应可能大于上市银行。

表 4-12　按银行是否上市类型划分的主要变量描述性统计

变量	2006 年		2007 年		2008 年		2009 年	
	平均值	标准差	平均值	标准差	平均值	标准差	平均值	标准差
上市银行								
NPL/%	2.805	2.136	2.104	1.241	1.528	0.591	1.077	0.353
BFV	0.253	0.080	0.218	0.078	0.256	0.097	0.233	0.057
OPLV/%	0.915	0.383	0.704	0.290	0.651	0.272	0.556	0.261
CLV/%	4.365	1.790	6.439	2.915	6.228	2.408	5.454	1.325
LnAsset	8.664	1.606	9.122	1.461	9.326	1.423	9.602	1.362
非上市银行								
NPL/%	4.041	3.330	2.858	1.473	1.991	1.226	1.274	0.616
BFV	0.141	0.082	0.202	0.102	0.218	0.093	0.184	0.060
OPLV/%	0.898	0.488	0.846	0.400	0.907	0.411	0.816	0.375
CLV/%	5.886	1.856	4.455	2.253	6.485	1.779	6.809	1.739
LnAsset	5.577	1.118	6.970	1.087	5.937	1.087	6.293	1.106

在表 4-13 中，我们可以看出，特许权价值(BFV)与银行风险承担(NPL)是显著负相关的；尽管 DIS×BFV 与 NPL 的相关性不显著，但是两者存在正向关系，即政府隐性担保下银行有动机承担更多的风险；List×BFV 与 NPL 显著负相关，表明上市银行特许权价值的自律效应得到了有效发挥，银行在公开上市的条件下更加注重风险的控制以赢得投资者的信心。由于除 LnAsset 与 List×BFV 的相关系数较大之外，其他变量之间的相关性并不高且均小于 0.3，我们认为变量之间不会存在多重共线性的影响。

表 4-13 主要变量 Spearman 相关系数统计

变量	NPL	BFV	DIS×BFV	List×BFV	OPLV	CLV	LnAsset
NPL	1.0000						
BFV	−0.2261***	1.0000					
DIS×BFV	0.0849	0.4521***	1.0000				
List×BFV	−0.1441*	0.3511***	−0.0241	1.0000			
OPLV	0.2228***	−0.1088	0.2353***	−0.2754***	1.0000		
CLV	−0.0413	−0.4706***	−0.2333***	−0.1932**	0.2476***	1.0000	
LnAsset	−0.0874	0.2220***	−0.0032	0.7545***	−0.1600*	−0.1975**	1.0000

***、**和*分别表示在1%、5%和10%的水平显著

2. 计量分析

由于豪斯曼检验拒绝了随机效应假设，我们采用固定效应对模型进行了回归分析。表 4-14 给出了模型的回归结果。在模型（1）、模型（2）和模型（3）中，BFV 的系数均在 1%的显著水平下为负，这表明特许权价值能够显著抑制银行的风险承担行为，即特许权价值越高，银行的风险承担行为越少，进而银行的风险越低，这与上文的统计描述结论一致，也与现有文献的研究结论一致。在模型（1）中，DIS×BFV 的系数显著为正值，即在政府的隐性保险下，特许权价值对银行风险的自律效应显著降低，也就是第一大股东性质为国有的银行在政府的隐性保险下承担更多的风险。在模型（2）中，List×BFV 的系数为负值且不显著，表明特许权价值对上市和非上市银行风险的抑制效应并不存在显著的差异，这可能得益于非上市银行尤其是城市商业银行按照现代公司治理模式改善公司治理结构，如构建"三会一层"、重组、跨区域经营及引进战略投资者等，从而使其特许权价值的自律效应能够更加有效地发挥作用，进而使管理层及时做出投资决策、降低银行风险。通过模型（3），我们考察了上市银行中，在政府隐性保险下特许权价值的自律效应。DIS×BFV 的系数在 10%的显著水平下为正，这与模型（1）相同，即上市银行在政府隐性保险下特许权价值的风险抑制效应同样会降低，第一大股东的国有身份抑制了特许权价值的自律效应，这与李燕平和韩立岩（2008）的结论一致；与模型（2）不同的是，List×BFV 的系数为正值但不显著，即上市银行特

许权价值的自律效应受到政府隐性保险的抑制。对于其他变量，在模型(1)、模型(2)和模型(3)中，OPLV 对银行风险承担的影响并不确定，这可能是由于在经济转型阶段，商业银行还没有完全实现商业化经营；CLV 的系数显著为负，即资本杠杆比率越低，银行风险越高；银行规模的系数显著为负，表明规模越大，银行风险越小，表现为大规模的银行在专业化运作下能够更有效地安排投资组合分散风险。

表 4-14　特许权价值与银行风险回归结果

变量	模型(1)	模型(2)	模型(3)
BFV	-13.570^{***} (-4.71)	-9.726^{***} (-4.84)	-13.670^{***} (-4.61)
DIS×BFV	5.219^{*} (1.80)		5.276^{*} (1.79)
List×BFV		-0.156 (-0.06)	0.421 (0.16)
OPLV	0.019 (0.04)	-0.033 (-0.06)	0.037 (0.07)
CLV	-0.199^{**} (-2.22)	-0.233^{**} (-2.60)	-0.200^{**} (-2.22)
LnAsset	-2.353^{***} (-5.48)	-2.263^{***} (-5.14)	-2.366^{***} (-5.39)
常数项	22.310^{***} (7.00)	21.930^{***} (6.74)	22.380^{***} (6.93)
样本量	134	134	134
F	14.08	12.99	11.61
Prob>F	0.0000	0.0000	0.0000

注：括号内为t值
***、**和*分别表示在1%、5%和10%的水平显著

（三）实证结论

基于外资银行进入和银行业市场完全开放的背景，我们运用中国 35 家商业银行 2006～2009 年的样本数据，系统性地分析了特许权价值对商业银行风险承担的自律效应。我们发现，特许权价值能够有效地抑制商业银行的风险承担行为、降低银行风险，并且上市银行的自律效应略优于非上市银

行。在特殊的制度背景下，政府为商业银行提供了隐性存款保险，以国家信用担保银行的债务和破产损失，这势必会影响到银行特许权价值的自律效应。研究发现，政府隐性保险的确减弱了这种风险自律效应，并且政府隐性保险对上市银行特许权价值的自律效应更加明显，这可能归因于政府隐性保险激励上市银行在诸多投融资渠道中选择高风险、高收益的决策，而非上市银行，尤其是城市商业银行势单力薄，必须追求稳健经营的目标才能在完全开放的金融市场中获益。但是与现有文献不同的是，在政府隐性保险下，国有和非国有银行、上市和非上市银行的特许权价值依然能够显著抑制银行风险。另外，我们还发现，资本杠杆和银行规模能够显著负向作用于银行风险。这表明，随着银行业的完全开放，银行管理层能够有效地管理其自身的业务风险，特许权价值的自律效应也得到了有效的发挥。

第三节　外部治理、内部治理与金融机构风险承担

现有研究认为，除了直接的关系之外，某些外部治理需要通过作用于内部公司治理然后影响到最终的风险承担。本节结合中国金融机构的特点，来分析外部治理与内部治理之间的互动关系，以及对最终风险承担的影响。本节以市场约束、内部治理机制与金融机构风险承担为例展开。

一、内外部治理互动与风险承担

作为特殊企业，商业银行股东与债权人之间存在严重的信息不对称性，由于债权人与股东的价值索取权不同，银行股东有从事高风险行为的动机。市场约束就是通过对利益相关者的激励机制达到降低银行风险承担行为的目的。

市场约束包括两个过程：监督过程和影响过程。首先投资者从银行所披露的信息中观察到银行风险的增加，然后通过价格或者数量途径对银行行为进行约束(Hamalainen et al., 2005)。市场约束银行风险承担的机制主要是通过债权人提高存款价格和减少或转移存款(Martinez Peria and Schmukler, 2001)，以及影响银行发行次级债券的价格和数量来提高银行经营成本，从

而激励银行采取措施降低风险，发挥市场约束的公司治理效应，达到限制银行风险承担行为的目的。但是，市场约束作用的有效发挥还取决于一系列的内外部条件，如政府安全网对银行业的保护程度、银行未受保障负债比例及市场上银行风险信息的可得性(许友传，2010)。以往研究多从隐性保险、政府干预及市场约束的有效性等角度分析(张正平和何广文，2005；曹廷求和张光利，2011；张强和佘桂荣，2006)。

为了维持银行业的稳定，各个国家基本依靠两种途径：政府监管和市场约束(Demirguc-Kunt and Huizinga，2004)。现有文献大部分研究的是在显性存款保险下，银行未受保障的负债对银行风险的反应，还有部分文献从次级债券市场、可转让大额定期存单(negotiable certificate of deposit，CD)市场和股票市场的角度分析了市场约束的有效性，大部分文献认为市场对银行风险的约束机制是存在的，作为市场约束的投资者，他们对银行风险的反应受到政府政策的影响。关于我国银行业的研究，主要集中于研究如何对我国商业银行进行监管，对市场约束有效性的研究相对较少。由于我国银行业的改革经历时间较短，行政式的治理在银行业中比较明显，而市场约束的有效性需要有三个假设存在：投资者能够根据银行风险变化对他们利益的影响进行决策，银行风险的变化能够通过市场给银行和其高管带来利益损失，市场有衡量银行风险的标准(Nier and Baumann，2006)。但是我国的隐性存款保险覆盖具有普遍性，这种普遍存在的隐性保险使作为理性人的消费者和投资者不再主动付出成本去监督和惩罚风险高的银行，因此市场约束的作用机理受到隐性保险制度的影响，有可能导致市场对银行风险约束力的丧失。

从公司治理的角度探讨商业银行风险承担最早可以追溯到20世纪80年代初，主要划分为"道德风险"假说和"公司控制"假说两种观点。在股权结构方面，Amihud 和 Lev(1981)开创性地从道德风险的角度研究了公司治理对银行风险控制的影响。这种观点的主要思想是：在存款保险制度下，作为贷款主要决策者的银行股东存在追求更高风险以最大化自身价值的动机，并由此引发道德风险。随后 Saunders 等(1990)遵循同样的思路作了进一步研究。Saunders 等(1990)发现管理层和董事的持股比例越高，银行风险承担越大。与此不同，随后兴起的"公司控制论"认为，所有者、管理者之间的代理问题才是20世纪80年代美国银行风险增加的主要原因，因为高管是银行贷款的真正决策者和风险控制的关键所在（Gorton and Rosen，1995）。虽然银行股东在理论上存在"道德风险论"所强调的解雇和监督高管的权利，但是这种行为往往具有滞后性，而且成本高昂。李维安和曹廷求（2005a）以2001～2003年山东、河南两省27家城市商业银行为样本发现，前十大股东持股比例与银行风险呈正相关关系；王倩等（2007）以山东省商业银行作为调查样本，研究发现第一大股东持股比例对风险承担的降低有积极的影响。上述两种观点实际上是从不同的侧面研究了银行业存在的两种不同的代理问题，"道德风险论"研究的是银行股东的利益冲突，希望承担更多风险并因此侵害存款保险提供者和债权人的利益；"公司控制论"研究的是经典的所有者—管理者代理问题，两者并无矛盾之处。虽然以上两种观点的立论基础存在差异，但它们都认为银行与监管机构或者银行股东与管理者之间存在风险偏好的冲突，完善公司治理可以达到风险控制的目标。

在董事会方面，在董事会规模和风险承担之间的关系上，小规模的董事会具有较高的灵敏度和凝聚力、较少的沟通和协作成本及较少的股东"搭便车"问题等优点；在规模较大的董事会中，由于单个董事获取信息和监督高管的动机较低，总经理总会找到较易控制的董事。然而，较大规模的董事会使决策者可以听取更多的建议，使董事成员在专业知识、管理经验等方面实现互补，做出更加合理的决策，降低银行风险，而小规模董事会不具有这种优势。尽管董事会规模扩大时可吸纳不同领域的专家，但董事会规模过大，公司也会暴露出无法快速传递信息、快速下达决策等缺点，从而削弱董事会的监督功能；董事会人数过多会影响董事会对管理者的监督能力，使代理问题更加严重，更容易产生"搭便车"现象，进而降低公司绩效、增加风险。从董事会激励的研究看，Zalewska（2016）关注了对银行董事会薪酬政策的监管问题，认为银行业董事会的激励不应仅停留在解决代理冲突之上，应将其纳入监管范围之内。

尽管现有文献探究了内外部治理机制对银行风险的影响，鲜有文献从市场约束和内部公司治理机制的角度探究其与银行风险的关系。鉴于此，并结合我国银行业特殊的制度背景，我们研究了在隐性保险下作为外部风险治理机制的市场约束和银行内部公司治理机制对银行风险承担行为的影响。与以往研究结论不同的是，我们发现，在治理机制的影响之下，价格约束能够有效抑制非上市银行的风险承担行为，但不能抑制上市银行风险；上市银行凭借其投融资渠道优势、治理优势和风险防控优势，在隐性保险的激励下承担更多的风险；数量约束对任何性质的银行风险约束作用均不明显。

本节的主要目的是对中国商业银行市场约束、公司治理机制与风险承担的关系进行经验分析，并选取 2006～2009 年 35 家商业银行 134 个年度面板数据，其中包括 21 家未上市银行和 14 家上市银行的数据。

国内外大多数文献中对银行风险承担行为常常是以股票收益率的波动来替代的，而我们的样本中大部分为非上市银行，因此我们采用不良贷款率(NPL)这一反映银行风险承担的指标作为被解释变量。在解释变量的选取上，我们以价格约束和数量约束来衡量市场约束；股权结构采用第一大股东持股比例(S1)和前十大股东持股比例(S10)，股东性质采用第一大股东性质(DIS)来定义，若为国有则取 1，否则取 0；对于董事会，则选取董事会规模(Board)、独立董事比例(ID)和董事会会议次数(DM)三个指标考察其对银行风险的影响；对于监事会，我们选取监事会规模(SCS)考察其对风险承担的影响。另外，我们还控制了银行规模(LnAsset)、资本充足率(CAR)、经营杠杆(OPLV)及资本杠杆(CLV)。

根据上文思路，我们构建以下模型：

$$\text{NPL}_{i,t}=\beta_0+\beta_1\text{MD}_{i,t}+\beta_2\text{DIS}_{i,t}\times\text{MD}_{i,t}+\beta_3\text{Control}_{i,t}+\varepsilon_{i,t} \tag{4.12}$$

$$\text{NPL}_{i,t}=\beta_0+\beta_1\text{Governance}_{i,t}+\beta_2\text{Control}_{i,t}+\varepsilon_{i,t} \tag{4.13}$$

$$\text{NPL}_{i,t}=\beta_0+\beta_1\text{MD}_{i,t}+\beta_2\text{Governance}_{i,t}+\beta_3\text{DIS}_{i,t}\times\text{MD}_{i,t}+\beta_4\text{Control}_{i,t}+\varepsilon_{i,t} \tag{4.14}$$

其中，MD 表示市场约束；Governance 表示治理机制；Control 表示控制变量。我们分别将价格约束(PD)、数量约束(QD)、交叉项 DIS×MD 和治理机制与银行风险进行实证回归，通过比较 β_1 和 $\beta_1+\beta_3$ 的大小，我们可以推断隐性保险对市场约束抑制风险作用的影响。鉴于上市银行和非上市银行市场约束的差异，我们首先进行样本总体的回归分析，进而分别对上市银行和非上市银行进行分析。

二、实证结果与分析

(一)样本描述性分析

在表 4-15 中，非上市银行的风险较上市银行风险更大，这可能是因为非上市银行治理机制相对较差，尽管非上市银行同样构建现代化公司治理机制，但是其"三会一层"、股权结构等方面与上市银行存在较大差距，从而控制银行风险的能力较弱。在市场约束方面，上市银行的价格约束、数量约束平均值分别为 0.026 和 0.769，非上市银行的价格约束、数量约束平均值分别为 0.021 和 0.809，即上市银行的价格约束略优于非上市银行的价格约束，但是数量约束略差于非上市银行。在治理机制方面，上市银行第一大股东持股比例为 27.904%，显著高于非上市银行的 20.893%，这是由于上市银行主要是国有控股商业银行和全国性股份制商业银行，第一大股东往往为国有股份，而非上市银行多为城市商业银行，尽管第一大股东多为地方政府，但是随着城市商业银行的增资扩股、引进战略投资者等措施的实施，地方政府的控股能力大为减弱。在董事会和监事会设置方面，上市银行的董事会规模、独立董事比例和监事会规模显著优于非上市银行，上市银行的董事会规模、独立董事比例和监事会规模分别是 15.872 人、0.300 和 7.596 人，而非上市银行分别是 13.046 人、0.204 和 6.379 人，这是由于非上市银行(主要是城市商业银行)的公司治理机制建设落后，并且多数银行近年刚刚开始构建"三会一层"。对于交叉项 DIS×PD，总体样本、上市银行和非上市银行均为0.018，上市银行的 DIS×QD 最小且为 0.485。

表 4-15 按银行类型划分的主要变量描述性统计

变量	总体样本		上市银行		非上市银行	
	平均值	标准差	平均值	标准差	平均值	标准差
NPL/%	2.153	1.883	2.029	1.348	2.221	2.121
PD	0.022	0.012	0.026	0.013	0.021	0.011
QD	0.795	0.105	0.769	0.106	0.809	0.102
S1/%	23.352	18.407	27.904	19.046	20.893	17.677
S10/%	66.537	18.284	64.335	22.179	67.726	15.806

续表

变量	总体样本		上市银行		非上市银行	
	平均值	标准差	平均值	标准差	平均值	标准差
Board/人	14.037	2.987	15.872	1.929	13.046	2.996
ID	0.238	0.126	0.300	0.111	0.204	0.121
DM/次	7.619	3.992	10.106	4.395	6.276	3.018
SCS/人	6.806	2.168	7.596	2.559	6.379	1.799
DIS×PD	0.018	0.015	0.018	0.018	0.018	0.013
DIS×QD	0.619	0.348	0.485	0.382	0.691	0.307

表 4-16 中，总体样本银行不良贷款率的平均值从 2006 年 3.63%下降到 1.20%，并且银行之间的标准差从 3.01 下降到 0.53，表明银行风险和相互间差距逐年递减。在市场约束方面，价格约束变化不大维持在 0.02 左右，数量约束同样维持在 0.80 左右，即市场约束基本没有发生变化，由此我们推断市场约束没有发挥风险抑制作用。在股权结构方面，第一大和前十大股东持股比例保持相对稳定的趋势，分别维持在 23%和 66%左右。在董事会和监事会方面，尽管董事会规模、独立董事比例和监事会规模变化不大，但基本呈现逐年增加的趋势，这表明随着银行业的完全开放，我国商业银行按照法律法规的指引不断完善自身公司治理结构。对于交叉项 DIS×PD 和 DIS×QD 均保持相对稳定的趋势，并且分别维持在 0.02 和 0.6 左右。由此，我们推断，银行风险的降低更多来自银行治理机制的不断完善，而市场约束并没有有效地发挥风险抑制作用。

表 4-16　按年份划分的主要变量描述性统计

变量	2006 年		2007 年		2008 年		2009 年	
	平均值	标准差	平均值	标准差	平均值	标准差	平均值	标准差
NPL/%	3.63	3.01	2.19	1.37	1.80	1.03	1.20	0.53
PD	0.02	0.01	0.02	0.01	0.03	0.01	0.02	0.01
QD	0.81	0.13	0.77	0.12	0.80	0.09	0.80	0.07
S1/%	22.28	17.90	23.68	19.08	23.57	18.69	23.74	18.65
S10/%	66.64	18.42	65.97	19.24	66.79	18.14	66.76	18.12

续表

变量	2006 年		2007 年		2008 年		2009 年	
	平均值	标准差	平均值	标准差	平均值	标准差	平均值	标准差
Board/人	13.50	3.13	14.06	3.01	14.09	3.03	14.43	2.86
ID	0.18	0.13	0.24	0.13	0.26	0.11	0.27	0.12
DM/次	6.13	3.53	7.66	4.13	7.91	3.60	8.57	4.37
SCS/人	6.27	2.12	6.89	2.25	7.03	2.24	6.97	2.08
DIS×PD	0.01	0.02	0.02	0.02	0.02	0.01	0.02	0.01
DIS×QD	0.62	0.37	0.60	0.35	0.64	0.34	0.61	0.35

(二)计量分析

对于短面板样本,主要有固定效应和随机效应两种计量方法,但是豪斯曼检验拒绝随机效应方法,因此我们对模型进行了固定效应分析,结果如表 4-17 所示。在样本总体回归中,价格约束能够负向影响银行风险承担,但是交叉项 DIS×PD 与银行风险承担正相关,并且 $\beta_1<0<\beta_1+\beta_3$,即在政府隐性保险下价格约束的风险抑制效应没有发挥作用,相反,在价格约束下政府隐性保险激励银行承担更多的风险。数量约束与银行风险承担负相关,而交叉项 DIS×QD 与银行风险承担正相关,尽管 $\beta_1<\beta_1+\beta_3<0$,但是并不显著,因此数量约束同样不能有效发挥抑制银行风险的作用。总之,市场约束对银行风险承担行为失效。对于治理机制,第一大股东持股比例与银行风险承担正相关,前十大股东持股比例与银行风险承担显著负相关,这是因为面对完全开放的银行业市场第一大股东更加注重高风险的投资决策带来的高收益,而其他大股东则追求稳健的经营模式,以保证银行自身业务的风险可控性。

表 4-17　样本计量回归结果分析

变量	样本总体 NPL			非上市银行 NPL	上市银行 NPL
	(1)	(2)	(3)		
PD	−23.190 (−0.96)		−85.280** (−2.03)	−152.800** (−2.16)	3.930 (0.09)
QD		−1.692 (−0.94)	−0.169 (−0.07)	0.714 (0.21)	3.608 (1.47)

续表

变量	样本总体 NPL			非上市银行 NPL	上市银行 NPL
	(1)	(2)	(3)		
DIS×PD	27.670 (1.29)			84.730** (2.02)	146.100** (2.05)	15.060 (0.38)
DIS×QD		0.175 (0.27)		−1.653 (−1.26)	−2.343 (−1.00)	0.522 (0.40)
S1		0.026 (1.39)	0.028 (1.37)	0.026 (0.87)	−0.003 (−0.20)
S10		−0.030* (−1.68)	−0.033* (−1.78)	−0.018 (−0.66)	−0.047** (−2.11)
Board		−0.002 (−0.02)	0.004 (0.05)	0.103 (0.85)	−0.348* (−2.56)
ID		−0.930 (−0.46)	−0.596 (−0.29)	−0.492 (−0.20)	3.725 (0.74)
DM		−0.028 (−0.57)	−0.018 (−0.34)	−0.096 (−1.10)	0.029 (0.55)
SCS		0.093 (0.75)	0.119 (0.93)	0.111 (0.62)	0.037 (0.22)
CAR	−0.282*** (−4.83)	−0.287*** (−4.92)	−0.275*** (−4.57)	−0.281*** (−4.64)	−0.250*** (−3.32)	−0.214** (−2.08)
OPLV	0.514 (1.16)	0.616 (1.37)	0.696 (1.54)	0.718 (1.54)	0.287 (0.50)	4.199*** (4.28)
CLV	0.290*** (2.61)	0.280** (2.52)	0.292** (2.55)	0.311*** (2.72)	0.306** (2.22)	0.344 (1.61)
LnAsset	−0.132 (−1.06)	−0.163 (−1.29)	−0.175 (−1.01)	−0.251 (−1.37)	−0.244 (−0.84)	−0.169 (−0.64)
常数项	4.320*** (3.83)	5.797*** (2.84)	5.551*** (2.95)	7.414*** (2.71)	5.665 (1.26)	4.890 (1.63)
Wald χ^2	34.29	32.72	36.40	43.41	29.91	51.35
$P>\chi^2$	0.000	0.000	0.000	0.000	0.007	0.000

注：括号内为t值
***、**和*分别表示在1%、5%和10%的水平显著

董事会规模、独立董事比例、董事会会议次数与银行风险承担负相关，这表明我国银行的董事会建设较为完善，能够在一定程度上操控银行风险。在模型(3)中，在治理机制的影响下，价格约束能够显著负向影响银行风险承担($\beta_1<\beta_1+\beta_3<0$)，但数量约束不能发挥有效的作用。这表明，尽管存在政府隐性担保，但是随着公司治理机制的完善，银行管理层能够理性地对待银行风险、合理地做出投资决策。对于非上市银行，价格约束的风险抑制作用较上市银行更有效，因此，即使在政府隐性担保下，债权人会索取较高于国有控股商业银行和全国性股份制商业银行的利率补偿；然而数量约束的风险抑制效应并不明显，债权人在隐性保险下对银行的风险"反应迟钝"，如齐鲁银行的金融票证案并没有影响其正常业务的进行。对于上市银行，在隐性担保下价格约束和数量约束均与银行风险正相关，这归因于上市银行投融资渠道广泛且风险操控能力较强，在治理机制相对完善的情况下，政府的隐性担保必然激励银行承担更多的风险行为。对于治理机制，上市和非上市银行的治理机制对风险承担的抑制作用基本一致，这表明，非上市银行尤其是城市商业银行的公司治理机制已经较为完善。在控制变量方面，资本充足率与银行风险承担显著负相关，即资本充足率越高，银行风险越低；经营杠杆和资本杠杆与银行风险正相关，即经营杠杆和资本杠杆越高，银行风险越高，银行规模越大时，投资组合越分散，从而银行风险越小。

三、实证结论

银行是配置资源的重要环节，在经济发展中扮演重要的角色，银行体系的稳定关系到总体经济的稳定，金融危机发生使研究银行风险承担的问题更有现实意义。基于现有研究，我们运用 2006~2009 年中国商业银行的财务数据及治理机制的数据实证分析了市场约束、治理机制与银行风险的问题，与现有研究不同，从银行风险的外部约束机制和内部约束机制分析了二者对银行风险的影响。并发现，在治理机制的影响之下，即使存在政府隐性保险，非上市银行尤其是城市商业银行管理层也能够及时根据市场反应调整自身风险，而上市银行在投融资渠道和风险操控能力占优的情形下，市场约束没有起到相应的风险抑制作用，反而政府隐性保险激励其承担更多的风险。

对于治理机制，第一大股东和前十大股东的利益取向使其对待风险的态度存在差异，第一大股东更加注重于追求高风险决策带来的高收益，而其他大股东偏向于银行风险的有效防控和稳健经营。董事会规模、独立董事比例和董事会会议次数的增加能够为管理层进而为银行经营决策提供更多的建议，从而有效地抑制银行风险承担行为。

第四节　多元外部治理与金融机构风险承担

本节在前述两节分析的基础上，进一步考察同时存在多个相互关联的外部治理机制与金融机构风险承担的关系。比如，同时存在资本监管和市场约束时，或者同时存在市场约束与政府干预时，或者同时存在市场约束与特许权价值时，对金融机构的风险承担的综合影响如何？多元外部治理机制之间的相互作用如何？本节通过相应的实证分析给出答案。

一、市场约束、政府干预与金融机构风险承担

在 20 世纪 30 年代以前的自由银行业制度中，银行监管以市场约束为主，1929～1933 年经济危机之后，世界各国加大了对经济的干预力度，强化政府对银行业的监管，市场约束作用被弱化并逐渐为官方的监管约束所取代。然而，进入 20 世纪 70 年代以来，银行监管所面临的环境发生了深刻的变化：一方面，金融自由化改革不断深化，放松利率和外汇管制，金融要素在全球范围内进行配置，出现了金融全球化的趋势；另一方面，金融机构之间业务交叉与渗透日益加剧，银行、证券和保险开始混业经营，同时各种金融创新工具和衍生产品的不断推出也进一步增强了市场的复杂性。政府监管越来越力不从心。巴塞尔协议 II 的新的监管框架中把市场约束作为三大支柱之一。

政府干预在我国经济发展中是一种比较普遍的现象。虽然政府干预在一些情况下是完全必要的，如界定和保护产权等，但是从资源配置和银行的风险承担方面，政府干预的负面作用常常很明显。在财政分权的背景下，地方

政府为促进地方经济的增长也有干预银行信贷的强烈动机。在事权和财权不匹配的情况下，每个地方政府既要开展地方之间锦标赛，又要兼顾中央提出的维护稳定的目标。在这种情况下，地方政府一方面会根据中央方针政策和辖区的具体情况来制定各项政策，维护社会稳定，但另一方面地方政府也会利用条块分割体制来谋取社会稳定成本的分摊，这一目标的最佳实现手段就是地方政府通过干预信贷市场来为地方谋取更多的信贷资源，通过加快经济增长的方式来扩大就业，获取经济增长绩效(冯涛等，2010)。

显然市场约束和政府干预是中国商业银行的两种外部治理机制，与此同时，中国经济正经历着从行政型治理到经济型治理的转型期(李维安和邱艾超，2010)，双重治理模式下市场与政府的力量都对经济的运行产生重要的影响。而现有的文献大都是分别研究商业银行的市场约束和政府干预行为，鲜有研究市场约束和政府干预对商业银行风险承担的共同影响，这给本节的研究留下了空间。本节将市场约束与政府干预结合起来，研究市场机制是否真正对我国商业银行的经营形成约束，政府的干预行为是否影响到商业银行的风险承担及市场约束作用的发挥。

(一)文献综述

1. 市场约束与金融机构风险承担

尽管 1933 年美国《格拉斯-斯蒂格尔法案》(Glass-Steagall Act，也称《1933 年银行法》)用联邦存款保险代替了一些个人风险承担，监管者并不愿意大量取代市场约束。提高一个国家银行部门的市场约束有很多潜在收益。第一，市场约束可以通过惩罚银行的风险承担来降低由政府担保所产生的道德风险问题。第二，市场约束促使低效率的银行提高效率或退出来提高整个银行业的效率(Berger，1991)。如果监管者放弃对市场力量的约束，而让市场力量来区分"好"的银行和"坏"的银行，就会使监管银行的成本降低。市场是一个匿名的忠实的监管者，很难被游说，会比监管者对银行风险增加的反应更快。

然而，在 20 世纪 80 年代初，美国监管者不得不保护所有银行债权人免受信用风险，大银行被认为是"大而不倒"(Sprague，1986；O'Hara and

Shaw，1990)。政府安全网的延伸也使部分监管者怀疑正常的市场力量是否足够识别和约束银行风险。关于市场约束的有效性问题，观点不一。

　　大多数的文献关注于美国的商业银行。Baer 和 Brewer(1986)、Hannan 和 Hanweck(1988)、Ellis 和 Flannery(1992)、Cook 和 Spellman(1994)分析了存款收益怎样对银行的风险反应，考虑了资产负债表风险和市场风险。Goldberg 和 Hudgins(1996)、Calomiris 和 Wilson(1998)通过关注存款变化和存款水平检验了这一问题。Park(1995)、Park 和 Peristiani(1998)综合了上述提到的两种方法。Calomiris 和 Mason(1997)研究了银行倒闭是否与银行风险特征有关。总之，这些研究支持了市场约束在美国确实存在的假设。也有一些文献是关于发展中国家的市场约束的，主要是 Valdes 和 Lomakin(1988)、Schumacher(1996)、D'Amato 等(1997)，Valdes 和 Lomakin(1988)检验了智利 20 世纪 80 年代中期利率变化与银行风险的关系，Schumacher(1996)分析了阿根廷银行存款怎样受到其倒闭可能性的影响，D'Amato 等(1997)在样本开始的时候控制了宏观因素及银行基本面水平之后研究了阿根廷存款者行为的传染性影响。Hannan 和 Hanweck(1988)指出至少某些价格对风险是有约束的，然而 Avery 等(1988)指出没有发现价格约束起作用。Gorton 和 Santomero(1990)改进了风险测度的方法，但仍没有发现价格约束起明显的作用。

　　关于市场约束的存在性问题的检验集中于次级债券收益和银行风险的关系。Avery 等(1988)、Gorton 和 Santomero(1990)分析了资产负债表和利润表，发现银行次级债券收益和风险之间没有关系。Flannery 和 Sorescu(1996)、Jagtiani 等(2002)发现在 20 世纪 80 年代晚期和 90 年代早期，随着监管者允许次级债券吸收损失，次级债券的收益与会计风险越来越相关。Flannery 等(Flannery and Sorescu，1996；Flannery，1998，2001)检验了次级债券的收益和风险承担的关系。但 Black 和 Shevlin(1999)检验了 1979 年底和 1984 年底银行债务发行的合约，发现账面市值比与限制性合约之间没有关系。另外，投资者可以通过在债务合约中加入限制性条款来直接限制银行的风险承担能力，合约对管理者事后的行为施加了事前限制，从而能够减少银行过度的风险承担激励(Smith and Warner，1979)。Goyal(2005)检验了银行对风险承担的激励怎样影响债务合约中的收益分配和限制性条款，发现决定银行风险承担激励的银行特许权价值显著影响了银行债务合约的限制性条款的可能性，尤其是在 20 世纪 80 年代当激烈的竞争和相对宽松的监管增加了美国银行业道德风险的严重性时，上述影响尤其显著。

关于存款市场的市场约束问题，在 1974 年富兰克林国民银行(Franklin National Bank)倒闭之后，联邦存款保险公司(Federal Deposit Insurance Corporation，FDIC)调研了各种大的存款者，来识别他们怎么评价银行的关系，他们对未保险存款头寸的敏感性，以及他们对负面宣传的反映(Eisenbeis and Gilbert，1985)。这些调研的结果表明如果市场约束存在，它主要来自大的机构投资者与几个大银行的行为。之前关于银行风险和 CD 利率的关系的研究表明市场约束是弱的或是不存在的。富兰克林国民银行倒闭和 1982 年佩恩广场银行(Penn Square Bank)危机之后，大的 CD 市场的发展也表明了面对大的银行危机市场的效率问题。Gilbert(1985)指出美国富兰克林国民银行倒闭表明市场"分层"，规模是低风险的代理变量，这种"分层"可以看成市场不能基于不同的绩效特征隔离个体银行风险。美国富兰克林国民银行事件之后，"分层"变得更具选择性，银行之间的基点差异变大了，Gilbert 发现 CD 购买者从区域银行要求的收益要比从一个大型货币中心要求的收益高 25 点，但这种"分层"是对"大而不倒"的理性反应还是简单地反映了数据的匮乏，仍然不清楚。与这些早期的发现不同，在联邦存款保险公司关于佩恩广场银行危机之后的初步分析中并没有给出一般市场对大银行 CD 的短期和长期影响，也没有给出任何关于规模的"分层"，然而佩恩广场银行事件之后几个月，CD 市场就惩罚了大陆伊利诺斯银行(Continental Illinois Bank)，它与佩恩广场银行有密切的联系(Gilbert，1985)。Cramer 和 Rogowski (1985)发现在佩恩广场银行和大陆伊利诺斯银行问题宣布之后 CD 的风险升水增加了大约 63 点。也有文献研究影响银行 CD 利率的因素，Crane(1976)通过对 30 家最大银行的研究表明 CD 利率和银行规模之间的反向关系。Herzig-Marx 和 Weaver(1979)发现风险升水随着总资产的增加而增加，随着银行流动性的降低而降低。Goldberg 和 Lloyd-Davies(1985)利用时间序列分析发现金融市场上大银行的 CD 风险升水随着风险资产相对银行资本的增加而增加。Baer 和 Brewer 检验了 CD 市场要求风险较高银行支付较高利率的比例，结论表明在采用股票价格数据度量银行风险后，存款市场确实有市场约束作用。

一些学者也研究了中国市场约束的存在性及影响因素，结果表明中国的市场约束还是比较弱的，受到各种因素的制约。关新红(2004)指出如何尽快完善我国商业银行的信息披露工作，提升市场约束作用的效力，是摆在银行监管者和经营者面前的一个严峻挑战。黄蕙(2006)利用数学模型分析了影响存款人市场约束力度的因素，并对我国商业银行加强市场约束提出了相应的建议。许友传(2009)实证研究了银行信息披露与其风险承担行为之间的关系，指出信息披露能否发挥其市场约束功能取决于相应的制度基础和市场环境，只有当金融体系的市场化程度较高，且银行能充分有效低披露其风险信息时，来自债权人的市场约束动才能真正发挥对银行风险承担行为的约束作用。

2. 政府干预与金融机构风险承担

相当一部分文献研究了政府对国有商业银行的影响，基本结论是政府干预增加了商业银行的风险承担。Caprio 和 Martinez Peria(2000)发现政府股权增加了银行业危机的可能性和银行危机的成本。Dinc(2005)对 20 个主要新兴市场国家的研究表明，在控制了宏观经济变量的条件下，新兴市场国家的政府控制银行在选举年比私有银行的贷款增长比率更高、边际利率减少得更多，而且在选举的后一年其不良贷款率增加额也要比私有银行大，从而为国有银行的政治动机提供了跨国的银行层面的实证证据。Shih 等(2007)发现与银行特征的所有权和规模相比，政治性因素在中国国有商业银行发展过程中发挥着更为重要的作用，主张摆脱政府干预，减少政府保护，使银行真正参与市场竞争。Calomiris(2007)认为政府保护不仅减少银行自我约束的努力，而且会使银行承受更多的风险，并使其容忍更多无效的风险管理，因此政府保护成为银行业动荡的重要根源。Ariff 和 Can(2008)指出只有加快中国银行业市场开放、减少政府对国有银行的资本补贴、分散银行股权才能提高银行绩效。曹廷求和张光利(2011)实证分析了市场约束、政府干预与银行风险承担的关系，发现在制度环境差、政府干预强的地区，市场约束机制完全失效，而在制度环境好、政府干预相对较弱的地区，市场的价格约束机制显著地降低了银行的风险；风险程度和规模大小不同的银行所受的政府干预与市场约束效应不同。

总之，国内外学者大都分别研究了市场约束和政府干预机制对商业银行风险承担的影响，但是目前对于中国的商业银行来说，市场约束和政府干预是其面临的两种主要的外部约束，将二者分开来研究是不全面的。因此，本部分将二者结合起来，研究它们对市场约束的共同影响，以及彼此之间的相互影响，这也是我们的创新之处。

(二)研究设计

1. 变量选择及模型设定

1)市场约束指标

我们采用价格约束和数量约束作为市场约束机制的衡量指标。价格约束用利息支出占存款额的比重来衡量，数量约束用存款额占总资产的比重来衡量。

2)政府干预指标

我们采用樊纲、王小鲁和朱恒鹏的《中国市场化指数——各地区市场化相对进程 2009 年报告》中的"政府与市场关系"中的分指数"减少政府对企业的干预"这一分指标，选取银行注册地所在省份的指标。数值越大，表明政府干预越少。

3)银行破产概率指标

我们沿袭 Barth 等(1985)、Thompson(1991)、Park(1995)、Martinez Peria 和 Schmukler(2001)、许友传和何佳(2008)、曹廷求和张光利(2011)刻画银行破产风险的方法，采用 CAMEL 评级标准分别从资本充足率、资产质量、管理能力、盈利能力和流动性方面来选择解释变量，用 Logit 回归来预测银行的破产概率。本节选取股权占总资产的比重来衡量资本充足率，其比例越大，银行破产概率应该越小，Lane 等(1986)、Thomson(1992)、Estrella 等(2000)也发现资本充足测度对银行失败具有良好的预测能力；采用净贷款占总资产的比重、非盈利资产占总资产的比重来衡量资产质量；采用成本收入比与非利息支出占平均资产的比重来衡量盈利能力；采用流动资产占总资产的比重来衡量银行的流动性。

我们参照以往文献的做法，选取杠杆比率来衡量银行的经营与风险状况，当杠杆率小于 0 时，定义银行为经济破产，此时 $P=1$，否则 $P=0$。我们运用式(4.15)进行回归，并预测银行破产概率 P。

$$\ln(P/1-P)=\alpha+\beta_1C_1+\beta_2A_1+\beta_3A_2+\beta_4A_3+\beta_5M_1+\beta_6M_2+\beta_7E_1+\beta_8E_2+\beta_9L_1+\varepsilon \qquad (4.15)$$

4)其他控制变量

我们还控制了银行总资产(年末银行总资产的自然对数)、是否上市(上市为 1，否则为 0)、不良贷款率等变量。

主要变量定义如表 4-18 所示。

表 4-18 主要变量定义(二)

变量名称		变量符号	变量说明
政府干预指标		GOV	来自樊纲等(2010)，数值越大，政府干预程度越低
市场约束指标	价格约束	PD	利息支出/存款额
	数量约束	QD	存款额/总资产
银行破产概率指标 (P)	资本充足率	C_1	股权/总资产
	资产质量	A_1	净贷款/总资产
		A_2	净贷款/储蓄和短期存款
		A_3	非盈利资产/总资产
	管理能力	M_1	成本收入比
		M_2	非利息支出/平均资产
	盈利能力	E_1	净资产收益率
		E_2	净利息收益率
	流动性	L_1	流动资产/总资产
控制变量	银行总资产	LnA	银行总资产的自然对数
	是否上市	List	上市为 1，否则为 0
	不良贷款率	NPL	不良贷款率

通过上述变量选择，我们有如下回归方程：

$$P_{it}=\alpha+\beta_1\text{GOV}+\beta_2\text{PD}+\beta_3\text{QD}+\beta_4\text{LnA}+\beta_5\text{List}+\beta_6\text{NPL}+\mu_{it}+\varepsilon_{it} \qquad (4.16)$$

其中，μ_{it} 表示每个商业银行的异质性。

实证结果如表 4-19 所示。模型通过了显著性检验，其中资本充足率指标中，股权占总资产的比重(C_1)与银行破产概率显著负相关，表明资本充足率水平越高，银行破产概率越低；管理能力指标中，成本收入比(M_1)与银行破产概率显著正相关，表明成本收入比越大，银行破产概率越高；盈利能力指标中，净资产收益率(E_1)与银行破产概率显著负相关，表明净资产收益率越高，银行破产概率越低；流动性指标中，流动资产占总资产的比重(L_1)与银行破产概率显著负相关，表明银行的流动性越高，银行破产概率越低。

表 4-19 银行风险概率估计

变量	破产概率 P
C_1	-115.800^{***}
	(-4.50)
A_1	0.137
	(0.74)
A_2	-0.141
	(-0.81)
A_3	-1.17×10^{-8}
	(-0.38)
M_1	0.060^{**}
	(2.27)
M_2	-0.916
	(-1.23)
E_1	-0.073^{***}
	(-2.67)
E_2	0.378
	(0.79)
L_1	-9.775^{**}
	(-2.33)
常数项	4.811^{*}
	(1.90)
样本量	285
Pseudo R^2	0.4322
Prob$>\chi^2$	0.0000

注：括号内为Z统计量

***、**和*分别表示在1%、5%和10%的水平显著

2. 数据来源

我们选择 Bankscope 数据库中 2001～2010 年全国性股份制商业银行和城市商业银行的数据，得到了 72 家商业银行 377 个观测值，涉及了 25 个省份 56 个城市的商业银行。具体如表 4-20 和表 4-21 所示。

表 4-20 样本银行的时间分布(单位：个)

时间	2001 年	2002 年	2003 年	2004 年	2005 年	2006 年	2007 年	2008 年	2009 年	2010 年
观测值	5	9	16	33	52	61	67	59	44	31

表 4-21 样本银行的地区分布(单位：个)

地区	观测值	地区	观测值
北京	42	山西	7
四川	13	河南	15
重庆	4	广州	39
辽宁	15	云南	3
浙江	26	福建	22
河北	9	湖北	3
江苏	31	黑龙江	2
宁夏	5	安徽	6
山东	53	江西	14
上海	22	甘肃	5
天津	18	广西	6
内蒙古	6	陕西	3
湖南	8	合计	377

(三)描述性统计

我们对样本进行了描述性统计，首先对总样本、全国性股份制商业银行和城市商业银行分别进行了描述性统计，如表 4-22 所示。

表 4-22　总样本、全国性股份制商业银行和城市商业银行的描述性统计

主要变量	总样本		全国性股份制商业银行		城市商业银行	
	平均值	标准差	平均值	标准差	平均值	标准差
P	0.1471	0.2193	0.1958	0.2575	0.1382	0.2111
PD	1.6604	0.5695	1.9021	0.6306	1.5843	0.1966
QD	0.8791	0.0919	0.7766	0.0763	0.8312	0.0925
GOV	7.1130	3.0830	9.1856	2.5310	6.5189	2.9713

从表 4-22 的统计结果可以看出，2001～2010 年样本银行的破产概率的平均值为 0.1471，价格约束变量的平均值为 1.6604，数量约束的平均值为 0.8791，政府干预指标的平均值为 7.1130。通过对全国性股份制商业银行和城市商业银行的分类统计，可以看出全国性股份制商业银行的破产概率 (0.1958) 高于城市商业银行 (0.1382)，全国性股份制商业银行的价格约束 (1.9021) 高于城市商业银行 (1.5843)，但其数量约束 (0.7766) 低于城市商业银行 (0.8312)，全国性股份制商业银行的政府干预指标 (9.1856) 高于城市商业银行 (6.5189)，这说明全国性股份制商业银行面临的政府干预要小于城市商业银行的政府干预。

为了进一步考察中国商业银行政府干预、市场约束变化的时间趋势，我们对样本按年份进行了分组，分别给出了相关的描述性统计，如表 4-23 所示。

表 4-23　按年份的描述性统计

年份	P		PD		QD		GOV	
	平均值	标准差	平均值	标准差	平均值	标准差	平均值	标准差
2001	0.4315	−0.2414	1.6700	−0.2202	0.8005	−0.0935	6.8160	−1.8540
2002	0.3535	−0.2514	1.3040	−0.1575	0.7734	−0.0965	4.9800	−2.3840
2003	0.3946	−0.2477	1.2313	−0.1917	0.8137	−0.0670	5.8738	−2.3143
2004	0.3283	−0.2507	1.3614	−0.5737	0.8027	−0.1356	6.1506	−2.7399
2005	0.2188	−0.2644	1.4426	−0.2645	0.8324	−0.1115	6.6477	−3.0153
2006	0.1257	−0.1966	1.5302	−0.3487	0.8207	−0.1060	6.4580	−3.1227

续表

年份	P		PD		QD		GOV	
	平均值	标准差	平均值	标准差	平均值	标准差	平均值	标准差
2007	0.0649	−0.1310	1.7579	−0.6247	0.8173	−0.0759	7.5520	−3.0524
2008	0.0161	−0.0411	2.2164	−0.6995	0.8281	−0.0678	7.9651	−3.0900
2009	0.0577	−0.0778	1.6712	−0.4081	0.8316	−0.0607	7.8966	−3.1954
2010	0.0106	−0.0186	1.6997	−0.6158	0.7988	−0.0877	7.8312	−3.1881

　　从表 4-23 的统计结果可以看出，中国商业银行的破产概率呈下降趋势，从 2001 年的 0.4315 下降到 0.0106；价格约束变量呈上升趋势，从 2002 年的 1.3040 上升至 2008 年的 2.2164，但 2009 年、2010 年又有下降的趋势；政府干预指标呈上升趋势，从 2002 年的 4.9800 上升至 2010 年的 7.8312，这说明政府对商业银行的干预逐年下降，这也与市场约束逐年增加相一致；数量约束变量基本没有大的变化，从图 4-3 可以很清楚地看到这些变化趋势。

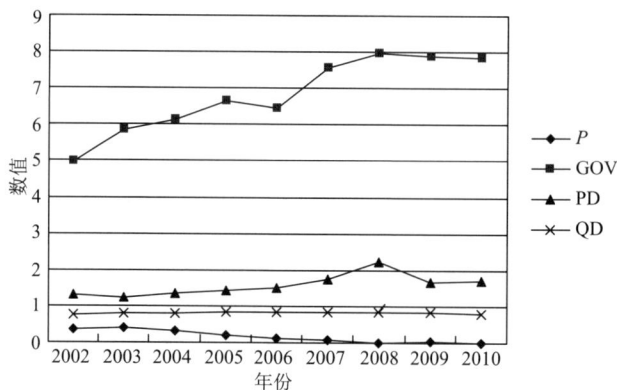

图 4-3　主要变量随时间的变化图

（四）回归分析

1. 总体回归

为了具体分析中国商业银行市场约束、政府干预对银行风险的作用机制，我们进行了计量分析。我们对样本采用短面板数据的处理方法进行回归，首先用豪斯曼检验采用固定效应模型还是随机效应模型，豪斯曼检验结果：Prob>χ^2=0.0000，所以应该采用固定效应模型而不是随机效应模型。对于总样本，我们对政府干预和市场约束机制分别进行回归，然后进行总体回归，具体的回归结果如表 4-24 所示。

表 4-24 总样本的回归分析

变量	P		
	(1)	(2)	(3)
GOV	−0.052*** (−3.37)		−0.046*** (−2.63)
PD		−0.033 (−1.06)	−0.012 (−0.39)
QD		−0.268 (−1.12)	−0.207 (−0.87)
List	−0.043 (−0.66)	−0.057 (−0.89)	−0.049 (−0.77)
NPL	0.005 (0.58)	0.008 (0.92)	0.005 (0.60)
LnA	−0.095** (−2.56)	−0.191*** (−6.18)	−0.110** (−2.55)
常数项	2.194*** (3.77)	3.820*** (6.88)	2.619*** (3.68)
样本量	281	243	243
R^2	0.2612	0.2755	0.3040
Prob > F	0.0000	0.0000	0.0000

注：括号内为t值
***和**分别表示在1%和5%的水平显著

表 4-24 中的模型(1)是只对政府干预机制进行回归，政府干预指标与银行破产概率显著负相关，表明政府干预越强，银行破产概率越高；模型(2)是只对市场约束机制进行回归，价格约束、数量约束与银行破产概率险负相关，但均不显著，这说明中国商业银行面临的市场约束比较弱；模型(3)是对政府干预机制和市场约束机制的总体回归，结果与分机制回归基本一致，

政府干预指标与银行破产概率之间的回归系数为–0.046，在 1%的水平上显著，这说明政府干预显著地增加了银行破产概率，而价格约束和数量约束的回归系数为负但不相关，说明市场约束机制微弱。另外，控制变量银行总资产与银行破产概率显著负相关，说明银行规模越大，银行破产概率也越低；规模越大，银行抗风险能力也越强。

2. 分组回归

1) 全国性股份制商业银行和城市商业银行的分组回归

考虑到全国性股份制商业银行和城市商业银行在规模、治理机制及相关政策方面的不同，我们将其进行分组回归，以检验在不同类型的银行中，其所面临的政府干预机制、市场约束机制是否有显著的不同。回归结果如表 4-25 所示。

表 4-25　全国性股份制商业银行和城市商业银行的分组回归

变量	全国性股份制商业银行 P	城市商业银行 P
GOV	−0.036 (−0.39)	−0.047*** (−2.81)
PD	−0.186 (−1.07)	−0.006 (−0.20)
QD	−0.044 (−0.05)	−0.301 (−1.25)
List	−0.071 (−0.51)	−0.022 (−0.30)
NPL	1.703 (0.71)	0.005 (0.70)
LnA	−0.171 (−1.12)	−0.074 (−1.55)
常数项	4.360 (1.62)	1.990** (2.55)
样本量	39	204
R^2	0.4788	0.2585
Prob > F	0.0045	0.0000

注：括号内为t值
***和**分别表示在1%和5%的水平显著

　　从表 4-25 的回归结果可以看出，分组后全国性股份制商业银行中政府干预指标、市场约束均不显著，但城市商业银行中政府干预指标与银行破产概率的相关系数为–0.047，在 1%的水平上显著，这说明政府干预只是显著地增加了城市商业银行的风险，这也反映了城市商业银行受政府干预的程度较大。

　　2）上市银行与非上市银行的分组回归

　　考虑到上市能够增加银行的市场约束，我们将样本分为上市银行和非上市银行进行分组回归。表 4-26 的分组回归结果验证了我们的推测，从回归结果看出，对于上市银行，政府干预指标与银行破产概率的回归系数为–0.046，在 1%的水平上显著，价格约束与银行破产概率的回归系数为–0.196，在 5%的水平上显著，数量约束与银行破产概率的相关系数为–0.545，但不显著。回归结果说明对于上市银行而言，政府干预显著增加了银行的风险，市场通过价格机制也能够约束银行的风险承担。对于非上市银行而言，政府干预指标与银行破产概率的回归系数为–0.042，在 5%的水平上显著，价格约束、数量约束与银行破产概率的相关系数分别为–0.005 和–0.322，但都没有通过显著性检验，这说明对于非上市银行而言，政府干预显著增加了银行的风险，但是市场约束的作用很微弱。

表 4-26　上市银行与非上市银行的分组回归

变量	上市银行 P	非上市银行 P
GOV	-0.046^{***} (−4.60)	-0.042^{**} (−2.21)
PD	-0.196^{**} (−2.56)	-0.005 (−0.16)
QD	-0.545 (−1.16)	-0.322 (−1.23)
NPL	12.080^{***} (4.82)	0.005 (0.60)
LnA	-0.064^{***} (−2.65)	-0.118^{**} (−2.19)
常数项	2.408^{***} (3.81)	2.749^{***} (3.11)

续表

变量	上市银行	非上市银行
	P	P
样本量	32	211
R^2	0.5654	0.2355
Prob>F	0.0000	0.0000

注：括号内为t值

***和**分别表示在1%和5%的水平显著

3)政府干预程度的分组回归

从以上的分析中我们发现，政府干预对银行风险的影响比较稳健，但市场约束的影响区别比较大。我们推测在政府干预强的地区市场约束的作用会比较弱，而在政府干预较弱的地区市场的约束会较强一些，我们将样本银行按政府干预指标的平均值 7.1130 进行分组，政府干预指标低于 7.1130 的为干预程度高的一组，高于 7.1130 的为干预程度低的一组(因为指数越高，干预程度越低)。回归结果如表 4-27 所示。表 4-27 的回归结果验证了我们的推测，在干预程度低的那组，政府干预指标与银行破产概率的回归系数为 –0.029，但是不显著，价格约束与银行破产概率的回归系数为–0.086，在 5% 的水平上显著，数量约束仍没有通过显著性检验；在政府干预程度高的那组，政府干预指标与银行破产概率的回归系数为–0.067，在 5%的水平上显著，但价格约束和数量约束的效果不显著。这说明在政府干预程度低的地区，市场能够通过价格约束商业银行的风险；但在政府干预程度高的地区，政府干预起主导作用，能够显著地增加银行的风险。

表 4-27　按政府干预程度的分组回归结果

变量	干预程度低	干预程度高
	P	P
GOV	−0.029 (−1.14)	−0.067** (−2.23)
PD	−0.086** (−2.01)	−0.090 (−1.57)
QD	−0.194 (−0.62)	−0.589 (−1.46)

续表

变量	干预程度低 P	干预程度高 P
List	—	0.045 (0.52)
NPL	1.493*** (4.36)	0.005 (0.30)
LnA	−0.039 (−0.62)	−0.092 (−1.32)
常数项	0.653 (0.60)	3.108*** (2.66)
样本量	131	112
R^2	0.3389	0.3353
Prob>F	0.0000	0.0000

注：括号内为t值
***和**分别表示在1%和5%的水平显著

4) 按时间的分组回归

从按时间的描述性统计中我们也可以看出，中国商业银行的风险情况、政府干预与市场风险随着时间的推移发生了很大的变化，尤其是 2004 年前后。并且 2004 年 12 月 16 日中国银监会通过了《商业银行市场风险管理指引》，来加强商业银行的市场风险管理，规范商业银行的市场运作，因此我们以 2004 年为分界点，将样本银行分 2001～2004 年和 2005～2010 年两个时间段进行分组分析。回归结果如表 4-28 所示。在 2001～2004 年，政府干预指标与银行破产概率的回归系数为–0.044，在 5%的水平上显著，价格约束对银行破产概率的回归系数为 0.188，在 1%的水平上显著，数量约束仍然没有通过显著性检验，这表明在这一时期，政府干预显著增加了银行风险，价格约束也显著增加了银行的风险；在 2005～2010 年，政府干预指标与对银行破产概率的回归系数不再显著，但是价格约束与银行破产概率的回归系数为–0.056，在 10%的水平上显著，数量约束仍没有通过显著性检验，这表明在这一时期主要是市场在发挥作用，市场通过价格约束显著降低了银行的风险。

表 4-28 按时间的分组回归结果

变量	2001～2004 年 P	2005～2010 年 P
GOV	−0.044^{**} (−2.48)	−0.024 (−1.02)
PD	0.188^{***} (2.64)	−0.056[*] (−1.78)
QD	0.509 (1.23)	0.200 (0.76)
List	0.163 (0.96)	0.030 (0.44)
LnA	−0.012 (−0.28)	−0.103^{**} (−2.02)
NPL	0.006 (1.42)	0.855 (0.63)
常数项	0.162 (0.28)	1.924^{**} (2.14)
样本量	37	194
R^2	0.4504	0.1861
Prob>F	0.0027	0.0003

注：括号内为t值
***、**和*分别表示在1%、5%和10%的水平显著

（五）实证结论

本部分运用全国性股份制商业银行和城市商业银行 2001～2010 年的数据，分析了政府干预机制和市场约束机制对商业银行风险的共同影响。我们发现：由于我国存在的隐性存款保险和市场制度的不完善，政府干预显著地增加了银行的风险，而市场的约束作用比较弱，其中全国性股份制商业银行受政府的干预比较少，但城市商业银行受到政府干预的程度较高，显著地增加了其风险。同时从分组回归的结果我们也发现银行上市之后，市场能够通过价格显著地约束银行的风险；在政府干预程度低的地区，市场的价格约束机制显著；在 2005 年之后政府干预的机制逐渐减弱，而市场的价格约束机制逐渐增强。

总之，政府干预仍是影响现阶段商业银行风险承担的主要机制，但是市场约束的作用开始随着时间逐渐显现，尤其是在上市商业银行中。因此，要有效地降低银行的风险承担，除了要加强商业银行的内部控制及外部监管之外，还要适当地减少政府的干预，为商业银行的运行提供良好的制度环境。

二、资本监管、市场约束与金融机构风险承担

在 20 世纪 30 年代以前的自由银行业制度中，银行监管以市场约束为主，但 1929～1933 年的大危机使各国看到了市场失灵的后果，世界各国逐渐加大了对经济的干预力度，强化政府监管的力量，市场约束逐渐被官方的监管约束所代替。然而进入 20 世纪 70 年代以来，银行监管所面临的环境发生了巨大的变化：一方面，金融自由化改革不断深入，金融要素在全球范围内进行配置，出现了金融全球化的趋势；另一方面，金融机构之间业务交叉与渗透日益加剧，金融业开始混业经营，各种衍生产品和创新金融工具的不断推出进一步增加了市场的复杂性，政府监管越来越力不从心。国际清算银行(Bank for International Settlements)指出："市场约束能够加强最低资本标准(支柱 1)和监管过程(支柱 2)，由此促进银行和金融系统的稳健性。"于是巴塞尔协议 II 的新的监管框架中把市场约束作为三大支柱之一(市场力量被假定为能够加强银行的资本监管)。

我国商业银行的资本监管起步较晚，1993 年才将资本充足率纳入监管范围，但由于缺乏重视，该项规定长期以来并未真正发挥作用。直到 2004 年颁布了《商业银行资本充足率管理办法》，我国银行业才将提高资本充足率作为银行自身发展的重心，该办法中规定商业银行资本充足率不得低于 8%，核心资本充足率不得低于 4%，达标日期截止到 2007 年 1 月 1 日。中国于 2001 年 11 月 10 日正式加入 WTO，承诺了银行业开放的 5 年过渡期。至 2006 年底中国已全面放开了银行业市场，中国的银行业在市场上与外资银行等进行公平竞争。

一些监管政策成功控制了银行风险，维护了银行稳定，因此降低了存款者对银行风险的敏感性，即"监管约束"在一定程度上能够代替市场约束。Dewatripont 和 Tirole(1994)指出由于信息的复杂性和免费乘车问题，存款者

没有动机也没有能力监督银行，基于此，他们认为监管当局是监督银行的代表性力量。但是，一些监管政策和金融安全网保护存款者免受银行破产的风险和损失，因此减少了存款者对银行风险的敏感性，最后鼓励了银行方面的过度风险承担。我们称之为"监管保护"。监管保护不仅产生于显性的存款保险，也产生于银行监管。例如，Stigler(1971)的"监管捕获"假说，Shleifer 和 Vishny(1998)、Djankov 和 Murrell(2002)的"收费站"假说，以及 Boot 和 Thakor(1993)的"声誉关注"假说。Hosono 等(2004)研究了监管对市场约束的影响，发现存款利率与银行风险的敏感性关系取决于银行的破产风险和存款保护的程度，也发现对银行行为的严格监管和有力的监管当局能够降低存款保险利率和其对风险的敏感性。

Decamps 和 Lovo(2002)的理论模型指出，提高市场约束有效性和外部查证频率，可以降低最优政策组合中的最低资本充足率要求。Ashcraft(2008)指出尽管银行资本监管允许银行自由地选择发行股权或次级债券来满足资本要求，但是贷款者和投资者仍把债权和股权看作不完全的替代品。监管资本中债务的混合应该隔离市场对银行的约束作用。自 1991 年联邦存款保险公司改进法案中降低了联邦存款保险公司吸收次级债券损失的能力，混合的债务对陷入困境银行的未来表现有正向影响，就如债权人能够限制道德风险一样。结果表明选择实际上是很重要的，但是次级债券的好处要更大一些，因此在银行监管中市场发挥了作用。限制性次级债券有两个潜在的机制能够提高商业银行的监管：第一，市场能够提供违约风险的信息，从而帮助监管者更好地分配监管资源；第二，次级债券投资者通过限制性合约阻止危急时刻的道德风险来直接约束银行。

一些学者也分析了监管对中国商业银行市场约束的影响。杜胜和金子寿(2002)指出有必要引入市场的力量来加强对银行的监管。王晓龙(2006)在 Leland 和 Toft(1996)的公司财务模型及 Milne 和 Whalley(2001)的银行模型基础之上建立一个动态模型，研究市场约束与监管政策的问题，指出市场约束可以降低银行关闭的临界点，但只有监管当局严格执行银行关闭政策时直接的市场纪律才是有效的。黄蕙(2006)分析了在发生系统性冲击时如何在政府监管和市场约束之间进行权衡和选择，从而达到最优的监管组合效果。张强等(2009)研究了银行监管中的最优市场约束问题，发现在银行监管中实施最优的市场约束可以提高银行监管帕累托效率，最优市场约束水平受到银行"额外价值"、无市场约束时贷款失败的概率、贷款成功的收益和市场约束的成本弹性等因素的影响，呈一种正相关关系，尤其是对银行"额外价值"、贷款成功的收益这两个因素的变化敏感性较强。许友传和何晓光(2009)分析了法定最低资本要求对次级债券市场约束的影响，指出对资本不足银行而言，监管当局的法定最低资本要求有可能导致其有能力支付而未支付次级债券债权人的情况发生，从而过度增大了次级债券债权人的风险暴露，增强了次级债券债权人对银行风险承担行为的容忍与漠视，牺牲了次级债券的市场约束功能。这些文献的基本观点是在中国的现有情况下，政府监管和市场约束应相互配合，达到激励相容才能更好地约束银行的风险承担。

总之，国内目前已有的文献鲜有从实证上检验资本监管与市场约束的共同作用，这给本部分的研究留下了空间，结合中国的具体情况，来检验资本监管与市场约束对商业银行风险承担的共同影响，并进一步检验资本监管和市场约束的相互影响，这对于中国银行业更好地约束风险有一定的意义。

(一)研究设计

1. 变量选择及模型设定

1)银行破产概率指标

我们采用银行破产概率来衡量银行的风险状况，借鉴 Barth 等(1985)、Thompson(1991)、Park(1995)、Martinez Peria 和 Schmukler(2001)、许友传和何佳(2009)、曹廷求和张光利(2011)等，采用 CAMEL 评级标准来衡量银行的破产风险，分别从资本充足率、资产质量、管理能力、盈利能力及流动性方面来选取解释变量，用 Logit 回归来预测银行破产概率。本部分选取股权占总资产的比重代表银行的资产充足率，选取净贷款占总资产的比重、非盈利资产占总资产的比重来代表资产质量，选取成本收入比、非利息支出占平均资产的比重来代表盈利能力，选取流动资产占总资产的比重来代表流动性。

考虑到中国 2000 年之后没有实际破产的银行，我们选取经济破产，当银行的杠杆率小于 0 时，定义银行为经济破产，其中杠杆率=(股权资本+贷款准备–不良贷款额)/总资产。由此我们得到下列回归模型，用来预测银行破产概率 f。

$$\ln(f_{it}/1-f_{it})=\alpha+\varphi_1C_{1it}\varphi_2A_{1it}+\varphi_3A_{2it}+\varphi_4M_{1it}+\varphi_5M_{2it}+\varphi_6E_{1it}+\varphi_7E_{2it}+\varphi_8L_{1it}+\varepsilon_{it} \quad (4.17)$$

从表 4-29 的回归结果可以看出，我们选取的 CAMEL 变量所组成的
Logit 模型通过了检验，其中 C_1 的回归系数显著为负，说明股权占总资产的
比重越高，即资本充足率越高，银行破产概率越低；M_1 的回归系数显著为
正，说明银行的成本收入比越高，即管理能力越差，银行破产概率越高；E_1
的回归系数显著为负，说明银行的盈利能力越强，银行破产概率越低；L_1
的回归系数显著为负，说明银行的流动性越强，银行破产概率越低。

表 4-29　银行破产概率估计模型

变量	P
C_1	-1.120^{***}
	(-4.92)
A_1	-0.011
	(-0.38)
A_2	-1.13×10^{-8}
	(-0.37)
M_1	0.059^{**}
	(2.04)
M_2	-1.011
	(-1.28)
E_1	-0.057^{*}
	(-1.65)
E_2	0.344
	(0.70)
L_1	-8.521^{*}
	(-1.90)
常数项	4.212
	(1.52)
样本量	267
Pseudo R^2	0.4048
Prob$>\chi^2$	0.0000

注：括号内为t值
***、**和*分别表示在1%、5%和10%的水平显著

2）资本监管指标

我们采用监管压力来代表银行的资本监管指标，借鉴曹艳华(2009)的做法，建立惩罚压力(CARL)、预警压力(CARM)和高的监管压力(CARH)三个虚拟变量，如果 $CAR_{i,t-1}<8$，$CARL_{i,t}=8-CAR_{i,t-1}$，否则 $CARL_{i,t}=0$；如果 $8<CAR_{i,t-1}<10$，$CARM_{i,t}=10-CAR_{i,t-1}$，否则 $CARM_{i,t}=0$；如果 $CAR_{i,t-1}>10$，$CARH_{i,t}=CAR_{i,t-1}-10$，否则 $CARH_{i,t}=0$。

3）市场约束指标

我们采用价格约束和数量约束来代表商业银行面临的市场约束，其中价格约束采用利息支出占存款额的比重来衡量，数量约束采用存款总额的增长率来衡量。

4）其他控制变量

另外我们还控制了银行总资产(总资产的自然对数)、是否上市及不良贷款率等指标。

通过上述的变量选择我们有如下的回归模型。

第一，不考虑机制间相互作用的：

$$P_{it}=\alpha+\beta_1CARL_{it}+\beta_2CARM_{it}+\beta_3CARH_{it}+\beta_4PD_{it}+\beta_5QD_{it}+\beta_6LnA+\beta_7List+\beta_8NPL+u_{it}+\varepsilon_{it} \tag{4.18}$$

第二，考虑机制间相互作用的：

$$P_{it}=\alpha+\beta_1CARL_{it}+\beta_2CARM_{it}+\beta_3CARH_{it}+\beta_4PD_{it}+\beta_5QD_{it}+\beta_6CARL_{it}\times PD_{it}+\beta_7CARM_{it}\times PD_{it}+\beta_8CARH_{it}\times PD_{it}+\beta_9CARL_{it}\times QD_{it}+\beta_{10}CARM_{it}\times QD_{it}+\beta_{11}CARH_{it}\times QD_{it}+\beta_{12}LnA+\beta_{13}List+\beta_{14}NPL+u_{it}+\varepsilon_{it} \tag{4.19}$$

其中，μ_{it} 表示每个商业银行的异质性。具体的变量描述如表 4-30 所示。

表 4-30 变量定义(二)

变量类别与名称		变量符号	变量说明
资本监管指标(监管压力)	惩罚压力	CARL	如果 $CAR_{i,t-1}<8$，$CARL_{i,t}=8-CAR_{i,t-1}$，否则 $CARL_{i,t}=0$
	预警压力	CARM	如果 $8<CAR_{i,t-1}<10$，$CARM_{i,t}=10-CAR_{i,t-1}$，否则 $CARM_{i,t}=0$
	高的监管压力	CARH	如果 $CAR_{i,t-1}>10$，$CARH_{i,t}=CAR_{i,t-1}-10$，否则 $CARH_{i,t}=0$

续表

变量类别与名称		变量符号	变量说明
市场约束指标	价格约束	PD	利息支出/存款额
	数量约束	QD	存款总额的增长率
银行破产概率指标 (P)	资本充足率	C_1	股权/总资产
	资产质量	A_1	净贷款/总资产
		A_2	非盈利资产/总资产
	管理能力	M_1	成本收入比
		M_2	非利息支出/平均资产
	盈利能力	E_1	净资产收益率
		E_2	净利息收益率
	流动性	L_1	流动资产/总资产
控制变量	银行总资产	LnA	银行总资产的自然对数
	是否上市	List	上市为1，否则为0
	不良贷款率	NPL	不良贷款率

2. 数据来源

本部分从银行年报中手工搜集了 4 家国有商业银行、10 家全国性股份制商业银行和 60 家城市商业银行的数据，时间跨度为 2001～2010 年，由于要进行差分计算，只选取了至少有连续两年以上的银行的数据。

(二)描述性统计

我们对主要的变量进行了描述性统计，结果如表 4-31 所示。从表 4-31 的描述性统计中可以看出，银行破产概率呈下降趋势，从 2001 年的 0.409 下降到 2010 年的 0.004，这也反映出银行的内外部治理机制有了很大的完善；各商业银行的资本充足率水平呈上升趋势，尤其是 2004 年《商业银行资本充足率管理办法》的实施，使中国商业银行正式将资本充足率监管作为银行的重要监管要素，各商业银行的资本充足率水平急剧上升，但 2009 年由于新增的 10 万亿元贷款，资本充足率水平略有下降。2007 年之前，即《商业银行资本充足率管理办法》规定的达标日期之前，商业银行面临的基本是监管的惩罚压力，即资本充足率低于 8%的压力，但 2007 年之后大部分商业银行开始面临着高的监管压力，即资本充足率高于 10%的压力，商业银行面临的预警压力始终比较小，说明资本充足率水平在 8%～10%的商业银行比较少；在市场约束方面，数量约束的变动不明显，但价格约束呈增长的趋势，从 2001 年的 1.270 增加至 2008 年的 2.212，但 2009 年与 2010年略有下降。

表 4-31 各变量的描述性统计

变量	2001 年	2002 年	2003 年	2004 年	2005 年
P	0.409 (0.32)	0.514 (0.33)	0.448 (0.27)	0.353 (0.30)	0.225 (0.28)
CAR/%	4.550 (1.96)	3.795 (1.46)	4.319 (1.49)	5.556 (5.55)	7.471 (3.37)
CARL	2.730 (1.79)	3.500 (1.84)	4.205 (1.46)	3.690 (1.47)	3.643 (2.63)
CARM	0	0.099 (0.36)	0	0.104 (0.44)	0
CARH	0	0	0	0	0.967 (3.30)
QD	0.540 (0.20)	0.310 (0.18)	0.360 (0.16)	0.226 (0.15)	0.320 (0.26)
PD	1.270 (0.96)	1.340 (0.65)	1.421 (0.93)	1.343 (0.49)	1.431 (0.27)
变量	2006 年	2007 年	2008 年	2009 年	2010 年
P	0.133 (0.20)	0.067 (0.12)	0.018 (0.04)	0.045 (0.06)	0.004 (0.01)
CAR/%	10.087 (7.83)	11.105 (4.64)	12.600 (3.64)	12.542 (2.24)	12.440 (1.47)
CARL	1.644 (2.53)	0.547 (1.49)	0.240 (0.68)	0	0

续表

变量	2006 年	2007 年	2008 年	2009 年	2010 年
CARM	0.450 (0.73)	0.482 (0.64)	0.387 (0.64)	0.162 (0.40)	0.066 (0.26)
CARH	0.293 (0.69)	1.545 (7.42)	2.096 (4.20)	2.806 (3.51)	2.617 (2.32)
QD	0.268 (0.14)	0.260 (0.23)	0.242 (0.16)	0.375 (0.22)	0.302 (0.17)
PD	1.539 (0.34)	1.766 (0.63)	2.212 (0.71)	1.700 (0.45)	1.720 (0.62)

注：数据来源于银行年报，括号内为标准差

为了更好地体现各变量的变化趋势，我们画出了各变量随时间变化的折线图，如图 4-4 和图 4-5 所示。

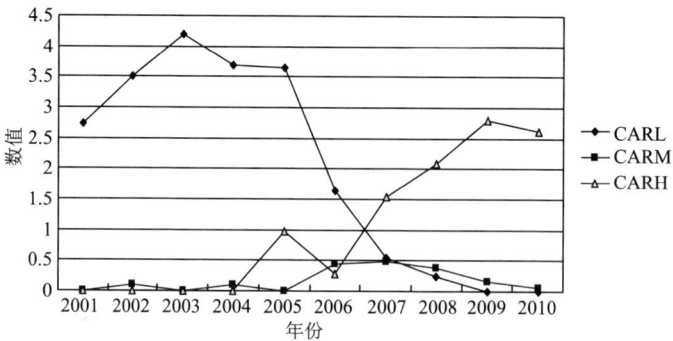

图 4-4　监管压力时间趋势图

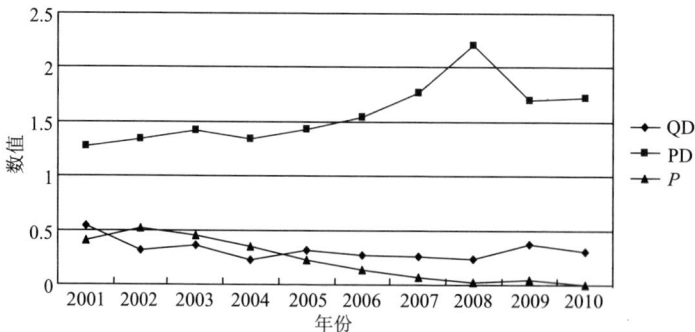

图 4-5　银行破产概率、市场约束的时间趋势图

(三)计量分析

1. 两种机制的交互影响

为了更好地分析各机制之间的交互作用，我们进行了计量分析，使用的是面板数据处理方法，用豪斯曼检验确定是使用固定效应模型还是随机效应模型。因为各机制的单独影响前文已经研究过了，这里只看资本监管和市场约束的交互作用，我们引入了两种机制的交乘项，结果如表 4-32 所示。

表 4-32　两种机制的交互影响

变量	P
CARL	0.025 (0.59)
CARM	0.262[**] (2.38)
CARH	0.004 (0.22)
QD	0.180[**] (2.07)
PD	0.017 (0.35)
CARL×QD	0.014 (0.40)
CARM×QD	−0.377[**] (−2.02)
CARH×QD	−0.003 (−0.50)
CARL×PD	0.013 (0.57)
CARM×PD	−0.059 (−1.09)
CARH×PD	−0.002 (−0.30)
LnA	0.021[**] (2.23)

续表

变量	P
List	−0.007
	(−0.17)
NPL	0.748*
	(1.89)
常数项	−0.474**
	(−2.52)
样本量	151
R^2	0.4144
Prob>χ^2	0.0000

注：括号内为t值

**和*分别表示在5%和10%的水平显著

　　式(4.19)检验了资本监管和市场约束的交互作用，从回归结果来看，在交互作用下监管的预警压力显著增加了银行破产概率，市场通过数量约束同样没有降低银行破产概率，反而增加了银行破产概率，监管的预警压力和数量约束呈一种相互补充的关系。

2. 分阶段的回归

　　中国 2004 年正式实施了《商业银行资本充足率管理办法》，达标日期为 2007 年 1 月 1 日，另外，中国加入 WTO 后，2006 年底已全面放开银行业市场，考虑到这些具体的因素，我们选取了 2004～2006 年和 2007～2010 年两个时间段分别进行回归，进一步检验资本监管、市场约束交互作用的趋势变化。

　　从表 4-33 的回归结果可以看出，2004～2006 年，由于市场约束作用不显著，资本监管与市场约束的交互作用不显著。2007～2010 年，在交互作用下，资本监管的惩罚压力、预警压力与高的监管压力均与银行破产概率呈一种正向关系，即监管压力在这一时间段显著增加了银行破产概率，并且监管的惩罚压力、高的监管压力与数量约束机制、价格约束机制呈一种显著的互补关系。

表 4-33　分时间段的交互作用回归结果

变量	2004~2006 年 P	2007~2010 年 P
CARL	0.129 (0.93)	0.271** (2.68)
CARM	0.767* (1.76)	0.099* (1.72)
CARH	0.543 (1.18)	0.016*** (2.85)
QD	0.613 (1.50)	0.051 (1.30)
PD	0.208 (0.68)	−0.006 (−0.29)
CARL×QD	−0.101 (−1.05)	−0.238** (−2.41)
CARM×QD	−0.482 (−0.87)	−0.044 (−0.74)
CARH×QD	−0.522 (−0.96)	−0.005*** (−3.26)
CARL×PD	−0.039 (−0.51)	−0.133** (−2.69)
CARM×PD	−0.322 (−1.34)	−0.041 (−1.52)
CARH×PD	−0.184 (−0.96)	−0.007*** (−2.95)
LnA	0.029 (1.00)	−0.034 (−1.35)
List	0.070 (0.55)	—
NPL	4.145*** (3.69)	−0.048 (−0.09)
常数项	−1.161 (−1.46)	0.658 (1.37)
样本量	56	87
R^2	0.5543	0.6489
Prob>χ^2	0.0000	0.0007

注：括号内为 t 值
***、**和*分别表示在1%、5%和10%的水平显著

（四）实证结论

本部分采用 4 家国有商业银行、10 家全国性股份制商业银行和 60 家城市商业银行 2001～2010 年的数据分析了资本监管和市场约束对商业银行风险承担的综合影响。研究发现商业银行的风险确实有了显著的降低，但资本监管和市场约束这两种机制对中国商业银行的交互影响随着时间发生了很大变化，在 2007～2010 年资本监管和市场约束的相互作用开始显现，呈一种互补的关系。这也说明市场能够帮助监管部门更好地约束商业银行的风险，因此应采取措施更好地促进市场的发展与完善。

三、特许权价值、市场结构与金融机构风险承担

改革开放以来，我国经济体制改革取得了辉煌的成就，市场经济逐渐建立并发挥了重要的作用。银行业的体制改革使银行从政府部门的附属物转变为市场经济的重要角色，并逐渐成为国民经济资源配置的重要枢纽。但是在我国银行业已实现全面对外开放的背景下，国内外银行在中国的竞争愈演愈烈，我国商业银行面临着巨大的竞争压力，如何提高我国商业银行竞争力成为一项重要的研究。

截至 2009 年底，共有 46 个国家和地区的 194 家商业银行在中国设立了 299 家代表处，33 家外商独资银行，外资银行总资产达到 13 492.29 亿元，而且整体风险保持良好。外资银行涌入中国的重要目的是分享中国经济腾飞的盛宴，这个过程不但逐渐改变了中国银行业的市场竞争结构，而且强加给中国银行改变粗放经营方式的压力。与一般企业不同，商业银行经营的目标具有特殊性，不仅要追求利润的最大化，而且要减少自身风险的积聚，因此降低风险也成为衡量银行竞争力的重要指标。与国外银行经营环境相比，处于经济转轨期的中国商业银行不可避免地受到行政型治理和市场型治理双重治理环境的影响，因此中国商业银行风险的形成机制具有特殊性。

正因为银行业高风险的特殊性及其功能的重要性，国内外银行业都受到政府的严格监管。特别是在转型经济体中，严格的市场监管使银行有很高的垄断利润，形成了较高的银行特许权价值。伴随着中国城市商业银行的崛起

和外资商业银行的涌入，高度垄断的中国商业银行市场结构逐渐被改变，市场竞争程度不断加剧。在有限的资源中，竞争的加剧必然导致商业银行改变经营模式，甚至出现为了争夺发展资源而不惜放弃风险控制的现象，因此市场结构的改变影响到银行风险承担行为。而影响银行风险承担的另一个重要因素是银行获取的特许权价值，特许权价值对银行经营者具有约束和激励作用，因此对银行风险承担具有自律效应。随着银行准入的不断降低，竞争结构逐渐改变，我国商业银行的特许权价值受到了冲击。市场竞争环境和特许权价值的自律效应两种机制在约束银行风险方面具有相反的作用，市场竞争的增强加剧了银行风险承担的程度，而特许权价值的自律效应会降低银行的风险承担；但随着竞争环境的变化，特许权价值也发生了动态的改变，这种动态变化的过程对银行风险约束作用也相应改变。两种机制究竟对中国银行风险承担的作用如何，在银行业改革过程中两种机制的相互影响及它们对银行风险作用的变化，需要我们进行分析。另外，中国的城市商业银行已经逐渐成长为中国银行业的一支重要力量。因此，分析中国商业银行业的经营状况，不应仅仅局限于国有大中型银行。

在冷战结束后，世界金融自由化的进程进一步加快，随之而来的是银行业的稳定性更加脆弱，Demirguc-Kunt 和 Detragiache(1998)分析了 53 个国家金融业自由化与银行业风险的关系，在控制了诸如宏观经济因素、经济政策等因素的前提下，发现金融自由化程度降低了本国银行业的稳定性，但好的国家制度环境约束了这种不良的影响。而 Smith(1998)使用一般均衡模型分析了旨在维持银行业稳定的限制政策给宏观经济造成的成本，认为银行业竞争程度的增加能够提高宏观经济的收入水平，并且能够降低经济周期造成的损害程度，竞争程度低的银行业能够提供的产出比竞争程度高的银行业能提供的产出要低。Claessens 等(2001)首次比较系统地分析了外国银行进入对本国银行业的影响，作者认为外资银行和本国银行面临的客户群、监管要求和税收等方面存在很大差别，在发展中国家和发达国家外资银行对本国银行业的影响不同。Frame 和 White(2004)认为美国家庭贷款银行系统的按揭计划和巴塞尔银行监管委员会的资本监管修订加剧了美国初级和二级按揭市场的竞争，降低了联邦按揭协会和联邦家庭贷款按揭公司的特许权价值及有效资本量，并最终增加了两大公司的风险行为。但关于银行竞争与风险的关系也有不同观点，如 De Nicolo(2001)认为银行业的集中将会增加银行业的破产风险，Boyd 和 De Nicolo(2005)分析了带有贷款市场的理论模型，认为当银行的市场力量增大的时候，在资金成本上升的情况下，银行借款人选择高风险的项目，进而增加了银行的风险。

国内关于银行风险的研究，主要从特许权价值和市场竞争两个角度分别对银行风险进行了分析，另外还有部分学者对中国的制度环境背景对银行风险的影响进行分析。李艳和张涤新(2006)使用税前利润法计算了国内 14 家商业银行的特许权价值，认为我国商业银行单位资本的特许权价值比较低，自律效应比较低。韩立岩和李燕平(2006)认为银行业的开放造成了银行特许权价值的降低，而竞争的加剧增加了银行的风险行为。李燕平和韩立岩(2008)分析了在隐性存款保险下我国商业银行特许权价值与风险的关系，认为我国的隐性保险制度降低了银行特许权价值的自律效应，特许权价值对国有和非国有商业银行的风险行为都没有形成有效的约束。马晓军和欧阳姝(2007)使用托宾 Q 的方法计算了我国 7 家上市银行和 96 家美国银行的特许权价值，首次从市场因素和银行因素两个角度分析了银行特许权价值，发现市场集中度对特许权价值有显著的影响，该文主要分析了影响中美银行特许权价值的因素，与本节的分析点略有不同，但是该文的研究思路对本节具有很大的启发性。韩立岩和李伟(2008)检验了外资银行进入对中资银行特许权价值的影响，文章以资产份额和数量份额表示的外资银行进入程度与银行特许权价值正相关，作者提供的解释是我国商业银行改革的成功及外资银行没有形成实质性的竞争压力。曹廷求和王营(2010)认为特许权价值对我国商业银行风险有显著的约束作用。曹廷求和张光利(2011)使用中国主要城市商业银行的财务数据分析了政府行为和市场机制对银行风险的影响，认为政府干预行为在一定程度上替代了市场约束机制，影响了银行风险承担。

从现有研究的结论看，大部分文献认同随着我国银行业开放程度的不断扩大，行业竞争加剧使市场垄断利润逐步下降，从而降低了银行的特许权价值，特许权价值对银行风险的约束能力降低，银行为了追求利润可能会忽视贷款质量，增加了银行的风险承担。但关于我国银行风险的现有研究，主要从特许权价值和市场竞争两个角度单独分析，而且大部分文献使用我国上市银行的财务数据。本部分以 2001～2009 年中国 156 家商业银行的财务数据为样本，首先分析了在银行业改革开放的过程中，中国商业银行特许权价值的变化和影响因素，进一步分析了市场竞争环境的变化和特许权价值的改变对中国商业银行风险承担的影响。相比现有研究，本部分的主要创新之处包括：使用比较全面的中国商业银行数据，从市场结构和特许权价值两个角度，分析了两种机制对银行风险承担的影响；从内生性的角度分析了特许权价值对银行风险的影响，并使用工具变量的方法降低内生性的影响，提高了估计结果的准确性。

（一）研究设计

1. 数据来源

我们从 Bankscope 数据库中搜索到关于中国商业银行的财务数据，时间跨度为 2001～2009 年，一共得到 197 家商业银行的数据，我们经过对比发现样本数据中存在外资银行和商业银行重复的数据，这类银行一共有 41 家，我们将此类样本进行剔除，最终得到 156 家中国商业银行的财务数据，包括银行资产、贷款总额、资本充足率等指标；为了详细刻画外资银行进入、市场集中度与特许权价值的影响，我们通过中国银监会年报和各年份中国金融统计年鉴收集到外资银行机构数目、允许经营人民币业务的外资银行数目和各年份银行业资产总规模的数据。同业拆借市场 7 天拆借利率来自 CCER 经济金融数据库，中央银行规定的对金融机构一年期贷款利率来自国泰安数据库。

2. 变量定义

基于现有研究和本部分的分析需要，我们选取了实证分析的指标，变量定义在表 4-34 中列出。我们使用不良贷款率作为衡量银行风险的指标，同时我们使用银行贷款损失准备与贷款损失的比例衡量银行风险，该比例越高表明银行风险越低。李艳和张涤新(2006)使用税前利润法计算了银行特许权价值，我们借鉴该方法从超额利润的角度计算样本中商业银行的单位资本特许权价值(UFV)：

$$UFV \approx \frac{ROE - R_f}{1 + \delta} \tag{4.20}$$

其中，ROE 为税前利润率；R_f 为同业拆借市场 7 天拆借利率；δ 为中央银行规定的对金融机构一年期贷款利率。

表 4-34 主要变量定义（三）

变量名称	变量符号	变量说明
银行风险	NPL	银行不良贷款率
	PLL	银行贷款损失准备与贷款损失的比例
市场集中度	CR4	四大国有银行资产规模占银行业资产规模的比例
单位资本特许权价值	UFV	使用税前利润法计算
盈利能力	NIA	净利息收入/平均总资产
流动性	LIQ	年末银行流动资产比例
成本效率	CIN	年末银行成本与收入比
资产规模	LnAsset	年末银行资产规模对数
存贷比	LDE	年末银行净贷款/储蓄和短期存款
外资银行机构数	NI	含法人机构总行、分行和附属机构、外国银行分行数目
经营人民币业务的外资银行机构数	NR	外资银行能够经营人民币业务的银行数目

因为相比中国银行业总规模而言，外资银行的规模占比很小，不能够客观反映外资银行在中国的发展情况，我们从外资银行机构数和经营人民币业务的外资银行机构数两个角度来刻画外资银行进入中国的程度。我们从中国银监会年报和中国金融统计年鉴中收集得到这两个指标。本部分统计和计量分析还用到其他变量，在变量定义中对其进行了详细的说明，如表 4-34 所示。

3. 统计分析

首先我们对主要变量进行统计分析，如表 4-35 所示。样本商业银行的资产规模平均值为 17.916，资产规模最大值为 23.208，而资产规模最小值为

12.509，资产规模的中位数与平均值相差不多。通过式(4.20)计算出的单位资本特许权价值的最大值比最小值多 11.545，表明商业银行之间的特许权价值相差非常大。不良贷款率的平均值为 3.930%，从最值的分布看银行间的风险程度差距很大，同样的差距也反映在银行风险的另一个指标 PLL 中。我们使用四大国有商业银行资产规模与银行业资产规模的比例计算了市场集中度，可以看出我国银行业的市场集中度比较大(平均值为 0.576)。银行成本效率平均值为 43.963%，最大值为 169.870%，盈利能力和存贷比的平均值分别为 2.535%和 60.133%，而流动性的平均值为 0.199。以上关于银行特征的统计数据表明，我国商业银行的经营状况相差巨大，这主要是我国商业银行的历史原因造成的。

表 4-35　变量统计分析

指标	LnAsset	UFV	NPL/%	PLL/%	CR4	CIN/%	NIA/%	LDE/%	LIQ
平均值	17.916	2.492	3.930	117.118	0.576	43.963	2.535	60.133	0.199
中位数	17.356	2.399	2.600	99.310	0.557	41.110	2.500	59.115	0.184
最大值	23.208	8.284	11.400	716.000	0.733	169.870	5.650	366.670	0.398
最小值	12.509	−3.261	0.700	0.020	0.496	4.550	0.390	18.730	0.100
标准差	2.209	2.035	3.431	98.803	0.069	15.605	0.850	18.717	0.074

现有研究认为银行规模对银行的经营产生了重要的影响。在中国，不同规模的银行面临的经营环境有很大差异，因此我们按照银行规模的平均值 17.916 进行了分组统计分析，并对变量平均值进行了 t 检验。结果显示，规模大的银行单位特许权价值平均值(2.757)显著高于规模小的银行平均值(2.343)；规模小的银行其贷款损失准备与贷款损失的比例和成本效率显著高于规模大的银行，而不良贷款率平均值显著低于规模大的商业银行。这表明我国中小银行的风险控制要优于规模大的商业银行，同时经营效率也显著高于规模大的商业银行。

最后我们将外资银行进入程度、银行业市场集中度、单位资本特许权价值和银行绩效表现平均资产收益率在同一张图形中绘出。从图 4-6 中我们可以看出，2001～2009 年外资银行机构数和经营人民币业务的外资银行机构数呈增加趋势，与之相对应的是银行业市场集中度的逐年下降，外资银行的进入及中国城市商业银行的崛起导致四大国有商业银行的市场份额逐年降低，市场竞争不断增强。单位资本特许权价值虽然在 2003～2006 年出现过下滑的趋势，但总体趋势还是上升的，特别是 2006～2008 年，单位资本特许权价值上升幅度非常大。我们使用年末平均资产收益率来衡量银行的绩效表现，样本银行的绩效表现大体呈现倒"U"形，在 2001～2007 年我国商业银行的绩效表现稳步上升，但是 2008～2009 年出现下滑的趋势。

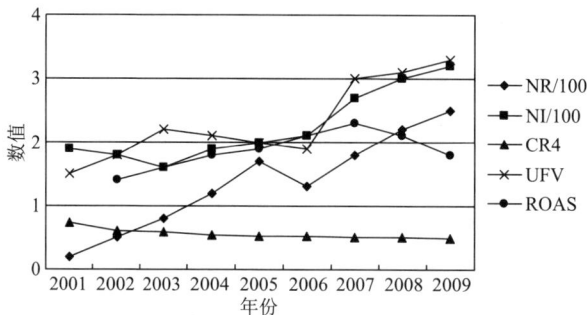

图 4-6 外资银行进入程度、银行业市场集中度、单位资本特许权价值和银行绩效表现平均资产收益率

(二)回归分析

本部分使用 2001～2009 年中国 156 家商业银行的财务数据及我国银行业的市场结构数据，分析了影响银行特许权价值的市场因素和银行因素，并对特许权价值和市场竞争对银行风险的影响进行了实证分析。我们使用式 (4.21)和式(4.22)对上述问题分别进行实证分析：

$$UFV = \alpha + \beta_1 x + \beta_2 \text{LnAsset} + \beta_3 \text{CIN} + \beta_4 \text{LDE} + \varepsilon_i \tag{4.21}$$

$$NPL = \alpha + \beta_1 z + \beta_2 \text{LnAsset} + \beta_3 \text{CIN} + \beta_4 \text{LDE} + \varepsilon_i \tag{4.22}$$

其中，x 包括市场集中度(CR4)、盈利能力(NIA)；z 包括单位资本特许权价值(UFV)、市场集中度(CR4)及二者的交乘项(CU)。

首先我们对模型中使用的解释变量进行相关性检验，通过 Spearman相关系数检验，我们得到解释变量之间的相关系数基本都低于 0.6，因此解释变量可以在同一方程中进行回归分析，估计结果不受多重共线性的影响。

1. 市场结构与银行特许权价值的关系

从现有文献的分析中，我们可知银行的特许权价值受到市场因素和银行自身因素的影响，市场集中度越高，银行获取的垄断超额利润越高，那么银行的特许权价值就越高；而如果银行的盈利能力很强，未来的预期现金流多，那么银行也拥有较高的特许权价值，基于此，我们检验了市场因素和银行自身因素对银行特许权价值的影响。市场结构与特许权价值的关系可以从两个角度分析：一是市场竞争的加剧，损害了银行的利润，进而降低了银行的特许权价值；二是随着市场集中度的降低，特别是外资银行的进入，银行采取更加稳健的经营策略，以便获取有利的竞争地位，从而提高了银行的特许权价值(韩立岩和李伟，2008)。表 4-36 中(1)列分析了市场结构与银行特许权价值的关系，市场集中度的下降提高了银行的特许权价值。我们选取银行的盈利能力作为银行特征的衡量指标，分析银行相关因素对特许权价值的影响，结果在(2)列中给出，银行较高的盈利能力显著地提高了银行的特许权价值。但是我们将市场因素和银行因素同时放入回归方程，从(3)列的结果可以看出市场相关因素对特许权价值的影响不显著为负，但银行相关因素与特许权价值仍然显著正相关，该结论与 Furlong 和 Kwan(2006)的结果一致，银行自身因素对特许权价值影响很大。我们的结果表明关于市场因素与特许权价值的结果是虚假的，二者仅仅在时间上具有负向相关的关系，表明目前影响我国银行特许权价值的因素主要来自银行自身因素，从这个分析中我们可以看出同时分析市场因素和银行因素对特许权价值的影响科学性较高。从表 4-36 中可以看出，银行成本效率与特许权价值显著负相关，成本效率高的银行具有较高特许权价值，这也印证了银行自身能力对特许权价值产生了重要影响。同样负相关的关系还体现在存贷比的结果中，存贷比高的银行拥有的特许权价值较低，但是资产规模和流动性对银行特许权价值没有显著的影响。

表 4-36　市场结构与银行特许权价值

变量	(1) UFV	(2) UFV	(3) UFV
CR4	−4.011* (−1.82)		−2.123 (−0.94)
NIA		0.602*** (3.56)	0.560*** (3.19)
LIQ	−0.245 (−0.24)	−0.539 (−0.52)	−0.589 (−0.57)
LnAsset	−0.010 (−0.18)	0.015 (0.26)	0.011 (0.20)
CIN	−0.039*** (−4.00)	−0.030*** (−3.15)	−0.027*** (−2.68)
LDE	−0.015** (−2.33)	−0.020*** (−3.15)	−0.018*** (−2.85)
常数项	7.587*** (4.42)	3.382** (2.24)	4.545** (2.33)
样本量	570	570	570
R^2	0.0672	0.0824	0.0838
F	8.127***	10.120***	8.581***

注：括号内为t值

***、**和*分别表示在1%、5%和10%的水平显著

2. 市场结构、特许权价值与银行风险

随着我国城市商业银行的壮大和开放程度不断提高，银行之间的竞争程度逐渐增加，这不仅直接影响到银行风险的承担行为，而且影响到特许权价值对银行风险的约束效应。目前对我国商业银行特许权价值与银行风险行为的研究具有不同的结论，我们将市场结构和特许权价值结合起来，同时考察它们对银行风险的影响。本部分使用四大国有银行资产规模与银行业市场规模的比值衡量市场竞争程度，比值越大，表明城市商业银行的竞争越激烈，从表 4-37 可以看出，回归结果显示随着市场集中度的上升，银行风险程度增加，表明银行在激烈的竞争环境中为了追求利润增加了风险承担行为。而特许权价值显著降低了银行的风险承担(−0.219)，表明我国银行业特许权价值的约束效应存在，与韩立岩和李燕平(2006)的研究结论一致。在两种机制的共同回归中，我

们发现市场结构、特许权价值与银行风险承担的关系没有变化，表明市场竞争确实增加了银行风险，而特许权价值有效地约束银行风险行为，也表明我们的结果是稳健的。另外，我们还对两种机制的交乘项（CRUFV）与银行风险的关系进行分析，该指标与银行风险的关系显著负相关（–0.326），表示随着银行市场集中度的上升，特许权的风险约束效应降低；而随着特许权价值的提高，市场竞争的增加将使银行承担更多的风险。从结果我们还可以看出在成本效率低、资产规模大的银行，不良贷款率较高，银行的流动性对银行风险影响不显著，这是由于我国银行系统流动性普遍较高，流动性没有对银行的风险行为产生约束，另外银行的存贷比对风险承担影响不稳定。

表 4-37　市场结构、特许权价值对银行风险的影响

变量	(1) NPL	(2) NPL	(3) NPL	(4) NPL
CR4	58.110*** (7.56)		57.230*** (7.45)	
UFV		−0.219** (−2.11)	−0.151** (−2.02)	
CRUFV				−0.326* (−1.94)
LIQ	−1.988 (−0.41)	−8.027 (−1.51)	−1.803 (−0.37)	−8.204 (−1.54)
CIN	0.156*** (3.05)	0.226*** (4.37)	0.150*** (2.91)	0.229*** (4.44)
LDE	−0.060*** (−2.76)	−0.039 (−1.50)	−0.063*** (−2.86)	−0.038 (−1.45)
LnAsset	0.250** (2.18)	0.313** (2.27)	0.243** (2.17)	0.316** (2.28)
常数项	−34.350*** (−6.40)	−5.838 (−1.33)	−32.970*** (−6.14)	−6.142 (−1.39)
样本量	423	423	423	423
R^2	0.2807	0.1642	0.2849	0.1613
F	36.20***	18.10***	31.58***	17.70***

注：括号内为t值
***、**和*分别表示在1%、5%和10%的水平显著

（三）进一步讨论

1. 稳健性检验

我们使用银行贷款损失准备与贷款损失的比例（即贷款损失覆盖率）衡量银行对风险的覆盖程度，进一步衡量市场结构、特许权价值与银行风险的关系。该指标与不良贷款率的风险指示方向恰好相反，银行贷款损失覆盖率越高，则代表银行的风险越低。因此，本回归中市场结构、特许权价值及二者的交乘项与银行风险的关系应该与表 4-37 恰好相反，才能验证我们结果的稳健性。回归结果（未列）与我们的预期相一致，市场集中度与贷款损失覆盖率显著负相关（-812.600），而特许权价值与贷款损失覆盖率显著正相关（4.948），在共同的回归中二者的系数方向和显著性没有发生改变，这表明随着市场竞争的加剧，银行风险程度增加，特许权价值有效地约束了银行的风险行为。市场集中度和特许权价值的交乘项与贷款损失覆盖率显著正相关，与前文的系数符号恰好相反。通过使用银行贷款损失覆盖率作为银行风险的替代衡量指标，我们证明了前文结果的稳健性。

2. 内生性分析

正如 Saunders 和 Wilson（2001）所讨论的那样，银行风险对特许权价值也造成了影响，二者之间存在显著的内生性。马晓军和欧阳姝（2007）认为银行特许权带来的超额收益可以分为三部分：①垄断性行业固有的超额收益；②银行吸收存款并转贷给客户获得高杠杆性的收益；③银行形成的良好商誉、客户资源等价值。第一部分可以视为与市场结构相关，第二、第三部分则与银行自身的经营状况相关，特别是第三部分收益，它受到银行经营方式的显著影响，而银行的经营行为或者经营方式受到银行风险程度的影响，因此我们认为在银行特许权价值和风险之间存在内生性的关系，而这种内生性可能影响到我们估计结果的稳健性，本部分试图寻找到合适的方法降低这种内生性的影响，进一步分析特许权价值与银行风险的关系。

Black 等（2006）在解决内生性方面提供了很好的思路，回答了公司治理机制能够提高公司价值的命题。1999 年韩国通过法律要求改善公司治理机制，但是对大公司和小公司的要求不同，这使大公司面临的监管机制与小公司存在很大差别。该文使用 2 万亿韩元为分界点的公司资产规模哑变量，以它作为公司治理的工具变量，使用两阶段和三阶段最小二乘法来估计联立方程，降低了公司治理机制与公司价值之间的内生性。我们遵循该文的方法以银行规模哑变量作为公司特许权价值的工具变量，进一步衡量银行特许权价值对风险的约束效应。我们寻找的理想的工具变量应该与银行特许权价值相关，而且不能够直接影响到银行的风险，仅仅能够通过特许权价值间接地影响银行的风险。从理论上分析，银行规模可以代表其垄断的程度，规模越大的银行其市场控制力量越大，从而获得更多的垄断利润，提高了银行的特许权价值，因此银行规模会对特许权价值产生影响，相关实证分析也得到了相似结论（De Nicolo，2001；Ghosh，2009）。另外从前文对特许权价值与规模的相关性分析中可知二者存在较强的正相关关系，因此公司规模哑变量符合工具变量的第一个条件。对于工具变量的有效性最难回答的问题是，工具变量只能通过特许权价值间接解释银行风险，而不是直接对银行风险起作用。研究理论和实证文献中也没有得出银行规模与银行风险之间没有一致关系的结论，因此我们从以上的分析中得出银行规模与风险存在显著为正或者不显著的关系。Black 等（2006）使用公司规模作为哑变量进行内生性分析时认为，如果规模哑变量与被解释变量的符号与不使用工具变量的符号相反，那么这表明规模哑变量通过影响内生变量进而影响了被解释变量，能够降低内生性变量的影响。即银行规模哑变量通过银行特许权价值进而约束了银行风险，而不是银行规模直接影响到银行风险。

根据 Black 等（2006）选取规模哑变量作为工具变量的方法，我们将银行规模进行 10～90 分位数的统计，并按照这 9 个分位数形成了 9 个资产虚拟变量，如十分位数（15.53）哑变量，含义为当资产规模大于 15.53 的银行所对应的哑变量值取 1，否则取 0，以此类推，一共形成了 9 个虚拟变量。然后，使用这 9 个虚拟变量对银行特许权价值进行回归分析，选取系数显著的虚拟变量作为特许权价值的工具变量，结果显示回归方程通过显著性检验，而且只有十分位数虚拟变量与特许权价值显著正相关（限于篇幅结果未列），因此本节选取样本银行资产规模的十分位数哑变量作为特许权价值的工具变量。另外我们按照十分位数将样本数据分为两组绘制了特许权价值与资产的关系图（图 4-7），从图中的趋势线我们可以看出，在资产规模十分位数附近，特许权价值与资产规模的关系有一个明显的跳跃。因此，我们选取资产规模十分位数哑变量作为特许权价值的工具变量是可取的。

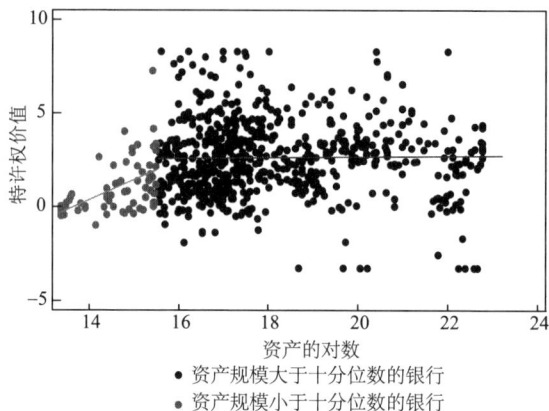

图 4-7　特许权价值与银行资产的关系

　　我们以银行资产规模哑变量作为特许权价值的虚拟变量，使用两阶段最小二乘法进一步分析特许权价值的风险约束效应，如表 4-38 所示。从结果中可以看出，使用工具变量后特许权价值的约束效应发生改变，在模型(1)中，特许权价值与银行风险的系数显著为正(1.802)，而在使用贷款损失覆盖率作为银行风险指标的模型 (2) 中，特许权价值与银行风险负相关(–14.150)，但不显著，这两个结果与前文结果截然相反，表明在解决内生性后，特许权价值的风险约束效应基本不存在。而在第一阶段回归中，银行规模哑变量与特许权价值显著正相关。在我们的第二阶段的回归分析中，分析软件 Stata 没有给出拟合优度 R^2，由于该指标在两阶段最小二乘法中没有实际的统计意义，该指标不影响我们对问题的分析。另外我们也是用广义矩估计(generalized method of moments，GMM)进行了内生性分析，结果与两阶段最小二乘法结果相似，都表明特许权价值对银行风险的约束效应不存在。

表 4-38　内生性分析

变量	(1)		(2)	
	第一阶段 UFV	第二阶段 NPL	第一阶段 UFV	第二阶段 PLL
UFV		1.802[*] (1.67)		−14.150 (0.59)

续表

变量	(1)		(2)	
	第一阶段 UFV	第二阶段 NPL	第一阶段 UFV	第二阶段 PLL
LnAsset dummy	1.239^{***} (3.60)		1.187^{***} (3.72)	
LIQ	3.225^{*} (1.78)	-14.730^{**} (-2.32)	4.490^{**} (2.47)	477.100^{***} (3.54)
CIN	-0.044^{***} (-4.84)	0.314^{***} (3.34)	-0.044^{***} (-4.85)	-3.011^{**} (-2.43)
LDE	-0.013 (-1.40)	-0.010 (-0.23)	-0.008 (-0.90)	1.641^{***} (2.83)
常数项	3.483^{***} (3.31)	-9.524 (-1.09)	3.043^{***} (2.89)	87.020 (0.73)
样本量	423	423	428	428
R^2	0.039		0.040	
F/Wald χ^2	12.31^{***}	37.73^{***}	12.30^{***}	78.71^{***}

注：括号内为z值
***、**和*分别表示在1%、5%和10%的水平显著

(四)实证结论

商业银行是各种风险的聚集地，因此降低银行风险是银行经营的一项重要目标，而市场竞争和特许权价值从不同角度影响了银行风险的承担。本节同时分析了市场竞争、特许权价值对银行风险的影响，并从内生性的角度进一步分析了特许权的风险约束效应。通过实证分析，我们认为随着城市商业银行的崛起和外资银行的进入，我国的商业银行竞争程度逐渐加剧，市场集中度不断下降，但影响我国商业银行特许权价值的主要因素来自银行自身，市场垄断利润的降低对银行特许权价值的影响较小，这可能是由于垄断利润仅仅对于国有大中型银行来说比较大，而我们的样本中包含了156家中国商业银行，对于大部分银行来说，市场垄断利润对特许权价值影响较小。在没有控制内生性的条件下，我们得出银行特许权有效地约束了银行风险行为，市场竞争增加了银行风险承担；在使用银行规模哑变量作为特许权价值的工具变量，降低特许权价值与银行风险内生性后，我们发现银行特许权的风险

约束效应基本不存在。

我国的商业银行经过改革，市场活力逐渐增强，但由于我国隐性存款保险的存在和政府对银行经营的干预，政府、银行与企业之间存在着不可观测的微妙关系，这导致市场化的约束机制对银行风险的约束作用较弱。因此，我国银行业在扩大开放的同时要加强对市场环境的净化，降低政府特别是地方政府对银行的干预行为，使特许权对银行风险行为形成有效的约束，以增强银行业的稳定性。

第五节　完善国有控股金融机构外部治理的政策建议

一、监管部门应树立差别监管的理念

《商业银行资本管理办法(试行)》中提出了系统性重要性银行的附加资本要求为 1%，明确了对于系统性重要性银行和非系统性重要性银行的差别监管。本章的研究发现，初始资本水平不同的银行、不同资本构成的商业银行、不同类型的商业银行及面临不同市场约束程度的商业银行，在面临资本监管所带来的资本约束时其表现是不同的。所以本章的研究结论告诉我们，在中国的商业银行中，应考虑到中国商业银行之间的差异，进一步实施差别监管，不仅对系统重要性银行和非系统重要性银行实施差别监管，更进一步，对于不同初始资本水平的银行、不同资本构成的银行也应该实施差别监管，从而更好地约束商业银行的风险行为。

二、强化信息披露

市场约束机制就是通过建立金融机构信息披露要求，提高其经营管理透明度，使市场参与者得到及时、可靠的信息，以对金融机构业务及内在风险进行评估，通过奖励有效管理风险、经营效益良好的银行，惩戒风险管理不善或效率低下的金融机构等方式，发挥外部监督作用，推动金融机构持续改进经营管理，提高经营效益，降低经营风险。所以要想更好地发挥金融机构的市场约束作用，离不开信息披露。中国银监会于 2007 年颁布的《商业银行信息披露办法》，要求商业银行披露其经营状况的主要信息，包括财务会计报告、各类风险管理状况、公司治理情况及年度重大事项等，2012 年颁布的《商业银行资本管理办法(试行)》中提出了侧重于与商业银行资本计量和管理相关信息的披露要求。但是目前各金融机构的信息披露程度及质量均不同，所以要想更好地发挥市场约束机制的作用，监管部门要进一步强化信息披露，提高信息披露的质量。

三、适当地减少政府干预

政府干预在我国经济发展中是一种比较普遍的现象，一些情况下的政府干预是必要的，如界定和保护产权等，但是本章的研究说明，在目前市场约束较弱及政府隐性存款保险制度的前提下，政府干预显著增加了商业银行的风险，因此，要有效地降低银行的风险承担，除了要加强商业银行的内部控制及外部监管之外，还要适当地减少政府的干预，为商业银行的运行提供良好的制度环境。

四、完善商业银行的内部治理机制

本章通过市场约束机制和内部治理机制最终作用于商业银行风险承担的研究，说明外部治理机制作用的发挥受到内部治理机制的影响，因此要使外部治理机制更好地发挥作用，依然要强化商业银行的内部控制，完善商业银行的内部治理机制。同时就资本约束而言，商业银行要提高资本充足率有两种方法：一是增加资本，也就是"分子策略"；二是减少风险加权资产，即降低风险水平，也就是"分母策略"。而"分子策略"一般会面临外源融资困难，因为在全球资本市场不景气时，银行外源性融资计划往往饱受争议，即使融资计划顺利实施，其融资成本也一再提高，股价遭受打压。在这种情况下可以通过完善内部治理机制，降低商业银行的风险水平，从而提高商业银行的资本充足率。

总之，商业银行要进一步优化董事会、监事会和高管层在资本管理、风险管理和转型发展中的分工、制约和协作机制，切实增强董事、监事和高管的履职能力。以满足股东需要为出发点，明确信息披露的内容和标准，缓解和减少贷款人、存款人、监管者与银行的信息不对称问题，进一步发挥外部市场约束对银行经营改善的能动作用，实现稳健经营和转型发展。

五、商业银行应加快转型

宏观经济下行、利率市场化加速推进、金融脱媒加剧、社会金融服务需求明显变化等现实变化，都要求商业银行加快转型，而 2012 年 6 月发布的《商业银行资本管理办法(试行)》中新的资本监管标准进一步强化了资本约束，会有力助推并引导商业银行顺应时势变化，加快转型。在新的监管标准下，银行难以继续依靠规模扩张及粗放经营等传统模式取胜，从而推动银行摒弃单纯规模扩张、高资本消耗的外延式发展模式，走资本节约、质效并重的内涵式发展道路。

第　五　章

国有控股金融机构治理风险研究

2008 年金融危机的爆发再次提醒人们关注金融机构风险和治理问题。我们认为金融危机爆发的根本原因在于金融机构治理缺陷导致的治理风险。治理风险是金融机构最大、最根本的风险。因此，防范和化解治理风险成为金融机构治理研究的前沿问题和指导各类金融机构改革及发展的主要方向。本章从公司治理风险的提出入手，回顾总结治理风险的内涵，并对金融机构治理风险进行界定，之后以商业银行为例分析了商业银行的改革对治理风险的影响，最后提出完善金融机构治理风险控制的对策和建议。

第一节　治理风险的内涵与金融机构治理风险

近十年来公司治理问题层出不穷，国内出现了德隆系事件、神马实业被掏空事件、娃哈哈集团几乎被法国达能控股事件及黄光裕和陈晓的国美股权之争事件等。不单单国内，国外同样存在类似的问题，如世界通信公司由于会计造假而倒闭事件，以及 2008 年金融危机的爆发等。这些事件表明公司治理问题的存在。正是治理问题的累积，造成了治理风险的集中爆发，从而给股东及公司造成极大的损失。本节回顾了国内外相关学者对治理风险的界定和研究，最后对金融机构的治理风险进行了界定和讨论。

一、公司治理风险的提出

2008 年金融危机的全面爆发表明，治理风险不仅在一般公司之中存在，在金融机构中也非常突出，金融机构最根本的风险是治理风险。然而什么是治理风险，治理风险如何衡量，治理风险的理论基础是什么？这些问题远远没有得到很好的解决。虽然国内外已有部分学者对治理风险问题进行了研究，如 Chen 和 Lin(2016)关注了公司治理在各类风险中的作用，发现公司治理的提升能够减少各类风险。但是这些研究还远远没能揭开治理风险的神秘面纱。不同于一般公司，金融机构的治理体系具有特殊性，这种特殊性来源于金融机构自身经营目标的特殊性、复杂的委托代理关系、政府管制、资本结构的特殊性、特殊的金融产品等。同时，金融机构在自身治理和对业务对象治理的双重治理问题中，面对过于复杂的委托代理关系和信息不对称，容易造成治理风险累积。考察金融机构的治理风险，首先要研究一般公司治理风险，然后根据金融机构特殊性研究其治理风险。

当前国内外学术界对企业风险的研究大多局限于以财务指标为导向的企业危机或企业失败(corporate failure)风险领域，对治理风险的论述较少。Bedard 和 Johnstone(2004)从财务造假的角度在研究中提出了公司治理风险的概念；Yeh 和 Lee(2004)从分析公司治理与财务困境关系的角度，建立了综合会计、公司治理和宏观经济指数的预测模型，同时提到了治理风险一词。一些学者从内部治理和外部治理角度阐述这一概念，如 Watanabe(2002)提出了公司控股风险的概念，认为公司所有权的私有化是降低公司控股风险的一种必要方案；Francis 和 Armstrong(2003)间接提到了公司与利益相关者的协调及其风险问题，认为该风险的大小取决于道德因素，并认为，如果公司基于道德准则与价值指导进行决策，则公司与利益相关者均将获利；Anderson 和 Orsagh(2004)指出治理风险来源于公司内部存在的利益冲突、过度的投资者利益补偿及不平等的选举权等。关于公司治理风险评级方面的代表性的研究(Black，2001；Creamer and Freund，2004)大多来自公司治理评价，验证了信息披露程度和治理风险的相关性，并未对治理风险的维度和内涵进行剖析。

近年来，国外相继出现的安然、帕玛拉特、世通，以及国内的科龙电器、德龙系等一系列重大公司丑闻，无不与制度层面的风险控制缺失所致的公司治理风险有关。Claessens 和 Djankov(1999)、Fiori 等(2007)认为亚洲金融风暴的发生及欧美国家公司治理丑闻的出现均与公司治理风险有关。目前美国乃至全球性的金融危机从根本上看也是由治理风险控制不力所致。我国经济转型过程中，公司治理机制存在着较为严重的"治理失灵"现象，对治理风险的识别与控制更有助于公司从根本上规避风险。Chapple 等(2010)认为公司治理内部控制系统的有效制定和实施，对于发现和防止欺诈行为十分重要。

二、公司治理风险的界定

什么是治理风险，学者有不同的定义。Miller 和 Worman(1999)指出公司治理风险是指公司治理制度设计不合理或运行机制不健全，给公司持续经营带来的不稳定性及对公司总价值的影响，从而对投资者的利益产生威胁。

国内学者段学平(2004)提出了公司治理危机的概念，认为公司治理危机是指公司治理制度设计不合理或运行机制不健全而造成公司运营不稳定；何波忠(2005)指出现代企业风险的重要来源是公司治理风险，并以中国航油(新加坡)股份有限公司和中国储备棉管理总公司巨亏事件为例，说明了我国公司制企业治理风险的影响因素，但是没有给出公司治理风险的定义。

而李维安(2005b)较早地关注了治理风险，认为公司治理风险是公司治理框架中不可或缺的一个组成部分，应该和公司治理结构、公司治理机制及公司治理环境等要素纳入公司治理统一的分析框架之中。公司治理是一个有机的系统，具有演化性的特征，由公司治理环境和利益相关者交互作用构成，治理质量表现为公司治理多个子系统的协同作用所形成的系统效能。在一个基本的公司治理系统中，治理对象是构成系统的元素，治理结构是系统的载体，公司治理行为或过程是系统元素相互作用的运行机制。公司治理系统是公司治理环境、公司治理结构、公司治理机制及公司治理行为综合作用的结果，是一个持续改善的过程。公司治理风险的界定应建立在公司治理系统论的基础上，公司治理风险是指公司在动态的公司治理环境下，由于治理结构不完善、治理行为决策不科学及治理对象复杂化无法适应内外部治理环境变化，以及突发事件的影响，在一定时期内发生治理目标偏离或治理系统失灵的可能性，并指出，公司治理风险主要来自股东和股权结构、董事和董事会、监事和监事会、经理层、信息披露及利益相关者等六个方面。

此后为数不多的学者加入到对治理风险的研究中。例如，胡强(2006)将证券公司的治理风险分解为股东相容性风险、股东—经营层代理风险、客户—公司代理风险三个方面。而刘红霞和韩嫄(2007)关注了治理风险中的董事会治理风险，认为董事会治理风险是指董事会在其自身建设、协调运作及履行职责的制度安排中，因公司内外环境变化及事前无法预测因素的影响而导致的在一定时期内发生董事会治理目标偏离的可能性。谢永珍和徐业坤(2009)指出，公司治理机制运行不畅将导致公司治理风险，对公司治理风险的识别与控制有助于公司从根本上规避风险。

杨颖和刘凤娟(2011)对公司内部治理风险给出了很详细的阐述，认为公司内部治理风险包括：公司战略制定及相关职能部门执行等的风险因素；由大小股东包括控股股东的信息不对称引起的道德风险及引发的其他治理风险因素；来自股东大会、董事会和监事会的治理风险因素；股权结构治理风险因素；来自经理层的委托代理关系，包括激励过度风险因素等；内部审计相关的治理风险因素；包括公司目标、绩效目标、经理层的薪酬政策、重大关联交易、内部交易、担保活动、交叉持股、并购、合并及重组等重要财务信息的披露风险因素；职工的道德风险因素等。公司内部治理的目的是更好地协调公司内部利益相关者之间的利益关系，降低由公司内部利益相关者目标不一致或者职责划分不清楚引发的公司治理风险，确保公司可持续发展。

以往学者对公司治理风险的定义在一定程度上界定了什么是治理风险，但是这些定义缺乏可操作性，很难通过实证数据进行验证。结合以往学者的研究，本章提出公司治理风险是指公司治理结构与机制安排不能适合现实的需要而造成利益相关者损失的可能性，按照作用于公司的方式分为内部治理风险和外部治理风险。其中，内部治理风险包括股权结构与股权性质安排是否科学(股权是否过度集中、股权是否过度分散、不同性质股东是否发挥了超出一般股东应有的作用)、董事会的设置是否合适(异质性是否充分大、是否存在断裂带)、董事会运行调节能力是否具备(是否有行使决策和监督所必需的权力)及经理层的约束和激励是否恰当等；外部治理风险包括治理法律法规(中小投资者保护、诉讼等相关法律)、政府及非政府组织对治理行为的影响(政治关联问题、社区等利益相关者对公司治理实践的影响)等。

三、公司治理风险的研究

根据本节对治理风险的定义，治理风险主要包括股东治理风险、董事会治理风险和经理层治理风险三类内部治理风险，其中，董事会作为现代公司的核心，其治理风险的存在对公司有决定性的影响，我们认为董事会治理风险即在特定行业环境和股权结构下，董事会结构和权力设置不当对公司造成损失的可能性。因此，本节重点陈述有关董事会治理风险方面的研究，主要从董事会异质性、董事会断裂带、董事会相对权力及董事长和总经理两职合一视角回顾。

(一)公司治理风险一般研究

关于治理风险的研究内容较少，这是囿于公司治理风险界定不清及难以衡量的缘故。国内学者对治理风险的定义多侧重于某一个方面，且缺乏相关的实证研究，多为评述或者分析，而国外的研究多侧重于对治理风险的衡量。

斯洛伐克科希策工业大学经济学院的 Soltes 和 Penjak(2001)发展了 Miller 和 Worman(1999)的结构问卷调查形式，将"是"或"否"的选项改进为发生的可能性，并将风险划分为很高、高、中等、低四个等级，从公司行为、股东诉讼、调解程序及道德等四个方面设计 28 个问题，采用模糊逻辑模型评估公司治理的风险；Bedard 和 Johnstone(2004)从董事会董事和审计委员会在保证公司财务报告有效性过程中是否作为来衡量公司治理风险，Grishchenko 等(2002)运用改进的 LMSW 法(Llorente et al.，2002)，并结合布朗斯威克公司对公司治理风险的等级划分，以俄罗斯上市公司的数据为背景，对公司的信息不对称程度进行评价。Creamer 和 Freund(2004)采用逻辑回归、bagging & forest、Adaboost、分析树等方法建立了预测公司绩效的模型，并根据公司的托宾 Q 值预测公司治理风险。

国内学者对公司治理风险的认识在最近几年才开始出现。国内较早提出公司治理风险问题的是李维安,此后考虑到治理风险对公司的重要性,很多学者加入了相关领域的研究。风险预警方面,姜秀华和孙铮(2001)、吴世农和卢贤义(2001)、叶银华等(2004)、曹德芳和夏好琴(2005)、曹德芳和王宇星(2007)、任惠光和班博(2007)将公司治理特征纳入财务风险预警系统中;李维安和谢永珍(2007)基于系统思维视角界定了公司治理风险的内涵,即将公司治理风险分为内部治理风险与外部治理风险,指出内部治理风险主要是指内部治理机制不合理而导致的偏离公司治理目标的可能性,外部治理风险是指由外部治理环境的不稳定导致的偏离公司治理目标的可能性,并从股权结构、股东大会、董事会、监事会、经理层及违规倾向六个维度,建立公司治理风险预警指标体系,采用基于主成分的二元逻辑回归模型对公司治理风险进行预警。

(二)董事会异质性

Hambrick 和 Mason(1984)认为高管团队的人口统计学特征可以用来解释公司的战略,如年龄、性别、民族及任期等人口统计学特征反映了高管团队成员的经验、技能和价值观等(Jackson,1992;Jehn et al.,1999),不同的特征形成了不同的认知模式,同时塑造了个人对环境的感知及处理问题的方式(Hambrick,2007;顾亮和刘振杰,2013)。团队成员人口统计学特征的异质性可能会对团队的决策行为产生影响,从而会影响组织的战略创新(Reger,1997;Williams and O'Reilly,1998)。决策团队异质性对战略创新的促进作用得到了早期学者研究结论的支持(Bantel and Jackson,1989;Wiersema and Bantel,1992),这些学者研究认为,团队的异质性增加了可选择的方案从而增加了创新的可能性。Boeker(1997)的研究也发现异质性高管团队更倾向于进入新的产品市场及执行管理创新。但是关于团队异质性对战略创新影响的研究结论并非一致。O'Reilly 等(1993)认为任期的异质性会减少技术上的创新。Ancona 和 Caldwell(1992)认为任期和职业的异质性也会减少产品的创新。团队特征的差异会导致每个人对于机会和威胁的界定缺乏一致性(Miller et al.,1998)。董事会异质性要素主要包括以下几个方面。

1. 年龄异质性

研究发现团队年龄多元化会导致交流上的困难(O'Reilly et al.，1993；Zenger and Lawrence，1989)，且对团队绩效是不利的。与此截然相反的结论由 Pelled 等(1999)在研究团队多元化和冲突时得出，他们认为团队成员年龄的多元化有助于减少情感上的冲突。不同年龄段的董事有不同特点，通常认为年龄越大规避风险的倾向越强烈。

2. 性别异质性

由于女性不断加入劳动力大军，社会对女性在公司所处的地位和扮演的角色越来越关注。在这种背景下不断有女性加入董事会，成为公司决策的重要力量。同男性相比，女性有其自身的优势，相较于男性的过度自信(何威凤和刘启亮，2010)，女性更加客观，但是经验的研究结果似乎显示了女性董事的两面性。Shrader 等(1997)认为女性董事的比例同公司绩效有显著负相关关系，女性董事不但没有起到改善公司绩效的作用，反而使绩效更差。女性董事的增加没能改善公司绩效，可能因为女性董事数量的增加不是源自公司内在需求，而更多的是由于内部偏好或者外部的压力驱动(Farrell and Hersch，2005)。然而也有研究发现女性董事的正面作用，女性可能更愿意遵纪守法，况学文和陈俊(2011)研究发现在管理层权力较弱董事会中加入女性董事会改善对高质量外部审计的需求。同时女性董事有可能改变董事会决策时看问题的视角，因而会增加公司的价值(Carter et al.，2003；Adams and Ferreira，2009；Erhardt et al.，2003)。在男性占据多数的董事会中加入认知视角独特、较为仔细客观的女性董事更可能为规避风险提供有价值的信息。

3. 民族异质性

不同民族、不同国籍的董事，有可能由于文化、生活环境差异，其观念、态度、行为规范及看问题的视角不同，因此对董事会处理问题的能力产生影响。Putnam 和 Unum(2007)认为民族的多样性可能会减少个体之间的合作，并会给交流造成困难且增加社会的负担，Arrow(1998)、Lang(1986)也持相同的观点。Cox 等(1991)研究了不同国籍的成员对团队的影响，结果发现成员来源国的集体主义和个人主义文化会对他们的合作行为产生影响，来源于集体主义国家的成员更倾向于合作。Westphal 和 Milton(2000)的研究也发现少数民族董事会对董事会决策产生显著影响，他们将会提供不同的看法，同时拓宽其他董事成员解决问题的思路。

4. 教育异质性

Margarethe 和 Bantel(1992)研究发现高管团队的学历会对其决策有重要影响，Webber 和 Donahue(2001)的研究也发现团队教育多元化可以改善其绩效。这是由于教育是一般知识和专门知识的来源(Dahlin et al.，2005)，教育使受教育者获得不同知识的同时塑造其世界观，不同的教育水平、不同的专业背景会对董事看问题的方式及思考的逻辑模式造成影响，也因此会对其决策行为产生影响。教育多元化可以使团队获得有用的信息(Dahlin et al.，2005)，并根据环境的变化来改变策略(Wiersema and Bantel，1992)。

5. 职业经历异质性

职业经历会影响董事看待和解决问题的思路，拥有相同经历的董事可能会持有相似或者相同的观点，因此会对决策提供相似的承诺(Michel and Hambrick，1992)。然而关于职业经历异质性会对决策产生何种影响的声音并不一致，Tuggle 等(2010)发现职业经历异质性对其参与问题的讨论并没有显著的影响。

Anderson 等(2011)研究认为职业经历同其对公司难题的认知、解决问题的方式有紧密的关系，职业经历异质性较丰富的董事会可以提供更为广泛的解决问题的办法(Bunderson and Sutcliffe，2002；Carpenter et al.，2004；Doz and Kosonen，2007)，更容易接受新想法(Cho and Hambrick，2006)，可以创造性地提出解决问题的方案(Cannella et al.，2008)。

6. 董事任职异质性

董事会任职经历包括在本银行的任期和在其他公司或者银行董事会的任职经历。董事会作为战略决策团队，在其中任职的经历越多，战略视野就越广阔。Anderson 等(2011)认为银行董事在其他公司或银行任职董事的经历使其能更深刻地体会团队动态性、公司文化、信任、同公司内部和外部人员合作的重要性。董事任职异质性表示的是共同董事会职业经历的长短。Ancona 和 Caldwell(1992)认为，进入组织的时间不同对组织的认知是不同的。入职时间越长，对银行认识越多，因循守旧的可能性也越强；时间越短，处理问题时越不会受固有或明或暗规制的约束。Tuggle 等(2010)研究发现，董事任职异质性越强，对公司问题讨论的参与度越大。董事任职异质性可以形成多元化的认知，进而形成一种互补性强的解决问题的能力。

高阶理论被提出(Hambrick and Mason，1984)之后，对高管团队或董事会团队人口统计学特征影响的研究就不断出现。团队的人口统计学特征的不同塑造了不同的认知模式，从而对决策产生影响，因此是团队同质性或异质性在起作用(Norburn and Birley，1988)。决策团队的异质性是团队成员认知、技能、社会和职业联系的反映(Finkelstein and Hambrick，1990)，认知、技能、社会和职业的异质性可以为决策团队提供不同的资源及时应对环境的复杂多变(Bantel and Jackson，1989；Jackson，1992)，同时克服在全球化过程中所面临的诸如信息过剩及国内市场的短视等问题(Sanders and Carpenter，1998)。虽然关于团队异质性如何起作用的理论非常完善，但是如何检验决策团队异质性对组织的影响？Hambrick 等(1996)给出了最佳的检验方法，他们认为公司进入一个新领域的事件特别适合检验团队异质性的作用，因为在一个新的国家的运营决策比其他一般的决策更需要整个团队的共同努力，同时 Carpenter 和 Fredrickson(2001)也认为全球化过程中复杂的环境是检验团队异质性作用的良好背景。本章采纳 Hambrick、Cho 和 Chen 的建议，检验董事会异质性和断裂带对跨国并购成败的影响。

团队的异质性要素分为两种：一种是同职业相关度较大的要素，包括任期、教育等，在本章被称为职业异质性；另外一种是同社会相关度较大的要素，包括性别、年龄、民族等要素(Anderson et al.，2011)，在本章被称为社会异质性。一般认为在团队中，职业异质性在决策过程中更能激起讨论，同时也更为重要(Forbes and Milliken，1999；Jehn et al.，1997，1999；Simons et al.，1999)。而对于第二种要素来说，社会异质性更多地同社会进程相联系，通常可以消除消极的成见、不信任及情感冲突(Jehn，1997；Jehn et al.，1999；Knight et al.，1999；Pelled et al.，1999)。本章认为在研究过程中，这两种异质性要素对董事会决策都会产生影响，虽然影响的程度和重点可能有差异，它们共同构成了董事会异质性要素。

团队异质性和同质性对企业的决策有何种影响，或者说在决策时异质性团队和同质性团队有何种差别？同质性团队更容易墨守成规，囿于原有商业模式较少进行战略创新（Bantel and Jackson，1989；Wiersema and Bantel，1992）。由于成员之间的背景差异性较小，在决策的过程中不能批判性地思考彼此的观点、不能提供有差异性的看问题的视角，从而忽略企业经营过程中非常重要的细节问题，形成不利的"群体思维模式"（Hambrick and Mason，1984；Jehn，1995）。这样的董事会团队在面对跨国并购这种极具挑战性的战略创新时，往往处于劣势而导致失败。与此相对应的是，异质性董事会可以为决策提供不同的观点及有差异的看问题的视角，在必要的时候为决策提供所需的资源，并有可能在集体讨论的时候，进行批判性的有建设性意义的争论。在跨国并购过程中，异质性董事会更有可能突破国内的投资模式，成功达到并购的目的。

正如前文所述，董事会的异质性由两个方面的要素组成：董事会职业异质性和董事会社会异质性，这两种要素同时由具有不同功能的特征组成，包括以下几种。①任期异质性，通常意味着拥有同工作相关的不同经验、技能、关系及观点（Pelled et al.，1999；Simons et al.，1999）；②教育异质性，给予董事不同知识的同时塑造了其世界观，为董事会提供不同的技能、观点及理解和评价投资的方式（Barkema and Shvyrkov，2007）。以上两种要素组成了本章董事会职业异质性要素，其中教育异质性包括教育深度异质性和教育广度异质性两个要素。本章的社会异质性要素有三个：年龄异质性、性别异质性及民族异质性。①年龄异质性，年龄不同的董事对风险的态度不同，董事会年龄异质性可能会避免极端规避风险或极端偏好风险情况的出现，并且有助于减少情感冲突（Pelled et al.，1999）；②性别异质性，相对于男性来说，女性更加客观和细心，可能会发现战略决策过程中重要的但不易发现的细节问题，在男性占统治地位的董事会中加入女性董事可能更有利于战略决策创新；③民族异质性，对于生长在不同环境下的董事来说，由于所处的经济、政治及文化背景不同，更可能提供多样化的观点，取得好的团队绩效。

（三）董事会断裂带

Lau 和 Murnighan（1998）在研究团队问题的时候首次提出了团队"断裂带"（faultlines）概念，认为团队断裂带是假想的分界线，根据团队成员一个或数个属性将团队分为不同的亚团队，这些属性包括年龄、性别、任期、教育程度和类型等。亚团队内部成员属性一致性越强,那么团队的断裂带越强。同时,Lau 和 Murnighan(1998)分析了团队异质性和断裂带的关系,认为在团队异质性很弱和非常强的时候,会导致较弱的断裂带,而当团队有中等强度的异质性时会形成强的断裂带。断裂带理论的提出是为了打开研究团队异质性和绩效复杂关系的"黑箱子"(Pelled et al.,1999)。在此之前多数研究者在研究团队问题的时候,将之视为一个整体,忽略了团队内部成员的多样性,从而导致了不一致的结果。Lau 和 Murnighan(1998)提出了断裂带概念,并按照成员的不同属性进行分类,从而为进一步研究团队提供了可能。

在研究团队断裂带的时候,按照团队属性进行分类的方法各异,通常有单因素分类和多因素分类的方法(Barkema and Shvyrkov,2007;Tuggle et al.,2010),根据是否有断裂带及断裂带的强弱来研究团队断裂带对团队绩效的影响,并得出了较为一致的结论。一般的研究结论认为在团队断裂带较弱的情况下会对其绩效有正向的影响,而在断裂带较强的情况下则会有负向影响。例如,Lau 和 Murnighan(1998)研究认为在团队断裂带较弱的情况下,会促进亚团队之间关于工作的交流,而当断裂带较强的情况下就会对亚团队之间的交流起到阻碍的作用。Tuggle 等(2010)的研究也得出了相似的结论,在研究成员参与董事会问题的讨论时发现,董事会存在弱的断裂带时会促进参与讨论,反之当存在强的断裂带时会阻碍董事参与讨论。

银行风险承担的决策也伴随着一系列董事会的规划、讨论等,因此本章认为,董事会存在较弱的断裂带时,会促进董事会内部成员的互动,增加决策的科学性;当存在较强的断裂带时,会阻碍内部成员的互动,使决策变得不科学。决策的科学性会直接决定银行的风险承担,因此本章认为当存在较弱的董事会断裂带时有可能降低银行的风险承担,反之当存在强的或者不存在断裂带时,将会增加银行的风险承担。

(四)董事会相对权力

有众多学者研究了管理层权力,认为管理层权力可以对公司的绩效和行为产生影响。我们认为对于上市公司决策和监督的核心——董事会来说,其权力大小更能决定公司的未来,特别是相对于管理层,如果董事会相对权力较小，那么董事会可能会被管理层"俘获"，从而不能起到决策和监督的作用，管理层成为公司的主宰。

关于管理层的权力的研究有很多成果。从国内外文献来看，Finkelstein（1992）将权力定义为管理层执行自身意愿的能力。March（1966）认为管理层权力是压制不一致意见的能力。肖王楚和张成君（2003）认为管理层权责失衡是管理层制度和企业治理结构创新无法回避的制度缺陷，廉价股权和缺乏相应的制衡机制是导致管理层权力膨胀的两个直接原因，优化公司治理结构必须从削弱管理层的权力和要求其承担更多的责任两方面入手。由此可见，管理层权力是管理层执行自身意愿的能力，这种能力的形成体现了剩余控制权的扩张特性，一般是在公司内部治理出现缺陷、外部缺乏相应制度约束的情况下，管理层所表现出超出其特定控制权范畴的深度影响力。因此，管理层权力是制度转型的产物，其权力在企业弱化的公司治理机制下又进一步膨胀，这种权力膨胀的直接指向就是自定薪酬，而其权力操纵的直接后果就是损害公司价值。

为了避免委托代理可能带来的经理人决策偏离股东价值最大化目标，最优契约理论认为，可以通过有效的契约安排将管理者薪酬与股东财富紧密联系起来，以激励管理者基于股东利益最大化而行事（Jensen and Meckling，1976）。该理论成立的前提假设是董事会的有效谈判、市场的有效约束和股东可以行使权力。然而，Bebchuk 等（2002）、Bebchuk 和 Fried（2004）研究认为管理层同董事会之间的关系远超出最优契约理论的预期，由于管理层权力的存在，董事会被管理层"俘获"或受其影响，使最优报酬合同不但没有解决代理问题，反而本身就成为一种代理问题。同时，由于经理人市场关心的是管理层以往经营业绩，而非其所抽租金，产品市场关心的是企业整体利润和业务量，而非管理者薪酬，市场有效约束难以形成；信息不对称的存在又使股东权力难以有效行使。就中国国有企业情况来看，内部人控制问题严重，董事会的有效谈判能力经常受到现实约束，同时缺乏企业家市场又使市场声誉约束难以实现，加之国有企业所有者缺位的产权特性又使真实股东缺乏行使权力的基础。

但是如果董事会权力大于经理层权力，董事会能有效地监督管理层并进行科学的决策，公司就会取得良好的绩效。

（五）董事长和总经理两职合一

关于董事长和总经理两职是否合一，理论界存在着激烈的争论。一方认为，在竞争日益激烈的市场环境中，两职合一有利于企业创新，使企业能得到更好的生存和发展。这是因为经营活动的风险性特点及以减少风险为主要任务的使命决定了必然赋予经理人员相当程度的随机处置权（陈传明，1997），从而使企业与环境保持相宜的协调性。另一方则认为，作为构成企业契约的各利益相关主体，尤其是股东的利益应得到尊重和保护，两职合一会使总经理等高层执行人员的权力过度膨胀，而且会严重削弱董事会监督高管的有效性，进而认为董事会具有高度的独立性，有利于其发挥有效的监督，使总经理加强对相关利益主体尤其是股东的关注。与此相对应的，有两种关于两职是否合一的理论解释。

1. 基于委托代理理论的两职分离假说

在所有权和经营权分离的现代公司中，代理问题主要表现为以总经理为代表的高管与股东之间的利益冲突。其中一个主要的原因就是当权力主体和责任主体不一致时，执行人员在追求其个人利益最大化的同时，有可能会损害股东及其他相关主体的利益。在代理理论看来，人的有限理性和自利性使人具有天然的偷懒和机会主义的动机，为了防止代理人的败德行为和逆向选择，就需要一个有效的监督机制。从现行方式上看，主要有三种：①通过股东的共同行动，在认为经理们有不适当的行为时，撤换他们；②接管市场的存在，迫使经理们具有强烈追求利润的动机；③高度发达的经理市场。然而，股东控制经理的手段是有限的和不完善的，尤其是在股权相对分散时；共同接管市场可能出于个人和经济势力的动机，而不是经济效率，使接管活动往往偏离股东的利益。因此，寻找让所有者改变经理们面临的激励，就显得极为重要。近些年来，西方几次兼并浪潮的实际效果不佳，以及许多两职合一公司的绩效下降，再加上总经理等高管近乎天文数字的报酬，使人们对外部监控的方式产生了怀疑，转而求助于公司内部监管，董事会自然成为人们研究和关注的热点。公司利用董事会发挥监控总经理的功能，势必导致对董事会监督独立性的考察，因为两职合一意味着要总经理自己监督自己，这与总经理的自利性是相违背的。于是，代理理论认为，董事长和总经理两职应进行分离，以维护董事会监督的独立性和有效性，在此基础上，他们认为两职合一会削弱董事会的监控，且与绩效是负相关的。

2. 基于现代管家理论的两职合一假说

在新古典经济学中，企业家被看作完全理性的经济人。企业的目的是在既定生产函数的技术约束下和既定的投入产出品价格给定的经济约束下，以及既定的需求函数给出的市场约束下，追求利润的最大化。以此为基础建立的古典管家理论认为，所有者和经营者之间是一种无私的信托关系，经营者会按照股东利益最大化原则行事，其结果自然就是赞同董事长与总经理两职应合二为一。

这种基于完全信息假设下的古典管家理论显然不符合现实，不完全信息的存在使该理论无法解释现代企业中两职分离与合一的现象。虽然委托代理理论的提出，有助于解释两职分离及其绩效的关系，但是，也有许多结果与代理理论是截然相反的，而且代理理论并不符合现代组织行为和组织理论方面的研究成果。在后者的基础上，Donaldson(1990)提出了一种与代理理论截然不同的理论——现代管家理论。他认为代理理论对总经理内在机会主义和偷懒的假定是不合适的，而且总经理对自身尊严、信仰及内在工作满足的追求，会促使他们努力经营公司，成为公司资产的好管家(Boyd，1995)。现代管家理论认为，两职合一有利于提高企业的创新自由，有利于企业适应瞬息万变的市场环境，从而也有助于提高企业的经营绩效。

四、金融机构治理风险界定

(一)治理风险是金融机构最大、最根本的风险

关于金融机构自身的特殊性，学者们已有过深刻的描述(Macey and O'Hara，2003)。金融机构合约的不透明性导致其信息不对称更加严重，信息不对称的最终结果使金融机构对投资高风险项目或者金融衍生品盲目乐观。同时，金融合约的不透明使监管部门评估和监督更加困难。因此，金融机构由于其相对薄弱的治理体系而面临更大的治理风险和金融风险。

　　罗胜和邱艾超(2008)认为金融机构的治理风险是在其自身治理和对业务对象治理的双重治理问题中，由于面对过于复杂的委托代理关系和信息不对称，所形成的风险累积。委托代理理论认为，公司本质上是一系列委托代理契约的组合，金融机构治理的特殊性决定了其特殊的委托代理关系和利益相关者之间存在着更多的信息不对称，因此金融机构需要面对更多的风险。金融机构的治理目标是保持金融机构系统的稳定性，在实现效益最大化的同时，追求金融风险的最小化。可以将金融机构主要治理风险分解为治理结构风险(即治理结构的不完善)、治理行为风险(即决策不科学)及治理对象风险(即金融机构对自身业务治理的风险)。金融机构的治理应同时关注其系统运行中的治理环境的变化所形成的治理环境变化风险，但是法律、国家政治及经济政策变化等带来的风险是客观存在的，不以人的意志为转移，公司只能在一定的范围内控制这些治理风险。

　　仔细研究不同国家、不同时期金融危机的历史，不难发现那些当时显赫一时、堪称国际一流的金融机构在一夜之间突然垮台的根本原因并不是我们习惯上所认为的金融风险，而是公司治理的缺陷所导致的治理风险，即金融机构治理风险。这些金融机构也基本上都建立了金融风险预警与控制制度，但往往在对这些制度进行控制和完善的治理结构与机制上存在着重大问题和不足。

　　如果说20世纪90年代中期之前，公司治理还主要是针对非金融机构的话，那么在此之后，公司治理的研究和实践无疑已经进入了非金融机构和金融机构并重的新阶段。1997年开始的亚洲金融危机，以及美国发生包括安然、安达信等在内的一系列大公司财务丑闻，都进一步引起了人们对银行和非银行类金融机构自身治理问题的重视。与非金融机构相比较，商业银行、证券公司等金融机构具有许多与生俱来的特殊性质，并由此决定了金融机构治理并不是公司治理理论在金融机构领域的简单运用，而是结合其特殊性进行的治理结构与机制的创新。

　　金融机构首先要接受来自其股东的治理。金融机构也拥有自己的股东，不论是国有股东、民营股东，还是本国股东、境外股东，他们都有权行使自己作为金融机构股东的权力，有权合法地参与金融机构的治理。对于我国的一些国有控股金融机构而言，首先，由于没有相应的机构代表国有股东行使作为股东的权力，金融机构来自股东的治理便会被虚化。其次，鉴于金融机构运营的对象是资金或有价证券等重要社会资源，以及它们在整个社会中的重要地位，金融机构还会受来自中国银监会、中国保监会等政府有关部门的相应监管和治理。这两个方面结合起来就是金融机构的自身治理问题。

金融机构本身在充当被治理者角色的同时，还需要对自己的业务对象发挥治理者的角色，主要体现为商业银行的专家式债权监督和非银行金融机构的市场评价式监督。股东的"搭便车"行为使管理人员的机会主义行为缺乏必要的监督，结果往往是股东的利益遭受损失。而债务的硬预算约束特点和独特的破产制度可以给金融机构经理人员不同于股权的压力，从而赋予金融机构在公司治理中的独特和重要角色。公司治理的市场评价式监督主要依赖证券公司、各类基金公司等机构客观公正的评价和相应的信息发布活动对经理人员产生监督效果，进而降低代理成本，提高治理绩效。

正是由于金融机构自身治理和对业务对象治理的双重问题，如果金融机构的治理不善，其治理风险必将日积月累，达到阈值并最终以风险事故的形式爆发，进而导致其自身陷入经营困境，甚至破产倒闭。从这个意义上来讲，金融机构最大、最根本的风险是治理风险。将着力点放在治理风险，是金融机构治理研究的明确选择和指导各类金融机构改革和发展的主要方向。

美国金融系统发生多米诺骨牌效应，五大投资银行和十几家商业银行相继陷入危机，在全球引发蝴蝶效应。诚然，美国次债危机是引发此次金融海啸的导火索，但问题绝不仅限于此。此次众多金融机构皆因次债问题而陷入困境，显然不再是单纯的金融风险处置不当所致，我们必须从更深层次进行反思。必要的金融创新对于促进经济发展的重要推动作用是不言而喻的。但华尔街金融机构在明知存在巨大风险的情况下，将问题资产层层打包，并通过隐瞒欺诈的手段将这些衍生产品推向全球市场，造成市场的"虚胀"。而有关监管机构在对"问题"产品的监控上存在缺位，从而造成市场"繁荣"背后巨大风险的累积。金融机构治理的特性决定了这些风险已不是一般意义上的金融风险，而是金融机构治理风险；也正是治理风险的引爆最终直接导致了这场金融海啸。从这个意义上讲，此次危机与几年前的安然事件如出一辙，再一次凸显了"繁荣"背后的治理风险问题。这也进一步表明，越是在"繁荣"时期，越要注重治理风险的防范。

为此，中国银监会 2016 年发布了《银行业金融机构全面风险管理指引》，是针对全面风险管理的统领性、综合性规则，为银行建立完善的全面风险管理体系提供政策依据和指导。

（二）国有控股金融机构主要治理风险

目前国有控股金融机构的治理风险主要体现在以下几个方面。

第一，股权不相容性的风险。由于不同性质的股东利益导向不同，我国国有控股金融机构治理中不可避免地存在国有股东与战略投资者或其他性质股东之间的矛盾冲突，隐含着股权的不相容性风险。国有超级股东有动机在人事任免、资源配置和经营目标等层次上相机性地干预金融机构，以服务于其社会性或政治性目标，这势必会与战略投资者等其他性质的股东存在利益冲突，导致股东之间的矛盾与摩擦。同时这些控制和干预也使经营者无法以金融机构价值最大化的取向来代替上级政府的价值取向，结果使金融机构的董事会治理"形似而神不似"。

第二，经理层缺乏制衡的风险。虽然金融机构建立了现代公司治理结构，但在超级股东的负面影响下，董事会权力配置错位，因此在金融机构的日常经营管理过程中，很多情况下仍延续着旧的行政管理模式，"一言堂"现象明显，并导致内部人控制的结果出现。经理层利用其所控制的资本为自己谋取私利，进而导致商业银行做出高风险或错误的投融资决策，导致呆坏账比例提高，危及金融安全性。

第三，外部监管力度不够的风险。我国国有控股金融机构除上述内部治理风险外，其外部风险也较为突出，主要表现在监管的执行力不足上。我国很多大型的国有控股金融机构在"行政级别"上并不低于监管机构，此时在监管者与被监管者之间围绕监管就存在着一个谈判过程，有时甚至被监管者能够影响监管者的政策及执行。因此，即使监管者能够识别金融机构潜在的治理风险，在实际执行中也往往会存在一定程度的扭曲或滞后。

第二节　商业银行改革与治理风险

本节对比了 2003 年前后中国商业银行改革在公司治理方面的差异，分析其公司治理风险变化及该变化与商业银行整体经营风险的关系。研究发现，与 2003 年之前相比，2003 年后的商业银行改革的确降低了公司治理风险，其中股东治理、董事会治理和经理层激励机制等方面治理风险的改善，对于降低商业银行整体经营风险发挥了积极的作用。本节的研究为 2008 年国际金融危机对中国商业银行冲击较少的现实提供了一个新的解读。

一、商业银行治理风险问题的提出

从 2007 年以来，始于美国次级贷款危机的国际金融风暴席卷全球，对美国及世界上很多国家的银行业都造成了非常沉重的打击，许多国际活跃银行陷入危机，部分宣布破产或者被政府救援。与国际银行的损失惨重相比，中国的商业银行在此次金融危机中虽然也受到了一定的影响，但总体上影响有限。

为什么国际金融危机对中国商业银行冲击有限？究其原因可能有多个方面，如中国经济的持续增长、监管部门的严格监管等，这些方面目前也只有零散的分析，缺乏系统和完整的分析。但在本节中，我们试图从公司治理的视角来对这一特殊现象进行解读。近期很多对金融危机反思的研究表明，公司治理风险是此次金融危机爆发的关键原因之一，尤其是高管薪酬激励的不当和董事会监督不力的问题（李维安，2009；Fahlenbrach and Stulz，2009；Mulbert，2009；Bebchuk and Spamann，2009；Houston et al.，2010）。危机中出现问题的很多国际银行在风险管理方面都有比较丰富的经验，也都有比较精确的风险管理工具，建立了完备的内部控制制度，但不合理的薪酬激励制度鼓励了银行管理人员的冒险行为，积极参与信贷衍生品交易使银行积累了大量的风险，并最终导致了此次金融危机的爆发（李维安，2009）。从这个意义上讲，公司治理风险对于银行整体风险的控制起着至关重要的作用。

　　而对于中国的商业银行而言，最近十几年所进行的改革在降低公司治理风险方面产生了非常积极的效果，但这种效果还没有被外界充分地关注和认识。改革开放以来，中国商业银行的改革从公司治理的角度可以分为两个不同的阶段：第一阶段为 2003 年以前，在这一阶段，商业银行从政府的一个职能部门分离出来成为独立的企业，但现代企业的公司治理结构与机制并未建立；第二阶段为 2003 年以来，在这一阶段，改革的核心在国有商业银行和城市商业银行上，在进行注资和不良资产剥离之后，商业银行引入了境内外战略投资者，其中部分商业银行陆续在国内外公开发行股票并上市。至此，商业银行才真正启动了现代公司治理改革，逐步建立和完善了公司治理结构与机制。

　　但更为重要的是，这两个阶段的改革除了公司治理方面的显著差异之外，其他多个方面也存在相似之处，尤其是注资和不良资产剥离，但两个阶段改革的经济后果却完全不同。而 Qian(1996) 曾指出，在放权的过程中，虽然国有企业获得了资产使用、生产计划的制订、收入分配等经营自主的权利，但最终控制权仍然掌握在国家手中。因此，这种权利的配置方式使国有企业的经营绩效同时面临政治成本和代理成本的双重影响。赋予企业适当的经营自主权可以降低全部由行政干预导致的成本，但在交易成本不为零的条件下，授权又同时产生了代理问题。因此，单纯依靠政企分开、两权分离而不同时健全有关的公司治理机制以更好地监督被授权的企业，那么代理成本将会凸显出来，并与政治成本共同成为国有企业效率的约束因素。事实上，2003 年之前的改革实施后，商业银行又迅速积累了大量的不良资产；而在 2003 年之后的改革实施后，商业银行的资产质量不断提高，经营风险不断下降。这种巨大的差异为我们理解治理风险与商业银行经营风险之间的关系提供了非常好的观察机会。

二、商业银行外部治理风险：市场竞争分析

　　外部公司治理包含的内容很多，但在本节中，我们重点分析中国商业银行改革对市场竞争治理机制的改善。长期以来，信贷资金的来源主要集中于国有大型商业银行，但近些年的商业银行改革已经开始对这种竞争格局产生实质性的影响。市场竞争治理机制的改善体现在三个方面，即全国性股份制商业银行、外资银行在华业务和城市商业银行市场竞争力的增强，这三类银

行主要集中在城市，与国有银行是直接的竞争对手，因此其竞争力量的增强对于改善市场竞争机制非常重要。

（一）全国性股份制商业银行竞争的影响

尽管全国性股份制商业银行改革早在 1986 年便已开始，但真正发挥作用却是最近几年。在表 5-1 中可以看到，2002 年以前全国性股份制商业银行的市场占比一直在 11%以下，2003 年之后其占比增加非常明显，截止到2009 年已经占到了全部贷款总额的 21.70%。至此，全国性股份制商业银行已经能够对国有银行形成实质性的竞争压力。

表 5-1　全国性股份制商业银行、外资银行和城市商业银行贷款占比情况（单位：%）

年度	全国性股份制商业银行	外资银行	城市商业银行	年度	全国性股份制商业银行	外资银行	城市商业银行
1990	3.12	1.24	—	2005	15.50	3.68	5.55
1995	4.58	2.53	—	2006	16.20	4.12	6.05
2002	11.01	2.05	6.00	2007	19.68	4.79	6.35
2003	13.80	2.62	6.36	2008	20.96	—	8.61
2004	14.90	3.27	6.46	2009	21.70	—	7.23

注：根据中国统计年鉴和中国人民银行统计会计快报计算而得，其中少数银行1990年和1995年没有公开的数据，因此计算的结果要略低于实际占比；"□"表示数据不可获得

（二）外资银行在华业务的拓展

与全国性股份制商业银行相似，外资银行的开放早在 1979 年就已经开始，但受限于多种管制，外资银行在华业务拓展始终比较缓慢。这一状况随着 2001 年中国加入 WTO 出现了明显的变化。图 5-1 是外资银行在华分支机构的增长情况，2001 年以后外资银行在华新设机构超过了 160 个（占其分支机构总数的 36.36%）。另外，随着业务管制的解除，外资银行在华业务规模也大幅增长，其贷款余额占比从 2002 年的 2.05%增加到了 2007 年的4.79%（表 5-1），短短 5 年时间其业务规模增长已经超过了过去二十多年的成绩。因此，外资银行对国内银行的竞争力量正在快速聚集。

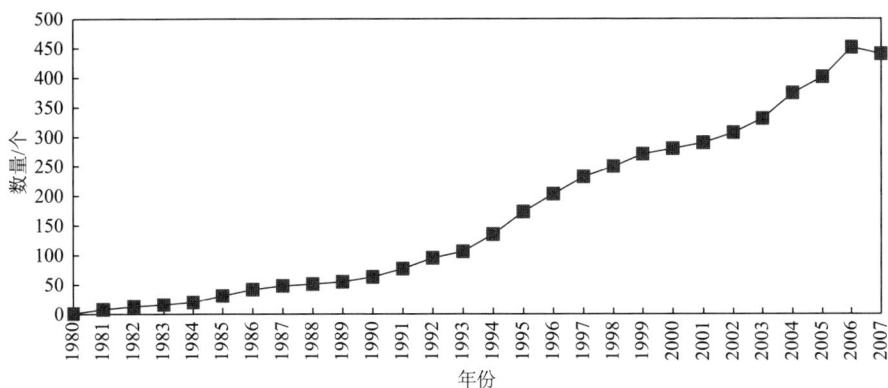

图 5-1 外资银行在华分支机构总数年度变化

外资银行的分支机构包括分行、支行及代表处

(三)城市商业银行市场竞争力的增强

城市商业银行是国内商业银行竞争格局中的另外一个重要力量。尽管在规模上还不能与国有大型商业银行、全国性股份制商业银行及外资银行相比，但其数量众多，发展潜力大，目前业务占比稳定在 7%左右，是不容忽视的潜在竞争压力来源。

三、商业银行内部治理风险：治理主体分析

在公司治理理论的研究中，重点关注了两个主要的公司治理主体，即股权治理主体和债权治理主体。本节将从以上两个方面来分析中国商业银行两个阶段的改革对其治理主体风险的影响。

(一)股权治理主体分析

中国银行业的主要问题是国有银行产权结构单一，而不是行业集中(刘伟和黄桂田，2002)。在第一阶段商业银行改革中，国有大型商业银行虽然从政府的一个机构独立出来，先是成为专业的银行，后为国家全资控股的银行企业。但在这一过程中，商业银行的所有者只有国家，也就是说，股权治理的主体只有国家，而国家作为唯一治理主体存在诸多的弊端，使商业银行很难实现独立运营的目标。对于城市商业银行而言，股权治理的主体在形式

上表现为多个治理主体共存,这些主体包括政府、政府控制的地方国有企业及民营企业和自然人股东。表面上看,城市商业银行的治理主体在结构上是多元化的,但是政府和政府控制的地方国有企业合计(持股比例)占有绝对的控股地位,而民营股东和自然人股东不仅持股比例小,而且不能自由转让所持股权,因此后者基本不能对政府股东行为形成实质性的制约。从这个角度来看,在第一阶段改革之后,国有大型商业银行与城市商业银行的股权治理主体仍然为单一的政府股东,并没有发生实质性的变化。

而在 2003 年之后的改革中,国有大型商业银行进行了如下三个重要的改革:一是政府不再直接持有国有大型商业银行的股权,而是成立中央汇金公司,由其代为持有,并且明确规定中央汇金公司不开展其他任何商业性经营活动,不干预其控股的国有重点金融机构的日常经营活动;二是引入境外战略投资者;三是公开发行股票。对于第一个改革,中央汇金公司代为持有股权,将国家与银行在一定程度上分割开来,实现了政企分离,并成为减少政府直接干预、保障银行经营活动的一道防火墙。当然,尽管中央汇金公司不再作为政府机构的一部分,但由于是国家全资控股,其行为难免仍然受到国家的影响。尽管如此,由于中央汇金公司在行政上与四大国有银行是平级的,官方权威的影响也比之前要减少很多。对于第二个改革,由于境外战略投资者主要是国际活跃的金融机构,拥有较强的影响能力,与国内民营股东相比,外资股东能够在一定程度上制约中央汇金公司。对于第三个改革,IPO 使境内外的机构投资者和自然人也成为国有商业银行的股东,治理的主体进一步多元化和公众化。在股权可以自由转让的条件下,机构投资者和自然人股东虽然持股比例较低,但可以借助股票市场的力量对国有股东形成实质性的影响。

对于城市商业银行,政府通过直接和间接持有的股权也出现了明显下降。与此同时,很多银行纷纷效仿国有商业银行,相继引入了境外战略投资者和境内战略投资者,并有少数城市商业银行实现了公开发行股票。引资后的城市商业银行不仅股权更加分散,而且战略投资者的持股比例与地方政府控制的股权相差不大。因此,不管是国有商业银行还是城市商业银行,在经过引资乃至上市之后,原来单一的政府股东股权治理主体逐渐转变为多元的股权治理主体,并且新的治理主体能够对政府股东产生实质性的制约作用。

但是要实现治理主体的多元化，必须进行股权转让，而股权转让尤其是向境外战略投资者转让则必须根据市场交易的原则来进行，这就要求政府必须对其控制的银行资产质量加以改善才能保证交易能够顺利进行。近期国有商业银行改善资产质量主要通过如下两个途径。

第一个途径是剥离不良资产。国有商业银行不良资产剥离经历过两次：第一次剥离发生在 2003 年之前的 1999 年到 2000 年期间，国有商业银行共剥离了 13 939 亿元不良资产；第二次剥离发生在 2003 年之后，从 2003 年至 2008 年，四大国有商业银行共计剥离了 19 786 亿元不良资产。表 5-2 给出了两次剥离的不良资产金额及剥离前后的不良资产率比较结果，可以看到，在剥离了巨额不良资产之后四家银行不良资产率大幅下降，资产质量得到了显著改善。

表 5-2　国有商业银行不良资产剥离统计

Panel A 不良资产剥离金额

银行名称	1999～2000 年/亿元	2003～2008 年/亿元	合计/亿元
中国工商银行	4 700	7 050	11 750
中国建设银行	2 730	1 858	4 588
中国银行	2 674	2 702	5 376
中国农业银行	3 835	8 176	12 011
合计	13 939	19 786	33 725

Panel B 第二次剥离前后不良资产率的比较

银行名称	剥离前/%	剥离后/%
中国工商银行	26.01	4.69
中国建设银行	15.28	3.92
中国银行	25.56	5.12
中国农业银行	36.65	4.32

注：剥离前的数据使用的是2002年底的数据；在剥离后的数据中，中国建设银行和中国银行在2004年完成不良资产剥离，故采用2004年底的数据，中国工商银行在2005年完成不良资产剥离，故采用2005年底数据，中国农业银行在2008年才完成剥离，故采用2008年底数据

　　不良资产的剥离对国有商业银行的财务指标也起到了积极的作用。表 5-3 是第二次不良资产剥离前后国有商业银行的盈利情况,可以看到,剥离不良资产后银行的净资产收益率和总资产收益率都得到了显著的提高。

表 5-3　第二次不良资产剥离前后国有银行的盈利情况比较(单位:%)

银行名称	净资产收益率		总资产收益率	
	剥离前	剥离后	剥离前	剥离后
中国工商银行	3.70	13.30	0.14	0.59
中国建设银行	3.80	25.86	0.14	1.31
中国银行	7.60	12.60	0.38	0.61
中国农业银行	2.20	17.72	0.10	0.84

注:净资产收益率和总资产收益率数据来自各行年报

　　第二个途径是用外汇储备进行注资。国家通过中央汇金公司共向四家国有商业银行注入了 790 亿美元的外汇储备,大幅提高了四家银行的核心资本水平。表 5-4 是中央汇金公司对四大国有商业银行的注资情况及注资前后的核心资本充足率情况,可以看到,注资后国有商业银行的核心资本都大幅超过了监管的要求。因此,注资在不良资产剥离的基础上进一步改善了银行的资产质量,提高了银行抵抗风险的能力。

表 5-4　中央汇金公司对四大国有商业银行的注资情况及注资的影响

Panel A　注资情况		
银行名称	注资金额/亿美元	持股比例/%
中国工商银行	150	35.42
中国建设银行	225	57.09
中国银行	225	67.53
中国农业银行	190	50.00
合计	790	—

Panel B　注资前后核心资本充足率比较		
银行名称	注资前/%	注资后/%
中国工商银行	小于 4	8.11

续表

Panel B 注资前后核心资本充足率比较		
银行名称	注资前/%	注资后/%
中国建设银行		11.08
中国银行	小于4	8.10
中国农业银行		8.04
平均	小于4	8.83

另外，城市商业银行在地方政府的主导下，也采取了类似的措施，提高了城市商业银行的资本充足率，改善了城市商业银行的资产质量。因此，不管是国有商业银行，还是城市商业银行，在经过上述改革之后，资产质量和银行的安全性都有了非常显著的改善，基本达到了健康银行的标准，这为通过股权转让实现治理主体的多元化奠定了良好的基础。但同时，不良资产的处置和资本金的补充对财务指标的改善使国内商业银行在遭遇金融危机冲击时具备了一定抗风险能力，从而避免了国际金融危机冲击成为"压死中国商业银行的最后一根稻草"。

（二）债权治理主体分析

债权治理主体的影响在国内关于银行的研究及媒体的分析中几乎没有得到任何关注。但事实却是，在过去的几年间，中国商业银行的债权主体的确有一个非常明显的变化，即出现了大宗次级债券的持有者。

国内商业银行允许发行次级债券是在 2004 年中国人民银行和中国银监会颁布了《商业银行次级债券发行管理办法》之后。因此，在此之前，中国商业银行的债权治理主体是大量极度分散的存款人。在国家信用、隐性信用担保下及"搭便车"问题的影响下，这些存款人既缺乏动力也没有能力监督商业银行。在这种情况下，债权治理主体的风险是非常明显的。在 2004 年之后，国内的商业银行纷纷发行次级债券以补充银行资本金。表 5-5 是我们根据公开信息整理的国有商业银行、全国性股份制商业银行及城市商业银行 2004～2010 年发行次级债券的统计，发行总额合计达到了 5453 亿元的规模。因此，对于中国商业银行而言，除了分散的存款人之外，大宗债券的持有人也成了其债权治理的主体。但与分散的存款人不同，大宗债券的持有人有动机监督银行，如信息披露，也有能力实施这样的监督（Nivorozhkin，2005），因此次级债券的发行及其持有人对于商业银行治理的改进具有非常重要的现实意义(许友传和何佳，2008)。

表 5-5　中国商业银行 2004～2010 年发行次级债券情况

Panel A　国有银行		
银行名称	次级债券金额/亿元	年度
中国工商银行	350	2005
	650	2007
	400	2009
中国建设银行	400	2004
	300	2009
	200	2009
中国银行	600	2004
		2005
	249	2010
中国农业银行	500	2009

Panel B　股份制银行		
银行名称	次级债券金额/亿元	年度
交通银行	250	2007
	250	2009
招商银行	300	2008
中信银行	60	2006
	165	2010
兴业银行	19	2004
	30	2010
中国民生银行	58	2004
	58	2010

Panel B 股份制银行		
银行名称	次级债券金额/亿元	年度
华夏银行	20	2006
	44	2010
深圳发展银行	70	2008
浦发银行	26	2006
	10	2007
	86	2008
中国光大银行	50	2008
广发银行	30	2008
浙商银行	12	2009
渤海银行	20	2009

Panel C 城市商业银行		
银行名称	次级债券金额/亿元	年度
北京银行	35	2006
南京银行	8	2005
江苏银行	20	2009
齐鲁银行	7	2009
杭州银行	10	2008
盛京银行	30	2008
大连银行	17	2009
天津银行	15	2009
上海银行	50	2009
重庆银行	10	2009
德阳市商业银行	2	2009
徽商银行	12	2009
平安银行	30	2009

（三）公司治理主体的变化

通过上述分析可知，在 2003 年以后的中国商业银行治理改革中，公司治理主体从单一的政府股东股权治理主体，逐渐转变为能够制约政府股东的多元股权治理主体，同时大宗债权持有人成为新的债权治理主体，这使股权和债权的治理主体得到了明显的优化。图 5-2 给出了上述公司治理主体的变化。在新的公司治理主体的影响下，原本一股独大的政府股东不得不面临其他股东及债权人的反对，因此政府股东操纵商业银行经营的成本明显增加，政府股东对商业银行的影响要比以前有显著的下降。这样，在新的公司治理主体结构下商业银行可以逐渐摆脱政府的强力干预，从行政型决策模式转向真正的经济型决策模式。由此，公司治理的风险因治理主体的多元化而下降。

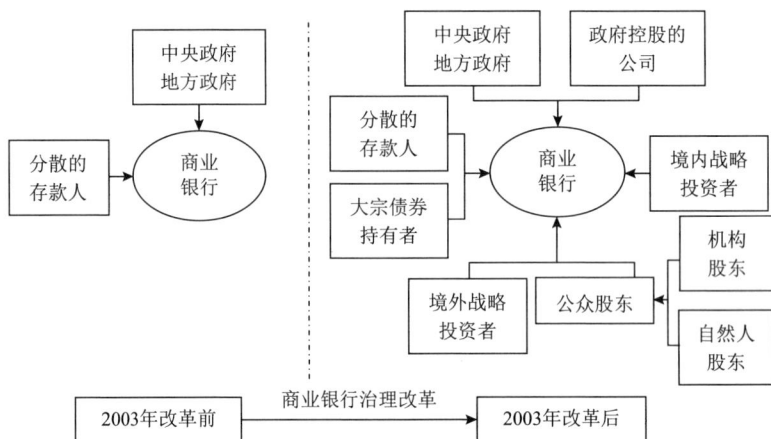

图 5-2　两个改革阶段的公司治理主体变化

四、商业银行内部治理风险：治理机制分析

内部公司治理风险的另外一种风险是治理机制风险，此次金融危机中国际银行所反映出的不合理薪酬、监督不力等问题就是典型的内部治理机制风险。对于中国商业银行改革对内部公司治理机制的影响，目前研究比较有限，所揭示的内容多是一种局部的观察。王倩等（2007）的研究可能与本节的研究最为接近，他们依据山东省内 14 家城市商业银行、14 家农村合作银行和 120 家农村信用社 2005 年的调查数据，分析了董事会规模、高管薪酬等

内部治理机制与银行风险的关系。

在本节中，我们将借助南开大学中国公司治理研究院公司治理评价课题组发布的中国上市公司治理指数，尝试展开更为全面和详细的分析，以弥补现有研究在上述方面的缺陷。中国上市公司治理指数从股东治理、董事会治理、监事会治理、经理层治理、信息披露和利益相关者治理等六个维度对公司治理风险进行了评价，并且设计了 6 个一级指标和 19 个二级指标，因此，中国上市公司治理指数对中国公司的治理风险评价是比较全面和系统的。我们选择了上市公司作为分析的对象，选择的样本公司包括中国工商银行、中国建设银行和中国银行 3 个国有大型银行，深圳发展银行、招商银行、中国民生银行、华夏银行、浦发银行、交通银行、兴业银行和中信银行 8 个股份制商业银行，以及北京银行、南京银行和宁波银行 3 个城市商业银行，共计 14 个上市商业银行。尽管样本容量较小，但样本类型较全，并且基本与前文的分析是一一对应的。另外，由于中国上市公司治理指数对上市商业银行的评价始于 2005 年，我们对内部治理机制风险的观察局限于 2004～2008 年这一期间。

（一）内部治理机制风险变化分析

在本节的研究中，我们重点依据六个一级指标和两个二级指标对中国商业银行治理风险进行比较分析。两个二级指标分别为股东治理的决策独立性和经理层治理的激励机制，其中决策独立性反映了金融机构在经营决策上相对于国有股东的独立程度，可以用于检验前文有关治理主体多元化的治理效应，激励机制则反映了经理层薪酬激励结构的合理性和机制的科学性，用以检验薪酬设计与银行经营风险的关系。

表 5-6 给出了从 2005 年到 2008 年中国上市商业银行治理指数的平均值比较结果。在表 5-6 中，就六个一级指标来看，股东治理和利益相关者治理的指数值都有明显的上升，表明这两个内部治理机制在 2005～2008 年得到了显著改善，因此相关的治理风险是下降的。监事会治理和信息披露的指数值基本在 63 分以上，表明这两个机制的治理水平一直较高，对应的治理风险则较低。而相比之下，董事会治理与经理层治理指数变化不大，表明在样本期间这两个机制的治理水平没有显著改善，治理风险相对较大。就两个二

级指标来看，尽管 2008 年有所下降，但商业银行相对国有股东的决策独立性一直维持在较高的水平，而相比之下，激励机制整体水平较低，但从2006 年开始激励机制正在逐年改善，这与最近关于商业银行薪酬的争论现实基本是一致的。

表 5-6　中国上市商业银行治理风险评价

评价维度	公司类型	2005 年	2006 年	2007 年	2008 年
股东治理	商业银行	59.30	62.21	68.26	74.31
	非银行	56.57	57.32	57.18	58.93
其中决策独立性	商业银行	82.98	86.85	86.98	76.36
	非银行	65.33	89.24	87.24	61.21
董事会治理	商业银行	55.59	58.94	66.68	59.59
	非银行	55.35	55.67	57.21	57.86
监事会治理	商业银行	62.96	66.64	66.31	64.96
	非银行	50.93	52.98	54.63	55.85
经理层治理	商业银行	57.18	56.85	60.96	59.14
	非银行	55.22	57.88	57.32	55.45
其中激励机制	商业银行	57.18	35.71	47.81	49.08
	非银行	39.74	42.21	42.77	39.63
信息披露	商业银行	67.90	63.55	55.99	63.45
	非银行	62.78	61.66	62.51	62.65
利益相关者治理	商业银行	42.46	53.53	54.80	52.62
	非银行	52.61	53.08	53.44	52.96

资料来源：南开大学公司治理数据库

注：在2005年和2006年，样本中的银行包括深圳发展银行、招商银行、中国民生银行、华夏银行和浦发银行；在2007年和2008年，样本在以上银行的基础上增加了中国工商银行、中国建设银行、中国银行3个国有控股银行，交通银行、兴业银行和中信银行3家股份制银行，还有北京银行、南京银行、宁波银行3家城市商业银行

我们还将商业银行的治理风险与非银行上市公司进行了比较。非银行上市公司是指金融行业之外的上市公司。我们发现，商业银行的股东治理和监事会治理指数值要明显高于非银行上市公司，其董事会治理、经理层治理及信息披露指数值与非银行上市公司相比没有显著差异，而利益相关者治理指

数值虽然在 2005 年要低于非银行上市公司, 但从 2006 年起两者就基本持平。另外, 商业银行的决策独立性与激励机制与非银行上市公司的差异也并不明显。这些结果表明, 商业银行董事会治理、经理层治理、信息披露、利益相关者治理及决策独立性和激励机制风险与非银行上市公司没有显著差异, 但商业银行的股东治理和监事会治理风险要明显低于后者。

(二) 内部治理机制风险对商业银行经营风险影响的分析

以往研究对商业银行治理改革的效应分析主要集中于 2003 年前后较短的时间, 并以前后的变化作为判断公司治理效应是否存在的依据。这一方法有一个致命的缺陷, 即误解了商业银行经营业绩与公司治理改革的关系。如果按照类似的逻辑来评价 2003 年之前第一次国有商业银行注资和不良资产剥离的改革, 就会得到肯定的结果, 但这与后期新的不良贷款增加的事实是矛盾的。因此, 2003 年的注资和不良资产剥离对商业银行财务指标的改善是进行公司治理的基础, 而不能作为 2003 年前后商业银行治理变化的效应。由此, 正确的研究问题应当是 2003 年之后的一系列改革对商业银行的经营是否存在持续的积极的影响。在本章中, 我们特别关注的是 2003 年后的中国商业银行治理改革是否降低了其总体经营风险。

结合相关的研究文献, 我们采用了两种方法来度量商业银行的总体经营风险 (Laeven and Levine, 2009; Pathan, 2009; 王倩等, 2007)。第一种方法是上市商业银行当年的不良贷款率 (NPL), 不良贷款率越高, 风险越大; 第二种方法是 Z 值法, 计算公式为 $(ROA+CAR)/\sigma(ROA)$, 其中 ROA 是资产收益率, 等于营业利润/总资产, CAR 是资本资产比率, 等于所有者权益/总资产, $\sigma(ROA)$ 是根据当年和前两年的 ROA 数据估计出 ROA 标准差, 与 NPL 正好相反, Z 值越大, 风险则越小。因此, 我们预期公司治理风险水平与 NPL 正相关, 与 Z 值负相关。

表 5-7 给出了中国商业银行治理风险与总体经营风险的比较结果。我们分别根据每一指标的平均值将全部样本分为两组, 低于指标平均值的为高治理风险组, 高于指标平均值的为低治理风险组。然后依据这样的分组, 比较高风险组和低风险组在经营风险方面的差异。在表 5-7 中, 当以 NPL 度量银行经营风险时, 股东治理和董事会治理指标分组的 t 检验为正值, 并且分

别在 5%和 10%的水平显著，其他指标分组的 t 检验结果均不显著。当以 Z 值作为银行经营风险的度量时，股东治理、董事会治理、经理层治理、信息披露、利益相关者治理及决策独立性治理指标分组的 t 检验结果均不显著，激励机制指标分组的 t 检验结果为负值，且在 5%的水平显著，而监事会治理指标分组的 t 检验结果则为正值，并且在 5%的水平显著。这些结果表明，股东治理、董事会治理及经理层治理的激励机制等内部公司治理机制对于降低商业银行经营风险发挥了积极的作用，而其他公司治理机制的影响则不显著。因此，前文关于公司治理主体和激励机制风险降低对银行总体风险影响的观察得到一定的证实。

表 5-7　中国商业银行内部公司治理风险与经营风险的比较分析

变量名称	依据治理风险大小的分组	观测值	NPL		Z 值	
			NPL 水平	t 统计量	Z 值大小	t 统计量
股东治理	高	18	2.95	2.05**	60.20	−0.10
	低	21	1.79		62.56	
其中决策独立性	高	13	2.06	−0.64	75.70	0.88
	低	26	2.46		54.35	
董事会治理	高	21	2.72	1.48*	53.36	−0.76
	低	18	1.86		70.93	
监事会治理	高	19	1.98	−1.13	82.24	1.83**
	低	20	2.65		41.73	
经理层治理	高	16	2.40	0.21	74.49	0.95
	低	23	2.27		52.41	
其中激励机制	高	25	2.09	−1.07	45.03	−2.00**
	低	14	2.75		90.82	
信息披露	高	20	2.40	0.26	65.53	0.36
	低	19	2.25		57.19	
利益相关者治理	高	17	2.03	−0.89	73.29	0.91
	低	22	2.56		52.34	

**和*分别表示在5%和10%的水平显著

五、商业银行治理风险分析小结

中国商业银行改革因其在国家经济发展中的重要地位，一直备受各界关注。而在三大国有银行上市之后，相关的跟踪分析明显下降。但国际金融危机所暴露的问题及其所引发的思考使我们必须重新关注商业银行的公司治理风险问题。中国的商业银行在此次国际金融危机中虽然受到了一定的影响，但影响并不大，原因是多个方面的，而其中公司治理风险的有效防范和化解就是一个非常重要的因素。

本节重点分析了 2003 年前后两个阶段的中国商业银行改革特点，比较了两个阶段的改革在公司治理风险有效防范和化解方面的差异，并对公司治理风险与商业银行整体经营风险的关系进行实证分析。研究发现，在 2003 年之前，由于商业银行治理改革没有及时跟进，大量不良贷款在短时间内迅速增加，银行整体经营风险不降反增；而在 2003 年之后，由于公司治理改革的及时跟进，商业银行治理风险明显得到有效防范和化解，而这对于商业银行整体经营风险的持续下降有着显著的积极作用。

本节的研究不仅对中国商业银行治理改革进行了一个全面的回顾和总结，还为在此次金融危机中我国商业银行的表现提供了一个新的解释。当然，中国商业银行治理虽然取得了一定的成绩，但还有多个方面需要进一步思考和改进，如董事会、经理层和利益相关者治理风险如何进一步降低，激励机制如何设计以平衡管理层激励不足和过度激励导致的冒险行为等。公司治理改革是一个长期的动态过程，而 2008 年国际金融危机中公司治理思想的发源地英美等国出现的公司治理问题充分说明了这一点。因此，中国商业银行治理改革还任重道远。

第三节　金融机构治理风险管控政策建议

2008 年的世界金融危机中我国金融机构一枝独秀，既要看到这是由中国金融机构的优势带来的，如中国金融机构监管严密造成的金融机构次级的衍生产品少；同时还要看到的是金融环境的相对封闭对中国金融机构的保护作用。金融机构走向世界舞台进行竞争，还必须练好自己的"内功"，即完善金融机构治理结构和机制，严格控制治理风险。

一、强化外部监管机制

政府对金融机构监管不力，导致次级衍生产品大量被复制、出售，进而在特定的条件下金融危机被引爆。因此，监管机构必须制定合理的监管机制，对金融机构从严监管。强化金融业运行的透明度，阳光是最好的消毒剂，对包括银行在内的金融机构的信息披露频率、深度等做出详细的规定。

二、培育金融行业的竞争环境

对于中国金融机构来说，市场竞争还远远没有形成。对于银行业来说，虽然通过引入城市商业银行和外资银行，打破了五大行独霸市场的局面，但是对于城市商业银行和外资银行的限制条款严重制约了市场的竞争，没有形成外部竞争的风险治理机制。因此，应该逐渐消除歧视性条款，使不同的金融机构可以在市场上公平竞争。

三、完善金融机构内部治理机制

完善金融机构内部治理机制，必须从以下几个方面入手：其一，完善董事会建设，在构建董事会时，要考虑董事会的异质性、董事会的断裂带、董事会的相对权力及董事会的结构。具体来讲，要利用不同背景的董事为银行服务，同时应该避免董事会出现分裂，为了避免董事会被管理层俘获，还要考虑其相对于管理层的权力大小；在董事会结构方面，必须考虑到独立董事比例，同时避免总经理和董事长两个职位由一个人承担。其二，完善监事会的功能，赋予其充分的权力对金融机构的运行进行监督。其三，构建完善的经理层激励与约束机制，对金融机构高端管理人才制定合理的激励措施，使其为金融机构整体的、长远的发展服务，同时对管理层进行约束以避免其自利行为。

四、健全利益相关者治理机制

金融机构的利益相关者包括中小股东、社区、政府和债权人等。规避金融机构的治理风险，必须充分发挥利益相关者的监督职能。例如，对于中小股东来说，可以通过完善投票机制(网络投票、累积投票等)来保护其利益不受侵犯。

五、防范后危机时期行政型治理的负面影响

后金融危机时期，国有控股上市公司行政型治理有所回潮。谨防行政型治理下的潜在治理风险，合理界定金融机构治理和金融机构管理的边界，构建自下而上的治理流程，逐步实现金融机构董事会"自下而上"任免、监督高管人员的经济型治理，减少官员董事派出。

六、继续促进金融机构股权结构的多元化

在保持国有控股的条件下，应该继续推进金融机构的股权多元化，用来制约政府超级股东的干预行为。除了战略投资者，国家应该考虑引进更多类型的股东，并提高这些股东相对于国有股东的谈判力。股权结构不合理会导致内部人与外部分散股东之间的代理冲突，造成内部人控制等问题。具体而言，首先，在确保国家经济安全的前提下，有步骤、有计划地推动金融机构国有股减持，推进股权结构多元化；其次，大力培养机构投资者；最后，积极引入外资战略投资者，进一步增大外资在国内金融业的持股比例。

七、建立金融机构治理风险的预警机制

现实中，金融机构往往建立了较为完善的以财务指标为基础的金融风险预警机制，然而对治理风险的预警涉及较少。实践证明，金融风险事故是治理风险的最终爆发。加强公司治理风险预警机制的建设可以引导金融治理风险的"事后治理"到"预防治理"，实现前馈控制。金融机构可以通过治理风险诱因、治理风险评价、治理风险预警及治理风险预控等一系列措施完善其治理预警机制。

第　六　章

国有控股上市金融机构治理评价研究

后金融危机时代，金融机构治理水平受到前所未有的关注。作为中国金融行业标杆的上市金融机构，其治理水平不仅反映金融机构本身的竞争力和可持续发展能力，更关系到金融行业和国民经济的稳定运行和长远发展。建立工具化的治理评价体系是识别治理风险的前提和基础。本章利用南开大学中国公司治理研究院发布的中国上市公司治理指数，对 2008～2016 年中国上市金融机构治理水平进行了系统的评价，同时基于该指数从公司财务绩效和风险承担两个视角实证检验了上市金融机构治理的有效性。研究发现，国有控股上市金融机构中存在的超级股东会导致治理有效性受限。为提高上市金融机构治理能力，本章提出了相应对策建议。

第一节　一般公司与金融机构治理评价研究进展

公司治理质量和公司治理环境日益受到监管部门和学术界的关注。本节梳理了一般公司治理评价的进展情况；同时，在考虑金融机构治理的特殊性的基础上，本节也关注了国内外金融机构治理评价的最新进展。

一、一般公司治理评价的进展

公司治理改革已经成为全球性的焦点问题。作为在全球市场上的一种竞争优势及可持续发展能力的重要组成部分，完善的公司治理机制对于维护市场秩序具有十分重要的作用。近 20 年来，全球公司治理研究的关注点由美国逐步扩展到英国、日本、德国等主要发达国家，近年来已扩展到转轨和新兴市场国家。研究内容也随之从治理结构与机制的理论研究，扩展到治理模式与原则的实务研究。在治理质量与治理环境备受关注的背景下，学术界的研究重心转移到公司治理评价和治理指数。鉴于国有控股金融机构在我国国民经济中的重要地位，其公司治理情况也越来越吸引相关政府部门的重视，如中国人民银行于 2002 年 6 月颁布的《股份制商业银行公司治理指引》，以及中国银监会 2006 年 4 月实施的《国有商业银行公司治理及相关监管指引》和 2013 年发布的《商业银行公司治理指引》，均是为规范公司治理而出台。

中外学者对公司治理评价的关注是基于满足公司治理实务发展的需要，尤其是机构投资者的需要。公司治理评价萌芽于 1950 年 Martindell 提出的董事会绩效分析，随后一些商业性的组织也推出了公司治理状况的评价系统。最早的规范的公司治理评价研究是由美国机构投资者协会 1952 年设计的正式评价董事会的程序，随后出现了公司治理诊断与评价的系列研究成果，如 Salmon(1993)提出诊断董事会的 22 个问题；1999 年欧洲戴米诺推出戴米诺公司治理评价系统；2000 年亚洲里昂证券(CLSA)推出里昂公司治理评价系统；2003 年南开大学公司治理研究中心李维安等推出"中国上市公司治理评价系统"(中国首个全面系统的公司治理评价系统)，并于 2004 年起每年公布《中国公司治理评价报告》，同时发布"中国上市公司治理指数"；美国机构股东服务公司(ISS)还建立了全球性的公司治理状况数据库，为其会员提供公司治理相关服务；另外还有布朗斯威克(Brunswick Warburg)、公司法和公司治理研究所(ICLCG)、信息和信用评级代理机构(ICRA)、世界银行公司治理评价系统、泰国公司治理评价系统、韩国公司治理评价系统、日本公司治理评价系统(CGS、JCG Index)及中国台湾辅仁大学公司治理与评等系统等。详细情况见表 6-1。

表 6-1　主要公司治理评价系统

公司治理评价机构、个人或系统	评价内容
杰克逊·马丁德尔(Jackson Martindell)	社会贡献、对股东的服务、董事会绩效分析、公司财务政策
标准普尔(S&P)	所有权结构、利益相关者的权利和相互关系、财务透明度和信息披露、董事会结构和程序
戴米诺(Deminor)	股东权利与义务、接管防御的范围、信息披露透明度、董事会结构
亚洲里昂证券(CLSA)	管理层的约束、透明度、小股东保护、独立性、公平性、问责性、股东现金回报及公司社会责任
美国机构股东服务公司(ISS)	董事会及其主要委员会的结构和组成、公司章程和制度、公司所属州的法律、管理层和董事会成员的薪酬、相关财务业绩、"超前的"治理实践、高管人员持股比例、董事的受教育状况
戴维斯和海德里克(DVFA)	股东权利、治理委员会、透明度、公司管理及审计
布朗斯威克(Brunswick Warburg)	透明度、股权分散程度、转移资产/价格、兼并/重组、破产、所有权与投标限制、对外部人员的管理态度、注册性质
公司法和公司治理研究所(ICLCG)	信息披露、所有权结构、董事会和管理层结构、股东权利、侵吞(expropriation)风险、公司的治理历史
信息和信用评级代理机构(ICRA)	所有权结构、管理层结构(含各董事委员会的结构)、财务报告和其他披露的质量、股东利益的满足程度
宫岛英昭、原村健二、稻垣健一等日本公司治理评价体系(CGS)	股东权利、董事会、信息披露及其透明性三方面,考察内部治理结构改革对企业绩效的影响
日本公司治理研究所公司治理评价指标体系(JCG Index)	以股东主权为核心,从绩效目标和经营者责任体制、董事会的机能和构成、最高经营者的经营执行体制及股东间的交流和透明性四方面评价
泰国公司治理评价系统	股东权利、董事品质、公司内部控制的有效性
韩国公司治理评价系统	股东权利、董事会和委员会结构、董事会和委员会程序、向投资者披露和所有权的平等性
中国香港城市大学公司治理评价系统	董事会结构、独立性或责任,对小股东的公平性,透明度及披露,利益相关者角色、权利及关系,股东权利
中国台湾辅仁大学公司治理与评等系统	董(监)事会组成、股权结构、参与管理与次大股东、超额关系人交易、大股东介入股市的程度
GMI(Governance Metrics International)治理评价系统	透明度与披露(含内部监控)、董事会问责性、社会责任、股权结构与集中度、股东权利、管理人员薪酬、企业行为
世界银行公司治理评价系统	公司治理的承诺、董事会的结果和职能、控制环境和程序、信息披露与透明度、小股东的待遇
南开大学中国上市公司治理指数	股东治理、董事会治理、监事会治理、经理层治理、信息披露、利益相关者治理
中国社会科学院世界经济与政治研究所公司治理研究中心	股东权利、对股东的平等待遇、公司治理中利益相关者的作用、信息披露和透明度、董事会职责、监事会职责

二、金融机构治理评价的进展

金融机构治理的特殊性决定了金融机构治理评价的特殊性，主要体现在评价内容上。

国外针对金融机构治理评价的研究主要集中在对银行业的治理评价方面。许多国家的中央银行及其他的金融监管者主要采用 CAMEL 方法分析和评价一个银行是否健康。CAMEL 法通过评估银行的资本充足率(capital adequacy ratio)、资产质量(asset quality)、管理(management)、收益水平(earnings)和流动性(liquidity)来判断银行的状况。其他的一些评级机构对于银行业的评级往往也会参照这种分析模式。然而，这种方法主要关注金融机构的绩效与风险管理，而对于公司治理的特性考虑不足。巴塞尔银行监管委员会认为一个有效的银行治理结构应具备如下特征：第一，具有清晰的银行战略目标和价值理念；第二，在全行组织内部确立和实施清晰的责任，明确界定和划分各岗位的权责并实施；第三，确保董事会成员胜任其职位并能独立工作；第四，确保董事会对高级管理层、高级管理层对其下属的有效监督，确保高级管理者行使职责；第五，充分发挥内部与外部审计人员的监控作用；第六，确保薪酬制度与银行的价值理念、经营目标和战略及管理环境相一致；第七，不受来自外部或管理层的影响；第八，增强银行治理状况的透明度。随着公司治理越来越被重视，在银行业的评价体系中，引入公司治理作为一个评价因素的呼声也越来越高了。作为在银行评价中添加公司治理因素的先行者，亚洲开发银行提出"5+7"的银行治理评价模式，其中"5"是指国际通用的 CAMEL 法的五大要素，而"7"就是与公司治理相关的因素，如大多数的董事是否为独立董事、审计委员会的工作是否有效、合规委员会的工作是否有效、银行合规经营的记录如何、董事会是否建立了道德行为指引机制、委员会是否能够与政治干预和指令保持距离等。亚洲开发银行的治理评价体系虽然在一定程度上考虑了金融机构治理的特殊性，但主要针对的还是董事会，忽视了公司治理的其他方面，如股权结构、信息披露等。

国内方面，李维安带领的南开大学公司治理研究中心公司治理评价课题组(2003)从股东治理、董事会治理、监事会治理、经理层治理、信息披露及利益相关者治理等六个维度对包括金融机构在内的中国上市公司的治理状况进行了评价；李维安和唐跃军(2006)针对我国上市公司治理评价的结果显示我国金融机构的治理水平随着行业改制有了较高的提升，公司治理指数总体水平已排在 13 个行业的前列，尤其是新上市的金融机构通常会依据更加规范的治理规则进行公司运营管理与治理制度的建设。

2007 年，李维安带领南开大学公司治理研究中心与中国保监会合作，针对中国保险公司构建了包括遵守性指标、有效性指标及调节指标在内的公司治理评价体系，对于提升我国保险公司的治理水平起到了良好作用。

曹廷求和陈丽萍(2012)结合我国的法律法规、理论研究及治理实践等，借鉴 COSO(The Committee of Sponsoring Organizations of the Treadway Commission，中文译为反虚假财务报告委员会发起组织，有时也被直译为美国科索委员会)《内部控制——整合框架》设计的动态方法，分别从治理环境(GEI)、风险控制(RCI)、风险评估(REI)、信息披露(IDI)和监督(MGI)五个一级指标构建了银行治理评价指标体系(BGI)，并通过 2010 年的 75 家城市商业银行的相关数据检验了其治理评价系统的效度。

三、国内外公司治理评价小结

尽管国内外关于金融机构的治理评价已经取得了一定的成果，但是与普通公司治理评价相比还存在较大理论与实践的滞后性，对于金融机构尤其是中国国有控股金融机构治理环境与治理理论的特殊性考虑不足。我国金融机构种类众多，包括银行、证券、保险、信托和基金等不同行业，这些公司都是从事金融服务业的金融中介机构，可是其经营和管理模式都存在很大差异，对其分别建立不同的公司治理评价体系在现阶段内难以实现。

针对不同类型金融机构的特定公司治理评价体系难以立刻建立，但是不能因此放弃对这些机构公司治理的评价和完善。国有控股上市金融机构作为我国上市公司中的重要组成部分，其公司治理的最低要求是符合一般公司治理的基本要求，所以可以沿用目前我国理论界和实务界应用较为广泛的评价指标体系——中国上市公司治理指数，从多个维度多个层次来评价和分析包括国有控股上市金融机构在内的上市金融机构的治理状况。需要说明的是，考虑到非上市金融机构与上市金融机构在治理实践和信息披露方面的区别，对于非上市的金融机构，本书的第七章、第八章和第九章分别建立了相应的评价指标体系并进行了全行业样本评价。

第二节　中国上市公司治理评价指标体系

近年来理论界和实务界及相关的政府部门对上市公司的公司治理质量和治理环境格外关注，如何识别公司治理的优劣便成为需要解决的问题，这就迫切需要建立一套适应中国上市公司治理环境的公司治理评价系统。本节重点介绍了中国上市公司治理指数的构成及具体评价指标。

一、中国上市公司治理指数构成

通过评价系统的运行，我们能够掌握上市公司的公司治理状况，观察与分析上市公司在股权结构、董事会运作、经营层激励约束、监事会监督、信息披露及利益相关者治理等方面的现状与问题，从而能够从整体上提高公司治理水平，降低公司治理风险，保证公司运营的质量，从而促进国民经济发展。

基于中国上市公司面临的治理环境特点，南开大学中国公司治理研究院公司治理评价课题组在总结公司治理理论研究、公司治理原则、各类公司治理评价系统，以及大量实证研究、案例研究成果的基础上，广泛征求各方面的意见，进一步优化治理评价指标体系，最终确定 6 个评价维度。通过对上市公司治理评价的实证研究，对部分不显著性指标进行调整；通过对上市公司实施公司治理评价，不断检验系统的有效性并进行优化；引入新的公司治理研究思想，如利益相关者；紧密关注治理环境变化，并及时反映到评价系统中，如法律法规变化。评价指标体系见表 6-2。

表 6-2　中国上市公司治理指数评价指标体系

指数 （目标层）	公司治理评价 6 个维度 （准则层）	公司治理评价各要素 （要素层）
中国上市公司 治理指数	股东治理	独立性
		关联交易
		中小股东权益保护

续表

指数 （目标层）	公司治理评价 6 个维度 （准则层）	公司治理评价各要素 （要素层）
中国上市公司 治理指数	董事会治理	董事权利与义务
		董事会运作效率
		董事会组织结构
		董事薪酬
		独立董事制度
	监事会治理	运行状况
		规模结构
		胜任能力
	经理层治理	任免制度
		执行保障
		激励约束
	信息披露	可靠性
		相关性
		及时性
	利益相关者治理	参与程度
		协调程度

资料来源：南开大学中国公司治理研究院"中国上市公司治理评价系统"

　　指标体系是公司治理指数的根本，不同环境需要不同的公司治理评价指标体系，中国上市公司的公司治理指数反映了上市公司的诸多重要特征。此评价指标体系基于中国上市公司面临的治理环境特点，侧重于公司内部治理机制，强调公司治理的信息披露、中小股东的利益保护、董事会的独立性及监事会参与治理等，从股东治理、董事会治理、监事会治理、经理层治理、信息披露及利益相关者治理 6 个维度，设置 19 个二级指标，以及多个具体评价指标，对中国上市公司的公司治理状况做出全面、系统的评价。

二、上市公司股东治理评价指标体系

(一)上市公司股东治理评价相关研究

上市公司与其控股股东之间存在着种种关联,控股股东的行为往往超越了法人边界。并且上市公司的控股股东相对谈判力较强,具有明显的超级大股东性质。基于此,我们主要从四个层次反映控股股东行为与股东治理状况。

1. 股东的平等待遇

遵循"资本多数"的原则,上市公司的控股股东往往能够对股东大会加以控制。控股股东通过制定股东大会程序、股东参与条件来提高中小股东参加股东大会的成本,限制了中小股东的参与程度,这些缺陷使所有股东信息获取的及时性和完整性难有保障。通过衡量股东大会投票制度、股东的参与度,可以对上市公司的控股股东是否存在影响股东大会的行为加以判断。

2. 引发控股股东行为负外部性的体制性诱因

我国上市公司与其控股股东之间存在着非常密切的关系,尤其是国有控股上市公司,并且在很多情况下,政治目标超过经济目标成为其决策的先决因素。这种行为往往会模糊上市公司的法人财产边界,从而为损害中小股东等其他利益相关者的利益创造条件。上市公司相对于控股股东的独立性,可以反映出引发控股股东侵害小股东行为的体制性诱因程度。

3. 控股股东行为负外部性的制约机制

各国对中小股东权益的保护,主要是通过在股东大会上强化中小股东对股东大会召集、提议等的影响力,来限制控股股东的权力。2002 年中国证监会和国家经济贸易委员会联合颁布的《上市公司治理准则》在保护股东权益、平等对待所有股东方面,做出了一些原则性的规定,成为《公司法》的有益补充。保护中小股东的制度是否健全、是否得到有效实施,可以衡量在上市公司中是否形成制约控股股东行为、降低负外部性的有效机制。

4. 控股股东行为负外部性的现实表现

上市公司的控股股东通过调动各方面的资源,可以实现公司整体利益的最大化，完成各方面的有机协调、资源的互补，也可以发挥整体"联合经济效应"，增强上市公司的竞争能力。然而，目前我国上市公司的控股股东存在种种不当行为，体现在运营层面上时具有较强的负外部性，损害了中小股东的利益。

(二)上市公司股东治理评价指标体系设计思路

基于对股东行为特征的分析，我们构建了上市公司股东治理评价指标体系，主要包括三个方面。具体指标如表6-3所示。

表6-3　上市公司股东治理评价指标体系

主因素层	子因素层	说明
独立性	人员独立性	考察董事在股东单位兼职比例，分析上市公司决策层和管理层相对于控股股东的独立性，其在处理股东利益冲突时能否保持平衡
	同业竞争	考察上市公司与控股股东公司在主营业务上是否存在重叠交叉
	控制层级	考察从最终控制人到上市公司的控制链条层级的长度，控制层级越长，导致现金流权与控制权分离，最终控制人就越有可能通过金字塔式持股结构侵害中小股东利益
中小股东权益保护	股东大会投票制度	考察上市公司是否建立了累积投票权制度并制定了实施细则，是否在股东大会中实行了网络投票，衡量中小股东的意志能否在公司决策中得到体现
	股东大会参与性	考察股东参与股东大会的积极性，上市公司是否让尽可能多的股东参加大会
	募集资金使用情况	考察募集资金是否变更，变更程序是否经股东大会批准，是否说明原因
	现金股利分配	考察上市公司通过现金股利对投资者回报的规模及长期连续性
关联交易	关联方资金占用	考察关联方是否通过占用上市公司货币资金等手段损害中小股东利益
	关联担保	考察上市公司是否为大股东或其附属企业解决债务融资问题
	经营类和资产类关联交易	考察上市公司及控股股东是否通过关联交易进行利润操作，获取控制权收益

资料来源：南开大学公司治理数据库

1. 独立性

由于法律法规的推出、监管的强化，以及上市公司自主治理水平的提高，上市公司在人员、业务、财务、资产及机构等方面的独立性得到了加强，但这种独立性大都停留在表面层次，上市公司相对股东单位的独立性仍需加强。我们对以下几个方面进行评价：第一，通过上市公司董事是否在控股股东处兼职来反映人员独立性情况；第二，通过主营业务是否重叠交叉来度量同业竞争，判断业务独立性情况；第三，通过计算从最终控制人到上市公司的控制链条层级的长度来判断现金流权与控制权分离程度，控制层级越长，最终控制人就越有可能通过金字塔式持股结构侵害中小股东利益。

2. 中小股东权益保护

本节重点判断上市公司对中小股东保护相关法律、法规及原则的实施情况，是否根据法律、法规建立了相应的实施细则，是否通过实际行动有效维护中小股东的权益。通过上市公司是否建立了累积投票权制度并制定了相关实施细则，是否在股东大会中实行了网络投票，来衡量中小股东的意志能否在公司决策中得到体现；通过股东大会参与性衡量股东参与股东大会的积极性；通过募集资金是否变更、变更程序是否经股东大会批准、是否说明原因来度量上市公司是否滥用募集资金；通过现金股利派发规模和连续性来度量上市公司对股东的回报。

3. 关联交易

本节通过控股股东是否无偿地占用上市公司货币资金、上市公司是否为控股股东及其他关联方提供贷款担保、控股股东与上市公司间关联交易的规模反映控股股东滥用关联交易的情况。

三、上市公司董事会治理评价指标体系

董事会是公司治理的核心。作为股东和经理之间的连接纽带，董事会既是股东的代理人，又是经理人员的委托人和监督者，在公司的战略发展、重大决策方面发挥着至关重要的作用，是完善治理结构、优化治理机制的关键环节。董事会治理水平直接决定着公司潜在的治理风险及长远发展。国内外相继爆发的安然、世通、德隆和创维等公司治理丑闻也验证了这一点。因

此，董事会一方面要积极领导公司为投资者创造更多的财富，在资本市场上争取到充足的资本，服务好投资者这个"上帝"；另一方面还要关注消费者的利益和需求，在产品市场上获取消费者的支持和信任，服务好消费者这个"上帝"，从而实现公司的持续发展。通过对上市公司的董事会治理进行评价，可以推动中国上市公司董事会治理的改善与优化，从而为董事会建设提供系统性的制度保障。

（一）上市公司董事会治理评价相关研究

董事会治理评价研究的开展可以从董事会履职基础层面，延伸至董事会结构完善及机制优化层面，最终体现在董事会在公司行为及治理风险防范中发挥的重要作用。

1. 董事会职能边界及权力配置研究

现代公司的双重委托代理问题下，董事会是否能够抑制管理层偏离股东利益的机会主义行为，是否能够克制控股股东的利益攫取行为而实现全部股东的财富最大化，在一定程度上取决于董事会职能边界及权力配置等基本理论问题是否明晰化。在实践层面，董事会的薪酬制定权利、提名权利、针对董事会议案的异议权利等在很多情况下也被"剥夺"，造成董事职能的虚化。董事会的履职基础需进一步夯实。

2. 董事会结构建设向董事会机制优化的转型研究

董事会结构建设是董事会治理水平提升的基础，但仅具有完善的董事会治理结构还远不能实现董事会的高效运作，结构建设向机制优化的转型是提升现阶段我国上市公司董事会治理质量的关键环节。从关注董事会规模、董事会会议次数、董事会专门委员会设立情况和董事的专业背景等角度转向董事会议案决议、独立董事意见内容、董事会会议质量、董事团队氛围及董事会专门委员会履职状况等方面是现有研究面临的较大挑战。

3. 董事会治理与公司行为研究

科学决策是董事会治理的重要目标。董事会在对公司行为的影响中扮演了重要的角色。完善的董事会治理结构、高效的董事会治理机制推动了公司科学的投融资决策、生产经营决策，并保证了公司财务质量的高水平。

4. 嵌入治理风险的董事会治理研究

董事会作为公司治理的核心,其关键职责在于防范各种可能的治理风险。董事会应以治理风险防范为导向,建立适当的风险控制结构和机制,有效识别和控制公司运营中面临的各种治理风险,防止治理风险的累积和爆发。探讨治理风险导向的董事会治理机制和风险防控机制,搭建嵌入治理风险的董事会治理分析框架对于董事会治理研究具有重要的意义。

(二)上市公司董事会治理评价指标体系设计思路

在已有评价指标体系和有关评价研究成果的基础上,结合我国上市公司董事会治理现状,以董事诚信、勤勉义务为核心,从董事权利与义务、董事会运作效率、董事会组织结构、董事薪酬和独立董事制度五个维度,构筑了一套上市公司董事会治理评价指标体系,并以此为标准对上市公司的董事会治理状况进行评价分析。具体指标如表6-4所示。

表6-4　上市公司董事会治理评价指标体系

主因素层	子因素层	说明
董事权利与义务	董事权利与义务状态	考察董事权利与义务的清晰界定程度
	董事损害赔偿责任制度	考察董事的责任履行
	股东董事比例	考察具有股东背景的董事比例
	董事年龄构成	考察董事年龄情况,尤其是大龄董事
	董事专业背景	考察董事的专业背景
	董事在外单位的任职情况	考察董事义务履行的时间保障
董事会运作效率	董事会规模	考察董事会人数情况
	董事长与总经理两权分离状态	考察董事长与总经理的兼任情况
	董事与高管的职位重合情况	考察董事与高管的兼任情况
	董事会性别构成	考察董事会中女性董事的比例情况
	董事会会议情况	考察董事会会议及工作效率

续表

主因素层	子因素层	说明
董事会组织结构	战略委员会的设置	考察战略委员会的设置
	审计委员会的设置	考察审计委员会的设置
	薪酬委员会的设置	考察薪酬委员会的设置
	提名委员会的设置	考察提名委员会的设置
	其他专门委员会的设置	考察其他专门委员会的设置
董事薪酬	董事薪酬水平	考察董事报酬水平
	董事薪酬形式	考察报酬结构的激励约束状况
	董事绩效评价标准的建立情况	考察董事的绩效标准设立
独立董事制度	独立董事专业背景	考察独立董事的专业背景
	独立董事兼任情况	考察独立董事在外单位的任职情况
	独立董事比例	考察董事会独立性
	独立董事激励	考察独立董事激励约束状况
	独立董事履职情况	考察独立董事参加会议情况

资料来源：南开大学公司治理数据库

1. 董事权利与义务

董事在公司的权利结构中具有特定的法律地位，同时还需承担特定的法律责任和义务。董事的来源、履职状况等会对董事权利与义务的履行状况产生重要影响，从而在一定程度上决定了董事会治理水平。对董事权利与义务状况进行的评价有助于改善董事会治理质量。

董事权利与义务主要考察董事来源、履职的诚信勤勉情况等。董事权利与义务的评价指标主要包括：董事权利与义务状态、董事损害赔偿责任制度、股东董事比例、董事年龄构成、董事专业背景及董事在外单位的任职情况。

2. 董事会运作效率

董事会作为公司的核心决策机构，承担着制定公司战略并对经理层实施有效监督的责任。董事会的运作效率直接决定着董事会职责的履行状况及公司目标的实现程度。高效率的董事会运作有助于董事会更好地履行职责，制订更科学的公司发展规划，更有效率地监督管理人员，从而提升公司的持续价值创造能力。

董事会运作效率主要考察董事会运作状况，以反映董事会功能与作用的实现状态。董事会运作效率的评价指标主要包括：董事会规模、董事长与总经理两权分离状态、董事与高管的职位重合情况、董事会性别构成及董事会会议情况。

3. 董事会组织结构

董事会组织结构界定了董事会内部分工与协作的方式、途径等。董事会专门委员会的设立情况会影响到董事会的运作。只有董事会内部权责分明、组织健全，才能保证董事会职责的履行，合理的董事会组织结构是董事会高效运转的前提。

董事会组织结构主要考察董事会专门委员会运行状况。董事会组织结构的评价指标主要包括：战略委员会的设置、审计委员会的设置、薪酬委员会的设置、提名委员会的设置及其他专门委员会的设置。

4. 董事薪酬

公司的董事承担着制定公司战略决策和监督管理人员的责任，并且要履行勤勉义务和诚信义务。在赋予董事责任和义务的同时，给予董事合适的薪酬至关重要。具有激励效果的薪酬组合能够促进董事提高自身的努力程度，提高董事履职的积极性，促使董事与股东利益趋同，并最终提升公司的竞争力。

董事薪酬主要考察董事激励约束状况，包括短期激励和长期激励。董事薪酬的评价指标主要包括：董事薪酬水平、董事薪酬形式及董事绩效评价标准的建立情况。

5. 独立董事制度

独立董事制度为上市公司的董事会引入了具有客观立场的独立董事。这些独立董事独立于上市公司，与上市公司之间没有利益关联，在一定程度上能够客观地发表见解，从而保护公司投资者的利益。在中国"一股独大"的股权结构下，需要建立独立董事制度来保证董事会的独立性及决策的科学性。

独立董事制度主要考察公司董事会的独立性及独立董事的职能发挥状况。独立董事制度的评价指标主要包括：独立董事专业背景、独立董事兼任情况、独立董事比例、独立董事激励及独立董事履职情况。

四、上市公司监事会治理评价指标体系

监事会是上市公司的专设监督机关，完善监事会的监督机制是提高公司治理质量，降低治理风险的关键。从各国公司立法看，尽管对监事会这一履行监督职责的机构称谓不同，有的称之为监察人，也有的称之为监察役等，但在本质和功能上并无大的差别。我国《公司法》规定，监事会是由股东会选举产生的，履行监督公司业务执行状况及检查公司财务状况的权力机关。监事会的主要职权包括：监督权，监事会有权检查公司业务执行状况及公司财务状况；弹劾权，监事会有权对违反法律、行政法规、公司章程或者股东会决议的董事、高级管理人员提出罢免的建议；股东会会议的召集权与主持权，监事会有权提议召开临时股东会会议，在董事会不履行《公司法》规定的召集和主持股东会会议职责时召集和主持股东会会议；提案权，监事会有权向股东会会议提出提案；起诉权，监事会有权对违反诚信义务的董事、高级管理人员提起诉讼。监事会作为公司内部专门行使监督权的常设监督机构，是公司内部治理结构与机制的一个重要组成部分。监事会监督权的合理安排及有效行使，是防止董事和高级管理人员独断专行、保护股东投资权益和公司债权人权益的重要措施。为了对上市公司的监事会治理状况进行评价，使我国监事会逐步趋于健全与完善，本章我们从运行状况、规模结构和胜任能力三个方面对我国上市公司监事会参与治理的状况进行评价。

（一）上市公司监事会治理评价相关研究

对于监事会治理评价问题的研究，目前国内外基本上处于空白阶段，造成这种现状的原因是多方面的。

第一，以英国、美国为代表的公司治理模式中没有监事会。在以处于国

际主流地位的英国、美国为代表的"一元模式"的公司治理结构中，没有设置监事会，但这并不意味着没有监督机制，其监控主要是通过董事会下设相关委员会和其中的外部独立董事及外部市场来实现的。这是与英国、美国公众持股公司的股东人数众多、股权高度分散的现状相适应的，由于不可能由各个股东分别或共同监督，大量股东使代理成本成为一个严重的问题，而且由于"搭便车"问题的存在，单个股东进行监督的动力不足。因此，借助"外脑"力量，即引入外部独立董事对于克服内部利益掣肘不失为明智选择。同时，英国、美国两个国家的经理人市场也比较发达，能够对经营者实施较强的外部监督。尽管国际上一些知名公司治理评价公司(如标准普尔、戴米诺和亚洲里昂证券等)推出了公司治理评价体系，但其中均未单独涉及监事会评价问题。

第二，我国上市公司治理模式的现实状况。从公司治理结构的角度看，我国公司治理模式更接近于大陆法系的"二元模式"，即在股东大会之下设立与董事会相独立的监事会。在国际上以"二元模式"为典型代表的德国、日本等国的监事会与两国证券市场不是很发达，管理层在企业中居于支配性地位。德国实行董事会和监事会分设的双层制，其中监事会具有较强的监督职能。德国《股份制法》规定，公司必须有双层制的董事会结构，即管理委员会和监事会，前者负责公司的日常事务，由担任公司实际职务的经理人员组成；后者是公司的控制主体，负责任命管理委员会的成员并且审批公司的重大决策，并监督其行为，但不履行具体的管理职能。日本的监事会制度既不同于美国、英国的单层制，也与德国的双层制有些许不同。在日本，董事会与监事会是并列的机构，二者均由股东大会选举产生，后者对前者进行监督。这些与我国监事会在性质和职权上有着诸多差异，使来自"二元模式"的监事会评价的参考价值也极为有限。

第三，监事会治理评价没有受到足够重视。国内一些证券机构(如海通证券、大鹏证券)在进行中国上市公司治理评价体系研究过程时，主要集中在股东大会治理评价研究(反映在股权结构、股权集中度和股东大会召开情况等方面)、董事会治理评价研究(反映在董事会规模、董事会运作和董事的激励约束等方面)及信息披露状况方面的评价研究(反映在信息披露的完整性、准确性和有效性等方面)，对监事会的评价几乎没有涉及。

对监事会运行状况评价研究的欠缺，使我们难以判断作为上市公司三会之一的监事会在公司治理中是否发挥了应有的作用，其治理状况的改进与完善对于提高上市公司治理水平是否发挥着重要的作用，是否如有些专家认为的那样，在嫁接了国外的独立董事制度后，监事会已不再重要甚至是多余的。源于此，考虑监事会在我国公司治理结构中的特殊地位，充分借鉴国际上不同公司治理模式中内部监督经验，结合中国上市公司自身环境条件及改革进程，设计出一套能够客观评价上市公司监事会治理状况的指标体系具有重要的理论与现实意义。

(二)上市公司监事会治理评价指标体系的设计思路

在我国上市公司中，监事会作为公司内部的专职监督机构，以出资人代表的身份行使监督权，对股东大会负责。公司监事会的性质决定了它不得进行公司业务活动，对外也不代表公司开展业务。例如，德国《股份制法》规定：监事会成员不得"同时隶属于董事会和监事会"；我国《公司法》规定董事、经理和财务负责人不得兼任监事，也是为了实现公司权责明确、管理科学、激励和约束相结合的内部管理体制。这种规定是为了保证监事会行使监督权的专一目标。监事会的基本职能是以董事会和总经理为主要监督对象，监督公司的一切经营活动及财务状况，在监督过程中，随时要求董事会和经理人员纠正违反公司章程的越权行为。对监事会治理的评价我们以"有效监督"为目标，遵循科学性、可行性和全面性的原则，从运行状况、规模结构和胜任能力三个方面，设计了导入独立董事制度补充后的包括 11 个指标的上市公司监事会治理评价指标体系。具体指标如表 6-5 所示。

表 6-5 上市公司监事会治理评价指标体系

主因素层	子因素层	说明
运行状况	监事会会议次数	考察监事会履行工作职能的基本状况
规模结构	监事会人数	考察监事会履行监督职能的人员基础
	职工监事设置情况	考察监事会代表职工行使监督权的情况
胜任能力	监事会主席职业背景	考察监事会主席职业背景对其胜任能力的影响

续表

主因素层	子因素层	说明
胜任能力	监事会主席学历	考察监事会主席学历对其胜任能力的影响
	监事会主席年龄	考察监事会主席年龄对其胜任能力的影响
	监事会主席持股状况	考察监事会主席持股状况对其胜任能力的影响
	其他监事职业背景	考察监事职业背景对其胜任能力的影响
	其他监事学历	考察监事学历对其胜任能力的影响
	其他监事年龄	考察监事年龄对其胜任能力的影响
	其他监事持股状况	考察监事持股状况对其胜任能力的影响

资料来源：南开大学公司治理数据库

1. 运行状况

监事会是否真正发挥作用及发挥作用的程度是我们关注的焦点，即监事会是否召开过监事会会议，召开过多少次，其次数高于、等于还是低于我国《公司法》所规定的召开次数。据此，我们设计了监事会会议次数来衡量监事会运行状况。

2. 规模结构

良好的规模结构是监事会有效运行的前提条件，为了保证监事会行使监督权的有效性，首先，监事会在规模上应该是有效的；其次，监事会成员的构成也应该有效。为此，我们设计了监事会人数和职工监事设置情况来反映监事会规模结构状况。

3. 胜任能力

监事胜任能力包括监事会主席胜任能力和其他监事胜任能力两个方面。由于上市公司是一个占有庞大经济资源的复杂利益集团，监事应具有法律、财务和会计等方面的专业知识或工作经验，具有与股东、职工和其他利益相关者进行广泛交流的能力。监事的学历和年龄等对其开展相应工作的胜任能力也具有重要的影响。监事持股有利于调动其履职的积极性。依据上述思路，我们设置了监事会主席职业背景、监事会主席学历、监事会主席年龄和监事会主席持股状况指标来评价监事会主席胜任能力；设置了其他监事职业背景、其他监事年龄、其他监事学历及其他监事持股状况指标来评价其他监事胜任能力。

五、上市公司经理层治理评价指标体系

经理层治理是从客体视角对上市公司治理状况进行的评价。本章从经理层的任免制度、执行保障及激励约束三个方面，从不同行业、第一大股东的性质等视角对中国上市公司经理层的治理状况进行评价。

（一）上市公司经理层治理评价相关研究

国际上大多数公司治理评价系统中都将经理层治理方面的评价指标分列于不同的评价结构中。标准普尔公司治理服务系统将管理层成员的任命、薪酬结构及人员更换状况作为董事会治理状况进行了反映。ICLG、ICRA 和 ISS 在对跨国公司全球评价标度与内部评价标度上都分别有专门的高管层结构及管理层薪酬与股权状况的评价。经理层的薪酬也一直作为 GMI 考察公司治理的核心因素。戴米诺公司治理评价系统则注重公司期权和董事长与 CEO 两职关系情况的测评。亚洲里昂证券公司治理评估系统将管理者的高股份激励及股东现金流分配等列入重要的评价范畴。南开大学中国公司治理研究院公司治理评价课题组在设置上市公司治理评价指标系统的初期，将经理层评价作为一个重要维度，中国上市公司治理指数主要从任免制度、执行保障和激励机制三个维度评价中国上市国有控股公司高管层治理状况，进行经理层治理指数与绩效指数的回归分析（李维安和张国萍，2005）。随着公司治理评价的深入与优化，公司高管层的监督、约束、变更及效率保障逐渐成为研究重点。

（二）上市公司经理层治理评价指标体系设计思路

上市公司经理层治理评价指标体系由任免制度、执行保障和激励约束三个维度构成。具体指标如表 6-6 所示。

表 6-6 上市公司经理层治理评价指标体系

主因素层	子因素层	说明
任免制度	高管层行政度	考察经理层任免行政程度
	两职设置	考察总经理与董事长的兼职状况
	高管稳定性	考察经理层的变更状况
执行保障	高管构成	考察经理层资格学历状况
	双重任职	考察经理层成员的兼职状况
	总经理设置	考察经理层中总经理设置状况
激励约束	薪酬水平	考察经理层薪酬激励水平
	薪酬结构	考察经理层激励的动态性
	持股比例	考察经理层长期激励状况

资料来源：南开大学公司治理数据库

1. 任免制度

在经理层治理评价系统中，我们选择高管层行政度、两职设置及高管稳定性构建了评价公司经理层任免制度的指标。随着上市公司高管选聘制度化程度的提高及高管变更频度的加大，我们强化了高管稳定性的指标评价。

2. 执行保障

经理层的执行保障评价包括高管构成、双重任职和总经理设置三个具体评价指标。

3. 激励约束

我们从薪酬水平、薪酬结构和持股比例三个方面来评测经理层激励约束程度。

六、上市公司信息披露评价指标体系

(一) 上市公司信息披露评价相关研究

"阳光是最有效的消毒剂，电灯是最有效的警察。"一个资本市场的信息透明度越高，资本市场的有效性就越强，投资者就越容易做出有效的投资决策。如果信息是透明的，投资者就可以在事前进行合理的判断，事后可以进行更好的监督，投资者可以选择到合适的投资或者融资项目，而管理人员也可以得到他们所需的资金。但是投资者和经理人之间的信息不对称会使投资者的闲置资金与投资机会之间的配置无法实现，使资本市场的配置功能失效。

由于信息的不完备，投资者往往根据市场的平均水平估计公司投资项目的投资收益，对于优质项目来说，融资成本过高，这将造成公司的融资约束。Myers 和 Majluf(1984)认为当投资者低估企业的融资证券价值，而管理者无法将一个好的投资机会正确传递给外部投资者时，投资项目将会被搁置。在更为极端的情况下，债券市场上还会出现"信贷配给"，即借款人愿意以市场平均利率支付利息，但仍然无法筹集到所需要的全部资金(Stiglitz and Weiss，1981；Gale and Hellwig，1985)。通过信息披露缓解了信息不对称，投资者能够更加准确地估计证券价值和项目的风险，对于有良好的投资机会的公司，投资者在购买证券时会要求一个较低的风险溢价，从而降低公司的融资成本；而对于项目风险较高的公司来说，投资者在购买证券时会要求一个较高的风险溢价来弥补其可能遭受的损失，从而提高公司的融资成本。

信息的披露还有利于投资者在投资后对管理层进行监督。投资者所处的信息劣势使一般投资者难以掌握企业内部充分而真实的信息或者无力支付了解这些信息所需的成本，难以实现对代理问题的有效监督。于是，当投资者不能对自己的投资做到完全的监督，而他们又意识到经理人员会有代理问题时，他们对投资将保持谨慎的态度。这也会导致资本市场的运行低效。

(二)上市公司信息披露评价指标体系设计思路

在借鉴相关研究成果的基础上，以科学性、系统性和信息披露评价的可行性等原则为指导，以国际公认的公司治理原则、准则为基础，借鉴、综合考虑我国《公司法》《证券法》《上市公司治理准则》，比照《公开发行证券的公司信息披露内容与格式准则第 2 号——年度报告的内容与格式(2016 年修订)》《企业会计准则》《公开发行股票公司信息披露实施细则(试行)》等有关上市公司的法律法规，设计一套包括可靠性、相关性和及时性三个主因素，合计 16 个具体指标的上市公司信息披露评价指标体系。具体指标如表 6-7 所示。

表 6-7　上市公司信息披露评价指标体系

主因素层	子因素层	说明
可靠性	年度财务报告是否被出具非标准无保留意见	考察上市公司财务报告的合法性和公允性
	违规行为	考察上市公司在近三年是否有违规行为
	无负面报道	考察是否有媒体对上市公司进行负面报道
相关性	公司战略	考察上市公司是否充分披露了有关公司战略的信息
	公司治理结构	考察上市公司是否充分披露了有关公司治理结构的信息
	公司竞争环境分析	考察上市公司是否充分披露了有关公司竞争环境的信息
	产品和服务市场特征	考察上市公司是否充分披露了有关产品和服务市场特征的信息
	盈利预测的信息	考察上市公司是否充分披露了盈利预测的信息
	公司风险	考察上市公司是否充分披露了有关公司的经营风险和财务风险的信息
	公司社会责任	考察上市公司是否充分披露了有关公司社会责任的信息
	员工培训计划和费用	考察上市公司是否充分披露了有关员工培训计划和费用的信息
	对外投资项目	考察上市公司是否充分披露了有关对外投资项目的信息
	业务分布信息	考察上市公司是否充分披露了有关业务分布的信息
	控股及参股公司经营情况	考察上市公司是否充分披露了有关控股及参股公司经营情况的信息
	资产负债表日后事项	考察上市公司否充分披露了有关资产负债表日后事项的信息
及时性	年度报告是否及时披露	反映信息披露是否及时。信息披露的及时性是指信息失去影响决策的功能之前提供给决策者

资料来源：南开大学公司治理数据库

1. 可靠性

可靠性指一项计量或叙述与其所要表达的现象或状况的一致性。可靠性是信息的生命，要求公司所公开的信息能够准确反映客观事实或经济活动的发展趋势，而且能够按照一定标准予以检验。但信息的可靠性具有相对性和动态性，相对可靠性体现了历史性，而且相对可靠性向绝对可靠性接近。一般情况下，作为外部人仅通过公开信息是无法完全判断上市公司资料可靠性的，但是可以借助上市公司及其相关人员违规历史记录等评价信息的披露判断可靠性。从信息传递角度讲，监管机构和中介组织搜集、分析信息，并验证信息可靠性，这种检验结果用于评价信息披露可靠性是可行的、合理的。信息披露可靠性的评价指标主要包括：年度财务报告是否被出具非标准无保留意见、违规行为、无负面报道。

2. 相关性

信息披露相关性则要求上市公司必须公开所有法定项目的信息，不得忽略、隐瞒重要信息，使信息使用者了解公司治理结构、财务状况、经营成果、现金流量、经营风险及风险程度等，从而了解公司全貌、事项的实质和结果。信息披露的相关性包括形式上的完整和内容上的齐全。信息披露相关性的评价指标主要包括：公司战略、公司治理结构、公司竞争环境分析、产品和服务市场特征、盈利预测的信息、公司风险、公司社会责任、员工培训计划和费用、对外投资项目、业务分布信息、控股及参股公司经营情况、资产负债表日后事项。

3. 及时性

信息披露的及时性是指信息失去影响决策的功能之前提供给决策者。信息除了具备真实完整特征之外，还要有时效性。由于投资者、监管机构和社会公众与公司内部管理人员在掌握信息的时间上存在差异，为解决获取信息的时间不对称性可能产生的弊端，信息披露制度要求公司管理当局在规定的时期内依法披露信息，减少有关人员利用内幕信息进行内幕交易的可能性，增强上市公司透明度，降低监管难度，有利于规范公司管理层经营行为，保护投资者利益；从公众投资者来看，及时披露的信息可以使投资者做出理性的价值判断和投资决策；从上市公司本身来看，及时披露信息使公司股价及时调整，保证交易的连续和有效，减少市场盲动。信息披露及时性采用年度报告是否及时披露这一唯一评价指标。

七、上市公司利益相关者治理评价指标体系

20 世纪 80 年代之前，企业的经营宗旨是股东利益最大化，公司治理研究的问题主要是围绕如何建立合理的激励和约束机制将代理人的道德风险问题降至最低限度，最终达到公司价值最大化。20 世纪 80 年代以来，随着企业经营环境的变化，股东、债权人、雇员、消费者、供应商、政府和社区居民等利益相关者的权益受到企业经营者的关注，公司治理也转变为利益相关者的"共同治理"（Blair and Kruse，1999）模式。李维安（2005b）指出，公司治理是指通过一套包括正式或非正式的、内部或外部的制度或机制来协调公司与所有利益相关者之间的利益关系，以保证公司决策的科学化，从而最终维护公司各方面的利益的一种制度安排。公司治理的主体不局限于股东，而是包括股东、债权人、雇员、顾客、供应商、政府和社区居民等在内的广大公司利益相关者。对利益相关者治理的评价有利于我们了解目前中国上市公司利益相关者参与治理的状况及公司与利益相关者的协调状况。根据利益相关者在公司治理中的地位与作用，并且考虑到评价指标的科学性、可行性，我们构建了上市公司利益相关者治理评价指标体系，主要考察利益相关者参与公司治理程度和上市公司与利益相关者之间的协调程度。

（一）上市公司利益相关者治理评价相关研究

目前，在公司治理中充分考虑利益相关者的权益，鼓励利益相关者适当参与公司治理已经成为广为接受的观点。1963 年，斯坦福大学一个研究小组（Stanford Research Institute International，SRI）提出了"stakeholders"（利益相关者），指那些没有其支持，组织就无法生存的群体（Freeman and Reed，1983），但在当时管理学界并未引起足够的重视。20 世纪 80 年代以后，随着企业经营环境的变化，股东、债权人、员工、消费者、供应商、政府、社区居民等利益相关者的权益受到企业经营者的关注，公司在经营管理中对利益相关者的关注日益提高，消费者维权运动、环境保护主义及其他社会活动产生了很大的影响，公司对员工、社区及公共事业关注度大大提高，公司治理也由传统的股东至上的"单边治理"模式演化为利益相关者"共同治理"模式。Blair（1995）认为，公司应是一个社会责任的组织，公司的存在

是为社会创造财富。公司治理改革的要点在于：不应把更多的权利和控制权交给股东，"公司管理层应从股东的压力中分离出来，将更多的权利交给其他的利益相关者"。

英国的《Hampel 报告》、经济合作与发展组织于 1999 年 6 月推出的《OECD 公司治理原则》、美国商业圆桌会议(The Business Roundtable)《公司治理声明》等重要的公司治理原则都把利益相关者放在相当重要的位置。2006 年 3 月，欧盟委员会在布鲁塞尔发起"欧洲企业社会责任联盟"的倡议，由企业主导，对所有的欧洲企业开放，旨在促进和鼓励企业社会责任实践，并为企业的社会责任行为提供相关支持。2006 年 4 月 27 日，联合国全球契约(UN Global Compact)在纽约发布了"责任投资原则"(Principles for Responsible Investment)。来自 16 个国家，代表着世界领先的、拥有超过 2 万亿美元资产的投资机构的领导者在纽约证券交易所正式签署了该项原则。依据该原则，机构投资者承诺，在受托人职责范围内，将把环境、社会和公司治理因素引入投资分析和决策过程中，促进该原则在投资领域中的认同和应用，共同努力提高该原则的有效性，各自报告履行该原则所采取的行动和有关进展。2004 年 6 月，国际标准化组织(International Organization for Standardization，ISO)在瑞典召开会议研究制定 ISO26000，它是适用于包括政府在内的所有社会组织的"社会责任"指导性文件(标准)，标准包括社会责任的 7 个方面内容，即组织治理、人权、劳工权益保护、环境保护、公平经营、消费者权益保护及参与社区发展。

虽然目前利益相关者问题在公司治理研究中居于重要地位，但国内外涉及并强调利益相关者的公司治理评价体系并不多。标准普尔公司治理评价指标体系中涉及了"金融相关者"，但仅仅指股东，并未涉及其他利益相关者。亚洲里昂证券公司的评价体系主要关注公司透明度、对管理层的约束、董事会的独立性和问责性及对中小股东的保护等方面，涉及债务规模的合理控制及公司的社会责任，在一定程度上注意到了利益相关者问题。而戴米诺公司和国内海通证券的公司治理评价体系则没有具体涉及利益相关者问题。南开大学中国公司治理原则研究课题组于 2001 年在《〈中国公司治理原则(草案)〉及其解说》一文中指出，中国公司必须构筑以股东、经营者、职工、债权人、供应商、客户和社区等利益相关者为主体的共同治理机制，保证各利益相关者作为平等的权利主体享受平等待遇，并在构建中国公司治理评价体系中，纳入利益相关者治理。利益相关者治理这一维度包括利益相关者参与公司治理的程度和公司与利益相关者的协调程度。

(二)上市公司利益相关者治理评价指标体系设计思路

根据利益相关者在公司治理中的地位与作用，并且考虑到评价指标的科学性、可行性、完整性，我们构建了包括参与程度指标和协调程度指标两大部分的上市公司利益相关者治理评价指标体系。其中，利益相关者参与程度指标分为：上市公司员工参与程度、上市公司中小股东参与和权益保护程度、上市公司投资者关系管理。利益相关者协调程度指标包括：上市公司社会责任履行、和公司监督管理部门的关系、上市公司诉讼与仲裁事项。具体指标如表 6-8 所示。

表 6-8　上市公司利益相关者治理评价指标体系

主因素层	子因素层	说明
参与程度	上市公司员工参与程度	考察职工的持股情况
	上市公司中小股东参与和权益保护程度	考察上市公司中小股东参与程度和权益保护程度
	上市公司投资者关系管理	考察公司网站的建立与更新状况和公司投资者关系管理制度建设情况
协调程度	上市公司社会责任履行	考察上市公司社会责任的履行和披露情况、上市公司对所处自然环境的关注与保护
	和公司监督管理部门的关系	考察上市公司和其所处的监督管理环境的和谐程度，涉及上市公司和一部分利益相关者的关系状况
	上市公司诉讼与仲裁事项	考察上市公司和股东、供应商、客户、消费者、债权人、员工、社区居民、政府等利益相关者的和谐程度

资料来源：南开大学公司治理数据库

1. 参与程度

利益相关者参与程度指标主要评价利益相关者参与公司治理的程度和能力，较高的利益相关者参与程度和能力意味着上市公司对利益相关者权益保护程度和决策科学化程度的提高。上市公司员工参与程度：员工是公司极其重要的利益相关者，在如今人力资本日益受到关注的情况下，为员工提供有效途径参与公司的重大决策和日常经营管理，有利于增强员工的归属感，提高员工忠诚度并激励员工不断实现更高的个人目标和企业目标。我们用职工持股比例这个指标来考察职工的持股情况，这是员工参与公司治理的货币资本和产权基础，员工持股计划也是对员工进行产权激励的重要举措。我们通过这个指标来考察员工参与公司治理的程度。上市公司中小股东参与和权益保护程度：在少数控股股东在公司中占有绝对的支配地位时，中小股东作为弱势群体，往往由于种种原因，如参与公司治理的成本高等，无法参与公司决策的公司治理实践，并且自身权益常受到侵害。为考察公司对中小股东参与和权益保护的程度，我们设立以下三个指标：累积投票制度的采用、网上投票的采用、代理投票制度的采用，具体为是否采用征集投票权。上市公司投资者关系管理：投资者关系管理是指公司通过及时的信息披露，加强与投资者之间的沟通和交流，从而形成公司与投资者之间良好的关系，实现公司价值最大化。在我国，上市公司投资者关系管理体系还处于发展阶段。我们设置如下指标考察上市公司的投资者关系管理状况：①公司网站的建立与更新，考察投资者关系管理信息的披露与交流渠道的建立及通畅状况；②投资者关系管理制度及其执行，考察投资者关系管理制度建设及是否由专人或专门的部门负责投资者关系管理。设有专门的投资者关系管理制度和投资者关系管理部门有利于促进投资者关系管理工作的持续有效开展。

2. 协调程度

利益相关者协调程度指标考察上市公司与由各利益相关者构成的企业生存和成长环境的关系状况及协调程度，它主要包括以下三个分指标：上市公司社会责任履行、和公司监督管理部门的关系及上市公司诉讼与仲裁事项。上市公司社会责任履行：重视企业社会责任，关注自然环境的保护和正确处理与社区、社会的关系，是企业追求长远发展的必备条件。在此，主要通过如下两个指标考察上市公司社会责任履行状况：①公益性捐赠支出，可以考察公司对社会及所处社区的贡献；②环境保护措施，反映公司对所处自然环境的关注与保护。和公司监督管理部门的关系：企业从事合法经营，必须履行相应的法律责任，因此协调并正确处理公司和其监管部门的关系至关重要。我们通过对罚款支出和收入的量化处理，考察上市公司和其所处的监督管理环境及其中各主体要素的和谐程度。上市公司诉讼与仲裁事项：通过考察公司诉讼、仲裁事项的数目及其性质，可以考察上市公司和股东、供应商、客户、消费者、债权人、员工、社区居民和政府等利益相关者的和谐程度。

南开大学中国公司治理研究院关于中国上市公司利益相关者治理评价的指标体系已经经过了数年的应用，并在应用过程中不断地调整和优化，该指标体系已经比较成熟和稳定。但是利益相关者治理是一个动态的过程，它随着各利益相关者之间的博弈和权衡而不断变化，上市公司利益相关者治理评价指标体系不可能完全固定下来，而应该随着环境的变化及时调整部分评价指标，使上市公司利益相关者治理评价指标体系能够更为科学、客观地反映我国上市公司利益相关者治理的状况，同时对我国上市公司利益相关者治理的改善和提高起到引导的作用。为了保证中国上市公司治理评价的科学性、客观性、公正性和连续性，对上市公司利益相关者治理评价指标体系的调整和优化是本着审慎的原则进行的，对于需要调整的指标则通过专家讨论，并在广泛听取各方面意见的基础上，本着科学和实事求是的原则谨慎调整和优化。鉴于上述原则，对利益相关者治理评价的主因素层保持稳定，依然是利益相关者参与程度和利益相关者协调程度两个指标来评价，而子因素层则根据公司治理环境的变化进行了局部优化和调整，使评价结果能够保持连续性，但调整和优化的程度较小。

第三节　国有控股上市金融机构治理评价与实证研究

本节基于中国上市公司治理指数首先对 2008～2016 年我国上市金融机构治理情况进行总体分析；其次重点对国有控股上市金融机构在 2008～2016 年的公司治理状况进行深入分析；最后基于公司治理指数，从财务绩效和风险承担两个方面对我国上市金融机构治理有效性进行实证检验。

一、中国上市金融机构治理指数分析

(一)上市金融机构治理指数描述统计

从 2008~2016 年上市金融机构治理指数的统计结果可以看出，这 9 年间，我国上市金融机构总数快速增长，从 2008 年的 27 家增长到 2016 年的 50 家。上市金融机构治理指数平均值呈现上升趋势，2015 年出现最大值 64.30。具体如表 6-9 所示。

表 6-9　上市金融机构治理指数描述性统计

年份	样本数/家	平均值	中位数	标准差	全距	最小值	最大值
2008	27	61.47	61.35	4.43	19.27	50.80	70.07
2009	27	61.41	61.80	3.08	13.82	52.41	66.23
2010	27	63.76	64.83	3.77	14.29	53.86	68.15
2011	35	63.34	63.32	3.30	16.08	54.37	70.44
2012	41	63.44	63.27	2.43	13.10	56.53	69.63
2013	42	61.81	62.20	3.46	17.76	50.95	68.71
2014	42	64.27	64.78	2.65	11.99	57.41	69.40
2015	44	64.30	64.79	3.01	13.99	56.30	70.29
2016	50	63.07	63.88	2.85	14.71	54.28	68.99

资料来源：南开大学公司治理数据库

(二)上市金融机构治理分指数描述统计

表 6-10 对 2008~2016 年上市金融机构治理分指数进行了描述性统计。从表中数据我们可以看到各个治理分指数的变化趋势，如股东治理指数多次波动，在 2009 年达到最大值 72.58，2010 年下降到 69.00，2011~2012 年逐年上升至 69.47，2013 年再次出现下降，2014 年有所提升，2015 年再次下降，2016 年再次提升至 67.56。横向对比各个治理分指数，我们可以发现，2008~2014 年及 2016 年都是股东治理指数最高，2015 年利益相关者治理指数最高；而 2008~2011 年利益相关者治理指数最低，2012 年经理层治理指数最低，2013 年信息披露指数最低，2014~2016 年经理层治理指数最低。

表 6-10　上市金融机构治理分指数描述性统计

年份	样本数/家	股东治理指数	董事会治理指数	监事会治理指数	经理层治理指数	信息披露指数	利益相关者治理指数
2008	27	66.87	65.10	62.89	61.03	58.11	52.82
2009	27	72.58	58.96	61.62	59.05	62.99	51.94
2010	27	69.00	66.28	63.44	60.34	64.80	56.33
2011	35	69.42	63.34	65.13	58.91	65.24	56.90
2012	41	69.47	63.00	63.76	58.93	65.37	59.53
2013	42	67.29	64.11	65.84	57.54	57.20	60.26
2014	42	67.48	66.29	65.55	58.96	65.22	61.46
2015	44	66.40	65.97	65.88	56.41	65.58	66.52
2016	50	67.56	66.36	66.68	54.55	60.41	64.65

资料来源：南开大学公司治理数据库

(三)上市金融机构治理指数分行业描述统计

按照不同业务性质分组，上市金融机构可以分为两种类型：一类是商业银行；另一类是非银行的证券公司、保险公司和信托公司等。表 6-11 给出了这两类上市金融机构治理指数的描述性统计，可以看出，平均值意义上讲，银行类上市金融机构的治理水平略高于非银行类上市金融机构。以2016 年为例，银行类上市金融机构治理指数平均值达到了 64.82，标准差为2.10；非银行类上市金融机构的治理水平稍低，平均值为 62.24，标准差为2.80。

表 6-11　上市金融机构(分银行类与非银行类)治理比较

行业	年份	样本数/家	平均值	标准差
银行类	2008	14	62.21	2.95
	2009	14	62.46	2.40
	2010	13	64.87	1.75
	2011	16	64.59	2.99
	2012	16	64.40	1.83
	2013	16	62.52	2.58
	2014	16	65.75	2.19
	2015	16	65.99	1.20
	2016	16	64.82	2.10

续表

行业	年份	样本数/家	平均值	标准差
非银行类	2008	13	60.68	5.63
	2009	13	60.29	3.42
	2010	14	62.74	4.82
	2011	19	62.58	3.28
	2012	25	62.88	2.15
	2013	26	61.74	2.43
	2014	26	63.36	1.97
	2015	28	63.76	2.62
	2016	34	62.24	2.80

资料来源：南开大学公司治理数据库

从分行业 2008~2016 年上市金融机构治理指数的统计结果可以看出，这 9 年间，我国银行类和非银行类上市金融机构治理指数均呈上升趋势，银行类上市金融机构治理指数平均值从 2008 年的 62.21 升至 2016 年的 64.82，非银行类上市金融机构的平均值则是从 60.68 升至 62.24。在标准差方面，银行类标准差较小；非银行类标准差较大，但明显呈现下降趋势，说明组间差异在逐步减小。

（四）上市金融机构治理指数分控股股东描述统计

按照控股性质分组，虽然上市金融机构的控股性质可以分为五种：国有控股、民营控股、外资控股、集体控股和社会团体控股，但后三种性质的样本公司数量太少，不具代表性，所以我们这里重点比较国有和民营两种控股性质金融机构的治理状况。表 6-12 给出了按控股股东性质分组的金融机构治理指数统计指标对比，从表中可以看出，在平均值意义上讲，国有控股上市金融机构治理指数高于民营控股上市金融机构。以 2016 年为例，国有控股上市金融机构样本数为 38 家，平均值为 63.06，标准差为 2.90；民营控股上市金融机构样本数为 5 家，平均值为 62.94，标准差为 2.50。

表 6-12　上市金融机构治理指数分控股股东性质的年度描述统计性比较

控股股东性质	年份	样本数/家	平均值	标准差
国有控股	2008	21	62.03	3.96

续表

控股股东性质	年份	样本数/家	平均值	标准差
国有控股	2009	21	62.27	2.32
	2010	21	64.17	2.94
	2011	26	63.51	3.25
	2012	32	63.59	2.11
	2013	33	62.07	2.45
	2014	33	64.37	2.36
	2015	33	64.71	2.39
	2016	38	63.06	2.90
民营控股	2008	3	59.46	5.06
	2009	3	59.56	3.60
	2010	3	63.13	6.63
	2011	5	62.82	2.39
	2012	3	62.96	1.36
	2013	3	61.97	7.85
	2014	3	62.94	3.32
	2015	5	60.44	3.91
	2016	5	62.94	2.50

资料来源：南开大学公司治理数据库

从国有控股和民营控股的 2008～2016 年上市金融机构治理指数的统计结果可以看出，这 9 年间，我国国有和民营控股上市金融机构治理指数均呈上升趋势，国有控股上市金融机构治理指数平均值从 2008 年的 62.03 升至 2016 年的 63.06，最大值出现在 2015 年，为 64.71；民营控股金融机构的平均值则是从 59.46 升至 62.94，最大值出现在 2010 年，为 63.13。在标准差方面，国有控股上市金融机构标准差较小，且波动较小；民营控股上市金融机构标准差较大，且波动较大。

二、国有控股上市金融机构治理指数分析

（一）国有控股上市金融机构治理指数分年度描述统计

表 6-13 给出了国有控股上市金融机构治理指数的描述性统计结果。可

以看出，2016 年度国有控股上市金融机构治理指数平均值为 63.06，中位数为 64.08，标准差为 2.90，最小值为 54.28，最大值为 66.63。

表 6-13　国有控股上市金融机构治理指数描述性统计

年份	样本数/家	平均值	中位数	标准差	全距	最小值	最大值
2008	21	62.03	61.35	3.96	16.48	53.60	70.07
2009	21	62.27	63.01	2.32	8.85	57.38	66.23
2010	21	64.17	64.78	2.94	11.35	56.77	68.11
2011	26	63.51	63.26	3.25	16.08	54.37	70.44
2012	33	63.59	63.43	2.11	7.88	59.37	67.25
2013	33	62.07	62.21	2.45	10.08	56.83	66.91
2014	33	64.37	64.79	2.36	9.15	60.25	69.40
2015	33	64.71	65.09	2.39	10.01	60.28	70.29
2016	38	63.06	64.08	2.90	12.36	54.28	66.63

资料来源：南开大学公司治理数据库

从 2008～2016 年国有控股上市金融机构治理指数的统计结果可以看出，这 9 年间我国国有控股上市金融机构治理指数基本呈上升趋势，从 2008 年平均 62.03 升至 2016 年平均 63.06，其中平均值最大值出现在 2015 年，为 64.71。而标准差波动较小，说明样本组间治理指数差异较稳定，但标准差和全距数值较大，说明样本组间差异较大，即治理水平参差不齐。

(二)国有控股上市金融机构治理分指数描述统计

下面将进一步从各分指数角度研究分析国有控股上市金融机构的治理状况，描述性统计结果如表 6-14 所示。横向对比来看，2008～2016 年股东治理指数的平均值最高，2008～2010 年及 2012 年利益相关者治理指数最低，2011 年及 2014～2016 年经理层治理指数最低，2014 年信息披露指数最低；纵向对比来看，各治理分指数稳中有升，如股东治理指数多次波动，2013～2016 年基本保持在 68 左右，利益相关者治理指数从 2008 年的 53.02 上升到 2015 年的最大值 67.05，到 2016 年回落到 64.47。

表 6-14　国有控股上市金融机构治理分指数描述性统计

年份	样本数/家	股东治理指数	董事会治理指数	监事会治理指数	经理层治理指数	信息披露指数	利益相关者治理指数
2008	21	68.47	65.62	62.89	60.92	59.10	53.02
2009	21	74.54	59.13	61.62	58.66	65.70	52.30
2010	21	71.68	66.82	63.83	60.17	63.79	56.83
2011	26	69.68	63.58	65.76	57.84	65.05	58.76
2012	32	70.79	63.08	64.08	59.34	64.65	59.25
2013	33	68.43	63.98	66.37	57.96	56.54	61.12
2014	33	68.16	66.45	65.46	59.35	65.26	60.64
2015	33	67.60	66.20	66.82	56.26	65.66	67.05
2016	38	68.72	66.52	66.88	54.53	59.33	64.47

资料来源：南开大学公司治理数据库

(三)国有控股上市金融机构股东治理评价的描述性评价

1. 国有控股上市金融机构股东治理指数描述统计

表 6-15 给出了国有控股上市金融机构治理指数的描述性统计结果。可以看出，2016 年度国有控股上市金融机构股东治理指数平均值为 68.72，中位数为 64.08，标准差为 7.36，最小值为 44.82，最大值为 79.36。

表 6-15　国有控股上市金融机构股东治理指数描述性统计

年份	样本数/家	平均值	中位数	标准差	全距	最小值	最大值
2008	21	68.47	61.35	6.26	22.49	57.15	79.64
2009	21	74.54	63.01	3.84	13.88	67.40	81.28
2010	21	71.68	64.78	4.56	18.80	59.40	78.20
2011	26	69.68	63.26	5.61	23.00	56.80	79.80
2012	32	70.79	63.43	4.50	16.00	62.20	78.20
2013	33	68.43	62.21	7.06	35.42	43.62	79.04
2014	33	68.16	64.79	5.33	21.28	57.97	79.25
2015	33	67.60	65.09	5.54	24.38	52.88	77.26
2016	38	68.72	64.08	7.36	34.54	44.82	79.36

资料来源：南开大学公司治理数据库

从 2008～2016 年国有控股上市金融机构的股东治理指数的统计结果可以看出，这 9 年间，我国国有控股上市金融机构股东治理指数呈波动上升趋势，平均值从 2008 年 68.47 大幅升至 2009 年 74.54，之后变动幅度较小。而标准差和全距一直较大，说明样本组间差距大。

2. 国有控股上市金融机构股东治理具体要素描述统计

表 6-16 给出了国有控股上市金融机构股东治理具体要素平均值的统计结果。从表中可以看出，在平均值意义上讲，国有控股上市金融机构的股东治理的独立性和中小股东权益保护相关要素评价远远好于关联交易要素。

表 6-16 国有控股上市金融机构股东治理具体要素平均值统计结果

年份	独立性	中小股东权益保护	关联交易
2008	86.87	64.74	63.00
2009	78.19	62.78	84.48
2010	78.52	60.80	79.14
2011	71.38	60.50	78.00
2012	70.41	58.14	83.63
2013	71.42	60.87	74.48
2014	74.73	62.58	70.45
2015	72.14	63.37	69.55
2016	69.52	61.75	75.29

资料来源：南开大学公司治理数据库

从 2008～2016 年国有控股上市金融机构的股东治理指数的统计结果可以看出，这 9 年间，我国国有控股上市金融机构股东治理相关具体要素层面的水平波动较大，独立性指标从 86.87 下降至 69.52，中小股东权益保护指标在 58.14～64.74 波动反复，而关联交易指标则在 63.00～84.48 大幅度波动。

（四）国有控股上市金融机构董事会治理评价的描述性评价

1. 国有控股上市金融机构董事会治理指数描述统计

表 6-17 给出了国有控股上市金融机构董事会治理指数的描述性统计结果，可以看出，2016 年国有控股上市金融机构董事会治理指数平均值为

66.52，中位数为 66.50，标准差为 2.64，最小值为 60.78，最大值为 71.62。

表 6-17　国有控股上市金融机构董事会治理指数描述性统计

年份	样本数/家	平均值	中位数	标准差	全距	最小值	最大值
2008	21	65.62	66.08	4.99	16.47	57.23	73.70
2009	21	59.13	58.32	2.80	10.17	53.72	63.89
2010	21	66.82	69.35	4.02	10.18	60.78	70.95
2011	26	63.58	63.58	1.23	4.58	61.28	65.85
2012	32	63.08	63.05	1.34	5.21	60.38	65.59
2013	33	63.98	63.96	1.51	5.73	61.10	66.83
2014	33	66.45	66.93	2.62	11.58	59.68	71.26
2015	33	66.20	66.20	2.92	13.28	57.90	71.18
2016	38	66.52	66.50	2.64	10.84	60.78	71.62

资料来源：南开大学公司治理数据库

从 2008~2016 年国有控股上市金融机构的董事会治理指数的统计结果可以看出，这 9 年间，我国国有控股上市金融机构董事会治理指数呈波动上升趋势，平均值从 2009 年的 59.13 大幅升至 2016 年的 66.52，最大值为 2010 年的 66.82。

2. 国有控股上市金融机构董事会治理具体要素描述统计

表 6-18 给出了国有控股上市金融机构董事会治理具体要素平均值的统计结果。从表中可以看出，在平均值意义上讲，国有控股上市金融机构的董事会治理的董事会组织结构指标比其余四项指标的评价结果好。以 2016 年为例，董事会组织结构平均值为 79.32，董事权利与义务、董事会运作效率、董事薪酬和独立董事制度指标的平均值分别为 63.05、67.69、59.51 和 62.10。

表 6-18　国有控股上市金融机构董事会治理具体要素平均值统计结果

年份	董事权利与义务	董事会运作效率	董事会组织结构	董事薪酬	独立董事制度
2008	67.51	60.70	76.26	65.19	61.62
2009	62.87	62.61	60.26	53.36	57.88
2010	68.58	62.39	77.64	62.69	65.20

续表

年份	董事权利与义务	董事会运作效率	董事会组织结构	董事薪酬	独立董事制度
2011	65.97	59.38	73.75	59.15	62.23
2012	63.74	58.56	73.83	59.72	61.43
2013	63.29	59.60	76.24	60.46	61.65
2014	68.28	61.56	80.44	63.08	62.11
2015	64.09	68.05	79.11	59.09	60.54
2016	63.05	67.69	79.32	59.51	62.10

资料来源：南开大学公司治理数据库

从 2008～2016 年国有控股上市金融机构的董事会治理指数的统计结果可以看出，这9年间，我国国有控股上市金融机构董事会治理相关具体要素层面五项指标波动均较小。五个具体指标中，董事会组织结构指标评价结果最好，董事会运作效率和董事薪酬指标评价结果较差。

（五）国有控股上市金融机构监事会治理评价的描述性评价

1. 国有控股上市金融机构监事会治理指数描述统计

表 6-19 给出了国有控股上市金融机构监事会治理指数的描述性统计结果。可以看出，2016 年国有控股上市金融机构监事会治理指数平均值为66.88，中位数为66.96，标准差为5.23，最小值为23.15，最大值为76.91。

表 6-19　国有控股上市金融机构监事会治理指数描述性统计

年份	样本数/家	平均值	中位数	标准差	全距	最小值	最大值
2008	21	62.89	64.18	6.33	26.49	45.09	71.58
2009	21	61.62	62.42	7.03	30.95	45.08	76.04
2010	21	63.83	61.35	7.11	27.12	50.31	77.43
2011	26	65.75	66.64	7.55	37.62	40.50	78.12
2012	32	64.08	65.03	5.52	22.47	51.85	74.32
2013	33	66.37	66.53	5.71	19.99	55.27	75.25
2014	33	65.46	66.47	8.07	30.55	45.49	76.03
2015	33	66.82	67.48	5.57	19.63	57.79	77.41
2016	38	66.88	66.96	5.23	23.15	53.76	76.91

资料来源：南开大学公司治理数据库

从 2008～2016 年国有控股上市金融机构监事会治理指数的统计结果可以看出，这 9 年间，我国国有控股上市金融机构监事会治理指数呈波动上升趋势，平均值从 2009 年 61.62 大幅升至 2016 年 66.88。但标准差及今距一直较大，说明样本组间差距大。

2. 国有控股上市金融机构监事会治理具体要素描述统计

表 6-20 给出了国有控股上市金融机构监事会治理具体要素的描述性统计结果。从表中可以看出，在平均值意义上讲，国有控股上市金融机构的监事会治理状况中的运行状况和规模结构指标评价远远好于胜任能力。以 2016 年为例，运行状况平均值为 71.58，规模结构指标平均值为 65.39，而胜任能力平均值为 64.35。

表 6-20　国有控股上市金融机构监事会治理具体要素平均值统计结果

年份	运行状况	规模结构	胜任能力
2008	65.71	68.76	54.60
2009	65.71	62.62	57.11
2010	64.29	69.52	57.74
2011	68.46	65.96	63.23
	69.38	60.94	62.67
20	73.94	62.42	63.83
2014	71.52	63.79	61.94
2015	73.35	63.03	65.01
2016	58	65.39	64.35

资料来源：南开大学公司治理数据库

从 2008～2016 年国有控股上市金融机构监事会治理指数的统计结果可以看出，这 9 年间，我国国有控股上市金融机构监事会治理相关具体要素中，运行状况指标从 2010 年 64.29 上升至 2015 年 73.35，规模结构指标在 60.90～69.52 波动，而胜任能力指标则从 2008 年的 54.60 上升至 2015 年的 65.01。

（六）国有控股上市金融机构经理层治理评价的描述性评价

1. 国有控股上市金融机构经理层治理指数描述统计

表 6-21 给出了国有控股上市金融机构经理层治理指数的描述性统计结果，可以看出，2016 年国有控股上市金融机构经理层治理指数平均值为 54.53，中位数为 54.07，标准差为 6.05，最小值为 41.91，最大值为 65.17。

表 6-21　国有控股上市金融机构经理层治理指数描述性统计

年份	样本数/家	平均值	中位数	标准差	全距	最小值	最大值
2008	21	60.92	59.64	5.20	19.89	51.05	70.94
2009	21	58.66	58.67	4.35	17.00	53.32	70.32
2010	21	60.17	59.18	5.67	20.68	51.89	72.57
2011	26	57.84	56.87	4.00	15.79	50.72	66.52
2012	32	59.34	58.90	5.29	25.12	49.93	75.05
2013	33	57.96	56.91	4.97	20.26	50.44	70.70
2014	33	59.35	58.98	4.41	18.81	51.04	69.85
2015	33	56.26	54.62	6.27	28.28	46.63	74.90
2016	38	54.53	54.07	6.05	23.26	41.91	65.17

资料来源：南开大学公司治理数据库

从 2008～2016 年国有控股上市金融机构经理层治理指数的统计结果可以看出，这 9 年间，我国国有控股上市金融机构经理层治理指数呈波动下降趋势，平均值从 2008 年的 60.92 下降至 2016 年的 54.53，说明我国国有控股上市金融机构经理层治理指数并未随着时间推移而趋于优化。样本的标准差和全距一直较大，说明样本组间差距大。

2. 国有控股上市金融机构经理层治理具体要素描述统计

表 6-22 给出了国有控股上市金融机构经理层治理具体要素的描述性统计结果。从表中可以看出，在平均值意义上讲，国有控股上市金融机构的经理层治理的执行保障和任免制度相关要素评价远远好于激励约束指标。以 2016 年为例，执行保障平均值为 64.66，任免制度平均值为 56.67，而激励约束平均值仅为 43.91。

表 6-22　国有控股上市金融机构经理层治理具体要素平均值统计结果

年份	任免制度	执行保障	激励约束
2008	66.93	71.98	45.92
2009	62.54	68.67	46.53
2010	62.96	71.43	47.96
2011	61.92	73.78	40.44
2012	63.26	72.08	44.82
2013	60.56	72.33	43.29
2014	63.60	71.35	45.15
2015	59.33	68.98	42.55
2016	56.67	64.66	43.91

资料来源：南开大学公司治理数据库

从 2008～2016 年国有控股上市金融机构经理层治理指数的统计结果可以看出，这 9 年间，我国国有控股上市金融机构经理层治理相关具体要素层面的三项具体指标水平均呈现波动下降趋势，任免制度指标从 2008 年的 66.93 下降到 2016 年的 56.67，执行保障指标在 64.66～73.78 波动反复，而激励约束指标则在 40.44～47.96 波动。

（七）国有控股上市金融机构信息披露评价的描述性评价

1. 国有控股上市金融机构信息披露指数描述统计

表 6-23 给出了国有控股上市金融机构信息披露指数的描述性统计结果，可以看出，2016 年国有控股上市金融机构信息披露指数平均值为 59.33，中位数为 61.32，标准差为 7.70，最小值为 36.83，最大值为 73.40。

表 6-23　国有控股上市金融机构信息披露指数描述性统计

年份	样本数/家	平均值	中位数	标准差	全距	最小值	最大值
2008	21	59.10	59.22	12.09	54.30	31.96	86.26
2009	21	65.70	65.87	7.14	28.93	48.30	77.23
2010	21	63.79	64.03	5.50	21.11	51.34	72.45
2011	26	65.05	64.13	7.49	33.61	47.06	80.67

续表

年份	样本数/家	平均值	中位数	标准差	全距	最小值	最大值
2012	32	64.65	62.88	7.64	32.06	47.61	79.68
2013	33	56.54	55.62	7.79	36.10	45.90	81.99
2014	33	65.26	64.72	7.30	25.38	51.64	77.02
2015	33	65.66	65.32	5.82	26.18	51.84	78.02
2016	38	59.33	61.32	7.70	36.57	36.83	73.40

资料来源：南开大学公司治理数据库

从 2008~2016 年国有控股上市金融机构信息披露指数的统计结果可以看出，这 9 年间，我国国有控股上市金融机构信息披露指数波动明显，平均值从 2008 年的 59.10 升至 2015 年的 65.66，但 2016 年下降至 59.33。样本的标准差和全距一直较大，说明样本组间差距大。

2. 国有控股上市金融机构信息披露具体要素描述统计

表 6-24 给出了国有控股上市金融机构信息披露具体要素的描述性统计结果。从表中可以看出，在平均值意义上讲，国有控股上市金融机构信息披露相关要素中，可靠性、相关性和及时性三项指标的统计结果较为相近。以 2016 年为例，可靠性平均值为 62.89，相关性平均值为 50.78，及时性平均值为 63.27。

表 6-24　国有控股上市金融机构信息披露具体要素平均值统计结果

年份	可靠性	相关性	及时性
2008	59.23	62.04	56.15
2009	70.12	64.05	61.44
2010	70.24	61.59	57.40
2011	67.73	62.13	64.39
2012	62.03	67.12	65.68
2013	51.12	59.21	61.11
2014	69.31	59.36	65.48
2015	67.95	61.42	67.90
2016	62.89	50.78	63.27

资料来源：南开大学公司治理数据库

从 2008～2016 年国有控股上市金融机构信息披露指数的统计结果可以看出，这 9 年间，我国国有控股上市金融机构信息披露相关具体要素层面的三项指标波动较大，可靠性指标在 51.12～70.24 波动反复，相关性指标平均值在 50.78～67.12 波动反复，而及时性指标则在 61.11～67.90 波动。

（八）国有控股上市金融机构利益相关者治理评价的描述性评价

1. 国有控股上市金融机构利益相关者治理指数描述统计

表 6-25 给出了国有控股上市金融机构利益相关者治理指数的描述性统计结果，可以看出，2016 年国有控股上市金融机构利益相关者治理指数平均值为 64.47，中位数为 64.81，标准差为 8.31，最小值为 41.40，最大值为 83.50。

表 6-25　国有控股上市金融机构利益相关者治理指数描述性统计

年份	样本数/家	平均值	中位数	标准差	全距	最小值	最大值
2008	21	53.02	52.56	8.52	31.93	35.75	67.68
2009	21	52.30	52.14	10.08	42.96	36.68	79.64
2010	21	56.83	53.38	11.60	48.53	39.15	87.68
2011	26	58.76	56.83	13.07	47.14	39.98	87.12
2012	32	59.25	59.14	8.69	36.03	40.17	76.20
2013	33	61.12	62.69	8.52	33.66	41.79	75.45
2014	33	60.64	61.27	6.98	21.85	50.02	71.87
2015	33	67.05	65.97	10.32	41.12	49.33	90.45
2016	38	64.47	64.81	8.31	42.10	41.40	83.50

资料来源：南开大学公司治理数据库

从 2008～2016 年国有控股上市金融机构利益相关者治理指数的统计结果可以看出，这 9 年间，我国国有控股上市金融机构利益相关者治理指数呈明显上升趋势，平均值从 2009 年的 52.30 大幅升至 2015 年的 67.05。但标准差和全距一直较大，说明样本组间差距大。

2. 国有控股上市金融机构利益相关者治理具体要素描述统计

表 6-26 给出了国有控股上市金融机构利益相关者治理具体要素的描述性统计结果。从表中可以看出，在平均值意义上讲，国有控股上市金融机构

利益相关者治理的协调程度相关要素评价明显好于参与程度指标。以 2016
年为例，协调程度平均值为 80.45，而参与程度平均值仅为 50.86。

表 6-26　国有控股上市金融机构利益相关者治理具体要素平均值统计结果

年份	参与程度	协调程度
2008	47.31	60.00
2009	44.62	61.69
2010	45.89	70.22
2011	48.84	70.89
2012	47.42	73.72
2013	47.09	78.27
2014	44.97	79.82
2015	52.11	85.33
2016	50.86	80.45

资料来源：南开大学公司治理数据库

从 2008～2016 年国有控股上市金融机构利益相关者治理指数的统计结
果可以看出，这 9 年间，我国国有控股上市金融机构利益相关者治理相关具
体要素层面两项指标均呈现波动上升趋势，参与程度指标从 2009 年的 44.62
提升至 2015 年的 52.11，协调程度指标则是从 2008 年的 60.00 大幅提升至
2015 年的 85.33。

三、基于治理指数的上市金融机构治理有效性实证研究

（一）文献综述与研究假设

1. 金融机构治理与财务绩效关系研究

国外关于金融机构治理与绩效关系研究文献相对较多。Aebi 等（2012）
指出，当金融机构的风险首席官（chief risk officer，CRO）直接受董事会控制
而非受 CEO 控制时，金融机构表现出更高的股票收益和净资产收益率；
Yeh 等（2011）发现在 2007～2008 年，在审计和风险委员会中，有更多独立
董事的金融机构表现出更高绩效；Erkens 等（2012）则发现有更多独立董事
和更高机构持股比例的公司表现出更低的股票收益。国内学者对金融机构治

理与绩效间关系的检验，主要是从商业银行和保险公司两个方面去探讨的。银行治理的研究中，薛华溢和吴青(2012)构建了公司治理与银行绩效模型，发现董事会、独立董事是影响银行机构绩效的重要因素；段军山和黄剑超(2013)基于上市商业银行的研究，发现银行治理与银行绩效显著正相关；而李堪(2013)指出独立董事规模和股权集中度与银行经营绩效负向相关，管理层规模和高管薪酬分别与银行经营绩效正向相关；方长丰和刘淑莲(2011)发现公司治理结构对银行综合绩效没有产生显著影响。保险公司治理的研究中，夏喆和靳龙(2013)检验了保险公司治理结构对其绩效水平的影响，发现治理机制对于保险公司的绩效改善无明显作用；而陈彬和邓霆(2013)检验了公司治理内部机制与保险财务绩效的关系，发现国有股比例与财务绩效呈正向关系，外资股比例与财务绩效呈显著的负向关系，董事会规模与财务绩效呈显著负向关系。综上所述，国内外已有研究大多从股权结构、董事会结构等具体治理指标出发研究金融机构治理对财务绩效的影响，总体上这些具体治理指标对财务绩效具有显著影响。但现有结果只反映了某一个或几个具体治理指标对金融机构财务绩效的影响，无法从整体上把握金融机构治理对财务绩效的影响，基于此，我们选用代表治理整体的治理指数和具体治理机制来研究其对财务绩效的影响，因此提出假设 6-1：金融机构治理指数、具体治理机制与金融机构财务绩效正相关。

2. 金融机构治理与风险承担关系研究

　　银行治理的研究中，Saunders 等(1990)发现管理层持股比例与风险承担呈正向关系；Knopf 和 Teall(1996)、Cebenoyan 等(1999)的结论与其一致；Bhagat 等(2015)发现，金融机构的规模越大时，越愿意承担较高风险；Laeven 和 Levine(2009)指出大股东现金流权与风险正向相关；Pathan(2009)认为 CEO 持股比例与风险正向相关。国内学者刘银国和张琛(2011)分析了各公司治理因素对银行风险的影响，发现股权集中度与银行风险正相关，高管持股比例、董事会规模和独立董事比例与银行风险负相关；曹廷求和朱博文(2012)分析了不同货币政策条件对银行风险的影响，发现第一大股东持股比例和 CEO 权力与银行风险负相关，第一大股东性质和董事会规模与银行风险正相关；而位华和韩璐(2011)认为董事会规模、独立性等与银行风险承担负相关；宋清华等(2011)发现银行治理水平与风险承担呈负向关系。保险公司治理的研究中，Downs 和 Sommer(1999)发现公司内部人持股比例与风险承担呈正向关系；Ho 等(2013)发现董事会规模与保险公司总风险呈正向关系；Eling 和 Marek(2014)发现保险公司治理水平与风险承担呈正相关。也有学者关注了上市金融机构股权性质对风险承担的影响，发现政府控股的上市金融机构具有较低的破产风险(王往，2017)。综上所述，国内外已有研究大多得出了一个或几个具体治理指标对金融机构风险承担具有显著影响的结论，但这些研究无法反映公司治理整体对金融机构风险承担的影响，而近年来我国金融机构的系统性风险在不断累积(李政等，2016)，现有研究在探讨系统性风险形成机制上缺乏系统性(陈尾虹和唐振鹏，2016)，基于此，我们选用代表治理整体的治理指数来研究其对金融机构风险承担的影响，因此提出假设 6-2：金融机构治理指数、具体治理机制与金融机构风险承担负相关。

(二)研究设计

1. 样本选择与数据来源

本节选取了前文中国内 44 家上市金融机构，样本区间为 2008 年至 2015 年，2009～2016 年观测值为滞后一期变量，用作实证的稳健性检验。尽管上市金融机构样本数占中国金融机构总数比例较低，但是上市金融机构资产规模、业务总量、利润总额却占整个金融行业的绝大多数，因此对上市金融机构治理进行研究具有重要的现实意义。中国上市公司治理指数和分指数相关数据由前文评价体系评价得出。

2. 变量设计

基于已有文献研究，本节选取代表公司盈利能力的总资产收益率(ROA)来衡量上市金融机构的财务绩效，选取代表盈利能力波动性的总资产收益率的标准差(stdROA)来衡量上市金融机构的风险承担水平；用公司治理总指数及各个分指数来衡量上市金融机构的治理水平；用股东治理、董事会治理和监事会治理的具体机制来衡量上市金融机构治理在不同维度上的有效性情况。主要变量的说明如表 6-27 所示。

表 6-27　变量定义

变量类型	变量名称	变量符号	变量说明
被解释变量	总资产收益率	ROA	总资产收益率
	总资产收益率波动性	stdROA	总资产收益率的标准差
解释变量	公司治理指数	$CCGI^{NK}$	治理指数
	股东治理指数	$CCGI^{NK}_{SH}$	治理分指数
	董事会治理指数	$CCGI^{NK}_{BOD}$	治理分指数
	监事会治理指数	$CCGI^{NK}_{BOS}$	治理分指数
	经理层治理指数	$CCGI^{NK}_{TOP}$	治理分指数
	信息披露指数	$CCGI^{NK}_{ID}$	治理分指数
	利益相关者治理指数	$CCGI^{NK}_{STH}$	治理分指数
	第一大股东持股比例	SH1	具体治理机制
	股东大会会议次数	Meeting	年度内股东大会召开次数
	董事会持股比例	Shareholding	董事会成员持股所占比例
	董事会规模	Size	以董事会人数自然对数表示
	独立董事比例	Independent	独立董事人数/董事会总人数
	董事薪酬	Salary	前三名董事薪酬总额
	四个专门委员会设立个数	Committee	董事会下设专门委员会个数
	董事长与总经理兼任情况	Duality	1=同一人；0=非同一人
	监事会规模	Supervision	以监事会人数自然对数表示
控制变量	净资产收益率	ROE	参考已有文献
	细分行业	Industry	虚拟变量
	资产规模	LnAsset	总资产对数
	控股股东性质	SOE	1=国有控股；0=非国有控股

被解释变量中公司治理具体机制和控制变量相关数据由国泰安 CSMAR 数据库整理所得。

3. 回归模型

针对公司治理指数和分指数的具体情况，根据本节的研究假设，分别构建了回归模型，如下所示：

$$\text{ROA}_1=\alpha_1+\beta_{11}\text{CCGI}^{\text{NK}}+\beta_{12}\text{ROE}+\beta_{13}\text{Industry}+\beta_{14}\text{LnAsset}+\varepsilon \tag{6.1}$$

$$\text{stdROA}_1=\alpha_2+\beta_{21}\text{CCGI}^{\text{NK}}+\beta_{22}\text{ROE}+\beta_{23}\text{Industry}+\varepsilon \tag{6.2}$$

$$\text{ROA}_2=\alpha_3+\beta_{31}\text{CCGI}^{\text{NK}}_{\text{SH}}+\beta_{32}\text{CCGI}^{\text{NK}}_{\text{BOD}}+\beta_{33}\text{CCGI}^{\text{NK}}_{\text{BOS}}+\beta_{34}\text{CCGI}^{\text{NK}}_{\text{TOP}}$$
$$+\beta_{35}\text{CCGI}^{\text{NK}}_{\text{ID}}+\beta_{36}\text{CCGI}^{\text{NK}}_{\text{STH}}+\beta_{37}\text{ROE}+\beta_{38}\text{Industry}+\beta_{39}\text{LnAsset}+\varepsilon \tag{6.3}$$

$$\text{stdROA}_2=\alpha_4+\beta_{41}\text{CCGI}^{\text{NK}}_{\text{SH}}+\beta_{42}\text{CCGI}^{\text{NK}}_{\text{BOD}}+\beta_{43}\text{CCGI}^{\text{NK}}_{\text{BOS}}+\beta_{44}\text{CCGI}^{\text{NK}}_{\text{TOP}}$$
$$+\beta_{45}\text{CCGI}^{\text{NK}}_{\text{ID}}+\beta_{46}\text{CCGI}^{\text{NK}}_{\text{STH}}+\beta_{47}\text{ROE}+\beta_{48}\text{Industry}+\varepsilon \tag{6.4}$$

其中，式(6.1)和式(6.2)分别检验公司治理指数与公司财务绩效和风险承担的关系，式(6.3)和式(6.4)分别检验公司治理分指数与公司财务绩效和风险承担的关系。

在上述公司治理指数和分指数的研究基础上，本节又针对股东治理、董事会治理和监事会治理的具体机制做出进一步研究，根据不同机制对于公司财务绩效和风险承担的影响方式，本节构建了如下回归模型：

$$\text{ROA}_3=\alpha_5+\beta_{51}\text{SH1}+\beta_{52}\text{Duality}+\beta_{53}\text{Size}+\beta_{54}\text{Independent}+\beta_{55}\text{Shareholding}$$
$$+\beta_{56}\text{Salary}+\beta_{57}\text{Committee}+\beta_{58}\text{Supervision}+\beta_{59}\text{SOE}+\beta_{510}\text{ROE}$$
$$+\beta_{511}\text{Industry}+\beta_{512}\text{LnAsset}+\varepsilon \tag{6.5}$$

$$\text{stdROA}_3=\alpha_6+\beta_{61}\text{SH1}+\beta_{62}\text{Size}+\beta_{63}\text{Independent}+\beta_{64}\text{Duality}+\beta_{65}\text{Supervision}$$
$$+\beta_{66}\text{SOE}+\beta_{67}\text{ROE}+\beta_{68}\text{Industry}+\beta_{69}\text{LnAsset}+\varepsilon \tag{6.6}$$

$$\text{ROA}_4=\alpha_7+\beta_{41}\text{SH1}+\beta_{42}\text{Duality}+\beta_{43}\text{Independent}+\beta_{44}\text{Salary}+\beta_{45}\text{Committee}$$
$$+\beta_{46}\text{Supervison}+\beta_{47}\text{SOE}+\beta_{48}\text{ROE}+\beta_{49}\text{Industry}+\beta_{410}\text{LnAsset}+\varepsilon \tag{6.7}$$

$$\text{stdROA}_4=\alpha_8+\beta_{61}\text{SH1}+\beta_{62}\text{Meeting}+\beta_{63}\text{Size}+\beta_{64}\text{Independent}+\beta_{65}\text{Salary}$$
$$+\beta_{66}\text{Committee}+\beta_{67}\text{Duality}+\beta_{68}\text{Supervision}+\beta_{69}\text{SOE}+\beta_{610}\text{ROE}$$
$$+\beta_{611}\text{Industry}+\beta_{612}\text{LnAsset}+\varepsilon \tag{6.8}$$

其中，式(6.5)和式(6.7)分别用于通过混合回归方法检验股东治理、董事会治理和监事会治理的具体机制与公司财务绩效和风险承担的关系，式(6.6)和式(6.8)则是分别用于通过面板数据分析方法检验股东治理、董事会治理和监事会治理的具体机制与公司财务绩效和风险承担的关系。

(三) 实证结果

本节先后运用混合回归和面板数据分析的方法，实证检验中国上市金融机构治理及具体治理机制与其财务绩效和风险承担的关系。

1. 公司治理指数与财务绩效和风险承担关系实证结果

表 6-28 列示前文式(6.1)和式(6.2)的检验结果。从治理总指数的角度看，公司治理总指数与财务绩效正相关，与风险承担负相关。这一实证结果从公司治理整体角度验证了金融机构治理水平的提高显著提升了金融机构财务绩效，并显著控制了风险承担。

表 6-28　上市金融机构治理总指数与财务绩效和风险承担关系实证分析

变量	ROA		stdROA	
	混合回归	面板回归	混合回归	面板回归
常数项	0.1005*** (0.000)	−0.0513 (0.313)	0.0237 (0.160)	0.0202 (0.185)
CCGI^{NK}	0.0006* (0.081)	0.0006* (0.093)	−0.005* (0.058)	−0.0005* (0.100)
ROE	0.3024*** (0.000)	0.3012*** (0.000)	0.0760*** (0.000)	0.0861*** (0.000)
Industry	0.0137*** (0.000)	—	0.0065*** (0.000)	
LnAsset	−0.0064*** (0.000)	−0.0002 (0.936)		
Adj-R^2	0.765	0.708	0.300	0.274
F	232.56	3.36	39.88	2.15

注：括号中为P值
***和*分别表示在1%和10%的水平显著

2. 公司治理分指数与财务绩效和风险承担关系实证结果

表 6-29 列示前文式(6.3)和式(6.4)的检验结果。在面板回归方法下，从各治理分指数的角度看，董事会治理指数与财务绩效正相关且显著、与风险承担负相关且显著，股东治理指数与财务绩效正相关且显著，其余分指数并没有对财务绩效和风险承担稳定地产生显著影响。这一实证结果说明中国上市金融机构董事会治理发挥了积极作用，董事会治理水平的提高可以促进财务绩效的提升和整体风险承担的下降，有利于金融机构的稳健发展；股东治

理水平的提高也能促进财务绩效的提升；但其余各维度分指数并不显著，说明相关方面治理机制有待完善。这一结果也从整体上回应了已有文献研究成果多为董事会具体治理指标影响显著的研究现状；已有文献成果中股权集中度、股东性质、管理层薪酬等具体治理指标对财务绩效和风险承担也多有显著影响，由于本节选用的公司治理分指数是各维度治理指标的集合，单一指标和指标集合的差别可能是导致实证结果显示相关分指数对财务绩效和风险承担没有显著影响的原因。

表 6-29　上市金融机构治理各分指数与财务绩效和风险承担关系实证分析

变量	ROA		stdROA	
	混合回归	面板回归	混合回归	面板回归
常数项	0.0688** (0.011)	−0.0881 (0.137)	0.0553*** (0.007)	0.0447* (0.071)
$CCGI_{SH}^{NK}$	0.0001 (0.556)	0.0004** (0.023)	−0.0001 (0.666)	−0.0001 (0.449)
$CCGI_{BOD}^{NK}$	0.0012*** (0.000)	0.0001*** (0.001)	−0.0005** (0.023)	−0.0004* (0.070)
$CCGI_{BOS}^{NK}$	−0.0002 (0.275)	−0.0002 (0.288)	−0.0004*** (0.001)	−0.0003 (0.148)
$CCGI_{TOP}^{NK}$	−0.0002 (0.214)	−0.0001 (0.832)	0.0001 (0.988)	0.0001 (0.762)
$CCGI_{ID}^{NK}$	0.0001 (0.569)	0.0001 (0.887)	−0.0001 (0.561)	−0.0001 (0.726)
$CCGI_{STH}^{NK}$	0.0001 (0.702)	−0.0001 (0.480)	0.0001 (0.418)	−0.0001 (0.993)
ROE	0.3034*** (0.000)	0.3016*** (0.000)	0.0834*** (0.000)	0.0996*** (0.000)
Industry	0.0141*** (0.000)	—	0.0056*** (0.000)	—
LnAsset	−0.0061*** (0.000)	0.0001 (0.956)		
Adj-R^2	0.776	0.727	0.314	0.288
F	110.02	3.36	16.91	1.92

注：括号中为P值
***、**和*分别表示在1%、5%和10%的水平显著

3. 公司治理具体机制与财务绩效关系实证结果

表 6-30 列示前文式(6.5)和式(6.7)的检验结果，反映股东治理、董事会治理和监事会治理具体机制对财务绩效的影响作用。从股东治理角度看，第一大股东持股比例在混合回归方法下，对全样本的财务绩效有显著正向影响，但系数较小，且在面板回归过程中并不显著。从董事会治理角度看，董事会规模在全样本和国有子样本中对财务绩效有显著正向影响；董事会持股比例则对财务绩效表现为负向显著影响；全样本和非国有子样本中的董事薪酬在面板回归方法下，与财务绩效显著正相关，而在国有子样本中相关性不显著；在混合回归方法下，四个专门委员会设立个数在非国有子样本中能对财务绩效产生显著正向影响，而在面板回归方法下对财务绩效无显著影响。从监事会治理角度看，监事会规模在混合回归方法下，会对全样本和国有子样本的财务绩效产生显著负向影响；而在面板回归方法下，监事会规模则对非国有子样本的财务绩效产生显著影响。

表 6-30　上市金融机构治理具体机制与财务绩效关系实证分析

变量	混合回归			面板回归		
	全样本	国有子样本	非国有子样本	全样本	国有子样本	非国有子样本
SH1	0.000^{**} (1.973)	0.000 (1.545)	0.000 (1.004)	0.000 (1.551)	−0.000 (−1.636)	0.000 (1.068)
Duality	0.000 (0.024)	0.002 (0.674)		−0.004 (−0.842)	0.006^{*} (1.664)	−0.027 (−1.465)
Size	0.011^{**} (2.174)	0.012^{**} (2.578)	0.007 (0.349)			
Independent	0.014 (0.729)	−0.017 (−0.912)	−0.015 (−0.284)	−0.021 (−0.690)	−0.013 (−0.541)	−0.060 (−0.645)
Shareholding	$−0.000^{*}$ (−1.782)	$−0.000^{**}$ (−2.203)	$−0.000^{***}$ (−3.174)			
Salary	0.000 (0.992)	0.000^{*} (1.669)	0.000 (0.588)	0.000^{***} (2.602)	0.000 (0.844)	0.000^{*} (1.698)
Committee	0.001 (0.468)	−0.001 (−0.438)	0.027^{***} (3.264)	0.001 (0.254)	0.001 (0.387)	0.007 (0.543)

续表

变量	混合回归			面板回归		
	全样本	国有子样本	非国有子样本	全样本	国有子样本	非国有子样本
Supervision	-0.006** (-2.156)	-0.004* (-1.745)	-0.006 (-0.498)	0.015 (1.644)	-0.002 (-0.254)	0.042* (1.702)
ROE	0.288*** (25.362)	0.292*** (27.555)	0.253*** (7.665)	0.303*** (22.878)	0.274*** (26.427)	0.376*** (10.033)
Industry	控制	控制	控制	控制	控制	控制
LnAsset	-0.003*** (-4.339)	-0.002*** (-2.917)	-0.007** (-2.670)	-0.000 (-0.158)	-0.006*** (-3.601)	0.008 (0.987)
SOE	0.006*** (2.713)			0.000 (0.121)		
常数项	0.014 (0.601)	-0.005 (-0.218)	0.045 (0.644)	-0.047 (-0.854)	0.161*** (3.434)	-0.314* (-1.736)
样本量	241	184	57	270	206	64
Adj-R^2	0.827	0.862	0.827	0.674	0.775	0.722
F	82.84	88.73	23.33	67.66	93.80	23.34

注：括号中为t值

***、**和*分别表示在1%、5%和10%的水平显著

4. 公司治理具体机制与风险承担关系实证结果

表 6-31 列示前文式(6.6)和式(6.8)的检验结果，反映股东治理、董事会治理和监事会治理具体机制对公司风险承担的影响。从股东治理角度看，第一大股东持股比例在面板回归方法下，对全样本的财务绩效有显著正向影响，第一大股东持股比例越高，上市金融机构风险承担越大；在国有子样本中二者之间也存在显著的正相关关系，而在非国有子样本中，二者之间则不存在显著的正相关关系，也再次说明国有控股金融机构超级股东对金融机构风险承担带来的负面影响。在面板回归的方法下，从董事会治理角度看，无论是董事会规模、独立董事比例、董事薪酬和四个专门委员会设立个数还是董事长与总经理兼任情况，与风险承担均不存在显著的关系，说明超级股东下董事会权力配置错位带来了其治理的无效性。

表 6-31　上市金融机构治理具体机制与风险承担关系实证分析

变量	混合回归			面板回归		
	全样本	国有子样本	非国有子样本	全样本	国有子样本	非国有子样本
SH1	0.000 (0.728)	0.000 (0.670)	0.000 (1.102)	0.000^{*} (1.712)	0.001^{*} (1.754)	0.000 (0.171)
Meeting				0.001 (1.126)	0.001 (1.606)	0.002 (1.498)
Size	0.011^{**} (2.148)	0.012^{*} (1.907)	−0.002 (−0.316)	0.013 (1.289)	0.012 (0.975)	−0.031 (−1.668)
Independent	0.011 (0.578)	0.024 (0.950)	0.010 (0.456)	0.006 (0.194)	0.023 (0.648)	−0.015 (−0.376)
Salary				−0.000 (−0.792)	−0.000 (−0.619)	0.000 (1.610)
Committee				−0.003 (−0.954)	−0.004 (−0.944)	0.009 (1.488)
Duality	−0.004 (−1.162)	−0.004 (−0.915)	-0.010^{*} (−1.783)	0.001 (0.204)	0.001 (0.205)	0.005 (0.613)
Supervison	-0.007^{**} (−2.439)	-0.010^{***} (−2.727)	0.012^{**} (2.549)	−0.002 (−0.246)	−0.012 (−0.990)	0.026^{**} (2.507)
ROE	0.090^{***} (9.024)	0.076^{***} (5.831)	0.136^{***} (12.101)	0.098^{***} (6.676)	0.104^{***} (5.830)	0.156^{***} (8.050)
Industry	控制	控制	控制	控制	控制	控制
LnAsset	-0.002^{**} (−2.497)	-0.002^{*} (−1.838)	-0.004^{***} (−3.078)	-0.004^{*} (−1.673)	-0.006^{*} (−1.860)	−0.003 (−1.077)
SOE	0.003 (1.384)			0.007^{*} (1.674)		
常数项	0.015 (0.674)	0.012 (0.433)	0.054^{*} (1.832)	0.064 (0.922)	0.126 (1.283)	0.082 (1.047)
样本量	266	202	64	232	182	50
Adj-R^2	0.391	0.227	0.837	0.050	0.032	0.566
F	16.44	6.905	33.44	5.429	4.809	7.987

注：括号中为 t 值
***、**和*分别表示在1%、5%和10%的水平显著

（四）稳健性检验

为了保证前文实证结果的稳健性，本节也进行了稳健性检验，使用滞后一期的被解释变量作为新的被解释变量重新进行了实证分析与检验，稳健性检验的结果与之前的实证结论基本一致，验证了本章实证结果的稳健性。篇幅所限，稳健性检验数据在此不再赘述。

第四节　中国银行治理转型案例

本节选取中国银行作为金融机构中公司治理转型的典型案例，首先对中国银行公司治理现状进行分析，之后结合中国上市公司治理指数，对2008～2017年中国银行公司治理状况进行分析。最后提出中国银行治理转型过程中及未来公司治理改革值得借鉴的建议。

一、中国银行公司治理沿革

在中国众多的商业银行中，中国银行凭借先天的优势抢先迈出了国际化的第一步。最早始于 1929 年，中国银行在英国开设了第一家分支机构，并在中国银行业中始终引领着其他商业银行，在国际上扮演着更加重要的角色。近年来，中国银行外币资产规模占比和境外收入占比均超过 20%，是我国银行业中外币资产占比最高的银行。中国银行在海外 43 个国家和地区设有 630 多家分支机构，海外资产达到 7813 亿美元，是中国目前国际化和多元化程度最高的银行。

在中国银行的国际化和多元化水平日益提高的过程中，为实现与世界不同地区融合，防范扩张可能带来的企业风险，这就要求中国银行必须加速推进自身的公司治理转型，由行政型治理转向经济型治理，实现与国际公司治理接轨。2003 年底，中国银行最先推行股份制改革试点，积极建立规范的公司治理结构，迈出了经济型治理转型的第一步。2004 年中国银监会发布《关于中国银行、中国建设银行公司治理改革与监管指引》，指导中国银行的公司治理改革。

2003 年 12 月中国银行接受中央汇金公司 225 亿美元的注资；2004 年 8 月 26 日，中国银行股份有限公司正式成立，建立起由股东大会、董事会、监事会和高级管理层构成的现代股份制公司治理架构。2006 年 6 月 1 日，中国银行在香港联合交易所正式挂牌上市。2006 年 7 月 5 日，中国银行在上海证券交易所成功挂牌上市，是我国首家在 A 股市场挂牌上市的大型国有商业银行。

2008 年金融危机爆发之后，全球金融机构受到重创，甚至破产。中国银行因其海外营业收入、海外利润所占份额相对较高，在金融危机中海外经营成果遭受了巨大的损失。因此，建立完善的公司治理结构，防范由公司治理缺陷带来的金融风险有助于促进中国银行的稳健运营。为此本节关注于中国银行2008 年之后的公司治理转型，探讨其治理转型过程中的优势及存在的缺陷。

本节从横向与纵向两个角度对中国银行公司治理的转型进行探讨：首先从横向对中国银行公司治理现状进行分析，关注其公司治理结构与构成；之后基于公司治理指数，从股东治理、董事会治理、监事会治理、经理层治理、信息披露与利益相关者治理六大维度，对 2008～2017 年中国银行公司治理演变进行分析。最后是结论与建议，提出未来中国银行业治理改革的建议。

二、基于治理指数的中国银行治理状况分析

国内学者在银行治理领域的研究颇多，包括从股东治理（曹廷求等，2006；赵尚梅等，2013）、董事会治理（宋增基等，2007）、经理层治理（陈文哲等，2014）等方面开展的银行治理机制研究，也包含了探讨银行治理与风险间关系的研究，如探讨商业银行治理与风险承担间的关系（孔爱国和卢嘉圆，2010）。曹廷求和陈丽萍（2012）基于商业银行公司治理评价指标体系，测算了国内城市商业银行的公司治理水平，并分析了其对银行绩效的作用，在国内最早对商业银行的公司治理水平进行评价。

本节首先对中国银行的公司治理结构进行分析，截至 2016 年，中国银行的公司治理结构如图 6-1 所示。从图 6-1 中可以看出，中国银行建立起了科学的内部公司治理架构。董事会下除设立四大专门委员会外，还设立了关联交易控制委员会，监督公司的关联交易情况。另外，考虑到公司

的国际化经营，在美国还专门设立了风险与管理委员会，控制可能存在的金融风险。监事会下设立了履职尽职监督委员会和财务与内部控制监督委员会，借助于设立专门委员会的方式，与董事会监督职能区分开，避免职能交叉的问题。高级管理层下设立了多个管理委员会，来实现公司战略的落地与有效执行。

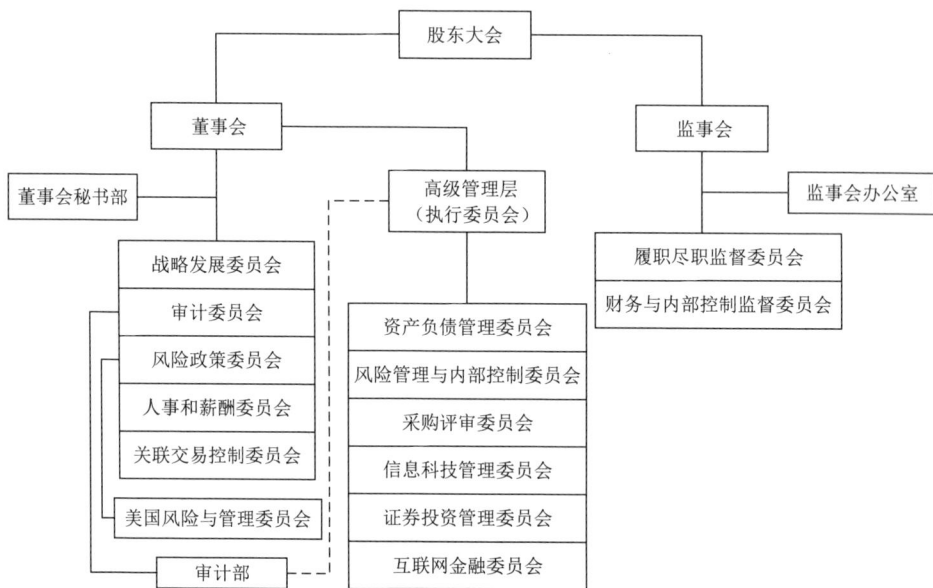

图 6-1　中国银行公司治理架构

资料来源：中国银行 2016 年年报

为进一步探讨中国银行治理的演变，我们基于中国上市公司治理指数从公司治理总指数和各维度分指数进行分析。

（一）中国银行的公司治理总指数分析

从中国银行的公司治理总指数来看，中国银行的公司治理指数自 2008 年至 2017 年总体上呈上升趋势，从 62.66 提升至 66.10。与金融行业均值比较来看，中国银行的公司治理总指数除在 2016 年略低于行业均值以外，在其他年度均高于行业均值。具体如图 6-2 所示。由此可见，中国银行在整个金融行业中，公司治理水平较高。

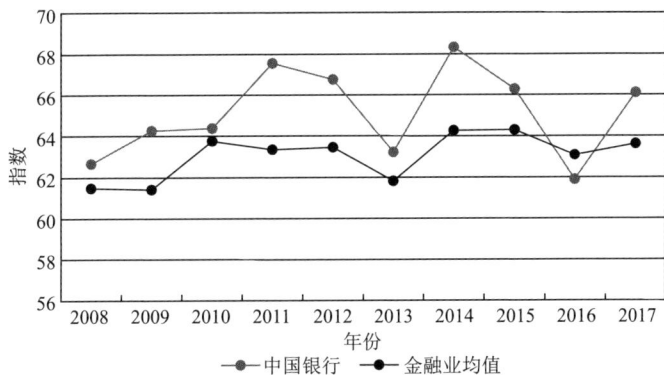

图 6-2　中国银行的公司治理指数与金融业均值比较

资料来源：南开大学公司治理数据库

(二)中国银行的公司治理分指数分析

从中国银行的公司治理分指数来看，中国银行的股东治理指数始终处于较高水平，监事会治理指数自 2009 年以来获得了较大提升，2017 年时达到 74.50，略高于股东治理指数。信息披露指数在 2010 年与 2013 年有小幅回落，但总体上高于 60。经理层治理指数从 2008 年到 2017 年间始终处于较低水平，在 2016 年降至最低点 43.95，之后在 2017 年回升至 55.02，但该指标仍较低。其他各治理指数在 2009 年之后总体上均高于 60。具体如图 6-3 所示。

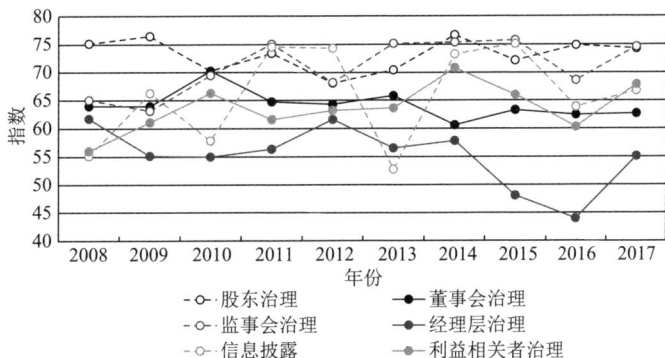

图 6-3　2008～2017 年中国银行的公司治理分指数

资料来源：南开大学公司治理数据库

三、中国银行的治理转型分析

由上述分析可见，中国银行在其发展过程中经理层治理水平较低，股东治理与监事会治理水平较高。为进一步分析中国银行的治理特色，我们对中国银行各分指数下的具体指标作详细探讨。

（一）中国银行的股东治理

股东治理指数由独立性、中小股东权益保护和关联交易三个方面构成。从上述分析来看，中国银行的股东治理指数较高，这主要得益于独立性与关联交易指标水平较高，即中国银行在控股股东是否滥用关联交易上做得较好。但是从中小股东权益保护来看，中国银行则较为欠缺。中小股东权益保护包括股东大会投票制度、股东大会参与性、募集资金使用情况和现金股利分配，目的在于判断上市公司对中小股东保护相关法律、法规及原则的实施情况，是否根据法律法规建立了相应的实施细则，并是否通过实际行动有效维护中小股东的权益。从图 6-4 来看，中小股东权益保护指标在 2008～2017 年未能得到有效提升。

具体从中国银行 2016 年年报来看，中国银行 2016 年第一大股东持股比例为 64.02%，前五大股东持股比例为 95.36%，前十大股东持股比例为 95.93%，中国银行股权结构集中。在前十大股东中，国有股东持股比例高达 67.57%。详见表 6-32。

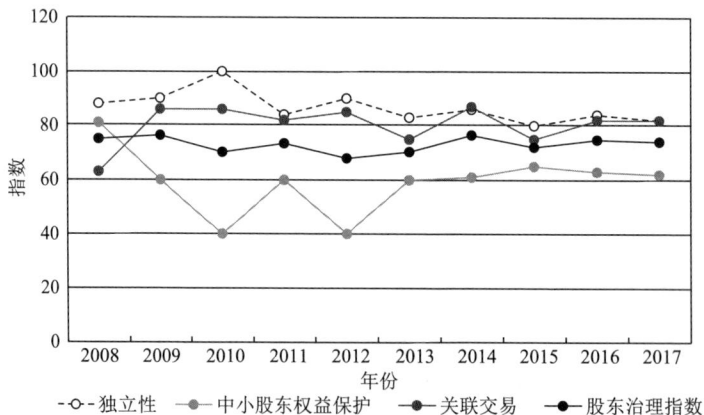

图 6-4　中国银行股东治理指数

资料来源：南开大学公司治理数据库

表 6-32　中国银行前十大股东构成

排名	普通股股东名称	持股比例/%	股东性质
1	中央汇金投资有限责任公司	64.02	国家
2	香港中央结算(代理人)有限公司	27.79	境外法人
3	中国证券金融股份有限公司	2.58	国有法人
4	中央汇金资产管理有限责任公司	0.61	国有法人
5	梧桐树投资平台有限责任公司	0.36	国有法人
6	The Bank of Tokyo-Mitsubishi UFJ, Ltd.	0.18	境外法人
7	安邦人寿保险股份有限公司－保守型投资组合	0.16	其他
8	香港中央结算有限公司	0.11	境外法人
9	安邦财产保险股份有限公司－传统产品	0.07	其他
10	上证 50 交易型开放式指数证券投资基金	0.05	其他

资料来源：中国银行2016年年报

中央汇金公司是中国投资有限责任公司的全资子公司，由国务院授权，对国有重点金融企业进行股权投资，以出资额为限代表国家依法对国有重点金融企业行使出资人权利和履行出资人义务，实现国有金融资产保值增值。中国银行实际控制人为中国投资有限责任公司，如图 6-5 所示。

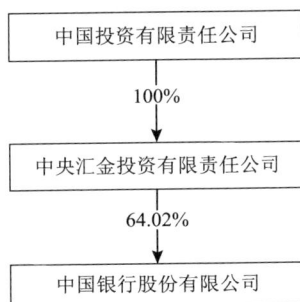

图 6-5　中国银行实际控制人
资料来源：中国银行 2016 年年报

(二)中国银行的董事会治理

董事会治理指数由董事权利与义务、董事会运作效率、董事会组织结构、董事薪酬及独立董事制度五个方面构成。从中国银行的董事会治理指数及其构成指标来看，董事薪酬是中国银行董事会治理的短板。董事薪酬衡量董事的报酬水平和薪酬机构，主要包含董事薪酬水平、董事薪酬形式与董事绩效评价标准的建立情况三个方面。董事薪酬指标低于其他各个指标项目，这说明在中国银行的董事激励层面还存在欠缺。其他指标中，董事会运作效率表现出了缓慢提升的趋势，这说明中国银行董事会能发挥其功能，董事会有效性有所提升。

从中国银行 2016 年年报中可以看出，中国银行的董事会 13 人，其中独立董事 5 人，占比达 38.5%，高于相关法律法规规定的 1/3 比例独立董事。监事会 7 人，其中股东监事 2 人，职工监事 3 人，并设立了外部监事 1 人。管理层成员 10 人。从薪酬激励来看，中国银行的高管主要是现金激励，没有利用股权激励等手段，激励方式较为单一。具体如表 6-33 和图 6-6 所示。

表 6-33　中国银行高管概况

机构名称	规模/人	构成	现金薪酬/万元	持股比例
董事会	13	独立董事 5 人，非执行董事 4 人	403.23	0
监事会	7	股东监事 2 人，职工监事 3 人，外部监事 1 人	260.78	0
管理层	10	—	570.57	0

资料来源：中国银行2016年年报

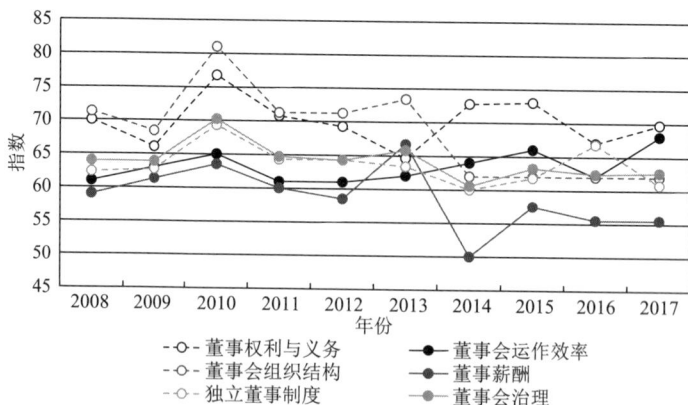

图 6-6　中国银行董事会治理指数

资料来源：南开大学公司治理数据库

(三)中国银行的监事会治理

监事会治理指数由运行状况、规模结构和胜任能力构成。中国银行监事会治理水平较高，这主要得益于监事会运行状况与监事会规模结构指标较高，这说明从监事会会议次数、监事会人数及职工监事设置情况等方面，中国银行监事会能够发挥其监督作用。但是中国银行的监事会胜任能力指标水平较低。虽然监事会胜任能力指标在 2008～2017 年有所提升，但是与另外两个指标相比仍处于较低水平。胜任能力主要从监事的职业背景、年龄、学历等方面考核监事会主席和其他监事开展监督工作所具备的胜任能力，这说明中国银行监事会虽然能够发挥一定的监督作用，但是监事会成员胜任能力仍需进一步加强。具体如图 6-7 所示。

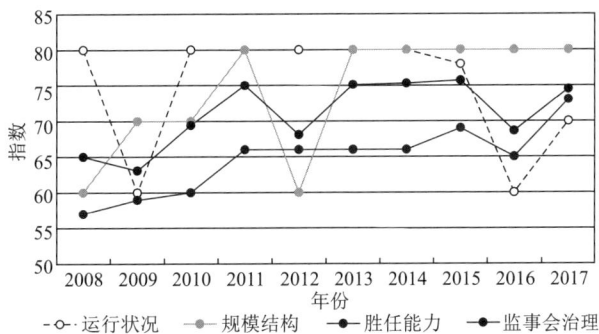

图 6-7　中国银行监事会治理指数
资料来源: 南开大学公司治理数据库

(四)中国银行的经理层治理

经理层治理指数主要由任免制度、执行保障和激励约束构成。从上述分析中我们发现，中国银行的经理层治理指数低于其他各分维度治理指数。我们进一步关注其分治理指数的构成要素，研究中国银行经理层治理水平较低的原因。从图 6-8 来看，经理层治理指数的构成指标中，激励约束始终低于 60。我们在度量经理层激励约束机制时，从薪酬水平、薪酬结构、持股比例三个方面评价中国银行经理层激励约束机制的有效性。激励约束指标偏低，说明中国银行经理层激励约束机制存在欠缺。从中国银行 2016 年年报中，我们可以看出，中国银行对经理层激励形式较为单一，以薪酬激励为主，缺少多元化的激励方式，这是导致经理层治理指数中，激励约束指标较低的原因。

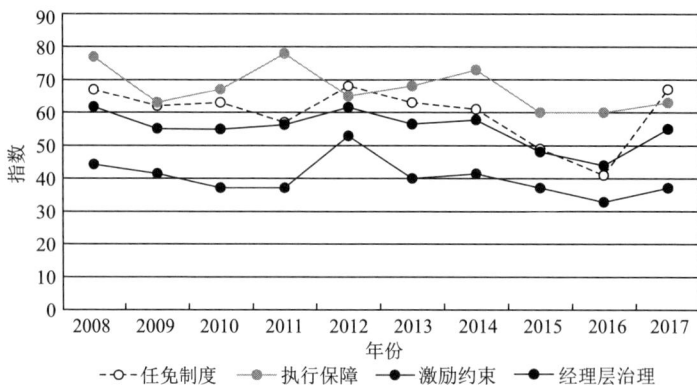

图 6-8　中国银行经理层治理指数

资料来源：南开大学公司治理数据库

（五）中国银行的信息披露

信息披露指数由可靠性、相关性和及时性构成。从图 6-9 来看，信息披露指数的三个具体指标波动较大。从可靠性指标来看，2013 年信息披露的可靠性较低，说明当年中国银行可能有违规行为或负面报道。从相关性指标来看，2016 年相关性较低，这说明当年可能存在信息披露不完整的问题。从及时性指标来看，2010 年及时性指标较低，说明在当年信息披露存在时滞，之后及时性指标数值迅速回升。

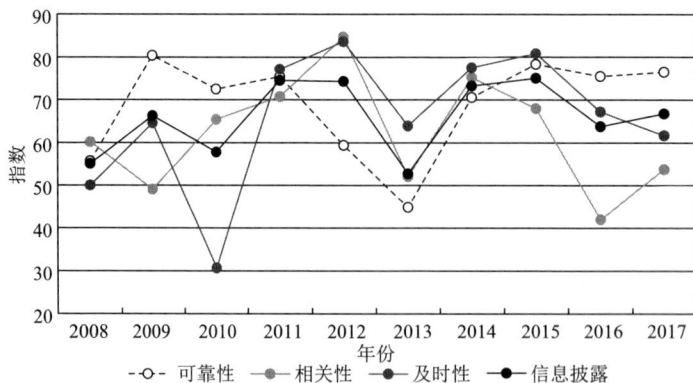

图 6-9　中国银行信息披露指数

资料来源：南开大学公司治理数据库

(六)中国银行的利益相关者治理

利益相关者治理指数主要由参与程度与协调程度构成。根据图 6-10，中国银行的利益相关者治理指数呈缓慢提升趋势，但是参与程度始终较低。利益相关者参与程度指标是评价利益相关者参与公司治理的程度和能力，较高的利益相关者参与程度和能力意味着上市公司对利益相关者权益保护程度和决策科学化程度的提高。其中包含上市公司员工参与程度、上市公司中小股东参与和权益保护程度及上市公司投资者关系管理三个方面。这说明中国银行在利益相关者参与公司治理方面还需要进一步提升。

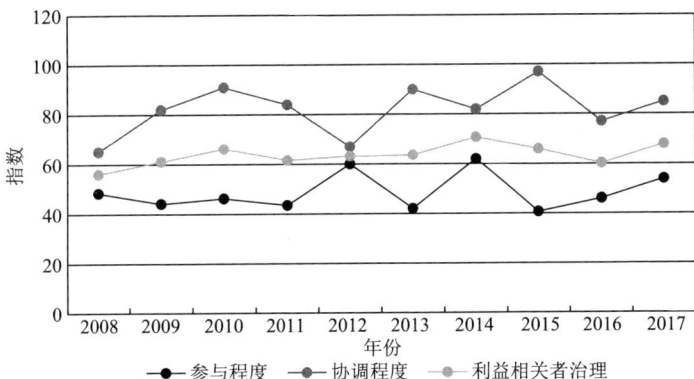

图 6-10　中国银行利益相关者治理指数
资料来源：南开大学公司治理数据库

四、案例分析总结

本节对中国银行的公司治理转型进行分析，对中国银行公司治理发展从横向与纵向两个角度探讨，提出中国银行在公司治理转型中值得借鉴的方面：第一，股东治理上，中国银行通过股份制改革，借助国家注资与引入外部机构投资者的方式，建立起较为科学合理的公司治理结构；同时有效地控制了潜在的关联交易问题。第二，董事会治理上，中国银行通过建立关联交易控制委员会的方式，监督公司股东的关联交易行为；独立董事占比较高使董事会能够发挥其监督职能。第三，监事会治理上，通过在监事会下设立专门委员会的形式，明确监事会的监督职能，避免与独立董事监督职能间重叠交叉。

在中国银行的公司治理转型过程中，其转型动因包含内部和外部两个方面。从内部动因来看，中国银行作为四大国有商业银行之一，既要拓展国内市场，积极挖掘国内需求，又要积极承接国际业务，在发展过程中为减少经营中潜在的风险，就要建立起科学合理的公司治理结构。从外部动因来看，中国银行作为中国国内国际化程度最高的银行，要实现与国际金融业接轨，也需要其积极推进公司治理转型。

但是，中国银行的公司治理转型也凸显出中国银行业公司治理改革中存在的一些不足：第一，中小股东权益缺乏有效保护。第二，高管的激励与约束机制较为单一，以现金薪酬激励为主，缺少对公司高管人员的股权激励，因此造成了中国银行经理层治理的短板。第三，高管的胜任能力有待提升，从监事会治理指数的胜任能力指标来看，胜任能力是其短板，作为公司的内部监督机构，公司高层人员的胜任能力提升，能够促使其有效履职。第四，利益相关者参与程度不足，从公司治理指数来看，中国银行的利益相关者参与程度还有待提升，中国银行作为金融机构具有较强的外部性，与一般企业相比应更加注重提升利益相关者参与程度，提高利益相关者权益保护，进而提升决策科学化的程度。

结合中国银行在公司治理转型中的经验，我们对未来发展中国银行业的公司治理改革提出如下建议：第一，逐渐引入民营资本，发挥混合所有制的优势。李维安（2014）指出我国银行未来改革的关键是转变政府角色。政府是绝对控股的超级股东是当前金融机构中存在的一种普遍现象，由于政府超级股东目标具有多元化特征，对金融机构决策的干预具有明显的行政型色彩，侵害中小股东权益。引入民营资本，有利于促进银行的股东治理实现由行政型治理向经济型治理转型，将政府股东的公共管理职能与监管职能分开，提高政府监管的独立性（李维安，2014）。第二，优化高管的激励方式，提升高管的专业素质。通过对银行高管的激励方式进行优化，推行现金激励与股权激励并举，实现高管的有效履职，保护银行股东权益。通过对高管的定期培训，提高高管的准入门槛，进而提升公司高管的专业素质。第三，完善利益相关者的参与机制，实现银行决策的科学化。对于公司的内部利益相关者，未来可以要求在银行中建立员工参与决策的机制，如设立职工董事的形式，维护公司员工的权益。对于公司的外部利益相关者，监管机构应注重强化对存款人等的利益保护，建立相应的治理监管体系。

第五节　本章主要结论与政策建议

一、主要结论

本章从上市金融机构治理现实需求出发，将金融机构治理理论与数理方法相结合，以规范研究与实证研究的成果为依据，对 2008～2016 年的我国上市金融机构治理情况进行了评价并进行了比较，之后利用评价结果对国有控股上市金融机构治理的有效性进行了实证分析。综合得出以下结论。

(一)上市金融机构治理水平从 2008 年到 2016 年有所提高

2008～2016 年，我国上市金融机构数量从 27 家增加到 50 家，上市金融机构治理指数的平均值从 2008 年的 61.47 上升到 2016 年的 63.07，我国上市金融机构治理水平显著提升。具体来看，我国上市金融机构治理指数的平均值经历多次升降变化，在 2015 年达到历史最高值 64.30。其中，国有控股上市金融机构治理指数从 2008 年的 62.03 上升至 2016 年的 63.06，表明我国国有控股上市金融机构治理水平稳中有升。从上市金融机构治理指数的变化情况看出，2008 年金融危机后，我国上市金融机构治理水平有所提升。

(二)银行类上市金融机构的治理水平高于非银行类上市金融机构

具体从金融机构的细分行业来看，银行类上市金融机构的治理水平高于非银行类上市金融机构。从具体数值来看，2008～2016 年银行类上市金融机构治理指数的平均值均高于非银行类上市金融机构，分别高 1.53、2.17、2.13、2.01、1.52、0.78、2.39、2.23 和 2.58。由此可见，从平均值的意义上讲，我国银行类上市金融机构的治理水平高于非银行类上市金融机构。

(三)国有控股上市金融机构的治理水平高于民营控股上市金融机构

在考虑控股股东性质后，我们比较了国有控股上市金融机构和民营控股上市金融机构的治理水平。从具体数值来看，2008～2016 年国有控股上市金融机构治理指数的平均值均高于民营控股上市金融机构，分别高 2.57、2.71、1.04、0.69、0.63、0.1、1.43、4.27 和 0.12。由此可见，从平均值的意义上讲，我国国有控股上市金融机构的治理水平高于民营控股上市金融机构。

（四）国有控股上市金融机构治理各维度的具体要素中间也存在不平衡

国有控股上市金融机构治理各维度的具体要素中间也存在不平衡情况，这直接地反映出公司治理层面上的一些具体问题。针对股东治理维度，中小股东权益保护指数和关联交易指数得分较低。国有控股上市金融机构中，国有股权一股独大，股权集中度远远高于普通的国有控股公司，这就使金融机构的大股东具有较强的谈判能力，具有明显的超级大股东性质。而这种特殊性质必然使中小股东的意志难以在公司决策中得以体现，会降低其参与公司治理的积极性。针对董事会治理维度，董事会组织结构较好，但运作效率较差。我国国有控股上市金融机构虽然按照国家相关法律规定建立健全了相应的公司治理结构，但"花瓶治理"现象仍然存在。董事薪酬激励与经理层激励约束指数都普遍较低，董事薪酬指数在董事会治理的 5 项具体要素指标中排名靠后，经理层激励约束指数在经理层治理的 3 项具体要素指标中始终排名倒数第一，这反映出国有控股上市金融机构仍旧没有建立起一套完善的高管激励机制。控股股东对于董事会的控制非常严重、董事和经理层薪酬体系与行政级别挂钩，这些现象印证了"二元治理结构"的存在，也揭示了这种结构在微观层面的弊端之一——在一定程度上影响到经营管理者追求更高企业绩效的积极性和主动性。而信息披露可靠性指数得分波动很大，反映出我国国有控股上市金融机构存在信息披露不透明、自愿性信息披露不足的问题；利益相关者治理指数得分较低，说明我国国有控股金融机构在处理与利益相关者关系方面还存在很多不足。国有企业在我国特殊的经济和政治地位在某种程度上使这些公司容易忽视自身对于利益相关者和其他社会主体的责任，直接导致信息的不透明化和对其他利益相关者的不负责任。对于国有控股上市金融机构而言，其信息披露行为趋向于只满足管理部门对上市公司最基础的信息披露要求(即达到"强制合规"水平)，而缺乏在市场推动下满足"自主合规"的动力。

(五)国有控股上市金融机构治理有效性仍有待提升

我国国有控股上市金融机构治理在提升财务绩效和控制风险方面起到了一定的作用，但有效性仍有待提升。首先，根据本节的实证结果，中国上市金融机构治理总指数对其财务绩效的提升和风险承担的控制具有显著作用，但是从各项公司治理分指数来看，只有董事会治理分指数显著地发挥了积极作用，其余治理分指数没有对财务绩效的提升和风险承担的控制发挥显著作用。其次，针对股东治理、董事会治理和监事会治理的具体机制对财务绩效和风险承担的影响而言，有以下结论：第一大股东持股比例越高，国有控股金融机构的风险越大，而在非国有控股金融机构却没有这样的影响；董事会专门委员会数量越多，非国有控股金融机构的财务绩效越好，而在国有控股金融机构中却没有这样的影响；董事会规模越大，国有控股金融机构风险越高；监事会规模越大，国有控股金融机构的财务绩效越低，但非国有控股金融机构的财务绩效越高。从上述实证结论中可以看出，国有控股金融机构超级股东的存在，制约着股东治理、董事会治理和监事会治理有效作用的发挥，也直接导致了国有控股金融机构治理有效性弱于非国有控股金融机构。

二、政策建议

(一)优化国有控股上市金融机构股权结构

高度集中的股权机构为政府直接干预金融机构的微观决策提供了便利通道，从而降低了公司治理效率。理论研究结果表明，适度集中的股权结构所形成的股东分权制衡，更有利于金融机构构筑高效公司治理机制。因此，国有控股金融机构可以合理吸取境内外大型金融机构股权结构的治理经验，以确保国家控股为前提，选择合适时机，进一步优化国有控股金融机构的股权结构，降低国有持股比例，适当引入不同类型的战略投资者和机构投资者。在股权结构与分权约束的渐进平衡中一方面防止控股股东直接行政干预董事会和经理层根据章程享有的决策权和管理权，另一方面有助于提升中小股东股东大会参会人数及股份比例，为改善公司治理提供重要的支持作用。

(二)约束国有控股上市金融机构股东行为

这方面的突出表现就是关联交易及中小股东权益保护的问题。一方面，作为控股股东的政府即金融机构的超级股东会利用自身的强势地位要求金融机构为指定的项目或企业提供金融支持；另一方面，政府股东派出的高管通常会在股东单位任职，这更为政府股东干预金融机构经营提供了便利。对于前者，需要进一步规范关联交易行为，可以考虑制定适用于金融机构关联交易的专门规定，进一步控制政府股东在关联交易决策中的权力；对于后者，则可以通过构建完善的中小股东在企业中的建议和决策参与渠道、强化大股东行为监管等方式来确保中小股东的权益不被大股东侵占。

(三)深化独立董事制度在我国国有控股上市金融机构中的实践

深化独立董事制度在我国国有控股上市金融机构中的实践，要实现独立董事从合规到有效的转型升级。目前我国国有控股上市金融机构普遍引入了合规的独立董事，但距离独立董事制度真正发挥有效作用还有一定的差距。因此，要在合规的基础上深化独立董事制度的实践，完善独立董事的选任制度，提高和改进独立董事的独立性，尝试引入独立董事声誉机制和激励机制，促使国有控股金融机构独立董事在约束超级股东行为方面有效发挥监管作用。

(四)建立完善的高管激励机制

完善金融机构高管的激励机制。目前金融机构的高管激励仍然以短期薪酬激励为主，容易造成高管的短视行为。在这方面，尽快引入包括股权激励在内的长期激励机制将是解决这一问题的题中之意，同时对股权激励相关细节，如股份的来源、股份的数量、套现限制等作详细规定。

(五)提高信息披露可靠性

信息披露的重要性已经得到了理论界与实务界的广泛认同。如何提高金融机构的信息透明度一直都是相关政策法律法规制定者关注的焦点问题之一。例如，2013 年中国银监会发布了《商业银行公司治理指引》，规定商业银行应当遵循真实性、准确性、完整性和及时性原则，规范披露信息，不得存在虚假报告、误导和重大遗漏等。然而，2014～2016 年的金融机构治理评价结果表明，我国金融机构信息披露的可靠性不容乐观。因此，为了提高信息披露质量，一方面要加强政府监管，及时发现各种信息披露违规行为并给予恰当惩戒；另一方面建立健全董事与经理层在信息披露中的问责机制，加强监事会的监督作用，从信息生产的源头上提高信息披露质量。

第 七 章

国有控股商业银行治理研究

商业银行治理是人们反思亚洲金融危机之后，将公司治理应用于商业银行这一特殊行业的直接产物。在国内，银行治理被视为新一轮国有银行改革的重心，自 2003 年开始的大规模改革以来，国有控股商业银行在股权结构、外部环境和内部机制建设等方面做出了很多尝试和努力。国有控股商业银行治理的形式日益完整，但是功能和机制建设尚处起步阶段。基于以上背景，本章聚焦治理风险这一核心概念，突出国有控股商业银行的特性，建立以最小化治理风险为目标的公司治理功能定位，完善以风险控制为核心的商业银行治理机制体系，并结合实际研究国有控股商业银行系统推进治理机制建设的步骤和可操作的实施方案。

第一节 研究问题与主要创新

一、研究问题

历经近 30 年的研究和发展，公司治理在理论和实践方面都取得了长足的发展，总体而言，公司治理经历了理论—应用—评价三个阶段的演进(南开大学公司治理评价课题组，2008)，在这一过程中，公司治理不仅得到了实务界、政府机构和学术研究的广泛认同，而且已经从影响公司绩效、融资能力等微观因素，上升到被认为是影响资本市场和金融体系乃至于经济增长的宏观变量，因此公司治理问题也越来越多地受到理论界及相关部门和组织的重视。与此同时，间歇性爆发的系统性和单个公司的失败案例，在不断提出公司治理研究崭新问题的同时，也为各国公司治理的改革和完善提供了必要性和契机，使公司治理改革成为全球关注的热点问题。特别是近年来在美国爆发并波及全球的金融危机为公司治理问题的研究提供了全面而系统的审视环境，如何更好地完善公司治理(包括完善公司治理的实践活动、创新公司治理实践模式、跟踪引导和评价公司治理等)，以最小化治理风险爆发的概率和由此给全球经济和社会福利带来的重要影响成为近年来公司治理领域探寻的热点问题。

经过近四十年的改革开放，中国在取得经济持续快速增长的同时，也在有计划地改革经济体制，使"新兴+转轨"成为最主要的时代特征，在公司治理领域主要表现为从行政型治理向经济型治理的转变。这不仅表示以法律体系和资本市场等为主要载体的治理环境已经发生和即将发生很大的变化，也同时意味着公司特征在快速变化，并由此引致了公司对于治理需求的改变，从而为中国公司的治理安排及其优化调整提供了动力和前提。如何洞悉在制度转轨和特征变化的特殊背景下，以最小化治理风险为目标，探索具有中国特色的公司治理创新路径是现阶段中国公司治理研究面临的重大问题，也是创新公司治理理论的途径。

随着经济全球化和金融创新的迅猛发展，我国经济对外开放程度的不断加深，金融体制改革的不断推进，银行、证券和保险之间的界限日益模糊，我国银行业的经营发展面临巨大的挑战(陈晓静等，2016)。商业银行治理是人们反思亚洲金融危机之后，将公司治理应用于商业银行这一特殊行业的直接产物。理论界试图从公司治理这一特殊的视角，将这一领域的研究成果尤其是对一般工商业公司的观察和理解应用于商业银行的实践。尽管从 1994 年起，四大国有银行就已经开始向商业银行转变，但直到 1998 年四大国有商业银行开始实施资产负债比例管理，国有商业银行的公司治理问题才逐渐凸现。2006 年随着主要国有商业银行的成功上市，国有商业银行的公司治理进入新的阶段。郑志刚和范建军(2007)研究表明，国有商业银行无论外部治理机制还是内部治理机制都存在巨大的改进空间，国有商业银行治理任重道远。但是鉴于商业银行理论上的特殊性、复杂性及行业数据的可获得程度的局限，这方面的研究进展并不尽如人意。现在关于银行治理的研究往往是从银行的特殊性出发去探寻银行治理的理论架构，但是很少从更深层次上展开。例如，从银行"原生态特点"及其后果进行分析，银行治理的理论架构远没有形成、实证经验也难以满足系统性和政策参考等现实要求，使现有的研究更像是"商业银行的公司治理"，而不是"银行治理"。而要建立真正意义上的银行治理的理论体系，正确的选择无疑是从商业银行最本质的特征出发，而不是像现在这样从公司治理出发，仅仅考虑商业银行的特殊性再去将公司治理理论嫁接到商业银行身上。

银行是通过管理风险而获利的金融中介，对风险的偏爱和追求是商业银行的根本特征。因此，本章试图通过引进治理风险这一核心概念，突出国有控股商业银行的特性，建立健全最小化治理风险为目标的公司治理功能定位和完善以风险控制为核心的商业银行治理机制体系，并结合实际研究国有控股商业银行系统推进治理机制建设的步骤和可操作的实施方案。在理论研究方面，通过治理风险及以此为目标的国有控股商业银行治理机制体系建设的研究，进一步创新银行治理理论；并以此为突破，实现银行治理与治理风险的理论对接，从而构建相对完善的银行治理的理论架构；最后开展实证分析，提供大样本、多类型的银行治理的实证经验，为商业银行风险控制提供理论支持和经验证据。

二、主要创新

第一，思路上的创新。本章抛开现在国内外学者从商业银行特殊性出发去研究银行治理问题的一贯路径，从商业银行开始、从风险承担出发、从将公司治理作为商业银行内在需求的内生变量角度去研究银行治理问题，这不仅强化了公司治理、银行治理的重要性，而且大大拓展了银行治理研究的空间。

第二，理论上的创新。通过对国有控股商业银行治理理论架构的构建、银行治理与商业银行风险控制的理论关系和传导机制的深入研究，不仅可以完善银行治理的理论架构，而且为公司治理研究的进一步深化提供了良好的借鉴和开端。

第三，应用上的创新。本章通过对国有控股商业银行的公开和问卷数据，提供了比较系统的经验证据，同时将相关的研究成果反馈给银行和有关部门。一方面为商业银行更好地防范控制风险提供了经验借鉴；另一方面为有关部门从行业的角度去完善银行治理、防范行业风险提供了有力的理论支持和政策参考。

第二节　商业银行治理文献回顾与总结

本节对国内外相关银行治理文献进行了回顾和总结，首先概括性地介绍了银行治理的研究，其次分别从商业银行股权结构和股东行为、董事会治理、高管人员激励及竞争机制等方面综述了商业银行治理机制的研究，最后总结了已有文献关于银行治理和风险承担的研究。

一、商业银行治理研究的两个阶段

国际上对金融机构治理的理论研究经历了两个阶段，如表 7-1 所示，早期研究将金融机构作为一般公司对待，没有考虑金融机构的诸多特殊性而直接将公司治理理论应用到金融机构身上；随着研究的深入，多数学者开始转而从金融机构特殊性出发研究金融机构治理问题。

表 7-1　商业银行治理研究的两个阶段

阶段划分	第一阶段	第二阶段
研究特点	没有考虑商业银行的特殊性，将商业银行按照一般公司对待，直接将公司治理理论应用于商业银行	开始考虑商业银行区别于一般公司的特殊性，并以此为基础分析银行治理区别于公司治理的特殊性，进而研究银行治理问题
代表文献	Prowse（1997）等	Macey 和 O'Hara（2003）等

由于商业银行治理问题兴起的时间较短，难以总结一般性的研究规律，只能从国际上此领域现有的文献中总结一些研究特点。从商业银行治理的理论性文献看，所遵循的基本思路是从商业银行与一般公司相比较所体现出的

特殊性着手来研究商业银行治理问题，这类研究的目标主要是确立适合于商业银行的公司治理架构，并以此作为研究各国商业银行治理问题的基准。Ciancanelli 和 Reyes-Gonzalez(2000)、Macey 和 O'Hara(2003)、Arun 和 Turner(2004)、Caprio 等(2007)都是如此。应该说上述 4 篇文献是目前商业银行治理理论的代表性研究，它们都试图从商业银行的金融契约、金融产品和银行产业等方面的特殊性出发来总结商业银行治理的一般规律，但侧重点有所差别。作为此领域的早期文献，Ciancanelli 和 Reyes-Gonzalez(2000)、Macey 和 O'Hara(2003)从银行的特殊性出发在一般的意义上分析了一般公司治理架构对于商业银行的适应性；Caprio 等(2007)从全球的视角探讨了商业银行治理的本质特征；Arun 和 Turner(2004)则以印度为例对发展中国家商业银行治理问题进行了论述。此外，Nam(2004)对亚洲国家商业银行治理问题进行了研究性述评；Levine(2003)从全球的视角对商业银行治理进行了提示性评述。

在商业银行治理的实证研究方面，本章所搜集到的 2003 年以前的专门文献主要有 4 篇，其中 Anderson 和 Campbell(2000)在对 1977~1996 年 20 年间日本银行的治理结构进行系统研究后认为，低效的治理结构加重了日本银行危机，并且延缓了后来的重组，其主要原因是银行的外部治理机制没有给日本银行高管足够的重组激励；Simon(2001)认为，东南亚金融危机暴露了印度尼西亚银行业公司治理的系统性缺陷；Crespi-Cladera 和 Renneboog(2003)从股权结构的角度将西班牙的银行划分成独立、非独立和储蓄银行三类，并对三者的公司治理机制进行了对比分析；Caprio 等(2006)以 44 个国家的国际样本对公司治理机制与商业银行价值之间的关系进行了实证分析。

有必要强调的是，亚洲开发银行研究院(Asian Development Bank Institute，ADBI)的经济学家 Song-Woo Nam 对亚洲商业银行治理问题进行了问卷调查，并于 2004 年 7 月在日本召开了以此为主题的研讨会，作为此次研讨会的主要成果。Alijoyo 等(2004)、Polsiri 和 Wiwattanakantang(2004)、Koh 和 Soon(2004)、Park(2004)分别对印度尼西亚、泰国、马来西亚和韩国的商业银行治理问题进行了实证分析，这些研究不仅提供了亚洲商业银行治理的实证性经验，而且对亚洲金融危机之后上述四国的商业银行治理进行了较深入的剖析。最新的研究：Diaz 和 Huang(2017)研究了银行内部治理对银行流动性的影响，结果发现大型银行的公司治理水平较高时，能够创造更高水平的流动性；D'Amato 和 Gallo(2016)对不同组织形式的银行进行研究发现，股份制银行与合作制银行相比，其公司治理水平更高。

国内关于商业银行治理问题的研究尚处于起步阶段，大量的研究主要集中在国有商业银行治理结构特征、缺陷的描述(王廷科和张旭阳，2002)和银行业改革所涉及的公司治理问题的分析和争论上(王元龙，2001)。李维安和曹廷求(2003)试图遵循商业银行治理理论研究的国际范式探索中国商业银行和金融机构的公司治理问题。曹廷求(2004)以银行年报为数据来源对我国股份制商业银行治理进行了实证分析。

由于银行治理兴起的时间过短，到目前为止尚未形成广为接受的商业银行治理的理论架构；在实证研究方面也仅仅是针对部分国家的零星研究，尚不能提供此领域系统性经验证据。如何从更深的层次去推进这方面的研究，更好地为正在实践中的国有商业银行改革服务显得尤为迫切。

二、商业银行具体治理机制研究

从商业银行治理机制的研究看，Prowse(1997)的研究是该领域较早期文献，他将商业银行的控制机制与大型公司的控制机制进行了对比分析并得出了一些有意义的结论。目前关于商业银行治理机制的研究主要集中在并购机制的研究上。这是因为 20 世纪 90 年代以来，虽然一般公司的并购下降很快，但是通信和信息技术的突飞猛进降低了银行业跨地区经营的成本，加上受放松管制等因素的影响，银行业并购数量反而上升，以上两方面因素使银行的数量大量减少，也使这方面的研究层出不穷。其中比较典型的是 Byook 等(2000)利用美国银行业样本所作的对比研究，该研究表明：规模小，外部董事比率、外部董事持股比率和外部大股东持股比例等三个指标都高的银行更加容易成为被并购的目标。

(一)商业银行股权结构与股东行为

Miles(1994)对私营商业银行的经营者能被他们公司股东有效控制和监

督，而合作产权形式的银行经营者可有一些自由来追求他们的个人目标这一观点提出了质疑。Fama(1980)认为，对经营者的监督还存在其他形式。例如，经营者(经理)劳动力市场使经营者失去勇气追求自己个人的目标(因而将按照他们公司所有者的利益来有效经营)；还有，董事会中经营者职业监督人的存在，也可以制约经营者行为。Miles 赞成 Fama 的这种观点，并以此为基础提出：对经营者的有效控制并不取决于公司的产权形式(不管是公共产权银行、私营商业银行还是合作银行，也不会因为市场没有划分产权类型而被削弱)。然后，Miles 也引用了 Fama 和 Jensen(1983)的观点，认为合作产权形式的银行经营者对他们股东的责任比私有组织形式更大，因为合作产权形式的银行所有者一旦面临经营者无效经营可以独立使用资金的收回权。这种对经营无效的惩罚比二级市场的股票出售(撤回公司的资金)更有效。不过这还有争议。Fama 和 Jensen 的观点也支持公共产权的所有者对其经营者有强大的惩罚措施，因为经营者(经理)劳动力市场的竞争对公共产权形式的银行经营者有很大压力；他们假定公共产权的所有者如果想抽回资金也可以抽回。

至今有许多实证结果支持上述理论。例如，Verbrugge 等(Verbrugge and Goldstein，1981；Verbrugge and Jahera，1981)、Blair 和 Placone(1988)对美国互助合作(mutual owned)形式与股份制形式(stock owned)的储蓄贷款业(the savings and loan industry)进行了比较，Fields(1988)对美国寿险业(the life insurance industry)也进行了类似的比较研究，他们在研究中都使用了一个二元变量来区分股份制与互助合作制，建立一个成本函数来考察产权结构的影响，结果表明合作形式的机构相对股份制形式更有效。此外，Carter 和 Stover(1990)、Peristiani 和 Wizman(1997)对美国储蓄业(the thrift industry)的互助合作形式与股份制形式也做了对比，得到和前面一样的结果。近来，Mester(1989，1993)、Cebenoyan 等(1993)采用了更为动态的研究方法，这些学者都使用了随机成本边界的方法(stochastic cost frontier methodology)来评估这两种产权结构类型的银行效率。Mester 发现互助合作性质的储蓄贷款协会比股份制银行更有效，而 Cebenoyan 等发现没有差异。此外，美国银行的分支行(branch banks)的效率比多银行持股公司(multi-bank holding companies)要高。在类似政府单位的公共产权金融机构中也需要进行更深入的研究，因为这些机构在稍微有些竞争力的市场中也会提供可测量的产品。

当前这方面的研究已经展开，而且主要以欧洲市场为研究对象。
Tulkens(1993)比较了英格兰公共产权银行(public bank)分支行与私有产权银行(private bank)分支行的效率。他使用了自由处置包(free disposable hull，FDH)这种非参数技术方法，并与其他学者从数据包络分析(data envelopment analysis，DEA)方法(也是非参数方法)中得到的结果做了比较，结果发现公共产权银行分支行比私有产权银行分支行相对更有效。但是，Tulkens 对于它们效率的差别没有做出任何解释。英国学者 Altunbas 等(2001)使用了参数方法——随机边界法(stochastic frontier approach，SFA)和自由分布法(distribution free approach，DFA)对德国三种产权结构类型的银行进行了比较研究，以德国 1989～1996 年 1195 家私营商业银行、2858 家公共储蓄银行和 3486 家互助合作银行为样本，区分不同规模的银行，对其效率进行了分析，结果表明无论在哪一种方法下，私营商业银行并没有比公共储蓄银行和互助合作银行更有效率，后者相对前者而言有微弱的资金成本优势。

(二)商业银行董事会治理

在商业银行董事会治理的研究方面，比较有代表性的主要有三篇文献，其中 Prowse(1997)发现银行控股公司的董事会在惩罚管理者方面比一般公司董事会表现得更加不果断；Booth 等(2002)发现，与其他行业的董事会相比较，银行业董事会规模偏大，工业、公用行业董事会的平均规模分别为11.79 人和 11.46 人，而银行业董事会的平均规模却为 16.37 人。对于银行业而言，外部董事的激励作用可能更为重要，因为谁都可以成为银行事实上的客户，这就使银行业董事的独立性其实很难得到保证，银行业董事获取贷款的可能性也非常大(Byook et al.，2000)。由此可以推断，银行的董事会规模及其独立性与银行绩效成反比。

Simpson 和 Gleason(1999)利用了 300 家银行的数据，主要研究了以下指标：董事和管理层所有权、总裁所有权、董事数量、内部董事数量及总裁的任职时间。实证数据表明当行长和董事长兼任的时候危机发生的可能性较小，其他没有显著影响。

Adams 和 Mehran(2003)利用 1959～1999 年的银行数据来分析董事会规模、组成与绩效的关系，并得出了不同于传统制造类公司的结论，大的董事会规模在托宾 Q 方面表现更好，而且该结论并没有受到美国 20 世纪 80 年代后并购潮的影响。

Adams 和 Mehran(2003)通过对美国 35 家银行控股公司 1986～1996 年的数据与制造类公司的对比中发现：第一，银行控股公司董事会规模、外部董事比一般的制造类公司要大；第二，银行控股公司董事会委员会更多，会议次数略多；第三，按百分比计算，CEO 股票选择权和薪水的比例，银行控股公司(Bank Holding Companies，BHC)相对较小；第四，CEO 直接持股的比例要更小，股票价值要低。

(三)商业银行高管人员激励机制

在商业银行高管人员薪酬激励机制的研究方面，商业银行的特殊性可能会对高管人员薪酬及其激励特点产生影响。Barro J R 和 Barro R J(1990)较早地对这一问题展开了研究；此外，Houston 和 James(1995)发现，商业银行 CEO 拿的报酬更低、持有更少的股份、报酬与利润的联系也更加脆弱；相反，Ang 等(2000)却认为商业银行 CEO 的薪酬结构与其他行业 CEO 相比有较大差异，商业银行 CEO 的薪酬不仅更高，薪酬结构所体现的激励效果也更加明显。

Smith 和 Watts(1992)等发现银行经理的薪酬相对于其他行业公司来讲，更少地依赖于股票期权，原因是银行的低增长性特征及董事会容易监管、评价经理行为。Gorton 和 Rosen(1995)发现，对于商业银行而言，由存款保险引致的道德风险使管理者行为比一般公司更为严重，他们还认为由于受到外部股东的监督相对更少，银行管理者会进行更大风险和更多的非利润投资。Houston 和 James(1995)发现，商业银行 CEO 与其他行业相比，倾向于在整个薪酬体系中较少地持有和接受股票及期权，报酬与利润的联系也更加脆弱；John 和 Qian(2003)也发现银行 CEO 的收入绩效敏感度要低于制造类公司，并且认为这种差异大部分原因是缘于负债率的不同。

Crawford 等(1995)、Hubbard 和 Palia(1995)都分析了银行解除管制对 CEO 薪酬的影响，并且发现解除管制后收入绩效关系更加敏感，后者认为 CEO 薪酬在解除管制后有明显增长，两者都利用委托代理关系模型对这种现象进行了分析。Bliss 和 Rosen(1999)研究了银行并购与 CEO 报酬之间的关系问题。作者通过分析 1986 年到 1995 年的美国并购，认为并购对管理层薪酬有积极的影响，这主要体现在公司规模扩大对薪酬的影响方面。而且即使并购导致并购银行的股票价格下跌，CEO 薪酬通常也会增长，这一点在并购宣布后最为明显。薪酬的构成方式也影响并购决策，如果 CEO 的薪酬更多地建立在股票基础上，并购行为更难发生。Griffith 等(2002)利用美国数据研究了 CEO 所有权与银行绩效的关系，他们认为两者是非线性相关的，并总结认为管理层防御可能否定了 Jensen 和 Meckling(1976)所提出的"利益趋同"假说。

(四)银行业竞争机制

Vives(2001)的研究综述发现，银行竞争与诸多经济指标，如银行业的绩效水平、融资水平、金融稳定性及增长率等的关系是比较复杂的。Gropper 等(2015)关注到银行绩效受到一国经济自由度的影响，并且银行绩效会受到政治关联的正向影响。

Northcott(2004)在其所作的银行竞争的文献综述中认为，政策制定者的目标是使银行体系能够最好地促进经济效率的提高和社会的稳定。传统的观点认为这两者之间存在明显的抵消关系。通过对相关理论和实证文献的回顾，发现事实并非如此。一个竞争性的环境可以通过以最低的价格激励来提供最大化的信贷供给以提高分配效率。银行体系如果反映了一定程度的市场力量，将会促使信贷分配给特定的公司，并且可以增加银行朝着有效配给资源的目标来审查贷款的动力。银行体系的市场力量可以通过提供银行消减冒险行为的动力的方式来增加稳定性，并且提供动力来审查和监督贷款，进而提高银行资产质量。例如，最低资本需求、信息披露和风险为基础的存款保险制度等政策，都可以使银行即使在竞争性市场中也可以谨慎经营。在已有的文献中还没有什么样的竞争结构可以使效率和稳定同时最大化。如果对双方都有利，而且没有一方过分突出就应该是最理想的。因此，目标不应该是削弱市场力量而是应该创造一个能够促进竞争行为的环境。如果这样做，市场力量的潜在成本可能从剩余市场力量实现的收益中得以弥补。研究文献大多认为传统的寡头竞争局面是远远不够的。集中度自身不是一个竞争行为的充分因素，其他因素应该包括进来，如更低的进入限制、外资银行的出现、对银行行为更少的限制、良好的金融体系、银行分支机构的设立及新技术的使用等。

Martin 和 Parker(1997)对英国私有化后的各类企业的经营绩效进行比较发现:在竞争比较充分的市场上,企业私有化后的平均效益有显著提高;在垄断市场上,企业私有化后的平均效益改善不明显。Bishop 和 Thompson(1992a,1992b)也持有类似观点,他们认为企业效益与产权的归属变化没有必然关系,而与市场竞争程度有关系,市场竞争越激烈,企业提高效率的努力程度就越高。同时,Tittenbrun(1996)分析了 85 篇有关产权与效益的文献后也发现:企业效益主要与市场结构有关即与市场竞争程度有关。这些研究表明,竞争才是企业治理机制和效益方面改善的根本保证条件,竞争会迫使企业改善机制,提高效益。这就是超产权论(beyond property right argument)的观点,即利润激励与经营者努力投入间不一定是正向关系。只有在市场竞争的前提条件下,利润激励才能发挥其刺激经营者增加努力与投入的作用,从而在一定程度上否认了传统产权论的观点,即代表产权拥有度的剩余利润占有率是决定企业经营者努力程度的激励因素。因此,刘芍佳和李骥(1998)依据该理论认为,只有提高银行业市场的竞争程度,才能改善银行效率;他们并不认为利润激励与经营者努力投入有必然的正向关系,只有在银行市场竞争的前提条件下,利润激励才能促使银行经理人不断努力,从而提高银行效率。

Kane(1977)、Hannan 等(Hannan,1979;Hannan and Mavinga,1980)、Smirlock 和 Marshall(1983)对美国银行经营者的激励问题进行了研究,他们主要集中在与市场结构相关的支出偏好行为方面;结果发现,在竞争程度较小的本地市场,公司会选择在职员身上花费更多及其他的津贴形式来从市场势力中获利,而不是以高利润的形式。Berger 和 Hannan(1998)研究表明,在美国的 20 世纪 80 年代,在较高集中度的市场中运行的银行有较高的成本、较低的效率;集中带来的成本损失比价格失调带来的社会损失还要大几倍。Berger(1995)也考察了美国银行业行为、市场结构、规模与 X-效率之间的关系,对美国银行的利润结构做了更早、更详细的分析。在美国,是否允许本州以外的银行进入本州,对本州商业银行(local commercial banks)的效率有较大影响,随着外地银行进入数量的增加,本州银行的效率逐步得到提高,这主要归因于竞争(De Young et al.,1998)。这些研究表明,银行之间的竞争会带来效率的提高，如果银行业集中度高，市场势力大，银行经营者会选择其他的花费形式给职员利益而不是想提高利润率，或者在提供银行产品时不考虑成本高低。

为了研究对银行业规制所产生的后果，Barth 等(2001a)对 1999 年 107 个国家所有针对商业银行的规制措施(包括准入限制、退出限制及其他惯例)进行了梳理。在此基础上，Barth 等(2003)研究发现，严格的准入限制对银行业的效率具有负相关的效应，因为这样会导致较高的利率水平及较高的成本；另外，对外资银行准入的限制会使银行业比较脆弱。究其原因，严格的准入限制会使竞争大大受到限制，银行业的集中度会比较高，而市场的竞争水平提高会与银行业的效率和稳定性有直接的关系。

Claessens 等(2001)从国际层面研究银行业的市场结构问题，对外资银行的作用进行研究，发现外资银行的进入可以使本土银行更加有效率。使用 77 个国家的银行的有关数据，Laeven 和 Claessens(2003)研究了银行业的集中与规制之间的关系，尤其是重点研究了对效率的影响。他们的研究发现银行业的集中对银行业的效率具有明显的负效应(但在那些银行体系发达、自由度比较高的富裕国家这种负效应并不存在)，同时他们发现对银行业准入限制，使新银行开设变得很困难，外资银行进入本国也会很难，加之直接或间接的对银行经营活动的限制，这些都会导致银行效益的低下。他们对银行效率及边际利息率的研究虽然并不能直接确定银行业的竞争程度，但这些却对银行业的市场力量及风险水平的确定有一定的帮助。

我国学者于良春和鞠源(1999)运用哈佛学派的结构—行为—绩效(structure-conduct-performance，SCP)范式对中国银行业的行业结构进行了统计分析，认为中国银行业存在高度集中和国有银行垄断低效问题。易纲和赵先信(2001)、林毅夫和李永军(2001)也认为中国银行业存在行业结构问题，缺乏竞争因而效率较低。

三、商业银行治理与风险承担关系研究

20 世纪 80 年代兴起的从公司治理角度探讨商业银行风险承担的研究已经受到国内外多个领域的关注，大量理论分析和实证研究的文献从公司治理

的不同角度分析银行风险承担。本部分试图从银行治理机制的角度对影响风险承担行为(或动机)的因素进行文献梳理和评述,以洞察国际银行治理中相关方面的发展趋势,为我国商业银行风险治理提供相关经验证据。

(一)两种基本假说

20 世纪 80 年代,美国银行业出现了系统性的低盈利与高风险态势,两千多家存贷机构倒闭,给纳税人造成约 4500 亿美元的损失。由此,不同学者从不同角度提出了理论假说,主要有"道德风险"假说和"公司控制"假说,主要文献如表 7-2 所示。

表 7-2　银行治理与风险控制研究的两种观点比较

理论流派	主要观点	代表文献
道德风险论	在存款保险制度下,作为贷款主要决策者的银行股东存在追求更高风险以最大化自身价值的动机,并由此引发道德风险	Amihud 和 Lev(1981)、Merton(1977)、Saunders 等(1990)、Brewer 和 Saidenberg(1996)
公司控制论	所有者—管理者代理问题才是银行风险增加的主要原因,高管人员是银行贷款的真正决策者和风险控制的关键	Gorton 和 Rosen(1995)

1. "道德风险"假说

Merton(1977)、Marcus 和 Shaked(1984)提出了著名的"道德风险"假说。其观点是:在固定费率存款保险制度下,股东是银行贷款的主要决策者,有动机从事高风险承担行为,从而将风险转嫁给存款保险机构。由此,"道德风险"假说是与存款保险制度相适应的。但当管理者持股比例较低时,股东对管理者的控制能力较强从而使银行承担更多风险;随着管理者持股比例的增加,管理者基于前途与名誉的考虑会从事低风险承担行为;而随着持股比例的继续提高,管理者与股东利益趋于一致,银行风险承担将会增加。因此,按照"道德风险"假说,商业银行风险承担与管理者持股比例呈"U"形关系。

Brewer 和 Saidenberg(1996)以美国 100 家存贷机构为样本所做的实证研

究表明管理者持股比例与银行风险水平之间呈"U"形（非线性）关系，只是在内部人持股比例较高的时候，正相关性才更明显。陈晓蓉（2003）指出以综合银行业务为主的台湾德式银行中，"双重身份经理人持股占董事会持股比率"与信用风险间呈"U"形关系，从而支持了"道德危险"假说。

Calomiris 和 Carlson（2016）研究认为，银行管理者的动机往往会同其股东、存款人不一致，银行的管理者会滥用他们的权力获取超额薪酬、信用优惠和承担过度风险来谋取自身的利益而损坏投资者的利益。所以我们应该通过构建契约和治理结构来有效地解决上述委托代理问题，进而从银行的股东和存款人那里获得更多的资金。

2. "公司控制"假说

与"道德风险"假说不同，Gorton 和 Rosen（1995）提出了"公司控制"假说。该假说强调：银行的管理者才是贷款的主要决策者，股东虽然拥有解雇管理者的权利，但受限于信息不对称，往往只能以事后报酬去判断管理者的好坏，且解雇管理者的成本随管理者持股增加而提高。当银行绩效不好时，存款保险制度的存在仍能让银行持续地吸收存款，此时股东希望优秀的管理者能选择风险性计划，不称职的管理者选择安全性计划，以满足股东的利益。若管理者持股未高到足以和股东利益联结时，优秀的管理者若选择风险性计划，未来则有可能被解雇，但从事安全性计划，则保证永远不会被解雇；不称职的管理者若选择安全性计划会被解雇，但从事风险承担行为，却会使股东误认为其是优秀的管理者，进而使整个银行风险升高。反之，当银行绩效良好时，管理者做出保守决定。一旦管理者持股超过某一标准，管理者反而重视银行绩效，而非个人前途或特权。因此，按照"公司控制"假说，在银行业整体状况不佳的情况下，银行风险承担与管理者持股比例呈倒"U"形关系。

以上两种假说分别从不同角度分析了银行风险承担行为。虽然银行股东在理论上存在"道德风险论"所强调的解雇和监督高管人员的权利，但是这种行为往往滞后，而且成本高昂，此外政府的管制也使并购机制并不能起到一般行业通常存在的对高管人员的威慑力。上述两种观点实际上是从不同的侧面研究了银行业存在的两种不同的代理问题，"道德风险论"研究的是银行股东的利益冲动,希望承担更多风险并因此而侵害存款保险提供者和债权人的利益;"公司控制论"研究的是经典的所有者—管理者代理问题,两者并无矛盾之处(Demsetz and Saidenberg,1997)。虽然以上两种观点的立论基础存在差异,但都认为银行与监管机构或者银行股东与管理者之间存在风险偏好的冲突,完善公司治理可以达到风险控制的目标。

除上述两种假说外,还有学者提出了"谨慎投资者假说"、"信息不对称假说"和"掠夺假说"。然而,这些假说仅仅考虑了商业银行的部分自身因素,并没有考虑诸如董事会、银行规模等其他因素,也没有考虑诸如法律环境、国别特征等外部因素。下面我们将从治理机制的不同方面分析其对银行风险承担的影响。

(二)特许权价值和风险承担

特许权价值这一重要概念是 Buser 等(1981)以及 Marcus(1984)在分析银行业道德风险时提出的。所谓特许权价值,即通过对利率和市场准入的限制为银行创造的租金,这些租金使得金融特许营业牌照对于持有者而言具有价值,这些价值主要来源于三个方面:一是金融监管当局的管制限制了竞争,银行因垄断而获得超额利润;二是银行的杠杆经营特性获得超额利润;三是银行在经营中形成的商誉、客户关系等价值。

在"道德风险"假说下,监管机构会通过干扰银行运营和取消银行特许权的方式阻止道德风险的发生。当特许权价值降低时(如 20 世纪 80 年代,激烈的非银行竞争和利润率下降导致特许权价值降低),股东拥有较少的动机采取谨慎承担风险的行动。如果不谨慎的风险承担行为导致最终传递给存款保险人的损失,那么道德风险问题便产生了。所以,特许权价值低的存款结构常会出现道德风险,但当特许权价值能够阻止高风险策略时,即通过增加财务困境成本进而降低股东期望风险水平的方式发挥约束作用,道德风险可能就不会成为一个问题。关于特许权价值和银行风险之间的关系,Marcus(1984)等从理论上进行了探讨,Keeley(1990)等从实证的角度进行了检验。他们均发现特许权价值和银行道德风险之间是负相关的。Demsetz 和 Saidenberg(1997)以美国 1991~1995 年 350 家上市银行控股公司为样本进行的实证研究表明,商业银行特许价值与经营风险之间存在显著的负相关性。

既然特许权价值和银行风险之间呈反向关系，那么特许权价值是否能对银行风险起到约束作用呢？Demsetz 等(1996)发现特许权价值较高的公司拥有更多的资本和更少的资产风险，由此推断，特许权价值在控制银行风险承担方面具有约束性作用。但是，特许权价值对风险的约束作用还会受到当局监管体制的影响，Galloway 等(1997)发现当特许权价值较高和当局风险控制措施加强时，银行的事后风险承担受到限制并且对于事前风险承担动机较高和较低的银行而言不存在差异；当特许权价值较低和当局风险控制措施减弱时，事前风险承担动机高的银行事后风险承担行为更高。针对特许权价值能够影响的风险种类，Demsetz 等(1996)发现特许权价值较高的公司拥有更多的资本和更少的资产风险；Agusman 等(2006)发现特许权价值在限制杠杆风险、信用风险和流动性风险方面有效，但是不能减缓资产风险。

另外，特许权价值对银行风险承担行为的约束作用还会受到外界环境变化的影响，而这种外界环境主要是指款保险制度。在 1991 年联邦存款保险公司法案改革之前，规模较大的银行和特许权价值或资本较低的银行趋向于追求风险较高的策略；改革之后，银行系统性风险和特许权价值之间的关系减弱。另外，欧洲存款保险制度的引入降低了银行风险承担，并且特许权价值较低的银行会减少更多的风险承担行为。

尽管一些学者明确指出特许权价值能够消除风险承担，但是他们并没有明确指出特许权价值能够消除的风险种类。另外，他们没有考虑诸如高管所有权、资本监管等因素对银行风险承担的影响。

(三)高管薪酬激励和风险承担

1. 高管薪酬

对高管财富的限制使所有权和控制权相分离，这便产生了所有者—管理者代理问题。而高管财富主要有固定工资收入和期权薪酬。当银行高管获得固定收入时，他们的行动会是厌恶风险的。原因在于：如果银行的绩效非常好(高管的工资固定)，他们几乎不会得到什么回报；但是如果银行破产，高管很可能会丢失工作和人力资本投资。

期权薪酬的运用会把高管和股东的财富效应连接在一起，这不仅会减少代理问题，也促使高管承担更多的风险。Jensen 和 Murphy(1990)发现，企业高管层报酬与公司绩效之间仅存在弱的正相关性。一般说来，由于要保持稳健经营，银行属于低增长企业，股票价格变化不大，相比其他企业来说，银行高管的薪酬较多地采用现金或奖金的形式，较少采用股票期权。Houston 和 James(1995)验证了，相对于其他行业的高管人员，银行高管的薪酬比例比较小，而且较少采用股票期权形式，而且他们发现，基于股票的薪酬激励与银行的特许权价值存在显著的正相关关系。Schreiber(1978)通过期权定价模型分析固定报酬和奖金报酬制度两种情况下管理层风险行为的变化，研究表明管理层在获得固定报酬的情况下会限制甚至减少银行资产的风险，在奖金制度下则与股东利益更一致、增加资产风险。因此，银行业中期权薪酬激励和风险承担行为之间是正相关的。但曹廷求和于建霞(2005)发现农村信用社的高管薪酬激励在风险控制方面发挥了积极的作用；王倩等(2007)也发现高管人员薪酬越高时，银行风险承担越低。

2. 高管持股比例

在 20 世纪 80 年代美国银行业危机期间，Gorton 和 Rosen(1995)等认为"公司控制"假说比"道德危险"假说扮演更重要的角色。高管或许会在损害股东利益的情况下追求自身目标。经理人可从多方面享受控制公司的好处，如借特权奢侈消费等，不过在保护其私人利益与人力资本无法和其他金融商品一样分散风险之前提下，通常非金融业公司经理人会选择规避风险；然而若通过经理人持股而使其目标和股东的目标一致，则私人控制利益反而又会减轻(Morck et al.，1988)。

关于管理者持股与银行风险之间的关系，主要有三种：正向、负向和"U"形。

第一，在取消监管时，由于缺少外部环境的约束，经理人持股比例增大，他们会做出更多的风险投资决策，从而增加银行风险；Saunders 等(1990)利用 38 家上市银行样本验证了银行所有权结构和风险承担的关系，他们发现管理层和董事的持股比例越高，银行风险承担越大；Demsetz 和 Saidenberg(1997)发现 1991～1995 年市场风险指标和高管持股之间的正向且非线性关系；李文惠(2002)发现内部人士持股比率越多、股权集中度越高，银行风险越高。另外，沈中华和吴孟纹(2002)等发现银行越偏离一股一权，绩效越差，越易引发代理问题。

第二，在风险厌恶假设下，尽管高管所有权持股比例增加，但是他们仍不愿意承担过多的风险，并且随风险的增加，他们的厌恶程度越来越强，因此二者之间呈负向且非线性关系。Chen 等(1998)发现 1988～1993 年高管所有权和银行风险之间是负向且非线性的关系。

第三，Amihud 和 Lev(1981)首次从道德风险的角度分析公司治理对银行风险控制的影响，发现了银行风险与管理者持股之间的"U"形关系。另外，Konishi 和 Yasuda(2004)发现随着长期持有公司股票的股东的比例增加，风险首先会下降，然后当资产替代效应超过高管筑围效应对银行风险的影响时，银行风险上升。Brewer 和 Saidenberg(1996)不仅发现银行风险承担和内部人持有的股权比例之间呈"U"形关系，而且给出了管理者持股达到何种标准时风险发生变化：当管理者持股超过 30%时，储蓄机构会有较高的股价波动性；而持股在 30%以下时，管理者在维护自身利益的前提下致使储蓄机构有较低的股价波动性。

上述学者仅仅研究了管理者持股对风险承担的影响，但是管理者持股的作用还受制于其他因素，如特许权价值。在特许权价值不同的银行中，管理者持股的作用不同。下面将分析特许权价值和管理者持股对风险承担的联合作用。

3. 高管持股和特许权价值的联合效应

特许权价值和所有权结构的联合效应已经在非银行金融机构和银行得到实证。在没有控制所有权结构时，特许权价值在抑制道德风险方面的有效性不能得到准确评价，反之亦然。在特许权价值较高即财务困境的成本较高的银行(道德风险较小的银行)所有者和高管利益很可能一致；在特许权价值较低(道德风险的影响较大)的银行，增加风险的动机会使股东利益与风险厌恶型高管利益相冲突。

Saunders 等(1990)说明了美国银行所有权结构、特许权价值和其他银行的特征如何影响银行的风险承担。Demsetz 和 Saidenberg(1997)指出，所有者和高管之间的代理问题仅仅在少数银行(特许权价值较低和没有内部人持股的银行)影响风险选择。当美国储蓄机构特许权价值较低时(1986～1988年),高管所有权水平较高的储蓄机构显示出上升的风险和下降的利润率;1989～1993年(监管加强时期),这种关系消失;然而,在1994～1995年(特许权价值较高的年份),高管控制型存贷机构会承担更高的风险。另外,用于减少风险承担和反映银行特许权价值法案的颁布(如联邦存款保险公司改进法案)也影响管理者持股和风险承担之间的关系,在此类法案之后,高管持股与总风险和公司型风险之间是负相关的。

部分学者从所有权结构角度分析了其对风险承担的影响,他们发现特许权价值不同的银行,高管持股对风险承担的影响不同。但是,他们并没有得出关于高管持股和风险承担关系的一致结论。对于广泛关注的"U"形关系,鲜有学者研究管理者持股达到何种标准时风险会发生变化,而这在实际中也可能是银行所有者和高管最关心的。另外,他们仅仅考察了高管所有权的影响,并没有分析外部人(如机构投资者)所有权、高管劳动力市场和并购市场等因素对风险的影响。

(四)资本监管和风险承担

自1988年巴塞尔协议以来,对银行的最低资本要求成为各国银行监管部门监管银行、控制银行风险的重要手段,我国也在1998年全面实施了以资本充足率为基础的资产负债比例管理,而2004年开始实施的《商业银行资本充足率管理办法》更是对我国商业银行资本充足率提出了明确要求和时间表,这必然会对长期实行信贷规模等管理、却缺乏风险意识的我国商业银行的行为产生巨大的影响。资本充足率管理的目标在于使银行的资本与其风险的大小保持一致,由于银行资本的一个重要功能在于覆盖银行风险,理论上来说,银行资本充足率的提高将有助于降低银行的风险水平,这也是监管部门实施以资本充足率为核心的监管体系的目的所在;而当银行的风险增大时,银行同样可能会通过增加银行资本的方式来覆盖风险,因此银行的资本与其风险之间存在相互影响的关系。此外,在存在外部的最低资本要求监管条件下,考虑到我国的大多数商业银行资本充足率都未达到8%的监管标准,这自然衍生出以下几个问题:在监管标准一定的情况下,银行资本及其风险之间是如何相互影响的呢?银行如何调整其资产组合来适应监管要求?

资本监管的要求会对银行的风险产生怎样的影响？

对于以上的问题，一些学者从理论和实证角度对其进行了回答。以 Koehn 和 Santomero(1980)为代表的学者利用平均值方差方法证明了资本监管要求的提高会促使效用最大化的银行增加其资产组合风险，而 Furlong 和 Keeley(1989)则利用期权定价模型证明当银行通过降低资本和增加风险以最大化存款保险的期权价值时，提高资本监管的要求并不会显著地增加银行的风险。实证方面，Shrieves 和 Dahl(1992)开创性地提出了局部调整模型，在银行资本充足率和风险相互影响的前提下，采用联立方程模型分析了当银行面临监管部门的资本监管约束时银行如何改变其资产组合，并且利用美国的银行数据进行实证研究发现监管压力对银行资本充足率的提高有显著的作用；Jacques 和 Nigro(1997)则发展了该模型，分析了银行资本、资产组合风险及以风险为基础的资本要求之间的关系，其实证结果表明监管压力是能够降低银行的资产组合风险的，但 Rime(2001)利用瑞士银行数据的研究则表明尽管监管压力能够增加银行资本，但却不会对银行的风险水平产生显著的影响，Godlewski(2005)利用新兴市场国家的银行数据的研究也基本支持了这一观点，而 Konishi 和 Yasuda(2004)、Jacques 和 Nigro(1997)等以日本、美国及发展中国家的银行为样本，发现资本充足性监管降低了银行的风险承担。

在国内，朱建武(2006)采用局部调整的联立方程模型，利用我国中小银行的 45 组数据对二者关系进行了实证分析，结果表明监管压力并没有对我国中小银行的风险产生显著影响，但却会对资本充足率有反向作用；吴栋和周建平(2006)则利用我国 14 家大中型商业银行的相关数据进行了相关分析，结果表明以风险为基础的资本要求能显著地降低我国商业银行的风险，但却对提高银行资本的效果并不显著；曹俊勇和张兰(2006)对 2000～2004 年资本充足率和风险的关系进行了实证研究，结果表明，最低资本充足率要求的实施能够促使已达到最低监管要求的银行进一步提高资本充足率和降低银行风险，但是对于达不到监管要求的银行，最低资本充足率并没有敦促银行提高资本充足率和降低风险水平。为了防止银行业出现"超常规"发展，避免规模扩大带来的风险积聚，中国银监会于 2004 年 2 月颁布了《商业银行资本充足率管理办法》。曹艳华(2009)分析了该办法的实施对中国商业银行的风险承担行为的影响，发现不论银行的资本状况如何，其资产风险都显著降低。基于银行持续经营的动态特征，张宗益等(2008)探究了资本充足率监管影响商业银行风险行为的内在机理。

尽管大量学者研究了资本监管和银行风险承担之间的关系，但他们并没有给出一致的结论。这可能是由于他们没有考虑银行自身的特征(如所有权结构、董事会、银行规模等)、法律环境及国别特征等因素。

(五)董事会和风险承担

董事会是企业决策的重要机构，是股东的信息传递机制，有效的董事会可以监督管理者、防止大股东和内部人从公司掠夺或输送利益。因此，董事会的设立有助于股东监督管理者，从而缓解代理问题、控制管理者的风险承担行为。

在董事会规模和风险承担之间的关系上，小规模的董事会具有较高的灵敏度和凝聚力、较少的沟通和协作成本及较少的股东"搭便车"问题等优点；在规模较大的董事会中，由于单个董事获取信息和监督高管的动机较低，总经理总会找到较易控制的董事。但是，较大规模的董事会使决策者可以听取更多的建议，使董事成员在专业知识、管理经验等方面实现互补，做出更加合理的决策、减少银行风险，而小规模的董事会不具有这种优势。李文惠(2002)发现董事会规模较小的银行的市场风险，显著高于董事会规模较大的银行的市场风险；陈晓蓉(2003)、王倩等(2007)的实证研究表明董事会人数越多，风险越小。尽管 Jensen(1993)表明董事会规模扩大时将可容纳不同领域的专家，但他们也指出董事会规模过大，公司也会暴露出无法快速传递信息、快速下达决策的缺点，从而削弱董事会的监督功能。Chaganti 等(1985)发现，董事会人数过多容易造成沟通与协调的困难，从而让管理者有机会追求个人利益；反之则可能达到有效率的控制机制，使高管倾向于与股东利益结合，从而不会增加银行风险。Eisenberg 等(1998)也发现芬兰中小型企业的董事会规模与获利性间有显著的负相关，董事会人数的增加会影响董事会对管理者的监督能力，使代理问题更加严重、更容易产生"搭便车"现象，进而降低公司绩效、增加风险。

但从另一角度看，外部董事的数量与董事会人数成正比，当董事会规模变大时，外部董事的人数也可能变多。当公司实施计划时，虽然外部董事没有太多的股权，但由于其通常是此行业的专家，并且计划的成败会影响其名誉，他们可能倾向于支持风险较小的决策。Simpson 和 Gleason(1999)认为当董事会人数较少时，可能会出现易受管理者影响与控制的现象；人数增加时，反而可能提出较广泛的建议，从而使银行风险减小。

另外，南开大学公司治理研究中心公司治理评价课题组(2004)、曹廷求和于建霞(2005)从公司治理的总体角度分析了银行的风险控制。后者指出对于城市商业银行和分支机构而言公司治理有助于银行风险控制；但是对于农村信用社来说，公司治理对风险控制没有发挥作用。李维安和曹廷求(2004)利用我国银行业样本对银行治理机制与风险控制之间的关系进行了研究。

(六)银行治理与风险承担关系小结

本部分从公司治理的角度对国内外研究银行风险承担的文献进行了回顾性的整理。由于各国银行治理模式和发展状况及法律环境等方面存在差异，不同的公司治理角度对银行风险承担的影响也就存在差别。道德风险是与存款保险制度和股东有限责任相适应的，而"公司控制"假说指出银行的管理者才是贷款的主要决策者，即管理者持股会影响银行的风险，但这还可能受到特许权价值的影响；关于资本监管对银行风险影响的结论并不一致，主要有正向、负向和不确定性影响；由于薪酬激励制度不同，管理者持有不同的风险态度，进而影响到银行风险投资的决策；在不同的理论基础上，董事会规模对银行风险有不同的影响。虽然国内外研究从公司治理的不同角度分析了银行风险承担行为，并且给出了理论分析和实证检验，但是鲜有学者从公司治理的总体角度进行分析。

在我国，关于银行风险承担的研究较少，主要原因是：一方面，商业银行治理理论和实证研究不够完善；另一方面，我国商业银行实证研究的数据较难获得。所以，在完善银行治理理论的同时，监管当局需要加强对银行信息披露的监管，从而为我国研究银行风险承担提供数据支持，进而为更好地加强银行风险控制和完善银行治理机制提供依据。因此，结合我国实际分析银行风险承担将是下一步的研究重点。

第三节　地区法律环境与城市商业银行信贷行为

本节关注了外部治理环境中的地区法律环境对银行行为的影响，研究了地区法律环境对城市商业银行信贷行为的影响。

一、地区法律环境对信贷行为影响分析

制度环境会影响到公司的有效性(陈信元等，2005)。自中国实行分税制改革以来，经济增长的主要政治推动力从中央政府转为地方政府，但是经济分权并不足以构成地方政府发展当地经济的全部激励，晋升激励、腐败等直接利益成为影响地方政府行为的重要因素(王永钦等，2007)。作为理性人，一方面，财政激励带来的间接经济利益的受益者是政府集体而不是官员个人；另一方面，当面临晋升无望或即将离职退休等情况时，腐败行为产生的直接经济利益或许更能够"激励"政府官员做出"双赢"决策。因此，官员个人利益与地方经济绩效存在密切联系，即在财政激励和晋升激励之外还存在一种超越二者的力量——官员腐败，并且这种直接经济利益对官员具有导向作用，对地方政府的行为具有决定性作用(李猛和沈坤荣，2010)。因此，从法与金融的角度探究法律环境对金融机构的影响时其中一个不可忽视的因素就是政府干预，因为政府干预在世界各国的企业中普遍存在，尤其在司法独立性较差或者政府官员比较腐败的国家(肖作平，2010)。在转轨时期中国银行业的发展也说明了这一点，尽管银行体系已经进行了一系列改革，但是地方政府仍然采取直接或间接的方式争夺金融资源，从而对商业银行尤其是地方性银行的运营造成了极大影响。据调查，2009年超过 6 万亿元的地方融资平台负债中有 80%都是通过银行信贷获得的资金；同时，截至 2010 年 11 月末，全国地方融资贷款余额约 9.09 万亿元，占全部人民币贷款的 19.16%，其中全国 9828 家地方融资平台公司的中长期贷款余额近 8.3 万亿元。鉴于地方政府融资平台贷款规模迅速扩张和相关运营问题逐步出现的现象，尤其是面临房地产调控不断推进的情

形，地方融资平台潜在风险已引起监管部门的密切关注。监管当局对平台贷款本息的偿还、展期及贷款风险覆盖实施了更加严格的监管。因此，本节从法与金融的角度，即银行外部治理环境视角探究官员腐败与地方性银行信贷行为之间的关系。

二、研究设计

(一)样本与数据来源

现有文献中衡量法律环境的主要指标包括 La Porta 等(1998)的债权人权利指标、卢峰和姚洋(2004)的经济案件结案率、樊纲等(2010)的法律环境指数。然而，上述衡量方法并没有充分体现整个金融生态系统中地方政府在法律环境方面发挥的作用，尤其是官员腐败行为。基于此背景，我们选取 2006~2009 年为研究样本期，以腐败行为衡量法律环境进而分析法律环境对城市商业银行信贷行为的影响。国际样本中腐败的衡量指标主要有透明国际的清廉指数(corruption perceptions index，CPI，贪污感知指数)和行贿指数(bribe payers index，BPI)、世界银行的腐败控制指标及全球竞争力报告指标等，在一个国家内部对于腐败的测算主要以实际发生的腐败案件数量进行衡量。因此，我们根据研究需要采集了地区贪污腐败案件立案总数，贪污腐败案件立案总数来源于各地市每年的人民检察院工作报告及各地市年鉴；地区经济指标主要来源于各地市及所属省份的统计年鉴；城市商业银行指标来源于各银行每年发布的年报。最后，经过手工搜集整理我们共获得了 2006~2009 年 44 个地市的 46 家城市商业银行 141 个样本数据，其中 44 个地市来自 22 个省(自治区、直辖市)。

(二)模型设定与变量选取

根据上文描述，我们构建如下模型研究地区腐败对银行信贷行为的影响：

$$
\begin{aligned}
\text{Dependent}_{i,t} = {} & \alpha_0 + \alpha_1 \text{COR}_{i,t} + \alpha_2 \text{S1}_{i,t} + \alpha_3 \text{NAT}_{i,t} + \alpha_4 \text{S2}_{i,t} \\
& + \alpha_5 \text{COR}_{i,t} \times \text{NAT}_{i,t} + \alpha_6 \text{IR}_{i,t} + \alpha_7 \text{Size}_{i,t} + \alpha_8 \text{GDP}_{i,t-1} \\
& + \alpha_9 \text{MI}_{i,t-1} + \text{Area}_{i,t} + \text{Year}_i + \varepsilon_{i,t}
\end{aligned} \quad (7.1)
$$

对于被解释变量(Dependent)，我们选取城市商业银行的贷款规模(Loan，即贷款总额的自然对数)、短期贷款占贷款总额比例(SLR)和长期贷款占贷款总额比例(LLR)衡量贷款结构。一方面，各地的经济发展或 GDP 仍然是政府绩效考核的主要指标；另一方面，国有土地制度的设计缺陷使地方政府成为土地供给者、监管者、经营者的集合体，这直接导致了地方政府把土地经营、土地增值作为获取财政收入的重要渠道，土地出让金和房地产税收占了地方财政收入的绝大部分。"十一五"期间，全国土地出让成交总价款累计超过 7 万亿元，地方财政总收入中土地出让成交总价款占比从 2006 年的 38.9%，增长到 2010 年的 65.9%。"土地财政"同样关乎官员自身的直接经济利益，因此，我们选取房地产业贷款比例(REL)分析腐败行为对房地产业的影响。在银行风险方面，我们选取存贷比(DLR)和不良贷款率(NPL)进行衡量。对于解释变量，我们选取地区腐败程度(COR)、银行第一大股东持股比例(S1)、银行第二大股东持股比例(S2)、第一大股东性质(NAT，国有时为 1，反之为 0)及是否跨区域经营(IR，跨区域经营时取 1，反之取 0，其中跨区域经营主要指跨地市和省域经营)。我们用各市每百万人口中贪污贿赂案件立案数对地区腐败程度进行衡量，由于样本数据规模本身较小，为了保证样本数据的有效规模，我们对部分地市缺失的腐败数据进行了补充替代，具体见表 7-3。另外，我们还用广西和内蒙古的腐败程度替代桂林和呼和浩特两市的腐败程度。按照此方法产生 26 个替代数据，这仅占整个样本的 18.44%。为了考察腐败行为对不同性质银行的影响，我们加入了腐败与第一大股东性质的交叉项。在控制变量方面，我们控制了银行规模(Size，总资产的自然对数)及城市商业银行所处地市的外部环境(地区经济增长率、市场化程度和所属地域范围)。为控制内生性影响，我们选取滞后一期地区经济增长率(GDP)、滞后一期市场化指数(MI)和东中西部划分法(Area)。

表 7-3　部分地区腐败数据缺失年份统计

地区	缺失年份	替代年份	地区	缺失年份	替代年份	地区	缺失年份	替代年份
大连	2007	2006	晋中	2006	2007	上饶	2006	2007
	2008	2009	德州	2007	2008	赣州	2008	2007

续表

地区	缺失年份	替代年份	地区	缺失年份	替代年份	地区	缺失年份	替代年份
锦州	2007	2008	济南	2007	2008	荆州	2006	2007
	2006	2007	济宁	2008	2009		2007	2008
大同	2008	2009	潍坊	2007	2008	石家庄	2007	2008
	2006	2007	黄石	2007	2006			

(三)描述性统计分析

表 7-4 和图 7-1 给出了主要变量的统计结果。对于贷款规模而言，不同城市商业银行之间的差距较大，贷款规模最大的是北京银行，最小的是晋中市商业银行，二者规模相差 100 多倍；贷款规模具有明显的地域差距，贷款规模前十大城市商业银行中仅有重庆银行和哈尔滨银行处于中西部和东北部城市，贷款规模最小的十家城市商业银行中仅有济宁银行位于东部城市。对于贷款期限而言，短期贷款占比最高的前五大城市商业银行存贷比均高于70%，其中浙江民泰商业银行和泰隆商业银行的平均短期贷款占比高达96.42%和 94.34%，相比之下，上海银行、大连银行、河北银行及阜新银行的平均短期贷款占比均在 20%以下，上海银行最低且仅为 7.90%；锦州银行的平均长期贷款比例最高且为 65.34%，台州银行、浙江民泰商业银行及泰隆商业银行的平均长期贷款比例最低且均低于 0.6%，这归因于面对中小企业信贷难度加大的情形，资金需求高的台州企业将融资方式转向民间借贷。在银行风险方面，存贷比平均值最高的前五大城市商业银行 DLR 均高于70%，存贷比平均值最低的五家城市商业银行 DLR 均维持在 40%左右；赣州银行等 8 家城市商业银行的平均不良贷款率低于 1%，广州银行等 7 家城市商业银行的平均不良贷款率高于 5%，其中广州银行 NPL 最高且为 12.12%。在有效样本的房地产业贷款方面，台州银行的平均房地产行业贷款比例最低且仅为 1.5%，而大连银行的平均房地产业贷款比率为 24.44%。在腐败程度方面，自贡等 8 个地市的腐败程度小于 15，广州等 7 个地市的腐败程度高于 30，广州和太原最高，分别为 40.54 和 35.29，并且呈现明显的地域差距，东、中、西部地区腐败大致呈依次递减趋势。因此，我们需要对样本所属地域进行控制。

表 7-4 主要变量描述性统计

变量	样本/个	平均值	标准差	全距	最小值	最大值
Loan	141	14.14	1.18	5.24	11.88	17.12
SLR/%	73	55.39	22.02	74.30	24.82	99.12
LLR/%	73	31.82	20.52	69.75	0.29	70.04
REL/%	76	12.16	6.26	29.13	1.20	30.33
DLR/%	141	60.79	9.53	52.00	28.00	80.00
NPL/%	137	2.71	2.87	24.20	0.23	24.43
COR	141	21.98	6.49	32.45	9.52	41.97

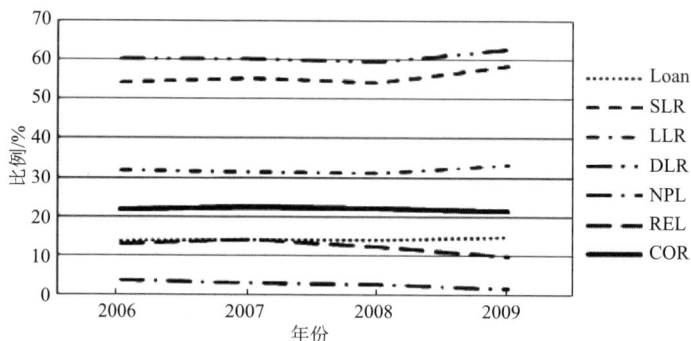

图 7-1 主要变量变动趋势图

图 7-1 显示，2006～2008 年主要变量基本保持水平状态。2009 年，中央出台了一系列反腐新规，掀起了新一轮的反腐风暴。2009 年 1～11 月共查处商业贿赂案件 13 858 件，涉案金额 32.9 亿元，涉及国家公务员的案件 2906 件，涉及国家公务员 3202 人。其中省部级以上官员 15 人，并且多集中于土地行业。如图 7-1 所示，房地产业贷款比例随地区腐败程度的下降而下降，同时不良贷款率下降。相比之下，存贷比、短期贷款占贷款总额比例和长期贷款占贷款总额比例呈上升趋势，贷款规模基本保持不变。

三、实证结果与分析

(一)地市范围腐败对城市商业银行信贷行为的影响

考虑到可能存在的异方差影响，我们对模型进行了加权最小二乘法回

归，具体结果见表 7-5。在模型(1)中，COR 的系数显著为正，表明地区腐
败程度越高，城市商业银行贷款规模越大，在直接经济利益驱动下，地方官
员通过"权钱交易"等方式积极干预城市商业银行信贷行为以满足私欲。从
城市商业银行自身来说，第一大和第二大股东并不倾向于追求贷款规模的增
长，即 S1、S2 与 Loan 负相关，其中 S2 显著的系数意味着后者较前者更不
偏好贷款规模的增长。NAT 的显著正值系数表明，国有控股城市商业银行
在地方政府佑护之下，贷款规模扩张的积极性显著高于非国有控股城市商业
银行。但是，腐败行为并没有因国有控股的背景过度地干预城市商业银行贷
款规模，相反，腐败行为对非国有控股城市商业银行贷款规模的影响显著大
于国有控股城市商业银行，即交叉项 COR×NAT 显著为负，政府信用担保
的缺失使非国有控股城市商业银行积极游说政府官员以获得政府的"隐形"
信用担保，相比于其他游说形式，物质资本形式的游说方式更能获得政府官
员的"隐形"支持，从而与官员获取直接经济利益的动机不谋而合。在政府
"隐形"支持下，非国有控股城市商业银行会占领更多的市场份额，如获取
政府财政存款、为政府投资项目提供信贷等。

　　模型(1)中 S1、S2 与 Loan 负相关，但是在贷款期限的安排方面，二者
存在一定的差异：第一大股东对短期贷款的发放规模存在较大的厌恶程度，
即模型(2)中 S1 的系数显著为负，相比之下，第二大股东偏好于短期贷款
的发放，具体表现为第二大股东持股比例越高短期贷款比例越高，即模型
(2)中 S2 的系数显著为正；二者对中长期贷款的安排却持基本一致态度，
模型(3)中 S1 和 S2 不显著的负值系数表明，第一大和第二大股东并不偏好
以较高风险的中长期贷款形式的获利方式，而更多地追求低风险的短期贷款
形式。国有控股背景下，城市商业银行更偏好于减少短期贷款转而增加收益
率较高的中长期贷款，即模型(2)和模型(3)中 NAT 的系数分别为负向显著
和正向显著，相比之下，腐败行为对贷款期限中中短期贷款和中长期贷款比
例的影响与 NAT 的影响完全相反。在模型(2)和模型(3)中，COR 与
COR×NAT 的系数符号相反且显著，这表明，腐败行为倾向于增加非国有控
股城市商业银行的中长期贷款比例，减少短期贷款比例；恰恰相反，腐败行
为倾向于增加国有控股城市商业银行的短期贷款比例，减少中长期贷款比例。

　　在房地产行业贷款方面，腐败行为对 REL 的影响与对 Loan 的影响一

致，腐败行为对非国有控股城市商业银行房地产行业信贷投放的影响显著大于国有控股城市商业银行，地区腐败程度越高，非国有控股城市商业银行的土地行业信贷投放越多。在政府股东的背景下，城市商业银行不可避免地遭受地方政府"土地财政"的影响，表现在第一大股东持股对土地行业信贷产生正向影响；但是第二大股东更多地关注信贷风险的分散，即 S2 显著负向影响 REL。在模型(5)和模型(6)中，COR 显著正向影响 DLR 和 NPL，同时交叉项 COR×NAT 负向影响 DLR 和 NPL，并且对前者的影响显著，表明官员腐败行为能够显著增加非国有控股城市商业银行的风险，而降低国有控股城市商业银行的风险，这归因于模型(1)至模型(4)中腐败行为对不同性质城市商业银行之间贷款规模、期限结构及集中度方面的影响差异。

表 7-5 地市范围腐败对城市商业银行信贷行为回归分析

变量	(1)	(2)	(3)	(4)	(5)	(6)
	Loan	SLR	LLR	REL	DLR	NPL
COR	0.020^{***}	-1.911^{***}	3.788^{***}	0.676^{**}	0.333^{**}	0.167^{*}
	(3.73)	(−3.59)	(12.55)	(2.19)	(2.46)	(1.90)
S1	−0.002	-0.403^{***}	−0.035	0.145	−0.037	0.066
	(−1.32)	(−3.85)	(−0.27)	(1.29)	(−0.49)	(1.62)
S2	-0.008^{**}	1.030^{***}	−0.283	-0.634^{***}	-0.519^{***}	-0.410^{***}
	(−2.30)	(4.32)	(−1.37)	(−3.90)	(−3.26)	(−5.19)
NAT	0.396^{***}	-42.060^{***}	92.920^{***}	11.210	13.560^{***}	1.899
	(3.10)	(−3.34)	(8.22)	(1.41)	(4.05)	(1.10)
COR×NAT	-0.021^{***}	1.628^{***}	-4.073^{***}	-0.573^{*}	-0.646^{***}	−0.117
	(−3.70)	(2.78)	(−9.94)	(−1.75)	(−4.36)	(−1.30)
Size	0.970^{***}	-11.630^{***}	7.145^{***}	2.936^{***}	−0.807	0.853^{***}
	(70.39)	(−8.39)	(8.04)	(3.94)	(−1.43)	(3.90)
IR	−0.011	−2.122	2.446	1.115	-3.915^{**}	-1.953^{**}
	(−0.29)	(−0.64)	(0.56)	(0.70)	(−2.59)	(−2.25)
MI	−0.001	4.108^{***}	-2.232^{**}	-1.312^{***}	1.746^{***}	-0.422^{***}
	(−0.10)	(3.06)	(−2.10)	(−2.89)	(4.22)	(−2.81)
LnGDP	−0.004	-2.090^{***}	0.005	0.407	0.045	0.149
	(−1.01)	(−3.26)	(0.01)	(1.63)	(0.20)	(1.50)
Area	控制	控制	控制	控制	控制	控制
Year	控制	控制	控制	控制	控制	控制

续表

变量	(1)	(2)	(3)	(4)	(5)	(6)
	Loan	SLR	LLR	REL	DLR	NPL
常数项	−0.367 (−1.34)	272.700*** (9.89)	−142.000*** (−9.99)	−40.710*** (−2.85)	61.120*** (6.60)	−8.423 (−1.23)
样本量	131	72	72	70	131	127
Adj-R^2	0.9891	0.9883	0.9760	0.9050	0.9317	0.8989

注：括号内为 t 值
***、**和*分别表示在 1%、5%和 10%的水平显著

在控制变量方面，Size 与 SLR 显著负相关，与 Loan、LLR、REL 和 NPL 显著正相关；IR 显著负向影响 DLR 和 NPL，即城市商业银行跨区域经营能够降低银行风险；MI 显著正向影响 SLR 和 DLR，显著负向影响 LLR、REL 和 NPL，即市场化程度越高的地区城市商业银行更加偏好于短期贷款，但是 MI 对银行风险的影响并不确定。

(二)省范围腐败对城市商业银行信贷行为的影响

已有研究从省级层面探究官员晋升激励、财政激励及腐败等因素对地区经济的影响，其中，李猛和沈坤荣(2010)认为官员腐败是地方政府行为短期化的重要原因。在现有的行政管理体制下，上级政府官员的行为对下级政府产生重要影响。作为地方经济发展重要推动力量的城市商业银行必然受到省范围政府官员追求直接利益动机行为的影响，并且越高的省范围腐败意味着省域法治环境越差，城市商业银行的信贷决策越容易受到政府干预。另外，城市商业银行的跨区域经营也为分行设立所在地的地方政府提供了干预的动机。在样本期仅有少数城市商业银行设立跨省分行，多数城市商业银行设立跨地市分行，因此，我们在表 7-6 中仅给出了省范围官员腐败程度对城市商业银行信贷行为的影响。

表 7-6　省范围腐败对城市商业银行信贷行为回归分析

变量	(1)	(2)	(3)	(4)	(5)	(6)
	Loan	SLR	LLR	REL	DLR	NPL
COR	0.045** (2.42)	6.005** (2.09)	−3.722 (−1.41)	0.242 (0.44)	1.655* (1.85)	−0.205** (−2.33)

续表

变量	(1) Loan	(2) SLR	(3) LLR	(4) REL	(5) DLR	(6) NPL
S1	0.001 (0.61)	−0.168 (−0.88)	0.366 (1.40)	0.197 (1.46)	−0.031 (−0.33)	0.025 (0.59)
S2	−0.013** (−2.54)	0.584* (2.76)	0.124 (0.24)	−0.440* (−1.88)	−0.790*** (−4.46)	−0.022 (−0.36)
NAT	0.670 (1.59)	153.700** (2.70)	−62.600 (−1.19)	4.573 (0.36)	32.200 (1.57)	−6.131** (−2.53)
COR×NAT	−0.031 (−1.60)	−8.183*** (−3.02)	3.548 (1.47)	−0.145 (−0.25)	−1.460 (−1.53)	0.283** (2.55)
Size	1.021*** (42.57)	−5.575** (−2.25)	13.200*** (5.16)	3.718*** (6.07)	1.094 (0.95)	0.548** (2.26)
IR	−0.043 (−0.70)	−5.602 (−1.08)	3.865 (0.75)	−0.487 (−0.27)	4.381 (1.58)	0.266 (0.45)
MI	0.107*** (2.96)	−8.276* (−2.54)	−0.273 (−0.06)	−0.457 (−0.48)	4.952*** (3.16)	−0.335 (−1.20)
LnGDP	0.008 (0.97)	0.477 (0.48)	−0.404 (−0.23)	0.637** (2.39)	0.241 (0.61)	−0.055 (−0.60)
Area	控制	控制	控制	控制	控制	控制
Year	控制	控制	控制	控制	控制	控制
常数项	−2.603*** (−3.93)	52.690 (0.62)	−102.700 (−0.94)	−50.130*** (−3.72)	−12.360 (−0.42)	2.193 (0.45)
样本量	81	41	41	46	81	79
Adj-R^2	0.9769	0.7528	0.8089	0.9513	0.4260	0.9843

注：括号内为 t 值

***、**和*分别表示在1%、5%和10%的水平显著

比较表 7-6 的模型(1)中的变量系数与表 7-5 的模型(1)中的变量系数可以发现，前者 COR 的系数小于后者，并且交叉项 COR×NAT 的系数不显著，表明省范围腐败程度对国有和非国有控股城市商业银行贷款规模的影响基本一致。在模型(2)和模型(3)中，COR 和 COR×NAT 的系数与表 7-5 中模型(2)和模型(3)的系数完全相反，即省范围腐败程度越高，非国有控股城

市商业银行短期贷款比例越高、中长期贷款比例越低,国有控股城市商业银行中长期贷款比例越高、短期贷款比例越低,这归因于非国有控股城市商业银行如阜新银行、台州银行、泰隆银行、内蒙古银行等没有采取跨区域经营条件下,银行信贷行为没有受到省内其他地市官员腐败行为的影响。在房地产业贷款方面,变量系数与表 7-5 模型(4)中的系数符号一致,但是 COR 和 COR×NAT 不显著的系数表明,省际腐败水平对城市商业银行土地行业贷款的影响显著弱于地市腐败水平。在银行风险方面,COR 能够显著增加非国有控股城市商业银行的存贷比,并且交叉项 COR×NAT 的系数不显著意味着 COR 对国有和非国有控股城市商业银行存贷比的影响没有明显差异;但是,在 NPL 方面,表 7-6 中 COR 和 COR×NAT 的系数完全相反,表明省范围腐败对国有控股城市商业银行风险较高的中长期贷款比例的正向影响显著增加了不良贷款率,相比之下,腐败程度显著降低了非国有控股城市商业银行的不良贷款率。因此,表 7-6 中 COR 对 DLR 和 NPL 的影响差异表明省范围腐败并不能对银行风险产生显著正向或者负向的影响。总之,省范围腐败主要影响跨地市经营的城市商业银行,并且对国有控股城市商业银行的影响程度明显强于非国有控股城市商业银行。

(三)稳健性检验

在上文的实证分析中我们对部分地市缺失的腐败数据进行了补充替代,这会对我们的实证结果产生影响。为了进一步验证上文的结果,我们对未进行补充替代的原始数据进行回归分析(表 7-7 的 Panel A)。另外我们还对数据进行了面板回归,考虑到可能存在的异方差影响,我们采用了可行广义最小二乘法进行分析(表 7-7 的 Panel B)。

表 7-7 稳健性检验回归结果分析

变量	Loan	SLR	LLR	REL	DLR	NPL
Panel A						
COR	0.016*** (3.14)	−3.137*** (−6.45)	3.878*** (11.87)	0.479* (1.88)	0.877*** (5.77)	0.275*** (5.79)
S1	−0.001 (−0.61)	−0.424*** (−3.61)	0.260 (1.34)	0.219* (2.30)	−0.100 (−1.11)	0.071* (1.80)

续表

变量	Loan	SLR	LLR	REL	DLR	NPL
Panel A						
S2	−0.006 (−1.41)	0.851** (2.66)	0.102 (0.28)	−0.533*** (−3.61)	−0.719*** (−3.67)	−0.203*** (−2.77)
NAT	0.341** (2.45)	−62.470*** (−4.24)	86.620*** (8.05)	12.480* (1.89)	22.920*** (6.05)	1.021 (0.62)
COR×NAT	−0.019*** (−3.33)	2.593*** (4.55)	−3.779*** (−9.66)	−0.543* (−2.01)	−1.075*** (−6.75)	−0.041 (−0.52)
样本量	105	55	55	57	105	103
Adj-R^2	0.9901	0.9789	0.9876	0.7593	0.8512	0.9334
Panel B						
COR	0.017*** (2.61)	−1.860*** (−2.91)	2.611*** (3.97)	0.404 (0.88)	0.600** (2.01)	0.088 (1.04)
S1	−0.001 (−0.02)	−0.015 (−0.09)	−0.164 (−1.02)	0.167** (2.10)	−0.059 (−0.91)	0.127*** (6.89)
S2	−0.009** (−2.44)	0.138 (0.34)	0.048 (0.11)	−0.405** (−2.31)	−0.551*** (−3.21)	−0.151*** (−3.10)
NAT	0.412*** (2.76)	−46.500*** (−3.02)	67.720*** (4.29)	15.160 (1.36)	20.690*** (3.02)	−0.057 (−0.03)
COR×NAT	−0.020*** (−2.96)	1.882*** (2.72)	−2.825*** (−3.98)	−0.578 (−1.21)	−0.888*** (−2.80)	0.013 (0.14)
样本量	131	72	72	70	131	127
$p>\chi^2$	0.0000	0.0000	0.0000	0.0006	0.0000	0.0000

注：括号内为 t 值

***、**和*分别表示在 1%、5%和 10%的水平显著

　　在我们对未进行补充替代的原始数据和采用面板数据广义最小二乘法进行回归分析之后，表 7-7 中的回归结果与表 7-5 和表 7-6 中的结果基本一致，这充分表明上文中回归结果的稳健性。总之，不同层面的官员腐败对城市商业银行具有不同的影响作用，省范围腐败的影响主要在于省内跨市经营的城市商业银行；不同性质的城市商业银行所受到的腐败影响程度不同，省范围腐败主要影响国有控股城市商业银行，地市腐败主要影响非国有控股城市商业银行。

四、实证结论

已有研究对法律环境的衡量多从债权人权利(La Porta et al.，1998，1999)、法律环境指数(樊纲等，2010)等角度着手分析；但是，在分析法律环境的影响时其中一个不可忽视的因素就是政府干预，因为政府干预在世界各国的企业中普遍存在，尤其在司法独立性较差或者政府官员比较腐败的国家(肖作平，2010)。中国古代就有"千里做官只为财"的俗语，但晋升带来的政治利益并不等同于发财带来的物质财富，尤其是面对即将退休或者离职的官员。财权和事权的不对称使地方政府出于多种动机对金融资源尤其是金融机构的信贷行为进行干预，其中一个不可忽视的重要动机就是为官员产生直接经济利益的腐败行为，温家宝也曾指出"当前最大的危险在于腐败"。

基于此，本节以官员腐败的影响为出发点，分析了其对城市商业银行信贷行为的影响，并发现同一层面的官员腐败对不同性质的城市商业银行具有不同的影响：地市级官员腐败行为主要影响非国有控股城市商业银行，并且腐败程度与非国有控股城市商业银行的贷款规模显著正相关、与短期贷款和中长期贷款比例分别显著负相关和正相关、与房地产业贷款显著正相关，从而显著增加了非国有控股城市商业银行的风险；相比之下，其对国有控股城市商业银行的影响显著弱于前者，最终对银行风险的正向影响也弱于前者。不同层面的官员腐败对同类型城市商业银行的影响不同：省范围腐败行为对两种性质城市商业银行的贷款规模和房地产业贷款比例影响与地市级官员腐败的影响并不存在显著差异；但是在贷款期限的影响方面，省范围腐败与地市范围官员腐败的影响恰恰相反，省范围腐败对影响国有控股城市商业银行的短期贷款比例和中长期贷款比例分别产生负向和正向影响，即省范围腐败更加倾向于鼓励国有控股城市商业银行进行中长期贷款，对非国有控股城市商业银行的影响正好相反；然而，省范围腐败仅能够增强国有控股城市商业银行的风险。因此，不同性质城市商业银行在进行信贷决策尤其是处理地方政府间的关系时，需要对地方政府(官员)的出发动机进行一定的区分，从而能够有效合理地进行信贷决策进而预防和控制银行风险，这也是本节的主要意义，即以期为优化法律环境从而反腐败提供依据的同时，为金融机构尤其是城市商业银行在处理与地方政府关系时提供一定的理论借鉴意义。

第四节　晋升压力、官员任期与城市商业银行贷款行为

本节同样关注了外部治理环境的影响，基于超级股东理论，将外部环境从政府超级股东对银行行为的影响推进到政府官员层面，使外部治理环境和股东治理研究更加深入。

一、官员治理对贷款行为影响的分析

政府对银行的所有权在世界范围内广泛存在（La Porta et al.，2002），此时银行的行为不可避免要受到政府的干预和影响，因此在研究银行问题时，考虑政府对金融资源的控制是非常必要的（Dinc，2005）。尽管早期的"发展观"认为政府股权有利于金融发展，但自 Kornai（1979）、Shleifer 和 Vishny（1994）的研究之后，政府股东的"政治观"被广泛接受，认为政治家会基于政治目的控制银行的信贷配置，从而不利于银行和金融体系的发展。一些研究证实了银行的政府所有权不仅会给国家的金融发展及经济增长带来负面影响（Beck and Levine，2002；La Porta et al.，2002），而且相比私人银行，政府控制银行具有较差的绩效（Mian，2003）。随后关于贷款行为的研究也证实政府控制的银行不仅会收取较低的利率（Sapienza，2004），而且会在政治选举的年份扩张信贷（Dinc，2005）。

然而以上研究都将政府看作一个整体，单纯考察股权性质、持股比例等的影响，未能将政府行为推进到背后的实质性个体——官员。参考周黎安（2008）的思路，我们认为政府行为只是一种表面结果，更深层次的是官员行为。政府本身是一个抽象的"黑箱"，其所表现出来的各种特征其实是作为实体的官员动机的体现，正是官员将自身的政治目的嵌入作为股东的政府之中，才使政府股东表现出与众不同的特性。从这个意义上讲，以上研究只见政府不见官员，未能提供"政治观"的直接证据。为此，我们尝试从官员晋升激励与银行贷款行为的角度直接验证"政治观"。

我国的城市商业银行为我们提供了绝佳样本。一方面，地方政府拥有对

城市商业银行的实际控制权。纵观发展历程，地方政府一开始就从法律上确立了对城市商业银行的控股地位，为干预银行经营提供了可能。另一方面，自 20 世纪 80 年代以来我国地方官员之间围绕 GDP 增长的"晋升锦标赛"使政治激励成为重要的激励方式(周黎安，2004)，由此导致了地方官员"为增长而竞争"的格局(张军，2005)。现有的研究表明官员特征会影响地方经济增长(张军和高远，2007；王贤彬和徐现祥，2008)，而作为推动经济增长的重要资源，地方政府控制的城市商业银行无疑是官员实现政治目的的重要手段。因此，自成立起，地方政府就将城市商业银行视为自身的"第二财政"，基于政治考虑引导信贷资金的配置。

那么地方官员的晋升激励会对城市商业银行贷款行为产生怎样的影响呢？本节采用城市商业银行 2006~2009 年样本，在构建官员晋升压力指数的基础上，分析晋升压力对银行贷款总量、期限结构、行业分布及贷款风险等的影响；同时官员的任期会影响其晋升激励(张军和高远，2007)，因此我们还考察了地方市委书记任期的作用。

本节的贡献主要有三点：一是突破了以往研究政府股东影响银行行为的范式，将政府对银行的影响推进到了官员行为层面，为 Shleifer 和 Vishny(1994)以来受到广泛关注的政府股东"政治观"提供了直接证据；二是将周黎安(2004)、张军和高远(2007)、王贤彬和徐现祥(2008)等对省级官员的研究拓展到地市级，并将官员交流、任期的研究从影响经济发展的宏观层面深入企业行为的微观视角，这有助于我们从根源上把握地方官员影响经济发展的作用机理；三是在我国特殊的制度背景下，细致地研究了官员晋升激励如何影响城市商业银行贷款行为，并最终引致不良贷款的传导机制，在此基础上探索如何修正官员的考核体系以防范不良贷款的累积。

二、研究设计

(一)样本与数据来源

本节的样本为我国 2006~2009 年的城市商业银行。我们运用各种手段获得了近 100 家城市商业银行年份不等的年报，手工收集了所需指标，经过筛选最终选取了 81 家共计 253 个样本。需要说明的是，除新疆、西藏及海南由于样本缺失外，基于官员晋升激励的前提，对于重组成为省内统一主体的银行如江苏银行、徽商银行及吉林银行没有包括在内，因为我们无法考察其归属地；而其他重组，如宁夏银行、富滇银行则包含在内，这类重组以某一家城市商业银行为主体，其运行仍具有一般城市商业银行的特征。此外，上市银行也与未上市银行存在实质不同，因此样本也未包含北京银行、南京银行及宁波银行。

（二）模型设定与变量定义

为考察本节的论题，我们设立以贷款行为为被解释变量，晋升压力为主要解释变量的模型。根据上文分析，我们还加入了市委书记任期与晋升压力的交叉项。基本模型如下：

$$\text{DEP} = \alpha_0 + \alpha_1 \text{PS} + \alpha_2 \text{PS} \times \text{RQ} + \alpha_3 \text{RQ} + \alpha_4 X + \alpha_{4+i} \sum_{i=1}^{3} \text{Year}_i + \varepsilon \quad (7.2)$$

模型中涉及的变量如下。

1. 银行贷款行为

我们分别从贷款总量、期限结构、行业分布及贷款风险四个方面度量城市商业银行的贷款行为，其中贷款总量包括贷款资产比（Loan，贷款/总资产）及存贷比（Loand，贷款/存款）；期限结构包括短期贷款比（ShortL，短期贷款/总资产）及中长期贷款比（LongL，中长期贷款/总资产）；行业分布根据样本情况选择了批发与零售（PFL）、建筑（JZL）、制造（ZZL）及房地产（FDCL）四个典型行业的贷款比重，分别为各行业贷款与总贷款之比；贷款风险包含贷款拨备覆盖率（BOBEI，贷款损失准备/不良贷款余额）、单一最大客户贷款集中度（DANYI，最大客户贷款额/资本净额）、关联贷款比（GLL，关联贷款/贷款额，其中关联贷款包括授信额）及不良贷款率（NPL，不良贷款/贷款额）四个方面。

2. 解释变量

本节的主要解释变量为地方官员的晋升压力指数（PS）。对于这一指数，鉴于改革开放以来上级对地方官员的考核以经济效益为主，且近几年开始关注民生，我们分别从城市商业银行所在城市的 GDP 增长率、财政盈余及失业率三个方面考察晋升压力，这也是地方政府主要关心的方面(周黎安，2008)。其中财政盈余=(地方财政收入–财政支出)/地方财政收入，失业率为当地城镇登记失业率，计算方法为城镇登记失业人员数/(登记失业人员数+从业人员数)，以上数据均取自历年《中国城市统计年鉴》。考虑到上级对地方官员的考核通常会采取相对绩效评价(周黎安等，2005)，同时会遵循"可比地区"的原则(周黎安，2008)，因此我们将以上变量与城市商业银行所在省份平均值进行比较以构建指数；此外，由于各地资源禀赋的差异，我们在计算省份平均值时，采用以各地 GDP 总量为权重的加权平均数。

具体而言，我们首先将样本城市分为三类：普通城市、副省级城市和直辖市。对于普通城市，我们将以上三个变量分别与所在省份城市的加权平均数进行比较；副省级城市与 15 个副省级城市的加权平均数相比；直辖市则与 4 个直辖市的加权平均数相比。在计算方法上，对于 GDP 增长率和财政盈余，小于当年加权平均值赋值为 1，否则为 0；对于失业率，则是大于当年平均值为 1，否则为 0。然后再将得分相加就得到地方官员的晋升压力指数 PS。显然该变量取值范围为[0，3]，且数值越大晋升压力越大。同时为了避免内生性的影响，我们将三个变量都滞后了一期，构建的指数也自然滞后了一阶，即 2006 年的指数是基于 2005 年的变量构造的，这也符合官员考评的一般规则。

另一个变量是市委书记的任期(RQ)。我们首先从新华网查询到各地 2006~2009 年市委书记的变更情况，然后从人民网搜寻市委书记的简历资料，确定其任职年份；在此基础上，通过倒推的方式，继续通过谷歌、百度等网络搜索前任市委书记及其简历，最终确定样本期间各地市委书记的变更及任期起始年份。为保证任期的准确性，我们还利用谷歌的历史新闻查询对任期进行了进一步确认。在任期计算上，我们参照张军和高远(2007)的方法，对任期按月份计算，如果官员是上半年就任，任期从当年计算，如果是下半年就任，则从次年开始计算，若恰好是六月份就任，考虑到官员就任前会有交接，任期也从当年算起。此外，我们还对市委书记的年龄进行了控制(Age，即市委书记年龄)，考虑到官员年龄与晋升激励之间可能存在非线性关系，我们还加入年龄的平方项(Age^2，即 Age 中心化后的平方)。

对于控制变量 X，我们选取了第一大股东持股比例(S1)及其性质(GOV，是否为地方政府控制，是为 1，否则为 0)变量，其中地方政府控制包括地方财政、政府投资公司、地方国资委等，非政府控制则包括外资、民营企业、上市公司及银行工会等。对于其他特征，我们考虑了规模(Size，资产自然对数)、境外战略投资者(FORE，存在为 1，否则为 0)及跨区域经营(Area，设有跨地级市分行为 1，否则为 0)三个方面。另外，城市商业银行所处的省区环境可能也会影响贷款行为，我们用市场化指数来控制这种影响(MAR)，基于内生性的考虑，我们对其进行一阶滞后。由于樊纲等(2010)的指数只到 2007 年，2008 年指数我们用 2007 年代替；同样省份之间也存在竞争，因此我们以当年样本平均值为准将指数分为两组，大于平均值取 1，否则为 0。我们还控制了年份(Year)。

3. 变量描述性统计

第一，被解释变量统计。从表 7-8 可知，城市商业银行的贷款较多，平均占资产的 53.884%、存款的 62.647%，且样本差异较大。从期限结构看，贷款以短期贷款为主(资产的 32.624%)，中长期贷款较少(资产的 14.672%)。行业分布上，约有 25.920% 的贷款投向了制造业，批发零售业有 13.550%，建筑业只有 5.724%，而房地产贷款约占 11.370%。贷款拨备覆盖率和集中度的差异较大；关联贷款较多，4.327% 的贷款投向了关联方，样本差异也较大；城市商业银行的不良贷款率较低，平均为 2.651%，样本差异明显，最小只有 0.150%，但最大达 24.430%。

表 7-8　贷款行为的描述性统计

	变量	样本/个	平均值/%	标准差	最小值/%	最大值/%
贷款总量	Loan	253	53.884	8.871	25.310	72.437
	Loand	253	62.647	10.722	27.825	86.000
期限结构	ShortL	162	32.624	13.787	8.545	61.505
	LongL	162	14.672	10.438	0.121	53.265
行业分布	PFL	127	13.550	8.193	2.000	52.360
	JZL	111	5.724	3.807	0.650	21.330
	ZZL	144	25.920	12.690	6.500	57.800
	FDCL	122	11.370	6.328	0.240	30.330

续表

变量		样本/个	平均值/%	标准差	最小值/%	最大值/%
贷款风险	BOBEI	211	143.300	86.520	3.870	513.000
	DANYI	212	40.370	50.490	2.550	230.900
	GLL	181	4.327	5.434	0.000	39.430
	NPL	245	2.651	2.498	0.150	24.430

第二，解释变量统计。从表 7-9 中的 PS 来看，样本官员的晋升压力平均为 1.363，接近最大值的一半，且差异较大。样本市委书记的任期平均约为 3 年，最长为 10 年(为原杭州市委书记王国平)；年龄差异也比较明显，从 42 岁到 68 岁(68 岁的为原天津市委书记张立昌)。第一大股东持股平均为 20.830%，结合 GOV 可知，82.6%的样本为地方政府控制，这为本章的分析提供了现实基础。FORE 和 Area 的结果表明 12.3%的样本存在境外战略投资者，23.7%的样本实现了跨区域经营。

表 7-9　解释变量的描述性统计

变量	样本/个	平均值	标准差	最小值	最大值
PS	253	1.363	0.897	0	3
RQ/年	253	2.672	1.706	1	10
Age/岁	253	53.500	3.671	42	68
Size	253	14.370	0.977	12.070	17.660
S1/%	253	20.830	13.871	4.234	74.790
GOV	253	0.826	0.380	0	1
FORE	253	0.123	0.329	0	1
Area	253	0.237	0.426	0	1
MAR	253	0.486	0.501	0	1

三、实证结果与分析

本节我们对模型进行最小二乘回归，考虑到 PS、RQ 与交叉项的相关性较大，我们对压力和任期进行了中心化处理，然后再相乘，经过处理之后每个变量的 VIF 值最大不超过 5。

（一）晋升压力与贷款总量、期限结构

从表 7-10 可知，晋升压力会显著影响城市商业银行贷款的总量及期限结构。具体而言，晋升压力大的地区，城市商业银行会减少贷款，这与通常认为的信贷扩张相悖，这可能一方面与 2006～2008 年的信贷紧缩政策有关，另一方面晋升压力大的地区经济发展较慢，对信贷的需求较少；但进一步考察期限结构可知，减少的是短期贷款，却会增加中长期贷款。这表明在总量减少的情况下，城市商业银行仍然会随着官员晋升压力的增加而扩张中长期贷款。其原因在于在晋升竞标赛中，地方政府存在强烈的投资冲动，并且引导信贷投向容易出政绩的基础设施、开发区建设等中长期固定资产投资，而减少难以直接转化为政绩的短期贷款，其结果就是各地竞相甚至过度投入同一行业，形成不同时期的投资热及重复建设问题(周黎安，2004)。

表 7-10　晋升压力与贷款总量、期限结构

变量	Panel A 贷款总量			
	Loan			Loand
PS	−0.993[*] (0.566)	−0.771 (0.604)	−1.305[**] (0.662)	−1.337[*] (0.695)
PS×RQ		0.576[*] (0.317)		0.201 (0.437)
RQ		0.574[**] (0.290)		0.375 (0.302)
Age	−0.279[**] (0.141)	−0.338[**] (0.161)	−0.310[*] (0.168)	−0.346[*] (0.178)
Age^2	−0.004 (0.019)	0.006 (0.024)	−0.035 (0.022)	−0.036 (0.023)
Size	−1.723[**] (0.689)	−1.779[***] (0.651)	0.746 (0.772)	0.734 (0.788)
S1	−0.104[***] (0.031)	−0.081[**] (0.033)	−0.091[**] (0.042)	−0.082[*] (0.042)
GOV	0.966 (1.203)	0.438 (1.303)	2.084[*] (1.230)	2.334[*] (1.264)
FORE	1.285 (1.498)	1.856 (1.633)	1.317 (2.229)	1.004 (2.402)

续表

Panel A 贷款总量				
变量	Loan			Loand
Area	-2.362^{*} (1.356)	-1.844 (1.342)	-3.413^{**} (1.455)	-3.307^{**} (1.532)
MAR	6.371^{***} (1.115)	5.792^{***} (1.225)	6.628^{***} (1.163)	6.706^{***} (1.205)
Year	yes		yes	
常数项	95.644^{***} (10.638)	97.577^{***} (12.021)	69.849^{***} (13.930)	70.431^{***} (14.846)
样本量	253		253	
Adj-R^2	0.242	0.210	0.199	0.197
F	10.252	8.484	6.981	6.132

Panel B 期限结构				
变量	ShortL		LongL	
PS	-2.322^{**} (1.075)	-2.480^{**} (1.006)	2.791^{***} (0.822)	2.763^{***} (0.800)
PS×RQ		1.096^{**} (0.456)		-0.765^{*} (0.452)
RQ		-0.009 (0.409)		0.756^{*} (0.412)
Age	0.064 (0.231)	0.012 (0.308)	0.201 (0.218)	0.066 (0.217)
Age^2	-0.001 (0.029)	-0.002 (0.049)	-0.011 (0.031)	-0.032 (0.030)
Size	-4.377^{***} (1.376)	-4.356^{***} (1.295)	2.200^{*} (1.183)	2.032^{*} (1.149)
S1	-0.130^{**} (0.055)	-0.191^{***} (0.055)	0.014 (0.043)	0.041 (0.041)
GOV	-10.108^{***} (3.245)	-10.618^{***} (2.657)	8.546^{***} (2.439)	9.354^{***} (2.472)
FORE	-12.308^{***} (4.549)	-11.399^{**} (4.839)	8.996^{**} (3.793)	9.276^{**} (3.813)
Area	-1.911 (2.547)	-2.011 (2.465)	2.021 (2.178)	2.997 (2.121)

续表

<table>
<tr><td colspan="5" align="center">Panel B 期限结构</td></tr>
<tr><td>变量</td><td colspan="2" align="center">ShortL</td><td colspan="2" align="center">LongL</td></tr>
<tr><td>MAR</td><td>11.096^{***}
(2.189)</td><td>10.085^{***}
(1.974)</td><td>−3.689^{**}
(1.744)</td><td>−3.068[*]
(1.727)</td></tr>
<tr><td>Year</td><td colspan="2" align="center">yes</td><td colspan="2" align="center">yes</td></tr>
<tr><td>常数项</td><td>101.352^{***}
(20.505)</td><td>107.090^{***}
(22.206)</td><td>−36.449^{***}
(17.787)</td><td>−30.832[*]
(17.438)</td></tr>
<tr><td>样本量</td><td colspan="2" align="center">162</td><td colspan="2" align="center">162</td></tr>
<tr><td>Adj-R^2</td><td>0.359</td><td>0.423</td><td>0.223</td><td>0.257</td></tr>
<tr><td>F</td><td>11.721</td><td>16.401</td><td>4.860</td><td>4.982</td></tr>
</table>

注：括号内为标准误，经 robust 调整
***、**和*分别表示在 1%、5%和 10%的水平显著

市委书记任期会弱化晋升压力的作用，原因在于市委书记的任期普遍较短，任期较长书记的晋升激励较大，使在同样的晋升压力下，书记任期较长地区的城市商业银行会增加贷款；且会增加短期贷款而减少中长期贷款，这可能与官员更关注短期经济增长有关。值得注意的是，任期增加会带来贷款的增加，但增加的是中长期贷款，这符合晋升激励下的政绩考核机制。

其他变量中，第一大股东持股比例越高的银行贷款越少，且减少的是短期贷款；而政府控制银行会有较多贷款，且有较少的短期贷款、较多的中长期贷款；境外战略投资者的加入不会带来贷款的显著变化，但会减少短期贷款而增加中长期贷款；跨区域经营的银行则会减少贷款。同时，市场化较高的地区城市商业银行的贷款较多，且会有较多的短期贷款、较少的中长期贷款。

（二）晋升压力与贷款行业分布

以上结果表明晋升压力会影响城市商业银行的贷款量及期限结构，那么具体到投向的行业又会有怎样的影响呢？本节我们以各行业贷款占比为被解释变量来考察这一问题。

从表 7-11 来看，晋升压力会影响城市商业银行的行业信贷配置。晋升压力大的地区城市商业银行会减少批发零售业贷款，而增加建筑和房地产业贷款，这一方面是因为建筑和房地产业是拉动经济增长的重要支柱；另一方

面，这也与周黎安(2008)关于地方政府增加税源的论述不谋而合，因为在分税制下批发零售业的税收大部分都上缴，而建筑和房地产业的营业税和所得税则由地方享有。更重要的是，地方政府在财政和金融上面临的约束都是软的，即使房地产业破灭，债务清偿的责任也很难落实到具体官员头上(周黎安，2008)。同时从交叉项看，市委书记任期会强化晋升压力与贷款的关系，这与上文任期越长官员晋升激励越大的论述一致。

表 7-11　晋升压力与贷款行业分布

变量	行业			
	PFL		JZL	
PS	−1.792** (0.753)	−2.015*** (0.657)	0.834* (0.429)	0.778** (0.390)
PS×RQ		−1.004** (0.391)		0.496* (0.267)
RQ		0.014 (0.388)		−0.084 (0.201)
Age	−0.006 (0.256)	0.030 (0.283)	0.124 (0.157)	0.022 (0.117)
Age^2	0.017 (0.061)	0.037 (0.080)	0.021 (0.030)	0.018 (0.022)
Size	1.148 (0.825)	1.379* (0.808)	−0.348 (0.548)	−0.476 (0.483)
S1	0.008 (0.037)	−0.005 (0.036)	−0.012 (0.029)	0.012 (0.031)
GOV	−8.635*** (1.610)	−8.312*** (2.170)	−1.899** (0.906)	−1.709** (0.809)
FORE	−9.235*** (1.736)	−9.747*** (2.106)	−1.738 (1.342)	−0.621 (1.188)
Area	−0.986 (1.436)	−0.416 (1.619)	1.741* (0.877)	1.769** (0.792)
MAR	−3.922*** (1.300)	−4.152*** (1.430)	1.304* (0.677)	1.126* (0.611)
Year	yes		yes	
常数项	6.710 (15.661)	−0.204 (17.178)	4.527 (9.312)	12.542* (7.141)
样本量	127		111	
Adj-R^2	0.394	0.431	0.149	0.155
F	7.289	7.270	2.506	2.341

续表

变量	行业			
	ZZL		FDCL	
PS	1.125 (1.027)	0.634 (1.038)	2.002** (0.778)	2.011** (0.789)
PS×RQ		−0.178 (0.596)		0.251 (0.435)
RQ		−0.236 (0.543)		0.258 (0.276)
Age	−0.064 (0.271)	0.015 (0.276)	−0.110 (0.198)	−0.133 (0.206)
Age^2	0.011 (0.036)	0.001 (0.040)	0.110*** (0.033)	0.109*** (0.033)
Size	−5.831*** (1.310)	−6.061*** (1.333)	0.218 (0.794)	0.165 (0.787)
S1	−0.115* (0.062)	−0.105* (0.060)	−0.022 (0.062)	−0.030 (0.062)
GOV	−1.471 (2.248)	−1.537 (2.309)	3.533** (1.517)	3.807** (1.458)
FORE	−6.237** (2.871)	−6.317** (2.938)	2.160 (1.712)	2.495 (1.656)
Area	3.126 (2.459)	2.924 (2.505)	−0.257 (1.353)	−0.251 (1.408)
MAR	9.478*** (1.853)	9.886*** (1.858)	−3.207** (1.467)	−3.342** (1.562)
Year	yes		yes	
常数项	111.968*** (20.508)	111.677*** (21.145)	7.976 (15.964)	9.229 (16.326)
样本量	144		122	
Adj-R^2	0.376	0.357	0.356	0.383
F	12.591	12.190	7.764	8.194

注：括号内为标准误，经 robust 调整
***、**和*分别表示在 1%、5%和 10%的水平显著

　　官员年龄与房地产贷款呈先减后增的"U"形关系。特征变量中第一大股东持股比例高的银行会减少制造业贷款，政府控制的银行会有较少的批发、建筑业贷款，较多的房地产业贷款；FORE 及 Area 的结果表明存在境外投资者的银行有较多批发和制造业贷款，而跨区域经营的银行有较多的建筑业贷款。市场化程度高的地区的银行有较多的建筑和制造业贷款，较少的批发、房地产贷款。

(三)晋升压力与贷款风险

晋升压力也会影响贷款风险。由表 7-12 可知，晋升压力越大，城市商业银行的贷款集中度越高，关联贷款也会越多，并形成较多的不良贷款。这可能是因为在晋升压力大的地区，地方政府为了刺激经济通常只会关注贷款的发放，特别是大规模的集中性贷款，而较少关注贷款风险的防范；同时，前文的结果表明增加的都是中长期贷款，而地方官员的任期较短，因此贷款通常不需在任内归还，此时地方官员更是会不顾后果地追求信贷的扩张。

表 7-12 晋升压力与贷款风险

变量	贷款风险			
	BOBEI		DANYI	
PS	−4.977 (5.552)	−5.698 (5.668)	8.462*** (3.254)	8.423*** (3.185)
PS×RQ		−0.107 (3.457)		5.725*** (1.819)
RQ		0.377 (2.947)		1.639 (1.556)
Age	−1.614 (1.962)	−1.592 (2.053)	2.526*** (0.845)	2.179** (0.854)
Age^2	0.549** (0.254)	0.485** (0.234)	−0.155 (0.116)	−0.145 (0.116)
Size	−32.982*** (7.550)	−32.782*** (7.464)	−2.013 (3.980)	−2.273 (3.897)
S1	−0.369 (0.339)	−0.371 (0.359)	0.623*** (0.193)	0.672*** (0.190)
GOV	22.854* (12.487)	20.657* (12.391)	0.586 (8.075)	0.444 (7.925)
FORE	42.705** (18.079)	43.231** (17.664)	−11.399 (10.728)	−9.286 (10.537)
Area	46.432*** (14.551)	45.413*** (14.028)	−1.455 (7.595)	0.783 (7.466)
MAR	8.183 (12.059)	7.081 (12.408)	−22.795*** (5.977)	−23.523*** (5.870)
Year	yes		yes	
常数项	609.507*** (127.216)	610.368*** (129.887)	−52.963 (67.116)	−34.788 (66.191)
样本量	211		212	
Adj-R^2	0.300	0.302	0.336	0.364
F	10.692	10.391	9.900	9.631

续表

变量	贷款风险			
	GLL		NPL	
PS	1.708* (0.943)	0.953* (0.514)	0.444*** (0.160)	0.447*** (0.159)
PS×RQ		−0.879*** (0.269)		0.057 (0.127)
RQ		−0.299* (0.153)		−0.036 (0.081)
Age	0.220* (0.119)	0.230* (0.119)	0.019 (0.034)	0.022 (0.035)
Age^2	−0.019 (0.013)	−0.009 (0.015)	−0.009* (0.005)	−0.009* (0.005)
Size	−1.529* (0.884)	−1.986*** (0.549)	0.923*** (0.344)	0.924*** (0.350)
S1	0.011 (0.038)	−0.004 (0.037)	0.035* (0.020)	0.035* (0.020)
GOV	1.188 (0.977)	0.905 (0.593)	0.192 (0.377)	0.182 (0.377)
FORE	0.375 (1.614)	0.629 (0.951)	−0.657 (0.729)	−0.652 (0.745)
Area	1.732 (1.414)	0.177 (0.545)	−1.559*** (0.437)	−1.537*** (0.464)
MAR	−2.352** (1.050)	−2.480*** (0.773)	−0.231 (0.344)	−0.244 (0.350)
Year	yes		yes	
常数项	12.638 (13.846)	21.600** (8.136)	−11.287** (4.855)	−11.298** (5.067)
样本量	181		245	
Adj-R^2	0.299	0.462	0.238	0.233
F	4.665	8.483	6.558	5.591

注：括号内为标准误，经 robust 调整
***、**和*分别表示在 1%、5%和 10%的水平显著

官员任期对晋升压力与集中度、关联贷款的关系分别有增强和弱化的作用。Age 分别与拨备覆盖率及不良贷款率呈正"U"形和倒"U"形关系，这也验证了周黎安(2008)关于官员年龄与晋升激励呈倒"U"形关系的假说。同时，年龄越大的地区，城市商业银行的贷款集中度和关联贷款也越大，这可能是因为近年来国家对干部任职的要求越来越年轻化，影响到官员的晋升策略，如采取"铤而走险"的冒险策略(周黎安，2010)。

第一大股东持股比例高的银行有较高的贷款集中度及不良贷款率；境外战略投资者的加入会增加拨备覆盖率，而跨区域经营不仅能增加覆盖率，而且能降低不良贷款率，这可能都与阻隔或减少地方政府的干预有关；市场化水平也有利于贷款风险的控制，但对不良贷款并无显著作用。

四、进一步讨论

(一)不良贷款的形成

以上我们分别从贷款总量、期限结构、行业分布和贷款风险四个方面细致地研究了晋升压力的影响，但对城市商业银行或是监管部门而言，最重视的通常是不良贷款的问题。事实上，自成立以来，城市商业银行基本上陷入了不良贷款累积—地方政府处置—不良贷款累积的恶性循环之中。而根据调查，我国国有商业银行的不良贷款中，由内部管理原因造成的只占 20%，其他大多是由行政干预、政策要求、国家安排或是地方干预等造成的(周小川，2004)，那么贷款行为中，有哪几种行为会导致不良贷款的形成呢？我们建立以不良贷款率为被解释变量、各贷款行为为主要解释变量的模型来检验各自的影响。

由表 7-13 可知，我国城市商业银行的不良贷款与贷款总量无直接关系，其形成主要源于期限结构、行业分布及贷款风险。具体而言，中长期贷款的增加、制造业贷款的减少及房地产贷款的增加会引致不良贷款的累积；拨备覆盖率越低、集中度越高越会造成不良贷款的增加。值得注意的是，关联贷款未对不良贷款产生显著影响，这与朱红军等(2010)的结果一致，这可能是因为关联贷款本身是中性的，其一方面能够减少银行与股东间的信息不对称，另一方面也能为贷款股东带来控制权收益，最终表现为不显著(朱红军等，2010)。

表 7-13 不良贷款的形成

变量	NPL		
	Loan	Loand	
贷款总量	−0.027	−0.025	
	(0.029)	(0.030)	

续表

变量	NPL			
期限 结构	ShortL	LongL		
	−0.016	0.034**		
	(0.015)	(0.013)		
贷款 风险	BOBEI	DANYI	GLL	
	−0.014***	0.014***	0.015	
	(0.002)	(0.004)	(0.027)	
行业 分布	PFL	JZL	ZZL	FDCL
	−0.003	0.033	−0.036***	0.047**
	(0.019)	(0.020)	(0.012)	(0.021)

注：结果省略了其他控制变量，控制变量包括除 PS×RQ 及 RQ 外的所有变量，括号内为标准误，经 robust 调整

***和**分别表示在 1%和 5%的水平显著

　　具体到本节的论题，晋升压力是通过怎样的途径形成不良贷款的呢？我们采用 Baron 和 Kenny(1986)的方法，检验了各贷款行为的中介作用。经检验，我们发现期限结构中的中长期贷款、行业分布中的房地产贷款及贷款风险中的集中度是晋升压力和不良贷款的中介变量。据此，我们可以描绘出晋升压力引致不良贷款的路径。如图 7-2 所示，晋升压力通过贷款期限结构、行业分布及贷款风险三个方面引致不良贷款。晋升压力大的地区，城市商业银行会增加中长期贷款、增加房地产贷款及提高贷款集中度，最终形成不良贷款。

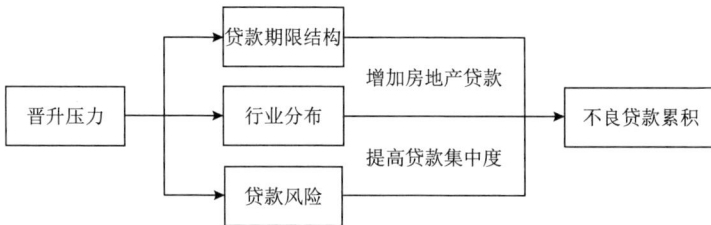

图 7-2　晋升压力引致不良贷款的路径

(二)晋升考核机制的改变与不良贷款

　　既然注重经济绩效的考核机制会导致不良贷款的累积，那么如何解决这一问题呢？一个重要的方面就是要改变官员的考核机制。周黎安(2004,

2007)强调需要将单一的经济考核转变为更具综合性的指标,王永钦等(2007)也指出需要改进以 GDP 为基础的绩效评估体系,更多地引入其他目标的权重,如社会发展、环境保护等。而从现实来看,自 2006 年中国共产党中央委员会组织部发布《体现科学发展观要求的地方党政领导班子和领导干部综合考核评价试行办法》之后,各地也相继出台了一些新的官员考核机制,如山东将职工薪酬增长纳入考核范围(2008 年),广东对官员的考核中 GDP 比重不超过三成(2010 年),浙江也在研究更关注民生、环境的考核评价体系(2010 年)。那么这种新的考核机制能够抑制不良贷款吗?

为此,我们在晋升压力指数中加入环境和民生指标。环境包括人均绿地面积及工业 SO_2 排放量占 GDP 比重两个指标,民生包括职工工资增长率、人均肉类占有量、人均医院床位数及人均公共汽车拥有量四个指标,以上指标均取自《中国城市统计年鉴》。与前文构建方法相同,以上指标也滞后一期,且按当年省内各地 GDP 加权平均值为准定义 1 和 0,其中除工业 SO_2 排放量占 GDP 比重外,其他变量都是小于平均值赋值为 1,大于平均值为 0。将以上六个指标相加就得到了官员的"绿色压力指数"(LS),显然该指数取值范围为[0,6],指数越大压力越大。

将 PS 与 LS 相加就获得一个新的指数 PSLS。为了考察不同比重下晋升压力的影响,我们分别赋予 PS 和 LS 不同的权重,以下标表示,即 $PSLS_{91}=PS \times 0.9 + LS \times 0.1$,以此类推。我们将以上各指数逐一对不良贷款进行回归,结果见表 7-14。

表 7-14　晋升考核的改变与不良贷款

变量	NPL				
	PSLS	$PSLS_{91}$	$PSLS_{82}$	$PSLS_{73}$	$PSLS_{64}$
晋升压力	0.187**	0.474***	0.468***	0.457***	0.421***
	(0.075)	(0.169)	(0.167)	(0.166)	(0.160)

变量	NPL				
	$PSLS_{55}$	$PSLS_{46}$	$PSLS_{37}$	$PSLS_{28}$	$PSLS_{19}$
晋升压力	0.373**	0.321**	0.271*	0.227*	0.189
	(0.150)	(0.139)	(0.145)	(0.135)	(0.125)

注:结果省略了控制变量,括号内为标准误,经 robust 调整
***、**和*分别表示在 1%、5%和 10%的水平显著

从表 7-14 来看，$PSLS_{91} \sim PSLS_{19}$ 中，随着绿色压力指数比重的增加，总压力指数的系数逐渐变小，这表明压力对不良贷款的累积作用逐渐减少；更为重要的是，其显著性也逐渐降低，当 PS 比重低于 20%时，总压力指数在 10%的水平下不会显著提高城市商业银行的不良贷款。尽管以上指标可能存在疏漏和偏差，但这一结果在一定程度上说明，在官员考核中增加环境、民生指标的比重确实能够抑制不良贷款的累积。

五、稳健性检验

我们从以下几个方面对结论进行稳健性检验。

（一）攫取之手

本节研究的前提是官员的晋升激励，但在现实中，作为一个"理性经济人"的官员，其行为可以分为两类：一种是为获得晋升激励而表现出追求地区公共利益的"援助之手"；另一种则是追求某些纯粹私人利益的"攫取之手"，如在职消费、挪用公款等(田伟和田红云，2009)。特别是分税制改革以来，地方政府的"援助之手"有向"攫取之手"转变的趋势(陈抗和顾清扬，2002)。因此，对于追求私人利益的官员而言，晋升的激励相对较小，我们剔除了因犯罪或渎职被撤的市委书记任期内的样本，结果一致。

（二）官员级别

不同级别市委书记的激励可能存在差异，我们首先考察副省级以上城市的影响，设立一个 PS 与虚拟变量 FUSHENG(副省级以上城市为 1，其他为 0)的交叉项，结果不影响 PS 的结果，而交叉项基本不显著；其次，直辖市市委书记与普通市委书记的激励也存在差异，我们删去上海、天津和重庆三家城市商业银行样本，结果一致。

（三）任期度量

在任期计算上，张军和高远(2007)对省委书记任期从其任当地省长时算起，我们对市委书记的任期也从任市长时计算，结果除了在对 LongL 回归时 PS×RQ 和 RQ 不显著外，其他都基本一致，可能的原因是任期加长时若增加中长期贷款需要在任期内归还，也容易形成不良贷款，影响政绩，使任期不会显著影响 PS 与 LongL 的关系。

(四)指数构建

书中构建压力指数是按两类分组的 0-1 变量，我们也对省内加权平均后的变量排序，按四分位数分组，分别赋值 1、2、3 和 4，然后构建指数；我们还通过对赋值后的指标设置不同权重及主成分分析来构建指数，结果都基本一致。

六、实证结论

政府股东的"政治观"一直受到广泛关注，然而目前的研究未能提供直接且有力的证据，从官员晋升的视角出发，本节以我国城市商业银行样本系统地验证了这一观点。本节手工收集了城市商业银行 2006~2009 年的样本，通过构建地方官员的晋升压力指数，分析其对贷款总量、期限结构、行业分布及贷款风险的影响；同时对不良贷款的形成机理进行了探索，并讨论了如何修正官员考核机制以抑制不良贷款的累积。我们还考察了市委书记任期的影响。

具体而言，晋升压力大时，城市商业银行会减少贷款，但市委书记任期会弱化这种作用。从期限结构看，减少的是短期贷款，却会增加中长期贷款；行业分布方面，城市商业银行会减少批发零售业而增加建筑、房地产业贷款；同时会有较高的集中度、关联贷款及不良贷款率；且除关联贷款外，市委书记任期大多对二者关系有强化作用。我们还考察了晋升压力引致不良贷款的路径，结果表明前者是通过增加中长期贷款、增加房地产贷款、提高贷款集中度而形成不良贷款。最后我们还对如何调整官员考核机制以防范不良贷款做了初步探讨，结果表明在官员考核中增加环境、民生指标能够有效地抑制城市商业银行不良贷款的累积，这也为我国目前完善官员考核机制的政策提供了一定的理论支撑。

本节的结论意味着我国城市商业银行贷款行为的许多方面都与地方官员的晋升激励息息相关，且是不良贷款形成的重要推动力，为此城市商业银行的改革应从以下两个方面着手：一是要加强银行治理，构建较为完备的贷款审核发放、风险控制等机制，避免或弱化政府特别是官员的直接干预；二是要践行科学发展观，修正单纯关注经济增长的官员考核机制，代之以综合性的经济发展、环境保护及民众生活等指标，这也许是实现城市商业银行可持续发展的根本之策。

第五节　商业银行董事会结构优化研究

董事会是现代企业制度发展到一定阶段的产物。随着公司所有权和经营权的分离，拥有公司所有权的股东通过董事会这一机构来执行股东决议，并在股东大会休会期间依靠董事会做出重要的经营决策。本节使用 2003～2010 年 51 家商业银行的数据检验了银行董事会结构的内生决定因素及其对银行收益与风险的影响，最后根据结论提出了优化建议。

一、董事会结构决定因素及其影响分析

许多学者都认为董事会的结构会影响其职能的发挥，规模较小、独立董事比例较大的董事会更有利于其职能的发挥。但并不是所有的公司都应进化成规模较小、独立董事比例较高的董事会，相当数量公司中董事会规模较大和独立董事比例较小的现实支持了这一论断。Hermalin 和 Weisbach(2003)也曾提出："为什么这些不合时宜的较大规模的董事会没有随着经济的发展而消失呢？"他们运用博弈论，探讨了董事会结构的影响因素。此后，Raheja(2005)从独立董事的监督职能出发，运用博弈论从理论上对董事会构成进行了分析。在这些理论研究的基础之上，Baker 和 Gompers(2003)、Boone 等(2007)通过实证研究表明非金融类公司的董事会组成具有一定的内生性。已有关于银行董事会的研究则较少，大部分研究都将金融类公司从样本中剔除。这是因为，商业银行的特殊性决定了其董事会不像非银行类公司那样仅为股东服务以追求股东利益最大化，商业银行董事会成员和高管需要承担从股东到存款人再到监管者所给予的"信托"责任(Macey and

O'Hara，2003；Fanto，2006)，在运营资金的同时既要实现效益的最大化，又要追求金融风险的最小化。另外，银行业有专门的机构进行监管，这在一定程度上替代了弱化的公司治理机制，增强了对商业银行的董事会成员和高管行为的约束。这些特殊因素的存在也限制了将非金融领域的董事会结构推广到银行业的可能性。银行业在整个经济体系中的重要性决定了对银行业董事会结构进行研究的重要意义。

已有的研究认为，最优的董事会结构建立在董事会监督、建议职能的成本和收益及其他治理特征的基础上(Linck et al.，2008)，并认为董事会最重要的两个职能是监督和建议职能(Raheja，2005；Adams and Ferreira，2007；Linck et al.，2008)。作为高管层的监管者，董事会对其监督进而以抑制其自利行为，如逃避责任和享受额外津贴等行为。同时，在董事会的建议职能中，它为高管层提供重要的商业战略决策。

Coles 等(2008)指出，董事会在为高管提供监督和建议方面发挥着关键性的作用。一般认为董事会独立性越高带来的监管越有效，进而提高公司业绩。因为独立性水平高的董事会往往在聘任和解雇 CEO(Weisbach，1988；Borokhovich et al.，1996)、实施并购(Brickley et al.，1994)及收购溢价谈判(Cotter et al.，1997)上更多地从股东角度进行决策。在董事会规模方面，Lipton 和 Lorsch(1992)、Jensen(1993)均认为与小规模董事会相比，规模较大的董事会往往由于相互协调问题及"搭便车"问题而变得效率更低。Eisenberg 等(1998)的实证研究也表明董事会规模较小的公司往往有更高的托宾 Q 值。然而，另外一些学者提出很多的质疑，即规模较小的、独立董事较多的董事会未必都是最优的(Coles et al.，2008)，Klein(1998)认为当CEO 需要更多的建议时，董事会结构才会变得复杂，在多元化经营的公司当中，由于 CEO 需要更多的建议，此时董事会规模更大(Hermalin and Weisbach，1996；Yermack，1996)。

由于内部董事拥有更多关于公司的专业知识和技能，对于那些需要更多专业知识的公司来说，更多的内部董事能产生更高的收益(Williamson，1975)、使决策过程效率更高(Fama and Jensen，1983)。由于在董事会结构的最优安排问题上没有达成共识，学者们开始关注何种因素使不同公司拥有不同的董事会结构。Lehn 等(2009)对美国 1935～2000 年 81 家上市公司的样本进行研究后指出，董事会规模与公司规模正相关，而与公司增长机会负相关。Baker 和 Gompers(2003)通过对 IPO 公司的研究认为，董事会组成是 CEO 与外部股东之间谈判的结果，当 CEO 的谈判力量下降及外部投资者的力量上升时，独立董事的比例会增加。Boone 等(2007)对这些研究进行了总结，给出了四种影响董事会因素的假设：无效董事会假设，公司董事会结构是随机的或者是只与高管私人利益相关；经营范围假设，董事会的组成是由其公司特征和所面临的竞争环境所决定的；谈判假设，董事会的组成是由 CEO 和外部董事会成员之间协商的结果；监督假设，董事会的规模和组成是由其经营的特殊商业和信息环境所决定的。

在银行董事会结构的研究方面，Adams 和 Mehran(2003)检验了银行董事会结构(规模和组成)与银行绩效之间的关系，同时考察了决定董事会结构的因素，发现并购活动能够影响董事会的组成。此外，Ferreira 等(2011)通过对 2000~2008 年 41 个国家的董事会研究，得出银行董事会结构与公司规模、成长机会、杠杆率及信息不对称等银行特点相关，并认为银行董事会在治理框架当中发挥了核心作用。因为与非金融性公司相比，银行信息更加不透明，外部人在考察银行风险和价值方面存在难度，即外部治理缺陷迫使董事会发挥更大的作用。Pathan 和 Skully(2010)对可能影响董事会结构的因素进行了总结，认为银行的经营范围、董事会的监督需求、CEO 的谈判力量和继任过程及所有权激励结构都能影响董事会的结构，并通过对美国银行业的数据实证研究证明董事会监督和建议职能的收益和成本能很好地解释不同银行董事会结构的差异。

国内研究方面，郝云宏和周翼翔(2009)基于动态内生视角对董事会与公司绩效方面的文献进行了系统性的阐述，认为董事会内生性和动态性的特点是包括绩效在内的各种因素共同作用的均衡结果。黄张凯等(2006)对中国上市公司董事会结构进行了分析，认为上市公司股权结构对董事会结构有影响，股权集中度降低独立董事比例，国有股、社会法人股对独立董事比例有负面作用。在商业银行董事会结构研究方面，于一和何维达(2010)运用动态 GMM 模型分析了我国 2004~2009 年 52 家商业银行董事会组成，并得出董事会职能运作的成本与收益的主要决定因素，银行特有的外部管制有限提升了董事会治理水平，而政府干预会扭曲董事会结构的最优选择；董事会下设专门委员会的运用节约了大规模董事会的运行成本，同时能够弥补董事会独立性低的缺陷。

虽然国外有大量的文章研究董事会结构的内生性问题，但是由于国内外制度的差别，很难将国外的结论套用于我国。而国内对于董事会结构决定因素的研究较少，大部分研究是在给定董事会结构的条件下探究其与公司绩效等变量的关系，然而内生性的特点使董事会与公司绩效之间的任何相关性都可能是伪相关（Hermalin and Weisbach，2003）。另外，在我国银行业外部监管较严格的背景下，董事会结构的决定是随意的还是受某些内生性因素的影响还值得进一步研究。因此，本节根据我国银行业的数据及银行业的特点进行研究，这在一定程度上丰富了我国商业银行董事会治理研究。

二、研究设计

（一）变量选取与数据来源

我们手工收集了 2003～2010 年我国 51 家商业银行的数据，这其中包含国有控股商业银行、股份制银行和城市商业银行。对于样本的选择，我们基于以下几点：第一，从 2003 年开始，我国银行业开始向现代银行业过渡，先于 2003 年 4 月经历了中国银监会的成立，后于 2003 年 12 月经历了《中华人民共和国银行业监督管理法》的通过及《中华人民共和国中国人民银行法》和《中华人民共和国商业银行法》的修改。因此，为保证研究的科学性，我们选取 2003 年以后的数据样本；第二，为保证数据的真实性，我们从各商业银行年报中筛选数据并根据要求计算所需指标，由于部分银行年报缺失，最终得到一个非平衡面板数据；第三，在国有控股银行当中，我们选取了除中国农业银行外的三家国有控股商业银行，股份制银行中包含了除恒丰银行、中信银行和浙商银行外的 10 家股份制银行，城市商业银行当中，我们通过剔除那些年报内容不全及年份少于 3 年的银行得到了 38 家城市商业银行，这些银行涵盖了我国东、中、西部地区的主要城市商业银行。

董事会结构包括董事会的规模和组成，董事会规模由董事会的人数（BS）表示，董事会的组成由独立董事人数占董事会人数的比例（INDIR）来表示。我们根据 Pathan 和 Skully（2010）、于一和何维达（2010）选取的解释变量有：经营范围，包括银行资产规模(Size)、贷款领域(Loan)及多元化经营程度，即非利息收入占利息收入的比例(Diver)；总经理的谈判力量，包括总经理年龄(Age)、净资产收益率(ROA)和不良贷款率(NPL)；政府参与程度，包括第一大股东是否为政府股东或国有资产管理公司(GOVT)。

(二)模型构建与变量定义

由于董事会结构受到许多公司特征的影响(Pathan and Skully，2010)，同时董事会的结构又有可能影响公司绩效(Adams and Mehran，2003)，我们分别建立两组模型，模型(1)和模型(2)考察董事会结构的决定因素，模型(3)和模型(4)分析董事会结构对银行收益和风险的影响。

$$\mathrm{LnBS}_{i,t} = \alpha + \beta_1 \mathrm{LnSize}_{i,t} + \beta_2 \mathrm{Loan}_{i,t} + \beta_3 \mathrm{Diver}_{i,t} + \gamma \mathrm{Age}_{i,t} + \delta \mathrm{GOVT}_{i,t}$$
$$+ \varphi \mathrm{ROA}_{i,t-1} + \rho \mathrm{NPL}_{i,t-1} + \tau \mathrm{LnBS}_{i,t-1} + \varepsilon_{i,t} \tag{7.3}$$

$$\mathrm{INDIR}_{i,t} = \alpha + \beta_1 \mathrm{LnSize}_{i,t} + \beta_2 \mathrm{Loan}_{i,t} + \beta_3 \mathrm{Diver}_{i,t} + \gamma \mathrm{Age}_{i,t} + \delta \mathrm{GOVT}_{i,t}$$
$$+ \varphi \mathrm{ROA}_{i,t-1} + \rho \mathrm{NPL}_{i,t-1} + \tau \mathrm{INDIR}_{i,t-1} + \varepsilon_{i,t} \tag{7.4}$$

$$\mathrm{ROA}_{i,t} = \alpha \mathrm{LnBS}_{i,t} + \beta \mathrm{INDIR}_{i,t} + \gamma \mathrm{LnSize}_{i,t} + \delta \mathrm{ROA}_{i,t-1} + \varepsilon_{i,t} \tag{7.5}$$

$$\mathrm{NPL}_{i,t} = \alpha \mathrm{LnBS}_{i,t} + \beta \mathrm{INDIR}_{i,t} + \gamma \mathrm{LnSize}_{i,t} + \delta \mathrm{NPL}_{i,t-1} + \varepsilon_{i,t} \tag{7.6}$$

其中，i 表示每个银行；t 表示样本时间；Ln 表示自然对数；α，β，γ，δ，φ，ρ，τ 表示所要估计的参数；ε 表示残差项。以上方程中变量的定义如表 7-15 所示。

表 7-15 变量定义

变量名称	变量符号	变量说明
董事会规模	BS	银行董事会成员的数量
董事会独立性	INDIR	独立董事占董事会成员的比例
银行资产规模	Size	每年度末银行总资产
贷款领域	Loan	主要贷款领域的个数
多元化经营	Diver	非利息收入占利息收入的比例
总经理年龄	Age	银行行长的年龄

续表

变量名称	变量符号	变量说明
政府参与程度	GOVT	第一大股东是否为政府或者是国有资产管理公司，是为1，否为0
净资产收益率	ROA	净利润与总资产的比例
不良贷款率	NPL	不良资产与总资产的比例

三、统计与实证分析

(一)样本描述性分析

表 7-16 给出了对不同类型银行董事会各变量的统计分析，从表 7-16 中可以看出我国商业银行的董事会规模平均值为 13.86 人，独立性水平为 22.38%。不同类型银行的董事会结构存在显著差异，股份制银行董事会的平均规模最大，平均值为 16.81 人；而城市商业银行董事会的平均规模最小，为 12.62 人，并且差异性最大，标准差达到了 3.187。最大的董事会规模为 2009 年渤海银行，达到了 26 人，最小的董事会规模为样本中的柳州市商业银行，其自 2007 年以来，董事会规模均为 6 人。在董事会独立性方面，股份制商业银行的平均独立性水平最高，为 31.31%；而城市商业银行的独立性水平最低，为 18.35%。

表 7-16　董事会结构的描述性统计

董事会结构	平均值	标准差	25 分位	中位数	75 分位	最大值	最小值
所有类型商业银行							
BS/人	13.86	3.378	11	15	16	26	6
INDIR	0.2238	0.1188	0.1333	0.2307	0.3333	0.4666	0
国有控股商业银行							
BS/人	15.40	1.273	15	16	16	17	13
INDIR	0.2945	0.0853	0.2500	0.2666	0.3639	0.4666	0.0769
股份制商业银行							
BS/人	16.81	2.076	15	17	18	26	13
INDIR	0.3131	0.0678	0.2817	0.3333	0.3529	0.4117	0.1764

续表

董事会结构	平均值	标准差	25 分位	中位数	75 分位	最大值	最小值
城市商业银行							
BS/人	12.62	3.187	10	13	15	22	6
INDIR	0.1835	0.1155	0.1111	0.1818	0.2727	0.4000	0

（二）相关性检验

表 7-17 中给出了解释变量与董事会规模和独立性的关系。我们发现董事会规模与银行资产规模、贷款领域、多元化经营和总经理年龄均呈正相关关系，但与不良贷款率呈负相关关系；而董事会的独立性与董事会规模、贷款领域、多元化经营及总经理年龄呈正相关关系，与不良贷款率呈负相关关系。在被解释变量当中，衡量银行经营范围的银行资产规模、贷款领域及多元化经营之间均存在正相关关系；多元化经营与净资产收益率正相关，与不良贷款率负相关；净资产收益率也与不良贷款率负相关。

表 7-17　主要变量相关系数

变量	LnBS	INDIR	LnSize	Loan	Diver	Age	GOVT	ROA	NPL
LnBS	1.0000								
INDIR	0.5250**	1.0000							
LnSize	0.6283**	0.6824**	1.0000						
Loan	0.3952**	0.5030**	0.4513**	1.0000					
Diver	0.4628**	0.5301**	0.7117**	0.2916**	1.0000				
Age	0.3563**	0.4177**	0.6196**	0.2163**	0.4233**	1.0000			
GOVT	0.0557	−0.1014	0.0361	0.1513**	0.0647	−0.1217	1.0000		
ROA	0.0745	0.1229	−0.0190	0.0197	0.2802**	−0.0192	0.1753**	1.0000	
NPL	−0.1588**	−0.2298**	−0.0228	−0.0874	−0.2495**	−0.0156	0.2159**	−0.4258**	1.0000

**表示在 5%的水平显著

（三）实证分析

1. 董事会结构的决定因素

为了研究董事会结构的决定因素，我们对模型（1）和模型（2）进行计量回归，由于在我们的面板模型当中，解释变量包含了被解释变量的滞后值，这种"动态面板数据"（dynamic panel data，DPD）使用组内估计量也是不一致的，因此我们使用 Arellano 和 Bond 提出的差分 GMM 方法进行估计。计量回归的结果如表 7-18 所示。

表 7-18　董事会结构决定因素的回归结果

变量	董事会规模	董事会独立性
	模型(1)	模型(2)
$LnBS_{t-1}$	-0.225^{***}	
	(0.310)	
$LnINDIR_{t-1}$		0.194
		(0.267)
ROA_{t-1}	-0.099^{*}	-0.046^{**}
	(0.050)	(0.019)
NPL_{t-1}	0.004	-0.007
	(0.007)	(0.009)
$LnSize$	0.056^{**}	-0.020
	(0.026)	(0.020)
$Loan$	-0.010^{**}	-0.001
	(0.005)	(0.003)
$Diver$	0.002	0.003^{*}
	(0.003)	(0.002)
Age	0.001	-0.004^{**}
	(0.004)	(0.002)
$GOVT$	-0.038	-0.008
	(0.119)	(0.022)
常数项	3.200^{***}	0.509^{***}
	(0.862)	(0.111)
$AR(1)$	0.7591	0.2839
$AR(2)$	0.6373	0.4072
Sargan 检验	0.6947	0.5111
样本量	136	136

注：括号中为标准误；AR(1)、AR(2) 为 Arellano-Bond 检验结果 P 值，验证是否存在一阶和二阶自相关；Sargan Test 报告 Sargan 检验结果 P 值，验证工具变量的合理性

***、**和*分别表示在 1%、5%和 10%的水平显著

从表 7-18 中可以看出，董事会规模与多个变量呈显著相关关系，在银行经营范围方面，董事会规模与银行资产规模显著正相关，与多元化经营正相关，但并不显著，而与银行贷款领域显著负相关；在总经理的谈判力量方面，董事会规模与前一期的净资产收益率显著负相关。董事会独立性与经营范围方面的多样化经营显著正相关，与总经理的谈判力量方面的前一期的净资产收益率和总经理年龄呈显著负相关关系。总结来看，董事会规模与银行资产规模正相关，但却与其贷款领域负相关，大的董事会在做出贷款决策方面可能效率更低，更难以达成共识；董事会规模与总经理的谈判力量负相关，由于董事会对于高管的行为有监督职能，总经理的工作绩效越高，则其谈判力量越强，并能左右董事会的结构，使董事会的规模变小，降低对其的监督。在独立性方面，董事会独立性与银行的多样化经营显著正相关，表明独立董事在银行的其他经营活动中能够起到很好的监督和建议职能，董事会倾向于聘用更多的独立董事；但董事会独立性与总经理的谈判力量负相关，总经理的工作绩效越好，年龄越高，则其谈判力量越大，其对于独立董事聘任的影响会使有监督职能的独立董事的比例降低。

2. 董事会结构与银行绩效和风险

从模型(1)和模型(2)的回归结果发现，银行净资产收益率与董事会规模和董事会独立性均呈负相关关系，不良贷款率与董事会结构相关性不显著。由于董事会结构决定的内生性特点，我们采用面板数据的固定效应模型对模型(3)和模型(4)进行回归，检验银行董事会结构对银行收益与风险的影响，计量结果如表 7-19 所示。

表 7-19　董事会结构与银行绩效和风险的计量结果

变量	模型(3)	模型(4)
LnBs	−0.137 (0.182)	0.035 (0.595)
INDIR	0.118 (0.308)	2.377** (1.021)
LnSize	−0.356*** (0.101)	0.837** (0.327)

续表

变量	模型(3)	模型(4)
ROA_{t-1}	0.021 (0.063)	
NPL_{t-1}		0.428*** (0.055)
年份	控制	控制
常数项	2.420*** (0.552)	−2.946 (1.799)
样本量	210	210
R^2	0.267	0.718

注：括号中为标准误

***和**分别表示在 1%和 5%的水平显著

从表 7-19 可以看出，董事会规模与银行净资产收益率负相关，董事会独立性与银行净资产收益率正相关，但均不显著，由于我国银行一直享受着较高的利差收益，其收益与利率政策高度相关，董事会在改变收益方面的作用相对较小。不良贷款率受董事会规模和董事会独立性的正向影响，且董事会独立性与不良贷款率之间的正相关关系非常显著。独立董事促进了商业银行的风险承担行为(孔德兰和董金，2008)。

四、进一步研究

中国人民银行和中国银监会分别在 2002 年和 2006 年颁布了《股份制商业银行公司治理指引》和《国有商业银行公司治理及相关监管指引》，对商业银行的董事会结构及独立董事制度都有着硬性的要求，股份制商业银行和国有控股商业银行的董事会结构必然受到这些制度的影响，但对于城市商业银行并没有规章制度规定其董事会的结构，因此，城市商业银行更多的是从自身最优化的角度来进行其董事会结构的安排。因此，为研究这两种类型银行的董事会结构的差别，我们将样本分为两组，第一组样本为股份制商业银行和 2006 年以后的国有商业银行，第二组为所有的城市商业银行，并对样本数据进行重新回归，得到的结果如表 7-20 所示。

表 7-20　分组计量结果

变量	模型(3)		模型(4)	
	国有控股和股份制商业银行	城市商业银行	国有控股和股份制商业银行	城市商业银行
LnBS$_{t-1}$	−0.227 (0.246)	0.870*** (0.114)		
LnINDIR$_{t-1}$			0.036 (0.405)	0.839*** (0.131)
ROA$_{t-1}$	0.071 (0.065)	−0.051 (0.087)	0.143 (0.206)	2.915 (4.626)
NPL$_{t-1}$	−0.022 (0.015)	0.006 (0.012)	0.038 (0.056)	1.045 (0.648)
LnSize	0.022 (0.050)	0.020 (0.029)	0.032 (0.099)	0.297 (1.857)
Loan	0.008 (0.009)	−0.003 (0.004)	0.005 (0.015)	−0.279 (0.535)
Diver	−0.002 (0.003)	−0.008* (0.005)	0.001 (0.005)	0.590** (0.272)
Age	−0.011** (0.005)	−0.003 (0.004)	−0.008 (0.008)	−0.466** (0.204)
GOVT	−0.238 (0.195)	0.034 (0.045)	−0.161 (0.275)	−0.438 (2.525)
常数项	3.948*** (0.824)	0.574* (0.312)	0.370 (0.272)	22.060 (14.200)
AR(1)	0.3612	0.0407	0.2612	0.4214
AR(2)	0.7844	0.3035	0.1487	0.0574
Sargan 检验	0.9999	0.9088	0.9999	0.7659
样本量	68	116	68	116

注：括号中为标准误；AR(1)、AR(2)为 Arellano-Bond 检验结果 P 值，验证是否存在一阶和二阶自相关；Sargan Test 报告 Sargan 检验结果 P 值，验证工具变量的合理性
***、**和*分别表示在 1%、5%和 10%的水平显著

从表 7-20 中可以得出，国有控股和股份制商业银行受到法律法规的约束比较大，其董事会的规模和独立性受到其他因素影响较小，而城市商业银行相比来说董事会结构会受到许多因素的影响：城市商业银行的多元化经营程度越高，其董事会的规模越小；独立性与多样化经营程度显著正相关，而与总经理的谈判力量当中的总经理年龄显著负相关。在没有硬性法规约束的条件下，城市商业银行倾向于选择更小的董事会规模和更高比例的独立董

事，这是其追求效率和寻求扩张的结果，同时总经理的谈判力量增加，不愿意聘任较多的独立董事来加强对高管的监督。

五、实证结论

本节研究了在我国银行业中董事会结构的内生决定因素及董事会结构对银行收益与风险的影响。实证研究表明：在董事会结构的内生决定因素方面，董事会结构的安排与银行资产规模及总经理的谈判力量相关。其中，董事会规模与银行资产规模显著正相关，与银行贷款领域显著负相关；在总经理的谈判力量方面，董事会规模与前一期的净资产收益率显著负相关。董事会独立性与经营范围方面的多样化经营显著正相关，与总经理的谈判力量方面的前一期的净资产收益率和总经理年龄呈显著负相关关系。在董事会结构对银行收益与风险影响方面我们发现，银行的收益受到董事会规模的负向影响和董事会独立性的正向影响，但并不显著，这归结于我国银行业有着较大的利差收益使银行没有动机去为增加收益而优化董事会结构；不良贷款率与董事会规模和董事会独立性正相关，其中董事会独立性的影响非常显著，独立董事促进了银行的风险承担行为。

国有和股份制商业银行的董事会结构受到了我国颁布的法律法规的影响，而城市商业银行的董事会结构并没有受到相关法律法规的约束，因此在对样本进行分组研究后发现，国有和股份制银行自主选择的余地较小，各方面的因素影响较小，而城市商业银行的董事会结构安排则更多地受其扩张需求和总经理的谈判力量的影响。

第六节　商业银行治理评价研究

本节基于商业银行治理评价指标体系，测算国内城市商业银行的公司治理水平，并分析其对银行绩效的作用。研究结果表明：银行治理评价具有一定的合理性，指标分值越高银行治理风险越低，银行治理水平越高，银行绩效表现越好；基于股权和跨区域经营差异的分组检验表明，城市商业银行在优化股权结构和规模扩张的同时，治理水平在治理环境和监督方面呈现出一定的差异性，而在风险控制和信息披露方面表现较差；在股东性质差异方面，治理水平的改善对非国有城市商业银行绩效的提升作用更加显著。

一、商业银行治理评价最新进展

商业银行由"治理者"转变为"被治理者"，意味着银行从作为债权人和股东参与到公司治理转变为银行内部治理范畴，以贷款风险和投资风险的形式存在(李维安，2005b)。2004 年中国银监会发布的《城市商业银行监管与发展纲要》要求进一步完善城市商业银行的治理机制，强化内部控制，建立持续发展和风险防范的制度保障。城市商业银行公司治理改革既需要发挥其先天优势(地缘优势、效率优势、机制优势及企业文化优势等)，又需要克服后天缺陷(地域限制、资产规模小及股权结构较为混乱等)。然而，城市商业银行公司治理的完善明显滞后于经营的发展速度。随着巴塞尔协议III的实施，城市商业银行适时完善治理机制尤为重要。现有城市商业银行公司治理研究主要集中于城市商业银行自身治理实践和单个治理机制对城市商业银行行为的分析。因此，如何全面有效地评价和衡量城市商业银行治理水平这一问题亟待解决。基于此，本节通过构建银行治理评价指标体系系统全面地衡量城市商业银行现阶段的治理水平，并进一步分析不同银行、不同治理指标之间的差异和存在的问题，以期为监管当局和城市商业银行改善治理水平提供理论借鉴。

国内外有关银行治理机制的研究大多集中在两个方面：一方面是研究银行治理的特殊性，国外代表文献是 Ciancanelli 和 Reyes-Gonzalez(2000)、Macey 和 O'Hara(2003)，银行的特殊性表现在外部机制作用有限而内部机制发挥着重要作用，包括股东权利的保护和股东大会的监督作用，董事会的规模、结构和独立性，监事会的监督制度、激励计划及内部审计制度(李维安和曹廷求，2003；潘敏，2006a)；另一方面是对公司治理单个机制设计的有效性研究，如曹廷求等(2011)的文献综述(从银行的特许权价值、所有权结构、资本监管、高管薪酬及董事会规模等方面阐述)，这些研究为银行治理的改善提供了很多好的建议和方法，但结论往往出现较大偏差，主要受到指标选择、样本、国别差异和行业特征等因素的影响，会忽略各指标之间的相互作用产生的内生性问题。而采用治理评价的方法可以在一定程度上降低内生性问题已经成为很多学者的共识，国内外大量实证研究表明，通过治理评价的方法可以验证好的公司治理是否能有效提高公司绩效。对这方面的研究进行归纳如下。

公司治理评价最早萌芽于 1950 年 Martindell 对董事会有效性的分析，随后公司治理诊断与评价的研究成果逐步从国家层面延伸到公司层面。国家层面的研究主要通过比较各个国家的公司外部治理环境，1998 年标准普尔评估了各个国家的法律基础、监管、信息披露制度及市场基础四个方面的状况。La Porta 等(1998)从法律起源的角度，认为法律起源的不同导致不同国家的投资者产权保护的差异，进而影响金融制度安排和公司治理，最终导致各国金融发展水平的差异。Klapper 和 Love(2002)通过构建涵盖 14 个国家的 374 家公司的 CLSA 治理指数，发现较弱法律体系的国家的治理排名平均较低，特别是当处在较差的法律环境中的公司在美国上市以后排名显著提升，因此好的公司治理与市场价值既和经营业绩有正的相关关系，还会受到外部治理环境的影响。

关于同一外部治理环境下公司治理有效性的研究成果较多，并且在各国产生了重要的政策指导作用。Gompers 等(2003)通过构建 G 指数(包括 24 个反收购和股东权利条款)，研究美国 20 世纪 90 年代出现的大量公司并购，发现有越强股东权利的公司价值越高，越不容易被收购，当通过购买强股东权利的"民主"公司，卖出弱股东权利的"专制"公司时，每年可获 8.5%的超额收益率。Bebchuk 等(2009)的研究结果表明 G 指数的 24 个条款中仅有 6 个条款(分层董事会、限制股东修改章程、毒丸计划、金色降落伞、兼并提案和修改规章制度的多数表决)与公司价值显著负相关，而其他 18 个条款与公司价值或负的超额回报无关，此外，G 指数的缺陷还在于一些条款可能通过股东与管理者之间的力量分配由其他条款内生出来。

尽管如此，各国公司治理实践的有效性仍被验证，结果证明好的公司治理能有效提升公司业绩，如 Black(2001)对俄罗斯，Drobetz 等(2004)对德国，Black 等(2006)对韩国，Beiner 等(2006)对瑞士，Balasubramanian 等(2010)对印度，以及白重恩等(2005)、南开大学公司治理研究中心公司治理评价课题组(2006)、南开大学公司治理评价课题组(2007，2010)和 Cheung 等(2007)对中国的研究。在指标构建上，有侧重公司治理中起核心作用的董事会有效性的研究（Drobetz et al.，2004；Beiner et al.，2006），还有从内部治理和外部治理两方面较为全面的指标构建，如南开大学中国公司治理研究院研制的中国上市公司治理指数从股东治理、董事会治理、监事会治理、经理层治理、信息披露和利益相关者治理六大维度，Cheung 等（2010）基于经济合作与发展组织的准则设计涵盖五个大类（股东权利、公平对待股东、利益相关者角色、披露和透明度及董事会责任）的 86 个问题，测算出 2004～2006 年福布斯排行榜前 100 家上市公司的治理状况。韩钢和李随成（2011）认为中国上市公司独立董事监督机制失效的其中一个原因是独立董事和监事会在监督上的重叠，若将具有相同职能的两个对象放入不同的一级指标，则监事会治理的有效性并不能完全代表整个公司的监督状况，因为董事会中也有发挥监督职能的治理安排。

从目前国内仅有的几篇文献来看，一类是借用较为成熟的公司治理指标方法，但未突出银行治理评价的特殊性并验证治理评价的有效性，仅停留在指标构建本身；另一类则样本量小，主要是研究上市银行，而对城市商业银行治理状况的诊断涉及较少，而这正是本节要研究的内容。以相关法律法规、银行治理实践和银行特殊性为基础并参考现有公司治理评价指标的设计，本节构建城市商业银行治理评价指标体系并对城市商业银行治理状况进行测算。

二、研究设计

（一）样本选择

以银行治理评价指标体系为基础、以 2010 年 75 家城市商业银行的年度数据为样本，本节构建了城市商业银行治理评价指标体系。数据全部来源于山东大学银行治理研究中心数据库（BG-CHINA 数据库），该数据库中所有数据均源于各银行年报、官方网站及中国证监会指定披露网站。

（二）模型构建与指标选取

为了分析城市商业银行公司治理状况的影响，借鉴 Grove 等（2011）以往银行治理研究，我们构建如下模型：

$$EPS_i=\alpha_0+\alpha_1 BGI_i+\alpha_2 Board_i+\alpha_3 SI_i+\alpha_4 SOE_i+\alpha_5 LEV_i+\alpha_6 LnCAP_i+\varepsilon_i \qquad (7.7)$$

对于被解释变量，我们采用每股收益(EPS)进行衡量，该指标能够同时衡量银行经营绩效和资本运营效率。

对于解释变量，为了衡量城市商业银行公司治理的状况，我们从银行特殊性出发构建了城市商业银行治理评价指标体系，如表 7-21 所示。我们通过结合法律法规、理论研究及治理实践等方面，并借鉴 COSO 内部控制设计的动态方法，分别从治理环境(GEI)、风险控制(RCI)、风险评估(REI)、信息披露(IDI)和监督(MGI)等 5 个一级指标构建了银行治理评价指标体系，评价的结果即为银行治理指数(BGI)。其中，在 5 个一级指标下同时包含多个二级指标、三级指标和四级指标。对于四级指标，借鉴 Dash 和 Das(2009)在测试 CAMELS 模型时采用的标准化方法，四级指标=(样本值–样本最小值)/(样本最大值–样本最小值)，通过这种方法可以将四级指标取值介于 0 和 1，该值越接近 0 表明治理状况越差。

表 7-21 城市商业银行治理评价指标体系

一级指标	二级指标	三级指标	四级指标说明
治理环境 (GEI)	股东情况	集中度	是否有实际控制人，前三大持股之和
		透明度	5%以上股东详情，股份质押冻结情况
		大股东行为	无一致行动人，无重大担保，无占用资金行为
		小股东监督	股东监事来自小股东单位，存在内部职工持股
	董事会	组成	董事会规模，股东董事和独立董事占比
		董事能力	董事资料可知，董秘是高管，提供培训
		董事长	两职合一，兼职，履历，年龄
		独立性	独立董事专业背景，兼职少于 3 家，委员会独立性
	监事会	组成	监事会规模，职工监事和外部监事比例符合规定
		监事长	兼职，专业背景，独立性
		外部监事	兼职情况少于 3 家
		委员会	规模，设立监事会薪酬委员会，独立性
	管理层	组成	管理层规模/董事会规模>1/2
		提名	由提名委员会提名
		离职	离职情况及原因
		行长	任职<6，背景，替换，年龄<57，从业经验丰富

续表

一级指标	二级指标	三级指标	四级指标说明
风险控制（RCI）	制度建设	基本制度	章程，股东大会和董事会议事规则
		履职规范	董秘工作制度，董事履职评价，员工准则
	日常风险控制	风险管理委员会	风险执行官，授信审查委员会，风险管理委员会议事规则
		基本制度	风险管理框架，报告制度，资产质量检测，授信责任制
		信息化	管理信息系统
		运行	调研评估，压力测试，应急预案，无媒体曝光的操作事故
	股东大会	透明度	召开时间，通知，出席名单，决议程序，通过方式
		临时股东大会	行使小股东和监事权利，提前15日通知
		运行	会议次数，出席情况，通过决议数目，未否决情况是否可知
	董事会会议	透明度	出席名单是否可知
		运行	会议次数，出席情况，通过决议数目
	董事会委员会	运行	会议次数，通过决议数目
	薪酬激励	透明度	薪酬结构，总薪酬，高管前三薪酬是否可知
		激励水平	绝对薪酬和相对薪酬水平
		其他方式	持股情况，股权激励，延期支付
风险评估（REI）	资本充足	股本	股本/总资产
		充足	核心资本充足率/资本充足率
	资产质量	贷款	贷存比<75%，净贷款/总资产
		不良贷款	不良贷款率，平均贷款迁徙率
		客户风险	第一大客户贷款/净资本
	管理能力	成本管理	营业外收支净额，非营利资产，非利息支出，成本收入比
		诉讼案件	诉讼涉案金额/总资产
	盈利能力	资产运营	加权净资产收益率
		主营业务	净利息收益率
		其他业务	中间业务收益率=(手续费收入+汇兑收入)/总利润
	流动性	监管	流动比>25%
		拨备情况	(股权+贷款损失拨备金)/问题贷款总额

续表

一级指标	二级指标	三级指标	四级指标说明
信息披露 （IDI）	制度建设	基本制度	信息披露制度，年报编制制度，内幕信息及知情人制度
		实践成果	投资者关系专栏，投资者关系获奖，社会责任报告
	完整性	年报结构	员工信息，董事会和监事会报告，组织机构图，报表附注
		重大事项	关联交易情况，诉讼案件情况，托管、承包、处罚情况等
	及时性	年报公布	以上市银行要求披露时间为准
		决议公告	三会一层会议决议公告可知
		股利分配	分红方案是否可知
监督 （MGI）	内部监督	制度规范	监事会规则，独立董事制度，监事评价制度，法律合规部门
		独立董事履职	出席情况，履职时间，尽职情况，发表意见事项及类型
		监事会履职	名单是否可知，会议次数，通过决议数目
		外监履职	出席情况，服务本行业时间可知
		委员会履职	会议次数，通过决议数目
		内控制度	基本规范，评价制度，报告和纠正机制
		内审制度	内部审计章程
		运作	现场调研，内控报告，专项审计，审计员培训，信息沟通
	外部监督	会计	是否聘用国际会计师事务所，更换，会计政策变更
		审计	无保留资格的审计意见
		法律	是否聘请著名的律师事务所

其中，城市商业银行总体公司治理水平为

$$BGI_i = GEI_i + RCI_i + REI_i + IDI_i + MGI_i + \varepsilon_i \tag{7.8}$$

我们引入第一大股东持股比例（S1）和性质（SOE，若国有，SOE=1，反之，SOE=0）、董事会规模（Board）、银行规模（LnCAP，总资产的自然对数）及杠杆率（LEV=权益/负债）等控制变量。

三、总体和分组统计分析

（一）样本总体分析

表 7-22 给出了城市商业银行的银行治理指数的描述性统计结果。如表 7-22

所示，不同城市商业银行的治理水平差异和差距较大，主要表现在治理环境、风险控制、信息披露和监督等方面。在总体治理水平方面，治理水平最佳的前五家城市商业银行分别为宁波银行、杭州银行、北京银行、南京银行和徽商银行，并且前九家城市商业银行 BGI 治理指数均高于 60，共有 27 家城市商业银行 BGI 治理指数高于 50。

表 7-22　我国城市商业银行的银行治理指数描述性统计

银行名称	BGI	GEI	RCI	REI	IDI	MGI
宁波银行	70.04	19.31	16.58	6.26	17.19	10.70
杭州银行	67.08	21.39	13.78	5.65	14.34	11.93
北京银行	66.25	18.31	15.44	5.98	14.95	11.58
南京银行	65.99	17.79	15.42	6.66	17.18	8.93
徽商银行	64.85	20.57	15.53	5.54	14.28	8.93
上海银行	64.34	21.99	13.83	5.85	12.68	9.99
重庆银行	64.02	17.93	16.17	5.76	13.84	10.33
富滇银行	61.94	19.22	14.87	5.52	11.60	10.73
温州银行	60.78	17.00	15.78	5.13	12.73	10.13
平安银行	59.84	16.34	12.81	4.89	15.98	9.83
汉口银行	58.18	18.61	10.89	6.25	12.66	9.77
东营商行	56.95	18.65	14.13	5.79	11.64	6.74
莱商银行	56.77	15.41	15.30	6.57	10.90	8.60
长安银行	56.50	18.24	11.23	5.89	12.49	8.65
洛阳银行	53.91	19.52	9.74	6.44	11.27	6.94
成都银行	53.80	17.82	11.55	5.95	10.19	8.29
广西北部湾银行	52.96	19.20	11.49	6.04	9.76	6.46
厦门银行	52.94	13.74	13.50	5.94	12.40	7.36
河北银行	52.69	17.22	11.35	4.97	10.56	8.59
日照银行	51.64	18.09	12.93	5.61	9.17	5.83

续表

银行名称	BGI	GEI	RCI	REI	IDI	MGI
鹤壁银行	51.27	17.76	9.98	5.67	11.37	6.50
湖州银行	51.01	14.41	13.23	5.31	11.94	6.12
广州银行	50.91	14.71	11.79	6.06	12.04	6.32
烟台银行	50.90	17.78	10.76	4.35	10.26	7.74
南昌银行	50.28	15.48	10.69	5.50	10.25	8.36
哈尔滨银行	50.24	15.76	8.39	5.78	11.45	8.87
威海商行	50.08	16.03	9.88	5.42	10.85	7.90
晋城市商业银行	48.97	10.82	13.13	5.70	13.15	6.17
西安银行	48.73	12.07	12.11	5.86	11.81	6.87
大连银行	48.04	16.11	10.47	4.53	10.21	6.73
锦州银行	47.45	13.59	11.09	5.36	11.91	5.50
九江银行	47.19	13.19	10.22	5.67	11.86	6.24
民泰商行	46.60	12.11	10.20	5.30	11.22	7.77
潍坊银行	46.10	15.07	10.83	4.84	9.76	5.60
新乡银行	46.05	14.41	9.58	4.93	11.99	5.15
泰隆商行	45.74	10.16	11.80	6.08	11.35	6.35
龙江银行	45.31	17.44	6.25	5.50	10.38	5.74
邢台银行	45.11	13.95	8.26	4.89	11.97	6.04
浙江稠州商业银行	44.84	13.36	10.25	6.15	10.18	4.89
商丘华商农村商业银行	44.28	12.25	9.04	4.84	11.31	6.84
齐商银行	44.08	12.44	10.90	5.51	10.18	5.05
天津银行	43.72	12.29	10.25	6.03	9.66	5.50
宁夏银行	43.69	10.79	10.33	6.00	10.92	5.65
包商银行	43.61	11.89	8.92	5.99	8.99	7.83
青海银行	43.37	11.79	8.66	5.79	11.42	5.72

续表

银行名称	BGI	GEI	RCI	REI	IDI	MGI
沧州银行	42.94	11.68	11.42	5.20	10.28	4.35
珠海农商银行	42.82	10.87	7.76	5.78	9.94	8.46
平顶山银行	42.78	12.42	8.49	5.27	11.35	5.25
乐山市商业银行	42.77	13.49	8.77	4.96	9.75	5.80
嘉兴银行	42.64	11.26	8.89	5.93	10.28	6.28
吉林银行	42.34	10.80	9.04	4.73	9.84	7.93
华湘银行	42.27	12.20	8.34	5.12	11.60	5.02
赣州银行	42.21	9.85	9.31	7.17	10.93	4.95
江苏银行	42.05	14.40	6.89	5.77	10.35	4.63
邯郸银行	41.76	9.71	10.38	6.32	9.67	5.67
桂林银行	40.60	10.23	9.33	6.20	9.32	5.53
葫芦岛银行	40.27	9.67	8.15	5.40	10.27	6.78

注：由于篇幅限制，我们只汇报了 BGI≥40 的城市商业银行样本

近年，为了突破股权单一、业务范围窄等方面的局限，多家城市商业银行纷纷采取引进境内外战略投资者、跨区域经营等方式提升自身竞争力。据此，我们采用 SPSS 软件进行配对样本 t 检验以考察股权多元化、跨区域经营等引致的银行治理水平变化。

（二）基于第一大股东性质差异的治理水平分析

由于上市银行与非上市银行治理水平差异明显，我们剔除了 3 家上市银行，并将城市商业银行按照第一大股东性质分为国有（共 47 家城市商业银行）和非国有（共 25 家城市商业银行）。为构建配对样本，我们选取国有城市商业银行样本组中 1/4 分位至 3/4 分位之间的样本最终形成 25 个配对样本，配对样本 t 检验的具体结果见表 7-23。表 7-23 中，在总体治理水平上，非国有城市商业银行样本组在治理水平方面显著弱于国有城市商业银行样本组，其 Sig.值为 0.029；在一级指标方面，非国有城市商业银行样本组

仅在治理环境和监督方面的治理优于国有城市商业银行样本组，这归因于部分国有城市商业银行的所有权缺位会导致治理结构混乱、内部监督不严，国有股东的存在弱化了其他股东的监督作用。而在风险控制和信息披露方面，两组城市商业银行治理差异较小。

表 7-23　按照第一大股东性质差异分组配对检验

变量	平均值	标准差	标准误	t 值	df	Sig.
BGI	3.501	7.556	1.511	2.317	24	0.029
GEI	2.008	4.138	0.828	2.426	24	0.023
RCI	0.459	2.783	0.557	0.824	24	0.418
REI	−0.155	0.920	0.184	−0.843	24	0.407
IDI	0.275	1.686	0.337	0.815	24	0.423
MGI	0.917	2.177	0.435	2.106	24	0.046

（三）基于跨区域经营差异的治理水平分析

截止到 2010 年，共有 47 家银行设立分行，25 家城市商业银行未在异地设立分行（仍剔除 3 家上市银行）。按照上文方法，表 7-24 分别按照治理状况和设立分行数量构建配对样本。表 7-24 显示城市商业银行在设立分行扩张规模的同时，其自身治理水平得以提高，主要表现在治理环境的改善和监督机制的完善。另外，设立分行的样本组在管理水平、资本约束和流动性等方面较好，相比之下，该样本组在内部控制和信息披露方面并未表现出显著差异。

表 7-24　按照跨区域经营差异分组配对检验

Panel A　按照治理状况配对						
变量	平均值	标准差	标准误	t 值	df	Sig.
BGI	5.821	6.614	1.323	4.400	24	0.000
GEI	2.940	3.241	0.648	4.536	24	0.000
RCI	1.198	2.639	0.528	2.270	24	0.032
REI	0.540	0.897	0.179	3.011	24	0.006
IDI	−0.045	1.185	0.237	−0.191	24	0.850
MGI	1.188	2.183	0.437	2.722	24	0.012

续表

Panel B 按照设立分行数量配对					
变量	平均值	标准差	标准误	t 值	df	Sig.
BGI	5.168	9.507	1.901	2.718	24	0.012
GEI	1.940	4.313	0.863	2.250	24	0.034
RCI	1.368	3.797	0.759	1.802	24	0.084
REI	0.654	0.985	0.197	3.319	24	0.003
IDI	0.065	1.618	0.324	0.200	24	0.843
MGI	1.140	2.646	0.529	2.155	24	0.041

四、实证结果与分析

(一)基于银行治理指数的回归分析

表 7-25 给出了银行治理指数对绩效的回归结果。如表 7-25 所示，回归方程全部通过了 F 检验，也不存在多重共线性的问题。在模型(1)中，BGI 对银行绩效产生正向影响，并且在 5%的水平上显著，1 单位 BGI 的增加将引致 0.009 单位 EPS 的增加。在模型(2)~模型(6)中，虽然 GEI 对银行绩效不敏感，未产生正向影响(可能是因为治理组织架构和人员的组成具有稳定性，一届期限为 3 年)，但是 1 单位 GEI 的增加将引致 0.011 单位 EPS 的增加，相比之下，RCI、REI、IDI、MGI 均对银行绩效产生显著正向影响，并且 REI 的影响显著强于其他指标，1 单位 REI 的增加将引致 0.134 单位 EPS 的增加。

表 7-25　银行治理指数对绩效的回归结果

变量	被解释变量 EPS					
	(1)	(2)	(3)	(4)	(5)	(6)
BGI	0.009** (0.004)					
GEI		0.011 (0.010)				

续表

变量	被解释变量 EPS					
	(1)	(2)	(3)	(4)	(5)	(6)
RCI			0.024**			
			(0.011)			
REI				0.134***		
				(0.032)		
IDI					0.034**	
					(0.014)	
MGI						0.028*
						(0.016)
Board	−0.004	−0.002	−0.004	0.000	−0.002	−0.004
	(0.011)	(0.011)	(0.011)	(0.010)	(0.011)	(0.011)
S1	−0.005***	−0.005***	−0.004***	−0.005***	−0.005***	−0.005***
	(0.001)	(0.001)	(0.001)	(0.001)	(0.002)	(0.001)
SOE	−0.005	−0.012	−0.017	−0.035	−0.016	−0.007
	(0.048)	(0.052)	(0.047)	(0.046)	(0.048)	(0.049)
LEV	−0.008	−0.007	−0.010	−0.005	−0.010	−0.005
	(0.011)	(0.012)	(0.011)	(0.011)	(0.011)	(0.012)
LnCAP	0.081**	0.101***	0.092**	0.082**	0.097***	0.095***
	(0.034)	(0.036)	(0.035)	(0.039)	(0.034)	(0.032)
常数项	−1.234**	−1.362**	−1.243**	−1.629***	−1.498***	−1.276**
	(0.509)	(0.553)	(0.542)	(0.569)	(0.540)	(0.510)
样本量	75	75	75	75	75	75
Adj-R^2	0.34	0.29	0.33	0.40	0.32	0.31

注：括号内为标准误
***、**和*分别表示在 1%、5%和 10%的水平显著

（二）基于第一大股东性质差异的治理指数回归分析

表 7-26 给出了基于第一大股东性质差异的治理指数回归分析结果。在

总体治理水平方面，BGI 均对两组城市商业银行绩效产生正向影响，但其对非国有城市商业银行的影响更加显著且为国有城市商业银行的 2.5 倍。在国有城市商业银行中，仅有 REI 对绩效产生显著正向影响，其他指标未对绩效产生显著正向影响；在非国有城市商业银行中，仅有 GEI 对绩效产生不显著的正向作用，其他指标对绩效的正向影响均显著，并且仅有 REI 的影响显著程度弱于国有城市商业银行。因此，治理水平对非国有城市商业银行绩效的提升作用更加显著。

表 7-26　基于第一大股东性质差异的治理指数回归分析

			Panel A SOE=1			
变量	(1)	(2)	(3)	(4)	(5)	(6)
BGI	0.006 (0.005)					
GEI		0.008 (0.012)				
RCI			0.017 (0.014)			
REI				0.150^{***} (0.046)		
IDI					0.029 (0.023)	
MGI						0.012 (0.019)
其他	控制	控制	控制	控制	控制	控制
样本量	48	48	48	48	48	48
Adj-R^2	0.18	0.15	0.18	0.33	0.17	0.15
			Panel B SOE=0			
变量	(7)	(8)	(9)	(10)	(11)	(12)
BGI	0.015^{***} (0.005)					
GEI		0.016 (0.015)				

续表

变量	(7)	(8)	(9)	(10)	(11)	(12)
	Panel B SOE=0					
RCI			0.041***			
			(0.013)			
REI				0.124*		
				(0.065)		
IDI					0.042**	
					(0.019)	
MGI						0.064**
						(0.023)
其他	控制	控制	控制	控制	控制	控制
样本量	27	27	27	27	27	27
Adj-R^2	0.61	0.49	0.59	0.53	0.56	0.60

注：括号内为标准误

***、**和*分别表示在 1%、5%和 10%的水平显著

五、实证结论

本节通过构建银行治理评价指标体系系统全面衡量和测算了国内城市商业银行现阶段治理水平，并进一步分析其对银行绩效的影响。我们发现：第一，银行治理评价具有一定的合理性，银行治理指数越高表示银行治理风险越低，从而治理状况越好，绩效越高，在控制治理风险的同时又能满足股东追求利益的需要，好的银行治理确实有助于提升银行业绩，降低"风险转移"的第三类代理问题；第二，城市商业银行在优化股权结构和规模扩张时，治理状况的各个指标存在差异，第一大股东性质使非国有和在异地设立分行的城市商业银行在治理环境和监督方面表现较优，而在风险控制和信息披露方面表现相对较差。因此，城市商业银行在扩张的同时需要加强日常的风险控制，为扩张带来的后续问题提前做好准备以适应可能出现的风险状况。通过总体和分组回归分析发现，银行治理状况的改善能够显著改善自身绩效，并且治理状况改善对非国有城市商业银行绩效的提升作用更加显著。

第七节　完善国有控股商业银行治理的政策建议

一、完善国有控股商业银行外部治理

外部治理主要是指来自银行外部的政府和市场的监督约束机制，包括充分竞争的市场环境及竞争机制、法制环境及监督约束机制、宏观经济环境及调控机制和社会信用体制等。国有控股商业银行治理结构改革涉及问题众多，受到银行经营环境、法律环境、社会信用水平、金融市场发达程度和中央银行监管水平等多种因素的制约，不能单单依靠银行自身的努力，还需要国家政策环境的支持及市场条件的改善。

首先，政府需要规划逐步减少行政干预的步骤与方式，不能再采取直接委派行政官员的方式介入银行治理。在官员政治考核方面，要践行绿色理念，修正单纯关注经济增长的官员考核机制，代之以综合性的经济发展、环境保护和民众生活等指标，这也许是实现银行可持续发展的根本之策。银行要加强治理，构建较为完备的贷款审核发放、风险控制等机制，避免或弱化政府特别是官员的直接干预。

其次，要完善外部法律环境。公司治理一方面要靠内部制度完善和利益相关者素质的提高，但另一方面更需要外部约束（主要是法律约束）。完善法律的外部治理机制需要：第一，健全银行稳定经营的相关法律。银行业的稳健经营需要一套有利于金融合约的执行、贷款回收和担保品实现的法律制度，该法律框架的构成应当包括公司法、破产法、合同法及财产法，同时还需要执行和精简法院程序，以便根据这些法律寻求迅速而有效的补救方法。第二，强化法律对银行治理的外部监管职能。法律应赋予执法机构和监管机构权威性与独立性，一方面，可使银行能依靠公正有效的裁决行使其经济权利和义务；另一方面，当银行所有者和经营者违规时，监管者拥有可以不经政治批准实施处罚的权力。

二、完善国有控股商业银行内部治理

随着中国农业银行的正式上市，我国所有国有控股商业银行均实现了上市融资。上市有利于充实资本、改善公司治理结构，但上市并不意味着国有控股商业银行的治理结构达到最优。由于国有控股商业银行的股份制改革、资本金充实、不良贷款处置等都是在国家主导下完成的，许多深层次的制度问题并没有解决，内部的道德风险及外部的行政干预仍然存在。完善国有控股商业银行的内部治理结构还需从以下几个方面开展。

第一，完善国有控股商业银行的多元化产权结构。Lin 等(2015)对中国1999~2007 年银行业的研究发现，银行的股权结构和规模结构会对整个行业的成长产生影响，因此应当减少国有股权占比，以促进小金融机构的发展。通过明确国有控股商业银行最大出资人中央汇金公司法律地位、引入境外战略投资者、引入机构投资者等方面来继续国有控股商业银行的股份制改造，在确保投资主体分散化的条件下实现银行的专业化管理。

第二，完善董事会制度。公司治理实践表明，一个全面、相对独立且能为银行有效运行负责的董事会能够给银行带来长远的效益。改制后的国有控股商业银行在制度层面上已经发生了根本性变化，有健全的公司治理结构。但董事的提名和选任机制还不尽完善、董事会的议事规则和职责边界不十分明确、董事会所属的专门委员会还没有真正发挥作用，如何增强董事会的决策能力，提高董事会的独立性是银行必须面对的重要问题。未来应进一步规范董事会职权，明确独立董事的义务和责任，提高董事会独立性；规范董事会会议议程，对董事会会议次数、董事会会议记录保存及董事参加会议数量等进行详细规定；规范董事会结构，对董事会成员的选聘和构成进行详细规定，完善董事会所属专门委员会，为董事会提供专业决策意见。

第三，完善科学的绩效评价体系。要改变国有控股商业银行内部各部门的绩效评价指标单一的不足，根据各个岗位具体的特点，建立有效、明确的业绩考核与评价体系；同时推进股票期权激励和员工持股计划的实施，重视非物质化形式的激励。

第 八 章

国有控股证券公司治理研究

证券公司作为金融机构的重要组成部分，其治理是否有效，一方面会影响到证券业的健康发展，另一方面也会对社会经济的其他领域造成影响。因此，本章从金融机构治理中证券公司治理的角度，特别关注证券公司治理的有效性，探讨了中国证券公司治理对证券公司绩效的影响；之后初步构建起证券公司治理评价指标体系，对证券公司治理水平进行评价，从整体视角再次检验了证券公司治理是否有效；最后提出完善证券公司治理的政策建议。

第一节 问题提出与研究框架

本节首先回顾我国证券公司治理发展历程及治理现状，指出证券公司治理仍然潜在的问题；之后指出目前对证券公司治理的研究还未成体系，还需进一步构建与完善证券公司治理研究的理论体系。

一、我国证券公司的发展与治理问题的提出

(一)我国证券公司的发展

证券市场是市场经济体系的重要组成部分，我国证券市场诞生于我国经济从计划体制向市场体制转型的关键时刻，为国有企业的改革脱贫、市场资

源的优化配置及满足日益增加的融资需求贡献了巨大的力量。证券公司作为证券市场最重要的中介机构，对我国证券市场的成长发展起着强大的推动作用。经过二十多年的发展，我国证券公司既出现过行业性的亏损，也在牛市中实现过丰厚收益。

吴晓求等(2004)指出，证券公司通过为客户提供各种通道来获取收入，实现利润，这一模式使证券公司收入曲线与市场走势高度相关，具有高度不确定性和周期性。而证券业要突破原有盈利模式的约束，就必须在市场化基础上进行法人治理结构的完善来创造新的发展之路。伴随证券公司的快速发展，证券公司治理逐渐成为监管部门关注的核心。从现实的方面来考虑，证券公司直接面对资本市场，因此，证券公司的公司治理将通过种种途径直接或间接影响到资本市场。尚福林(2003)指出证券公司要建设成为现代金融企业，应达到以下五个方面的要求：一是权责分明的法人治理结构；二是完善有效的内部控制机制；三是明确的经营发展战略；四是科学的激励与约束机制；五是先进的企业文化和良好的职业操守。为推动证券公司的规范运作，完善公司治理，建立证券公司的现代企业制度，2003 年中国证监会出台第一个《证券公司治理准则(试行)》文件，明确了证券公司股东大会、董事会、监事会及经理层之间的职责划分。2005 年进一步提出对证券公司的综合治理，出台了《证券公司综合治理工作方案》，对于证券公司发展过程当中存在的问题缺陷，要求采取必要措施加以综合治理。之后，中国证券业进入快速成长的时期，证券公司数量逐渐增加，规模不断扩张，业务类型逐渐多元化，综合实力逐渐增强。据中国证券业协会数据，2012 年，全国共有114 家证券公司，比 2011 年增加 5 家，其中，上市证券公司共有 19 家。2012 年中国证监会修订了《证券公司治理准则(试行)》，强调证券公司董事会的重要地位，指出证券公司董事会对合规管理、风险管理和内部控制体系的有效性承担最终责任。截至 2013 年 6 月 30 日，114 家证券公司总资产为1.87 万亿元，净资产为 7172.46 亿元，净资本为 5009.14 亿元，客户交易结算资金余额 5690.00 亿元，托管证券市值 13.24 万亿元，受托管理资金本金总额 3.42 万亿元。2012 年证券公司未经审计财务报表数据显示，114 家证券公司全年实现营业收入 1294.71 亿元，全年实现净利润 329.30 亿元，99家公司实现盈利，占证券公司总数的 86.84%。2013 年上半年证券公司经营数据显示，114 家证券公司上半年实现营业收入 785.26 亿元，实现净利润 244.70 亿元，99 家公司实现盈利，占证券公司总数的 86.84%。随着证券行业的不断发展，证券公司综合实力不断增强，上市证券公司的数量不断增加。

与此同时，随着证券公司的快速发展，当前我国证券公司中也存在着问题，证券公司违法违规经营案件屡禁不绝。周洪荣等(2013)指出，中国内地证券公司发展必须做好风险控制，必须增强风险意识，建立和健全内控机制。2012 年 5 月，因万福生科等保荐项目业绩造假的平安证券，被中国证监会开出自 2004 年保荐制度出台以来针对保荐机构最严厉的罚单。平安证券在万福生科保荐上市中，未能勤勉尽责，其出具的发行保荐书、持续督导报告等存在虚假记载，拟对平安证券给予警告，没收平安证券万福生科项目上的承销佣金 2550 万元，并施以两倍的罚款，共计 7650 万元，暂停保荐资格 3 个月，相关保荐代表人处以 30 万元罚款，撤销保荐资格，终身市场禁入。光大证券 2013 年 8 月发生的"8·16"事件涉嫌利用内幕信息进行交易。在进行交易型开放式指数基金(通常又称为交易所交易基金，exchange traded funds，ETF)套利交易时，因程序错误，其所使用的策略交易系统以 234 亿元的巨量资金申购 180ETF 成分股，实际成交的 72.7 亿元为内幕交易。光大证券也因此受到中国证监会的处罚，没收内幕交易违法所得，4 人被终身市场禁入。此外，国信、民生等证券公司也被查出存在类似的保荐不尽职问题，中国证监会发审委 IPO 审核数据显示，从 2012 年初至今，有 300 多家拟上市企业倒在 IPO 的审核之路上。这让投资者不禁质疑保荐机构能否真正保护投资者利益，若不能，则会使这些证券公司遭受中国证监会的严厉处罚。

(二)我国证券公司治理问题的提出

当前我国国有控股证券公司均已建立完备的、现代的内部治理结构。根据《公司法》《证券法》及中国证监会相关制度的要求建立健全法人治理结构，公司治理情况基本符合相关法律法规的规定，形成了股东大会、董事会、监事会和经营管理层相互分离、相互制衡的公司治理结构，甚至有证券公司在全部上市公司中表现突出，如处于行业龙头地位的中信证券作为上海证券交易所"上证公司治理版块"样本公司，得到市场和投资者的认可。但就行业整体而言，股权结构不合理、内部控制不完善等问题使治理结构形式化，并伴随着广泛的治理失灵。在实际运作过程中，难以各司其职、各负其责，并未确保公司的规范运作，以致出现社会责任缺乏，保荐、交易等方面频现违法违规行为等不良现象，这在非上市国有控股证券公司中表现尤为明显，这些构成国有控股证券公司现今面临的重大现实和理论问题。

根据我国证券公司所有权性质，可以将证券公司股份分为国有性质股份(包括国有控股和国有独资)和其他性质股份两种类型。根据 2004 年度 113 家证券公司上报的数据统计，第一大股东股份性质为国有性质的公司总计有 88 家，占证券公司总数的 77.88%。这说明国内证券公司不仅股东数量较少，而且性质也较为单一。由于我国证券公司基本是在政府行为的主导下产生的，而非市场选择的结果，我国证券公司所有权性质具有典型的国有企业特征。

与西方投资银行相比，我国证券公司股东中国有大股东所占比重过大，股权不够分散，容易造成大股东控制经营层的局面，股东、董事会、监事会和经理人之间没有形成有效的相互制约、协调运作的机制。由于治理方式存在缺陷和董事会质量不高，我国证券公司董事会在公司治理中尚未有效发挥作用。目前在我国，多数证券公司的董事会由 12 人组成，如国信证券、南方证券等，在这两家证券公司的高级经理人员中，总裁均为董事会成员。国泰君安证券因合并等方面的特殊原因，董事会的规模相对较大，由 19 人组成，其中内部董事 5 人，外部董事 14 人。我国证券公司的外部董事虽然在董事会中占较大比重，但从其来源上看，大多数都来自证券公司的股东单位。这就是说，在我国的证券公司中，董事会成员大都属于关联董事，董事会缺乏必要的独立性。

从实际运作情况看，我国证券公司在从小到大的演变过程中，一般都存在董事长或总经理主导的核心管理队伍。在公司发展和长期合作中，这些人逐步形成凝聚力很强、外部力量难以介入的管理团队，把持着证券公司各级管理岗位，并以"人情和信任关系"替代内部控制制度。我国证券公司独立董事不仅人数不足，也存在形式化的现象。我国证券公司的监事会是公司治理结构中一个重要组成部分。在监事会的职能方面，由于很多公司对监事会的监督职能没有充分的认识，对监事会的建设未引起足够的重视，这严重制约了监事会监督作用的发挥。

我国国有控股证券公司的内部控制也存在一系列缺陷，包括公司治理结构和组织结构不健全，内部控制制度得不到应有的遵守等。制度建设是一项基础工作，它可以保证管理风险审计工作有章可循，提高工作效率，但目前许多证券公司在内控制度建设上不健全，主要表现为内控目标不明确、风险管理部门职责定位不清、监督管理不到位。另外，审计部门内部规章制度、业务操作规程和标准不健全，缺乏有效的约束控制机制和行为规范；风险管理手段落后，一些证券公司在风险预警、监测、评价和控制方面尚处于探索阶段，对风险管理的定性研究多、定量研究少，对证券公司风险进行量化较少，未能建立切合实际的风险衡量、评估模型和比较系统、科学的风险预警监测指标体系。

这些从一定程度上反映了我国证券公司治理方面存在一些不完备的地方，证券公司治理日益成为一个值得关注的问题。因此，完善的治理结构是证券公司可持续发展的根本保障。治理结构方面的不足为证券公司带来潜在风险的同时也限制了重组、整合的空间，投资者利益得不到有效保护，证券公司受地方政府和部门干预太多也使跨地区的整合重组显得相当困难。同时，由于证券公司直接面临资本市场，完善证券公司治理，优化公司治理结构，对于资本市场的发展也具有极为重要的意义。

因此，本章通过研究国有控股证券公司治理的特殊性，发掘证券公司治理风险的产生机理，充分考虑当前我国国有控股证券公司治理现状，分析我国国有控股证券公司治理风险的核心特征，建立我国国有控股金融机构治理风险的评价体系和防范机制，探讨现阶段我国国有控股证券公司治理风险的特殊性、生成机理、与金融风险的关系、在监管机构和证券公司自身层面的防治等重要问题。同时积极借鉴国际经验，紧密结合我国证券业发展实际，加强引导，经过规范的实证研究，科学、有效地探索出解决相关问题的对策，为完善国有控股证券公司治理提出科学对策。为解决证券公司的股权过于集中、法人治理结构不规范、证券公司内部管理模式的效率低下等问题提供一定的理论框架。本章针对证券公司与资本市场的关系及目前我国证券市场上存在的相关问题，从公司治理的角度出发，为完善资本市场相关制度建设、建立良好的投资环境做出一定的贡献。

二、证券公司治理研究框架

目前国内对证券公司治理的研究主要探讨了股权结构与公司治理绩效的关系(陈共炎,2004a)、股权结构与证券公司成本效率的关系(王聪和宋慧英,2012)。实证研究较为关注证券公司超级股东对公司绩效的影响,但是对证券公司治理其他治理机制的影响机理关注较少,还未能建立起完整的治理理论框架。

因此,本章主要从证券公司治理框架的构建、证券公司治理评价指标体系的构建与完善我国证券公司治理的对策建议三部分内容出发,尝试构建证券公司治理的理论框架。证券公司治理框架的构建方面,侧重于梳理公司治理、证券公司治理的国内外最新研究进展,在此基础上总结我国证券公司治理特殊性,发现证券公司中股权集中度较高,证券公司中超级股东的存在可能带来董事会"虚置"的问题,因此从股东治理和董事会治理两个方面,以提升证券公司有效性为目标,提出证券公司治理的理论框架。证券公司治理评价指标体系的构建方面,结合南开大学中国公司治理研究院提出的中国上市公司治理指数,初步提出并设计我国证券公司治理评价指标体系。完善我国证券公司治理的对策建议方面,主要针对国有控股证券公司,提出完善其公司治理的内外部建议。研究框架如图8-1所示。

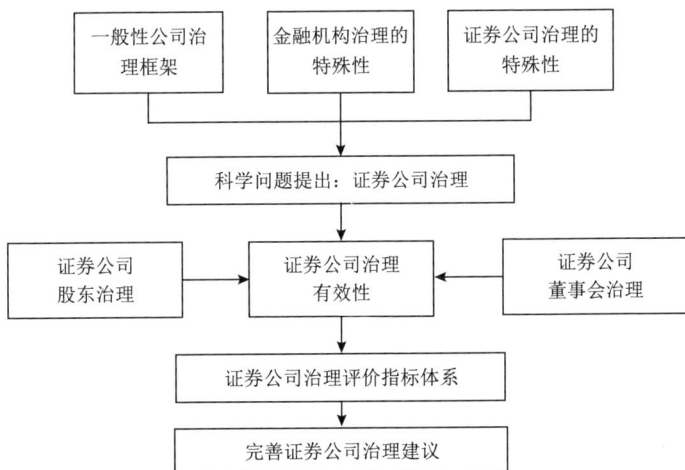

图 8-1 证券公司治理研究框架

第二节　国内外证券公司治理文献综述

本节梳理了国内外证券公司治理的相关研究，指出当前针对证券公司治理领域的研究普遍利用一般公司治理去解释证券公司治理问题，未能全面考虑证券公司治理特殊性，并且证券公司治理领域的研究尚未形成理论体系。

一、国外相关文献综述

国外学者对证券公司治理方面的研究最早衍生于证券公司的效率的实证检验。Fukuyama 和 Weber（1999）通过非参数线性规划方法研究了 1988～1993 年日本证券公司的效率。Jahanshahloo 等（2005）、Castro-Lacouture 等（2007）也使用了 DEA 方法来评估证券公司的效率。随着证券公司领域研究的深入，后续的学者开始关注证券公司治理对绩效的影响。Mamatzakis 和 Bermpei（2015）研究了美国投资银行的公司治理对公司绩效的影响，结果发现董事会规模与公司绩效呈负相关关系，特别是当董事会人数超过 10 人时。此外，CEO 权力与公司绩效呈正相关关系，董事会持股比例与公司绩效呈"U"形相关。

二、国内相关文献综述

（一）证券公司治理的定性研究

曾欣（2000）最早关注到证券公司治理问题，用委托代理理论分析了证券公司的内部和外部治理结构缺陷，并认为在内部风险控制方面建立"胡萝卜"激励机制，在外部治理机制方面建立一系列的"大棒"制度是防范经理层道德风险，完善证券公司治理的关键。国内对证券公司治理的研究经历了从定性研究到定量研究的转变。早期对证券公司治理的定性研究较多，如牛建波（2004）从股权结构、董事会、激励机制和信息披露四个方面对中外证券公司治理结构做了比较分析，提出中国证券公司实现产权制度多元化、实现产权分散化、重视职业生涯计划的长期激励作用、建立对独立董事的法人约束和实行全面的信息披露制度等。胡强(2006)认为我国证券公司中存在多种委托代理关系，所以证券公司行业最大的风险是治理风险。黄运成和李畅(2004)指出我国证券公司治理缺陷的根本原因是政府在市场经济发展中的错误定位，其双重身份下的过度干预及资本市场的行政化。陈共炎(2004b)指出证券公司内部控制存在问题，这可能导致巨大的政策风险和市场风险。陈共炎(2004a)认为股权结构仅仅是影响公司治理的一个因素，不存在最优或合理的股权结构。股权高度集中的治理模式与股权分散的治理模式都可能损害公司利益相关者的利益。张亦春等(2005)通过回顾关于美国投资银行利益冲突的监管，为中国证券市场的监管效率提供了借鉴。张宝双(2003)论证了证券公司治理中的激励机制、监督机制和决策机制是否有效是评价证券公司治理结构的基本途径。

庞介民和王庆仁(2003)从理论分析的角度对在目前新兴加转轨条件下，中国证券公司的风险及其成因进行了分析，从实践角度指出风险监控的现实约束，并提出内外部风险监控协调与平衡的基本架构应该是包括政府监督、市场约束和主体自律的三角形结构。黄运成和李畅(2004)指出了我国证券公司治理中存在的问题虽然形式上是微观的，但本质上却是宏观的，提出了完善公司治理的根本措施是加快政府体制改革，合理界定政府与企业、市场的边界，适度分散证券公司的股权等。

针对股权结构对证券公司治理的影响，韩梅(2007)、李源(2007)均做了相应的研究，发现股权结构的特征主要体现在控股股东的特征上，而我国绝大多数证券公司的主体脱胎于旧的计划经济体制，公司的控股股东几乎都是机构法人，且大部分是国有法人。以国有法人为主要股东的中国证券公司具有传统国有企业的浓厚特征，完全不同于个人私有产权基础上集合起来的合作制或股份制。其"非人格化"的、空泛的产权形式一方面使我国证券公司表面上完备的、现代的内部治理结构形式化，另一方面又存在着广泛的治理失灵。

(二)证券公司治理的定量研究

沈振宇等(2004)最早关注了证券公司治理的实证研究，他们认为，国家控股在公司治理上往往表现为"超强控制"和"超弱控制"两个极端现象，这两种治理模式对公司绩效产生不同作用，通过对证券公司第一大股东持股比例和绩效间关系研究发现，我国证券公司正由中国人民银行的"超强控制"转变为国有股权虚置的"超弱控制"。后续的研究中开展了一些实证研究。例如，王聪和宋慧英(2012)运用 SFA 法测度证券公司的成本效率，发现国有性质证券公司的效率低于非国有性质的证券公司，股权集中度与证券公司成本效率之间呈现"U"形关系。

何贤杰等(2014a)通过考察证券公司背景独立董事与证券公司持股之间的关系，研究了证券公司背景独立董事对投资者获取上市公司信息公平性的影响。研究结果显示，当上市公司聘请证券公司背景的独立董事之后，证券公司自营机构的投资者对这些公司的持股比例显著增加；进一步研究后发现，对于信息透明度较低的公司这一现象更加明显；最后研究结果还表明，证券公司自营机构通过投资具有证券公司背景独立董事的公司，获得了超额收益，这也进一步验证了信息优势的存在，要求对证券公司进行严格监管，完善我国的独立董事制度。此外，何贤杰等(2014b)对证券公司背景的独立董事研究发现，聘任了证券公司背景独立董事的公司内幕交易的严重程度显著高于其他公司，而且对于会计信息质量较低或聘请低质量审计师的公司，这一现象更为明显；另外，对于曾经聘任过证券公司背景独立董事的公司，内幕交易较为严重的现象主要存在于这些独立董事在职年度，拥有证券公司背景的独立董事可能导致上市公司的内幕交易问题，因此应当加强对相关行业的监管。陈毅(2014)利用因子分析将证券公司内部治理变量分成四个因子，即规模激励因子、结构因子、监管因子和独立性因子，进而分析内部治理因子对证券公司经营绩效的影响。

三、文献综述小结

国际研究由于存在研究对象上的差异，一般将投资银行与商业银行治理问题结合起来探讨，对证券公司的研究主要集中在运用实证方法检测衡量证券公司的效率及衡量不同公司结构对效率的影响，对证券公司所有权性质及其对证券公司治理的影响研究则相对较少。当前国内证券公司治理相关文献主要集中于证券公司股权结构与性质对治理的影响、内部控制对证券公司治理的影响、保荐人制度与证券公司治理的关系等方面。已有文献已认识到我国证券公司所有权性质具备典型的国有企业特征,并针对股权结构对证券公司治理的影响展开相关研究。

已有文献从不同角度对我国证券公司治理研究做出贡献,相关研究思路和方法对于我国证券公司治理研究具有一定的借鉴意义,但仍存在一些不足:第一,现有讨论证券公司治理有效性的研究较少,对证券公司治理的探讨局限于各公司治理机制对证券公司的影响,而未能从公司治理整体出发开展研究,对证券公司治理水平进行评价的研究不多;第二,现有研究普遍从一般公司治理理论研究证券公司治理问题,但是没有考虑证券公司治理本身有其特殊性,具体包括治理主体、治理结构、治理机制、治理目标和治理风险等方面;第三,从现有文献来看,研究还尚未构建证券公司治理的理论体系。

本章在对已有文献评析的基础上,从我国国有控股证券公司治理特殊性出发,在研究我国国有控股证券公司治理的同时,对证券公司特殊性进行总结提炼,以证券公司治理有效性为导向,建立金融机构治理理论体系,进一步完善金融机构治理理论;在此基础之上,本章初步构建起证券公司评价指标体系,对我国证券公司治理进行评价,并探究证券公司治理是否发挥治理有效性的问题。

第三节　证券公司治理与绩效关系实证研究

本节从股权结构和董事会结构两个方面,检验证券公司治理与公司绩效间的关系。选取的研究样本为 61 家证券公司,其中 47 家证券公司为国有控股,研究发现证券公司股权集中度与公司绩效之间负向关系显著,而董事会相关的治理指标与公司绩效间关系不显著。这说明国有控股证券公司中超级股东的存在,导致了董事会职能失效。

一、证券公司治理与绩效关系的理论分析

2008 年全球金融危机的爆发，再一次凸显了金融体系的治理风险，金融机构缺乏治理保障的金融创新，最终导致了巨大的灾难。金融危机的深刻教训表明，金融机构的公司治理目标不仅在于保护投资者的利益，更重要的在于减少市场系统风险和保持金融体系的稳定。金融机构最根本、重要的风险是治理风险，并且这种风险具有较强的延迟外部性，很容易被引爆而演变为金融风险。

当前我国证券公司治理风险主要表现在表面上完备的、现代的内部治理结构形式化，同时又存在着广泛的治理失灵，如股权结构不合理是国有控股证券公司现今面临的重大现实和理论问题。其中如何在现有股权结构条件下，提高包括国有股东在内的各个层面股东的积极性、发挥其参与公司治理的正面作用和限制其参与公司治理的负面作用等尤为重要。与此同时，在优化股权结构的过程中，未能充分考虑证券公司资本功能这一特殊性，无法构筑国有控股证券公司股东行为优化的微观基础。治理方面的这些问题和风险使我国证券公司出现严重的违法经营行为，证券公司分析师荐股过程中，对以基金为代表的投资者采取隐瞒、欺骗等行为屡禁不止，对整个资本市场产生不利影响，也为我国国有控股证券公司带来更大的治理风险。

证券公司作为连接资本市场与中小投资者的桥梁，承担着保障中国股市稳定的社会责任，因此研究证券公司治理有效性的提升具有重要意义。本章通过引进治理有效性这一核心概念并加以分析，突出国有控股证券公司的特性，强调公司治理的重要性，突出公司治理对公司绩效，特别是股权结构与董事会结构对公司绩效的影响，建立以提升治理有效性为目标，完善以风险控制为核心的证券公司治理机制体系，从而指导证券公司的健康发展。

金融机构治理已得到相关国际组织和政府监管部门的高度重视，除了需要运用一般公司治理理论和公司治理原则指导金融机构治理实践外，金融机构治理还存在一定的特殊性，具体包括治理主体、治理机制、治理目标及治理风险等的特殊性。本章主要以国有控股证券公司为研究对象，以治理绩效为分析导向，对这些特殊性进行总结提炼，使金融机构治理理论体系和核心概念体系在此分析基础上建立起来，对我国国有控股证券公司这一金融机构

治理问题进行研究，使金融机构治理理论更加深入。在国有控股证券公司治理分析研究的基础上，通过对证券公司治理状况开展评价，及时发现公司治理存在的问题，特别是一些重大问题，进而规避公司治理风险。同时又可作为监管部门加强公司治理监管的手段，最终提升证券公司治理水平。

（一）股权结构与公司绩效

股权结构是公司治理的基础，公司股权结构决定着公司控制权的分配，并进而影响着公司所有者间的协调机制。当公司股权集中度较高时，大股东有更大的话语权。对股权结构与绩效关系的研究始于 Berle 和 Means（1932），他们指出，公司股权集中与会计利润率之间存在正相关关系。孙菊生和李小俊（2006）的研究表明，国有股权持股比重与公司绩效呈显著负相关关系。Demsetz（1983）则认为，股权结构与企业价值和资源配置效率之间无内在联系。在商业银行的研究中，La Porta 等（2002）、Dinc（2005）的研究发现，国有银行的政府股东更多受到政治家追求个人政治目标的影响，政治家的多政治目标和多重委托代理等问题，共同导致了国有银行的经营效率低下。在证券公司当中，普遍存在公司股权较为集中的现象，现有研究认为证券公司大股东持股比例较高时，对公司绩效有负向影响（陈共炎，2004a）。Chen 等（2006）认为国有产权下管理层的激励手段、水平等激励约束机制通常不足，这可能导致公司低绩效，而王聪和宋慧英（2012）对股权集中度的研究发现股权集中度与证券公司效率呈"U"形关系。因此，我们提出假设 8-1a 和假设 8-1b。假设 8-1a：第一大股东持股比例与公司绩效负向相关。假设 8-1b：前五大股东持股比例与公司绩效负向相关。

（二）董事会结构与公司绩效

董事会作为公司决策的核心，其通过任命管理层人员，负责公司日常决策，从而达到股东与管理层利益相契合的目的，减少公司存在的代理冲突。Lipton 和 Lorsch（1992）认为董事会的监督能力会随着规模的扩大而增加，但是协调和组织过程的损失超过人数增加带来的收益时，董事会会给公司绩效带来负面影响。还有如 Beiner 等（2006）研究发现董事会规模与公司绩效无关。金融机构当中，Prowse(1997)研究发现，银行控股公司的董事会在惩罚管理者方面比一般公司董事会表现得更加不果断。de Andres 和 Vallelado(2008)对商业银行的研究发现，董事会规模与公司绩效呈倒"U"形关系。这说明董事会规模的扩大能够带来公司绩效的提升，但是当董事会规模过大时，可能降低公司绩效。Adams 和 Mehran(2012)对银行控股公司的研究发现董事会规模与银行绩效间呈正向关系。李维安和曹廷求(2004)认为中国商业银行的董事会规模与银行业绩存在正相关关系，表明董事会规模存在正效应。因此，我们提出假设 8-2a：董事会规模与公司绩效正向相关。

董事会独立性的提升能够促进公司的科学化决策，Jensen 和 Meckling(1976)认为独立性更强的董事会能够为公司绩效带来正向影响。Brickley 等(1994)的研究发现，董事会独立董事所占比例能够改善公司绩效。国内学者李竟成和赵守国(2006)的实证结论认为独立董事人数与公司绩效间呈倒"U"形关系。宋增基等(2007)认为我国上市银行独立董事对绩效有微弱的促进作用。王跃堂等(2006)研究发现独立董事比例与公司绩效间显著正相关。Tanna 等(2011)对银行的研究发现，董事会独立性与绩效间呈正相关关系。因此我们提出假设 8-2b：董事会独立性与公司绩效正向相关。

董事会专门委员会的设立能够反映出一家公司的董事会运营状况，专门委员会能够承担公司董事会的各项职能，从而更好地履行董事会职责。现有的研究发现，董事会中设立提名委员会、战略委员会和审计委员会能够为公司带来显著的治理溢价(牛建波和刘绪光，2008)。Ruigrok 等(2006)以瑞士公众公司的董事会作为样本，评估了与公司治理相关的提名委员会设置及其构成对公司的影响。此外还包括薪酬委员会对公司影响的研究，结果发现薪酬委员会对公司高管薪酬有正向影响(张必武和石金涛，2005)，从而能够带来公司绩效的提升。因此，我们提出假设 8-2c：董事会专门委员会设立个数与公司绩效正向相关。

二、研究设计与实证结果

(一)样本选取与数据来源

我们从中国证券业协会网站的信息披露栏目下载了 2015 年各证券公司

年报，通过手工收集的方法，整理出证券公司治理相关的数据及表达公司财务绩效的数据，一共119家证券公司，之后剔除了相关变量缺失及存在异常值的公司，最终得到了61个观测值，见表8-1。

表 8-1 证券公司样本名单

编号	公司简称	所有权性质	成立年份
1	大同证券	民营	2000
2	德邦证券	民营	2003
3	国联证券	民营	1992
4	东北证券	民营	2000
5	同信证券	民营	2000
6	太平洋证券	民营	2004
7	恒泰证券	民营	1998
8	银泰证券	民营	2006
9	江海证券	民营	2003
10	国金证券	民营	1990
11	国盛证券	民营	2002
12	联储证券	民营	2001
13	新时代证券	民营	2003
14	联讯证券	民营	1988
15	渤海证券	国有	1988
16	首创证券	国有	2000
17	申万宏源证券	国有	1996
18	山西证券	国有	1988
19	中信建投证券	国有	2005
20	东方证券	国有	1998
21	华福证券	国有	1988
22	东吴证券	国有	2001
23	中山证券	国有	1992
24	海通证券	国有	2007

续表

编号	公司简称	所有权性质	成立年份
25	中天证券	国有	2004
26	东海证券	国有	1993
27	网信证券	国有	1988
28	红塔证券	国有	2002
29	银河证券	国有	2007
30	华西证券	国有	2000
31	招商证券	国有	1991
32	国海证券	国有	2001
33	金元证券	国有	2002
34	长江证券	国有	1991
35	华英证券	国有	2011
36	信达证券	国有	2007
37	长城证券	国有	1996
38	华龙证券	国有	2001
39	国元证券	国有	2007
40	万和证券	国有	2002
41	万联证券	国有	2001
42	长城国瑞证券	国有	1988
43	光大证券	国有	1996
44	国泰君安	国有	1999
45	国信证券	国有	2008
46	财富证券	国有	2002
47	西部证券	国有	2012
48	中原证券	国有	2002
49	财达证券	国有	2002
50	广发证券	国有	1994

编号	公司简称	所有权性质	成立年份
51	兴业证券	国有	1991
52	华泰证券	国有	1991
53	华融证券	国有	1993
54	方正证券	国有	1994
55	天风证券	国有	1999
56	开源证券	国有	2001
57	中信证券	国有	1995
58	国都证券	国有	2001
59	中邮证券	国有	2002
60	西南证券	国有	1999
61	英大证券	国有	1995

(二)变量选取与模型设定

1. 变量选取

1)被解释变量

结合以往对金融机构治理与绩效的研究，对于公司绩效这一变量我们利用总资产收益率(ROA)来表示，总资产收益率=净利润/公司期末资产总额。

2)解释变量

股权结构中，我们使用 HHI 指数(HHI-5)和第一大股东持股比例(Shareholder1)来度量公司的股权集中度。其中，HHI-5=前五大股东持股比例的平方和。董事会结构中，我们选取董事会人数的对数来表示董事会规模(Boardsize)；选取独立董事占董事会人数比例来表示董事会独立性(Independence)。此外，我们还选取了董事会专门委员会个数来表示董事会运营情况(Committee)；选取了董事会现金薪酬的对数来表示董事会激励水平(Boardcom)。

3)控制变量

我们选取了公司总资产的对数来控制公司规模(LnAsset)；使用扣除客户

交易资金的总负债除以总资产来控制证券公司的资产负债率（Debttoasset）。此外，我们还选取公司高管人员现金薪酬的对数来控制薪酬激励对公司绩效的影响（Management）；选取所有权性质（Ownership）来控制公司性质。

本节实证选取的各相关变量及其定义汇总见表 8-2。

表 8-2　变量定义

变量性质	变量名称	变量符号	变量说明
被解释变量	总资产收益率	ROA	净利润/公司期末资产总额
解释变量	第一大股东持股比例	Shareholder1	——
	赫芬达尔指数	HHI-5	前五大股东持股比例的平方和
	董事会规模	Boardsize	董事会人数的对数
	独立董事占比	Independence	独立董事人数/董事会人数
	董事会专门委员会个数	Committee	——
	董事会薪酬	Boardcom	董事会现金薪酬的对数
控制变量	公司规模	LnAsset	公司总资产的对数
	资产负债率	Debttoasset	扣除客户交易资金的总负债/总资产
	管理层薪酬	Management	管理层现金薪酬的对数
	所有权性质	Ownership	国有为 1，民营为 0

2. 模型设定

基于上述分析，我们建立了如下模型：

$$\begin{aligned} ROA = {} & \alpha_0 + \alpha_1 Shareholder1 + \alpha_2 HHI\text{-}5 + \alpha_3 Boardsize + \alpha_4 Boardcom \\ & + \alpha_5 Committee + \alpha_6 Management + \alpha_7 LnAsset + \alpha_8 Debttoasset \\ & + \alpha_9 Independence + \alpha_{10} Ownership + \varepsilon \end{aligned} \tag{8.1}$$

（三）描述性统计

从描述性统计中我们发现，在股权结构指标中，全样本的第一大股东持股比例最高值为 100.0%，最小值为 12.8%，平均值为 44.5%，可见证券公司样本中股权集中度较高。与国有企业相比，民营企业的股权集中度更高，第一大股东持股比例平均值为 46.1%。董事会结构指标下，独立董事占比平均值为 37.9%，而董事会专门委员会个数平均值为 3.836 个。具体如表 8-3～表 8-5 所示。

表 8-3 变量描述性统计（全样本）

变量	样本数/个	平均值	中位数	标准差	全距	最小值	最大值
ROA/%	61	7.878	0.036	59.540	465.209	0.001	465.210
Shareholder1	61	0.445	0.344	0.261	0.872	0.128	1.000
HHI-5	61	0.319	0.195	0.282	0.981	0.019	1.000
Boardcom	61	5.788	5.927	1.298	5.428	2.398	7.826
Boardsize	61	2.227	2.197	0.382	1.946	1.099	3.045
Committee/个	61	3.836	4.000	0.820	5.000	2.000	7.000
Independence	61	0.379	0.364	0.150	0.708	0.167	0.875
Ownership	61	0.770	1.000	0.424	1.000	0.000	1.000
LnAsset	61	14.910	14.953	2.088	14.351	5.979	20.330
Management	61	1810.000	1359.812	1515.000	7617.100	207.900	7825.000
Debttoasset/%	61	3.081	0.577	13.970	78.500	0.020	78.520

表 8-4 变量描述性统计（国有样本）

变量	样本数/个	平均值	中位数	标准差	全距	最小值	最大值
ROA/%	47	10.030	0.035	67.840	465.209	0.001	465.210
Shareholder1	47	0.440	0.360	0.247	0.867	0.133	1.000
HHI-5	47	0.313	0.207	0.266	0.964	0.036	1.000
Boardcom	47	5.593	5.816	1.312	5.188	2.398	7.586
Boardsize	47	2.251	2.197	0.394	1.946	1.099	3.045
Committee/个	47	3.894	4.000	0.866	5.000	2.000	7.000
Independence	47	0.391	0.363	0.160	0.708	0.167	0.875
LnAsset	47	15.100	15.388	2.302	14.351	5.979	20.330
Management	47	1670.000	1351.380	1276.000	5404.100	207.900	5612.000
Debttoasset/%	47	2.220	0.610	11.370	78.500	0.020	78.520

表 8-5　变量描述性统计（民营样本）

变量	样本数/个	平均值	中位数	标准差	全距	最小值	最大值
ROA/%	14	0.656	0.043	2.303	8.655	0.002	8.657
Shareholder1	14	0.461	0.326	0.311	0.862	0.128	0.990
HHI-5	14	0.340	0.164	0.341	0.961	0.019	0.980
Boardcom	14	6.442	6.536	1.040	4.231	3.595	7.826
Boardsize	14	2.150	2.250	0.342	1.179	1.386	2.565
Committee/个	14	3.643	4.000	0.633	2.000	3.000	5.000
Independence	14	0.339	0.349	0.100	0.318	0.182	0.500
LnAsset	14	14.290	14.391	0.912	3.359	12.461	15.820
Management	14	2280.000	1429.566	2129.000	7567.000	258.000	7825.000
Debttoasset/%	14	5.971	0.413	20.780	78.046	0.134	78.180

（四）实证结果

从表 8-6 全样本公司的实证结果来看，模型（1）、模型（2）中，第一大股东持股比例、HHI-5 与证券公司绩效显著负向相关。模型（3）中董事会结构的各项指标与公司绩效关系不显著。由于将第一大股东持股比例与 HHI-5 放在同一回归方程时存在多重共线性问题，我们将股权结构的两个指标分别与董事会指标纳入回归中，发现第一大股东持股比例与公司绩效 ROA 始终负向显著。因此接受假设 8-1a。

表 8-6　全样本证券公司治理与公司绩效

变量	(1)	(2)	(3)	(4)	(5)
Shareholder1	−55.0323** (−2.3668)			−42.7938* (−1.6874)	
HHI-5		−43.2593** (−2.0210)			−30.9927 (−1.3109)
Boardcom			4.6493 (0.8045)	4.9567 (0.8723)	4.8969 (0.8527)
Committee			35.1621 (1.1385)	25.8682 (0.8386)	29.1042 (0.9383)

续表

变量	(1)	(2)	(3)	(4)	(5)
Boardsize			27.5635 (1.3076)	16.1437 (0.7408)	16.8960 (0.7522)
Independence			65.4250 (1.3121)	46.8862 (0.9337)	48.6407 (0.9510)
Ownership	28.2996** (2.0310)	28.0341* (1.9857)	25.1625 (1.6064)	27.2863* (1.7668)	26.7967* (1.7170)
LnAsset	−19.7195*** (−6.7937)	−19.2890*** (−6.6105)	−21.0136*** (−6.6567)	−21.3742*** (−6.8738)	−21.0936*** (−6.7267)
Management	18.1967** (2.5464)	19.6251*** (2.7437)	13.9988 (1.6578)	12.7459 (1.5299)	13.8434 (1.6505)
Debttoasset	0.2078 (0.4958)	0.1728 (0.4052)	0.1225 (0.2785)	0.1232 (0.2848)	0.0978 (0.2236)
常数项	173.3493** (2.5270)	146.3071** (2.2121)	41.3534 (0.5909)	116.1116 (1.4194)	89.0780 (1.1354)
样本量	61	61	61	61	61
R^2	0.4898	0.4767	0.4902	0.5172	0.5068
Adj-R^2	0.4430	0.4290	0.4120	0.4320	0.4200
F	10.5600 (0.0000)	10.0200 (0.0000)	6.2500 (0.0000)	6.0700 (0.0000)	5.8230 (0.0000)

注：括号内为 t 值
***、**和*分别表示在 1%、5%和 10%的水平显著

之后，我们从样本中选取国有控股的证券公司，如表 8-7 所示，国有控股证券公司在模型(6)和模型(7)中，第一大股东持股比例及 HHI-5 与公司绩效 ROA 负向显著，系数分别为−78.0347 和−63.5882。在模型(8)中董事会相关的指标与公司绩效系数虽然为正，但结果始终不显著。由于第一大股东持股比例与 HHI-5 在同一模型中时存在严重的多重共线性，在纳入董事会相关指标后，对这两个变量分别回归。在模型(9)和模型(10)中，第一大股东持股比例及 HHI-5 与公司绩效负向关系显著，系数分别为−68.0261 和−55.4400；董事会的各项指标与公司绩效间系数为正，但关系不显著。

表 8-7　国有控股证券公司治理与公司绩效

变量	(6)	(7)	(8)	(9)	(10)
Shareholder1	−78.0347** (−2.5944)			−68.0261** (−2.0531)	
HHI-5		−63.5882** (−2.3128)			−55.4400* (−1.8055)
Boardcom			6.2974 (0.9328)	7.0438 (1.0838)	6.9454 (1.0566)
Committee			48.4123 (1.2906)	35.2690 (0.9631)	39.8489 (1.0835)
Boardsize			18.7945 (0.7408)	1.1023 (0.0426)	−0.1649 (−0.0062)
Independence			60.3056 (1.0763)	33.4540 (0.6036)	32.8102 (0.5801)
LnAsset	−21.5230*** (−6.7868)	−21.0097*** (−6.5915)	−22.5452*** (−6.4204)	−23.2581*** (−6.8548)	−22.8816*** (−6.6923)
Management	26.5371*** (2.8766)	29.3891*** (3.2041)	24.6461** (2.2573)	22.2617** (2.1085)	24.9739** (2.3524)
Debttoasset	0.2407 (0.3907)	0.1931 (0.3080)	0.2303 (0.3499)	0.2093 (0.3308)	0.1744 (0.2723)
常数项	179.4019** (2.1705)	136.9449* (1.7551)	8.2183 (0.0949)	129.7130 (1.2702)	89.6837 (0.9389)
样本量	47	47	47	47	47
R^2	0.5602	0.5473	0.5490	0.5940	0.5846
Adj-R^2	0.5180	0.5040	0.4680	0.5090	0.4970
F	13.3700 (0.0000)	12.7000 (0.0000)	6.7820 (0.0000)	6.9500 (0.0000)	6.6850 (0.0000)

注：括号内为 t 值
***、**和*分别表示在 1%、5%和 10%的水平显著

三、实证结论

本节通过检验股权结构、董事会结构与证券公司绩效发现，证券公司第一大股东持股比例与公司绩效间负向相关，公司越高的股权集中度，却带来了越差的公司绩效，那么在这一股权结构下，董事会结构中的各个指标与公司绩效关系不显著，董事会难以发挥作用，超级股东控制下，董事会被虚

置。在国有控股证券公司样本中，这一结论依然成立。与前述证券公司治理的研究如陈共炎(2004a)、沈振宇等(2004)的结论一致。这说明，在证券公司当中，受到超级股东控制公司的影响，董事会职能被虚化，董事会难以发挥治理作用，证券公司治理有效性亟待加强。

第四节　我国证券公司治理评价与实证研究

本节阐述了构建证券公司治理评价指标体系的重要意义；之后基于获取的 2015 年证券公司的相关治理数据，初步构建了我国证券公司治理评价指标体系，从股东治理、董事会治理、监事会治理、经理层治理、信息披露和外部监管 6 个维度，共计 20 个指标对证券公司治理水平进行评价；并基于评价结果从整体视角检验了我国证券公司治理的有效性。

一、构建证券公司治理评价指标体系的意义

公司治理研究的重要任务在于探讨如何建立一套科学完善的公司治理评价指标体系。通过体系的运行，可以掌握公司治理的现状，观察与分析中国公司在公司治理结构与治理机制建设、投资者利益保护等方面的现状与问题，促进提高公司治理质量及公司价值。本节从金融机构治理现实需求出发，将金融机构治理理论与数理方法相结合，以规范研究与实证研究的成果为依据，考虑到中国国有控股金融机构在资本结构、市场竞争、政府管制等方面存在的诸多特殊性，结合金融中介的特殊性质，进一步优化国有控股金融机构治理评价指标体系，并采用量化方法系统地评价国有控股金融机构治理环境、治理质量、治理风险、治理成本与治理绩效，最终将金融机构治理理论和金融机构治理评价指标体系应用到国内样本的案例和实证研究，为优化我国国有控股金融机构治理机制提供政策建议。

我国国有控股证券公司具有服务于实体经济的本质特征，控股股东相对谈判力较强，具有明显的超级大股东性质。对于我国国有控股证券公司治理的评价必须要把握其特殊性，围绕这一特殊性构建并优化治理评价指标体

系，以免造成评价结果与实际情况的偏离。同时，在一定程度上促使证券公司董事会更好地承担监督职责，如董事会加强监管高级经理，加强对公司的控制力度，制定贯彻合理的公司章程等，并从外部监管和利益相关者保护的外部视角来建立我国国有控股证券公司治理体系，使投资者能够对证券公司的治理水平与治理风险进行判断，识别在公司治理方面的现状与可能存在的风险，判断治理状况与风险的走势及其潜在投资价值，减轻信息不对称性，提高决策科学性，进而提高决策水平。

对于投资者、企业而言，更快更直观地发现企业运营管理中所表现的责任现状，有利于对企业自身行为的约束，从而提高企业绩效。所以，本章以此为目的，建立一套适合证券公司的公司治理评价指标体系，引导其更好地规范行为，提高企业绩效，为投资者带来更高的效益，并促进资本市场的完善。

二、证券公司治理评价指标体系设计

(一)证券公司治理评价的主体与客体

证券公司治理评价的目的是保护利益相关者利益，维护金融业稳定，从而保证证券公司的长期经营和健康发展，因此国家的监管机构应当参与到证券公司的治理评价中来，从监管的目的出发进行有效评价。此外，为了维持治理评价的客观性与准确性，避免被评价机构的潜在的寻租行为，民间评价机构的介入能够有效避免这一问题。所以证券公司治理评价的主体应当是国家监管机构和民间评价机构的结合。

证券公司治理评价的客体，是针对不同组织形式的证券公司，构建与之相适应的治理评价指标体系，从而使证券公司治理评价更具科学性与有效性。

(二)评价体系建立原则

1. 可操作性原则

证券公司评价指标体系设计要简明扼要、含义明确、科学合理，既要考虑其比较、分析和综合评价的功能性，还要考虑相关数据资料获取的可能性，对于设计的指标体系能够进行有效测度和统计，确保统计数据可靠，操作程序简便易行。

2. 明确性原则

该原则是指该指标要具有明确的行为定义，并且可以通过 1 和 0 两个数字来代表公司是否拥有某类具体治理指标。

3. 有效性原则

该原则是指该指标信息的披露要及时、真实和有效。我们在每个层面进行了代表指标的选取。指标选取主要考虑的是，突出重点，以点带面，力图使所选指标具有代表性和可操作性，选取其中有可靠信息承载量的关键指标。

4. 成本最优原则

指标的选取不仅要保证系统科学，充分考虑对企业的涵盖程度，还要注意指标信息收集的成本。选择可以在数据库及媒体中直接反映的行为指标，如有些可以从公司的财务数据中得到，有些可以从平面媒体的介绍中获知，尽量保证数据收集的成本最小化。

(三)评价体系指标

结合证券公司治理评价指标体系的设计，我们参考了南开大学中国公司治理研究院设计的中国上市公司治理指数，结合证券公司作为金融机构的特殊性，从股东治理、董事会治理、监事会治理、经理层治理、信息披露和外部监管 6 个方面，共计 20 个具体治理指标展开评价。证券公司治理评价的具体指标见表 8-8。

表 8-8 证券公司治理评价指标体系设计

治理维度	治理指标	评价标准
股东治理	第一大股东持股比例是否大于平均值	是为 0，否为 1
	前五大股东持股比例之和是否大于平均值	是为 0，否为 1
	第二大股东持股比例/第一大股东持股比例是否大于平均值	是为 1，否为 0
	第二至第五大股东持股比例之和/第一大股东持股比例是否大于平均值	是为 1，否为 0

续表

治理维度	治理指标	评价标准
董事会治理	董事会规模是否合规	是为1，否为0
	内部董事占比是否高于1/2	是为0，否为1
	独立董事占比是否高于1/4	是为1，否为0
	董事会专门委员会设立个数是否大于3个	是为1，否为0
	董事薪酬是否大于平均值	是为1，否为0
	独立董事薪酬是否大于平均值	是为1，否为0
监事会治理	监事会规模是否大于平均值	是为1，否为0
	监事薪酬是否大于平均值	是为1，否为0
经理层治理	经理层人数是否大于平均值	是为1，否为0
	经理层薪酬是否大于平均值	是为1，否为0
信息披露	年报披露长度是否大于平均值	是为1，否为0
	年报公司治理披露是否完整	是为1，否为0
	年报是否披露风险指标	是为1，否为0
	年报中披露数据是否清晰可得	是为1，否为0
外部监管	是否存在公司治理创新	是为1，否为0
	证券公司信用评级水平	E为0；D为0.5；C为1；CC为1.5；CCC为2；B为2.5；BB为3；BBB为3.5；A为4；AA为4.5；AAA为5

三、中国证券公司治理指数分析

（一）中国证券公司治理指数总体描述

1. 各治理指数的描述性统计

基于上述构建的证券公司治理指标体系，我们将各个治理评价指标等权重相加得到治理指数。从表8-9中可以看出，全样本中证券公司治理指数为13.840，而国有样本的证券公司治理指数为14.050（表8-10），高于民营证券公司治理指数，民营证券公司治理指数为13.110（表8-11）。公司治理指数比较及公司治理指数直方图见图8-2和图8-3。

表 8-9　中国证券公司治理指数描述性统计（总样本）

治理指数	样本数/个	平均值	中位数	标准差	全距	最小值	最大值
公司治理指数	61	13.840	14.000	4.793	17.500	5.000	22.500
股东治理指数	61	1.918	2.000	1.595	4.000	0.000	4.000
董事会治理指数	61	4.000	4.000	1.278	5.000	1.000	6.000
经理层治理指数	61	0.885	1.000	0.798	2.000	0.000	2.000
监事会治理指数	61	0.590	0.000	0.761	2.000	0.000	2.000
外部监管指数	61	4.148	4.000	0.628	3.000	2.500	5.500
信息披露指数	61	2.295	3.000	1.754	4.000	0.000	4.000

表 8-10　中国证券公司治理指数描述性统计（国有样本）

治理指数	样本数/个	平均值	中位数	标准差	全距	最小值	最大值
公司治理指数	47	14.050	14.000	4.914	17.500	5.000	22.500
股东治理指数	47	1.936	2.000	1.552	4.000	0.000	4.000
董事会治理指数	47	4.043	4.000	1.334	5.000	1.000	6.000
经理层治理指数	47	0.872	1.000	0.797	2.000	0.000	2.000
监事会治理指数	47	0.660	0.000	0.788	2.000	0.000	2.000
外部监管指数	47	4.202	4.000	0.640	3.000	2.500	5.500
信息披露指数	47	2.340	3.000	1.773	4.000	0.000	4.000

表 8-11　中国证券公司治理指数描述性统计（民营样本）

治理指数	样本数/个	平均值	中位数	标准差	全距	最小值	最大值
公司治理指数	14	13.110	14.000	4.456	12.500	6.000	18.500
股东治理指数	14	1.857	2.000	1.791	4.000	0.000	4.000
董事会治理指数	14	3.857	4.000	1.099	3.000	2.000	5.000
经理层治理指数	14	0.929	1.000	0.829	2.000	0.000	2.000
监事会治理指数	14	0.357	0.000	0.633	2.000	0.000	2.000
外部监管指数	14	3.964	4.000	0.571	2.000	3.000	5.000
信息披露指数	14	2.143	2.500	1.748	4.000	0.000	4.000

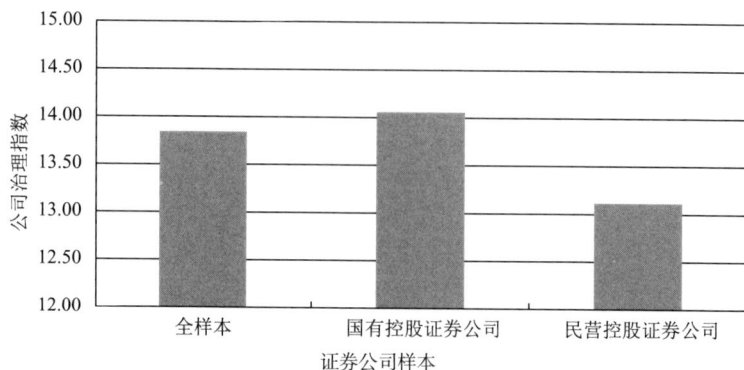

图 8-2　分控股股东性质的中国证券公司治理指数比较

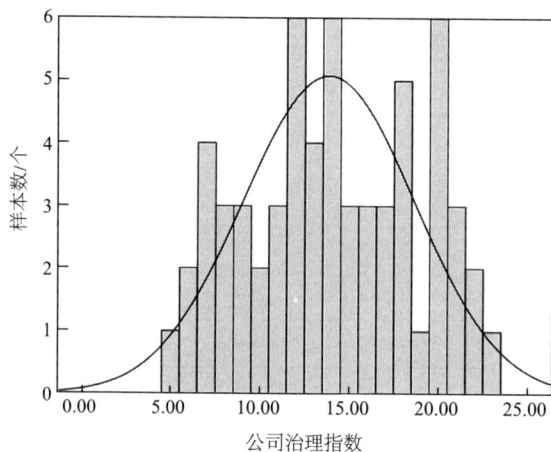

图 8-3　中国证券公司治理指数直方图

2. 治理指数分维度描述

从表 8-9～表 8-11 的各个分指数来看，股东治理指数较低，仅为 1.918，说明我国证券公司股东治理水平较低；董事会治理水平相对较高，为 4.000；监事会治理水平总体较低，为 0.590。通过对国有样本与民营样本的比较发现，国有控股的证券公司在各个分维度上，分指数普遍高于民营证券公司。图 8-4～图 8-9 为各分指数的直方图。

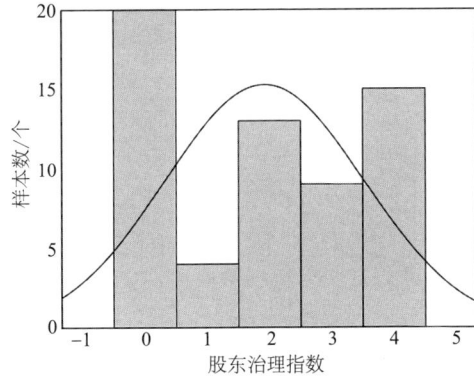

图 8-4 证券公司股东治理指数直方图

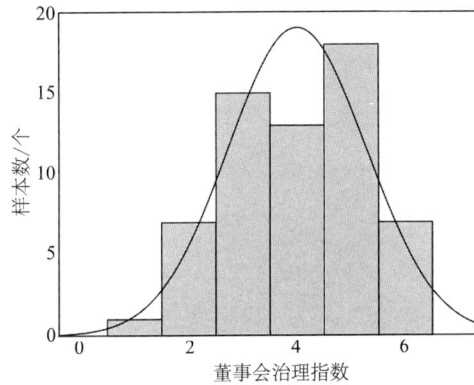

图 8-5 证券公司董事会治理指数直方图

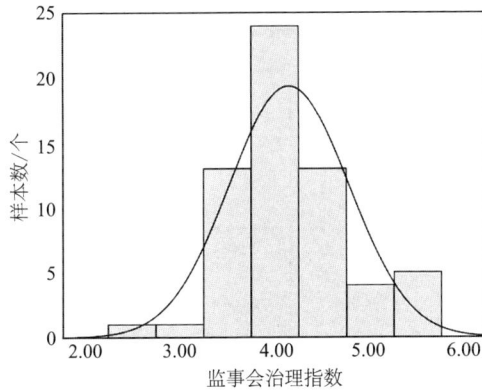

图 8-6 证券公司监事会治理指数直方图

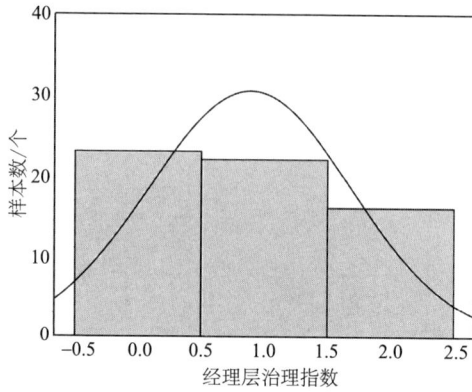

图 8-7   证券公司经理层治理指数直方图

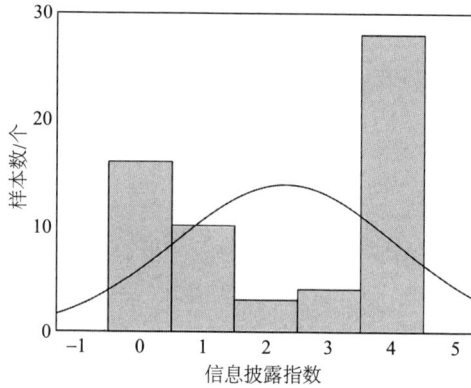

图 8-8   证券公司信息披露指数直方图

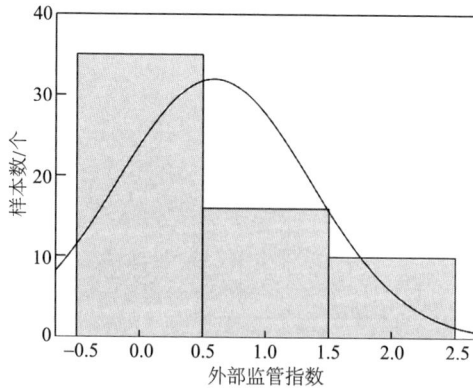

图 8-9   证券公司外部监管指数直方图

3. 评价样本治理排名分析

从表 8-12 中可知，2015 年中国证券公司治理指数排名中，长江证券的公司治理指数最高，为 22.5；指数最低的是英大证券，为 5.0；公司治理指数高于 20 的证券公司有 6 家，均为国有控股证券公司；公司治理指数低于 10 的证券公司有 13 家，其中有 3 家民营控股证券公司，其余公司均处于 10 与 20 之间。这说明，我国证券公司治理水平有所提升，但是整体上还处于治理形式上的合规，并未全面实现公司治理实质的提升。

表 8-12　中国证券公司治理指数排名

编号	公司简称	所有权性质	公司治理指数	编号	公司简称	所有权性质	公司治理指数
1	长江证券	国有	22.5	23	山西证券	国有	16.0
2	广发证券	国有	21.5	24	新时代证券	民营	15.5
3	招商证券	国有	21.5	25	国海证券	国有	15.0
4	中原证券	国有	21.0	26	东海证券	国有	15.0
5	光大证券	国有	21.0	27	西南证券	国有	14.5
6	华泰证券	国有	20.5	28	西部证券	国有	14.0
7	方正证券	国有	20.0	29	华龙证券	国有	14.0
8	中信证券	国有	19.5	30	国盛证券	民营	14.0
9	国泰君安	国有	19.5	31	太平洋证券	民营	14.0
10	国元证券	国有	19.5	32	国联证券	民营	14.0
11	银河证券	国有	19.5	33	中信建投证券	国有	13.5
12	海通证券	国有	19.5	34	国都证券	国有	13.0
13	国金证券	民营	18.5	35	开源证券	国有	12.5
14	联讯证券	民营	18.0	36	华融证券	国有	12.5
15	恒泰证券	民营	18.0	37	联储证券	民营	12.5
16	东北证券	民营	18.0	38	万联证券	国有	12.0
17	国信证券	国有	17.5	39	华西证券	国有	12.0
18	东方证券	国有	17.5	40	华福证券	国有	12.0
19	天风证券	国有	16.5	41	渤海证券	国有	12.0
20	兴业证券	国有	16.5	42	大同证券	民营	12.0
21	申万宏源证券	国有	16.5	43	中山证券	国有	11.5
22	东吴证券	国有	16.0	44	财达证券	国有	11.0

续表

编号	公司简称	所有权性质	公司治理指数	编号	公司简称	所有权性质	公司治理指数
45	红塔证券	国有	11.0	54	长城国瑞证券	国有	7.5
46	信达证券	国有	10.5	55	万和证券	国有	6.5
47	金元证券	国有	10.0	56	网信证券	国有	6.5
48	德邦证券	民营	10.0	57	江海证券	民营	6.5
49	中邮证券	国有	8.5	58	同信证券	民营	6.5
50	长城证券	国有	8.5	59	银泰证券	民营	6.0
51	中天证券	国有	8.5	60	首创证券	国有	5.5
52	财富证券	国有	8.0	61	英大证券	国有	5.0
53	华英证券	国有	8.0				

(二)中国证券公司治理指数各维度分析

表 8-13 是对 61 家证券公司各个分治理指数的评价,其中股东治理指数中最高为 4.0,有 15 家;董事会治理指数最高为 6.0,有 7 家;经理层治理指数最高为 2.0,有 16 家;监事会治理指数最高为 2.0,有 10 家;信息披露指数最高为 4.0,有 28 家;外部监管指数最高为 5.5,有 4 家。

表 8-13　中国证券公司各分治理指数

公司简称	股东治理指数	董事会治理指数	经理层治理指数	监事会治理指数	信息披露指数	外部监管指数
大同证券	4.0	3.0	0.0	0.0	1.0	4.0
德邦证券	0.0	4.0	1.0	0.0	0.0	5.0
国联证券	0.0	4.0	0.0	1.0	4.0	5.0
东北证券	2.0	5.0	1.0	2.0	4.0	4.0
同信证券	0.0	3.0	0.0	0.0	0.0	3.5
太平洋证券	2.0	3.0	1.0	0.0	4.0	4.0
恒泰证券	4.0	5.0	2.0	1.0	2.0	4.0
银泰证券	0.0	2.0	0.0	0.0	1.0	3.0
江海证券	0.0	2.0	1.0	0.0	0.0	3.5

续表

公司简称	股东治理指数	董事会治理指数	经理层治理指数	监事会治理指数	信息披露指数	外部监管指数
国金证券	3.0	5.0	2.0	0.0	4.0	4.5
国盛证券	0.0	5.0	2.0	0.0	3.0	4.0
联储证券	4.0	4.0	0.0	1.0	0.0	3.5
新时代证券	3.0	4.0	2.0	0.0	3.0	3.5
联讯证券	4.0	5.0	1.0	0.0	4.0	4.0
渤海证券	4.0	3.0	0.0	0.0	1.0	4.0
首创证券	0.0	2.0	0.0	0.0	0.0	3.5
申万宏源证券	0.0	4.0	2.0	2.0	4.0	4.5
山西证券	2.0	5.0	0.0	1.0	4.0	4.0
中信建投证券	2.0	3.0	2.0	1.0	1.0	4.5
东方证券	2.0	6.0	0.0	1.0	4.0	4.5
华福证券	3.0	4.0	1.0	0.0	0.0	4.0
东吴证券	2.0	5.0	0.0	1.0	4.0	4.0
中山证券	0.0	4.0	2.0	1.0	1.0	3.5
海通证券	2.0	5.0	2.0	2.0	4.0	4.5
中天证券	0.0	4.0	0.0	1.0	0.0	3.5
东海证券	3.0	5.0	2.0	1.0	0.0	4.0
网信证券	1.0	3.0	0.0	0.0	0.0	2.5
红塔证券	3.0	3.0	0.0	0.0	1.0	4.0
银河证券	1.0	6.0	2.0	1.0	4.0	5.5
华西证券	4.0	3.0	1.0	0.0	0.0	4.0
招商证券	4.0	6.0	1.0	2.0	4.0	4.5
国海证券	2.0	3.0	1.0	0.0	4.0	5.0
金元证券	0.0	4.0	0.0	0.0	2.0	4.0
长江证券	4.0	6.0	1.0	2.0	4.0	5.5
华英证券	1.0	3.0	0.0	0.0	0.0	4.0
信达证券	0.0	5.0	0.0	1.0	0.0	4.5
长城证券	0.0	3.0	1.0	0.0	1.0	3.5

续表

公司简称	股东治理指数	董事会治理指数	经理层治理指数	监事会治理指数	信息披露指数	外部监管指数
华龙证券	3.0	3.0	0.0	0.0	4.0	4.0
国元证券	4.0	5.0	1.0	1.0	4.0	4.5
万和证券	0.0	2.0	0.0	0.0	1.0	3.5
万联证券	2.0	4.0	2.0	0.0	0.0	4.0
长城国瑞证券	0.0	3.0	0.0	0.0	1.0	3.5
光大证券	4.0	5.0	2.0	2.0	4.0	4.0
国泰君安	2.0	5.0	2.0	2.0	4.0	4.5
国信证券	3.0	5.0	1.0	0.0	4.0	4.5
财富证券	0.0	2.0	2.0	0.0	0.0	4.0
西部证券	0.0	5.0	1.0	1.0	3.0	4.0
中原证券	3.0	6.0	2.0	2.0	4.0	4.0
财达证券	2.0	3.0	1.0	0.0	1.0	4.0
广发证券	4.0	6.0	1.0	1.0	4.0	5.5
兴业证券	2.0	5.0	1.0	0.0	4.0	4.5
华泰证券	4.0	4.0	1.0	2.0	4.0	5.5
华融证券	0.0	5.0	1.0	2.0	0.0	4.5
方正证券	3.0	6.0	2.0	0.0	4.0	5.0
天风证券	4.0	4.0	1.0	0.0	4.0	3.5
开源证券	1.0	3.0	1.0	0.0	4.0	3.5
中信证券	4.0	5.0	0.0	1.0	4.0	5.5
国都证券	4.0	2.0	1.0	0.0	2.0	4.0
中邮证券	0.0	2.0	0.0	0.0	3.0	3.5
西南证券	2.0	4.0	0.0	0.0	4.0	4.5
英大证券	0.0	1.0	0.0	0.0	0.0	4.0

四、基于治理指数的证券公司治理有效性实证研究

本节进一步探究了中国证券公司治理指数（CGI）与公司绩效间的关系，

为了进一步论证证券公司治理指数与公司绩效的关系，我们构建了回归方程进行检验。

从以往的研究来看，基于中国上市公司治理指数的评价样本，李维安和唐跃军(2006)发现，上市公司治理指数对总资产收益率、每股净资产、加权每股收益、每股经营性现金流量、总资产周转率、总资产年度增长率及财务预警值均有显著的正面影响，这表明拥有良好的公司治理机制有助于提升企业的盈利能力、股本扩张能力、运营效率和成长能力，有助于增强财务弹性和财务安全性。郝臣等(2016)利用中国上市公司治理指数的评价结果对我国上市金融机构进行了实证研究，他们发现公司治理质量的提升对上市金融机构财务绩效的提升和风险承担的控制均有显著作用，但仅董事会治理分维度的指标体现出显著影响。除了利用南开大学中国公司治理研究院的中国上市公司治理指数之外，白重恩等(2005)综合考虑了公司治理内、外部机制，运用主元因素分析法集合八个指标构建了公司治理指数(G指数)，并通过实证研究发现，治理水平高的企业其市场价值也高；投资者愿为治理良好的公司付出相当可观的溢价。因此，我们提出假设 8-3：证券公司治理指数与公司绩效正向相关。

$$\text{ROA} = \alpha_0 + \alpha_1\text{CGI} + \alpha_2\text{Ownership} + \alpha_3\text{LnAsset} + \alpha_4\text{Debttoasset} + \varepsilon \quad (8.2)$$

实证结果见表 8-14，我们发现证券公司治理指数与公司绩效间呈正相关关系。这说明尽管证券公司集中的股权结构与公司绩效间呈负向显著关系，但是在其他治理机制的作用下，证券公司治理机制能够发挥一定的绩效提升作用，证实了假设 8-3。

表 8-14 证券公司治理指数与绩效关系

变量	(11)	(12)
CGI	0.0061*** (3.2469)	0.0078*** (3.3281)
Ownership	0.0177 (0.9259)	
LnAsset	−0.0161*** (−3.6913)	−0.0180*** (−3.6037)

续表

变量	（11）	（12）
Debttoasset	−0.0002 （−0.2804）	−0.0002 （−0.1933）
常数项	0.1944*** （3.3747）	0.2174*** （3.2868）
样本量	61	47
R^2	0.2349	0.2739
Adj-R^2	0.1800	0.2230
F	4.2980 （0.0000）	5.4060 （0.0000）

注：括号内为 t 值
***表示在 1%的水平显著

为检验证券公司治理水平与绩效间的关系，本节进一步通过因子分析的方法，基于证券公司的各项公司治理指标构建了公司治理指数，结果表明，证券公司治理指数与公司绩效间呈现正相关关系，与前述结论一致。因此，虽然证券公司股权集中度与公司绩效间呈现负相关关系，但是在其他治理机制的作用下，证券公司治理能够对绩效提升发挥一定的作用。

第五节　本章主要结论与政策建议

本节首先给出对证券公司治理研究的结论，验证了我国证券公司超级股东存在导致董事会职能虚化的观点；并通过构建证券公司治理指数，探究证券公司整体治理水平与公司绩效间的关系，发现虽然超级股东的存在导致了董事会虚置的问题，但是通过其他公司治理机制，证券公司治理能够带来公司绩效的提升；最后，提出完善中国证券公司治理的政策建议。

一、主要结论

本章有关我国证券公司治理研究的三个重要方面，即股东结构、董事会结构与绩效关系，公司治理评价指标体系的构建和公司治理与绩效的关系研究。本章考察了证券公司内部公司治理机制中的股东治理与董事会治理,这是因为证券公司普遍表现为股权集中度高的特征,那么在高股权集中度下,董事会是否能够发挥一定的治理作用值得探讨。在考虑了公司内部治理对公司绩效的影响之后,我们还纳入了其他治理机制进一步研究,外部治理机制是内部治理机制设计及作用发挥的重要影响因素,如在投资者保护水平较差的地区,所有权的集中可视为股东保护自身利益的替代机制(La Porta et al.,1999)。因此,从这个角度看,本章将外部治理与内部治理结合起来进行分析,我们从股东治理、董事会治理、监事会治理、经理层治理、信息披露和外部监管 6 个维度,共计 20 个指标对证券公司治理水平进行评价,进一步探讨了证券公司治理与公司绩效的关系。此外,就我国证券公司而言,不仅要分析证券公司所有者与管理者之间存在的利益冲突,加强证券公司内部治理,也要考虑所有者、管理者与其他利益相关者之间存在利益冲突,如充分发挥监管机构的外部治理机制。

本章具体的研究结论如下:第一,证券公司股权集中度与公司绩效间呈现负相关关系,董事会各项指标与公司绩效间关系不显著,这论证了证券公司超级股东的存在,使董事会职能虚化,董事会难以发挥作用的观点;第二,本章从 6 个维度 20 个治理指标构建了证券公司治理评价指标体系,对国内证券公司的公司治理水平进行评价;第三,本章进一步检验了证券公司治理指数与公司绩效间的关系,发现证券公司治理指数与公司绩效间呈正相关关系,说明虽然股权结构与董事会结构未能有效发挥作用,但是通过其他治理机制,能够带来公司绩效的提升。

二、政策建议

(一)完善证券公司内部治理

第一,股权过度集中不利于证券公司建立科学的决策机制。证券公司股权结构的分散化和多元化是证券公司完善公司治理的基础条件,证券公司直接上市是改善证券公司股权结构的有效措施。2003 年 1 月 16 日,中信证券上市,成为国内第一家首发公募的证券公司。上市可以带来一系列的好处,如增强资本实力、完善现代企业制度、扩充证券行业资源配置渠道、降低股权集中度及强化对证券公司的外部监管等。针对我国的现状,可以选择整体上市、分拆上市或买壳上市等途径。另外实现产权多元化的一些措施包括:政府部门和国有独资公司逐步减少在证券公司中的股份;在增资扩股中积极引入民营企业和其他形式的民间资本,民营化也是一个重要的方向。

第二,内部治理机制在证券公司治理中发挥着主导作用。在内部治理机制中,金融机构主要依靠提高董事会运作效率来强化其科学决策和风险监控机制,董事会治理在金融机构治理中发挥着特殊的重要作用。由于金融机构的特殊性,金融机构董事会除了要对股东负责外,更要对金融机构客户等利益相关者负责,证券公司尤为如此。因此,独立、高效运作的董事会成为金融机构稳健经营的基础保障,而金融机构董事会在职能边界、权力配置、组织架构和责任范围等方面比一般公司董事会要求更高。我国金融机构经过多年的公司治理改革,目前虽已建立了董事会的基本组织架构,但由于超级股东的存在,对股权结构相对集中的证券公司而言,董事会的典型特征是权力配置不对称:强势股东董事和低外部董事比例并存,导致了董事会职能虚化和独立高效运作机制的缺失等问题,引发诸如高管"天价薪酬"等一系列问题。当前,我国金融机构在从行政型治理向经济型治理转型的过程中,金融机构董事会治理改革的重点也正处于从结构建设向机制优化转变,着重强化董事会治理机制和公司绩效提升机制。

第三,金融机构的特殊性凸显了治理风险防范在金融机构治理中的核心地位,董事会在治理风险防范中居于主导地位,作为公司治理核心的董事会理应把治理风险的防范作为其主要职能。2008 年爆发的全球金融危机恰是公司治理风险的集中释放,再次凸显了金融机构治理问题。其中的关键,就是金融机构董事会的低效甚至不作为:纵容冒险且无后顾之忧的高管激励机制、对公司重大决策行为风险的预判和控制力低效等。此次危机中很多金融机构出了问题,包括雷曼兄弟等,一个很重要的原因是董事会缺少对系统风险的把握。在危机爆发前,这些公司的董事会对公司"为创新而创新"冒险行为的监管缺位,无视次债风险、纵容次债膨胀,放任刚性而不负责任的高管薪酬体系等;危机爆发后,董事会未及时采取恰当措施应对危机,致使危机进一步蔓延扩大。正是作为公司治理核心的董事会不作为,引发了后果严重的社会经济危机。

第四，完善证券公司的信息披露制度。信息不对称是增加委托代理成本的重要因素。信息不对称和市场的透明度不高使信用风险加大，因此增加信息的对称性、强化信息的弱势方并同时制约和规范信息的强势方十分必要。因此，为保护证券公司终极所有者的利益，必须对证券公司信息披露制度进行创新。我们主张加大证券公司信息披露的力度，定期的信息披露是基于法律上或行业监管的需要。而仅仅做到这些是不够的，证券公司应建立信息披露制度，即要求公司在发生重大变化或事件时，主动不定期地及时披露有关信息，以搞好与投资者的关系，增强投资者信心。具体而言，在时间上，主张定期与不定期相结合的方式；在原则上，信息披露要透明，要进行恰当会计信息披露；在披露次数和内容上，要求更多，要对一切可能影响经济决策的事件及时而全面地披露其实质，并保证所有股东享受平等待遇；从内容上应由过去信息的披露为主逐步转向现时信息和未来预测信息的披露。

由此，正当全球金融机构治理体系重构之际，结合金融机构治理的特殊性，在科学界定金融机构董事会权力配置和董事行为模式的基础上，提升董事会治理有效性，就具有非常重要的必要性和紧迫性。本章借鉴国内外有关金融机构尤其是董事会治理理论和实践，结合金融机构治理的特殊性和我国国有控股金融机构所处的制度环境和改革实践，分析公司治理与公司绩效间的逻辑关系，剖析超级股东下董事会权力配置问题，构建嵌入治理视角的董事会治理分析框架，确立以绩效提升导向的董事会治理机制，完善权利和责任相对称的董事会业绩评价体系。针对股权相对集中的证券公司，探讨其股权结构和董事会结构对公司绩效的影响，从而提出完善我国证券公司治理的对策建议，为我国证券公司的改革和完善提供指导。同时，有利于实现金融监管部门的有效监管、推动国有控股金融机构董事会治理改革从结构建设向机制优化转变。

结合证券公司内部董事会治理要求和实际情况，本章积极倡导重视发挥独立董事的监督作用。客观而言，当前我国上市公司独立董事所起作用并不大，除我国当前公司治理结构不够完善的原因外，最重要的原因还包括独立董事自身参与治理的态度不够积极和自身经历不足等。当前我国国有控股证券公司均建有合规的独立董事制度，但一个不争的事实是，独立董事在公司治理结构中所起到的作用非常小。而独立董事在现代公司治理制度中被赋予非常重要的作用，特别是在国有控股证券公司治理结构中。因此，本章倡导证券公司及监管机构重视独立董事制度的完善，更重要的是充分发挥独立董事的作用。

（二）完善证券公司外部治理

根据 Denis 和 McConnell（2003）、Gillan（2006）的总结，外部公司治理机制包括投资者法律保护、控制权市场、经理人市场及产品市场等。外部公司治理机制的完善对于降低公司治理风险有着非常积极的意义，并已经在很多研究中得到了证实。

已有研究所涉及的外部治理机制在所有的公司中都是普遍存在的，但对于证券业而言，有一种特殊的外部治理机制，即外部监管。尽管其他行业也或多或少有一些监管，如环保有关的行业，但从来没有哪一个行业像金融业一样存在严格的管制和监督措施。就中国而言，虽然中国的金融机构在危机中并未受到较大的冲击，但国内监管部门对金融机构的监管在最近几年一直较为严格，证券业更是如此。

尽管监管如此普遍，但从公司治理视角来分析监管的研究在国内外还比较有限。研究的有限不仅仅体现在文献的数量方面，研究所涉及的内容也仅仅为部分监管内容，研究的样本多是发达国家或者跨国的样本，这就使研究的结论在解释中国的问题时存在一定的局限性。

本章将外部监管视为一种外部治理机制，将其纳入证券公司治理评价指标体系当中，探究证券公司治理指数与公司绩效的关系。从理论的角度分析上述问题，并结合实证检验的结果来揭示公司治理与公司绩效之间的关系。对于证券公司而言，普遍存在的严格管制是其所特有的一种外部机制，有关这种外部机制与公司治理风险的理论分析还非常有限，使这一问题在理论层面存在诸多争议。本章不仅从一般意义的角度分析了证券公司监管这种外部机制与公司绩效的关系，还结合证券公司内部治理的股权集中等特点进行综合分析，进一步拓展了证券公司治理理论研究，提供了更为丰富的结论。

我国证券业主要由中国证监会监管。中国证监会的基本职能包括以下几方面。

第一，建立统一的证券期货监管体系，按规定对证券期货监管机构实行垂直管理。加强对证券期货业的监管，强化对证券期货交易所、上市公司、证券期货经营机构、证券投资基金管理公司、证券期货投资咨询机构和从事证券期货中介业务的其他机构的监管，提高信息披露质量。

第二，加强对证券期货市场金融风险的防范和化解工作。负责组织拟订有关证券市场的法律、法规草案，研究制定有关证券市场的方针、政策和规章；制订证券市场发展规划和年度计划；指导、协调、监督和检查各地区、各有关部门与证券市场有关的事项；对期货市场试点工作进行指导、规划和协调。

第三，统一监管证券业。我们建议设立专门监控我国证券公司证券分析和企业社会责任构建的机构，将其作为中国证监会的常设机构。赋予其特定权利，专门负责证券公司频频出现的违法行为的监督与管制。有权对证券分析师及其荐股行为进行特别监督，给予证券公司竞争压力，更重要的是能够更好地发现和纠正证券公司的一些常见违法违规行为，促进行业整合和规范。

本章对国有控股证券公司治理具体包含的治理主体、治理结构、治理机制、治理目标和治理绩效进行总结提炼，并在此基础上建立国有控股证券公司治理理论核心概念和评价体系，完善国有控股证券公司治理问题的研究使金融机构治理理论更加深入。

由于我国国有控股证券公司特殊的生成机制及我国金融体制改革的滞后，当前国内证券公司在治理方面还面临着诸多问题，如证券公司受到超级股东控制，董事会虚置的问题，以及与此联系紧密的外部监管缺乏有力监督，造成证券从业人员违法违规行为。本章为这些研究主题构建了理论框架，有利于这些问题的解决。具体而言，为国有控股证券公司的改革创新提供了理论基础，针对我国目前证券公司治理结构存在的缺陷，以及由此导致的资本市场的震动，提出一定的针对性、建设性意见，尤其是围绕证券公司治理评价指标体系的建立，以及其与证券公司绩效间的关系进行重点分析。这使本章的思想能够在一定程度上促使我国证券公司更好地改善公司治理水平，如加强董事会对公司的控制力度、发挥独立董事的重要作用等。

完善的治理结构是证券业可持续发展的重要保障，治理结构方面的不足为证券公司带来潜在风险的同时也制约了重组、整合的空间和绩效的提高，投资者利益得不到有效保护（吴晓求等，2004）。因此，完善国有控股证券公司治理，优化公司治理结构，有利于促进证券公司的健康发展。

第　九　章

国有控股保险公司治理研究

　　本章在已有金融机构研究内容的基础上，以我国保险公司为研究对象，在梳理国内外保险公司治理经典文献、分析保险公司经营和保险公司治理特殊性的基础上，建立了保险公司治理研究的基本理论框架；为了准确把握我国保险公司治理的脉搏，设计了治理不同层次和不同内容的保险公司治理评价指标体系，并运用该指标体系对保险公司治理状况进行全面评价，尤其重点分析了国有控股保险公司的治理状况；最后基于该指数和相关保险公司治理要素，实证检验了保险公司治理的有效性，并为我国保险公司治理的完善提出科学的对策建议。

第一节　研究背景、思路与文献综述

一、研究背景与思路

（一）研究的现实背景

1. 保险公司治理是国家治理体系的重要组成部分

　　党的十八届三中全会明确提出，全面深化改革的总目标是完善和发展中国特色社会主义制度，推进国家治理体系和治理能力现代化。这是我们党首次提出"治理体系"和"治理能力"的概念，并将其作为全面深化改革的总目标。"管理"到"治理"一字之差，不仅是我们党在理论和实践上的重大创新，而且反映了党和政府从"管理"国家到"治理"国家思维上的跨越，体现了党的政治智慧和勇气(李维安，2013)。

自 20 世纪 90 年代初我国建立现代企业制度、企业改革进入公司治理改革新阶段以来，从营利性组织的公司治理、金融机构治理到非营利组织的大学治理、慈善机构治理和政府治理，再到当前的国家治理，治理改革逐渐渗透到改革的各个层面。

保险公司是我国重要金融机构之一。保险公司治理，一方面体现为保险业对国民经济发展所带来的影响，即保险公司参与到国家治理过程中，《中共中央关于全面深化改革若干重大问题的决定》中先后 17 次提到"保险"两字，例如，"完善保险经济补偿机制，建立巨灾保险制度"，"建立存款保险制度，完善金融机构市场化退出机制"，"完善农业保险制度"，"稳步推进城镇基本公共服务常住人口全覆盖，把进城落户农民完全纳入城镇住房和社会保障体系，在农村参加的养老保险和医疗保险规范接入城镇社保体系"，"增强失业保险制度预防失业、促进就业功能"，"坚持社会统筹和个人账户相结合的基本养老保险制度，完善个人账户制度，健全多缴多得激励机制，确保参保人权益，实现基础养老金全国统筹，坚持精算平衡原则"等。在服务国家治理体系和治理能力现代化的进程中，保险业要成为经济转型升级的重要动力，为提升国家经济治理水平服务；要成为改善民生保障的有力支撑，为提升国家社会治理水平服务；要成为转变政府职能的有效抓手，为提升政府治理水平服务。

另一方面，保险公司自身的治理问题，主要体现为保险公司在建立现代企业制度过程中，保险公司的三会一层发挥作用情况，以及作为保险公司非常重要的外部治理机制的外部监管效果如何等，这涉及保险公司自身未来竞争力及能否有效参与到整个国家治理体系的问题。随着国有保险公司股份制改革的推进和部分保险公司境内外成功上市，完善保险公司治理、转换经营机制已成为一项非常紧迫的任务。2006 年《关于规范保险公司治理结构的指导意见(试行)》的出台，标志着我国保险体制改革进入了完善公司治理的纵深阶段，完善保险公司治理已经成为深化保险体制改革的中心工作。

因此，保险公司既是国家治理的参与主体，是治理能力现代化的重要手段，同时自身也存在着治理问题，其治理是国家治理体系非常重要的组成部分。

2. 我国保险公司治理正处于行政型向经济型转型的过程

传统的行政型治理是指保险公司采取单一的政府管理体制，实行政企合一的计划管理。1949 年 10 月 20 日，中国人民保险公司在北京成立；1950年 1 月下旬起，保险的监理业务改由中国人民银行的金融管理部门处理，实现了向完全的金融企业的过渡；1956 年 8 月，太平、新丰两家保险公司通过合并实现了全行业公私合营，标志着中国保险业的社会主义改造完成；1959 年，中国人民保险公司从财政部划归中国人民银行领导，取消了保险公司建制。这一阶段我国保险公司在单一的政府直接管理模式下，完全以传统的行政命令、计划指标来实施运营。但是，这种机制所形成的政企不分、约束缺位、所有权和经营权的分离等制度缺陷造成内部人控制与行政干预下的经营控制，容易造成严重的经营目标偏离问题。实践证明，保险公司改革必须以建立现代企业制度为方向，摆脱行政型治理。

1978 年 12 月十一届三中全会后，中国进入社会主义改革和社会主义建设的新历史时期。1979 年 4 月，国务院做出了"逐步恢复国内保险业务"的重大决策。全国保险工作会议结束后，经国务院批准，中国人民保险公司从 1980 年开始逐步恢复停办了 20 年的国内保险业务，组建各地分支机构的工作全面展开。国务院于 1982 年 12 月批准了《中国人民保险公司章程》并批准成立中国人民保险公司董事会、监事会。这一阶段，通过初步地构建公司治理结构，产生了现代公司治理的意识，但其治理方式主要还是以"老三会"为主体的行政型治理。1986 年到 20 世纪 90 年代中期，保险业投资主体逐渐多元化，新成立的股份制保险公司设立"新三会"等治理机构，但股东产权性质单一，治理结构尚处于对经济型治理的探索阶段，未能发挥其应有的治理作用。1994 年 7 月，《公司法》明确了"三会"治理结构；1995 年 6 月《中华人民共和国保险法》颁布，为保险公司运行及其治理奠定了基础；1996 年 8 月，中国人民保险公司改组为中国人民保险(集团)公司和具有独立法人地位的三家保险公司，同时，多家中资民族保险公司创立，实现了治理主体的多元化。总体来讲，这一阶段的保险公司从"形"上已经基本符合要求，但是初步构建了董事会、监事会等现代公司治理结构的公司多数停留在"违规"和"消极合规"的阶段，其实质还是行政型治理的变形，不能使现代企业制度"形神兼备"。1998 年 11 月国家设立了中国保监会，对保险业实施分业监管。

公司投资主体多元化更加深入，出现了国家股、法人股、外资股及私人股的混合产权结构，保险公司治理结构建设步入全新的"合规建设"阶段。2003 年是国有保险公司治理机制改革实现重要突破的一年，经国务院批准，中国人寿保险公司、中国人民保险公司和中国再保险公司三家公司完成改制上市，公司治理开始与国际先进模式接轨。2006 年国务院下发《国务院关于保险业改革发展的若干意见》，从公司治理建设方面明确提出要进一步完善保险公司治理结构，规范股东会、董事会、监事会和经营管理者的权责，形成权力机构、决策机构、监督机构和经营管理者之间的制衡机制。同时从公司治理监管的角度明确提出："不断完善以偿付能力、公司治理结构和市场行为监管为支柱的现代保险监管制度。""深入推进保险公司治理结构监管，规范关联交易，加强信息披露，提高透明度。"2006 年中国保监会颁布《关于规范保险公司治理结构的指导意见(试行)》，对保险公司治理建设进行了总体规划；随后，中国保监会陆续发布了《保险公司独立董事管理暂行办法》《保险公司关联交易管理暂行办法》《保险公司内部审计指引(试行)》《保险公司风险管理指引(试行)》《保险公司合规管理指引》《保险公司董事会运作指引》《关于规范保险公司章程的意见》等一系列规范性文件，完善了以公司治理为核心的企业制度，逐步构建了保险公司治理监管体系，保险企业制度建设与公司治理改革逐步进入了"合规"建设和向经济型治理转型的新阶段。

3. 后危机时期我国保费收入高速增长态势出现一定回调

1979 年我国保险业恢复发展，1980 年保费收入 2.9 亿元，1990 年保费收入 150.5 亿元，2000 年保费收入 1603.42 亿元，到 2010 年保费收入达到 1.45 万亿元，分别是 1980 年、1990 年、2000 年的 5000 倍、96 倍和 9 倍。从寿险与非寿险的结构看，在 20 世纪 80 年代初期，非寿险占绝大份额，随后比重逐渐下降。1997 年寿险比重第一次超过非寿险，此后寿险比重逐渐上升，近几年基本保持在 65% 左右。表 9-1 对 1980～2015 年我国保费实际增长率与世界保费实际增长率进行了对比，此处实际增长率扣除了名义增长率中的通货膨胀影响。我们可以看出后危机时期我国保费收入实际增长率出现了回调，特别是在 2011 年，出现了负增长。由于在过去 30 年间我国保险业基本保持了一个比世界明显更快的增长速度，我国保费收入占世界份额逐渐提高，由原来的几乎为零上升为 2015 年的 8.49%。《中国保险业发展"十三五"规划纲要》提出，保险业的具体目标是到 2020 年，全国保险保费收入争取达到 4.5 万亿元左右，保险深度达到 5%，保险密度达到 3500 元/人，保险业总资产争取达到 25 万亿元左右。拉动我国保费收入快速增长，现阶段可能更多地要发挥制度因素作用，而不能只是简单粗放地发展。

表 9-1　我国与世界保费实际增长率

年份	我国保费/ 百万美元	实际增长率/%	世界保费/ 百万美元	实际增长率/%	份额/%
1980	—	—	467 762	−1.0	—
1981	—	—	479 745	1.4	—
1982	344	—	493 952	3.1	0.07
1983	517	54.3	518 103	3.6	0.10
1984	649	43.5	556 941	7.7	0.12
1985	886	58.1	646 680	11.8	0.14
1986	1 226	52.8	877 929	17.4	0.14
1987	1 803	47.8	1 057 535	8.3	0.17
1988	2 541	19.1	1 235 793	9.4	0.21
1989	3 194	7.4	1 270 015	3.6	0.25
1990	3 138	21.2	1 410 477	1.6	0.22
1991	3 991	36.7	1 516 026	2.3	0.26
1992	6 181	50.8	1 674 461	4.5	0.37
1993	8 074	19.2	1 815 488	5.4	0.44
1994	5 733	−14.5	1 967 551	3.2	0.29
1995	7 350	6.4	2 160 246	3.7	0.34
1996	9 594	20.0	2 136 771	1.8	0.45
1997	13 432	35.9	2 153 175	4.9	0.62
1998	15 027	12.5	2 193 085	3.1	0.69
1999	16 830	13.4	2 369 159	5.3	0.71

续表

年份	我国保费/百万美元	实际增长率/%	世界保费/百万美元	实际增长率/%	份额/%
2000	19 369	14.7	2 490 456	7.4	0.78
2001	25 687	31.6	2 456 868	1.3	1.05
2002	36 829	44.5	2 672 309	5.5	1.38
2003	46 498	24.8	2 998 645	2.5	1.55
2004	52 229	8.1	3 309 272	2.9	1.58
2005	60 147	12.0	3 466 745	2.5	1.73
2006	70 750	12.8	3 710 155	4.4	1.91
2007	92 473	19.0	4 127 015	3.7	2.24
2008	140 814	29.8	4 218 979	−4.1	3.34
2009	163 046	14.6	4 101 658	−0.3	3.98
2010	214 630	26.2	4 330 820	2.4	4.96
2011	221 860	−6.4	4 595 740	−0.9	4.83
2012	245 485	5.2	4 601 328	2.3	5.34
2013	280 119	8.4	4 593 631	0.1	6.10
2014	328 439	15.2	4 778 241	3.7	6.87
2015	386 500	18.3	4 553 786	3.8	8.49

资料来源：瑞士再保险公司网站，http://www.sigma-explorer.com/
注：实际增长率是指考虑通货膨胀率调整后的增长率

4. 保险公司治理是保险公司投资决策科学性的制度保障

从中国保险业的资产总额看，1999年保险资产总额为2604.09亿元，2016年突破150 000亿元大关。从保险投资总额看，1999年保险投资总额为1817.39亿元，2016年增长至133 910.67亿元，是1999年的73倍多。同时，自2003年以来，保险投资在保险资产总额中的占比均在90%左右，如表9-2所示。

表9-2 我国保险投资总额及占比

年份	保险资产总额/亿元	保险投资总额/亿元	保险投资占比/%
1999	2 604.09	1 817.39	69.79
2000	3 373.89	2 538.61	75.24
2001	4 591.34	3 643.18	79.35
2002	6 494.07	5 530.33	85.16

续表

年份	保险资产总额/亿元	保险投资总额/亿元	保险投资占比/%
2003	9 122.84	8 378.53	91.84
2004	11 853.55	10 680.72	90.11
2005	15 225.97	14 135.84	92.84
2006	19 731.32	17 785.39	90.14
2007	29 003.92	26 721.94	92.13
2008	33 418.44	30 552.77	91.42
2009	40 634.75	37 417.12	92.08
2010	50 481.61	46 046.62	91.21
2011	60 138.10	55 473.85	92.24
2012	73 545.73	68 542.58	93.20
2013	82 886.95	76 873.41	92.74
2014	101 591.47	93 314.43	91.85
2015	123 597.76	111 795.49	90.45
2016	151 169.16	133 910.67	88.58

资料来源: 中国保监会网站, http://www.circ.gov.cn

近几年我国保险投资以债券为主, 其次是银行存款, 然后是证券, 如表 9-3 所示。

表 9-3 我国保险投资结构(单位: %)

年份	银行存款	债券	证券	其他
2005	36.65	52.66	8.98	1.71
2006	33.67	53.14	10.35	2.84
2007	24.39	43.98	27.12	4.51
2008	24.20	60.20	12.80	2.80
2009	28.11	50.96	18.59	2.34
2010	—	—	—	—
2011	31.97	47.09	12.11	8.83
2012	34.21	44.59	11.79	9.41
2013	29.45	43.42	14.88	12.25
2014	27.12	38.15	11.06	23.67
2015	21.78	34.39	15.18	28.65
2016	18.55	32.15	13.28	36.02

资料来源: 各年《中国保险年鉴》, 其中 2010 年数据不详

2001～2007 年，保险投资收益率先略有下降，然后快速上升，2007 年达到 12.17%的高位。2008 年受金融危机影响，当年投资收益率降至 1.91%，2009 年走出低谷，升至 6.41%。2009 年后又出现下降，2012 年到达 3.39%的低点。2012 年后又呈现回升趋势，2015 年达到 7.56%，创 2008 年国际金融危机以来的最好水平。保险公司治理成为保险公司投资决策科学性的制度保障(孙祁祥和郑伟，2017)。2001～2015 年我国保险投资收益率见图 9-1。

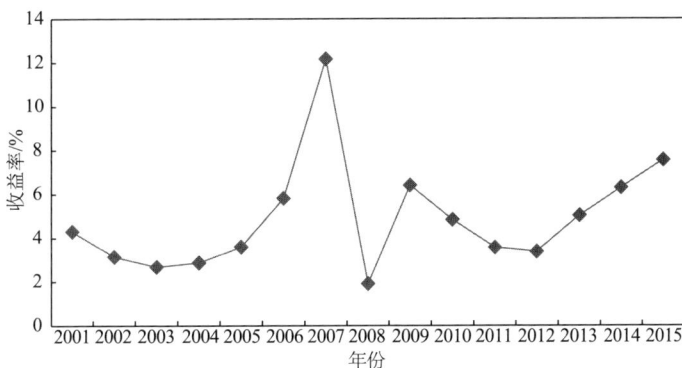

图 9-1　2001～2015 年我国保险投资收益率
资料来源：各年《中国保险年鉴》

(二)研究的逻辑思路

1. 总体研究思路

本章通过导入实证研究、调查研究和案例研究等方法，以我国国有控股保险公司为研究对象，在文献综述基础上，建立保险公司治理研究的基本理论框架，为本章的保险公司治理研究奠定理论基础；厘清控股保险公司治理的特殊性，在此基础上，设计出更加有针对性的保险公司治理评价指标体系，包括股份制保险公司治理评价指标体系及有限制保险公司治理评价指标体系；基于问卷调查的保险公司治理的大样本数据，生成反映我国保险公司治理状况的保险公司治理指数，并基于该指数进行总体、分控股股东性质、分组织形式和分组织性质的分析；开展保险公司治理与绩效关系的实证研究，包括从投保人利益保护视角和保险公司风险承担视角来检验保险公司治理的有效性；为我国保险公司治理的完善，提出科学且符合实际的对策建议。保险公司治理研究框架如图 9-2 所示。

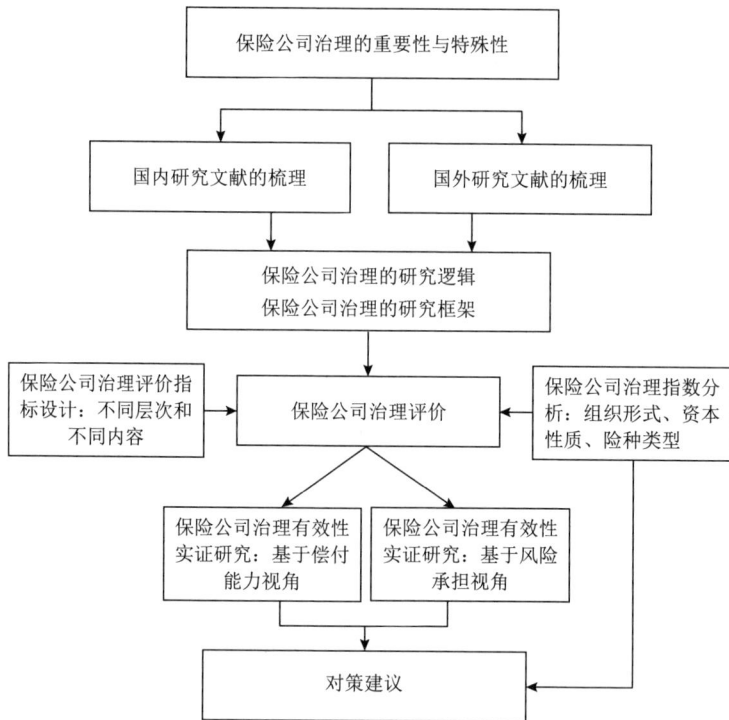

```
┌─────────────────────────────┐
│   保险公司治理的重要性与特殊性      │
└─────────────────────────────┘
        ↓                  ↓
┌──────────────┐    ┌──────────────┐
│ 国内研究文献的梳理 │    │ 国外研究文献的梳理 │
└──────────────┘    └──────────────┘
        ↓                  ↓
┌─────────────────────────────┐
│   保险公司治理的研究逻辑            │
│   保险公司治理的研究框架            │
└─────────────────────────────┘
                ↓
┌──────────┐ ┌──────────┐ ┌──────────┐
│保险公司治理评价│→│ 保险公司治理评价│←│保险公司治理指数分│
│指标设计：不同层│  └──────────┘  │析：组织形式、资本│
│次和不同内容   │      ↓        │性质、险种类型   │
└──────────┘              └──────────┘
        ↓              ↓
┌──────────────┐ ┌──────────────┐
│保险公司治理有效性 │ │保险公司治理有效性 │
│实证研究：基于偿付 │ │实证研究：基于风险 │
│能力视角      │ │承担视角      │
└──────────────┘ └──────────────┘
        ↓              ↓
┌─────────────────────────────┐
│          对策建议             │
└─────────────────────────────┘
```

图 9-2　保险公司治理研究框架图

2. 主要研究内容

第一，对国内外保险公司治理研究现状的梳理。通过对国内外保险公司治理领域重要期刊文献进行长时期和全面的梳理，关注保险公司治理领域研究的前沿及存在的主要问题，这是本章研究内容的基础性工作。

第二，建立保险公司治理理论研究逻辑和内容框架。目前国内对于一般公司治理研究及银行治理研究都已经达成一定的共识，但对于保险公司治理的研究还处于起步阶段。在文献综述及保险公司经营和治理特殊性分析基础上，建立保险公司治理理论研究的逻辑和内容框架，为本章的研究提供方向指引。

第三，建立针对保险公司的治理评价指标体系。保险公司治理评价问题是保险公司治理研究内容框架中的重要内容之一，因其治理的特殊性，不能够套用一般公司治理评价指标体系来评价我国保险公司治理状况，在借鉴已有公司治理评价系统的基础上，特别是中国保监会公司治理报告中的公司治理评价指标内容，进行了指标上的完善和结构上的优化，构建了针对不同组织形式的保险公司治理评价系统，这是本章的核心。

第四，基于保险公司治理指数的统计分析。通过对保险公司问卷调查获得相关数据，生成保险公司治理指数，并对我国保险公司治理总体状况进行分析，然后重点分析国有控股保险公司治理的现状与问题。

第五，实证检验我国保险公司治理有效性。一方面，从以投保人为代表的利益相关者保护角度出发，实证检验了保险公司治理对偿付能力的影响；另一方面，关注了保险公司的风险承担状况，实证检验了保险公司治理对风险承担的影响。

第六，完善保险公司治理特别是国有控股保险公司治理的对策研究。在保险公司治理评价研究及大样本实证研究基础上，提出完善我国保险公司治理的对策建议。

二、国内外保险公司治理研究综述

(一)国内保险公司治理研究综述

自20世纪80年代开始，如何改善和提高公司治理水平无疑是最热门的话题之一，成为资本市场关注的焦点。世界各国纷纷出台了一系列措施，来规范公司治理，以此保障投资者的合法权益，提升公司的绩效。为了使保险公司稳健地经营，我国保险业监管部门和保险公司也十分重视保险公司治理。完善保险公司的治理结构被广泛认同为保险业进一步深化体制改革和建立现代企业制度的核心内容，而且被认为是提升保险业竞争力的必由之路(李维安和曹廷求，2005b)。吴定富(2006)指出，公司治理结构是公司制的核心，是提高公司核心竞争力的关键。2006 年，中国保监会借鉴国际保险监督官协会(International Association of Insurance Supervisors，IAIS)核心监管原则，引入保险公司治理监管，成为继偿付能力和市场行为之后的第三大监管支柱。在分析美国 2008 年金融危机爆发原因时，我们不难发现金融机构的治理面对过于复杂的委托代理关系和信息不对称，容易造成治理风险累积，各种治理风险累积到一定程度会爆发金融风险事故(李维安，2009)。在这种背景下，各个国家的保险公司治理得到进一步强化。

Berle 和 Means 在 1932 年出版的著作《现代公司与私有产权》(*The Modern Corporation and Private Property*)中，在对大量实证材料进行分析的基础上得出：现代公司的所有权和控制权实现了分离，管理者的利益经常偏离股东的利益，因此有必要设置合理的公司治理制度来保障所有者的利益的结论。如果以该著作作为公司治理研究的开始，一般公司治理研究已经走过80 多年。那么保险公司治理研究的进展如何？Spiller(1972)对比研究了股份制保险公司和互助性保险公司，认为二者之间的差别来源于公司所有权的差异。这是国际上首次专门研究保险公司的治理问题，标志着保险公司治理研究的开始。而我国关于保险公司治理的研究起步较晚，目前在中国学术期刊网中以题名方式检索到的关于保险公司治理研究的期刊论文始于 2001 年。

为了更好地把握保险公司治理研究的脉络指导保险公司治理实践，本节将从研究时点、研究主题、研究对象和研究方法等方面，采用全文献检索的方法对国内保险公司治理研究文献进行梳理和比较。

1. 研究文献数量的数据库检索

本节利用中国学术期刊网进行检索。首先我们进行了以"公司治理"为题名和主题的检索，截至 2017 年 4 月 1 日，结果发现以"公司治理"为题名的检索结果为 26 850 篇，以"公司治理"为主题的检索结果达到了 103 705 篇，可见公司治理方面的研究是目前理论界比较热点的议题之一。此外，我们进行了以"保险公司"为题名和主题的检索，发现以保险公司为题名的文献数量达到了 18 040 篇，主题检索结果更是达到了 81 816 篇，证明保险公司方面也是比较热门的研究领域。详见表 9-4。

表 9-4　相关研究文献的检索结果

检索数据库	公司治理		保险公司		保险公司治理	
	题名	主题	题名	主题	题名	主题
中国学术期刊网络出版总库	18 132	61 037	6 660	46 584	149	569
中国优秀硕士学位论文全文数据库	4 137	28 166	1 483	11 051	33	331

检索数据库	公司治理		保险公司		保险公司治理	
	题名	主题	题名	主题	题名	主题
中国重要报纸全文数据库	3 516	9 221	9 554	21 627	116	454
中国重要会议论文全文数据库	619	2 356	291	1 644	10	30
中国博士学位论文全文数据库	446	2 925	52	910	3	68
合计	26 850	103 705	18 040	81 816	311	1 452

资料来源：根据中国学术期刊网检索，作者进行统计

由于保险公司治理横跨保险公司和公司治理两个领域，特此进行了以"保险公司治理"为题名和主题的检索，截至 2017 年 4 月 1 日，检索"保险公司治理"为题名的文献数量：总的检索结果为 311 篇，其中中国学术期刊网络出版总库、中国优秀硕士学位论文全文数据库、中国重要报纸全文数据库、中国重要会议论文全文数据库、中国博士学位论文全文数据库分别为 149 篇、33 篇、116 篇、10 篇和 3 篇；进行主题检索的检索结果为 1452 篇，其中中国学术期刊网络出版总库、中国优秀硕士学位论文全文数据库、中国重要报纸全文数据库、中国重要会议论文全文数据库、中国博士学位论文全文数据库分别为 569 篇、331 篇、454 篇、30 篇和 68 篇，与一般公司治理研究文献数量相比仍然偏少，详见表 9-4。

根据上述检索结果，我们可以得出保险公司治理方面还有待深入地研究，以下相关的具体分析均基于这些检索到的参考文献来展开。

2. 基于检索文献的保险公司治理研究主题提炼

1）保险公司治理模式研究

治理模式是基于对公司本质的认识而产生的治理结构价值观。它指导着人们认识什么是治理、为什么要治理、如何进行治理及治理目标等关键性、基础性问题(吴洪，2008)。对于保险公司治理模式的研究主要从股东—利益相关者治理、内部—外部治理两个视角展开。阎建军(2006)基于知识和创新的视角指出，股东单边治理的根本缺陷在于无法对经理层进行有效的内部制衡和市场制衡，上述缺陷导致我国保险公司内部治理结构失衡；不同国家采用不同方式对股东单边治理缺陷进行弥补，通过理论推导和国外实践，指出

我国保险公司治理发展只能走利益相关者治理主导模式。谢金玉(2007)简述了家族治理、内部治理和外部治理模式——世界上三种代表性的公司治理模式，并结合我国实际，提出我国近期比较合理的保险公司治理模式，应该是以内部治理为主、外部治理作为重要补充的治理模式；而从长远看，未来合理的保险公司治理模式应该是内部治理与外部治理并重的公司治理模式。

2) 保险公司治理的国际比较及经验借鉴研究

以两权分离为主要特征的现代企业制度已经在我国保险业中初步确立，如何完善保险公司治理，有效解决由于两权分离引起的利益冲突，提高保险公司和整个保险体系的运营效率，逐步成为保险业深化改革的首要问题(郭晓辉等，2006)。我国的保险公司治理取得了很大成就，但与国际保险同业的治理水平相比，整个保险业的公司治理水平尚处于初级阶段。因此，开展保险公司治理的国际比较，借鉴别国保险公司治理的经验成为研究的热点。该主题研究主要是比较分析我国与典型国家的保险公司治理实践，总结出保险公司治理的基本国际经验，并结合我国保险公司治理的现状提出政策建议(孙娜和晏勇健，2005；刘建国，2006；孟彦君，2007；张惠，2007；董小芳，2007；余兰，2009；魏思博，2010)。

3) 保险公司治理的特殊性研究

保险业具有不同于其他行业的显著特征，包括保险产品的特殊性、保险风险的集中性、资本结构的高比例负债性、保险的社会性及保险合同的附和性等(王丹，2010)，因此保险公司的治理也具有特殊性。鉴于作为保险公司债权主体的小投保人往往是分散的、信息不灵和易于"搭便车"的，他们需要一个"代表"来代替他们对保险公司的管理实施有效的外部干预，保险公司的治理理念必然与一般的公司不同，要求趋于"共同治理"(王洪栋，2003)。对于保险公司治理特殊性研究主要是从利益相关者理论入手，刘美玉(2008)认为传统公司治理强调股东利益最大化存在局限，构建了保险公司利益相关者的共同治理机制；沈蕾(2009)把保险业的特殊性和公司治理的一般理论相结合，利用数理模型探讨了保险公司治理的特殊性；刘素春(2010)进一步指出保单持有人、人力资本所有者和保险监管者是保险公司治理的特殊利益相关者。郝臣(2015)提出保险公司经营治理特殊性决定了保险公司治理特殊性，保险公司治理特殊性表现在治理目标、治理结构、治理评价和治理监管等方面。

4) 国有保险公司治理存在的问题及改进研究

传统体制下国有保险公司的治理存在诸多弊端，主要体现为所有者的缺位、缺乏有效的激励机制、存在较强的内部人控制和内控机制不足、保险公司内部信息流通不畅等(张悦，2004)。与一般公司相比较，国有保险公司具有一系列特殊性，这导致了国有保险公司治理结构与一般公司治理结构存在显著差异(钱琨，2008)。因此，研究我国国有保险公司的治理结构与机制尤为重要。朱日峰(2005)认为目前国有保险公司治理中存在所有者缺位的问题，凭借国有股权的"一股独大"及信息披露渠道的欠缺，大股东容易侵害中小股东利益；李兆斌等(2007)提出引入多元化投资主体、增强董事会的独立性、完善监督机制、对保险公司高级经理人员建立合理的激励机制、进一步建立和完善信息披露制度等对策建议。

5) 保险公司治理对财务绩效影响的实证研究

一般公司治理领域，公司治理对绩效的影响及其传导机制已经是一个比较成熟的研究领域。保险公司治理对保险公司的绩效具有何种影响及其影响机理还是一个比较新的研究命题，相关研究并不多见。张惠(2007)分析了我国保险公司治理的发展进程、治理环境和存在的问题，检验了股权结构、董事会规模等公司治理机制对保险公司绩效的影响。陆渊(2009)采用 DEA 方法，对比研究了我国主要保险公司的技术效率。谢晓霞和李进(2009)依据建立的股权结构、董事会特征与业绩模型进行分析，得到如下结论：政府持股比例增加和高管持股将有利于保险公司业绩的提高；境外战略投资者持股不利于保险公司业绩的提高；董事会规模与保险公司业绩负相关；独立董事及具有金融从业经验的独立董事与保险业绩无关。

6) 保险公司治理监管研究

由于保险公司管理层控制涉及社会公众的利益，保险行业监管部门必须加强外部监管，为最大限度维护社会公众利益、保护股东权益提供法律和行政管理的保障(申院荣，2007)，良好的外部监管和内部治理结构与机制互为补充。随着 2006 年保险公司治理监管支柱的引入和 2009 年我国《保险法》的修订，针对我国保险业治理监管的研究逐渐涌现，有学者尝试进行我国保险公司治理监管的制度设计(林小华和裴斐，2007；沈蕾，2009；杨馥，

2009；徐徐，2010；彭虹和汤丽，2010）。袁力（2010）指出目前我国保险公司治理监管制度体系初步形成，保险业公司治理的意识大幅增强，治理能力和治理水平明显提高；下一步重点从薪酬考核机制、公司内部问责机制和信息披露等方面入手，进一步完善制度，推动公司治理逐步实现从"形似"向"神似"的转变。

7）保险公司治理评价研究

最早的、规范的公司治理评价研究是由美国机构投资者协会在 1952 年设计的第一个正式评价董事会的程序。随后出现了一系列公司治理诊断与评价的研究成果（Gompers et al.，2003；Beiner et al.，2006）。在国内，李维安教授率领的南开大学公司治理研究中心公司治理评价课题组于 2003 年 4 月成功构建并推出我国第一个公司治理评价系统"中国上市公司治理评价指标体系"。但保险公司治理的特殊性，决定了不能够直接应用这些公司治理评价系统来评价保险公司治理的质量。因此，保险公司治理评价的指标设计、标准建立和量化方法等有待研究。以李维安教授为首的南开大学保险公司治理评价课题组（2008）充分考虑保险公司的独特性和我国特殊的制度背景，构建了一套完整的、针对性的国内首个保险公司治理评价指标体系。也有学者尝试从一般公司治理评价角度出发，构建涵盖股东权益机制、董事会治理、监事会治理、经理层治理、信息披露机制、利益相关者治理、公司治理文化及公司社会责任等方面指标构成的保险公司治理评价指标体系（严若森，2010）。

（二）国外保险公司治理研究综述

2008 年的华尔街金融危机，使金融机构的公司治理问题受到前所未有的广泛关注。在这次危机中，如美国国际集团（American International Group），作为美国最大的保险公司和金融机构的典型代表，由于评级下调，遭到大批客户挤兑。在美国国际集团出现危机后，政府给予了救助，使其最终得以脱离困境。而政府救助行为的初衷是对其数量极其庞大的利益相关者即投保人权益的保护。后金融危机时期，大家都在反思这场金融危机灾难是各金融机构正常经营所无法避免的金融风险，还是其他方面出现了问题？经济合作与发展组织、世界银行、国际公司治理网络、国际注册会计师协会和各国监管部门等组织毫无例外地将这次危机归因为金融机构治理风险的累积。因此，需要从理论上探索保险公司治理的科学规律。郝臣等(2011)主要从研究主题和研究对象等方面对国内保险公司治理研究进行了综述，发现国内研究主要集中于保险公司治理的概念、模式及国际比较等方面，有限的研究文献的思路或是将一般公司治理的研究成果直接运用于保险公司治理，或是借鉴国外保险公司治理的经验并结合我国的现状提出政策建议；同时指出，国外对保险公司治理的相关研究已经开展了近三十年，但只是从起步、发展和深入三个阶段来对相关文献进行了概括式综述。在国外，自 Spiller(1972)对比研究了股份制和互助制两种保险公司优势，开启了国外保险公司治理的研究以来，目前除 Boubakri(2011)之外，还没有学者对国外保险公司治理研究进行详细的综述。Boubakri 从论述一般公司治理机制入手，较全面地介绍了保险公司治理的一些研究，但是并没有对保险公司治理的研究内容进行系统的归类，也没有对保险公司的研究脉络做过梳理。本节基于近年来发表在 *The Journal of Risk and Insurance* 等权威期刊的保险公司治理的研究成果，探索保险公司治理特殊性和保险公司治理逻辑等基础问题，以期为后续保险公司治理深入研究提供基础。

1. 国外研究文献的三个主要阶段

国外对保险公司治理的相关研究已经开展了近 30 年，从最早的对股份制保险公司治理和互助性保险公司治理简单的比较研究到目前从保险公司治理各个因素入手，深入细致地研究保险公司治理的内在本质和科学规律，取得了一系列的成果。由于国外的相关研究文献数量较多，本节没有进行全部文献的梳理，而是将其划分为三个阶段进行归纳梳理。

1)起步阶段的保险公司治理概念及比较分析

Spiller 是世界上最早对保险公司治理展开研究的学者，在 1972 年对 19 家股份制保险公司和 27 家互助保险公司的财务指标进行了比较分析，发现存在显著差异，认为公司所有权的差异是最重要的原因。

接下来的 20 世纪 80 年代基本上围绕互助性保险公司治理问题展开。Jemison 和 Oakley(1981)对互助保险公司治理改革的必要性进行了分析；Hansmann(1985)、Smith 和 Stutzer(1990)等学者围绕互助保险公司治理优缺点展开了分析。

2)发展阶段的保险公司治理影响绩效的实证研究

而 20 世纪 90 年代,保险公司治理研究进入了"大"公司治理阶段(相对于某一个治理要素而言),开始关注公司治理的绩效。

Diacon 和 O'Sullivan(1995)利用 129 家英国保险公司的调查数据检验了公司治理的效果,即公司治理对公司运营的影响程度及管理层行为的约束程度。O'Sullivan(1998)分析了英国两种类型保险公司共存的原因,并再一次检验公司治理是否会对管理层行为产生影响。O'Sullivan 和 Diacon(1999)检验了英国保险公司内外部治理机制的关系。

3)深入阶段的治理要素有关的进一步研究

2000 年以来,保险公司治理的理论研究进入深入阶段,这时期主要关注公司治理的各个要素,研究更加深入和具体。Marx 等(2001)、Hardwick 和 Adams(2003)、O'Sullivan 和 Diacon(2003)、Boubakri 等(2008)、Mayers 和 Smith(2010)、He 和 Sommer(2010)等先后对保险公司治理的各要素进行了实证研究。

O'Sullivan 和 Diacon(2003)探讨了人寿保险公司中董事会的构成和表现,考察了股份制保险公司和互助性保险公司中外部董事的作用;其研究显示,互助性保险公司相较于股份制保险公司,董事会中外部董事的比例较高,两职合一的情况较少,即互助性保险公司采用较为强势的董事会,而具体采用何种董事会和公司所处的环境有关。Mayers 和 Smith(2010)研究了保险公司的高管激励问题,考察了强董事会的监督作用和高管人员薪酬二者在对保险公司高管激励中的关系,证明薪酬激励比强董事会的监督对公司资产收益率的影响更显著。

2. 国外保险公司内部治理研究

一般公司治理的研究内容主要是围绕委托代理问题(Jensen and Meckling,1976)展开,研究的内部治理包括股权结构、董事会有效性、高管薪酬、股权激励、大股东、债权和分红政策;外部治理包括产品和要素市场竞争、控制权市场、信息披露、法律环境、投资者保护和经理人市场竞争等。尽管保险公司治理的研究是以保险行业的经营为背景而具有特殊性，但是其治理也不失一般性，因此从总体上我们还是可以将保险公司治理的研究内容按照内部治理、外部治理及治理绩效将它们划分开来加以分析。

1）不同组织形式保险公司治理的比较研究

国外保险公司的组织形式多样，对不同组织形式保险公司治理的比较研究数量众多，成为保险公司治理的一大特色。国外保险机构的组织形式除股份制公司（stock insurance company）外，还有互助制公司（mutual insurance company）和劳合社（Lloyd's）形式。其中，互助制与股份制公司广泛存在。互助制保险公司是公司的所有权由投保人共同拥有的公司组织形式，将股东与投保人统一起来，有效控制了股东和投保人间的利益冲突，但是由于缺乏积极股东的作用，对管理者的监督不足；而股份制保险公司的所有权归属于股东，与投保人形成两个独立的利益主体，因受到多重治理机制如股东监督、股权激励、并购等的作用，在解决所有者和管理者间的委托代理问题上具有优势，但加剧了经理人追求股权价值而导致公司偿付能力不足进而损害投保人利益的风险（Hansmann，1985；Mayers and Smith，1981，1988，1994）。不同组织形式的保险公司，由于风险承担主体不同也表现出不同的特征，Cummins 和 Venard（2007）提出由于风险是由所有投资者分担的，股份制保险公司会投身于具有更高风险的业务（risky insurance activities）。

国外大量的文献试图解释互助制和股份制保险公司共存的原因，最有代表性的就是经理人自由裁量权假说（Mayers and Smith，1981，1988，1994）。Mayers 和 Smith（1981，1988，1994）认为公司应选择经营其所有权结构在控制代理成本方面具有比较优势的保险产品业务条线。例如，在风险损失波动较大，保费定价、承保、理赔和准备金政策面临更大不确定性的保险业务上，需要管理者具有更大的自由裁量权，股份制保险公司具有比较优势。而在个性化定价需求较低的保险业务上，互助制保险公司具有比较优势。不同保险产品所需要的经理人自由裁量权的数量或程度，是决定市场组织结构的主要因素。

不同组织形式保险公司治理的差异还为研究内外部治理机制间的关系提供了新的样本。O'Sullivan 和 Diacon（1999）以英国保险公司为样本，分析了互助制和股份制两种形式的保险公司在不同外部治理机制条件下，是否具有不同的内部治理机制，通过分析董事会结构和领导力、薪酬设计、审计委员会，公司同外部审计部门的关系等方面的差别，证明了内部治理和外部治理机制间的替代关系。总的来说，无论保险公司选择何种组织形式，都应针对其自身的治理特点，使用不同的治理系统(He and Sommer，2011)。

不同组织形式的保险公司在治理上各有比较优势，在保险公司经营过程中会出现组织形式上的调整。20世纪80年代以来，保险行业出现了由互助型保险公司向股份制保险公司转变的(demutualization)潮流，有一部分文献研究了保险公司组织形式转变的动因。例如，McNamara 和 Rhee(1992)使用进行了股份制转型的人寿保险公司的数据，从产品、财务和管理几个方面福利变量的变化，证实了这一转变是出于提升效率(efficiency hypothesis)，而非管理者侵占(expropriation hypothesis)。Carson 等(1998)以人寿保险公司为样本，实证表明互助制保险公司股份制转变，除了为了提升盈利外，还为了降低互助制保险公司的治理成本。

总体上看，国外保险公司以互助制和股份制为主体普遍存在。两种组织形式都是同保险行业的经营特点相适应的，研究主要围绕股东、管理者和投保人之间的多重代理关系、管理者的自由裁量权及风险承担主体等主题展开，不同的组织形式各自衍生出了一套适合自身产品特点和组织模式的治理模式，使不同组织形式治理比较研究成为国外保险公司治理研究的重要问题之一。

2) 保险公司股东治理研究

已有的保险公司股东治理问题研究涉及两方面的内容：一是研究保险公司不同股权结构的治理结果，这部分研究将股权结构作为解释变量；二是研究保险公司股权结构形成的影响因素，将股权结构作为被解释变量。

在保险公司股权结构的治理结果研究方面，由于国外保险公司的股权结构构成多样，按照所有权和控制权分离程度由大到小，可以做出如下排序：互助制公司、由互助制控股的股份公司、分散持股公司、存在控股股东的股份公司和管理层控股的股份公司，这就为研究股权结构提供了很好的研究样本。Smith 和 Stutzer(1990)指出保险公司的不同股权结构与保险公司经营业务的风险是有关联的。He 和 Sommer(2010)使用美国财险公司的数据，实证研究了所有权和控制权分离对董事会结构的影响，认为代理成本随着两权分离度的提高而加剧，通过引入更大比例的外部董事可以加大对两权分离的控制。Cole 等(2011)使用财产保险公司的所有权数据发现，不同所有权结构下公司的风险承担(risk taking)各不相同，同时也验证了激励错配假说(incentive misalignment hypothesis)和次优多元化假说(suboptimal diversification hypothesis)的作用。

在对保险公司股权结构形成的影响因素的研究中，Mayers 和 Smith(1994)以股份制保险公司为研究对象，实证证明了不同所有权结构的保险公司的产品线(business line)存在显著的差异。研究发现，显著影响所有权结构的是与产品相联系的管理者的自由裁量权(managerial discretion)，而非监管和税收差别等其他因素。

保险公司股东治理的研究，突破了以往一般公司治理研究中过分关注于公司股权结构到其治理结果的单一路径的思路限制，以管理者自由裁量权为特色的解释股权结构影响因素的有关研究，从相反的影响路径丰富了一般公司治理理论。

3) 保险公司董事会治理研究

董事会是最重要的内部治理机制，保险公司治理的研究也同样对于董事会治理有效性给予了相应的关注。与董事会有关的保险公司治理研究主要围绕董事会结构、规模与独立性、董事长与 CEO 是否两职分离等问题展开。Diacon 和 O'Sullivan(1995)较为系统地研究了董事会治理机制对英国保险公司绩效的影响，发现董事会专门委员会设置与任命具有较大影响力的董事长能够限制高管薪酬，进而对公司盈利具有正面影响。Brick 和 Chidambaran(2008)的研究表明董事会独立性与以股票回报波动性为指标的公司风险负相关。Mayers 和 Smith(2010)验证了董事会结构同按业绩支付薪酬机制之间的联系，认为外部董事较多的公司，按业绩支付薪酬和资产回报率之间存在显著的正相关关系。

从与董事会有关的具体研究内容来看，保险公司董事会治理的特殊性并不明显，其主要研究变量的选取与一般公司治理研究类似。然而，保险公司董事会治理是以风险控制为导向的，其治理有效性的衡量多选取保险公司的各类风险承担水平，这是与保险公司治理的目标——维持保险公司的偿付能力，保护投保人利益相一致的。这一总体目标导向的不同，就成为保险公司董事会治理的特殊性所在。

4) 保险公司高管治理研究

高管薪酬一直是公司治理研究关注的主要领域之一。保险公司治理中的高管薪酬研究的主要问题包括高管薪酬水平、结构、影响因素，高管薪酬的治理效果，以及两职设置等。

Mayers 和 Smith(1992)基于委托代理问题下的激励协调问题，通过对人身保险公司 CEO 薪酬的研究，证实股份制保险公司经理人的薪酬高于互助型保险公司经理人的薪酬，且不同组织形式下保险公司分支机构经理人获得的整体薪酬水平较高。Grace(2004)围绕 CEO 薪酬结构和薪酬水平影响因素进行了较全面的实证分析，发现公司规模和风险越大，使用激励薪酬越多；而在监管和 CEO 持股下的公司，激励薪酬使用较少；而且公司治理结构、CEO 持股与监管关注都不足以防止 CEO 的过度薪酬。

在高管薪酬对治理结果的影响方面，Barrese 等(2007)考察了保险公司股权结构、高管持股比率和托宾 Q 之间的关系，实证结果没有支持激励相容和堑壕效应假设，认为两种激励随着持股比例的变化而呈现"U"形关系。此外还有研究基于薪酬激励计划的设计，围绕高管与盈余管理行为展开。Browne 等(2009)研究了管理者持有的股权激励的价值对股价波动的敏感性同保险公司准备金差错(reserve error)的关系，发现基于股权的高管激励同股价敏感性越高的公司，会存在更高的准备金提取不足差错和更低的准备金提取过量差错。Eckles 和 Halek(2010)研究了保险公司管理者在不同薪酬激励下，通过操纵损失准备金(manipulate loss reserves)最大化其报酬的动机。与以往将损失准备金提取差值局限于规避税收和监管方面的研究不同，Eckles 等(2011)以准备金估计差错(reserve estimation error)作为管理者盈余操纵的衡量变量，研究了管理层薪酬激励与治理对盈余操纵的影响。

除了高管薪酬问题外，还有部分文献对两职设置和高管自由裁量权等问题进行了研究。Boubakri 等(2008)的研究证实，保险公司 CEO 两职兼任对股东而言成本过高，且会加剧委托代理冲突，加大公司的风险。而这同 Bebchuk 和 Weisbach(2009)以一般公司为研究样本所证实的 CEO 为了稳定工作而倾向于保守的结论是相反的。Miller(2011)围绕管理者自由裁量权理论，将原局限于股权结构的有关研究拓展到其他公司治理机制上，认为在同等条件下，通过各种治理机制能够更严格控制代理成本的公司，可以经营需要更大高管自由裁量权的业务条线。

从保险行业的高管薪酬研究来看，保险公司作为金融行业的重要代表，其高管薪酬也受到了普遍的关注。华尔街金融危机后，对金融机构高管薪酬过高的指责，使重新定位高管薪酬水平成为研究的一个主要问题。薪酬水平、薪酬计划的细节设计、薪酬监管和薪酬激励扭曲引致的盈余操纵行为等，丰富了一般公司治理理论。

3. 国外保险公司外部治理研究

与一般公司治理关注的控制权市场、经理人市场和产品市场竞争等外部治理机制不同，由于保险行业具有很强的风险负外部性，保险监管的存在使保险行业的市场竞争、控制权市场等机制虽然依旧发挥作用但有所减弱，而且由于保险行业的经营特点，其外部治理机制中保险监管的作用以及再保险集团和保险代理人的作用成为其研究的独特之处。

1）来自外部行业监管部门的监督作用

由于存在经营特殊性，保险行业的外部监管是一个非常重要的外部治理机制。国际范围内，监管内容除了市场行为和偿付能力之外，近几年公司治理也已成为保险监管的重要内容之一。Skipper 和 Klein(2000)以国际保险业为背景，从促进市场竞争进而有利于促进资源配置和消费者选择与福利的视角，提出了清晰的保险业的监管原则。Grace 和 Klein(2008)论述了保险监管和改革的基本原理。Harrington(2009)通过分析美国国际集团在 2008 年金融危机中的角色和保险监管，对系统性风险和系统性风险监管是否要针对保险或其他非银行金融机构进行了探讨，提出了推行可选择或强制的联邦保险监管的未来趋势。

2）再保险集团和保险代理人的监督作用

保险行业中存在着再保险集团(reinsurers)和保险代理人(insurance agents)，他们作为非监管机构具有重要的监督功能。再保险集团不仅提供保险公司分散风险的机制，还往往出于避免自身财务困境和减少过度税收的目的对保险公司的行为进行监督(Doherty and Smetters，2005；Cole and

McCullough，2006)，这就拓展了公司治理发生作用的渠道。此外，保险代理人作为第三方，提供了保险公司产品的中介销售渠道，保单购买人可以通过保险代理人提供的信息，甄别比较不同保险公司的产品，因此保险代理人也能够起到对保险公司的监督作用(Regan，1997)。

4. 国外保险公司治理绩效研究

公司治理绩效的有关研究，主要包括两个层面：财务绩效和治理评价。一般公司治理研究往往关注于某一治理机制对公司价值或财务绩效的影响，选取的指标为托宾 Q 或 ROA 等，或是关注于公司治理总体评价与股票收益之间的关系。

在保险公司治理研究中，目前并没有开展治理评价研究，可能的原因是其治理的目标较一般公司治理更为复杂，对其进行治理评价难度较大。保险公司治理对于财务绩效的研究较少，而很大一部分的文献都采用各种类型的风险作为绩效衡量标准，如 Boubakri 等(2008)、Cole 等(2011)以公司总体风险为被解释变量分别研究了 CEO 两职兼任、股权结构、公司组织形式的影响，Brick 和 Chidambaran(2008)以股票汇报波动性为指标研究了董事会独立性的作用。

保险公司治理研究关注于风险承担水平和经营效率而不限于财务绩效是有其特殊意义的。由于保险产品长周期、高风险和不透明的特点，如果公司治理的目标是单纯的绩效，那么其产品背后的风险是很容易在短期内被粉饰的，而基于传统财务绩效的评价会进一步扭曲公司行为，危害广大利益相关者利益。

(三)国内外保险公司治理研究文献综述总结

本节从研究时点、研究主题、研究对象和研究方法四个方面，对国内外保险公司治理研究文献综述进行了总结。

1. 时点：国内关于保险公司治理研究的起步较晚

2001 年中国学术期刊网题名检索到第 1 篇期刊论文(《论保险公司治理机制的完善》)(夏洪，2001)，2004 年出现 1 篇学位论文(《国有保险公司治理研究》)(张悦，2004)；自 2006 年以后，国内保险公司治理的相关研究随着保险公司治理实践的开展开始逐渐增多。而国外保险公司治理研究始于

1972 年，目前已经有四十多年的历史。

2. 主题：国内保险公司治理研究主要集中在基础性问题

国内保险公司治理研究的主题主要集中在概念、特殊性和模式比较等基础性问题。由于国外存在股份制保险公司和互助性保险公司两种类型，在早期国外的研究中，这两种保险公司治理的对比是重要主题。目前研究的广度和深度得以极大地扩展，不再局限于界定保险公司治理的基础性问题，而是将研究的内容深入至治理的机制和要素对保险公司业绩与效率的影响。

3. 对象：国内保险公司治理研究对象比较单一且样本量少

国内现有成果的研究对象主要集中在保险公司的层面，特别是专业保险公司和其中的上市公司；从保险公司国有或者民营性质角度出发的研究较少，只有少数学者(李琼和苏恒轩，2003；朱日峰，2005；林征，2006；李兆斌等，2007；刘金霞和齐青婵，2008)以国有保险公司作为研究对象展开定性的分析；以中介机构、保险集团作为研究对象的比较少，更缺乏保险公司的全样本研究。国外研究一方面会区别股份制保险公司和互助性保险公司，另一方面会深入到某一类型保险公司。

4. 方法：国内保险公司治理研究主要采用规范性研究方法

从研究方法看，国内保险公司治理相关研究在研究方法的选择上是以规范研究为主，由于上市保险公司数量较少，数据获得较为困难，只有个别学者采用案例研究方法(俞勇国，2006；张惠，2007；曹晓润，2008；杨馥，2009)，以及大样本的实证研究方法(张惠，2007；陆渊，2009；谢晓霞和李进，2009)。目前国外研究大量采用大样本的实证研究方法，甚至大样本的调查研究方法。

5. 国内外文献综述小结

综上所述，国内对保险公司治理问题的研究处于刚刚起步阶段，保险公司治理研究的基本理论框架还没有建立，保险公司治理的合规性(是否按照规定建立了基本的治理结构和机制)、保险公司治理的有效性(治理结构和机制是否发挥了应有的作用)及治理绩效等科学问题有待研究；研究方法也较为单一，研究样本也较少。国外对保险公司治理问题的研究集中于两种类型保险公司的治理要素、治理绩效的比较，研究方法上已经开始导入大样本的实证研究，其研究思路和方法对于我们研究我国保险公司治理具有很好的启示作用。国内保险公司治理研究内容和方法等方面与国外存在较大的差距，我国保险公司治理研究亟待开展。国内外相关研究的比较内容详见表 9-5。

表 9-5　国内外研究述评总结

比较内容	国内	国外
研究时点	起步阶段：十余年时间	深入阶段：三十余年时间
研究主题	概念、特殊性、模式比较分析等	治理对绩效影响及治理要素有效性等
研究对象	股份制，样本量较少，上市数量限制(5 家)	股份制和互助性，有大样本调查数据
研究方法	规范研究为主	实证研究为主

第二节　保险公司治理研究逻辑与研究框架

本节在第一节分析保险公司治理研究背景和文献综述的基础上构建研究保险公司治理的逻辑和框架。本节首先分析了保险公司的经营特殊性和治理特殊性，提出保险公司经营的特殊性决定了其治理特殊性的观点，基于此提出保险公司治理的研究逻辑，之后本节结合研究逻辑提出了保险公司治理研究的理论框架和研究重点。

一、保险公司经营和治理特殊性分析

自从公司制组织形式出现以来便有了公司治理问题，在理论上比较详细探讨这一问题的是 1932 年 Berle 和 Means 的著作《现代公司与私有产权》，但直到 1975 年，Williamson 才给出治理结构(governance structure)的定义。学术界对公司治理比较经典的定义是 Shleifer 和 Vishny(1997)提出的，即保证公司资金的提供者能够取得其投资回报的方式。John 和 Senbet(1998)基于利益相关者的视角，提出公司治理是利益相关者为保护其自身利益对公司内部人和管理者施加的控制机制。无论哪种观点，都是基于公司这一基本经济组织形态而提出的，因此采用公司这一形式的经济组织都应适用以上两个经典定义。

保险公司是以公司的形式经营保险业务的经济主体，它必然具有公司的一般特征，其治理特征应该适用一般公司治理的相应观点，即一般的内外部治理机制在保险公司中也发挥治理的基础性作用。然而，保险公司是经营保险业务的公司，保险业这一特殊的行业背景使其具有不同于一般公司的特点，保险公司经营的特殊性主要体现在以下几个方面：首先，保险产品具有风险分散功能，保险公司依靠其风险管理能力经营保险产品，使其债权人广为分散；其次，保险公司的资产负债率高，采用高杠杆经营，使保险公司的经营风险凸显；再次，保险产品往往具有长期性，保险责任的履行更依赖于保险公司的长期稳健经营，同时，伴随保险公司经营过程中沉淀资金而生的投资业务加剧了保险公司经营业绩的波动，这两点使保险公司的偿付能力成为各利益相关者关注的焦点；最后，保险产品具有很强的专业性、信息不对称程度高，使其经营中的问题可以长期潜伏，加剧了保险公司的治理风险。

正是保险公司经营的特殊性对其公司治理提出相应的特殊要求，决定了保险公司治理的特殊性。经典的公司治理理论主要关注于分散股权条件下，所有权和经营权分离所产生的所有者和管理者间的委托代理问题，以及控股股东同中小股东间的委托代理问题，这些问题在保险公司治理中同样存在着。由保险公司经营的特殊性导致的债权治理缺失使债权人与股东利益冲突凸显，债权人利益难以得到维护，保险公司经营中的承保风险、杠杆风险和投资风险更加剧了这一冲突，因而，维护债权人权益就成为保险公司治理的重要目标。同时保险公司作为典型的金融机构，其经营失败引发的风险负外部性直接造成巨大的社会成本问题，保险监管机构作为债权人及政府的代理人参与到保险公司治理中来，尤其强调维持保险公司的偿付能力，都是这一治理目标的体现。保险公司治理相较于一般公司更加强调对债权人利益的保护。

保险公司治理是一般公司治理与保险行业的有机结合，其研究内容既要探讨一般公司治理研究所关注的治理结构、治理机制在保险行业的作用，还要探讨基于保险行业自身特殊性的治理机制。保险公司治理的研究须同时兼顾好经典的公司治理问题和具有其自身特殊性的治理问题，要探索出一条解决其自身一般和特殊治理问题的路径。同时，由于保险行业经营的特殊性，一些在一般公司治理研究中难以观察和解决的问题得以凸显，相关研究能够丰富和拓展一般公司治理理论研究的结论。所以保险公司治理研究不仅可以解决保险公司治理特殊性问题，还可以将它作为一般公司治理理论研究的优良样本。

二、保险公司治理研究逻辑

从以上的研究主题中不难看出，保险公司治理研究的内容与一般公司治理相比既有共性，又具有其特殊性。作为公司治理理论与保险行业的结合，保险公司治理一方面要依赖于一般公司治理机制作用的发挥，这就体现在股权、董事会等治理机制的作用上；另一方面，保险公司因其经营的特殊性，其治理目标、治理机制与治理结果又必然体现出具有特殊性的一面，体现在对债权人利益保护的重视、再保险集团的监督作用与以风险承担水平衡量治理绩效等研究内容上。本节试图通过对保险公司治理研究文献的分析，从整体上对保险公司治理的研究思路进行梳理，提出保险公司治理研究的逻辑。总体来讲，就是保险公司经营的特殊性决定了其治理的特殊性，本节基于这一观点构建了涵盖保险公司治理逻辑起点、治理目标特殊性及治理结构与机制特殊性等在内的保险公司治理研究逻辑脉络，见图9-3。

保险公司治理的逻辑起点是保险公司经营的特殊性，即合约长期性、产品专业性、资本结构高负债比例和债权高度分散等，其经营特殊性决定了其治理的特殊性。一般公司治理研究的核心问题是所有者和管理者间的代理成本最小化，以上这些特点使保险公司中投保人(债权人)的利益保护成为其治理要解决的重要问题，进而保险公司治理的核心问题就成为包含所有者、管理者和债权人三者的总代理成本最小化。这就决定了保险公司治理的目标与一般公司不同，特别要突出利益相关者中广大投保人的利益保护。在一般公司，采用利益相关者治理的视角可能会受到一定程度质疑；但在保险公司中，投保人作为保险公司的债权人，其利益保护受到特别的重视，采用利益

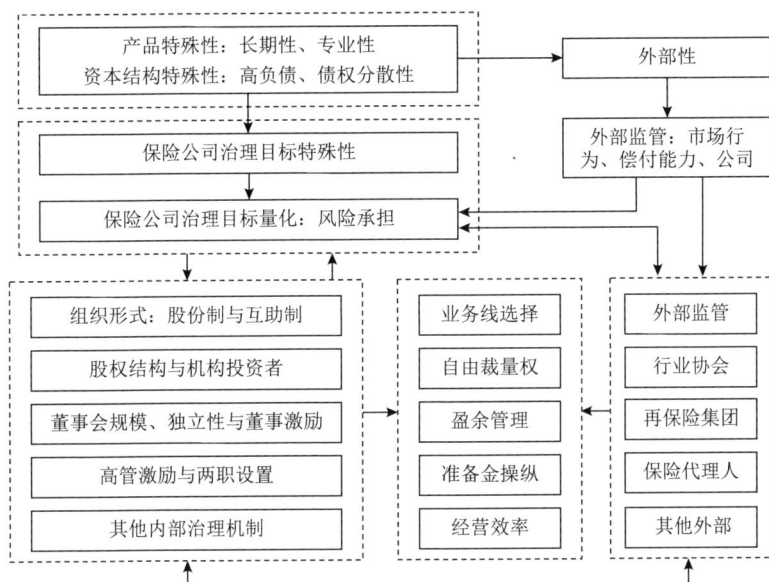

图 9-3　保险公司治理研究逻辑

相关者治理观来研究有关治理问题，其必要性和重要性则是显而易见的。不同组织形式保险公司治理的有关研究，就是基于解决这三方利益冲突的不同方式而展开的。

保险公司治理特殊性主要体现在其治理目标的量化上。由于保险公司产品特殊性和资本结构特殊性，其经营过程中的风险较大，治理风险容易累积，这都不利于对投保人权益的保护这一治理目标的实现。而正是基于这一点，有效控制保险公司风险承担成为保险公司治理目标特殊性的具体体现，因此，保险公司治理的绩效指标较少选择具有短期性特征的业绩指标，而是更多的选择能直接反映其偿付能力的包括承保风险(underwriting risk)、杠杆风险(leverage risk)、投资风险(investment risk)、信用风险(credit risk)及总风险(total risk)等风险承担水平的指标。

对治理机制的研究，保险公司治理已经从治理层面深入到具体的经营层面上。从内部治理来看，保险公司治理的研究内容主要围绕着股东与股权结构、董事与董事会、高管激励及两职设置等方面，从表面上看，他们同一般的公司治理研究并无差异，然而从本节列举的具体研究来看，保险公司治理的研究不仅仅是以风险承担水平为最终治理结果来探讨治理机制的有效性，其研究已深入到公司内部，立足于保险公司的具体经营而展开，如保险业务条线选择、业务所需的管理者自由裁量权、盈余管理与准备金操纵等有关的研究。从外部治理来看，保险公司治理的研究也是立足于其行业特点，研究该行业特有的外部治理机制，如外部监管、再保险公司监督与保险代理人监督等有关的研究。总之，与一般公司治理研究相比，保险公司治理无论是内部还是外部治理的研究都与公司经营特殊性紧密相连。

保险公司经营所具有的外部性对保险监管提出了要求。保险公司的投保人（债权人）具有广为分散的特征，其治理成本和治理收益具有极大的不对称性，债权治理难以发挥作用，同时保险公司经营的特殊性使其整体的经营风险不断积聚，一旦经营失败，社会成本巨大，这就需要监管部门作为重要的外部治理机制发挥积极作用。目前，保险行业的监管已经从原有的偿付能力监管、市场行为监管逐步拓展到公司治理监管上来，成为保险公司外部治理中不可忽视的机制。

三、保险公司治理研究理论框架与研究重点

公司治理研究经历了近八十年的发展，目前已经形成较为完善的研究体系；与此同时，公司治理实践方面也取得了长足的进步。我国保险公司治理实践起步比较晚，公司治理处于从"形似"向"神似"转型的阶段，后国际金融危机时期的保险公司治理呈现出进一步强化的态势，保险公司治理实践迫切需要相关研究成果的支持，为此，提出了保险公司治理研究的理论框架并对研究内容进行了展望。

（一）保险公司治理研究理论框架的提出

李维安和郝臣（2009）在对一般公司治理问题和金融机构治理重要意义进行论述的基础上，分析了金融机构治理主体、结构、机制、目标、风险和评价方面的特殊性，结合国内外金融机构治理实践的情况，提出了包括理论基础、理论体系、治理实践、治理原则和治理绩效五个层次的金融机

构治理一般框架体系。具体到保险公司这一具体形态的金融机构，综合一般公司治理研究和保险公司治理研究所取得的成果，可以发现保险公司经营的特殊性导致了保险公司治理的特殊性，而保险公司治理的特殊性是各类保险公司治理理论和应用研究的基础或依据，如果没有治理的特殊性，那么可以直接应用一般公司治理研究概念、理论和方法。因此，本节提出将保险公司治理的特殊性研究作为保险公司治理的研究主线，进而从各方面的理论和应用研究构建保险公司治理研究理论框架。整个理论框架包括研究主线、理论研究和应用研究三个方面；理论研究和应用研究均要围绕主线展开，体现保险公司治理的特殊性；理论研究是基础，更多侧重内部治理；应用研究是理论研究成果的应用，侧重外部治理，详见表9-6。

表 9-6　保险公司治理研究理论框架

框架层次	研究内容		研究方法	研究对象
研究主线	保险公司治理的特殊性研究，这是保险公司治理理论研究和应用研究的主线		规范研究为主，包括逻辑推理、比较等	一般意义上的保险公司，抽象的概念
理论研究	保险公司治理概念、模式与国际比较研究	内部治理	基础性问题以规范研究为主，如回归分析、DEA等。深入研究以实证研究为主，个别采用案例研究的方法	考虑具体类型保险公司，划分标准：中资与外资、国有与民营、股份制与非股份制、上市与非上市等划分标准
理论研究	保险公司治理模式与治理环境研究	内部治理	基础性问题以规范研究为主，如回归分析、DEA等。深入研究以实证研究为主，个别采用案例研究的方法	考虑具体类型保险公司，划分标准：中资与外资、国有与民营、股份制与非股份制、上市与非上市等划分标准
理论研究	保险公司治理转型研究	内部治理	基础性问题以规范研究为主，如回归分析、DEA等。深入研究以实证研究为主，个别采用案例研究的方法	考虑具体类型保险公司，划分标准：中资与外资、国有与民营、股份制与非股份制、上市与非上市等划分标准
理论研究	保险公司治理要素和绩效关系研究	内部治理	基础性问题以规范研究为主，如回归分析、DEA等。深入研究以实证研究为主，个别采用案例研究的方法	考虑具体类型保险公司，划分标准：中资与外资、国有与民营、股份制与非股份制、上市与非上市等划分标准
理论研究	保险公司治理对公司经营行为的影响研究	内部治理	基础性问题以规范研究为主，如回归分析、DEA等。深入研究以实证研究为主，个别采用案例研究的方法	考虑具体类型保险公司，划分标准：中资与外资、国有与民营、股份制与非股份制、上市与非上市等划分标准
理论研究	保险公司的内部治理与外部监管关系研究	内外结合	基础性问题以规范研究为主，如回归分析、DEA等。深入研究以实证研究为主，个别采用案例研究的方法	考虑具体类型保险公司，划分标准：中资与外资、国有与民营、股份制与非股份制、上市与非上市等划分标准
应用研究	完善保险公司治理对策研究	外部治理	主要通过实地调研、发放调查问卷、访谈等方式获得资料，然后利用规范研究及实证研究的方法	可以考虑下列保险公司的区别：产险与寿险保险公司、保险集团公司和保险中介机构等
应用研究	保险公司治理合规性研究	外部治理	主要通过实地调研、发放调查问卷、访谈等方式获得资料，然后利用规范研究及实证研究的方法	可以考虑下列保险公司的区别：产险与寿险保险公司、保险集团公司和保险中介机构等
应用研究	保险公司治理评价研究	外部治理	主要通过实地调研、发放调查问卷、访谈等方式获得资料，然后利用规范研究及实证研究的方法	可以考虑下列保险公司的区别：产险与寿险保险公司、保险集团公司和保险中介机构等
应用研究	保险公司治理监管研究	外部治理	主要通过实地调研、发放调查问卷、访谈等方式获得资料，然后利用规范研究及实证研究的方法	可以考虑下列保险公司的区别：产险与寿险保险公司、保险集团公司和保险中介机构等
应用研究	保险公司风险管理研究	外部治理	主要通过实地调研、发放调查问卷、访谈等方式获得资料，然后利用规范研究及实证研究的方法	可以考虑下列保险公司的区别：产险与寿险保险公司、保险集团公司和保险中介机构等

（二）保险公司治理研究主线：治理的特殊性

保险业是一个特殊的行业，作为一种社会化的制度安排，保险活动通过群体的确定性来抵消一部分个体的不确定性，通过风险防范和风险分担以少量的支出实现多量的补偿，从而在一定程度上降低个人未来福利状况的不确定性。保险公司在经营目标、资本结构、产品合约和政府监管等方面所表现出来的诸多特殊性对保险公司的治理产生了深远的影响，可以说经营上的特殊性导致或者决定了制度安排上的特殊性，因此，研究保险公司经营上特殊性有利于我们准确把握保险公司治理的本质和特殊性。较早的研究将一般的公司治理研究成果直接应用于保险公司治理（刘军，2005；张宁，2005），没有考虑保险公司经营上的特殊性，当然没有体现出保险公司治理的特殊性。保险公司治理是公司治理的一般理论在保险公司这一主要的金融中介的应用，既是公司治理理论和金融中介理论的有机结合，也是公司治理理论与保险业特殊性的统一。从这个意义上看，把握金融中介的特殊性质和保险公司自身的特殊性是研究保险公司治理的起点（李维安和曹廷求，2005b），而保险公司治理的特殊性是贯穿于保险公司治理理论和应用研究的主线。

（三）保险公司治理理论研究重点

早期对保险公司治理的理论研究聚焦于保险公司治理的基本概念界定、模式选择和国际比较方面，目前这方面的研究已经较为成熟。未来的理论研究主要基于保险公司治理的特殊性，考察保险公司治理的模式、治理转型、治理与绩效关系、内部治理与外部监管关系和保险公司治理对保险公司投资、创新等经营行为的影响。

1. 保险公司经营和治理特殊性的基础理论问题

保险公司经营的特殊性要求保险公司治理要兼顾股东、管理者和债权人之间的多重代理问题。然而，对经营特殊性的讨论还有待于进一步拓展，比如，保险公司的客户众多社会责任问题较大，保险公司投资领域及融资渠道逐步扩展引入了更多的治理主体，作为典型的金融机构其经营难以摆脱系统性金融风险，都是保险公司治理理论需要解决的新问题。

2. 保险公司治理环境和治理模式研究

从系统论视角来看，保险公司治理是一个多元化的系统，由公司治理环境和利益相关者共同作用构成；基于制度变迁的视角，公司治理是一套复杂的制度安排和持续的制度演化的结果，并且因环境而异。不同的制度安排和制度演化路径往往与不同的社会政治、法律和经济模式联系在一起，也就是说治理环境会影响到公司治理效率。新兴市场和转轨经济的双重特质是我国保险公司所处环境的显著特征，这也决定了我国保险公司的治理问题可能与西方国家大大不同。相关的研究问题有我国保险公司治理环境及其对治理影响的分析、基于我国治理环境的治理模式提炼和治理模式的国际比较等。

3. 保险公司治理转型研究

在新兴市场和转轨经济的制度背景下，中国的公司治理逐步从行政型治理向经济型治理转型(李维安，1998，2005a，2005b，2009)，我国保险公司也不例外，正经历着从以往高行政型治理模式逐步向高经济型治理模式演进的过程。随着市场化、制度化和规范化程度不断提高，公司治理结构不断得到优化，治理质量逐年提高。中国由计划经济向市场经济转型的环境背景为我国保险公司治理研究提供了特殊的研究样本，如何科学地界定保险公司行政型治理和经济型治理的内涵、保险公司行政型治理的量化、治理转型的驱动因素分析及治理转型带来的影响等是未来重要的研究内容。

4. 保险公司治理要素和绩效关系研究

在一般公司中治理对绩效的影响已被学术界大量的实证研究所证明，而且发现治理和绩效中间有很多中介变量。但国内关于保险公司治理和绩效关系研究的文献较少，同时样本较少，目前还没有对二者之间传导机制展开研究。未来研究可以考虑保险公司治理状况对偿付能力、一般财务绩效等绩效指标的影响及其可能存在的传导机制，弥补国内以保险公司治理的特殊性、保险公司治理模式、保险公司治理的国际比较及对策建议等规范研究内容为主的不足，研究结论对于加强和改善保险公司治理及其监管等具有很好的指导作用。

5. 保险公司风险承担量化及其与公司治理关系研究

保险公司治理的研究采用多种风险承担指标，如承保风险、杠杆风险与投资风险等，指标自身有效性有待于进一步提升，单一风险同总体风险间的关系还不清楚。目前，保险公司治理的研究主要集中在股权配置、董事会结构、高管薪酬激励设计和机构投资者治理对各种类型的风险承担的影响方面，从已有的研究结论看，有些研究得出的结论并不统一，如股权结构对风险承担的影响，还需要进一步从更细微的角度对治理机制的传导途径进行深入分析。在一般公司中，公司治理与绩效或风险的中介效应与调节效应等方面的研究比较深入，而对保险公司治理与风险承担之间的类似问题研究较少，值得进一步检验。

6. 保险公司治理对公司经营行为影响的研究

由于保险公司资本结构和经营目标等方面的特殊性，保险公司治理对保险公司经营行为的影响也存在诸多和一般公司治理不同之处。譬如，保险公司治理对保险公司投资的影响，因为保险公司的投资行为有所限制；相比于一般行业的公司，保险公司的外部监管更加严格，公司的融资行为可能存在一定的差异性。类似的，保险公司治理对公司股利政策制定、公司创新、管理效率改进及公司竞争力提高等的影响都是未来重要的研究主题。

7. 保险公司内部治理与外部监管关系研究

保险公司内外部治理关系，特别是内部治理和外部监管关系值得探究。一些研究探讨了治理机制之间的关系，如董事会结构与股权结构的替代关系，董事会监督对高管薪酬的限制作用等，但基于内外部治理关系的视角，针对外部监管与内部治理机制关系的研究还很少。基于保护投保人利益，协调公司治理各利益主体，控制行业总体风险的视角，外部监管必须同保险公司内部治理发挥协同作用，即将原有公司治理普遍关注的所有者和管理者间的经典委托代理问题，拓展为关注所有者、高管、债权人与监管机构等主体之间的内外部治理机制关系的研究。现有的研究成果均以保险业监管作为外生变量，而没有将保险公司治理与外部监管纳入到统一的研究框架下，缺乏公司治理与外部监管关系的直接讨论，而这对于完善保险业内外部治理，落实保险业监管的三支柱模型具有特别的实践意义。

8. 一般公司治理问题的再检验

以保险公司作为研究样本，能够进一步丰富和完善一般公司治理理论问题。比较有代表性的就是基于自由裁量权问题研究，不同产品业务条线具有不同的特征，需要不同程度的管理者自由裁量权，这丰富了公司股东与高管之间委托代理关系的研究内容和内涵，使对这一理论问题的探讨更加深入。对于一般公司治理问题研究中遇到的尚没有达成一致意见或者较难深入的问题，可以利用保险公司进行研究。保险公司产品同时具有同质性和风险的差异性，这相对于一般公司治理研究使用同行业或跨行业样本数据而言，具有独特的优势，是拓展一般公司治理研究的优良样本。

(四)保险公司治理应用研究展望

结合保险公司治理的相关理论研究成果，探讨保险公司治理实践过程中存在的问题，提供相应的建议支持也是研究的重要内容。

1. 我国保险公司治理问题研究

目前，我国保险公司治理研究始终停留在起步阶段，需要解决的理论和现实问题还有很多。保险公司治理研究是应用性研究，研究结论依赖于外部制度、经济环境，国外研究已解决的理论问题，在我国特殊的情境下是否具有相同的研究结论还须进一步验证。如有关治理要素的相互关系、治理变量与风险承担的传导路径等，都是值得关注的问题。同时，处于转型过程中的我国，其保险行业自身的公司治理问题就具有特别的研究意义，如我国保险公司组织结构中的党组织、国有控股股东等问题的研究。

2. 完善保险公司治理对策研究

如果以 2006 年《关于规范保险公司治理结构的指导意见(试行)》的出台作为我国保险公司治理改革的正式开始，那么经过多年的实践，保险公司治理必然存在这样或者那样的不足，经过规范、案例和实证研究，提出科学、有效地解决这些问题的对策建议，有利于切实提高保险公司治理水平。完善保险公司治理机制，可以提高保险公司的核心竞争能力，有利于监管部门加强公司治理监管，有利于整个保险行业的持续发展。完善保险公司治理机制的对策研究也是未来重要的研究方向。

3. 保险公司治理合规性研究

为了提高保险公司治理的水平，我国出台了《关于规范保险公司治理结构的指导意见(试行)》《保险公司合规管理指引》《保险公司董事会运作指引》《关于规范保险公司章程的意见》等规定。这些文件的颁布，使我国保险公司治理实践具有了明确的参考标准和依据，那么如果以指导意见的出台作为我国保险公司治理改革的开始，经过多年探索后，我国保险公司治理是否达到了上述规定的基本要求，即保险公司治理是否合规、还有哪些方面存在不足、如何改进，这些都是与保险公司治理合规性有关的问题。当然，治理合规后的有效性是保险公司治理的长远目标。

4. 保险公司治理评价研究

近 20 年来，全球公司治理研究的内容开始从治理结构与机制的理论研究，到治理模式与原则的实务研究，今天治理质量与治理环境备受关注，研究重心转移到公司治理评价和治理指数(李维安，2006)。由于保险公司治理具有特殊性，不能直接将一般公司治理的评价指标复制过来评价保险公司。所以需要针对保险公司，设计专门的评价指标体系，这方面研究处于刚刚起步阶段。同时，基于保险公司治理评价结果(保险公司治理指数)开展的保险公司治理有关的大样本实证研究目前还没有，这一点与一般公司治理评价研究有较大差距。

5. 保险公司治理监管研究

市场行为监管、偿付能力监管和保险公司治理监管被认为是现代保险监管制度的三大支柱。随着我国保险业的快速发展，保险监管机构逐渐认识到保险公司治理监管的重要性。但是由于治理监管实践处于刚刚起步阶段，已有的理论研究多局限于一般意义上的监管，而具体到治理监管有关的研究则较少见。目前，国内外鲜有对这一命题的系统研究(杨馥，2009)。未来可以在对国外保险公司治理监管制度对比分析的基础上，结合我国保险公司治理现实状况，探讨保险公司治理监管的目标、内容与手段等，逐步建立具有我国特色的保险公司治理监管体系。

6. 保险公司风险管理研究

保险公司的作用是经营和管理风险，对国民经济的稳定起着重要作用；而公司治理是保险公司稳健经营的基础。中国保监会对保险公司的监管由过去的注重结果的事后监管向注重过程的事前、事中监管转变。保险公司以风险作为经营对象，因此绝对消除风险是不可能也是没有意义的，但要防止这种风险的累积。经营风险一旦累积到一定程度释放便会带来毁灭性的影响，从这个意义上来说，这些风险已经不是一般的经营风险，而是治理风险。因此，从保险公司治理角度，评估、控制与监管保险公司风险等都是有待研究的保险公司风险管理科学问题。

第三节　我国保险公司治理评价研究

本节参考一般公司治理评价和银行业治理评价的开展情况，回顾和借鉴已有保险治理评价的研究成果；之后设计了区分不同层次和不同内容的保险公司治理评价指标体系，并根据调研数据计算出我国保险公司治理指数；最后对保险公司治理指数进行了分资本性质、组织形式、险种类型和控股股东性质的描述性统计。

一、保险公司治理评价的重要意义

公司治理运动于 20 世纪 30 年代从英国发起，逐渐渗透到世界各国。随着国际资本流动加速和公司经营道德风险案件日益增多，许多国家和国际性组织越来越重视公司治理结构问题，相继制定了一系列有关公司治理结构的指导原则、方针和法案，即所谓的公司治理结构运动。公司治理成为现代公司制的核心，是提高公司素质和核心竞争力的关键。

十六大以来，我国保险业按照建立和完善社会主义市场经济体制的要求，把保险公司改革作为保险改革的中心环节，坚持从实际出发，积极探索保险公司改革的新方法和新途径，取得了重大阶段性成果(吴定富，2006)。在保险监管工作方面，已经初步建立起市场行为和偿付能力监管体系。2006

年 1 月 5 日《关于规范保险公司治理结构的指导意见(试行)》的颁布,标志着保险公司治理监管工作的正式启动。保险公司在经营目标、资本结构、产品合约和政府监管等方面所表现出来的诸多特殊性对保险公司的治理机制产生了深远的影响。目前我国绝大多数保险公司已建立规范的公司治理结构框架,但许多公司的治理结构建设往往是形似而神不似。

如何对保险公司治理结构状况进行合理评价,已经成为目前我国保险监管部门亟待解决的一个问题。在融合公司治理和金融中介理论的基础上,充分考虑保险公司的独特性质和我国特殊的制度背景的影响,建立广为接受的保险公司治理评价指标体系和评估系统,是准确把握保险公司治理实际,进行公司治理监管和风险防范的前提基础,也是"统筹协调、全面推进,分类指导、突出重点,完善制度、重在执行,循序渐进、务求实效"原则的内在要求。

完善社会主义市场经济体制,要求把保险公司建成资本充足、内控严密、运营安全、服务和效益良好的现代金融企业,实现这个目标,完善保险公司治理结构是关键(吴定富,2003)。保险公司治理是公司治理的一般理论在保险公司这一主要的金融中介的应用,既是公司治理理论和金融中介理论的有机结合,也是公司治理一般理论与保险业特殊性的统一。从这个意义上看,把握保险公司自身的特殊性是研究保险公司治理的关键(李维安,2005b)。无论是对于保险公司监管部门的政策制定还是保险公司自身的健康成长,开展保险公司治理评价指标体系设计研究都具有重要的现实意义。

二、一般公司治理评价的开展情况

公司治理评价的出现最早是满足公司治理实务发展的需要,尤其是机构投资者的需要而进行的。公司治理评价萌芽于 1950 年 Martindell 提出的董事会业绩分析。最早的、规范的公司治理评价研究是由美国机构投资者协会在 1952 年设计的第一个正式评价董事会的程序。随后出现了公司治理诊断与评价的系列研究成果。最早的较为完善的公司治理评价系统是创立于 1998 年的标准普尔的公司治理服务系统;1999 年欧洲戴米诺推出了自己的公司治理评价系统;2000 年亚洲里昂证券推出了里昂公司治理评价系统等;美国机构投资者服务公司还建立了全球性的上市公司治理状况数据库,为其会员投资者提供监督上市公司治理情况的服务。

一般公司治理评价按开展机构性质的不同，可分为如下几种模式。

第一，评级机构评价模式。由一些著名的信用评级机构开始开展公司治理评级或评价业务，如标准普尔和戴米诺。这种模式往往也是公司委托评级（solicitated rating），因此是商业性的治理评价模式。这种模式的优点是具有丰富的评价经验和一流的人才，缺点是评价的商业运作和评价的独立性存在冲突。

第二，机构投资者评价模式。一些机构投资者为更好地做出投资决策，也开始对公司治理进行评级。如亚洲里昂证券从 2000 年开始推出对新兴市场的公司治理评级体系。机构投资者这种评级类似于提供投资分析报告，通常不是营利性的，也是非公司委托评级（unsolicitated rating）。

第三，中立机构评价模式。由非营利的民间机构如董事协会、投资者保护协会、科研单位从保护投资者角度出发，进行治理评价，如南开大学中国公司治理研究院连续多年推出的中国上市公司治理指数。这种模式的优点是能够保障评价结果的客观性和可靠性，信度较高；缺点是缺乏评价的动力和数据来源。

第四，媒体评价模式。由媒体组织开展公司治理评价。例如，亚太区著名杂志《亚洲公司治理》（*Corporate Governance Asia*）颁发的"亚洲公司治理年度杰出表现奖"（*Corporate Governance Asia Annual Recognition Awards*）等。这类模式的特点是评价结果的社会效应较大，不足是缺乏相关的专业人员和经验，而且连续性不强。

三、相关行业治理评价的开展情况

（一）国外相关行业治理评价的开展情况

我们将相关行业界定为银行业，因为这两个行业是金融业的重要组成部分。许多国家的中央银行及其他的金融监管者主要采用 CAMEL 方法去分析和评价一个银行健康与否。CAMEL 法通过评估银行的资本充足率（capital adequacy）、资产质量（asset quality）、管理（management）、收益水平（earnings）和流动性（liquidity）来判断银行的状况。其他的一些评级机构对于银行业的评级，往往也会参照这种分析模式。而随着公司治理结构越来越被重视，在银行业的评价体系中，引入公司治理结构作为一个评价因素（G factor)的呼声也越来越高了。

作为在银行评价中添加公司治理因素的先行者，亚洲开发银行的 Arvind Mathur 和 Jimmy Burhan 以 CAMEL-IN-A-CAGE 来直观地说明如何在银行评价体系中体现公司治理结构的因素，这就是亚洲开发银行所倡导的"5+7"的银行治理评价。前面的"5"是指国际通用的 CAMEL 法的五大要素，而"7"就是与公司治理相关的因素，具体如下。

I——独立董事(independent directors)：董事会是否独立与客观；大多数的董事是否为独立董事；如何保证董事会的独立与客观。

N——提名委员会(nominating committee)：该委员会是否选择最称职的董事候选人；选择标准如何；董事是否具有对董事会和银行有帮助的能力、经历及品德；董事与总经理的任命是否受政府官员的影响；提名委员会是否避免了裙带影响。

A——审计委员会(audit committee)：审计委员会的工作是否有效。

C——薪酬与合规委员会(compensation and compliance committee)：报酬组合方案是否能够吸引并留住最好的人才；各种报酬方案是否与股东收益挂钩；合规委员会工作是否有效；银行合规经营的记录如何。

A——责任与透明度(accountability)：董事会是否考虑到并表现出对大多数股东的责任感；对少数股东是否公平；董事会是否有高效的程序避免利益冲突；董事会是否建立了道德行为指引。

G——公司治理委员会(governance committee)：银行是否有公司治理委员会；与国际最佳做法相比状况如何；委员会是否详细规定了对董事的要求；委员会是否能够与政治干预和指令保持距离。

E——评价、效率和教育(evaluation，effectiveness and education)：是否存在一个对董事会及其成员及 CEO 的评价机制；董事会的效率如何；董事会是否是"橡皮图章"；董事会成员是否抽出足够时间并定期参加董事会会议；董事会是否在影响银行业绩和前景等重要方面接受教育和指导。

(二)国内相关行业治理评价的开展情况

目前，我国银行监管机构已经建立自身的公司治理评级体系。2004年，中国银监会出台了《股份制商业银行风险评级体系(暂行)》，2005 年整合修改为《商业银行监管评级内部指引（试行）》，并于 2006 年 1 月 1 日起试行。该评级体系采用国际通用的 CAMEL 评级体系，其中第三项管理要素评级的第一部分即为公司治理评估，评估的主要要素包括：银行治理的基本架构、银行治理的决策机制、银行治理的执行机制、银行治理的监督机制和银行治理的激励约束机制。

1. 具体的公司治理评估的要素

关于银行治理的基本架构，该要素主要评价银行治理基本组织结构与运作程序。公司治理结构是指公司的组织架构，包括公司决策机构、执行机构和监督机构的组成、权力和职责，以及其相互之间的关系。评价内容主要是公司治理基本结构和治理主体的职责及议事规则。关于银行治理的决策机制，该要素主要评价银行治理决策机制的合理性和有效性。评价内容包括股东和股东大会、董事和董事会的结构及职能。关于银行治理的执行机制，该要素主要评价银行治理执行机制的有效性，包括决策传导机制、高管的素质、高级管理人员的履职情况和高级管理层的团队精神。关于银行治理的监督机制，该要素主要评价银行监督机制的有效性，包括独立董事的资质、独立董事的独立性、监事和监事会的监督作用及外部监事的履职情况。关于激励约束机制，该要素主要评价银行激励约束机制的有效性，包括薪酬制度和激励政策、激励机制、绩效评价和信息披露。

2. 公司治理监管评级的程序和结果

银行治理评估采用"不断的链"（unbroken chain）的程序和方法，具体为"有没有"、"做没做"和"怎么做"这三个环节。首先，对照法律、法规、规章和监管要求，判断商业银行治理的相关政策和规则的完备性与合规性，是否在制度层面存在不足；其次，判断公司治理的相关政策和规则在实践中的执行力；最后，判断政策和规则的实施效果，即是否形成良好的决策机制、执行机制、监督机制和激励约束机制。只有上述三个环节都令人满意，才能认定该银行的公司治理状况为"良好"。如果第一环节就"缺失"或"存在重大缺陷"，与良好公司治理原则相去甚远，那么该银行治理的状况应认定为"差"；如果第一环节符合而第二、第三环节不符合，即制度层面符合或者基本符合，但执行力或有效性较差，那么应认定该银行治理状况为"一般"或者"关注"。

四、保险行业治理评价的开展情况

良好的保险公司治理既需要国家通过强制性的法规对治理结构进行规范，也需要制定与市场环境变化相适应的、具有非强制性和灵活性的保险公司治理原则。换言之，有效的公司治理机制不仅需要来自法律制度的规范，还需要对公司有指导作用的管理实务原则。作为公司治理实务指引的保险公司治理原则，对于保险公司建立良好的治理结构与治理机制，起着至关重要的作用。到目前为止，国际组织和区域组织，经济合作与发展组织、国际保险监督官协会都已经制定了自己的保险公司治理原则，以促进其成员国的保险公司治理与其经营的良好标准形成，建立能够使这些标准得到提升与推广的制度。

(一)保险公司自建内部治理规则

国际上的一些保险公司出于规范自己的治理行为的目的，往往都会建立起基于公司章程和战略目标的一套内部治理规则，从而更好地协调其价值最大化决策，有效地吸引外部投资。

美国万通互惠人寿保险公司(Masschusetts Mutual Life Insurance Company)建立了自己的内部公司治理规则。该治理规则由董事会批准，并作为董事会、董事会专门委员会和公司的高级管理层公司治理行为的最好惯例。规则包括了董事会治理、董事和管理者的联系、伦理与合规、辅助监管(oversight of subsidiaries)与公开披露五个部分。

美国国际集团的董事会，同时起到了提名委员会和公司治理委员会的作用，并提出了公司治理规则以维护股东的利益，规范了董事会、董事、各类专门委员会及管理者应该如何履行其职责。该规则和美国国际集团目前的公司经营、所有权、资本结构及经济状况相符合。规则中包括了董事会和管理层的角色、董事会构成、董事会主席、董事选择、董事的选举、任期及解雇、董事会会议、董事会专门委员会、董事会职责、董事之间的沟通、评价董事会及其专门委员会绩效、慈善行为等内容。

安达保险公司(The Chubb Corporation)的董事会制定了该公司的治理规

则。该规则是基于纽约证券交易所和美国证券交易委员会的治理原则而制定的，其中包括董事会成员和任职资格、董事会主席、CEO 及首席独立董事、董事职责、董事会专门委员会、董事薪酬、董事和高管股票所有权准则、董事定位及继续教育、CEO 评价及管理层的存续、每年的绩效评估等方面的内容。

保德信金融集团(The Prudential Financial, Inc.)也建立了自身的公司治理规则及惯例，主要包括如下内容：董事的角色、董事会会议、董事会结构、董事会专门委员会。另外，加拿大太阳人寿保险公司(Sun Life Financial)也建立了确保组织能够持续治理的规则。

(二)官方机构制定的保险公司治理原则

1. 国际保险监督官协会的《保险公司治理结构核心准则》

国际保险监督官协会十分重视保险公司治理问题，在 1997 年首次发布的《保险监管核心原则》(Insurance Core Principles，ICPs)中，即将保险公司治理结构监管列为重要内容。此后，在 2000 年、2003 年版的 ICPs 中，保险公司治理监管的内容不断得到强化和细化。2004 年 1 月，国际保险监督官协会发布了《保险公司治理结构核心准则》，提出了对完善保险公司治理的要求及保险公司治理监管的重点与方法。在 2005 年国际保险监督官协会又明确提出了治理结构、偿付能力和市场行为监管三支柱的保险监管模式。

2. 经济合作与发展组织的《保险公司治理指引》

经济合作与发展组织十分关注公司治理问题，并于 1999 年颁布了著名的《OECD 公司治理原则》。2005 年 4 月，经济合作与发展组织保险委员会在积极吸收了国际保险监督官协会的《保险监管核心原则》等指导性文件基础上颁布了《保险公司治理指引》(Guidelines for Insurers' Governance)。经济合作与发展组织认为保险公司治理必须要考虑保险公司的特殊性，比如，受托人责任，受益人/保险客户权利及一些保险公司的非法人实体属性；另外，所有保险实体都面临着技术风险(精算风险、承保风险和投资风险)和非技术风险；而且保险交易的特点还包括复杂的委托代理关系及各类利益相关者之间在市场能力和信息获取上的不对称；而不同的险种如寿险、非寿险和再保险则面临着不同的代理问题。经济合作与发展组织从治理结构、内部控制机制和利益相关者的保护三个方面对构建有效保险公司治理提出了要求。

3. 中国保监会的监管法规

2006 年 1 月，中国保监会出台了《关于规范保险公司治理结构的指导意见(试行)》，标志着保险公司治理全面监管的开始。该指导意见将国际上通行的治理原则与中国保险市场的特殊性相结合，从董事会建设、管理层运作、治理结构监管等几个方面对保险公司治理提出了要求。

2007 年及以后，中国保监会又通过了《保险公司独立董事管理暂行办法》《保险公司关联交易管理暂行办法》《保险公司内部审计指引(试行)》《保险公司风险管理指引(试行)》《保险公司信息披露管理办法》《保险公司控股股东管理办法》等完善保险公司治理的规范性、指导性文件。

(三)基于上述原则或规则的评价系统研发情况

公司治理理论研究经过实务原则阶段之后，进入公司治理评价阶段。近年来，国际上对于保险公司的治理评价主要是由非官方的评级机构或媒体完成的。例如，亚太区著名杂志《亚洲公司治理》(*Corporate Governance Asia*)评选的"亚洲公司治理年度杰出表现奖"，就考虑了保险公司的治理情况，而中国平安保险(集团)股份有限公司曾于 2007 年获奖；国际著名财经杂志《欧洲货币》(*Euromoney*)的最佳治理公司排名中，也添加了保险公司治理的排名。

但是，需要说明的是这些治理评价都是根据一般公司的治理评价指标体系进行的，而当前国际上和国内尚无基于上述保险公司治理原则设计的专门针对保险公司的评价指标体系。南开大学保险公司治理评价课题组(2008)受中国保监会的委托，设计了包括七个维度，即股东、董事与董事会、经理层、监事会、风险管理、利益相关者和信息披露合计 118 个评价指标的保险公司治理评价指标体系。各维度指标又分为两类，即高级指标，也就是保险公司进行了国内没有要求的公司治理做法，属于加分指标，做到加分，做不到不减分；合规指标，即保险公司完成了监管部门等的规定，属于减分指标，做到不得分，做不到减分。同时，指标又在性质上分了两类，一类是能够体现保险行业特色的治理指标，另一类是通用的评价指标。2010 年中国保监会下发《关于规范报送〈保险公司治理报告〉的通知》，要求所有的保险公司每年上报《保险公司治理报告》，在报告最后一部分是保险公司治理评价表格，重点从遵守性、有效性两个方面来评价保险公司治理状况，同时设计了一定数量的调节指标。这两套指标体系是我国国内目前为止最系统、最有针对性的保险公司治理评价指标体系。但两套指标体系也存在一定的不足：第一，没有考虑评价对象的差异性，保险公司存在股份制和有限制两种基本组织形式，两类组织形式公司治理实践上存在较大差异，因此在评价指标和评价标准上存在明显的差异，所以需要考虑这方面的问题；第二，两个评价系统均没有考虑不同业务类型保险公司治理上的差异，特别是资产管理公司和集团公司与财产保险公司和人身保险公司，本章主要针对财产险和人身险业务保险公司治理状况进行评价；第三，两个评价系统在评价指标量化方面可操作性略差，本章采用目前公司治理领域国际上通行的做法，即哑变量求和方法进行评价。

五、保险公司治理评价指标体系设计

(一)保险公司治理评价的主体与客体

国内外针对一般公司的治理评价主体多是评级机构、媒体及研究机构等非官方组织，这些组织按照国际上公认的一些公司治理原则制定和发布治理评级结果。比如，标准普尔的公司治理评分及南开大学中国公司治理研究院建立的中国上市公司治理评价系统等。因为是出于为广大投资者提供决策信息，以满足他们对企业价值评估需要的目标，或者为了探索设置怎样的治理结构与治理机制更能够提高治理效率的研究目标，这些非官方的组织往往具有一定的动力去进行治理评价。

但是，由于保险公司治理存在的特殊性，其公司治理的好坏将影响到广大的利益相关者及国家金融系统的稳定发展。因此，为了保护利益相关者、维护金融业的稳定、保证保险公司长期经营和健康发展，国家的监管机构应该参与到保险公司的治理评价中来，从监管的目的出发来进行治理评价。

与此同时,需要注意的是,非官方的中立机构参与协助评价,对于评价体系的建立具有很高的参考价值。从方法论来说,非官方中立机构对评价方法和模型建构较熟悉,具有一定的经验积累,监管机构完全可以借助非官方中立机构丰富的评级经验和科研力量来建立初步的评价体系,然后根据实际需要进行适当的调整。因此,保险公司的治理评价主体最好是由国家监管机构和非官方机构相互配合共同完成。

而对于保险治理评价客体的确定,应该建立针对不同组织形式、不同业务类型,甚至是不同组织性质的评价指标体系,从而使评价指标体系具有科学性和有效性,评价结果具有客观性和应用性。

(二)保险公司治理评价指标体系的设计原则

根据中国保险公司所面临的特殊制度环境、战略目标和有关监管规则,中国保险公司治理评价指标体系设计应遵守以下原则。

第一,可操作原则。可操作性主要是指标准体系本身的可行性及指标项目有关数据收集的可行性。如标准体系过于详细则会导致烦琐,同时如果某项评价指标虽然有用,但难以获取有关的数据,则应选取其他可替代的指标。

第二,科学性原则。科学性要求指标体系的设计必须同公司治理的科学概念相一致,能够客观真实地反映保险公司的治理状况。

第三,可比性原则。可比性原则指同一公司治理评价指标体系对不同评价对象所产生的结论是可比的,分值的高低可以反映出不同的公司治理水平。

第四,系统性原则。保险公司的治理评价指标体系是一套综合的评价系统,对能够反映公司治理水平的各个方面要全面考虑,关键性指标要互相衔接,并赋予适当的权重。

第五,重要性原则。这里重要性原则是指全面性和重要性相结合的原则。强调保险公司治理评价指标体系的全面性,因为它有助于从不同侧面显示公司的治理状况。但过于面面俱到的评价指标会使整个评价体系变得模糊不清,不利于围绕核心问题来展开评论。因此,在选取指标时,应按照重要性原则的要求,选择影响公司治理的主要方面。

第六，社会效益原则。保险公司的经营目标不同于一般企业，除了要实现股东价值最大化外，更要保护所有投保人的利益。因此，在评价保险公司的治理状况时，必须考虑其对股东和投保人利益的保护程度，强调保险公司的社会效益及其经营的审慎性。

(三)保险公司治理评价指标体系的设计思路

孟彦君(2007)认为我国保险公司在加强和完善治理结构的过程中，应当将注重借鉴国际经验与我国实际相结合，关注管理层控制和股东过度干预双重风险，完善高管人员的激励约束机制，重视发挥信息披露、外部监管和企业文化在保险公司治理中的作用等。并尝试从评价目标、评价原则、评价内容、评价程序、评价结果和评价结果的运用六个方面构建我国保险公司治理的评价体系。邓文剑(2008)认为建立一个全面、准确、科学的治理评价指标体系对改善我国保险公司治理结构具有较强的现实意义。针对我国保险公司治理的特殊性及其面临的制度背景，在吸收国内外有关评价体系的基础上，设计一套符合我国保险公司特点的治理评价系统。

1. 保险公司治理评价指标的确认

公司治理的一般原则对保险公司同样是适用的，同时保险公司治理具有自身的特殊性。因此，在设计治理评价指标时，主要是基于公司高效运作的角度，从保障公司科学决策的目标出发，以有效的运作机制为重点，有选择地设置了一套评价指标及指标。一方面，保险公司治理确保股东价值最大化；另一方面，要有效保护所有投保人的利益。

2. 保险公司治理评价指标的标准

本节主要以国际保险监督官协会《保险公司治理结构核心准则》、经济合作与发展组织的《保险公司治理指引》、中国保监会的《关于规范保险公司治理结构的指导意见(试行)》等要求为标准，综合考虑《公司法》《保险法》等我国有关保险公司的法律法规，确定评价指标的标准。

3. 保险公司治理评价权重系数的确定

在保险公司治理指数编制过程中，我们将采用主观赋值及客观赋值相结合的方法，对于准则层采用层次分析法赋值，对于指标层采用主观赋值，即简单的平均处理。

4. 保险公司治理评价指标量化处理方法

将治理评价指标分为正向指标与反向指标。对于正向指标，"是"赋值1，"否"赋值0；对于反向指标，"是"赋值0，"否"赋值1。在处理数据方面，首先是进行简单求和，即对各分指数得分求和，获得各维度或者分指数的原始指数。然后，进行标准化处理，各保险公司治理分指数除以该指数所含指标个数再乘以100%，处理后的各分指数最小值为0，最大值为100。考虑到各个分指数的重要性不同，赋予不同的权重。将标准化后的各个分指数得分乘以各自权重再求和，获得保险公司治理指数，其最小值为0，最大值为100。通过比较该总指数及分指数的高低来评价各保险公司治理水平。

基于上述评价指标体系的设计原则和思路，在多次实地调研的基础上，本部分以中国保监会发布的《关于规范保险公司治理结构的指导意见(试行)》及其后续一系列文件、国际保险监督官协会发布的《保险监管核心原则》《公司法》《保险法》等相关的法律法规为依据，在南开大学中国公司治理研究院设计的保险公司治理评价系统和中国保监会《保险公司治理报告》中公司治理评价指标问卷表的基础上设计了针对不同组织形式保险公司的治理评价指标体系。

针对中国保险公司治理的特殊性及其面临的制度背景，在吸收借鉴国外有关治理评价指标体系的基础上，参考中国保监会《保险公司治理报告》中"公司治理评价"所给出的100个公司治理评价指标，本节设计了一套分股份制和有限制保险公司组织形式的符合中国保险公司特点的基于治理内容和治理层次的保险公司治理评价系统。

在指标选择方面，基于公司治理评价报告100个评价指标的基础，删除了偏经营或者区分度较小的8个评价指标，同时引入"是否引入战略投资者"、"是否实施股权激励"和"是否有信息披露制度"3个公司治理评价指标。经过调整以后，最后剩余评价指标95个。

在指标维度分类方面，本节分为治理内容和治理层次两个方面。基于治理内容方面，根据评价指标内涵，将适用于股份制的 95 个评价指标和适用于有限制的 55 个评价指标分为不同的治理维度，其中股份制保险公司包括股东治理基础、董事会治理基础、监事会治理基础、高管治理基础、新三会、董监高、内外部审计和外部监管八个维度；有限制保险公司包括股东治理基础、董事治理基础、高管治理基础、董监高、内外部审计和外部监管六个维度。基于治理层次方面，我们界定了治理合规的含义，即公司治理活动中遵从有关公司治理法律法规政策的情况，包括自主合规和强制合规两个层次，在治理指数方面相应包括自主合规指数和强制合规指数。

在评价标准的设计方面，使用国际上公司治理文献中最常用到的量化公司治理的方法对其评价标准量化赋值，对于正向指标，"是"赋值 1，"否"赋值 0；对于反向指标，"是"赋值 0，"否"赋值 1。

在确定权重系数方面，基于治理内容的治理指数考虑到各个分指数重要性的不同分别赋予不同的权重。股份制保险公司中，股东治理基础分指数为 10%，董事会治理基础分指数为 25%，监事会治理基础分指数为 5%，高管治理基础分指数为 15%，新三会分指数为 10%，董监高分指数为 10%，内部审计分指数为 12.5%，外部治理分指数为 12.5%；有限制保险公司中，股东治理基础分指数为 15%，董事治理基础分指数为 15%，高管治理基础分指数为 20%，董监高分指数为 20%，内部审计分指数为 15%，外部治理分指数为 15%。基于治理层次的治理指数不涉及权重系数的确定。

在治理指数的合成方面，首先是进行简单求和，即对各分指数得分求和，获得各分指数的得分情况。然后，进行标准化处理，各保险公司治理评价分指数得分除以该指数所含指标个数再乘以 100%，处理后的各分指数得分最小值为 0，最大值为 100。最后，将标准化后的 8 个分指数得分乘以各自权重再求和，获得保险公司治理评价总指数，其最小值为 0，最大值为 100。通过比较该总指数的高低来评价各保险公司治理水平。

六、保险公司治理评价指标体系构成

表 9-7 是本章所构建的保险公司治理评价指标体系，包括合规性不同层次和合规性不同内容两个方面，合计 95 个评价指标。各个具体评价指标所

属的合规性层次和合规性内容如表 9-7 所示。

表 9-7 保险公司治理评价指标体系

治理维度	是否通用	评价指标名称
股东治理基础(11)	通用	章程形式、内容是否健全、合规(正强);章程修改是否按规定进行审批(正强);股权变更是否按规定进行审批(正强);股权变更是否按规定进行备案(正强);是否制定关联交易管理制度(正强);主要股东是否频繁变更(反自);是否定期充分公平地向股东报送公司业务、财务和管理信息(正自);是否存在未及时充分地向股东披露公司重大事项的情况(反自);是否引入战略投资者(正自)
	股份制专用	最近三年是否有股东之间严重对立导致公司董事会会议长期不能正常召开(反强);股东(大)会、董事会和管理层的职责是否清晰(正自)
董事会治理基础(33)	通用	重大决策是否有明确数量标准(正自);是否有明确的重大决策审议程序并实际执行(正自);董事的能力和经验是否胜任(正自);是否针对公司会计政策合规性和真实性进行讨论(正自);董事是否相互信任、相互尊重、积极健康地讨论议案(正自);董事长与总经理间工作的沟通配合是否顺畅、协调(正自)
	股份制专用	是否按规定报备独立董事公开声明(正强);独立董事人数是否达到中国保监会要求(正强);是否按规定设立审计委员会(正强);是否按规定设立提名薪酬委员会(正强);董事是否因未亲自出席会议被书面提示(反强);是否按规定设立董事会秘书(正强);董事会的专业结构是否合理(正自);是否定期向董事报送公司业务、财务和管理信息(正自);是否存在董事对公司重大事项不知情的情况(反自);董事会会议是否对议案进行详细说明(正自);董事是否积极发言并提出有价值的专业性意见或建议(正自);董事会是否制定清晰的公司战略目标并定期检视(正自);董事会是否定期审查管理层对业务、财务计划的执行情况(正自);董事会是否及时、认真制定公司经营预算和财务预算(正自);董事会是否积极推动公司建立风险管理体系(正自);是否要求管理层定期报告风险管理工作及公司风险状况(正自);是否定期对公司风险状况进行全面评估并跟踪整改情况(正自);是否及时召开会议对重大事项进行专题审议(正自);对重大事项是否进行深入讨论形成专业意见并对风险做充分提示(正自);独立董事是否有充分的独立性(正自);是否存在独立董事因审议事项资料不充分要求补充资料或要求延期审查情形(反自);独立董事是否能有效地利用自己的知识、经验和专业技术帮助公司解决所面临的问题(正自);独立董事能否与其他董事进行有效沟通,并保持独立判断(正自);独立董事是否说明弃权或反对的原因(正自);是否有独立董事意见不被接受的情形(反自);是否召开过只有独立董事参加的会议研讨重大事项(正自);是否建立和落实董事会自我评价制度(正自)

续表

治理维度	是否通用	评价指标名称
监事会治理基础(5)	股份制专用	职工监事比例是否符合法律规定(正强);职工监事产生办法是否符合法律规定(正强);监事会的专业结构是否合理(正自);监事会是否对董事会决议提出意见或建议(正自);监事会是否对高管人员进行监督谈话或调查(正自)
高管治理基础(11)	通用	是否按规定设立总精算师(正强);是否按规定设立合规负责人(正强);是否按规定设立财务负责人(正强);是否按规定设立审计负责人(正强);是否有管理层或分公司高管人员离任未做审计(反强);管理层成员的经验和管理能力是否胜任(正自);管理层成员的配合是否协调(正自);考核指标是否纳入偿付能力、企业价值、业务质量及风险等因素(正自);考核结果是否能科学反映高管人员对公司的贡献(正自);是否有明确制度规定高管人员职务消费并有效执行(正自)
	股份制专用	高管人员薪酬考核指标是否由薪酬委员会主导制定(正自)
董监高(13) 新三会(5)	通用	董事、监事及高管人员任职资格是否均经核准(正强);董事、监事及高管人员离职是否及时报告(正强);是否存在董事长、总经理或关键岗位长期空缺的情况(反强);是否发生过董事和高管人员违反公司章程、股东会决议及董事会决议的情形(反强);是否有明确制度规定董事、监事及高管人员的责任追究(正强);最近三年是否有主要高管人员因经济犯罪问题被双规或司法处理(反强);对主要负责人的授权是否明确(正自);对主要负责人的授权是否过于集中(反自);是否建立了董事、监事和高管人员培训制度并严格执行(正自);董事会及管理层成员是否频繁变动(反自);薪酬水平是否与公司业务规模、盈利状况相匹配(正自);薪酬管理程序是否严格明确(正自);是否实施股权激励(正自)
	股份制专用	是否制定单独的股东(大)会、董事会和监事会议事规则(正强);会议召开次数是否符合法律及监管要求(正强);是否存在会议程序不合规情况(反强);会议记录是否完整并永久保存(正强);是否有股东(大)会或董事会决议违反法律或内部授权规定(反强)
内外部审计(10)	通用	是否有关联交易未按规定进行内部审查(反强);是否每年对关联交易进行审计(正强);是否存在不能及时出具外审报告的情形(反强);是否存在公司资产被挪用或侵占的情况(反强);最近三年是否有年度财务报告被出具有保留意见或被拒绝发表意见(反强);是否有明确制度界定各部门职责分工(正自);公司的信息技术(information technology, IT)系统能否对分支机构的财务、业务进行有效的监控(正自);审计人员数量和结构是否符合监管要求或满足工作需要(正自);是否存在主要业务单位连续两年未被审计的情况(反自);是否建立通畅的举报机制并及时处理举报(正自)

续表

治理维度	是否通用	评价指标名称
外部监管(7)	通用	是否按规定报送会议通知(正强);是否按规定报送会议决议(正强);关联交易管理制度是否报保监会备案(正强);是否存在发生重大关联交易未按规定报告或报批(外资)的情况(反强);是否按规定报送公司治理报告(正强);公司治理报告内容是否真实完整(正强);是否有信息披露制度(正强)

注:治理维度后括号内数字表示该维度指标数量;评价指标后括号内"正"和"反"表示指标方向,即正向和反向指标,"强"和"自"表示合规层次,即强制合规和自主合规

七、评价样本基本情况

本章研究样本为全部财产险和人身险保险公司,收回有效问卷 92 份,故本评价的样本总量为 92 家保险公司。其中,中资保险公司数量约占样本总量的 2/3,国有控股保险公司样本约占样本总量的 1/2。具体样本构成如表 9-8 所示。

表 9-8 保险公司治理评价样本构成情况

分类	分组	样本
资本性质	中资	59
	中资:国有控股	41
	中资:民营控股	18
	外资	33
组织形式	股份	55
	有限	37
	互助	0
业务类型	保险集团控股公司	0
	保险资产管理公司	0
	财产险	44
	人身险	48
	再保险公司	0
合计		92

资料来源:课题组调研

八、我国保险公司治理指数统计分析

(一)保险公司治理指数总体情况

表 9-9、表 9-10 和表 9-11 反映了保险公司治理指数统计情况。我国保险公司治理指数平均值为 84.916，最小值为 33.622，最大值为 96.923。

表 9-9　保险公司治理指数统计

统计指标	样本	平均值	标准差	全距	最小值	最大值
治理指数	92	84.916	13.559	63.301	33.622	96.923
强制合规	92	89.480	14.492	66.667	33.333	100.000
自主合规	92	83.857	14.837	62.264	35.849	98.113

资料来源：课题组调研

表 9-10　股份制保险公司治理分指数统计

治理维度	样本	平均值	标准差	全距	最小值	最大值
股东治理基础	55	88.430	10.563	54.545	45.455	100.000
董事会治理基础	55	87.218	18.993	78.788	21.212	100.000
监事会治理基础	55	83.636	21.462	100.000	0.000	100.000
高管治理基础	55	71.608	13.230	46.153	38.462	84.615
董监高	55	81.958	13.666	53.846	38.462	92.308
新三会	55	90.909	23.036	100.000	0.000	100.000
内外部审计	55	89.273	18.644	80.000	20.000	100.000
外部监管	55	93.766	13.681	57.143	42.857	100.000
治理指数	55	85.737	14.226	63.301	33.622	96.923
强制合规	55	88.961	15.075	66.667	33.333	100.000
自主合规	55	85.523	14.932	62.264	35.849	98.113

资料来源：课题组调研

表 9-11   有限制保险公司治理分指数统计

治理维度	样本	平均值	标准差	全距	最小值	最大值
股东治理基础	37	82.282	14.454	55.556	44.444	100.000
董事会治理基础	37	94.144	14.281	50.000	50.000	100.000
高管治理基础	37	71.622	12.338	50.000	33.333	83.333
董监高	37	79.418	14.736	61.539	30.769	92.308
内外部审计	37	88.649	19.316	80.000	20.000	100.000
外部监管	37	91.506	15.230	57.143	42.857	100.000
治理指数	37	83.695	12.595	52.046	43.082	95.128
强制合规	37	90.251	13.746	57.143	42.857	100.000
自主合规	37	81.381	14.542	51.852	44.444	96.296

资料来源：课题组调研

(二)分组织形式、资本性质和险种类型的保险公司治理比较

表 9-12 是分组织形式保险公司评价治理指数统计情况。总体来说，股份制保险公司的治理状况优于有限制保险公司。调研年份股份制保险公司的评价治理指数平均值是 85.737，有限制保险公司平均值是 83.695。

表 9-12   分组织形式保险公司评价治理指数统计

组织形式	样本	平均值	标准差	全距	最小值	最大值
股份制	55	85.737	14.226	63.301	33.622	96.923
有限制	37	83.695	12.595	52.046	43.082	95.128

资料来源：课题组调研

表 9-13 是分中资外资的保险公司评价治理指数统计。从数据中可以看出，调研年份中，外资保险公司的治理水平低于中资保险公司，平均值分别为 83.913 和 85.477。

表 9-13   分中资外资的保险公司评价治理指数统计

组织性质	样本	平均值	标准差	全距	最小值	最大值
外资	33	83.913	11.922	50.380	43.082	93.462
中资	59	85.477	14.462	63.301	33.622	96.923

资料来源：课题组调研

表 9-14 是分产险寿险的保险公司评价治理指数统计。从数据中可以看出，调研年份中，产险保险公司的治理水平低于寿险保险公司，平均值分别为 82.483 和 87.146。

表 9-14　分产险寿险的保险公司评价治理指数统计

险种类型	样本	平均值	标准差	全距	最小值	最大值
产险	44	82.483	16.446	63.301	33.622	96.923
寿险	48	87.146	9.894	55.156	40.858	96.014

资料来源：课题组调研

（三）分控股股东性质的保险公司治理比较

表 9-15 显示的是保险公司分控股股东性质治理指数描述性统计情况，其中，治理指数平均值最大的是民营控股公司，平均值为 87.822；平均值最小的是外资控股公司，平均值为 83.913；国有控股公司的平均值居中，为 84.447，最小值为 33.622，最大值为 96.923。

表 9-15　保险公司分控股股东性质治理指数描述性统计

控股股东	样本	平均值	标准差	全距	最小值	最大值
国有	41	84.447	15.343	63.301	33.622	96.923
民营	18	87.822	12.300	55.156	40.858	96.014
外资	33	83.913	11.922	50.380	43.082	93.462

资料来源：课题组调研

（四）分组织形式的不同控股股东保险公司治理比较

表 9-16 显示的是保险公司分组织形式和控股股东性质治理指数描述性统计情况，其中，在股份制保险公司中，外资控股公司仅有 1 家，在此不予考虑，民营控股公司的治理指数平均值大于国有控股公司，分别为 87.822 和 84.535。相反，国有控股公司的治理指数全距大于民营控股公司的全距。在有限制保险公司中，国有控股公司的治理指数平均值大于外资控股公司，分别为 83.814 和 83.676。

表 9-16　保险公司分组织形式和控股股东性质治理指数描述性统计

组织形式	控股股东	样本	平均值	标准差	全距	最小值	最大值
股份制	国有	36	84.535	15.300	63.301	33.622	96.923
	民营	18	87.822	12.300	55.156	40.858	96.014
	外资	1	91.477	—	—	91.477	91.477
有限制	国有	5	83.814	17.472	42.287	52.841	95.128
	外资	32	83.676	12.034	50.380	43.082	93.462

资料来源：课题组调研

（五）分组织形式和险种类型的国有控股保险公司治理比较

表 9-17～表 9-19 显示的是国有控股保险公司分组织形式和险种类型治理指数描述性统计情况，总体来说，股份制的国有控股保险公司的治理指数高于有限制的国有控股保险公司，经营人寿险的国有控股保险公司的治理指数高于经营财产险的国有控股保险公司。其中，在经营财产险业务的股份制国有控股保险公司中，其最小值为 33.622，最大值为 96.923，平均值为 80.910；在经营财产险业务的有限制国有控股保险公司中，其最小值为 52.841，最大值为 91.923，平均值为 77.853；在经营人寿险业务的股份制国有控股保险公司中，其最小值为 72.562，最大值为 96.014，平均值为 89.066；经营人寿险业务的有限制国有控股保险公司有两家，其治理指数分别为 90.385 和 95.128。

表 9-17　国有控股保险公司分组织形式治理指数描述性统计

组织形式	样本	平均值	标准差	全距	最小值	最大值
股份制	36	84.535	15.300	63.301	33.622	96.923
有限制	5	83.814	17.472	42.287	52.841	95.128

资料来源：课题组调研

表 9-18　国有控股保险公司分险种类型治理指数描述性统计

险种类型	样本	平均值	标准差	全距	最小值	最大值
产险	23	80.511	18.919	63.301	33.622	96.923
寿险	18	89.476	6.555	23.452	72.562	96.014

资料来源：课题组调研

表 9-19　国有控股保险公司分组织形式和险种类型治理指数描述性统计

组织形式	险种类型	样本	平均值	标准差	全距	最小值	最大值
股份	产险	20	80.910	19.066	63.301	33.622	96.923
	寿险	16	89.066	6.807	23.452	72.562	96.014
有限	产险	3	77.853	21.718	39.082	52.841	91.923
	寿险	2	92.756	3.354	4.743	90.385	95.128

资料来源：课题组调研

第四节　保险公司治理与偿付能力

偿付能力监管是保险监管的核心内容。本节选取偿付能力溢额这一指标来衡量我国保险公司的偿付能力，研究保险公司治理对保险公司偿付能力的影响。首先选取第三节构建的中国保险公司治理指数和保险公司治理不同层次指数(强制合规指数和自主合规指数)研究其对保险公司偿付能力的影响；其次选取第一大股东持股比例、股东大会次数、董事会规模、独立董事比例、董事会召开次数和董事会专门委员会数量这些保险公司具体治理要素研究其对保险公司偿付能力的影响。本节的贡献在于从偿付能力视角检验了我国保险公司治理的有效性。

一、保险公司治理与利益相关者保护

银行、证券和保险被称为金融行业的三驾马车，保险业是中国金融业的重要组成部分。自 1978 年我国保险业恢复经营以来，保险业呈迅猛增长趋势。我国保险业肩负着对整个社会的保障责任，对中国的经济稳定也起着十分重要的作用。根据中国保监会网站最新统计数据，2016 年的我国保费收入合计已达 30 959.10 亿元，同比增长 27.50%，与 1999 年的 1393.22 亿元相比已经增长 21.22 倍。

保险基于大数定律，以契约形式建立保险人、被保险人与受益人等多方关系，是市场经济条件下风险管理的基本手段。保险业自身具有明显区别于银行、证券与信托等其他金融行业的重要特点，包括资本结构高负债性、投保人（债权人）分散性、保险合约长期性和保险产品专业性等。这些特征决定了保险公司在治理目标方面不仅要考虑股东利益最大化，更要特别关注投保人等公司利益相关者的利益。鉴于保险公司的这种特殊性，投保人在保险公司众多利益相关者中居于重要地位，保险公司应当注重保护投保人的利益。从这个角度出发，投保人比一般的债权人或储蓄者更重视保险公司的偿付能力。由于保险公司股东在经营中承担的风险有限，投保人整体对公司资产的投入和贡献远远大于股东，因而偿付能力成为保险监管的重点。保险业的不断发展，再加上国际保险市场的进一步打开，我国保险业所面临的风险越来越多，影响保险公司偿付能力的因素也越来越多。随着保险公司偿付能力监管的发展和完善，中国保监会又逐步建立和完善了保险公司治理监管，对保险公司内部制度层面的建设提出要求，进而确立了偿付能力、市场行为和公司治理三大监管支柱。经过观念导入和合规性建设，中国保险公司治理已经进入到关注治理有效性的新阶段。

公司治理是保险公司偿付能力的重要影响因素，但对于保险公司治理如何影响偿付能力仍然是一个"黑箱"。以两权分离为主要特征的现代企业制度已经在我国保险业中初步确立，如何完善保险公司治理，有效解决由两权分离引起的利益冲突，提高保险公司和整个保险体系的运营效率，逐步成为保险业深化改革的首要问题。

二、理论综述与研究假设

（一）保险公司治理和偿付能力

保险公司在经营目标、资本结构、产品合约和政府监管等方面都表现出了诸多的特殊性，这些特性对保险公司的治理机制产生了深远的影响。由保险公司经营的特殊性导致的债权治理缺失使债权人与股东利益冲突凸显，债权人利益难以得到维护，保险公司经营中的承保风险、杠杆风险及投资风险更加剧了这一冲突，因而，维护债权人权益就成为保险公司治理的重要目标。同时保险公司作为典型的金融机构，其经营失败引发的风险负外部性直接造成巨大的社会成本问题，保险监管机构作为债权人及政府的代理人参与到保险公司治理中来，尤其强调维持保险公司的偿付能力，都是这一治理目标的体现。受传统观念及股权高度集中化的影响，股东价值最大化仍然是公司治理的主要价值导向。然而保险公司的特殊性决定了保单持有人在保险公司众多利益相关者中居于重要地位，保险公司治理和经营相较于一般公司，应当更加注重强调保护其债权人，即保单持有人的利益。保险公司的治理水平对其偿付能力水平具有举足轻重的作用。

目前我国保险公司已经按照监管的要求进行公司治理的合规性建设，在形式上建立起公司治理结构，但是公司治理建设符合规定不一定意味着治理机制能发挥效用。保险公司治理的有效性是指保险公司的治理机制能够有效运作，进而保障公司的盈利和决策科学性。公司治理是一个不断优化和完善的过程，而进行调整需要检验各种治理机制在实践中是否取得了预期的效果。

从治理不同层次角度，保险公司治理合规是一个综合性概念，其实质是对公司治理制度运行的总体情况进行系统评估，以保证符合监管部门的相关规定。加强对保险公司治理结构的监管，促进保险公司治理合规，已经成为国内外保险监管的新趋势。保险公司治理监管会不断加强，治理的合规程度会不断提升，保险公司治理结构会更加的规范，更加有利于强化对利益相关者的保护。

从治理不同内容角度，股份制保险公司和有限制保险公司治理水平差距较大，股份制保险公司的治理水平普遍好于有限制保险公司的治理水平。有限制保险公司普遍只是搭建了公司治理基本架构，即"三会一层"，基本满足中国保监会的监管要求，其治理机制没有很好地发挥作用，自主合规水平较低。

本节从公司治理的视角关注中国保险公司的偿付能力问题，选取偿付能力溢额指标量化保险公司的偿付能力，基于构建的中国保险公司治理指数，在理论分析的基础上，从公司治理总指数、治理不同层次和治理不同内容三个角度，基于公司治理整体性的视角研究保险公司治理对偿付能力的影响。保险公司治理水平的提高有利于提升保险公司绩效，保障保险公司的偿付能力，进而有利于保护以投保人为代表的利益相关者的利益。因此，保险公司治理对保险公司偿付能力具有正向的影响作用。基于上述分析，提出假设9-1：保险公司治理水平与保险公司偿付能力呈正相关关系，即保险公司的公司治理水平越好，其偿付能力水平越高。

（二）保险公司治理具体要素对偿付能力的影响分析

由于保险市场信息不对称和存在严格的外部监管，经典公司治理理论中的外部治理要素在保险行业呈现相对弱化的特点。因此，本节从内部治理要素入手，为了明确公司治理具体要素对保险公司偿付能力的影响，从股东治理、董事会治理、监事会治理和经理层治理四个方面考察保险公司治理有效性，并提出相应的研究假设。

1. 股东治理

1）第一大股东持股比例

股东持股比例的多少决定了其对公司的控制权大小，而控制权的大小可直接体现在股东大会对公司事务的决策力上，通过决定董事会的人选、规模和结构间接地实现对高管层的管理和监督，进而对保险公司偿付能力产生影响。我国保险公司及国外保险公司在我国设立的分公司都具有股权相对集中的特征。尤其是由国有独资公司改制的保险公司，一般都具有一个绝对控股的大股东。

现有文献对股权集中度和利益相关者保护之间的关系尚没有统一的结论。Shleifer 和 Vishny（1986）提出股东监督论，认为大股东有能力也有动力加强对经营者的监督。但是也有学者注意到股权集中情况下存在大股东侵占小股东、债权人等利益相关者权益的情况。Claessens 等（2002）的研究表明，当大股东的股权比例超过一定的临界值时，大股东有动机攫取公司其他利益相关者的利益。由于我国保险公司股权比较集中，保单持有人过于分散，难以制约保险公司大股东的行为；而股权结构相对分散有利于形成相对制衡的治理模式，迫使股东和管理者注重保单持有人等利益相关者的利益保护。

本节在考察股权集中程度时选择第一大股东持股比例，即第一大股东所持股份占全部股份的比例作为衡量指标，并认为保险公司股权集中度对利益相关者保护具有负面影响。基于上述分析，提出假设 9-2：同等条件下，保险公司第一大股东持股比例与保险公司偿付能力呈负相关关系，即保险公司的股权集中度越高，对利益相关者的保护程度越低。

2）股东大会会议次数

股东大会的决议是全体股东意志的体现，对公司及其股东、董事、监事和经理的行为具有约束力。只要股东大会的决议合法有效，公司的任何人都要执行，包括对决议存有不同意见的人。股东大会的作用是对公司重大事务进行决策。公司重大事务包括公司的投资计划、经营方针、利润分配政策，以及董事、监事和高管等公司关键人物的任免。股东大会会议次数是一个较好的观测变量，在一定程度上直接关乎决策的科学性和正确性。基于上述分析，提出假设 9-3：同等条件下，保险公司股东大会会议次数与保险公司偿付能力呈正相关关系。

2. 董事会治理

董事会治理是指为了有效发挥董事会的治理作用而进行的所有有关制度安排，如关于董事会规模的设计、董事会中执行董事与非执行董事比例安排、董事会中专门委员会的设立、董事会成员的激励约束和董事会及其成员的评价等问题。

1) 董事会规模

由于所有权与经营权的分离，股东大会的权限和作用日益减小，而董事会的权限和作用逐渐扩大。在公司的实际经营活动中，董事会已不再是单纯的执行机构，而是具有一定的经营决策职能。可以这样说，在公司的决策权力系统中，董事会仍然是执行机构；但是在执行决策的系统内，董事会则成为经营决策机构，经理机构是实际执行机构。董事会处于公司决策系统和执行系统的交叉点，是公司运行的中心。所以董事会作为公司的常设机构，代表股东执行公司业务，执行股东大会的决定，负责经营决策和日常经营管理活动，一般对外作为公司的代表。董事会成员由公司各位股东选出，代表股东利益来制定公司未来发展战略和监督管理层行为，因此董事会是股东与管理层之间的桥梁，是公司治理要素的核心内容之一。

在董事会规模和利益相关者保护方面，有学者认为规模较大的董事会使决策者可以听取更多的建议，实现董事成员在专业知识和管理经验等方面的互补，做出更加合理的决策，减少经营风险，而小规模董事会不具有这种优势。较小规模的董事会更容易受到管理层的影响和控制，而较大规模的董事会可以广泛接受建议，降低经营风险。

董事会的规模和利益相关者保护之间存在正向的关系，董事会规模大，更有利于董事会作用的发挥。基于上述分析，提出假设 9-4：同等条件下，保险公司董事会规模与保险公司偿付能力呈正相关关系，即董事会规模越大，利益相关者的保护程度越高。

2）董事会会议次数

董事会受股东的委托对公司的投资、生产和经营等重大问题进行决策与监督，对股东大会负责，是公司治理的核心。董事会是公司最重要的决策机构，而保证决策的科学性是公司治理的目标。董事会会议是指董事会在职责范围内，研究决策公司重大事项和紧急事项而召开的会议。涉及会议的召集、主持、法定人数、议事规则等治理问题。基于上述分析，提出假设 9-5：同等条件下，保险公司董事会会议次数与保险公司偿付能力呈正相关关系。

3）董事会专门委员会数量

董事会专门委员会是由独立董事主导，其他董事共同组成，在董事会的专业决策方面发挥咨询专家职能的常设机构，是董事会的重要组织机构，也称为董事会运作的"腿"。2002 年美国颁布《萨班斯法案》（Sarbanes-Oxley Act），要求董事会设立专门委员会，不断加强公司治理，保护利益相关者利益；2001 年上海证券交易所发布《上市公司治理指引》，在我国首次规定上市公司须设立相应专门委员会。吴清华和田高良（2008）认为，在股权结构高度集中的情况下，设立审计委员会是监督和制约大股东的有效方式之一。中国保险行业在加强保险公司董事会建设方面取得了一定进步，2008 年中国保监会出台了《保险公司董事会运作指引》，要求保险公司在董事会下设立一些专门委员会，提高决策能力。目前我国保险公司一般都按照要求在董事会中设置了专门委员会，但是设立的具体情况有所差异。公司董事会可以按照股东大会的有关决议，设立战略、审计、提名、薪酬与考核等专门委员会。各专门委员会对董事会负责，各专门委员会的提案应提交董事会审查决定。基于上述分析，提出假设 9-6：同等条件下，保险公司董事会下设专门委员会的数量与保险公司偿付能力呈正相关关系，即董事会专门委员会数量越多，利益相关者的保护程度越高。

4）独立董事比例

在董事会建立了专门委员会的基础上，还需要具有一定的独立性，才能有效地发挥作用。2006 年，中国保监会出台《关于规范保险公司治理结构的指导意见(试行)》，明确要求我国保险公司建立独立董事制度，以强化对利益相关者的保护。关于独立董事制度的有效性问题，学者开展了很多研究工作：Fama(1980)、Fama 和 Jensen(1983)的研究证实，独立董事更客观、独立、也更有经验，独立董事的介入，会降低公司管理层和董事合谋的可能性，增强董事会活力；陈军和刘莉(2006)研究证明我国上市公司存在"大股东控制"现象，增加独立董事有利于制约大股东的行为，减少大股东对现金流的控制；夏洪(2001)认为，保险公司引入独立董事可以保证董事会不被"内部人"所控制，能够客观地提供监督和咨询建议，使外部专家和公司经理层隔开直接的利益关联。资源依赖理论认为，独立董事拥有良好的关系网络，能够帮助公司化解各类危机。

本节用董事会中独立董事的人数和全体董事人数之间的比值来表示独立董事比例。独立董事比例的提高有助于其更加有效地履行监督职能，也就是说，独立董事在监督大股东、董事和高管的同时，还可以利用非关联的方式提供战略层面的建议及资源的支持。通过增加独立董事的比例，以提高监督效力，增强公司决策的客观性，为公司的发展保驾护航。基于上述分析，提出假设 9-7：同等条件下，保险公司独立董事比例与保险公司偿付能力呈正相关关系，即独立董事比例越高，利益相关者的保护程度越高。

三、研究设计

(一)样本选择和数据来源

目前我国上市保险公司数量较少，公开市场数据来源有限。同时考虑到样本量的问题，本节研究样本为中国全部财产险和人身险保险公司两大类，再保险公司排除在外。考虑到数据的连贯性，研究样本的选取剔除了新成立的保险公司。根据保险行业协会披露的各保险公司年度信息披露报告手工整理得到偿付能力溢额这一指标，用来衡量中国保险公司偿付能力水平；各保险公司基本信息根据《中国保险年鉴》手工整理所得；各保险公司治理相关数据来源于课题组的调研数据，以及各保险公司网站和保险行业协会网站的披露。

（二）变量选取

1. 被解释变量

由上述各章的分析可见，保险公司偿付能力对于保险公司保障其投保人利益具有重大意义，李维安等（2012）基于利益相关者理论研究中国股份制保险公司治理状况和其投保人利益保护程度之间的相关关系，选择偿付能力溢额指标量化保险公司投保人利益保护程度，将偿付能力溢额指标定义为分出保费与自留保费的差额。因此，参考这几位学者的指标选取，本研究中关于保险公司对保单持有人的利益保护程度也采用保险公司偿付能力溢额指标进行衡量，但在定义方面有较大的区别。本研究中所提到的偿付能力溢额是指保险公司的实际资本和最低资本要求的差额，即实际偿付能力额度–最低偿付能力额度。其中，实际偿付能力额度=认可资产–认可负债，最低偿付能力额度则需要按照财产保险公司和人寿保险公司的不同分别计算确定。偿付能力溢额指标取自中国保监会强制各保险公司网站披露《偿付能力报告》中的数据，更具有权威性。

2. 解释变量

本节选用解释变量包括保险公司治理指数、合规性不同层次指数及具体治理要素三部分。其中，保险公司治理指数及合规性不同层次的指数根据第三节保险公司治理评价得出；具体治理要素则考虑国有控股金融机构的特点及数据的可得性，选取反映股东治理和董事会治理的 6 个具体治理要素。

3. 控制变量

由于影响保险公司保单持有人偿付能力的因素有很多，不同保险公司之间公司治理因素之外的差异也会对其偿付能力产生影响，本节参考已有文献，选取相应控制变量来控制其他因素对保险公司保单持有人偿付能力的影响程度。本节选取了四个变量作为控制变量，分别为资本性质、险种类型、组织形式和成立年限，其中前三个均用哑变量表示，1 为中资，0 为外资；1 为财产险，0 为人身险；1 为股份制，0 为有限制；最后一项，成立年限=统计年份–设立年份+1。

综上，本节选取的变量及其具体定义如表 9-20 所示。

表 9-20　变量定义

变量类型	变量名称	变量符号	变量说明
被解释变量	偿付能力溢额	Solvency	实际偿付能力额度–最低偿付能力额度
解释变量	保险公司治理指数	IGI	根据保险公司治理评价指标体系得出
	强制合规指数	CGI	根据保险公司治理评价指标体系得出
	自主合规指数	AGI	根据保险公司治理评价指标体系得出
	第一大股东持股比例	SH1	第一大股东持股数量/总股本数
	股东大会会议次数	SH-meeting	每年股东大会会议召开的次数
	董事会规模	Size	董事的人数
	董事会会议次数	BO-meeting	每年董事会会议召开的次数
	董事会专门委员会数量	Committee	董事会下设专门委员会的数量
	独立董事比例	Independent	独立董事个数/董事会总人数
控制变量	资本性质	Capital	虚拟变量，1 为中资，0 为外资
	险种类型	Business	虚拟变量，1 为财产险，0 为人身险
	组织形式	Organization	虚拟变量，1 为股份制，0 为有限制
	成立年限	Age	成立年限=统计年份–设立年份+1

（三）模型构建

在模型构建思路方面，为了实证检验中国保险公司治理对保险公司偿付能力的影响，根据以上的理论分析及变量指标的描述，为避免多重共线性，本部分设计了以下三个模型分别从保险公司治理指数、保险公司治理不同层次和保险公司治理要素三个方面检验其影响。其中式 (9.1) 是用来检验总体上保险公司治理指数对其偿付能力的影响，式 (9.2) 是用来检验保险公司治理不同层次对其偿付能力的影响，式 (9.3) 是用来检验保险公司治理不同要素对其偿付能力的影响。同时为了反映国有控股保险公司的情况，实证部分分别进行了全样本、国有控股子样本和非国有控股子样本的检验。

$$\text{Solvency} = \alpha_1 + \beta_{11}\text{IGI} + \beta_{12}\text{Capital} + \beta_{13}\text{Business}$$
$$+ \beta_{14}\text{Organization} + \beta_{15}\text{Age} + \varepsilon \tag{9.1}$$

$$\text{Solvency} = \alpha_2 + \beta_{21}\text{CGI} + \beta_{22}\text{AGI} + \beta_{23}\text{Capital} + \beta_{24}\text{Business}$$
$$+ \beta_{25}\text{Organization} + \beta_{26}\text{Age} + \varepsilon \tag{9.2}$$

$$\text{Solvency} = \alpha_3 + \beta_{31}\text{SH1} + \beta_{32}\text{SH-meeting} + \beta_{33}\text{BO-meeting}$$
$$+ \beta_{34}\text{Size} + \beta_{35}\text{Committee} + \beta_{36}\text{Independent} + \beta_{37}\text{Capital}$$
$$+ \beta_{38}\text{Business} + \beta_{39}\text{Organization} + \beta_{310}\text{Age} + \varepsilon \tag{9.3}$$

四、实证结果与分析

(一)描述性统计

1. 被解释变量描述性统计

本部分首先进行了被解释变量偿付能力溢额的描述性统计,具体结果如表 9-21 所示。根据调研数据样本,中国平安人寿保险股份有限公司的偿付能力溢额指标最高,为 226.86 亿元。从样本平均值来看,整体上中国保险公司偿付能力是比较充足的;但偿付能力溢额这一指标的标准差较高,说明中国保险行业内部各公司间偿付能力差异极大。

表 9-21　被解释变量偿付能力溢额描述性统计结果

统计指标	偿付能力溢额/万元
平均值	116 472.88
中位数	36 933.77
标准差	328 018.07
全距	2 354 206.00
最小值	−85 588.00
最大值	2 268 618.00

资料来源:课题组调研

2. 解释变量描述性统计

公司治理总指数及各个分指数体现了中国保险公司的公司治理水平。本节对所有的解释变量进行描述性统计,对各变量的统计分布有了一定的了解。

保险公司治理指数部分的描述性统计在之前已经有所描述，在此不再赘述，因而本部分仅对九个具体公司治理要素指标进行了描述性统计，如表 9-22 所示，从表中数据我们可以对中国保险公司治理要素的具体现状有一定的了解。

表 9-22　中国保险公司治理要素描述性统计

指标	平均值	标准差	全距	最小值	最大值
SH1	0.53	0.32	0.91	0.09	1.00
SH-meeting/次	2.24	2.12	9.00	0.00	9.00
Size/人	8.68	3.26	14.00	3.00	17.00
BO-meeting/次	5.93	3.57	19.00	0.00	19.00
Committee/个	2.78	1.68	7.00	0.00	7.00
Independent	0.12	0.14	0.44	0.00	0.44

资料来源：课题组调研

第一大股东持股比例的平均值为 53%，说明我国第一大股东的持股比例较高，我国保险公司的股权较为集中，一股独大的现象明显。保险公司每年平均召开股东大会会议 2.24 次，每年平均召开董事会会议 5.93 次，董事会规模的平均值为 8.68 人，董事会专门委员会数量的平均值为 2.78 个。同时需要注意到，股东大会会议次数、董事会会议次数的最小值都为 0。据此可知，目前仍有多家保险公司未按照相关规定召开股东大会会议和董事会会议。样本中还有将近 1/6 的保险公司尚未建立专门委员会，董事会专门委员会数量为 0。独立董事比例的平均值为 12%，说明我国保险公司中独立董事所占比例较低，甚至有近四成的保险公司没有设置独立董事，对于独立董事的监督作用有待完善。

3. 控制变量描述性统计

表 9-23 反映了四个控制变量的描述性统计情况。根据描述性统计结果可以看出，在控制变量方面，资本性质 Capital 的平均值为 0.61，反映统计样本中有 61% 的保险公司为中资保险公司，剩余 39% 的保险公司为外资保险公司；险种类型 Business 的平均值为 0.46，反映统计样本中有

46%的保险公司为财产险保险公司，剩余 54%的保险公司为人身险保险公司；组织形式 Organization 的平均值为 0.60，反映统计样本中有 60%的保险公司为股份制保险公司，剩余 40%的保险公司为有限制保险公司；成立年限 Age 的平均值为 6.71 年，反映统计样本中的保险公司平均成立年限为6.71 年。

表 9-23　控制变量描述统计结果

变量	平均值	标准差	全距	最小值	最大值
Capital	0.61	0.49	1.00	0.00	1.00
Business	0.46	0.50	1.00	0.00	1.00
Organization	0.60	0.49	1.00	0.00	1.00
Age/年	6.71	3.68	16.00	1.00	17.00

(二)计量结果分析

1. 保险公司治理指数对偿付能力的影响

根据式(9.1)，使用最小二乘回归分析的计量方法检验保险公司治理指数对保险公司偿付能力的影响，实证结果如表 9-24 所示。根据实证结果我们可以发现，保险公司治理总指数对偿付能力溢额在 10%的水平上显著且正相关，即公司治理总指数越高，保险公司偿付能力水平越高，验证了上文提出的假设 9-1。国有控股保险公司子样本和非国有控股保险公司子样本的回归结果与全样本一致。控制变量中成立年限与偿付能力溢额正相关且显著。这说明整体上成立年限越长的保险公司，偿付能力越强。这一实证结果从公司治理整体角度，验证了保险公司治理水平的提高，显著提升了保险公司的偿付能力。

表 9-24　保险公司治理指数对偿付能力影响实证结果

变量	(1)全样本	(2)国有子样本	(3)非国有子样本
IGI	3 568.956***	3 344.932**	3 354.999*
	(3.569)	(2.087)	(1.964)
Capital	107 039.478	—	243 817.876**
	(1.022)		(2.172)
Business	−91 982.072*	−133 477.112	−77 153.164
	(−1.929)	(−1.356)	(−1.274)

续表

变量	(1) 全样本	(2) 国有子样本	(3) 非国有子样本
Organization	90 664.183 (1.377)	114 442.795 (1.466)	−43 777.161 (−0.978)
Age	14 897.583*** (2.775)	19 422.412** (2.308)	10 313.673 (1.350)
常数项	−310 751.038*** (−3.333)	−243 759.420 (−1.328)	−269 522.553* (−1.975)
Adj-R^2	0.101	0.081	0.086
F	3.817	2.960	2.541

注：括号内为 t 值
***、**和*分别表示在 1%、5%和 10%的水平显著

2. 保险公司治理不同层次对偿付能力的影响

依据上文提出的假设，从保险公司治理合规性的不同层次来看，可以分为强制合规和自主合规两大类，分别考察其对保险公司偿付能力的影响，也就是对保单持有人的保护程度。本部分根据式(9.2)，使用最小二乘回归分析的计量方法检验保险公司治理不同层次对其偿付能力的影响，结果如表 9-25 所示。根据实证结果可以看出，从整体上来看，强制合规对偿付能力没有显著的影响，而自主合规对偿付能力在 1%的水平上显著正相关，即保险公司自主合规指数越高，保险公司偿付能力溢额越高。国有控股子样本和非国有控股子样本的回归结果也都支持强制合规没有显著影响、自主合规能显著提高偿付能力的结论。这说明整体上保险公司治理自主合规水平越高，其偿付能力越强，保险公司治理的合规性建设有利于提高保险公司偿付能力，保护利益相关者的利益。此外，在控制变量中，成立年限与偿付能力溢额正相关且显著，即从成立时间长短看，成立年限越长的保险公司，偿付能力溢额越高，偿付能力越强。

表 9-25　治理不同层次对偿付能力影响实证结果

变量	(1) 全样本	(2) 国有子样本	(3) 非国有子样本
CGI	−1 935.553 (−1.318)	−4 920.004 (−1.346)	−395.109 (−0.302)
AGI	4 616.031*** (2.989)	6 990.898* (1.958)	3 298.167** (2.027)

续表

变量	(1)全样本	(2)国有子样本	(3)非国有子样本
Capital	103 421.636	—	257 259.046**
	(0.979)		(2.210)
Business	−101 717.447**	−146 678.527	−83 694.580
	(−2.050)	(−1.456)	(−1.327)
Organization	84 347.706	103 845.642	−62 859.501
	(1.279)	(1.358)	(−1.197)
Age	14 974.329***	19 184.384**	10 265.482
	(2.744)	(2.293)	(1.319)
常数项	−210 779.278**	−96 756.213	−218 644.846
	(−2.408)	(−0.548)	(−1.596)
Adj-R^2	0.103	0.090	0.083
F	3.177	2.412	2.234

注：括号内为 t 值
***、**和*分别表示在 1%、5%和 10%的水平显著

3. 保险公司治理要素对偿付能力的影响

为了检验本节提出的假设 9-2 至假设 9-7，本部分根据式(9.3)对中国保险公司具体要素对其偿付能力的影响进行了实证分析，具体结果如表 9-26 所示。从实证研究结果中可以看出，第一大股东持股比例与偿付能力溢额在 1%的水平上显著正相关，即第一大股东持股比例越高，偿付能力溢额越高，保险公司的偿付能力水平越高，这与假设 9-2 相悖。说明从保险公司的股权结构来看，股权集中对利益相关者的保护具有正面影响，这可能与中国侧重于控股式的治理环境有关。为了防止因股权过于分散而产生的控制权争夺给公司带来的负面影响，保险公司可以根据自身情况适当提高股权结构的集中度，这有利于增强股东关注与监督公司事务的动力。此外独立董事比例对偿付能力有显著的负向影响，这与假设 9-7 相悖。而其余治理要素没有显著影响。

表 9-26　不同治理要素对偿付能力影响实证结果

变量	(1)全样本	(2)国有子样本	(3)非国有子样本
SH1	4 591.175***	2 206.048	5 974.982***
	(3.196)	(1.469)	(2.714)
SH-meeting	−19 331.825	−20 800.053	−6 718.393
	(−1.534)	(−1.139)	(−0.416)

续表

变量	(1) 全样本	(2) 国有子样本	(3) 非国有子样本
Size	9 715.647 (1.046)	18 448.632 (1.465)	−4 242.819 (−0.387)
Independent	−465 649.702** (−2.068)	−217 058.732 (−0.766)	−695 225.943** (−2.366)
BO-meeting	2 705.466 (0.547)	31 306.417 (1.603)	−3 962.613 (−0.867)
Committee	−19 273.219 (−1.310)	−77 234.898*** (−2.751)	19 894.725 (1.379)
Capital	22 845.947 (0.243)	□	473 358.920*** (2.862)
Business	−103 585.018** (−2.277)	−63 826.448 (−0.840)	−143 299.331* (−1.907)
Organization	201 716.982* (1.930)	126 775.148 (1.115)	−95 916.719 (−1.365)
Age	7 941.624 (1.602)	−2 399.261 (−0.388)	12 069.930 (1.618)
常数项	−525 834.525*** (−3.265)	−351 187.795 (−1.174)	−564 213.539*** (−2.719)
Adj-R^2	0.378	0.467	0.341
F	4.133	3.688	3.116

注：括号内为 t 值

***、**和*分别表示在 1%、5%和 10%的水平显著

　　在国有控股保险公司子样本和非国有控股保险公司子样本的分组检验中我们发现：国有子样本的第一大股东比例对偿付能力没有显著影响，而非国有子样本的第一大股东比例对偿付能力的影响与全样本一致，是正向的显著影响；国有子样本的独立董事比例没有发挥显著作用，而非国有子样本的独立董事比例提升反而降低了偿付能力，与全样本结论一致；国有子样本的董事会专门委员会数量也对偿付能力起到了负向的作用。这些差异反映了我国国有控股保险公司超级股东和董事会权力配置错位的问题，也一定程度上体现了我国国有控股保险公司二元式治理的现状。

(三)稳健性检验

因为公司治理存在滞后效应问题,即公司治理改善以后,公司偿付能力未必立刻得到显著提高,但从长期角度来看,公司治理水平的提高有利于偿付能力的改进。因此,为了保证前文实证研究结果更具有稳健性,本部分进行了滞后一期的稳健性检验,一方面能消除时间效应对回归结果的影响,另一方面也能解决解释变量与被解释变量之间的内生性问题。稳健性检验结果与原结果基本一致,验证了结论的稳健性。限于篇幅,相关结果未予以报告。

五、实证结论

偿付能力监管是保险监管的核心内容,本节在理论分析的基础上重点关注保险公司治理对保险公司偿付能力的影响,并选取偿付能力溢额这一指标来衡量我国保险公司的偿付能力,该指标反映了保险公司对投保人利益的保护力度。公司治理指标选取了第三节构建的中国保险公司治理指数、保险公司治理不同层次(强制合规指数和自主合规指数)及保险公司具体治理要素(第一大股东持股比例、股东大会次数、董事会规模、独立董事比例、董事会召开次数、董事会专门委员会数量)共计 6 个指标,并根据理论和实际情况选取了相应的控制变量,使用手工整理的相关数据按照模型设计分别进行最小二乘回归分析等计量方法,实证检验了保险公司治理对保险公司偿付能力的影响。

通过前文的实证分析结果表明,保险公司治理总指数与保险公司偿付能力溢额正相关,验证了上文提出的保险公司治理是保险公司偿付能力的重要影响因素。整体上保险公司治理水平越高,其偿付能力就越强,说明公司治理水平的上升确实有利于提高保险公司的偿付能力水平。从治理不同层次来说,保险公司自主合规指数与保险公司偿付能力溢额正相关,即保险公司治理自主合规水平越高,其偿付能力就越强,这表明保险公司治理自主合规在保护投保人利益方面发挥了积极作用;在具体治理要素方面,第一大股东持股比例与保险公司偿付能力溢额呈显著正相关关系,独立董事比例与偿付能力显著负相关。就国有控股保险公司和非国有控股保险公司对比而言,两类子样本公司治理整体水平及自主合规水平的提升都能有效提高偿付能力，国有控股保险公司董事会专门委员会数量的提升可能降低偿付能力，而非国有控股保险公司第一大股东持股比例的提升可以提升偿付能力，其独立董事比例的提升会降低偿付能力。

综上可以看出，保险公司治理是保险公司偿付能力的重要影响因素，保险公司治理在提升保险公司对其投保人利益的保护程度方面起到有效作用，国有控股保险公司和非国有控股保险公司在治理机制的有效性方面存在明显差异，但与此同时还有许多治理要素没有发挥治理有效性。本节的研究结论也为保险监管机构进行有效监管，以及重点监管和分类监管提供思路，对促进我国保险业公司治理有效发展和完善我国偿付能力监管体系，具有很强的研究价值和现实意义。

第五节　保险公司治理与风险承担

本节从风险承担视角实证检验了我国保险公司治理有效性。本节选取了我国财产保险公司和人身保险公司作为研究样本，选取总体风险作为衡量保险公司风险承担的被解释变量，构建了保险公司治理、合规性不同层次的相应指数对保险公司的公司治理水平进行测度，研究保险公司治理指数对风险承担的影响。之后，本节进一步将保险公司治理指数细化为具体治理要素，讨论具体保险公司治理要素对风险承担的影响。

一、保险公司治理有效性与风险承担

保险业是中国金融业的重要组成部分，保险基于大数定律，以契约形式建立保险人、被保险人和受益人等多方关系，是市场经济条件下风险管理的基本手段。保险业自身具有明显区别于银行、证券、信托等其他金融行业的重要特点，包括资本结构负债性、投保人（债权人）分散性、保险合约长期性和保险产品专业性等。这些特性使保险公司这一经营风险的主体可能自身也需要面临各种复杂风险，考虑到其重大的社会影响力，我们需要对保险公司加强风险控制方面的外部监管。我国保险监管部门即中国保监会出版的《中国保险市场年报》中逐年表述了中国保监会的监管目标，其中一直包含"防范和化解风险"，从中可见监管部门对风险控制的重视。

随着全球化进程的加快，保险业面临的风险不断加大、日益复杂。良好的公司治理有利于强化保险公司整体风险管理，促进保险公司稳健发展。为此，中国保监会也自 2006 年起正式确立了市场行为、偿付能力和公司治理三大监管支柱，正式开启重点监管保险公司治理的新阶段，由此开始中国保监会加快了我国保险公司治理法规起草和出台工作，经过十余年的发展，我国保险公司治理的架构和制度已经基本建立，各大保险公司也能基本按照强制性要求进行公司治理建设，但这种形式上合规的治理能否真正发挥防范风险的有效作用值得探究。根据前人研究我们知道公司治理能够对风险承担产生影响，但对于保险公司治理具体上是如何影响风险承担的，以及哪些公司治理机制能抑制保险公司风险承担行为仍需要结合我国保险公司治理实践状况来进一步研究。我国保险公司治理已经从单纯强调机制构建、制度合规发展到关注有效性的阶段，本节从风险承担角度评估保险公司治理的有效性，具有很强的理论和现实意义。

国内外学者对保险公司治理和风险承担关系的研究多从内部治理和外部监管角度展开。研究视角上，目前从公司治理视角对风险承担行为影响因素的研究，主要是基于相对分散的公司治理要素开展，而公司治理系统下各个治理机制和要素间并非相互独立，而是相互联系、相互影响并共同作用于公司的风险承担行为的一个整体。因而研究公司治理整体对风险承担行为的影响，能从更加全面的视角检验风险承担行为的形成机理。现有文献中关注公司治理整体对风险承担行为影响的研究还较少(郝臣等，2015)，缺乏整体性的视角的研究。本节从公司治理视角研究我国保险公司的风险承担问题，并且试图通过保险公司治理指数从整体上分析并使用具体治理要素从具体上分析公司治理对风险承担的影响，试图从更加全面的角度研究金融危机后我国保险公司的风险承担问题，进而评价我国保险公司治理的有效性。

二、研究假设

(一)保险公司治理指数对风险承担影响的研究假设

保险公司的内外部利益相关者对风险表现出不同的风险偏好和动机,各方的博弈最终导致风险承担行为,而公司治理可以最大限度实现各方利益的权衡,因此,公司治理带来了决策科学,同时也缓解了保险公司的委托代理问题,降低了代理成本,降低和控制了保险公司的风险承担行为(李慧聪等,2015)。目前国内外相关领域的研究大多着眼片面,研究单一或孤立的要素对风险承担的影响,较少有人考虑公司治理的整体视角。公司治理作用的发挥不可能仅仅是单个孤立要素作用的结果,而应当是机制和要素在公司治理的系统内协调配合的结果,将系统化、整体化的公司治理简单拆分成碎片化的机制或要素来研究可能背离保险公司治理的初衷。为此,本节重新将研究视角调整到公司治理整体视角,构建保险公司治理指数及合规性不同层次和合规性不同内容的分指数,实证分析其影响。基于上述分析,我们可以提出假设9-8:公司治理总指数及各合规指数与风险承担呈负向关系。

(二)保险公司治理要素对风险承担影响的研究假设

在理论分析保险公司内部治理对风险承担影响的基础上,本部分结合国内外相关文献,进一步提出保险公司治理要素对保险公司风险承担影响的研究假设。

1. 保险公司股东治理与风险承担

保险公司股东治理方面对风险承担产生影响的治理要素主要包括在股权集中度和股东大会运作两个方面。一般公司股东治理的作用主要表现在两个方面:一方面,激励效应表现为控股股东对自身利益的主观追求导致代理成本减少的客观结果,有利于提升公司整体绩效,进而保护公司中小股东和其他利益相关者的利益(Shleifer and Vishny,1986);另一方面,当股权过于集中时,公司控股股东可能会侵占中小股东和其他利益相关者的利益,损害公司整体利益,即为隧道效应(Grossman and Hart,1987)。对我国保险公司而言,股东治理具有一定的特殊性,我国保险公司大多为非上市公司,股权集中度非常高，几乎不存在中小股东保护的问题。夏喆和靳龙(2013)以我国保险公司为研究样本发现保险公司第一大股东比例越高，其风险控制做得越好。郝臣等(2015)研究我国上市金融机构也得到了类似的结论。因此，本节认为我国保险公司股东治理主要发挥了激励效应，起到了抑制风险承担的作用。因此，我们可以提出以下假设。假设9-9a：第一大股东比例的提高可以有效抑制风险承担。假设9-9b：股东大会次数的增多能够有效控制风险承担。

2. 保险公司董事会治理与风险承担

保险公司董事会治理方面可能对风险承担产生影响的治理要素体现为董事会规模、结构和运作等方面。董事会稳健高效运作才能控制风险，提高绩效。结合一般公司和其他金融机构的情况来看，大多数学者认为董事会规模及董事会会议次数对风险承担有负向影响(王倩等，2007；孔德兰和董金，2008)。国外学者关注保险公司发现董事会独立性增强能抑制风险承担(Eling and Marek，2014)，与国内学者的研究得到了一致的结论(夏喆和靳龙，2013)。保险公司因业务的复杂性和专业性，董事会下设专门委员会数量明显多于一般公司，因此本节的实证研究中也关注了董事会的专业性即下设专门委员会数量对其风险承担的影响。结合理论分析和相关文献，本节认为董事会规模、独立性、专业性和开会次数等方面的具体公司治理要素都可以对保险公司风险承担造成相应的影响，有可能提高或者降低保险公司的风险承担水平。基于上述分析，我们可以提出假设9-10a：董事会规模与风险承担呈负向关系。假设9-10b：独立董事比例与风险承担呈负向关系。假设9-10c：董事会会议次数与风险承担呈负向关系。假设9-10d：董事会专门委员会数量与风险承担呈负向关系。

三、研究设计

(一)样本选择和数据来源

本节研究样本选取了我国全部财产保险公司和人身保险公司，不包括再保险公司。为了保证数据的连贯性和一致性，剔除其中新近成立的财产险和人身险保险公司。本部分实证分析需要用到的数据包括保险公司治理数据、保险公司风险承担数据及其他需要控制的保险公司基础信息数据。构建保险公司治理指数的相关数据主要来源于第三节课题组问卷调研，各具体治理要素的数据是手工整理自各保险公司的官方网站中信息披露栏目披露的信息；保险公司风险承担数据主要根据《中国保险年鉴》统计的各保险公司年度资产负债表和损益表中相关数据手工整理计算所得，对于其中的缺失值参考各保险公司年度披露报告补充；保险公司基础信息数据来源于《中国保险年鉴》及中国保监会的统计。

（二）变量设计

本部分设计了实证研究分析保险公司治理指数对风险承担的影响。使用的各个代理变量，各个被解释变量、解释变量及控制变量的具体含义和计算方法如表 9-27 所示。

表 9-27　模型变量定义

变量类型	变量名称	变量符号	变量说明
被解释变量	资产收益率波动	stdROA	过去三年资产收益率的标准差；资产收益率=净利润/总资产
解释变量	保险公司治理指数	IGI	评价合成
	强制合规指数	CGI	评价合成
	自主合规指数	AGI	评价合成
	第一大股东持股比例	SH1	第一大股东持股数量/总股本数
	股东大会会议次数	SH-meeting	每年股东大会会议召开的次数
	董事会规模	Size	董事的人数
	独立董事比例	Independent	独立董事个数/董事会总人数
	董事会会议次数	BO-meeting	每年董事会会议召开的次数
	董事会专门委员会数量	Committee	董事会下设专门委员会的数量
控制变量	资本性质	Capital	虚拟变量，1 为中资，0 为外资
	险种类型	Business	虚拟变量，1 为财产险，0 为人身险
	组织形式	Organization	虚拟变量，1 为股份制，0 为有限制
	成立年限	Age	成立年限=统计年份−成立年份+1

1. 被解释变量的选取

本部分研究的被解释变量是衡量保险公司风险承担水平的变量，本部分选取了最常用的收益率的波动情况反映保险公司总体风险。参考前人研究成果，本部分选取保险公司资产收益率的波动情况作为衡量保险公司总体风险的被解释变量，考虑到数据的可获得性，本节选用每家保险公司过去三年的资产收益率(ROA)的标准差作为保险公司总体风险的衡量指标。该指标数值越大，反映保险公司资产收益率的波动性越大，该保险公司的总体风险越高；反之，则该保险公司的总体风险越低。

2. 解释变量的选取

解释变量方面，主要借鉴本章第三节中设计的保险公司治理评价内容，使用课题组调研数据并根据公开数据补充整理计算后得到了各保险公司的治理指数，具体内容参见第三节。公司治理要素方面兼顾国有控股保险公司特点和数据可得性，本部分选取了反映股东治理和董事会治理的六个具体要素。

3. 控制变量的选取

参考已有相关研究，本部分实证分析还选取了一些其他的可能影响保险公司风险承担的因素作为控制变量，主要选取了保险公司的资本性质、险种类型、组织形式和成立年限四个变量。其中，资本性质、险种类型和组织形式均采取虚拟变量的方式，分别取值 1 和 0 来区分中资和外资、财产险和人身险，以及股份制和有限制。

（三）模型设计

本部分实证研究的模型包含三部分，分别从保险公司治理指数、合规性不同层次和公司治理要素三个方面研究其对风险承担的影响。具体研究模型如下：

$$\text{stdROA} = \alpha + \beta_1 \text{IGI} + \beta_2 \text{Capital} + \beta_3 \text{Business} \\ + \beta_4 \text{Organization} + \beta_5 \text{Age} + \varepsilon \tag{9.4}$$

$$\text{stdROA} = \alpha + \beta_1 \text{CGI} + \beta_2 \text{AGI} + \beta_3 \text{Capital} + \beta_4 \text{Business} \\ + \beta_5 \text{Organization} + \beta_6 \text{Age} + \varepsilon \tag{9.5}$$

$$stdROA = \alpha + \beta_1 SH1 + \beta_2 SH\text{-}meeting + \beta_3 Size + \beta_4 Independent$$
$$+ \beta_5 BO\text{-}meeting + \beta_6 Committee + \beta_7 Capital + \beta_8 Business$$
$$+ \beta_9 Organization + \beta_{10} Age + \varepsilon \qquad (9.6)$$

其中，式(9.4)用于检验保险公司治理指数对保险公司风险承担的影响，式(9.5)用于检验保险公司治理合规性不同层次对保险公司风险承担的影响，式(9.6)用于检验保险公司治理要素对保险公司风险承担的影响。

四、实证分析

(一)描述性统计

本部分对实证分析主要的被解释变量、解释变量和控制变量进行了描述性统计，结果如表 9-28 所示。被解释变量方面，反映保险公司总体风险的资产收益率的波动 stdROA 的平均值为 0.034，最小值为 0.001，最大值为 0.276，反映出我国保险公司总体风险相对较小；该变量的标准差为 0.036，反映出我国保险公司之间的总体风险差异不大。解释变量方面，公司治理指数和合规性指数的描述性统计已经在第三节进行描述，在此不再赘述，因此解释变量部分仅描述治理要素。第一大股东持股比例的平均值为 52.601，即保险公司第一大股东平均持股比例高达 52.601%，反映出我国保险公司股权结构高度集中的状况；股东大会会议次数平均值为 2.238 次，反映保险公司平均每年召开 2～3 次股东大会；董事会规模平均值为 8.763，反映出我国保险公司董事会平均人数接近 9 人；独立董事比例平均值为 0.123，反映我国保险公司中独立董事比例还相对很低，仅为 12.3%；董事会会议次数平均值为 5.976，反映出我国保险公司董事会年均召开约 6 次会议；董事会专门委员会数量平均值为 2.838 个，反映出我国保险公司董事会专门化程度较好，平均下设接近 3 个专门委员会。控制变量方面，资本性质 Capital 的平均值为 0.589，反映统计样本中有 58.9%的保险公司为中资保险公司，剩余 41.1%的保险公司为外资保险公司；险种类型 Business 的平均值为 0.480，反映统计样本中有 48.0%的保险公司为财产险保险公司，剩余 52.0%的保险公司为人身险保险公司；组织形式 Organization 的平均值为 0.585，反映统计样本中有 58.5%的保险公司为股份制保险公司，剩余 41.5%的保险公司为有限制保险公司；成立年限 Age 的平均值为 6.921，反映了统计样本中的保险公司平均成立年限接近 7 年。

表 9-28　主要变量描述性统计

变量	平均值	标准差	全距	最小值	最大值
stdROA	0.034	0.036	0.275	0.001	0.276
SH1/%	52.601	32.343	90.990	9.010	100.000
SH-meeting/次	2.238	2.184	10.000	0.000	10.000
Size/人	8.763	3.268	18.000	2.000	20.000
Independent	0.123	0.135	0.444	0.000	0.444
BO-meeting/次	5.976	3.927	36.000	0.000	36.000
Committee/个	2.838	1.691	7.000	0.000	7.000
Capital	0.589	0.493	1.000	0.000	1.000
Business	0.480	0.500	1.000	0.000	1.000
Organization	0.585	0.494	1.000	0.000	1.000
Age/年	6.921	3.747	17.000	1.000	18.000

资料来源：课题组调研

（二）回归分析结果

1. 保险公司治理指数与风险承担

按照研究设计，本部分首先实证分析保险公司治理指数对风险承担的影响。根据式(9.4)进行回归分析，实证结果如表 9-29 所示。

表 9-29　保险公司治理指数与风险承担关系实证结果

变量	(1)全样本	(2)国有子样本	(3)非国有子样本
IGI	−0.000* (−1.969)	−0.001* (−1.774)	−0.004** (−2.545)
Capital	0.004 (0.824)	□	0.007 (0.655)
Business	0.012** (2.444)	0.021*** (2.775)	−0.003 (0.446)
Organization	0.009* (1.730)	0.010 (1.630)	0.006 (0.303)

续表

变量	(1)全样本	(2)国有子样本	(3)非国有子样本
Age	-0.002^{***} (-3.250)	-0.001 (-1.362)	-0.004^{***} (-5.427)
常数项	0.076^{***} (3.929)	0.089^{**} (2.471)	0.065^{***} (4.579)
Adj-R^2	0.107	0.127	0.143
F	4.126	2.685	7.149

注：括号内为 t 值

***、**和*分别表示在 1%、5%和 10%的水平显著

表 9-29 中第(1)列显示了全部保险公司样本的回归结果，第(2)列和第(3)列分别显示了国有控股和非国有控股保险公司子样本的回归结果。从回归结果中我们可以看到三列的保险公司治理指数 IGI 的回归系数均为负，且在 10%的显著性水平下显著，表明保险公司治理指数 IGI 对资产收益率标准差 stdROA 具有显著的负向影响，即保险公司治理指数越高，保险公司的资产收益率标准差越小，进而反映出保险公司的总体风险越小，与假设 9-8 相符。在保险公司治理总指数对风险承担的影响方面，国有控股和非国有控股保险公司没有显著差异，两个子样本的实证结果反映出同全样本一样的结果。

综合来看，国有控股保险公司和非国有控股保险公司治理指数的提高均能显著减低保险公司的总体风险，抑制风险承担。

2. 保险公司治理合规性不同层次与风险承担

根据研究设计，本部分对保险公司治理合规性不同层次对风险承担的影响进行实证分析。根据式(9.5)进行回归分析，实证结果如表 9-30 所示。

表 9-30　保险公司治理合规性不同层次与风险承担关系实证结果

变量	(1)全样本	(2)国有子样本	(3)非国有子样本
CGI	0.000 (0.617)	0.000 (0.634)	0.000 (0.734)
AGI	-0.000^{**} (-2.155)	-0.001^{*} (-1.670)	-0.003^{*} (-1.913)

续表

变量	(1) 全样本	(2) 国有子样本	(3) 非国有子样本
Capital	0.004 (0.806)	—	0.005 (0.480)
Business	0.013** (2.540)	0.024*** (2.871)	−0.002 (−0.341)
Organization	0.010* (1.716)	0.010 (1.553)	0.005 (0.477)
Age	−0.002*** (−3.313)	−0.002 (−1.489)	−0.004*** (−5.293)
常数项	0.065*** (3.353)	0.071** (2.019)	0.058*** (3.573)
Adj-R^2	0.111	0.132	0.141
F	3.489	2.190	5.739

注：括号内为 t 值
***、**和*分别表示在 1%、5%和 10%的水平显著

表 9-30 检验了保险公司治理合规性不同层次与风险承担的关系。其中第(1)列显示了全样本保险公司的回归结果，第(2)列和第(3)列分别显示了国有控股和非国有控股保险公司子样本的回归结果。从回归结果中我们可以看到三列中强制合规指数 CGI 的回归系数不显著，三列中的自主合规指数的回归系数均显著为负，表明强制合规指数 CGI 对资产收益率标准差 stdROA 没有显著影响，自主合规指数 AGI 对 stdROA 具有显著的负向影响，即强制合规指数对总体风险没有显著影响，而自主合规指数越高，保险公司的资产收益率标准差越小，进而反映出保险公司的总体风险越小。

综合来看，保险公司强制合规指数对风险承担没有显著影响，保险公司自主合规指数对保险公司总体风险具有显著的负向影响，同时这种影响在国有控股保险公司和非国有控股保险公司没有显著差异。

3. 保险公司治理要素与风险承担

本部分按照式(9.6)对本章实证分析的主要解释变量进行了回归分析，实证检验了保险公司治理要素对风险承担的影响，具体结果如表 9-31 所示。表 9-31 中第(1)、(2)和(3)列分别显示了全样本保险公司、国有控股保险公司子样本和非国有控股保险公司子样本的回归结果。

表 9-31　保险公司治理要素对风险承担影响的实证结果

变量	(1)全样本	(2)国有子样本	(3)非国有子样本
SH1	−0.000 (−0.526)	0.000* (1.792)	−0.000*** (−2.669)
SH−meeting	0.003 (1.637)	0.003 (1.452)	0.004 (1.337)
Size	−0.001 (−0.469)	−0.003 (−1.378)	0.002 (1.546)
Independent	−0.050** (−2.283)	−0.073** (−2.010)	−0.053** (−2.022)
BO−meeting	−0.002** (−2.155)	−0.003* (−1.669)	−0.001 (−1.606)
Committee	0.002 (0.946)	0.005* (1.746)	−0.001 (−0.442)
Capital	0.007 (0.836)	—	−0.015 (−1.206)
Business	0.009* (1.879)	0.016* (1.974)	0.004 (0.619)
Organization	0.019** (2.146)	0.034** (2.579)	−0.007 (−0.504)
Age	−0.002** (−2.107)	0.000 (0.217)	−0.005*** (−4.778)
常数项	0.053*** (4.988)	0.041 (1.615)	0.080*** (5.764)
Adj-R^2	0.149	0.217	0.311
F	2.623	2.991	3.840

注：括号内为 t 值
***、**和*分别表示在 1%、5%和 10%的水平显著

从第(1)列的实证结果看，Independent 和 BO-meeting 的回归系数显著为负，其余具体治理机制没有显著性。这一结果表明我国保险公司独立董事比例和董事会会议次数对资产收益率波动均有显著的负向影响，这两者可以有效抑制总体风险，从总体风险上验证了假设 9-10b 和假设 9-10c。

对比第(2)列和第(3)列的实证结果，我们可以发现，SH1 在国有子样本中显著为正，在非国有子样本中显著为负，表明第一大股东持股比例的提高在国有控股保险公司中会导致风险增加，在非国有控股保险公司中会降低风险，反映了国有控股保险公司行政型治理在政治目标和经济目标权衡选择

方面的劣势可能会增加保险公司的风险；Independent 均显著为负，表明独立董事比例的提高在国有和非国有样本中均能起到抑制风险的作用；BO-meeting 在国有样本中显著为负，Committee 在国有样本中显著为正，而在非国有样本中不显著，表明国有控股保险公司董事会会议次数提高能降低风险，而董事会专门委员会数量增多却会增加风险，这也反映了我国国有控股保险公司董事会权力配置的缺陷。

（三）稳健性检验

为了实证结论的稳健性，本部分首先采用滞后一期的风险承担变量作为新的被解释变量，重新考察保险公司治理指数、保险公司治理合规性不同层次及保险公司治理要素对滞后一期的风险承担的影响，稳健性检验结果与前文实证结果保持一致，验证了结论的稳健性。其次，选取衡量风险承担的具体风险代理变量杠杆风险、承保风险和投资风险代替总体风险，对上述实证结果进行了稳健性检验，与前文结论基本保持一致，验证了结论的稳健性。限于篇幅，相关表格在此不予报告。

五、实证结论

本节选取了我国财产保险公司和人身保险公司作为研究样本，选取总体风险作为衡量保险公司风险承担的被解释变量，构建了保险公司治理、合规性不同层次的相应指数对保险公司的公司治理水平进行测度，研究保险公司治理指数对风险承担的影响。之后，本节进一步将保险公司治理指数细化为具体治理要素，讨论具体保险公司治理要素对风险承担的影响。最后，本节进行了基于样本、变量的稳健性检验。

本节的实证研究发现：从总指数来看，保险公司治理水平越高，其风险承担水平越低，反映出保险公司治理有效控制了保险公司的风险承担；从合规性不同层次看，保险公司自主合规有效抑制了保险公司风险承担行为，而保险公司强制合规没有发挥有效性，表明强制合规仅仅做到了"形似"而"神不至"，保险公司自觉主动提升治理水平的自主合规才真正能发挥治理的有效性，做到"形神兼备"；从治理要素看，我国保险公司中的独立董事比例和董事会会议次数能有效抑制保险公司总体风险。从国有控股和非国有控股子样本的检验来看，国有控股保险公司和非国有控股保险公司治理水平的提高均能降低风险承担，强制合规均没有发挥治理有效性，自主合规均能有效抑制风险承担，独立董事比例的提升均能有效降低风险承担。同时我们也发现了一些两个子样本的不同之处，国有控股保险公司第一大股东持股比例的提升会促进风险承担，而非国有控股保险公司的第一大股东持股比例提升却会抑制风险承担；国有控股保险公司的董事会会议次数增加能抑制风险承担，董事会专门委员会数量的增加却提高了风险承担，而非国有控股保险公司中这两个治理要素没有显著影响。

综合来看，我国保险公司治理在抑制保险公司风险承担方面发挥了一定的有效性，但强制合规及部分治理要素尚未发挥公司治理的有效性。与此同时，国有控股保险公司存在的超级股东及董事会权力配置缺陷对完善国有控股保险公司治理提出了新的要求。这一结论要求实践中我国保险公司要进一步关注和提高治理有效性及风险管理水平，促使保险公司真正有效发挥社会"稳定器"和经济"助推器"的作用。

第六节　本章主要结论与政策建议

一、主要结论

第一，保险公司治理是我国保险业快速发展的微观制度基础。过去三十多年间，我国保险业基本保持了一个比世界明显更快的增长速度，所以，我国保费收入占世界份额逐渐提高，由原来的几乎为零上升为 2013 年的5.99%。我国保险业自 1980 年恢复以来，之所以能够得到快速发展，主要得益于国务院两次以"顶层设计"的形式对我国保险业的改革发展进行的全面部署。2006 年国务院颁布《国务院关于保险业改革发展的若干意见》（保险业的"国十条"），明确我国保险业未来主要任务之一是继续深化体制机制改革，完善保险公司治理结构。2014 年 8 月 10 日，国务院颁布《国务院关于加快发展现代保险服务业的若干意见》（保险业的新"国十条"），这是八年之后再次对我国保险业改革发展做出的顶层设计，明确了我国保险业未来一段时间发展的目标。而要实现这一目标，就要继续深化保险公司改革，加快建立现代保险企业制度，完善保险公司治理结构，事关这一目标能否实现和保险行业发展水平能否得到真正提升。两次保险业顶层设计均将保险公司现代企业制度建设和完善作为改革发展的重要内容，而其中的核心是完善保险公司治理。

第二，保险公司治理是我国保险监管的重要内容。保险监管制度的完善与否、保险监管职能是否充分发挥及保险监管效果是否有效在很大程度上取决于保险监管组织的完善程度，即保险监管主体或机构的建立和完善程度（刘宝璋，2005）。中国保险监管始于计划经济体制下的政府管制，在中国保监会成立之前主要是中国人民银行承担了相关职能，为落实银行、证券、保险分业经营、分业管理的方针，更好地对保险业进行监督管理。国务院于1998 年 11 月 18 日批准中国保监会成立，中国保监会作为国务院直属事业单位，实质拥有独立和完整的行政管理权，依据《保险法》专司全国商业保险市场的监管职能。2003 年，中国保监会从副部级单位升格为正部级单位，同时中国银监会成立，开始形成了"一行三会"的中国金融监管格局。监管机构监管的内容有这样三个阶段，2003 年之前，主要是市场行为监管，2003～2006 年是市场行为和偿付能力监管并重，2006 年《关于规范保险公司治理结构的指导意见（试行）》颁布起，公司治理与市场行为和偿付能力成为我国保险监管的三支柱。自 2006 年起，中国保监会出台了若干规范我国保险公司治理的法律法规。中国保监会要求各保险公司每年按照规定的内容报送《保险公司治理报告》，报告中有关于保险公司治理状况评价的指标，保险公司治理评价也是保险公司治理监管重要内容之一。

第三，我国保险公司治理合规水平较高。保险公司治理评价其本质是评价保险公司治理的合规性，而合规性如何主要是通过保险公司治理指数的大小来反映的。公司治理指数是运用统计学和运筹学等原理，根据一定的指标体系，对照一定的标准，按照科学的程序，通过定量分析与定性分析，以指数形式对公司治理状况做出的系统、客观和准确的评价。基于本章构建的分层次的保险公司治理评价指标体系的评价结果显示，我国保险公司治理指数平均值为 84.916。分层次治理评价结果显示，我国保险公司治理强制合规指数为 89.480，自主合规指数为 83.857，无论是强制合规指数还是自主合规指数，总体水平较高，特别是保险公司治理强制合规水平显著高于自主合规水平。从控股股东性质来看，国有控股保险公司治理合规水平低于民营控股保险公司治理合规水平。具体来说，民营控股保险公司治理指数平均值最高，为 87.822，外资控股保险公司治理指数平均值最低，为 83.913，国有控股保险公司治理指数平均值为 84.447。

第四，我国保险公司治理有效性总体上偏低。保险公司治理合规性是保险公司治理有效发挥作用的前提条件，主要是通过评价来进行检验的，而保险公司治理的有效性则需要通过实证研究来探究保险公司治理作用的状况。通过基于分层次的保险公司治理评价结果，在设计了相关变量和模型的基础上，从公司治理整体视角，采用最小二乘回归分析的方法实证检验了保险公司治理对偿付能力和风险承担的影响，检验了保险公司治理的有效性，并对国有控股样本进行了分组检验。实证研究结果显示，保险公司治理总指数和自主合规指数对所有保险公司均产生了有利的作用，但强制合规指数不具有有效性。特别地，国有控股保险公司超级股东行为及董事会权力配置缺陷导致国有控股保险公司股东治理和董事会治理要素没有发挥治理有效性，甚至产生负面作用。实证研究与基于一般上市公司和上市保险公司的结论有所不同，说明我国保险公司有效性总体上偏低。

第五，我国保险公司治理强调内部治理和内外部治理并重。公司治理主要是解决委托代理问题，包括所有者和经营者之间的及所有者之间的，另外保险公司还有一个非常重要的问题就是投保人利益保护。要解决这些问题，按照监督力量来源不同，可以分为内部治理，如独立董事制度、监事会、内部审计、高管的激励约束等，以及外部治理，如产品市场竞争、控制权市场、接管机制、经理人市场与资本市场等。公司内部治理以所有权为主线，公司外部治理以竞争为主线。公司内部治理和外部治理不仅互补，而且在一定程度上是可以相互替代的。一方面，"用手投票"机制替换在位经理的决策常常建立在"用脚投票"机制所反映出来的信息上，"用脚投票"机制所反映出来的股东意愿最终要通过"用手投票"机制来实现；另一方面，一个有效的股票市场使对经理的直接控制变得较不重要，这就如同增加巡逻警察的力量可以减少监狱里的拥挤程度一样(张维迎，1996)。在我国一般公司治理实践领域，往往是以内部治理为主，外部治理相对较弱。在保险公司治理实践初期，缺乏专门的或相关的保险公司治理法律、法规和规章，同样也是以内部治理为主，关注公司股权结构优化、关注新三会建立、关注独立董事作用的发挥与关注内部审计作用的发挥等。而自从保险公司监管部门成立以来，作为保险公司外部治理机制最重要内容的外部监管发挥了积极作用，从偿付能力、市场行为监管，发展到与国际接轨的偿付能力、市场行为和公司治理并重的三大监管支柱。这一点与一般公司治理存在较大差异，在一般公司治理实践中，外部监管虽然也是外部治理机制之一，但监管内容层次上往往局限于合规性，内容体系上也缺乏专门监管公司治理的内容。

第六，保险公司治理理论研究滞后于保险公司治理实践。如果从 1980 年我国保险业恢复开始算起，我国保险公司治理实践已经走过 36 年，其发展过程与我国国有企业治理实践几乎同步，但相对于一般公司或者一般行业的国有企业来说，保险公司治理理论研究可谓少之又少；相对于其他金融机构，如银行来说，相关研究文献数量也无法与之媲美。保险公司治理研究起步相对较晚，进而使保险公司治理研究内容、研究方法等方面都不如一般公司或者一般行业的国有企业深入。过去对于保险公司微观层面的研究多聚焦于保险公司的经营或者管理问题，如保险公司营销问题等。这使国内保险公司治理研究多局限于规范性的对策等方面，而对于保险公司治理特殊性、保险公司治理合规性、保险公司代理成本、保险公司治理有效性等核心概念、理论及实证研究相对较少。2006 年中国保监会推出《关于规范保险公司治理结构的指导意见（试行）》之后，理论界对于保险公司治理的关注度呈现明显上升趋势，但总体来说，还滞后于我国保险公司治理实践的快速发展，实践过后需要进行理论提升进而更好促进实践的发展，从这个角度上来说，目前是我国保险公司治理理论研究的大好时机。

二、政策建议

第一，构建保险公司治理分类监管框架。监管的本质是监管部门对市场的干预，保险公司因其经营的特殊性，监管不同于一般公司。我国的保险监管从 2006 年起，形成了市场行为、偿付能力和公司治理三支柱监管框架。

经过 10 年公司治理监管实践，我国的保险监管部门发挥了有效作用。我国的保险监管部门面对的监管对象数量日益增加，监管对象业务类型(集团公司、资产管理公司、再保险公司、人身险公司和财产险公司)、监管对象资本性质(外资控股、国有控股和民营控股)及监管对象组织形式(股份制、有限制和互助制)等方面都存在显著差异，而这些因素使相关对象在公司治理上存在显著差异。例如，集团公司治理和一般的保险公司治理会存在明显差异，集团公司更多是投资平台的功能，没有具体的业务类型；国有保险公司与外资和民营控股保险公司相比，也会存在一些特殊之处；股份制保险公司必然会存在三会结构，而有限制保险公司按照《公司法》可以不设立董事会和监事会等。因此，要树立分类监管的思路，建立分类监管的框架，指定相关的治理指引，丰富 2006 年的《关于规范保险公司治理结构的指导意见(试行)》，以更好地引导我国保险公司治理实践。

第二，遵守保险公司治理强制合规底线。保险公司治理的强制合规指标是来自法律、行政法规和部门规章的明确要求，一旦违反其强制性的规定，公司就要受到明确的惩罚，因而保险公司治理的强制合规应该成为保险公司治理合规性的底线。而根据我们的研究统计，并不是所有保险公司的强制合规指数都达到了满分，这也就说明有一部分保险公司的治理状况甚至没有达到法律强制要求的底线。按照相关法律法规的规定，这些没有满足强制合规性指标的公司应当受到法律法规规定明确的惩罚，而实际的执行情况可能并不能让人满意，一部分保险公司没有严格地遵守这些公司治理强制合规指标。要切实确保我国各家保险公司遵守保险公司治理强制合规底线，需要立法部门和监管部门进一步加强立法和执法工作。首先，立法部门要进一步明确对保险公司治理的强制性要求，并且落实到具体检查和执行部门，保障法律法规的规定能够落到实处；其次，监管部门要加强对保险公司治理强制合规状况的检查力度，并可以通过一定强度的处罚提高各保险公司对强制合规的重视，督促各保险公司遵守公司治理强制合规底线，以更好地保护各方利益相关者利益。

第三，提高保险公司治理自主合规水平。公司治理改革已经成为全球性的焦点问题。近 20 年来，全球公司治理研究的关注主体由以美国为主逐步到英国、美国、日本、德国等主要发达国家，至今探索的主体已扩展到转轨和新兴市场国家。研究内容也随之从治理结构与机制的理论研究，到治理模式与原则的实务研究，今天治理质量与治理环境备受关注，研究重心转移到公司治理评价。治理评价的目的之一是指出评价对象治理合规性如何，保险公司治理合规是有效的前提，而合规中，前提是强制合规，关键是自主合规。保险公司治理强制合规主要是在外在因素作用下，如利用相关的法律法规等，来推动保险公司治理实践；而保险公司治理自主合规更多的是在内在动因作用下，如公司发展的自身需求，公司规模增加而带来决策复杂性的提高，因此而设立投资委员会，公司经营国际化水平提高后，增加了董事会成员中国际化经历董事的比例等，来牵引保险公司治理实践。因此，在我国保险公司治理强制合规已经达到较高的水平下，提高保险公司治理自主合规将是大方向。

第四，深化保险公司治理理论研究。导致保险公司治理理论研究相对于一般公司滞后的原因是多样的，一是保险公司治理问题本身就是一个新问题，因此对其的研究必然会经历一个初步认识到逐步认识和深入的过程；二是与保险行业在我国金融行业中的地位有关，金融行业中，银行金融机构的资产占比和利润占比远远高于保险公司，这使金融机构治理领域的相关研究多以银行作为研究对象；三是相关的研究数据不好获取，目前一般上市公司或者银行业，都有专门的数据库，方便研究人员获取到公司层面和行业层面的数据，因此相关的实证研究更好进行。我国保险公司治理理论研究总体上滞后于保险公司治理实践，我国保险公司治理经过三十多年的实践，已经进入到提高有效性的新阶段，这样的现实背景更加需要保险公司治理理论的支持。因此，其一，尽快细化保险公司治理研究框架中的各方向研究内容，充实保险公司治理理论体系；其二，各类国家级、省部级等科研项目加大对保险公司治理方面课题的资助力度，增加研究的深入度；其三，保险行业协会多发挥这方面的引导作用，可以设立这方面的研究课题、组织研究成果的交流与评选，以及《保险研究》杂志中设立专栏等。

第五，发挥保险公司治理机制的有效作用。2003 年，国有保险公司改制并上市，但上市本身并不是目的，重点在于引入外部资本的约束，迫使国有保险公司接受国际资本市场规则的改造，从而克服国有体制的问题，成为真正能够做到自主经营、自负盈亏的市场化的公司。实证证明，这种"倒逼"的办法确实发挥了有效作用，使我国保险公司治理水平有了较大改进。伴随我国保险公司治理实践，近年来我国保险公司治理合规性明显改善，如新三会等评价指标表现较好，为公司治理有效性建设搭建了基本框架。但有效性依然偏低，为此，在公司治理结构日趋完善的基础上，切实发挥整个公司治理系统的作用，使各个部门各司其职，促进公司治理机制的流畅运转，是目前提升保险公司治理水平的有效途径和根本方向。例如，落实独立董事的监督职能。我国保险监管部门比较早地开始关注保险公司独立董事问题，2006 年，中国保监会发布了《关于规范保险公司治理结构的指导意见(试行)》；2007 年 4 月 6 日，中国保监会正式发布实施了《保险公司独立董事管理暂行办法》。保险公司独立董事在履行监督职能时，可能与一般公司独立董事略有不同，除了代表中小股东利益之外，还要能够保护广大投保人的利益，因此对于保险公司独立董事的要求更加高一些，受到与一般公司独立董事独立性、履职能力和履职环境等同样的因素限制，独立董事激励约束方面需要更加详细的指引，而不能仅局限于暂行办法的任职资格等基础性内容。而且，在发挥独立董事监督作用时，还要考虑与其他治理机制的有效配合。

　　第六，完善保险公司信息披露途径、形式与内容。一般公司治理中，我们说顾客和投资者是公司的两个"上帝"，要处理好公司与二者的关系，而在与客户和投资者形成的客户关系及投资者关系的管理中，最核心工作就是信息沟通。经济型治理的一个典型特点就是中小股东和其他利益相关者的有效参与，而投保人和中小股东参与保险公司治理的一个前提就是要了解公司基本情况。而为了实现这一目的，公司就必须及时、有效地进行相关信息的披露，从而帮助投保人、中小股东和其他利益相关者获得公司经营状况的信息。为此，应当出台专门针对保险公司的信息披露规定和指引，对公司披露重大事项的范围、时限等进行具体规定。2010 年 5 月，中国保监会颁布《保险公司信息披露管理办法》，同年 6 月 12 日起施行。按照《保险公司信息披露管理办法》，保险业建立了行业性的强制信息披露制度，监管机构主要从披露内容、披露方式、披露载体及披露周期等方面对保险公司进行监管。但从目前执行情况来看，信息披露规范性和有效性还不够理想。其一，强制性信息披露方面要提高合规性。强制性信息披露指由相关法律、法规和规章所明确规定的保险公司必须披露信息的一种基本信息披露制度。这方面可以参考上市公司一些相关标准，保险公司至少实现信息披露的合规。其二，引导保险公司自愿性披露。信息披露的方式有强制性披露和自愿性披露。自愿性披露是指除强制性披露的信息之外，基于投保人关系、投资者关系、降低资本成本、提高对投资者的吸引力、提升股票价格和回避诉讼风险等动机公司主动披露信息的行为，这是保险公司信息披露未来的主要方向。

第　十　章

研究总结与启示

大国经济需要大国金融，中国经济的强盛离不开中国金融的崛起。如何构建一个具有强大资源配置效率且能有效分散风险并居全球金融中心地位的现代金融体系，以维持中国这样一个全球性大国经济的世纪性增长，是中国面临的最重要的战略难题之一（吴晓求，2010）。从微观层面来说，金融机构的健康发展是现代高效金融体系的根本基础。本章对全书的研究内容进行了总结，提出了关于我国国有控股金融机构治理的八大研究结论，同时给出了提升我国国有控股金融机构治理能力的八大对策建议。

第一节　研　究　总　结

从现代的发展观来看，金融发展不仅意味着经济中金融资产和金融机构等金融结构诸要素的增长，还包括随之出现的金融体制的变迁（白钦先和丁志杰，1998）。金融机构治理是我国金融体制改革的主线，基于第一章到第九章的研究，本节提出关于我国国有控股金融机构治理的八大研究结论。

一、金融机构治理是国家治理体系的重要方面

党的十八届三中全会明确提出，全面深化改革的总目标是完善和发展中国特色社会主义制度，推进国家治理体系和治理能力现代化。这是我们党首

次提出"治理体系"和"治理能力"的概念。

金融机构治理是国家治理体系的重要组成部分,这其中有两个层面的含义:一是国家治理涵盖了包括银行、证券公司及保险公司等在内的金融机构、非营利组织和网络组织等的治理问题,这其中的侧重点是金融机构自身的治理问题,以便使金融机构更好地服务于存款人、投保人和股东等对其非常重要的利益相关者。二是金融机构可以参与到经济治理、社会治理和政府治理的过程中,金融机构要成为经济转型升级的重要动力,为提升国家经济治理水平服务;要成为改善民生保障的有力支撑,为提升国家社会治理水平服务;要成为转变政府职能的有效抓手,为提升政府治理水平服务。

两个层面侧重点各不相同但相互联系,金融机构自身治理好了才能更有效地参与治理,服务经济、社会和政府;金融机构参与治理的需求又反过来促进金融机构治理能力的提高。因此,无论是自身治理层面,还是参与治理层面,金融机构治理都是国家治理体系的有机组成部分,为实现国家治理能力现代化目标提供基础。

二、治理风险是金融机构最大、最根本的风险

金融机构是经营风险的企业,风险管理格外重要。金融机构面临的常见风险有市场风险、信用风险、操作风险、战略风险、声誉风险和流动性风险等。2008 年金融危机的爆发再次提醒人们关注金融机构风险和治理问题。正是治理问题的累积,造成了治理风险的集中爆发,从而给股东及金融机构造成极大的损失。所以,金融危机爆发的根本原因是金融机构治理缺陷导致的治理风险。治理风险是金融机构最大、最根本的风险。将着力点放在金融机构治理风险上,是指导各类金融机构改革和发展的主要方向。

金融机构的治理体系具有特殊性,这种特殊性来源于金融机构自身特殊的经营目标、复杂的委托代理关系、政府管制、特殊的资本结构、特殊的金融产品等。同时,金融机构在自身治理和对业务对象治理的双重治理问题中,面对过于复杂的委托代理关系和信息不对称,容易造成治理风险累积。2008 年的金融危机我国几乎没有受到影响,可以说"躲过去了";2011 年我国银行业净利润突破万亿元,占全球银行业利润的 20%,很多财务指标也

是创历史的最高水平，这是不是就表明我国银行业整体竞争力提升而我国成为金融强国？显然不是，我国银行业蕴含莫测风险，不能为受到较小的金融危机冲击、与欧美同行差距的暂时缩小和因利差"保护伞"获取高额利润而窃喜。

我国银行业的真正危险在于符合现代银行业发展需要的相关制度不足，特别是有效的公司治理制度，这是我国银行改革发展所面临的隐性的风险，也是最主要的风险。这次金融危机的爆发和蔓延则提示我们，大型商业银行改革的道路仍然没有走完，有必要进一步深化商业银行改革（周小川，2012）。中国银行业改革的侧重点是作为公司治理基础的产权结构，而不是市场结构（刘伟和黄桂田，2002）。随着市场化进程的推进，金融机构行政型治理的弊端日益凸显，因此要实现金融机构治理从行政型向经济型的转型，在逐渐发展的市场化过程中获取内生优势，最终目标是使我国包括银行在内的金融机构成为"大"而"强"的行业内选手。

三、我国金融机构治理呈现二元治理结构特征

我国金融体系和公司治理系统在近三十年中经历了与其他国家不一样的发展历程，金融机构治理以政府行政干预为特色，逐步从行政型治理向经济型治理转型，呈现出了与其他国家完全不同的整体特征。这种行政型治理与经济型治理的二元并存是"中国式"金融机构治理最基本的现状和最重要的特征。

在我国金融业发展初期，从治理特性上来说，金融机构治理呈现出与经济型治理或者说市场型治理完全相反的方向，即行政型治理。行政型治理又称政治型治理，是指以等级制为基础，以政治联系为导向，以高管任免、考核行政化为要素，注重自上而下权力运行的治理方式。治理行为的行政化概括地说就是"内部治理外部化，外部治理内部化"（李维安，2005a，2005b，2008）。其直接后果就是金融机构治理边界模糊和责任主体的空位，金融机构失去应有的活力，并产生高昂的治理成本，金融机构经营目标行政化。当然这种治理模式是内生的，受到当时外部治理环境的影响。

随着我国金融机构改制、股改和海内外上市工作的推进，金融机构治理

逐渐从行政型治理向经济型治理转型。经济型治理这种治理模式以现代公司制度为前提，以股东主导型产权制度为基础，以资本市场为导向，注重自下而上流程运行的治理方式。这种模式下，金融机构决策流程规范化，金融机构没有"一把手"的概念，各机构和个人各负其责；董事会有了相应的决策和监督职能，集体决策个人负责，而不是集体决策集体负责；监事会受股东委托监督董事会和经理层；经理层执行董事会决策，对于高管的任免考核由董事会来行使相关职能，而不是组织部门的行政任命；治理流程上实现了"自上而下"到"自下而上"的转变。

四、我国金融机构治理合规水平相对来说较高

公司治理改革已经成为全球性的焦点问题。近年来公司治理研究的关注主体由以美国为主逐步发展到英国、美国、日本、德国等主要发达国家，至今探索的主体已扩展到转轨和新兴市场国家。研究内容也随之从治理结构与机制的理论研究，转向治理模式与原则的实务研究。当前治理质量与治理环境备受关注，研究重心转移到公司治理评价。治理评价的目的之一是指出评价对象的治理合规性如何。

为了更好地保护各方利益相关者的利益，金融机构被要求遵循来自法律、行政法规和部门规章等治理方面的相关规定；一旦违反这些强制性的规定，金融机构就要受到明确的惩罚。因而，金融机构治理的强制合规应该成为其治理合规性的底线。经过改制，在资本市场规则和外部资本的约束下，国有控股金融机构特别是上市国有控股金融机构接受改造，从而克服国有体制的问题，成为真正能够做到自主经营、自负盈亏的市场化的金融机构。实证证明，这种"倒逼"的办法确实发挥了有效作用，使我国国有控股金融机构治理水平有了较大提高。随着近些年我国国有控股金融机构治理实践的开展，治理理念的普及，以及监管部门治理监管工作的推进，我国金融机构基本上遵守了治理强制合规底线。近年来，上市金融机构治理合规性明显改善，上市国有控股金融机构董事会组织结构指数、监事会规模结构指数等指数都表现较好，为治理有效性建设搭建了基本框架。

金融机构治理合规是有效的前提，这一点已经达成共识；而合规中，前

提是强制合规，关键是自主合规。金融机构治理强制合规主要是在外在因素作用下，例如，利用相关的法律法规等，来推动金融机构治理实践；而金融机构治理自主合规更多的是在内在动因作用下实现的。金融机构治理评价结果显示，无论是强制合规指数还是自主合规指数，总体水平较高，但强制合规水平显著高于自主合规水平。因此，在我国金融机构治理强制合规已经达到较高水平的背景下，提高金融机构治理自主合规将是未来的大方向。在推进治理自主合规中，金融机构特别是广大非上市金融机构，首先应该做到的就是提高其自愿性信息披露水平。

五、我国金融机构治理有效性有待进一步提高

建设公司治理首先要建设制度，公司治理从本质上来说就是一种为了实现特定功能的制度安排；制度有了之后，紧接着就是合规问题；最后进入到有效阶段，主要是看治理机制发挥作用如何。例如，金融机构高管因为业绩没有达标而不领取任何薪酬，这就是治理机制发挥作用的一个重要表现。

近年来，我国金融机构治理合规性明显改善，治理结构和机制已经建立起来，但有效性依然偏低。例如，评价结果显示，上市金融机构特别是国有控股上市金融机构的中小股东权益保护、董事会运作效率、独立董事制度和经理层激励约束等反映金融机构治理有效性的分指数相对较低，这些方面治理状况仍有待进一步改善。

金融机构治理的有效性还可以通过实证研究方式来探究。基于公司治理评价结果即治理指数，从总体视角对各类金融机构治理有效性的检验发现我国金融机构治理在风险承担、偿付能力和财务业绩等方面总体上发挥了有效作用；但基于分指数和各个具体治理机制的实证研究显示，我国金融机构治理有效性偏低。在经历强制合规、自主合规后，切实发挥整个金融机构治理系统的作用，使各个部门各司其职，促进金融机构治理机制的流畅运转，即提高金融机构治理的有效性是目前我国金融机构治理改革的目标。

六、金融机构的政府超级股东治理目标多元化

政府作为国有控股金融机构的股东，除了有经济目标之外，还有政治目

标和社会目标，因此，倾向于在全社会范围内谋划金融资源的配置，从而在实质上突破了其作为股东的有限权利，形成了国有控股金融机构的超级股东。政府干预国有控股金融机构的动机越复杂，其干预的形式也就越多，有时其目标会与其他性质的股东发生矛盾，从而影响董事会的运行，并在投资决策中形成治理风险，危害金融体系的健康。多年的国有控股上市金融机构治理评价结果显示，中小股东权益保护分指数一直相对较低，这显示出我国国有控股金融机构股东在公司事务中发挥了更大的权力。在国有控股金融机构中，政府在人事任命、重大经营事务决策等方面具有决定性权力，行政型治理色彩明显，这可能给中小股东权益保护带来障碍。

国有控股金融机构治理正处于从行政型治理向经济型治理的转型过程中，政府作为超级股东对国有控股金融机构的经营范围、业务规模及经营流程都保持了相对严格的控制。不可否认的是，一方面，为国有控股金融机构的平稳发展提供了保障；另一方面，由于政府对国有控股金融机构的控制，其经营风险被控制在了较低的水平，从而规避了金融海啸的冲击。然而，在后金融危机时期，行政型治理有回潮的趋势，此时，应更关注超级股东给国有控股金融机构带来的股权不相容性风险、偏离资源最优配置和预算软约束等负面效应。

七、金融机构超级股东下董事会权力配置错位

公司治理实践一般分三步：第一，建立治理结构，俗称搭架子；第二，搞好治理机制，包括内外部各种类型治理机制；第三，仅仅建立治理结构和机制是不够的，更重要的是实现治理的有效性，如已经设立的提名委员会，是否能真正提名，这是我们治理要走的第三步（李维安，2012）。我国金融治理起步相对于一般上市公司较晚，目前结构和机制已基本建立，金融机构治理是否有效发挥作用是核心问题。

治理能够有效发挥作用的基础是科学的股权结构安排。尽管入世后，国有控股金融机构启动上市并将少数股份售给国外机构投资者，通过稀释超级股东所有权来倒逼我国金融业的改革。但多元化后，国有控股金融机构高管的最终任免权仍掌握在政府而非金融机构的董事会手中，而且金融机构的超

级股东对金融机构反而拥有更大的控制权，特别是后金融危机时期，这种态势得到了进一步的强化。内部治理机制真正有效地发挥作用还需要外部治理环境的不断改善，而中国转型期的经济背景和金融业的特殊性决定了外部治理环境的完善需要一个过程，因此我们必须深刻地认识到包括银行在内的金融机构改革的长期性和复杂性(赵昌文等，2009)。

中国上市公司治理指数显示，近年来我国国有控股上市金融机构的董事会治理水平处在相对稳定的状态且在治理各维度中处于较低水平，这说明我国国有控股上市金融机构董事会治理已经遭遇了瓶颈，超级股东下的董事会按照既有的思路已经难以显著提升其治理水平。

八、金融机构外部治理的作用需要进一步加强

公司治理主要是解决委托代理问题，包括所有者和经营者之间的及所有者和所有者之间的两类委托代理问题，而金融机构还有一个非常重要的问题就是存款人、投保人等利益相关者利益保护问题。要解决这些问题，按照监督力量来源不同，可以分为内部治理，如独立董事制度、监事会、内部审计和高管的激励约束等；以及外部治理，如产品市场竞争、控制权市场、接管机制、经理人市场及资本市场等。公司内部治理以所有权为主线，公司外部治理以竞争为主线。公司内部治理和外部治理不仅互补，而且在一定程度上是可以相互替代的。

在我国一般公司治理实践领域，往往是以内部治理为主，外部治理相对较弱。但金融机构与一般公司存在较大差异，外部治理的内涵更加丰富和重要。金融机构外部治理包括资本监管、市场约束、政府干预和特许权价值等内容。以监管为例，尽管其他行业也存在监管，但从来没有哪一个行业像金融业一样存在如此众多且严格的管制和监督措施。外部监管对防范和化解金融机构风险有重要的意义(曹凤岐和鹿波，2009)。研究发现，资本监管和市场约束发挥了一定的降低风险承担作用，但政府干预则显著增加了金融机构的风险。

信息披露是金融机构非常重要的外部治理机制。经济型治理的一个典型特点就是中小股东和其他利益相关者的有效参与，而存款人、投保人等利益

相关者参与治理的一个前提就是要了解机构基本情况。为了实现这一目的，机构就必须及时、有效地进行相关信息的披露。目前我国已经颁布了相关信息披露管理办法，但从目前执行情况来看，信息披露的规范性和有效性还不够理想。

第二节　研　究　启　示

学术领域对公司治理问题的研究，不仅能够帮助人们更清楚地了解问题本身，更重要的是希望能够提供更好的政策性指导(姜国华等，2006)。为了提高我国国有控股金融机构治理的有效性，推进金融机构治理能力现代化的进程，本节从治理理念与思维(引导公司治理实践)、顶层设计(避免治理风险累积)、监管框架(提高治理监管效率)和外部监管(形成立体治理模式)、治理转型(约束超级股东行为)、治理流程(保障重大决策科学)、内部治理(完善公司治理体系)和治理评价(发挥标杆示范效应)等方面提出相应的政策建议。

一、树立科学金融机构治理理念与思维

思维是人用头脑进行逻辑推导的属性、能力和过程。在金融机构治理实践中要遵循两个最基本的治理思维，即过程思维与和谐治理思维。

公司治理不是一次性行为，金融机构建立治理结构与机制是一个过程，这个过程一方面是公司外部环境发生了变化要求在金融机构治理上做出相应调整，如金融机构实现了境外上市，需要根据上市地点的要求优化董事会结构；另一方面就是金融机构自身发展需要金融机构治理有所调整，如在决策层面更需要行业专业人士作用的发挥，于是在董事会中引入相关董事，这个过程是伴随金融机构发展的整个过程，没有一劳永逸的金融机构治理。这就要求金融机构在公司治理方面要做持续性的改进和优化。美国安然等公司事件恰恰说明了这一点。

公司治理蕴含着制衡的内容，但制衡绝非公司治理的核心，公司治理的核心是要进行科学决策，让金融机构更好地发展。公司治理的重要目标之一

是实现利益相关者利益的最大化。因此，在金融机构治理实践过程中，要避免出现不和谐的景象，这里的不和谐并非是指开董事会上的反对意见，而是由于种种原因，董事会等治理机制无法运作，甚至对簿公堂。例如，从现实情况来看，目前个别金融机构因为股东之间问题而产生争斗，甚至引发冲突，不仅不利于调和矛盾，而且会给广大存款人、投保人和中小股东利益带来损失。治理的有效运作不能仅仅依靠《商业银行法》《证券法》《公司法》和金融机构章程等硬性规则，还需强调软性规则，讲究和谐治理。因此，在金融机构治理实践过程中要避免出现为获取控制权私有收益而不顾其他主体利益的控制权争夺等情况，需要合理配置控制权进而建立和谐的治理关系。

二、从顶层设计着手金融机构治理改革

对于我国未来金融制度的发展和选择只有从金融制度设计的战略高度来把握，才能避免头痛医头、脚痛医脚的被动局面和政策资源浪费（郑振龙和陈国进，2009）。我国金融机构治理正处于行政型和经济型治理二元并存阶段的现状，这加大了金融机构治理风险。而要从根本上防范这种风险，摆在我们面前的就是深化治理改革，避不开的最大困难是改革的顶层设计。政府是集公共管理职能、监督职能、出资人职能于一身的三位一体角色，这种机制看似"九龙治水"，实际上无论是作为公共管理部门的财政部还是监管部门，都还在越界做着其他职能，即"政监资不分"。政府的多元角色虽然有其历史必然性，但随着治理改革的深入，其弊端也愈加凸显。

金融机构的健康关系到整个社会的稳定与经济的良好发展。而金融机构的治理目标不仅在于保护投资者的利益，更在于减少市场体系风险和保持金融体系的稳定，确保金融服务于实体经济。政府三位一体的角色，不仅不利于实体经济的普遍受益，还会增加金融机构自身的治理风险，如对国有企业贷款存在软约束、为金融机构高管的腐败提供滋生的温床等。因此，转变政府三位一体的角色，由"政监资不分"到"政监资分开"：①政监分开。公共管理职能与监管职能分开，提高监管部门的独立性，并逐步引入其他外部监督人。②政资分开。公共管理职能与资本出资人职能分开，逐步引入其他资本出资人，优化金融机构的资本结构。③监资分开。监管职能与资本出资

人职能分开，提高监管部门与出资人之间的相互独立性。如此，金融机构才能真正减少自身的治理风险，更好地服务于实体经济。这也意味着，未来顶层设计应该是基于"政监资三分开"的"出资人和监管两统一"的配套改革。

此外，十八届三中全会通过的《中共中央关于全面深化改革若干重大问题的决定》提出，在金融市场体系建设方面要落实金融监管改革措施和稳健标准，完善监管协调机制。一方面，在已有的治理实践和理论研究中，监管机构通常作为金融机构外部治理机制的供给者角色出现，而为了更好履行监管职能，需要探索监管机构自身治理规律与原则；另一方面，在混业经营的大背景下，监管机构之间的协调运行也是未来改革的领域，可以考虑"三会合一"设立金融监管委员会，形成金融机构外部监管的"治理合力"。

三、构建金融机构治理的分类监管框架

监管的本质是监管部门对市场的干预，金融机构因其经营的特殊性，监管不同于一般公司。在我国金融机构监管实践中，金融机构治理监管已经成为监管框架内的重要内容或者支柱。例如，2006年《关于规范保险公司治理结构的指导意见(试行)》出台后，我国保险监管形成了市场行为、偿付能力和公司治理三支柱监管框架。

我国金融机构种类繁多，每类金融机构经营和治理都具有一定的特殊性。因此，这对监管部门的治理监管工作提出了更高的要求。为了提高监管的有效性，需要考虑每类金融机构的治理特殊性，因此在金融机构治理监管实践中要实施分类监管。以保险监管为例，监管对象业务类型(集团公司、资产管理公司、再保险公司、人身险公司和财产险公司)、监管对象资本性质(外资控股、国有控股和民营控股)及监管对象组织形式(股份制、有限制和互助制)等方面都存在显著差异。而这些因素使相关对象在公司治理上存在显著差异，如集团公司治理和一般的保险公司治理会存在明显差异，集团公司更多是发挥投资平台的功能，没有具体的业务类型；国有保险公司与外资和民营控股保险公司相比，也会存在一些特殊之处；股份制保险公司必然会存在三会结构，而有限制保险公司按照《公司法》可以不设立董事会和监事会等。

因此，要树立金融机构分类监管的思路，建立分类监管的框架，以更好引导我国金融机构治理实践。在所有类型金融机构中，我国对银行和保险公司治理出台了众多专门的规定，这两类金融机构治理水平相对较高；而其他类型金融机构治理水平处于相对落后的状态，因此在分类监管框架内，需要强化其他类型金融机构治理监管。

四、加强作为重要外部治理机制的监管

在关注金融机构内部治理机制完善的同时，更要注重外部治理机制的构建。大量的研究表明，公司的内部治理受外部治理的影响，一个国家或地区的政治结构、法律与监管体系系统地决定公司的股权结构、董事会特征和高管激励措施等。对于我国的国有控股金融机构来说，超级股东的影响无所不在，总是能够隐性地绕过国有控股金融机构表面的治理机制，因而完善外部治理机制是改革的重点，需提高监管体系和其他性质股东的相对谈判力，制衡超级股东的负面效应。

监管是金融机构外部治理非常重要的一环。国外一系列公司丑闻发生后，国际组织和政府机构相继发布了一系列指引文件或监管规则，以推动监管的深入。我国的法律体系、资本市场、职业经理人市场与公司控制权市场处于刚刚起步或待完善阶段，因而未能发挥其应有的治理作用，易造成治理系统失灵下的外部治理困境。要突破外部治理困境，需要进一步强化金融机构监管特别是治理监管，而这其中，制度建设是关键。在当前和今后较长一段时期，最可能威胁中国保险业健康发展的风险主要有四种：公司治理风险、市场投资风险、公众信心风险和资本补给风险(孙祁祥和郑伟，2005)。通过长效的制度化、规范化的制度建设不断强化金融机构治理意识，从而不断优化治理环境，提高整体的金融机构治理质量并最终降低公司治理风险。后金融危机背景下，金融机构监管的强化不是治理的倒退，恰恰是强化外部治理机制上取得的进步。

为推动金融机构治理水平的提升，还需要进一步转变观念，强化对存款人、投保人等的利益保护，推动治理监管重点由形式向内容转变，注重对董事会运作、董事履职等行为的监管，逐步形成第三方治理、机构自主治理、

行业自律和政府监管"四位一体"的金融机构治理模式。

五、加快行政型治理向经济型治理转型

国有控股金融机构虽然已经建立现代公司治理架构，但是在金融机构的业务经营、人事任免与绩效考核等许多方面依旧延续着行政型的治理模式。行政型治理与经济型治理并存的二元治理结构是我国金融机构治理目前典型的特点，也可以称之为中国式金融机构治理。金融机构行政型治理的形成有其特定的历史背景和原因。

尽管行政型治理与经济型治理并存是现阶段及未来相当一段时间我国金融机构治理的主要特征，但由行政型治理向经济型治理转型是我国金融机构治理演进的主线；降低行政干预程度，提高市场化、制度化与规范化水平，也是我国金融机构治理从改制、股份制和上市等探索实践环节开始所期待的改革目标。在金融危机等情境下，行政型治理反而能体现其优势；后金融危机时期金融机构以资源配置行政化、企业目标行政化、人事任免行政化及风险承担行政化等为特点的行政型治理有强化的趋势，因此需要防止行政型治理给金融机构带来的负面影响。

二元治理结构下，为制约金融机构政府超级股东及其带来的影响，要继续推进国有控股金融机构股权结构多元化。在保持国有控股的前提下，除了战略投资者，国家应该考虑引进更多种性质的股东，并提高这些股东相对于国有股东的谈判力，为建立金融机构经济型治理奠定股权基础。

六、建立金融机构科学的公司治理流程

一个规范和完善的公司治理流程应该是"自下而上"的，而行政型治理下的治理流程大多是"自上而下"的，与经济型治理下的流程正好颠倒过来。

以对高管的提名和任命为例，完善的公司治理流程应是先由董事会下属的专门委员会搜寻、提名高管人选，然后交由董事会选举任命。然而在我国的金融机构中特别是国有控股金融机构，存在着这一流程完全颠倒的现象，高管人员通常是先由上级或股东指定，然后象征性地通过董事会的专门委员会进行提名，即"自上而下"。这种流程上的颠倒难以保证金融机构选聘到

合适的高管人员，非职业化选拔不仅会造成高管绩效评价上的困难和履职时的不尽责，而且会妨碍金融机构的科学决策。

因此，需要改变我国金融机构目前"自上而下"、由政府股东任命高管、董事会象征性通过提名委员会提名的公司治理流程，构建一个规范和完善的"自下而上"的公司治理流程，先由董事会下属的专门委员会提名高管人选，然后交由董事会选举任命。为避免治理流程颠倒事件在国有控股金融机构中再一次发生，需要保障国有控股金融机构决策科学性。

七、夯实董事会治理为核心的内部治理

我国国有控股金融机构治理高合规性、低有效性是目前突出的问题。因此，提升国有控股金融机构治理的有效性是国有控股金融机构治理改革的风向标。而核心是要落实董事会职能，赋予他们选聘高管的权利及经营决策权，不能只流于形式；实现"自上而下"治理流程向"自下而上"治理流程的转变；建立起能够反映金融机构风险、资本充足率、偿付能力、业务质量和公司价值等因素的市场化高管考核机制及长短期激励结构安排合理的高管激励机制，探索高管股权等长期激励办法。实际上国务院国资委已经在央企层面展开试点，完善国有企业董事会相关职能，建立真正意义上的董事会。

在国有控股金融机构董事会建设方面，需要落实独立董事的监督职能。2006 年中国保监会发布的《关于规范保险公司治理结构的指导意见（试行）》和 2007 年中国保监会实施的《保险公司独立董事管理暂行办法》都对保险公司独立董事有关问题进行了规定。金融机构独立董事在履行监督职能时，可能与一般公司独立董事略有不同：除了代表中小股东利益之外，还要能够保护广大存款人和投保人等关键利益相关者的利益，因此相对来说金融机构对独立董事的要求更加高一些；受到与一般公司独立董事独立性、履职能力与履职环境等同样的因素限制，独立董事激励约束方面需要更加详细的指引，而不能仅仅局限于相关规定的任职资格等基础性内容；在发挥独立董事监督作用时，还要考虑与其他治理机制的有效配合。

作为中国特色的问题，党组织在公司治理中的作用和影响是中国企业必须面对的，因为我国的党章规定党组织需要参与企业的重大决策，而这又没

有相应的国际经验可供借鉴。与一般国有企业不同，国有控股金融机构党组织参与决策的程度更高，党组织与董事会并存是目前面临的一个现实问题。针对目前国有控股金融机构党委会与董事会"双向进入，交叉任职"的问题，我们建议对于非上市国有控股金融机构可以采用治理联席会的形式来解决这一问题，治理联席会由党组成员或党委委员、公司董事、高管人员、中层干部及员工代表组成，实行集体决策；而对于上市国有控股金融机构则需要倚重独立董事，要保证重大决策的科学性。

最后，考虑我国国有控股金融机构的实际情况，结合党管干部的做法，加强对国有控股金融机构董事等的薪酬管理，充分发挥我国的特点和优势。

八、导入金融机构第三方治理评价系统

通过公司治理评价我们能够及时、准确地掌握金融机构的治理状况，发现其存在的突出问题，进而加强相关方面的监管，从而第一时间规避金融机构治理风险。公司治理评价是一项系统工程，涉及评价主体、评价方法、评价结果使用等方面内容。金融机构治理评价主体安排上可以考虑第三方。对于监管部门而言，尽管其在治理评价方面有较强的专业性，但由于人力有限，难以进行大范围、大样本的评价。因此，在这方面可以建立独立的第三方评价机制，诸如聘请学术研究机构等作为合作伙伴，要求其提供独立、客观、科学的评价结果，从而为有效监管提供支撑。需要注意的是，建立评价机制本身并不是目的所在，而是要将其作为一种重要的监管手段，强化治理监管的有效性。

金融机构治理评价方法上需要做进一步优化调整。评价方法中核心的内容是评价指标体系的设计，比如，我国保险监管部门在保险公司每年上报的公司治理报告中，要求保险公司参照给定的评价指标体系进行公司治理状况的自评。这其中需要做出两个方面的优化调整：首先是评价指标要分类设置，对于股份制保险公司、有限制保险公司、保险资产管理公司和集团控股公司等不同类型机构需要设置专门的评价指标体系，以体现分类监管原则；其次，在评价指标体系构成上，要体现不同的维度，而且对不同维度赋予不同的权重。

　　要加强对金融机构治理评价结果的使用。只做治理评价工作，那么公司治理评价的监管作用难以得到有效发挥。可以考虑定期发布最佳治理金融机构名录，甚至发布最差治理金融机构名录，这不仅能从社会声誉方面给予金融机构完善公司治理的动力，而且可以在全行业形成金融机构治理标杆的示范效应。具体的治理标杆金融机构的实践可以带动全行业治理水平的提升，在提高公司声誉的激励推动下，其他金融机构会主动向治理标杆金融机构学习，从具体操作的层面上更直接地完善金融机构的治理结构和机制，提高公司治理水平；而治理标杆金融机构也会进一步提高其自身的治理水平，维持自身的标杆地位以提高金融机构声誉和效益。监管部门要将评价工作做成双向互动形式，即每年评价完后需要将评价结果反馈给金融机构，使其充分了解自身存在的优势和不足，并采取相应措施进一步完善和改进。

参 考 文 献

巴曙松, 刘孝红, 牛播坤. 2005. 转型时期中国金融体系中的地方治理与银行改革的互动研究 [J]. 金融研究, (5): 25-37.

白钦先, 丁志杰. 1998. 论金融可持续发展[J]. 国际金融研究, (5): 28-32.

白重恩, 刘俏, 陆洲, 等. 2005. 中国上市公司治理结构的实证研究[J]. 经济研究, (2): 81-91.

边燕杰, 丘海雄. 2000. 企业的社会资本及其功效[J]. 中国社会科学, (2): 87-99.

卜国琴. 2010a. 排污权交易市场机制设计的实验研究[J]. 中国工业经济, (3): 118-128.

卜国琴. 2010b. 市场实验与排污权交易制度设计[J]. 经济与管理研究, (3): 33-39.

曹德芳, 王宇星. 2007. 公司治理结构对财务危机的影响[J]. 内蒙古科技与经济, (4): 44-45.

曹德芳, 夏好琴. 2005. 基于股权结构的财务危机预警模型构建[J]. 南开管理评论, (6): 85-90.

曹凤岐, 鹿波. 2009. 雷曼迷你债券风波及其启示[J]. 金融理论与实践, (5): 3-7.

曹俊勇, 张兰. 2006. 我国银行业资本充足性监管效应研究(2000-2004)[J]. 浙江学刊, (5): 151-158.

曹廷求. 2004. 股份制商业银行治理: 基于年报的实证分析[J]. 改革, (6): 35-40.

曹廷求, 陈丽萍. 2012. 城市商业银行治理有效性的实证研究——基于银行治理评价的分析[J]. 金融论坛, (12): 35-41.

曹廷求, 段玲玲. 2005. 治理机制、高管特征与农村信用社经营绩效——以山东省为例的实证 分析[J]. 南开管理评论, (4): 97-102.

曹廷求, 钱先航. 2011. 公司治理与风险管理: 基于治理风险视角的分析[J]. 会计研究, (7): 73-77.

曹廷求, 王营. 2010. 特许权价值、公司治理机制和商业银行风险承担[J]. 金融论坛, (10): 12-18.

曹廷求, 王营, 位华. 2011. 商业银行治理机制和风险承担行为: 一个文献回顾[J]. 山东大学学 报(哲学社会科学版), (5): 1-7.

曹廷求, 杨秀丽, 孙宇光. 2007. 股权结构与公司绩效: 度量方法和内生性[J]. 经济研究, (10): 126-137.

曹廷求, 于建霞. 2004. 股权结构集中度与公司治理目标——公司治理理论研究的历史演进[J]. 山西财经大学学报, (6): 77-80.

曹廷求, 于建霞. 2005. 银行治理、代理成本与银行机构风险控制——以山东、河南两省为例的实证分析[C]. 全球金融学年会.

曹廷求, 张光利. 2011. 市场约束、政府干预与城市商业银行风险承担[J]. 金融论坛, (2): 2-14.

曹廷求, 郑录军, 于建霞. 2006. 政府股东、银行治理与中小商业银行风险控制——以山东、河南两省为例的实证分析[J]. 金融研究, (6): 99-108.

曹廷求, 朱博文. 2012. 货币政策、银行治理与风险承担[J]. 金融论坛, (12): 4-12.

曹廷求, 朱博文. 2013. 银行治理影响货币政策传导的银行贷款渠道吗?——来自中国银行业的证据[J]. 金融研究, (1): 107-121.

曹晓润. 2008. 鼎盛保险公司治理结构研究[D]. 长春: 吉林大学.

曹艳华. 2009. 资本监管压力下的商业银行风险承担行为——基于不同性质商业银行(2004-2007)的比较研究[J]. 金融论坛, (5): 45-50.

陈彬, 邓霆. 2013. 公司治理对保险公司绩效影响的实证检验——以 24 家中资财产保险公司为例[J]. 社会保障研究, (1): 104-112.

陈传明. 1997. "内部人控制"成因的管理学思考[J]. 中国工业经济, (11): 38-42.

陈传明, 孙俊华. 2008. 企业家人口背景特征与多元化战略选择——基于中国上市公司面板数据的实证研究[J]. 管理世界, (5): 124-133.

陈冬华, 陈信元, 万华林. 2005. 国有企业中的薪酬管制与在职消费[J]. 经济研究, (2): 92-101.

陈共炎. 2004a. 股权结构对证券公司治理机制的影响[J]. 经济理论与经济管理, (3): 45-50.

陈共炎. 2004b. 内部控制与证券公司治理[J]. 证券市场导报, (10): 13-18.

陈军, 刘莉. 2006. 上市公司董事会特征与公司业绩关系研究[J]. 中国软科学, (11): 101-108.

陈抗, 顾清扬. 2002. 财政集权与地方政府行为变化——从援助之手到攫取之手[J]. 经济学(季刊), (1): 111-130.

陈尾虹, 唐振鹏. 2016. 金融机构系统性风险研究述评——基于机制、测度与监管视角[J]. 当代财经, (5): 57-67.

陈文哲, 郝项超, 石宁. 2014. 境外战略投资者对银行高管薪酬激励有效性的影响——基于我国商业银行数据的分析[J]. 金融研究, (12): 117-132.

陈晓静, 闫玉欣, 郑迎飞. 2016. "一带一路"和"供给侧改革"背景下我国银行业发展趋势[J]. 上海金融, (12): 84-87.

陈晓蓉. 2003. 台湾银行业公司治理机制与风险承担行为之关系[J]. (台湾)风险管理学报, (5): 393-410.

陈信元, 陈冬华, 李增泉. 2005. 制度环境与公司治理——中国与东亚国家公司治理国际研讨会综述[J]. 中国会计评论, (1): 223-234.

陈信元, 陈冬华, 万华林, 等. 2009. 地区差异、薪酬管制与高管腐败[J]. 管理世界, (11): 130-143.

陈学彬, 李翰, 朱晔. 2003. 完善我国商业银行激励约束机制的 SWARM 模拟分析[J]. 财经研究, (9): 68-74.

陈叶烽. 2009. 亲社会性行为及其社会偏好的分解[J]. 经济研究, (12): 131-144.

陈毅. 2014. 我国证券公司治理绩效的因子分析[J]. 财经理论与实践, (5): 46-50.

邓文剑. 2008. 中国保险公司治理评价体系研究[D]. 长沙: 湖南大学.

丁忠明, 胡志强. 2007. 中国商业银行董事会治理实证研究[J]. 商业经济与管理, (8): 44-50.

董小芳. 2007. 保险公司治理模式的国际比较研究[D]. 长春: 吉林大学.

杜胜, 金子寿. 2002. 市场约束: 一种新的银行监管理念[J]. 金融与经济, (10): 11-12.

段军山, 黄剑超. 2013. 银行治理、高管薪酬与银行绩效[J]. 金融论坛, (8): 36-46.

段学平. 2004. 公司治理危机与公司治理评价[J]. 经济导刊, (9): 81-83.

樊纲, 王小鲁, 朱恒鹏. 2010. 中国市场化指数——各地区市场化相对进程 2009 年报告[M]. 北京: 经济科学出版社.

方军雄. 2009. 所有制、市场化进程与经营绩效——来自中国工业行业统计数据的发现[J]. 产业经济研究, (2): 17-24.

方意. 2017. 中国银行业系统性风险研究——宏观审慎视角下的三个压力测试[J]. 经济理论与经济管理, (2): 48-66.

方长丰, 刘淑莲. 2011. 商业银行绩效影响因素: 产业结构、治理结构与宏观经济环境[J]. 金融论坛, (6): 9-17.

费孝通. 1947. 乡土中国[M]. 上海: 上海三联书店.

冯涛, 王永明, 宋艳伟. 2010. 地方社会稳定、地方政府干预与信贷资源配置[J]. 西安交通大学学报(社会科学版), (6): 19-24.

苟开红. 2004. 我国股份制商业银行薪酬构成及长期激励研究[J]. 国际金融研究, (11): 17-21.

顾亮, 刘振杰. 2013. 我国上市公司高管背景特征与公司治理违规行为研究[J]. 科学学与科学技术管理, (2): 152-164.

关新红. 2004. 商业银行信息披露与市场约束[J]. 会计研究, (5): 82-85.

郭晓辉, 杨明亮, 陈敏. 2006. 我国保险公司治理模式的选择[J]. 当代经济科学, (1): 122-123.

韩朝华, 戴慕珍. 2008. 中国民营化的财政动因[J]. 经济研究, (2): 56-67.

韩钢, 李随成. 2011. 我国上市公司独立董事监督机制有效性研究[J]. 财经理论与实践, (5): 71-75.

韩立岩, 李伟. 2008. 外资银行进入与中国商业银行特许权价值[J]. 世界经济, (10): 22-32.

韩立岩, 李燕平. 2006. 中国上市银行特许权价值与风险行为[J]. 金融研究, (12): 82-91.

韩梅. 2007. 关于我国上市公司资产重组关联交易的探讨[J]. 会计之友(中旬刊), (5): 89-90.

郝臣. 2015. 中国保险公司治理研究[M]. 北京: 清华大学出版社.

郝臣, 崔光耀, 李浩波, 等. 2016. 中国上市金融机构公司治理的有效性——基于 2008-2015 年 CCGI[NK] 的实证分析[J]. 金融论坛, (3): 64-71.

郝臣, 李慧聪, 罗胜. 2011. 保险公司治理研究: 进展、框架与展望[J]. 保险研究, (11): 119-127.

郝臣, 李维安, 王旭. 2015. 中国上市金融机构是否有效治理——风险承担视角[J]. 现代财经(天津财经大学学报), (11): 12-21.

郝云宏, 周翼翔. 2009. 基于动态内生视角的董事会与公司绩效关系研究综述[J]. 外国经济与管理, (12): 58-64.

何波忠. 2005. 现代公司制企业的治理风险分析[J]. 企业家天地, (7): 10-11.

何杰. 2005. 独立董事、治理结构与中国契约型基金的绩效[J]. 南开管理评论, (2): 41-48.

何威风, 刘启亮. 2010. 我国上市公司高管背景特征与财务重述行为研究[J]. 管理世界, (7):

144-155.

何贤杰, 孙淑伟, 曾庆生. 2014b. 券商背景独立董事与上市公司内幕交易[J]. 财经研究, (8): 67-80.

何贤杰, 孙淑伟, 朱红军, 等. 2014a. 证券背景独立董事、信息优势与券商持股[J]. 管理世界, (3): 148-162.

洪正, 周轶海. 2008. 内部监督、监管替代与银行价值[J]. 金融研究, (7): 119-132.

胡杰. 2006. 风险与监管双重影响下的商业银行行为选择[J]. 经济管理, (16): 73-79.

胡强. 2006. 我国券商治理风险及对策[J]. 证券市场导报, (1): 58-62.

胡旭阳, 史晋川. 2009. 民营企业的政治资源与民营企业多元化投资——以中国民营企业 500 强为例[J]. 中国工商管理研究前沿, (2): 5-14.

胡一帆, 宋敏, 张俊喜. 2006. 中国国有企业民营化绩效研究[J]. 经济研究, (7): 49-60.

黄福广, 李广, 李西文. 2011. 高管薪酬、行政级别与代理成本[J]. 科学学与科学技术管理, (2): 171-180.

黄海洲, 许成钢. 1999. 金融制度、风险扩散和金融危机[J]. 经济社会体制比较, (7): 19-23.

黄蕙. 2006. 银行市场约束与政府监管的权衡与选择研究——对我国银行外部监管效应的论证[J]. 财经研究, (11): 76-87.

黄少卿. 2005. 中国私营企业家族化治理模式的成因和演变[J]. 财经问题研究, (5): 9-13.

黄宪, 范薇. 2016. 金融发展的动力何在?——基于金融业和实业互动视角的不同模式比较[J]. 世界经济研究, (10): 20-31.

黄运成, 李畅. 2004. 我国证券公司治理缺陷的根源及其出路[J]. 证券市场导报, (10): 10-13.

黄张凯, 徐信忠, 岳云霞. 2006. 中国上市公司董事会结构分析[J]. 管理世界, (11): 128-134.

姜国华, 徐信忠, 赵龙凯. 2006. 公司治理和投资者保护研究综述[J]. 管理世界, (6): 161-170.

姜秀华, 孙铮. 2001. 治理弱化与财务危机: 一个预测模型[J]. 南开管理评论, (5): 19-25.

孔爱国, 卢嘉圆. 2010. 市场约束、商业银行治理与风险的实证研究[J]. 金融研究, (5): 102-115.

孔德兰, 董金. 2008. 公司治理机制对商业银行风险承担影响的实证分析[J]. 中央财经大学学报, (11): 38-42.

况学文, 陈俊. 2011. 董事会性别多元化、管理者权力与审计需求[J]. 南开管理评论, (6): 48-56.

黎凯, 叶建芳. 2007. 财政分权下政府干预对债务融资的影响——基于转轨经济制度背景的实证分析[J]. 管理世界, (8): 23-34.

李常青, 赖建清. 2004. 董事会特征影响公司绩效吗?[J]. 金融研究, (5): 64-77.

李慧聪, 李维安, 郝臣. 2015. 公司治理监管环境下合规对治理有效性的影响——基于中国保险业数据的实证研究[J]. 中国工业经济, (8): 98-114.

李剑阁. 2005-05-23. 金融机构公司治理具有特殊性[N]. 中国城乡金融报, (003).

李竟成, 赵守国. 2006. 董事会结构与公司治理绩效的实证分析[J]. 商业研究, (17): 85-87.

李敬湘. 2011. 组织政治与国有企业高管更替中的权力斗争[J]. 广西大学学报(哲学社会科学版), (4): 7-10.

李堪. 2013. 商业银行公司治理与经营绩效的实证分析[J]. 金融论坛, (5): 28-34.

李克强. 2012. 在改革开放进程中深入实施扩大内需战略[J]. 求是, (4): 3-10.

李克文, 郑录军. 2005. 高管人员激励机制与商业银行经营绩效[J]. 南开学报, (1): 71-76.

李猛, 沈坤荣. 2010. 地方政府行为对中国经济波动的影响[J]. 经济研究, (12): 35-47.

李琼, 苏恒轩. 2003. 论国有独资保险公司的治理结构[J]. 保险研究, (4): 10-12.

李涛. 2005. 国有股权、经营风险、预算软约束与公司业绩: 中国上市公司的实证发现[J]. 经济研究, (7): 77-89.

李维安. 1996. 公司治理问题的研究现状评述——现代公司的治理机制与经营行为的探讨[J]. 南开学报, (3): 39-44.

李维安. 1998. 迎接管理创新时代的到来——代发刊词[J]. 南开管理评论, (4): 1.

李维安. 2003. 从治理者到被治理者: 金融机构公司治理的角色转换[J]. 南开管理评论, (2): 1.

李维安. 2005a. "问题高管"凸显公司治理风险[J]. 南开管理评论, (8): 1.

李维安. 2005b. 公司治理学[M]. 北京: 高等教育出版社.

李维安. 2006. 中国公司治理: 从"违规"到合规[J]. 南开管理评论, (1): 1.

李维安. 2008. 现代企业制度建设新阶段: 深化公司治理改革[J]. 南开管理评论, (1): 1.

李维安. 2009. 金融危机凸显金融机构治理风险[J]. 资本市场, (3): 110-113.

李维安. 2012 中国上市公司治理评价[J]. 中国金融, (12): 41-43.

李维安. 2013. 依靠治理创新释放制度红利[J]. 南开管理评论, (6): 1.

李维安. 2014. 推进全面深化改革的关键——树立现代治理理念[J]. 理论参考, (2): 27-28.

李维安, 曹廷求. 2003. 商业银行公司治理: 理论模式与我国的选择[J]. 南开学报, (1): 42-50.

李维安, 曹廷求. 2004. 股权结构、治理机制与城市银行绩效——来自山东、河南两省的调查证据[J]. 经济研究, (12): 4-15.

李维安, 曹廷求. 2005a. 商业银行公司治理——基于商业银行特殊性的研究[J]. 南开学报, (1): 83-89.

李维安, 曹廷求. 2005b. 保险公司治理: 理论模式与我国的改革[J]. 保险研究, (4): 4-8.

李维安, 郝臣. 2009. 企业社会责任的标准是什么?——万科赈灾捐款行为带给我们的反思[J]. 资本市场, (1): 111-113.

李维安, 李慧聪, 郝臣. 2012. 保险公司治理、偿付能力与利益相关者保护[J]. 中国软科学, (8): 35-44.

李维安, 牛建波. 2004. 中国上市公司经理层治理评价与实证研究[J]. 中国工业经济, (9): 57-64.

李维安, 钱先航. 2012. 地方官员治理与城市商业银行的信贷投放[J]. 经济学(季刊), (4): 1239-1260.

李维安, 邱艾超. 2010. 国有企业公司治理的转型路径及量化体系研究[J]. 科学学与科学技术管理, (9): 168-171.

李维安, 唐跃军. 2006. 公司治理评价、治理指数与公司业绩——来自 2003 年中国上市公司的证据[J]. 中国工业经济, (4): 98-107.

李维安, 王倩. 2012. 监管约束下我国商业银行资本增长与融资行为[J]. 金融研究, (7): 15-30.

李维安, 谢永珍. 2007. 上市公司治理风险预警指标体系的理论分析与实际验证[C]. 第四届公司治理国际研讨会论文集.

李维安, 张国萍. 2005. 经理层治理评价指数与相关绩效的实证研究——基于中国上市公司治理评价的研究[J]. 经济研究, (11): 87-98.

李维安, 张耀伟. 2004. 上市公司董事会治理与绩效倒 U 形曲线关系研究[J]. 经济理论与经济管理, (8): 36-42.

李文惠. 2002. 公司治理的角度看银行风险承担问题之研究[D]. 高雄: "中山大学".

李晓义, 李建标. 2009. 社会偏好、不完备契约与市场交往[J]. 天津社会科学, (3): 75-80.

李艳, 张涤新. 2006. 中国商业银行特许权价值: 基于面板数据的实证研究[J]. 当代财经, (3): 40-45.

李燕平, 韩立岩. 2008. 特许权价值、隐性保险与风险承担——中国银行业的经验风险[J]. 金融研究, (1): 76-87.

李源. 2007. 我国证券公司治理结构的现状分析[J]. 商业文化(学术版), (8): 97.

李源. 2011. 我国发展资产证券化的可行性及政策建议[J]. 现代商业, (20): 22-23.

李增泉, 孙铮, 王志伟. 2004. "掏空"与所有权安排——来自我国上市公司大股东资金占用的经验证据[J]. 会计研究, (12): 3-13.

李兆斌, 李靖, 李蕾. 2007. 我国国有保险公司治理结构制度建设[J]. 合作经济与科技, (18): 48-49.

李政, 梁琪, 涂晓枫. 2016. 我国上市金融机构关联性研究——基于网络分析法[J]. 金融研究, (8): 95-110.

梁缤尹. 2005. 论银行自律及其实现[J]. 中南大学学报(社会科学版), (3): 378-384.

林小华, 裴斐. 2007. 我国保险公司治理结构监管相关问题研究[J]. 保险研究, (6): 64-66.

林毅夫, 李永军. 2001. 按照比较优势调整产业结构, 减少金融风险[J]. 改革, (1): 57-64.

林征. 2006. 我国国有保险公司治理结构对策探讨[J]. 福建金融, (8): 38-39.

刘宝璋. 2005. 我国保险监管制度研究[D]. 济南: 山东大学.

刘红霞, 韩嫄. 2007. 中国上市公司董事会治理风险研究[J]. 当代财经, (6): 115-120.

刘建国. 2006. 我国保险公司治理模式研究[D]. 武汉: 华中科技大学.

刘金霞, 齐青婵. 2008. 我国国有控股保险集团公司治理结构研究[J]. 浙江金融, (6): 47.

刘军. 2005. 保险公司集团治理初探[J]. 大众科技, (12): 142-143.

刘利敏, 罗孟柯, 翟永会. 2016. 系统重要性金融机构的金融监管问题探析[J]. 经济纵横, (10): 108-111.

刘美玉. 2008. 基于利益相关者共同治理的保险公司治理研究[J]. 保险研究, (9): 7-12.

刘芍佳, 李骥. 1998. 超产权论与企业绩效[J]. 经济研究, (8): 3-12.

刘素春. 2010. 保险公司治理的特殊性研究——基于利益相关者理论[J]. 保险研究, (5): 84-89.

刘伟, 黄桂田. 2002. 中国银行业改革的侧重点: 产权结构还是市场结构[J]. 经济研究, (8): 3-11.

刘夏, 蒲勇健. 2007. 金融混业集团主导下的银行资本监管与风险实证分析[J]. 中国软科学, (8): 123-130.

刘小玄. 2004. 民营化改制对中国产业效率的效果分析——2001 年全国普查工业数据的分析[J]. 经济研究, (8): 16-26.

刘小玄, 李利英. 2005a. 改制对企业绩效影响的实证分析[J]. 中国工业经济, (3): 5-12.

刘小玄, 李利英. 2005b. 企业产权变革的效率分析[J]. 中国社会科学, (2): 4-16.

刘银国, 张琛. 2011. 基于公司治理的商业银行风险研究[C]. 银行治理研讨会.

刘运国, 吴小云. 2009. 终极控制人、金字塔控制与控股股东的"掏空"行为研究[J]. 管理学报, (12): 1661-1669.

卢峰, 姚洋. 2004. 金融压抑下的法治、金融发展和经济增长[J]. 中国社会科学, (1): 42-55.

陆前进. 2002. 银行的特许权价值分析及政策含义[J]. 立信会计高等专科学校学报, (3): 1-6.

陆渊. 2009. 基于数据包络分析法的中国保险公司治理研究[J]. 保险研究, (4): 24-29.

罗党论, 唐清泉. 2007. 市场环境与控股股东"掏空"行为研究——来自中国上市公司的经验证据[J]. 会计研究, (4): 69-74.

罗兰 G. 2002. 转型与经济学[M]. 张帆译. 北京: 北京大学出版社.

罗胜, 邱艾超. 2008. 基于公司治理系统论的金融机构治理风险研究[J]. 保险研究, (12): 57-62.

马丽华, 王振山. 2014. 商业银行董事会结构的内生性与外生性研究——来自 58 家商业银行的经验证据[J]. 财会月刊, (6): 3-7.

马晓军, 欧阳姝. 2007. 中美两国商业银行特许权价值及影响因素的比较研究[J]. 金融研究, (4): 53-71.

孟彦君. 2007. 保险公司治理的国际经验及启示[D]. 北京: 对外经济贸易大学.

南开大学保险公司治理评价课题组. 2008. 中国保险公司治理评价研究[R].

南开大学公司治理评价课题组. 2007. 中国上市公司治理评价与指数分析——基于 2006 年 1249 家公司[J]. 管理世界, (5): 104-114.

南开大学公司治理评价课题组. 2008. 中国公司治理评价与指数报告——基于 2007 年 1162 家上市公司[J]. 管理世界, (1): 145-151.

南开大学公司治理评价课题组. 2010. 中国上市公司治理状况评价研究——来自 2008 年 1127 家上市公司的数据[J]. 管理世界, (1): 142-151.

南开大学公司治理研究中心公司治理评价课题组. 2003. 2003 中国上市公司治理评价研究报告[M]. 北京: 商务印书馆.

南开大学公司治理研究中心公司治理评价课题组. 2004. 中国上市公司治理指数与治理绩效的实证分析[J]. 管理世界, (2): 63-74.

南开大学公司治理研究中心公司治理评价课题组. 2006. 中国上市公司治理指数与公司绩效的实证分析——基于中国 1149 家上市公司的研究[J]. 管理世界, (3): 104-113.

聂泳祥, 李民, 孔云龙. 2003. 国有商业银行的控制权回报激励与基层行长行为选择[J]. 世界经济, (4): 60-66.

牛建波. 2004. 中外证券公司治理结构比较分析[J]. 管理科学, (1): 36-39.

牛建波, 刘绪光. 2008. 董事会委员会有效性与治理溢价——基于中国上市公司的经验研究[J]. 证券市场导报, (1): 64-72.

潘红波, 夏新平, 余明桂. 2008. 政府干预、政治关联与地方国有企业并购[J]. 经济研究, (4): 41-52.

潘敏. 2006a. 商业银行公司治理: 一个基于银行业特征的理论分析[J]. 金融研究, (3): 37-47.

潘敏. 2006b. 银行管制与商业银行公司治理[J]. 经济评论, (2): 125-130.

潘敏, 李义鹏. 2008. 商业银行董事会治理: 特征与绩效——基于美国银行业的实证研究[J].

金融研究, (7): 133-144.

潘岳. 1996. 国有资本与产业政策[J]. 管理世界, (4): 95-102.

庞介民, 王庆仁. 2003. 新兴加转轨条件下中国证券公司的风险成因及监控[J]. 经济研究, (12): 60-67.

彭虹, 汤丽. 2010. 保险公司治理监管法律问题初探[J]. 云南大学学报, (5): 27-32.

蒲勇健, 宋军. 2004. 剩余索取权对银行代理人激励机制的博弈研究[J]. 金融研究, (1): 78-86.

钱琨. 2008. 国有保险公司治理法律问题研究[D]. 大连: 大连海事大学.

钱先航, 曹廷求, 李维安. 2011. 晋升压力、官员任期与城市商业银行的贷款行为[J]. 经济研究, (12): 72-85.

屈耀辉, 姜付秀, 陈朝晖. 2007. 资本结构决策具有战略效应吗?[J]. 管理世界, (2): 69-75.

阙澄宇, 王一江. 2005. 银行高层激励: 美国 20 家银行调查[J]. 经济研究, (3): 16-25.

任惠光, 班博. 2007. 中国 A 股上市公司财务危机预警模型构建及实证研究[J]. 山东大学学报 (哲学社会科学版), (6): 130-136.

尚福林. 2003. 做好证券期货监管工作推进资本市场的改革开放和稳定发展[J]. 中国金融, (4): 4-6.

申院荣. 2007. 从管理层控制博弈分析看保险公司治理监管[J]. 经济论坛, (1): 95-97.

沈蕾. 2009. 我国保险公司治理研究[J]. 江西金融职工大学学报, (3): 32-36.

沈振宇, 王金圣, 薛爽, 等. 2004. 我国证券公司治理模式嬗变的实证分析[J]. 财贸经济, (2): 35-38.

沈中华, 吴孟纹. 2002. 银行治理、银行失败与银行绩效: 以台湾为例[J]. 亚太经济管理评论, (1): 27-46.

宋立刚, 姚洋. 2005. 改制对企业绩效的影响[J]. 中国社会科学, (2): 17-31.

宋清华, 曲良波, 陈雄兵. 2011. 中国商业银行规模、治理与风险承担的实证研究[J]. 当代财经, (11): 57-70.

宋增基, 陈全, 张宗益. 2007. 上市银行董事会治理与银行绩效[J]. 金融论坛, (5): 35-40.

宋增基, 陈全, 张宗益. 2008. 中国上市银行 CEO 报酬与银行绩效的关系[J]. 金融论坛, (4): 48-53.

孙海法, 姚振华, 严茂胜. 2006. 高管团队人口统计特征对纺织和信息技术公司经营绩效的影响[J]. 南开管理评论, (6): 61-67.

孙菊生, 李小俊. 2006. 上市公司股权结构与经营绩效关系的实证分析[J]. 当代财经, (1): 80-84.

孙娜, 晏勇健. 2005. 国外公司治理结构比较及对我国保险公司治理的启示[J]. 北方经济, (7): 78-79.

孙祁祥, 郑伟. 2005. 中国保险业: 双重角色、制度责任与挑战[J]. 保险研究, (7): 26-29.

孙祁祥, 郑伟. 2017. 保险业的发展与监管[J]. 中国金融, (2): 46-48.

孙强, 崔光华. 2017. 我国银行业系统性风险预警指标体系设计与实证分析[J]. 中央财经大学学报, (2): 43-51.

田国立. 2017. 绿色金融与金融机构的社会责任[J]. 国际金融, (1): 3-4.

田利辉. 2004. 杠杆治理、预算软约束和中国上市公司绩效[J]. 经济学(季刊), (1): 15-26.

田利辉. 2005a. 国有股权对上市公司绩效影响的 U 型曲线和政府股东两手论[J]. 经济研究, (10)：48-58.

田利辉. 2005b. 国有产权、预算软约束和中国上市公司杠杆治理[J]. 管理世界, (7)：123-128.

田伟, 田红云. 2009. 晋升博弈、地方官员行为与中国区域经济差异[J]. 南开经济研究, (1)：133-152.

汪丁丁. 1996. 产权博弈[J]. 经济研究, (10)：70-80.

王聪, 宋慧英. 2012. 中国证券公司股权结构、市场结构与成本效率的实证研究[J]. 金融研究, (5)：80-92.

王丹. 2010. 论我国保险公司治理的特殊性及模式设计[J]. 中国集体经济, (21)：104-105.

王红领, 李稻葵, 雷鼎鸣. 2001. 政府为什么会放弃国有企业的产权[J]. 经济研究, (8)：61-70.

王洪栋. 2003. 保险监管与保险公司治理理念[J]. 中国保险干部管理学院学报, (2)：15-19.

王敏. 2007. 我国中小商业银行高管薪酬影响因素的实证分析[J]. 金融理论与实践, (3)：37-39.

王倩, 黄艳艳, 曹廷求. 2007. 治理机制、政府监管与商业银行风险承担——基于山东省的实证分析[J]. 山东社会科学, (10)：96-101.

王倩, 李颖华. 2012. 政府干预下的城市商业银行风险行为[J]. 金融论坛, (5)：61-71.

王廷科, 张旭阳. 2002. 商业银行的治理结构及其改革问题研究[J]. 财贸经济, (1)：51-56.

王往. 2017. 规模、股权结构与上市金融机构破产风险[J]. 东北财经大学学报, (1)：71-77.

王贤彬, 徐现祥. 2008. 地方官员来源、去向、任期与经济增长——来自中国省长省委书记的证据[J]. 管理世界, (3)：16-26.

王晓龙. 2006. 市场约束与银行监管政策问题研究[J]. 统计与决策, (17)：119-120.

王晓龙, 周好文. 2007. 银行资本监管与商业银行风险——对中国 13 家商业银行的实证研究[J]. 金融论坛, (7)：45-48.

王勋, 方晋. 2011. 新兴经济体崛起：概念、特征事实与实证研究[J]. 山西财经大学学报, (6)：1-10.

王永钦, 张晏, 章元, 等. 2007. 中国的大国发展道路——论分权式改革的得失[J]. 经济研究, (1)：4-16.

王元龙. 2001. 中国国有商业银行股份制改革研究[J]. 金融研究, (1)：87-96.

王跃堂, 赵子夜, 魏晓雁. 2006. 董事会的独立性是否影响公司绩效?[J]. 经济研究, (5)：62-73.

位华, 韩璐. 2011. 隐性保险下的特许权价值自律效应[J]. 山东社会科学, (6)：57-60.

魏华, 刘金岩. 2005. 商业银行内部治理机制及其对银行绩效的影响[J]. 南开学报, (1)：77-82.

魏思博. 2010. 我国国有股份制保险公司治理模式研究[J]. 中国农业银行武汉培训学院学报, (5)：55-57.

吴定富. 2003. 保险公司要努力建成现代金融企业[EB/OL]. http://news.xinhuanet.com/fortune/2003-10/17/content_1128058. htm[2011-03-01].

吴定富. 2006. 我国保险公司治理结构建设的理论与实践[J]. 中国保险, (6)：8-11.

吴栋, 周建平. 2006. 资本要求和商业银行行为：中国大中型商业银行的实证分析[J]. 金融研究, (8)：144-153.

吴洪. 2008. 保险公司治理模式及其选择[J]. 上海保险, (10)：41-44.

吴洪, 赵桂芹. 2010. 保险业效率研究前沿探析与未来热点展望[J]. 金融评论, (1): 111-119.

吴俊, 康继军, 张宗益. 2008. 中国经济转型期商业银行资本与风险行为研究——兼论巴塞尔协议在我国的实施效果[J]. 财经研究, (1): 51-61.

吴清华, 田高良. 2008. 终极产权, 控制方式与审计委员会治理需求——一项基于中国上市公司的实证研究[J]. 管理世界, (9): 124-138.

吴世农, 卢贤义. 2001. 我国上市公司财务困境的预测模型研究[J]. 经济研究, (6): 46-55.

吴晓求. 2009. 关于金融危机的十个问题[J]. 经济理论与经济管理, (1): 5-13.

吴晓求. 2010. 全球金融变革中的中国金融与资本市场[M]. 北京: 中国人民大学出版社.

吴晓求, 陈启清, 毛宏灵. 2004. 中国证券业: 发展与未来之路[J]. 经济理论与经济管理, (1): 24-32.

吴晓求, 汪勇祥, 应展宇. 2005. 市场主导与银行主导: 金融体系变迁的金融契约理论考察[J]. 财贸经济, (6): 3-9.

夏洪. 2001. 论保险公司治理机制的完善[J]. 保险研究, (7): 3-5.

夏立军, 陈信元. 2007. 市场化进程、国企改革策略与公司治理结构的内生决定[J]. 经济研究, (7): 82-95.

夏立军, 方轶强. 2005. 政府控制、治理环境与公司价值——来自中国证券市场的经验证据[J]. 经济研究, (5): 40-51.

夏喆, 靳龙. 2013. 公司治理机制对我国保险业风险与绩效的影响——基于我国保险行业 2011 年截面数据[J]. 保险研究, (3): 16-23.

肖继辉. 2012. 基金治理与基金经理锦标赛激励效应研究[M]. 北京: 科学出版社.

肖王楚, 张成君. 2003. CEO 权责配置与公司治理结构优化[J]. 经济与管理, (4): 35-36.

肖作平. 2010. 所有权和控制权的分离度、政府干预与资本结构选择——来自中国上市公司的实证证据[J]. 南开管理评论, (10): 144-152.

谢金玉. 2007. 我国保险公司治理模式研究[J]. 保险研究, (7): 61-64.

谢晓霞, 李进. 2009. 股权结构、董事会特征与业绩研究——中国保险公司的治理结构分析[J]. 保险研究, (8): 90-95.

谢永珍, 徐业坤. 2009. 公司治理风险相关研究述评[J]. 山东大学学报, (3): 38-44.

辛清泉, 林斌. 2006. 债务杠杆与企业投资: 双重预算软约束视角[J]. 财经研究, (7): 73-83.

辛清泉, 林斌, 王彦超. 2007. 政府控制、经理薪酬与资本投资[J]. 经济研究, (8): 110-122.

徐静, 张黎明. 2007. 证券投资基金股权结构与绩效的实证研究[J]. 软科学, (2): 56-59.

徐徐. 2010. 新《保险法》对我国保险公司治理监管的影响[J]. 商业时代, (2): 100-101.

许友传. 2009. 信息披露、市场约束与银行风险承担行为[J]. 财经研究, (12): 118-128.

许友传. 2010. 银行风险承担行为的市场约束机理[J]. 税务与经济, (4): 8-14.

许友传. 2011. 资本约束下的银行资本调整与风险行为[J]. 经济评论, (1): 79-86.

许友传, 何佳. 2008. 次级债能发挥对银行风险承担行为的市场约束作用吗[J]. 金融研究, (6): 56-68.

许友传, 何晓光. 2009. 法定最低资本要求对次级债市场约束的影响[J]. 系统管理学报, (2): 183-185.

薛华溢, 吴青. 2012. 我国银行机构效率评价——基于 DEA 方法的实证研究[J]. 经济经纬, (4):
   141-145.

薛云奎, 白云霞. 2008. 国家所有权、冗余雇员与公司业绩[J]. 管理世界, (10): 96-105.

闫夏秋. 2016. 论我国银行业监管模式的转变[J]. 中南大学学报(社会科学版), (6): 68-75.

严若森. 2010. 保险公司治理评价: 指标体系构建与评分计算方法[J]. 保险研究, (10): 44-53.

阎建军. 2006. 中国保险公司治理研究: 基于知识和创新的视角[J]. 财贸经济, (9): 63-69.

颜剑英. 2002. 经理行为的激励方式与国有企业激励机制的改革[J]. 江苏大学学报(社会科学
   版), (2): 104-109.

杨馥. 2009. 中国保险公司治理监管制度研究[D]. 成都: 西南财经大学.

杨记军, 逯东, 杨丹. 2010. 国有企业的政府控制权转让研究[J]. 经济研究, (2): 69-82.

杨学宏, 刘长江, 蒋柯, 等. 2006. 美国开放式共同基金[M]. 北京: 中国金融出版社.

杨颖, 刘凤娟. 2011. 公司内部治理风险评价指标体系的构建研究[J]. 企业经济, (3): 36-42.

姚树洁, 冯根福, 姜春霞. 2004. 中国银行业效率的实证分析[J]. 经济研究, (8): 4-15.

叶航, 汪丁丁, 罗卫东. 2005. 作为内生偏好的利他行为及其经济学意义[J]. 经济研究, (8): 84-94.

叶银华, 李存修, 柯承恩. 2004. 公司治理与评级系统[M]. 北京: 中国财政经济出版社.

易纲, 赵先信. 2001. 中国的银行竞争: 机构扩张、工具创新与产权改革[J]. 经济研究, (8):
   25-32.

于宏凯. 2002. 独立董事与基金治理结构[J]. 上海金融, (3): 29-30.

于良春, 鞠源. 1999. 垄断与竞争: 中国银行业的改革和发展[J]. 经济研究, (8): 48-57.

于一, 何维达. 2012. 商业银行董事会结构: 内生创新还是外生合规[J]. 山西财经大学学报,
   (2): 37-45.

余兰. 2009. 我国保险公司治理模式的研究[J]. 湖北工业大学学报, (3): 61-63.

俞勇国. 2006. 我国保险公司治理研究[D]. 合肥: 合肥工业大学.

袁力. 2010. 保险公司治理: 风险与监管[J]. 中国金融, (2): 13-15.

苑素静. 2005. 中美银行特许权价值比较[J]. 农村金融研究, (5): 28-30.

曾庆生, 陈信元. 2006. 何种内部治理机制影响了公司权益代理成本——大股东与董事会治理
   效率的比较[J]. 财经研究, (2): 106-117.

曾欣. 2000. 证券公司的治理结构风险及其改进[J]. 财经问题研究, (1): 28-33.

张宝双. 2003. 我国证券公司治理结构研究[J]. 经济问题, (7): 40-42.

张必武, 石金涛. 2005. 董事会特征、高管薪酬与薪绩敏感性——中国上市公司的经验分析[J].
   管理科学, (4): 32-39.

张光荣, 曾勇. 2006. 大股东的支撑行为与隧道行为——基于托普软件的案例研究[J]. 管理世
   界, (8): 126-135.

张惠. 2007. 保险公司治理: 理论与模式、实证分析与我国的实践[D]. 济南: 山东大学.

张慧敏, 田沙. 2017. 上市银行董事会特征对现金股利政策的影响[J]. 会计之友, (8): 71-75.

张军. 2005. 中国经济发展: 为增长而竞争[J]. 世界经济文汇, (4): 101-105.

张军, 高远. 2007. 官员任期、异地交流与经济增长——来自省级经验的证据[J]. 经济研究,
   (11): 91-103.

张宁. 2005. 保险机构投资者战略参与上市公司治理研究[D]. 长沙: 湖南大学.

张强, 李立华, 佘桂荣. 2009. 银行监管中的最优市场约束研究[J]. 中南财经政法大学学报, (4): 64-69.

张强, 佘桂荣. 2006. 银行监管的市场约束理论进展[J]. 金融研究, (10): 98-105.

张维迎. 1996. 博弈论与信息经济学[M]. 上海: 上海三联书店.

张亦春, 黄霞, 蔡庆丰. 2005. 投资银行的利益冲突及其监管: 实证研究的质疑[J]. 金融研究, (7): 113-120.

张悦. 2004. 国有保险公司治理研究[D]. 成都: 西南财经大学.

张悦. 2008. 试论内部控制有效性的强制披露——英美等国的经验与启示[J]. 辽宁行政学院学报, (8): 85-86.

张正平, 何广文. 2005. 隐性保险、市场约束与我国银行业改革[J]. 金融研究, (10): 38-43.

张宗益, 吴俊, 刘琼芳. 2008. 资本充足率监管对银行风险行为的影响[J]. 系统工程理论与实践, (8): 183-189.

赵昌文, 杨记军, 夏秋. 2009. 中国转型期商业银行的公司治理与绩效研究[J]. 管理世界, (7): 46-55.

赵尚梅, 史宏梅, 杜华东. 2013. 地方政府在城市商业银行的大股东掏空行为——从地方政府融资平台贷款视角的研究[J]. 管理评论, (12): 32-41.

郑振龙, 陈国进. 2009. 金融制度设计与经济增长[M]. 北京: 经济科学出版社.

郑志刚, 范建军. 2007. 国有商业银行公司治理机制的有效性评估[J]. 金融研究, (6): 53-62.

周春生. 2010. 从农行上市看国有商业银行治理改革[EB/OL]. http://finance.sina.com.cn/stock/stocktalk/20100712/16368278043. shtml[2010-08-12].

周洪荣, 李明亮, 朱蕾. 2013-02-04. 证券公司的国际化之路[N]. 上海证券报, (009).

周建松, 郭福春. 2004. 中国商业银行实行股票期权激励机制研究[J]. 金融研究, (11): 37-45.

周开国, 邓月. 2016. 政府控股对商业银行风险承担的影响——基于国际银行业的证据[J]. 国际金融研究, (9): 51-62.

周黎安. 2004. 晋升博弈中政府官员的激励与合作——兼论我国地方保护主义和重复建设问题长期存在的原因[J]. 经济研究, (6): 33-40.

周黎安. 2007. 中国地方官员的晋升竞标赛模式研究[J]. 经济研究, (7): 36-50.

周黎安. 2008. 转型中的地方政府: 官员激励与治理[M]. 上海: 格致出版社, 上海人民出版社.

周黎安. 2010. 晋升竞标赛与竞争冲动[J]. 人民论坛, (5): 26-27.

周黎安, 李宏彬, 陈烨. 2005. 相对绩效考核: 中国地方官员晋升机制的一项经验研究[J]. 经济学报, (1): 83-96.

周莉萍. 2016. 银行业监管: 一般理论及实践发展[J]. 金融评论, (5): 6-31.

周素彦. 2004. 国有商业银行激励约束机制改革初探[J]. 金融教学与研究, (1): 18-20.

周小川. 2012. 大型商业银行改革的回顾与展望[J]. 中国金融, (6): 10-13.

周小川. 2004-12-07. 完善法律制度, 改进金融生态[N]. 金融时报, (16).

朱红军, 李路, 曹胜, 等. 2010. 金融法治环境、股权制衡与银行关联贷款风险[R]. 上海财经大学工作论文.

朱建武. 2005. 基于 EVA 的中小银行绩效与治理结构关系分析[J]. 财经研究, (5): 53-62.

朱建武. 2006. 监管压力下的中小银行资本与风险调整行为分析[J]. 当代财经, (1): 65-70.

朱日峰. 2005. 完善国有保险公司治理的政策建议[J]. 山西财税, (1): 20-21.

Abbott L J, Parker S, Peters G F. 2002. Audit committee characteristics and financial misstatement: a study of the efficacy of certain blue ribbon committee recommendations [R]. Working Paper.

Adams R B, Ferreira D A. 2007. Theory of friendly boards [J]. The Journal of Finance, 62(1): 217-250.

Adams R B, Ferreira D A. 2009. Women in the boardroom and their impact on governance and performance [J]. Journal of Financial Economics, 94(2): 291-309.

Adams R B, Mehran H. 2003. Board structure and banking firm performance and the bank holding company organizational form [C]. Federal Reserve Bank of Chicago Proceedings.

Adams R B, Mehran H. 2005. Corporate performance, board structure and its determinants in the banking industry [R]. Working Paper.

Adams R B, Mehran H. 2012. Bank board structure and performance: evidence for large bank holding companies [J]. Journal of Financial Intermediation, 21(2): 243-267.

Aebi V, Sabato G, Schmid M. 2012. Risk management, corporate governance, and bank performance in the financial crisis [J]. Journal of Banking and Finance, 36(12): 3213-3226.

Aggarwal R, Jacques K T. 2001. The impact of FDICIA and prompt corrective action on bank capital and risk: estimates using a simultaneous equations model [J]. Journal of Banking and Finance, 25(6): 1139-1160.

Agusman A, Gasbarro D, Zumwalt J K. 2006. Bank moral hazard and the disciplining factors of risk taking: evidence from Asian banks during 1998-2003[C]. FMA European Conference Proceedings.

Alchain A. 1969. Corporate Management and Property Rights[R]. Washington D. C. American Enterprise Institute.

Alevy J E , Haigh M S, List J A . 2007. Information cascades: evidence from a field experiment with financial market professionals [J]. The Journal of Finance, 62(1): 151-180.

Alexander K. 2006. Corporate governance and banks: the role of regulation in reducing the principal-agent problem [J]. Journal of Banking Regulation, 7(1): 17-40.

Alijoyo A, Bouma E, Sutawinangun M N, et al. 2004. Review of corporate governance in Asia: corporate governance in Indonesia[C]. Forum for Corporate Governance in Indonesia.

Allen L, Rai A. 1996. Bank charter values and capital levels: an international comparison [J]. Journal of Economics and Business, 48(3): 269-284.

Altunbas Y, Carbo S, Gardeneret E P M, et al. 2006. Examining the relationships between capital, risk and efficiency in European banking [J]. European Financial Management, 13(1): 49-70.

Altunbas Y, Evans L, Molyneux P. 2001. Bank ownership and efficiency [J]. Journal of Money, Credit and Banking, 33(11): 926-954.

Amihud Y, Lev B. 1981. Risk reduction as a managerial motive for conglomerate mergers [J]. The

Bell Journal of Economics, 12(2):605-617.

An J, Bae S K, Ratti R A. 2002. Government vs. private control, political loans, and the privatization of Korean banks [R]. Working Paper.

An J, Bae S K, Ratti R A. 2007. Political influence and the banking sector: evidence from Korea [J]. Oxford Bulletin of Economics and Statistics, 69(1):75-98.

Ancona D G , Caldwell D F. 1992. Demography and design: predictors of new product team productivity [J]. Organization Science, 3(3): 321-341.

Anderson C W, Campbell T L. 2000. Restructuring the Japanese banking system has Japan gone far enough? [J]. International Review of Financial Analysis, 9(2): 197-218.

Anderson G, Orsagh M. 2004. The corporate governance risk [J]. Electric Perspectives, 29(1): 68-71.

Anderson L R, Holt C A. 1997. Information cascades in the laboratory [J]. The American Economic Review, 87(5): 847-862.

Anderson R C, Reeb D M, Upadhyay A, et al. 2011. The economics of director heterogeneity [J]. Financial Management, 40(1): 5-38.

Andrews D W K. 2005. Cross-section regression with common shocks [J]. Econometrica, 73(5):1551-1585.

Andrianova S, Demetriades P, Shortland A. 2008. Government ownership of banks, institutions, and financial development [J]. Journal of Development Economics, 85(1): 218-252.

Ang J S, Cole R A, Lin J W. 2000. Agency costs and ownership structure [J].The Journal of Finance, 55(1): 81-106.

Ariff M, Can L. 2008. Cost and profit efficiency of Chinese banks: a non-parametric analysis [J]. China Economic Review, 19(2): 260-273.

Arnold D J, Quelch J A. 1998. New strategies in emerging markets[J]. MIT Sloan Management Review, 40(1): 7-20.

Arrow K J. 1998. What has economics to say about racial discrimination? [J]. Journal of Economic Perspectives, 12(2): 91-100.

Arun T G, Turner J D. 2004. Corporate governance of banks in developing economies: concepts and issues [J]. Corporate Governance: An International Review, 12(3): 371-377.

Ashcraft A B. 2008. Does the market discipline banks? New evidences from the regulatory capital mix[J]. Journal of Financial Intermediation, 17(4):543-561.

Ashraf N, Bohnet I, Piankov N. 2006. Decomposing trust and trustworthiness [J]. Experimental Economics, 9(3): 193-208.

Avery C, Zemsky P. 1998. Multidimensional uncertainty and herd behavior in financial markets [J]. American Economic Review, 88(4): 724-748.

Avery R B, Belton T M, Goldberg M A. 1988. Market discipline in regulating bank risk: new evidence from the capital markets [J]. Journal of Money, Credit and Banking, 20(4): 597-610.

Avery R B, Berger A N. 1991. Risk-based capital and deposit insurance reform [J]. Journal of Banking and Finance, 15(4): 847-874.

Ayuso J, Perez D, Saurina J. 2004. Are capital buffers pro-cyclical?: evidence from Spanish panel data [J]. Journal of Financial Intermediation, 13 (2): 249-264.

Backman M. 1999. Asian Eclipse: Exposing the Dark Side of Business in Asia [M]. Hoboken: John Wiley and Sous.

Baer H, Brewer E. 1986. Uninsured deposit as a source of market discipline: some new evidence [J]. Economic Perspectives, 10 (5): 23-31.

Bai C, Wang Y. 1998. Bureaucratic control and the soft budget constraint [J]. Journal of Comparative Economics, 26 (1): 41-61.

Baker M, Gompers P A. 2003. The determinants of board structure at the initial public offering [J]. The Journal of Law and Economics, 46 (2):569-598.

Balasubramanian N, Black B S, Khanna V. 2010. The relation between firm-level corporate governance and market value: a case study of India [J]. Emerging Markets Review, 11 (4): 319-340.

Bantel K A, Jackson S E. 1989. Top management and innovations in banking: does the composition of the top team make a difference? [J]. Strategic Management Journal, 10 (1): 107-124.

Barkema H G, Shvyrkov O. 2007. Does top management team diversity promote or hamper foreign expansion [J]. Strategic Management Journal, 28 (7): 663-680.

Baron R M, Kenny D A. 1986. The moderator-mediator variable distinction in social psychological research: conceptual, strategic and statistical considerations [J]. Journal of Personality and Social Psychology, 51 (6): 1173-1182.

Barrese J, Lai G, Scordis N. 2007. Ownership concentration and governance in the us insurance industry [J]. Journal of Insurance Issues, 30 (1): 1-30.

Barro J R, Barro R J. 1990. Pay, performance, and turnover of bank CEOs [J]. Journal of Labor Economics, 8 (4):448-481.

Barth J R, Brumbaugh R D, Sauerhaft D, et al. 1985. Thrift institution failures: causes and policy issues [C]. Federal Reserve Bank of Chicago Proceedings.

Barth J R, Caprio Jr G, Levine R. 2001a. The regulation and supervision of banks around the world: a new database [R]. Working Paper.

Barth J R, Caprio Jr G, Levine R. 2008a. Bank regulations are changing: for better or worse? [J]. Comparative Economic Studies, 50 (4): 537-563.

Barth J R, Caprio Jr G, Levine R. 2008b. Rethinking Bank Regulation: Till Angels Govern [M]. Cambridge: Cambridge University Press.

Barth J R, Carprio Jr G, Levine R. 2013. Bank regulation and supervision in 180 countries from 1999 to 2011 [J]. Journal of Financial Economic Policy, 5 (2): 111-219.

Barth J R, Nolle D E, Root H L, et al. 2001b. Choosing the right financial system for growth [J]. Journal of Applied Corporate Finance, 13 (4):116-123.

Barth M E, Clinch G, Shibano T. 2003. Market effects of recognition and disclosure [J]. Journal of Accounting Research, 41 (4): 581-609.

Barth T J, Green M T. 1999. Review: public administration handbooks: why, how, and who? [J]. Public Administration Review, 5 (6): 535-544.

Bartram S M, Bodnar G M. 2009. No place to hide: the global crisis in equity markets in 2008/2009 [J]. Journal of International Money and Finance, 28 (8): 1246-1292.

Barzel Y. 1989. Economic Analysis of Property Rights [M]. Cambridge: Cambridge University Press.

Bebchuk L A, Cohen A, Ferrell A. 2009. What matters in corporate governance? [J]. Review of Financial Studies, 22 (2):783-827.

Bebchuk L A, Fried J M. 2004. Executive compensation as an agency problem [J]. Journal of Economics Perspectives, 117 (2): 71-92.

Bebchuk L A, Fried J M, Walker D I. 2002. Managerial power and rent extraction in the design of executive compensation [J]. University of Chicago Law Review, 69 (3): 751-846.

Bebchuk L A, Spamann H. 2009. Regulating bankers' pay [R]. Working Paper.

Bebchuk L A, Weisbach M S. 2009. The state of corporate governance research [J]. Review of Financial Studies, 23 (3): 939-961.

Becher D A, Campbell II T L, Frye M B. 2005. Incentive compensation for bank directors: the impact of deregulation [J]. The Journal of Business, 78 (5): 1753-1777.

Beck T, Demirgüç-Kunt A, Maksimovic V. 2005. Financial and legal constraints to growth: does firm size matter? [J]. The Journal of Finance, 60 (1): 137-177.

Beck T, Levine R. 2002. Industry growth and capital allocation: does having a market- or bank-based system matter? [J]. Journal of Financial Economics, 64 (2): 147-180.

Bedard J C, Johnstone K M. 2004. Earnings manipulation risk, corporate governance, and audits planning and pricing decisions [J].The Accounting Review, 79 (2):277-304.

Beiner S, Drobetz W, Schmid M M, et al. 2006. An integrated framework of corporate governance and firm valuation [J]. European Financial Management, 12 (2): 249-283.

Belkhir M. 2009. Board of director's size and performance in banking industry [J]. International Journal of Managerial Finance, 5 (2): 201-221.

Berg J, Dickhaut J, McCabe K. 1995. Trust, reciprocity, and social history[J]. Games and Economic Behavior, 10 (1): 122-142.

Berger A N, De Young R, Flannery M J, et al. 2008. How do large banking organizations manage their capital ratios? [J]. Journal of Financial Services Research, 34 (3): 123-149.

Berger A N, Hannan T H. 1998. The efficiency cost of market power in the banking industry: a test of the "quiet life" and related hypotheses [J]. Review of Economics and Statistics, 80 (3): 454-465.

Berger A N. 1991. Market discipline in banking [C]. Federal Reserve Bank of Chicago Proceedings.

Berger A N. 1995. The relationship between capital and earnings in banking [J]. Journal of Money, Credit and Banking, 25 (2): 432-456.

Berle A, Means G. 1932. The Modern Corporation and Private Property [M]. London: Macmillan Publishers.

Bertay A C, Demirguc-Kunt A, Huizinga H. 2015. Bank ownership and credit over the business cycle: is lending by state banks less procyclical? [J]. Journal of Banking and Finance, 50(1): 326-339.

Besanko D, Kanatas G. 1996. The regulation of bank capital: do capital standards promote bank safety? [J]. Journal of Financial Intermediation, 5(2):160-183.

Bhagat S, Bolton B, Lu J. 2015. Size, leverage, and risk-taking of financial institutions [J]. Journal of Banking and Finance, 59(10): 520-537.

Bichsel R, Spielmann C. 2004. State-owned banks as competition enhancers, or another way to spill taxpayers' money [R]. Working Paper.

Bishop M, Thompson D. 1992a. Privatization in the UK: internal organization and productive efficiency [J]. Annals of Public and Cooperative Economics, 63(2): 171-188.

Bishop M, Thompson D. 1992b. Regulatory reform and productivity growth in the UK's public utilities[J]. Applied Economics, 24(11): 1181-1190.

Black B. 2001. The corporate governance behavior and market value of Russian firms [J]. Emerging Markets Review, 2(2):89-108.

Black B S, Jang H, Kim W. 2006. Does corporate governance predict firms' market values? Evidence from Korea [J]. Journal of Law, Economics, and Organization, 22(2):366-413.

Black E A, Shevlin S E. 1999. The structure of bank debt contracts [R].Working Paper.

Blair D W, Placone D L. 1988. Expense-preference behavior, agency costs, and firm organization the savings and loan industry [J]. Journal of Economics and Business, 40(1): 1-15.

Blair M M. 1995. Corporate "ownership" [J]. The Brookings Review, 13(1): 16-20.

Blair M M, Kruse D L. 1999. Worker capitalists? [J]. The Brookings Review, 17(4): 23-26.

Bliss R T, Rosen R J. 1999. The relationship between mergers and CEO compensation in large banks [C]. Federal Reserve Bank of Chicago Proceedings.

Blum J. 1999. Do capital adequacy requirements reduce risk in banking? [J]. Journal of Banking and Finance, 23(5):755-771.

Boden R J, Nucci A R. 2000. On the survival prospects of men's and women's new business ventures [J]. Journal of Business Venturing, 15(4): 347-362.

Boeker W. 1997. Executive migration and strategic change: the effect of top manager movement on product market entry [J]. Administrative Science Quarterly, 42(2): 231-236.

Bohnet I. 2007. Why women and men trust others [A]//Economics and Psychology: A Promising New Cross-disciplinary Field [C]. Cambridge: MIT Press.

Boone A L, Field L C, Karpoff J M, et al. 2007. The determinants of corporate board size and composition: an empirical analysis [J]. Journal of Financial Economics, 85(1): 66-101.

Boot A W A, Greenbaum S I. 1993. Bank Regulation, Reputation and Rents Theory and Policy Implications [M]. Cambridge: Cambridge University Press.

Boot A W A, Thakor A V. 1993. Self-interested bank regulation [J]. The American Economic Review, 83(2): 206-212.

Booth A L, Francesconi M, Frank J. 2002. Temporary jobs: stepping stones or dead ends? [J]. The

Economic Journal, 112 (480) : 189-213.

Borokhovich K A, Parrino R, Trapani T. 1996. Outside directors and CEO selection [J]. Journal of Financial and Quantitative Analysis, 31 (3) : 337-355.

Boubakri N. 2011. Corporate governance and issues from the insurance industry [J]. Journal of Risk and Insurance, 78 (3) : 501-518.

Boubakri N, Dionne G, Triki T. 2008. Consolidation and value creation in the insurance industry: the role of governance [J]. Journal of Banking and Finance, 32 (1) : 56-68.

Boyd B K. 1994. Board control and CEO compensation [J]. Strategic Management Journal, 15 (5) :335-344.

Boyd B K. 1995. CEO duality and firm performance: a contingency model [J]. Strategic Management Journal, 16 (4) : 301-312.

Boyd J H, De Nicolo G, Smith B D. 2005. Liquidity injections, bank market structure and crises [R]. Working Paper.

Boyd J H, Graham S L. 1988. The profitability and risk effects of allowing bank holding companies to merge with other financial firms: a simulation study [J]. Federal Reserve Bank of Minneapolis Quarterly Review, 12 (2) : 3-20.

Brei M, Schclarek A. 2015. A theoretical model of bank lending: does ownership matter in times of crisis? [J]. Journal of Banking and Finance, 50 (1) : 298-307.

Brewer E, Saidenberg M R. 1996. Franchise value, ownership structure and risk at saving institutions [R]. Federal Reserve Bank of New York Research Paper.

Brick I E, Chidambaran N K. 2008. Board monitoring, firm risk, and external regulation [J]. Journal of Regulatory Economics, 33 (1) : 87-116.

Brickley J A, Coles J L, Terry R L. 1994. Outside directors and the adoption of poison pills [J]. Journal of Financial Economics, 35 (3) :371-390.

Bris A, Cantale S. 1998. Bank capital requirements and managerial self-interest [J]. Quarterly Review of Economics and Finance, 44 (1) :77-101.

Brito D L, Hartley P R. 1995. Consumer rationality and credit cards [J]. Journal of Political Economy, 103 (2) : 400-433.

Browne M J, Ma Y L, Wang P. 2009. Stock-based executive compensation and reserve errors in the property and casualty insurance industry [J]. Journal of Insurance Regulations, 27 (4) : 35-55.

Bruszt L, Vedres B, Stark D. 2005. Shaping the web of civic participation: civil society websites in Eastern Europe [J]. Journal of Public Policy, 25 (1) : 149-163.

Bunderson J S , Sutcliffe K M. 2002. Comparing alternative conceptualizations of functional diversity in management teams: process and performance effects [J]. Academy of Management Journal, 45 (5) : 875-893.

Buser S A, Chen A H, Kane E J. 1981. Federal deposit insurance, regulatory policy and optimal bank capital [J]. The Journal of Finance, 36 (1) : 51-60.

Byook Y, Hendershott R J, Lee D. 2000. Corporate governance and recent consolidation in the banking industry [J]. Journal of Corporate Finance, 6(2): 141-164.

Byrd J W, Fraser D R, Scott Lee D, et al. 2001. Financial crises, natural selection and board structure: evidence from the thrift crisis [R]. Working Paper.

Calem P, Rob R. 1999. The impact of capital-based regulation on bank risk-taking [J]. Journal of Financial Intermediation, 8(4): 317-352.

Calomiris C W. 2007. Bank failures in theory and history: the Great Depression and other "contagious" events [R]. National Bureau of Economic Research.

Calomiris C W, Carlson M. 2016. Corporate governance and risk management at unprotected banks: national banks in the 1890s [J]. Journal of Financial Economics, 119(3): 512-532.

Calomiris C W, Mason J R. 1997. Contagion and bank failures during the Great Depression: The June 1932 Chicago banking panic [J]. The American Economic Review, 87(5): 863-883.

Calomiris C W, Wilson B K. 1998. Bank capital and portfolio management[J]. Journal of Business, 77(3): 421-455.

Camara A, Popova I, Simkins B. 2012. A comparative study of the probability of default for global financial firms [J]. Journal of Banking and Finance, 36(3): 717-732.

Camerer C. 2003. Behavioral Game Theory: Experiments in Strategic Interaction[M]. Princeton: Princeton University Press.

Camerer C, Loewenstein G, Prelec D. 2005. Neuroeconomics: how neuroscience can inform economics [J]. Journal of Economic Literature, 43(1): 9-64.

Cannella A A, Park J H, Lee H U. 2008. Top management team functional background diversity and firm performance: examining the roles of team member collocation and environmental uncertainty [J]. Academy of Management Journal, 51(4):768-784.

Caprio G, Honohan P, Stiglitz J E. 2006. Financial Liberalization: How Far, How Fast? [M]. Cambridge: Cambridge University Press.

Caprio G, Laeven L, Levine R. 2007. Bank valuation and corporate governance [J]. Journal of Financial Intermediation, 1(4): 584-617.

Caprio G, Martinez Peria M S. 2000. Avoiding disaster: policies to reduce the risk of banking crises [A]//Galal A. Monetary Policy and Exchange Rate Regimes: Options for Middle East [C]. Cairo: American University in Cario Press: 193-230.

Carpenter M A, Fredrickson J W. 2001. Top management teams global strategic posture and the moderating role of uncertainty [J]. Academy of Management Journal, 44(3): 533-545.

Carpenter M A, Geletkanycz M A, Sanders W G. 2004. Upper echelons research revisited: antecedents, elements, and consequences of top management team composition [J]. Journal of Management, 30(6): 749-788.

Carroll T M, Ciscel D H. 1982. The effects of regulation on executive compensation [J]. The Review of Economics and Statistics, 64(3): 505-509.

Carson J M, Forster M D, McNamara M J. 1998. Changes in ownership structure: theory and evidence from life insurer demutualizations [J]. Journal of Insurance Issues, 21(1): 1-22.

Carter D A, Simkins B J, Simpson W G. 2003. Corporate governance, board diversity, and firm value [J]. Financial Review, 38(1): 33-53.

Carter R B, Stover R D. 1990. The effects of mutual to stock conversions of thrift institutions on managerial behavior [J]. Journal of Financial Services Research, 4(2): 127-144.

Carvalho D. 2014. The real effects of government-owned banks: evidence from an emerging market[J]. The Journal of Finance, 69(2): 577-609.

Castro-Lacouture D, Medaglia A L, Skibniewski M. 2007. Supply chain optimization tool for purchasing decisions in B2B construction marketplaces [J]. Automation in Construction, 16(5):569-575.

Catalyst. 2004. The bottom line: connecting corporate performance and gender diversity [R]. Working Paper.

Cebenoyan A S, Cooperman E S, Register C A. 1999. Ownership structure, charter value, and risk-taking behavior for thrifts [J]. Financial Management, 28(1): 43-60.

Cebenoyan A S, Cooperman E S, Register C A, et al. 1993. The relative efficiency of stock versus mutual S&Ls: a stochastic cost frontier approach [J]. Journal of Financial Services Research, 7(2): 151-170.

Celen B, Kariv S. 2004. Distinguishing informational cascades from herd behavior in the laboratory [J]. The American Economic Review, 94(3): 484-498.

Chaganti R S, Mahajan V, Sharma S. 1985. Corporate board size, composition, and corporate failures in the retailing industry [J]. Journal of Management Studies, 22(4):400-417.

Chapple S H, Moerman L C, Rudkin K M. 2010. IFRIC 13: accounting for "customer loyalty programmes" [J]. Accounting Research Journal, 23(2): 124-145.

Chaudhuri A, Gangadharan L. 2002. Gender differences in trust and reciprocity [R]. Working Paper.

Chaudhuri A, Gangadharan L. 2007. An experimental analysis of trust and trustworthiness [J]. Southern Economic Journal, 73(4): 959-985.

Chen C, Steiner T, Whyte A. 1998. Risk-taking behavior and management ownership in depositors institutions [J]. Journal of Financial Research, 21(1):1-16.

Chen G, Firth M, Rui O. 2006. Have China's enterprise reforms led to improved efficiency and profitability[J]. Emerging Markets Review, 7(1): 82-109.

Chen G, Firth M, Xin Y, et al. 2008. Control transfers, privatization, and corporate performance: efficiency gains in China's listed companies [J]. Journal of Financial and Quantitative Analysis, 43(1): 161-190.

Chen H J, Lin K T. 2016. How do banks make the trade-offs among risks? The role of corporate governance [J]. Journal of Banking and Finance, 72(11): 39-69.

Cheng I H, Hong H, Scheinkman J A. 2015. Yesterday's heroes: compensation and risk at financial firms [J]. The Journal of Finance, 70(2): 839-879.

Cherry T L, List J A. 2002. Aggregation bias in the economic model of crime [J]. Economics Letters, 75(1): 81-86.

Cheung Y L, Connelly J T, Limpaphayom P, et al. 2007. Do investors really value corporate governance? Evidence from the Hong Kong market [J]. Journal of International Financial Management and Accounting, 18(2): 86-122.

Cheung Y L, Jiang P, Limpaphayom P, et al. 2010. Corporate governance in China: a step forward [J]. European Financial Management, 16(1): 94-123.

Cho T S, Hambrick D C. 2006. Attention as the mediator between top management team characteristics and strategic change: the case of airline deregulation [J]. Organization Science, 17(4): 453-469.

Choi J, Bowles S. 2007. The coevolution of parochial altruism and war [J]. Science, 318(5850): 636-640.

Chorvat T, McCabe K, Smith V. 2005. Law and neuroeconomics[J]. Supreme Court Economic Review, 13(1): 35-62.

Ciancanelli P, Reyes-Gonzalez J A. 2000. Corporate governance in banking: a conceptual framework [R]. Working Paper.

Claessens S, Demirguc-Kunt A, Huizinga H. 2001. How does foreign entry affect domestic banking markets? [J]. Journal of Banking and Finance, 25(5): 891-911.

Claessens S, Djankov S. 1999. Resolution of corporate distress: evidence from East Asia's financial crisis [R]. Working Paper.

Claessens S, Djankov S, Fan J P H, et al. 2002. Disentangling the incentive and entrenchment effects of large shareholdings [J]. The Journal of Finance, 57(6): 2741-2771.

Claessens S, Djankov S, Klapper L. 2003. Resolution of corporate distress in East Asia [J]. Journal of Restructuring Finance, 10(1):199-216.

Clarke G R G, Cull R. 2002. Political and economic determinants of the likelihood of privatizing Argentine public banks [J]. Journal of Law and Economics, 45(1):165-197.

Coase R H. 1960. The problem of social cost [J]. Journal of Law and Economics, 3(10): 1-44.

Cole C R, He E, McCullough K A. 2011. Separation of ownership and management: implications for risk-taking behavior [J]. Risk Management and Insurance Review, 14(1): 49-71.

Cole C R, McCullough K A. 2006. A reexamination of the corporate demand for reinsurance [J]. Journal of Risk and Insurance, 73(1):169-192.

Coles J L, Daniel N D, Naveen L. 2008. Boards: does one size fit all? [J]. Journal of Financial Economics, 87(2): 329-356.

Cook D O, Spellman L J. 1994. Repudiation risk and restitution costs: toward understanding premiums on insured deposits [J]. Journal of Money Credit and Banking, 26(3): 439-459.

Cornett M M, Erhemjamts O, Tehranian H. 2016. Greed or good deeds: an examination of the relation between corporate social responsibility and the financial performance of US commercial banks around the financial crisis [J]. Journal of Banking and Finance, 70(9): 137-159.

Cotter J F, Shivdasani A, Zenner M. 1997. Do independent directors enhance target shareholder wealth during tender offers? [J]. Journal of Financial Economics, 43(2): 195-218.

Cox J C. 2004. How to identify trust and reciprocity [J]. Games and Economic Behavior, 46(2): 260-281.

Cox T H, Lobel S A, McLeod P L. 1991. Effects of ethnic group cultural differences on cooperative and competitive behavior on a group task [J]. Academy of Management Journal, 34(4): 827-847.

Cramer R H, Rogowski R J. 1985. Risk premia on negotiable certificates of deposit and the continental Illinois bank crisis [R]. Working Paper.

Crane D B. 1976. A Study of interest rate spreads in the 1974 CD market [R]. Working Paper.

Crano W D, Chen X. 1998. The leniency contract and persistence of majority and minority influence [J]. Journal of Personality and Social Psychology, 74(6): 1437-1450.

Crawford A J, Ezzell J R, Miles J A. 1995. Bank CEO pay-performance relations and the effects of deregulation [J]. The Journal of Business, 68(2): 231-256.

Creamer G G, Freund Y. 2004. Predicting performance and quantifying corporate governance risk for Latin American adrs and banks [D]. Cambridge: Massachusetts Institute of Technology.

Crespi-Cladera R, Renneboog L. 2003. Corporate monitoring by shareholder coalitions in the UK [R]. Working Paper.

Croson R, Buchan N. 1999. Gender and culture: international experimental evidence from trust games [J]. American Economic Review, 89(2): 386-391.

Croson R, Gneezy U. 2009. Gender differences in preferences [J]. Journal of Economic Literature, 47(2): 448-474.

Cummins J D, Venard B. 2007. Handbook of International Insurance: Between Global Dynamics and Local Contingencies [M]. Berlin: Springer.

D'Amato A, Gallo A. 2016. Does bank institutional setting affect board effectiveness? Evidence from cooperative and joint-stock banks [J]. Corporate Governance: An International Review, 25(2): 78-99.

D'Amato L, Grubisic E, Powell A P. 1997. Contagion, banks fundamentals or macroeconomic shock? An empirical analysis of the Argentine 1995 banking problems [R]. Working Paper.

Dahlin K B, Weingart L R, Hind P J. 2005. Team diversity and information use [J]. Academy of Management Journal, 48(6): 1107-1123.

Dash M, Das A. 2009. A CAMELS analysis of the Indian banking industry [R]. Working Paper.

de Andres P, Vallelado E. 2008. Corporate governance in banking: the role of the board of directors[J]. Journal of Banking and Finance, 32(12):2570-2580.

de Andres P, Gonzalez E. 2006. Corporate governance in banking: the role of board of directors[R]. Working Paper.

De Nicolo G. 2001. Size, charter value and risk in banking: an international perspective [R]. Working Paper.

Decamps J P, Lovo S. 2002. Market informational inefficiency, risk aversion and quantity grid [R]. Working Paper.

Demirguc-Kunt A, Detragiache E. 1998. Financial liberalization and financial fragility [R]. Working Paper.

Demirguc-Kunt A, Huizinga H. 2004. Market discipline and deposit insurance [J]. Journal of Monetary Economics, 51 (2):375-399.

Demirguc-Kunt A, Kane E J. 2002. Deposit insurance around the globe: where does it work? [J]. The Journal of Economic Perspectives, 16 (2):175-195.

Demsetz H. 1967. Toward a theory of property rights [J]. The American Economic Review, 57 (2): 347-359.

Demsetz H. 1983. The structure of ownership and the theory of the firm [J]. Journal of Law and Economics, 26 (2): 375-390.

Demsetz R S, Saidenberg M R. 1997. Agency problems and risk taking at banks [R]. Federal Reserve Bank of New York Research Paper.

Demsetz R S, Saidenberg M R, Strahan P E. 1996. Banks with something to lose: the disciplinary role of franchise value [J]. Economic Policy Review, 2 (10): 1-14.

Denis D K, McConnell J J. 2003. International corporate governance [J]. Journal of Financial and Quantitative Analysis, 38 (1): 1-36.

Dewatripont M, Maskin E. 1995. Credit and efficiency in centralized and decentralized economies [J]. The Review of Economic Studies, 62 (4): 541-555.

Dewatripont M, Tirole J. 1994. A theory of debt and equity: diversity of securities and manager-shareholder congruence [J]. The Quarterly Journal of Economics, 109 (4): 1027-1054.

DeYoung R, Hasan I, Kirchhoff B. 1998. The impact of out-of-state entry on the cost efficiency of local commercial banks [J]. Journal of Economics and Business, 50 (2): 191-203.

Diacon S R, O'Sullivan N. 1995. Does corporate governance influence performance? Some evidence from UK insurance companies [J]. International Review of Law and Economics, 15 (4): 405-424.

Diaz V, Huang Y. 2017. The role of governance on bank liquidity creation [J]. Journal of Banking and Finance, 77 (4): 137-156.

Dimson E. 1979. Risk measurement when shares are subject to infrequent trading [J]. Journal of Financial Economics, 7 (2): 197-226.

Dinc I S. 2005. Politicians and banks: political influences on government-owned banks in emerging markets [J]. Journal of Financial Economics, 77 (2): 453-479.

Djankov S, Murrell P. 2002. Enterprise restructuring in transition: a quantitative survey [J]. Journal of Economic Literature, 40 (3): 739-792.

Doherty N, Smetters K. 2005. Moral hazard in reinsurance markets [J]. Journal of Risk and Insurance, 72 (3): 375-391.

Donaldson L. 1990. The ethereal hand: organizational economics and management theory [J]. Academy of Management Review, 15 (3): 369-381.

Downs D H, Sommer D W. 1999. Monitoring, ownership, and risk-taking: the impact of guaranty funds[J]. Journal of Risk and Insurance, 66 (3):477-497.

Doz Y L, Kosonen M. 2007. The new deal at the top [J]. Harvard Business Review, 85 (6): 98-104.

Drobetz W, Schillhofer A, Zimmermann H. 2004. Corporate governance and expected stock returns:

evidence from Germany [J]. European Financial Management, 10(2): 267-293.

Eckles D L, Halek M. 2010. Insurer reserve error and executive compensation [J]. Journal of Risk and Insurance, 77(2): 329-346.

Eckles D L, Halek M, He E, et al. 2011. Earnings smoothing, executive compensation, and corporate governance: evidence from the property-liability insurance industry [J]. Journal of Risk and Insurance, 78(3): 761-790.

Eisenbeis R A, Gilbert G. 1985. Market discipline and the prevention of bank problems and failures [J]. Issues in Bank Regulation, 8: 16-23.

Eisenberg T, Sundgren S, Wells M T. 1998. Larger board size and decreasing firm value in small firms [J]. Journal of Financial Economics, 48(1): 35-54.

Eling M, Marek S D. 2014. Corporate governance and risk taking: evidence from the U.K. and German insurance markets[J]. Journal of Risk and Insurance, 81(3): 653-682.

Ellis D M, Flannery M J. 1992. Does the debt market assess large banks, risk? Time series evidence from money center CDs [J]. Journal of Monetary Economics, 30(3): 481-502.

Erhardt N L, Werbel J D, Shrader C B. 2003. Board of director diversity and firm financial performance [J]. Corporate Governance: An International Review, 11(2): 102-111.

Erkens D H, Hung M, Matos P. 2012. Corporate governance in the 2007-2008 financial crisis: evidence from financial institutions worldwide[J]. Journal of Corporate Finance, 18(2):389-411.

Estrella A, Park S, Peristiani S. 2000. Capital ratios as predictors of bank failure [J]. Economic Policy Review, 6(2): 33-52.

Fahlenbrach R, Stulz R M. 2009. Managerial ownership dynamics and firm value [J]. Journal of Financial Economics, 92(3): 342-361.

Falk A, Fischbacher U. 2006. A theory of reciprocity [J]. Games and Economic Behavior, 54(2): 293-315.

Fama E F. 1980. Agency problems and the theory of the firm [J]. The Journal of Political Economy, 88(2): 288-307.

Fama E F, Jensen M C. 1983. Separation of ownership and control [J]. Journal of Law and Economics, 26(2): 301-325.

Fan J P H, Wong T J, Zhang T Y. 2007. Politically connected CEOs, corporate governance, and post-IPO performance of China's newly partially privatized firms [J]. Journal of Financial Economics, 84(2): 330-357.

Fanto J A. 2006. Paternalistic regulation of public company management: lessons from bank regulation [R]. Working Paper.

Farrell K A, Hersch P L. 2005. Additions to corporate boards: the effect of gender [J]. Journal of Corporate Finance, 11(1): 85-106.

Fehr E, Falk A. 1999. Wage rigidity in a competitive incomplete contract market [J]. The Journal of Political Economy, 107(1): 106-134.

Fehr E, Schmidt K M. 1999. A theory of fairness, competition, and cooperation[J]. The Quarterly

Journal of Economics, 114(3): 817-868.

Ferreira D, Kirchmaier T, Metzger D. 2011. Boards of banks[R]. Working Paper.

Fich E M, Shivdasani A. 2006. Are busy boards effective monitors? [J]. The Journal of Finance, 61(2): 689-724.

Fields J A. 1988. Expense preference behavior in mutual life insurers [J]. Journal of Financial Services Research, 1(2): 113-129.

Finkelstein S. 1992. Power in top management teams: dimensions, measurement, and validation [J]. Academy of Management Journal, 35(3): 505-538.

Finkelstein S, Hambrick D C. 1990. Top-management team tenure and organizational outcomes: the moderating role of managerial discretion [J]. Administrative Science Quarterly, 35(3): 484-503.

Fiori G, Tiscini R, Di Donato F. 2007. The impact of family control on investors' risk and performance of Italian listed companies [R]. Working Paper.

Fischbacher U, Fong C M, Fehr E. 2009. Fairness, errors and the power of competition [J]. Journal of Economic Behavior and Organization, 72(1): 527-545.

Flannery M J. 1998. Using market information in prudential bank supervision: a review of the US empirical evidence [J]. Journal of Money, Credit and Banking, 30(3): 273-305.

Flannery M J. 2001. The faces of "market discipline" [J]. Journal of Financial Services Research, 20(2): 107-119.

Flannery M J, Giacomini E. 2015. Maintaining adequate bank capital: an empirical analysis of the supervision of European banks [J]. Journal of Banking and Finance, 59(10): 236-249.

Flannery M J, Sorescu S M. 1996. Evidence of bank market discipline in subordinated debenture yields: 1983-1991 [J]. The Journal of Finance, 51(4): 1347-1377.

Fogelberg L, Griffith J M. 2000. Control and bank performance [J]. Journal of Financial and Strategic Decisions, 13(3): 63-69.

Fogelberg L, Griffith J M. 2011. Control and bank performance[J]. General Information, 26(2): 170-183.

Forbes D P, Milliken F J. 1999. Cognition and corporate governance: understanding boards of directors as strategic decision-making groups [J]. Academy of Management Review, 24(3): 489-505.

Forsythe R, Horowitz J L, Savin N E, et al. 1994. Fairness in simple bargaining experiments [J]. Games and Economic Behavior, 6(3): 347-369.

Frame W S, White L J. 2004. Emerging competition and risk-taking incentives at Fannie Mae and Freddie Mac [R].Working Paper.

Francis B, Hasan I, Sun X. 2009. Political connections and the process of going public: evidence from China[J]. Journal of International Money and Finance, 28(4): 696-719.

Francis R, Armstrong A. 2003. Ethics as a risk management strategy: the Australian experience [J]. Journal of Business Ethics, 45(4): 375-385.

Freeman R E, Reed D L. 1983. Stockholders and stakeholders: a new perspective on corporate governance [J]. California Management Review, 25 (3): 88-106.

Fudenberg D, Maskin E. 1990. Nash and perfect equilibria of discounted repeated games [J]. Journal of Economic Theory, 51 (1): 194-206.

Fukuyama H, Weber W L. 1999. The efficiency and productivity of Japanese securities firms, 1988-1993 [J]. Japan and the World Economy, 11 (1): 115-133.

Furfine C, Remolona E. 2005. Price discovery in a market under stress: the US treasury market in autumn 1998 [R]. Working Paper.

Furlong F T, Keeley M C. 1989. Capital regulation and bank risk-taking: a note [J]. Journal of Banking and Finance, 13 (6): 883-891.

Furlong F T, Kwan S H. 2006. Sources of bank charter value [R]. Working Paper.

Gale D, Hellwig M. 1985. Incentive-compatible debt contracts: the one-period problem [J]. The Review of Economic Studies, 52 (4): 647-663.

Galloway T M, Lee W B, Roden D M. 1997. Banks' changing incentives and opportunities for risk taking [J]. Journal of Banking and Finance, 21 (4): 509-527.

Garcia-Meca E, Garcia-Sanchez I M, Martinez-Ferrero J. 2015. Board diversity and its effects on bank performance: an international analysis [J]. Journal of Banking and Finance, 53 (4): 202-214.

Gennotte G, Pyle D. 1991. Capital controls and bank risk [J]. Journal of Banking and Finance, 15 (4-5): 805-824.

Ghosh S. 2009. Bank risk, charter value and depositor discipline: a simultaneous equations approach [J]. Applied Economics Letters, 16 (6): 639-644.

Giammarino R M, Lewis T R, Sappington D E M. 1993. An incentive approach to banking regulation [J]. The Journal of Finance, 48 (4): 1523-1542.

Gilbert G G. 1985. An analytical framework for improved disclosure in banking [J]. Journal of Geophysical Research Atmospheres, 80 (27): 3924.

Gillan S L. 2006. Recent developments in corporate governance: an overview [J]. Journal of Corporate Finance, 12 (3): 381-402.

Godlewski J C. 2005. Bank capital and credit risk taking in emerging market economies [J]. Journal of Banking Regulation, 6 (2): 128-145.

Goldberg L G, Hudgins S C. 1996. Response of uninsured depositors to impending S&L failures: evidence of depositor discipline [J]. The Quarterly Review of Economics and Finance, 36 (3): 311-325.

Goldberg M, Lloyd-Davies P. 1985. Standby letters of credit: are banks overextending themselves? [J]. Journal of Bank Research, 16: 29-39.

Goldstein M, Turner P. 1996. Banking crises in emerging economies: origins and policy options[R]. Working Paper.

Gompers P, Ishii J, Metrick A. 2003. Corporate governance and equity price [J]. Quarterly Journal of Economic, 118 (2): 107-155.

Gorton G, Rosen R. 1995. Corporate control, portfolio choice, and the decline of banking [J]. The

Journal of Finance, 50(5): 1377-1420.

Gorton G, Santomero A M. 1990. Market discipline and bank subordinated debt: note [J]. Journal of Money, Credit and Banking, 22(1):119-128.

Goyal V K. 2005. Market discipline of bank risk: evidence from subordinated debt contracts [J]. Journal of Financial Intermediation, 14(3): 318-350.

Grace E. 2004. Contracting incentives and compensation for property-liability insurer executives [J]. Journal of Risk and Insurance, 71(2): 285-307.

Grace M F, Klein R W. 2008. The past and future of insurance regulation: the McCarran-Ferguson Act and beyond [C]. Searle Center Research Symposium on Insurance Markets and Regulation.

Griffith J M, Fogelberg L, Weeks H S. 2002. CEO ownership, corporate control, and bank performance [J]. Journal of Economics and Finance, 26(2): 170-183.

Grishchenko O V, Litov L P, Mei J. 2002. Measuring private information trading in emerging markets [R]. Working Paper.

Gropper D M, Jahera J S, Park J C. 2015. Political power, economic freedom and congress: effects on bank performance [J]. Journal of Banking and Finance, 60(11): 76-92.

Grosskopf B. 2003. Reinforcement and directional learning in the ultimatum game with responder competition [J]. Experimental Economics, 6(2): 141-158.

Grossman S J, Hart O D. 1987. One share-one vote and the market for corporate control [J]. Journal of Financial Economics, 20(1-2): 175-202.

Grove H, Patelli L, Victoravich L M, et al. 2011. Corporate governance and performance in the wake of the financial crisis: evidence from US commercial banks [J]. Corporate Governance: An International Review, 19(5): 418-436.

Grygolec J. 2008. Neuroeconomics of social decisions [D]. Minneapolis and Saint Paul: University of Minnesota.

Gu Z H, Zhang S Y. 2006. A dynamic model of soft budget-constraint [J]. Economics Letters, 92(3): 301-305.

Guiso L, Paiella M. 2004. The role of risk aversion in predicting individual behaviors [R]. CEPR Discussion Paper.

Gurley J G, Shaw E S, Enthoven A C. 1960. Money in a Theory of Finance [M]. Washington D C: Brookings Institution Press.

Guth W, Damme E V. 1998. Information, strategic behavior, and fairness in ultimatum bargaining: an experimental study [J]. Journal of Mathematical Psychology, 42(2): 227-247.

Guth W, Marchand N, Rulliere J L. 1997. On the Reliability of Reciprocal Fairness: An Experimental Study [M]. Berlin: Humboldt-Univ., Wirtschaftswiss. Fak.

Guth W, Schmittberger R, Schwarze B. 1982. An experimental analysis of ultimatum bargaining [J]. Journal of Economic Behavior and Organization, 3(4): 367-388.

Guth W, Tietz R. 1986. Auctioning ultimatum bargaining decisions -how to decide if rational decisions are unacceptable? [A]//Scholz R W. Current Issues in West German Decision

Research[C]. Bern: Peter Lang Publishing: 173-185.

Hamalainen P, Hall M, Howcroft B. 2005. A framework for market discipline in bank regulatory design [J]. Journal of Business Finance and Accounting, 32(1-2): 183-209.

Hambrick D C. 2007. The field of management's devotion to theory: too much of a good thing? [J]. Academy of Management Journal, 50(6): 1346-1352.

Hambrick D C, Cho T S, Chen M J. 1996. The influence of top management team heterogeneity on firms' competitive moves [J]. Administrative Science Quarterly, 41(4): 659-684.

Hambrick D C, Mason P A. 1984. Upper echelons: the organization as a reflection of its top managers [J]. Academy of Management Review, 9(2): 193-206.

Hannan T H. 1979. The theory of limit pricing: some applications to the banking industry [J]. Journal of Banking and Finance, 3(3): 221-234.

Hannan T H, Hanweck G A. 1988. Bank insolvency risk and the market for large certificates of deposit [J]. Journal of Money, Credit and Banking, 20(2): 203-211.

Hannan T H, Mavinga F. 1980. Expense preference and managerial control: the case of the banking firm [J]. The Bell Journal of Economics, 11(2): 671-682.

Hansmann H. 1985. The organization of insurance companies: mutual versus stock [J]. Journal of Law, Economics, and Organization, 1(1): 25-53.

Hardwick P, Adams M. 2003. Corporate governance and cost efficiency in the United Kingdom life insurance industry[C]. Meeting Abstracts of the Physical Society of Japan.

Harrington S E. 2009. The financial crisis, systemic risk, and the future of insurance regulation [J]. Journal of Risk and Insurance, 76(4): 785-819.

Hartman T E. 2004. The cost of being public in the era of Sarbanes-Oxley [J]. Keeping Good Companies, 56(11): 652-656.

Hayek F. 1988. The Fatal Conceit: The Errors of Socialism [M]. Chicago: University of Chicago Press.

He E, Sommer D W. 2010. Separation of ownership and control: implications for board composition [J]. Journal of Risk and Insurance, 77(2): 265-295.

He E, Sommer D W. 2011. CEO turnover and ownership structure: evidence from the U.S. property-liability insurance industry [J]. Journal of Risk and Insurance, 78(3): 673-701.

Heid F, Nestmann T, Weder B, et al. 2004. German bank lending during emerging market crises: a bank level analysis [R]. Deutsche Bundesbank Discussion Paper.

Hendley K, Murrell P, Ryterman R. 1999. Do repeat players behave differently in Russia? Contractual and litigation behavior of Russian enterprises[J]. Law and Society Review, 33(4):833-867.

Hendley K, Murrell P, Ryterman R. 2000. Law, relationships and private enforcement: transactional strategies of Russian enterprises [J]. Europe-Asia Studies, 52(4): 627-656.

Hermalin B E, Weisbach M S. 1996. Endogenously chosen boards of directors and their monitoring of the CEO [J]. The American Economic Review, 88(1): 96-118.

Hermalin B E, Weisbach M S. 2003. Boards of directors as an endogenously determined institution: a survey of the economic literature [J]. FRBNY Economic Policy Review, 9(4): 7-26.

Herzig-Marx C, Weaver A S. 1979. Bank soundness and the market for large negotiable certificates of deposit [R]. Federal Reserve Bank of Chicago Research Paper.

Ho C L, Lai G C, Lee J P. 2013. Organizational structure, board composition, and risk taking in the U.S. property casualty insurance industry [J]. Journal of Risk and Insurance, 80(1): 169-203.

Ho P H, Huang C W, Lin C Y, et al. 2016. CEO overconfidence and financial crisis: evidence from bank lending and leverage [J]. Journal of Financial Economics, 120(1): 194-209.

Hoffman E, McCabe K, Shachat K, et al. 1994. Preferences, property rights, and anonymity in bargaining games [J]. Games and Economic Behavior, 7(3): 346-380.

Hoffman E, Spitzer M L. 1985. Entitlements, rights, and fairness: an experimental examination of subjects' concepts of distributive justice [J]. The Journal of Legal Studies, 14(2): 259-297.

Hoskisson R E, Eden L, Lau C M, et al. 2000. Strategy in emerging economies [J]. Academy of Management Journal, 43(3): 249-267.

Hosono K, Iwaki H, Tsuru K. 2004. Bank regulation and market discipline around the world [R]. Working Paper.

Houston J F, James C. 1995. CEO compensation and bank risk is compensation in banking structured to promote risk taking? [J]. Journal of Monetary Economics, 36(2): 405-431.

Houston J F, Lin C, Lin P, et al. 2010. Creditor rights, information sharing, and bank risk taking [J]. Journal of Financial Economics, 96(3): 485-512.

Huang H, Xu C. 1998. Soft budget constraint and the optimal choices of research and development projects financing [J]. Journal of Comparative Economics, 26(1): 62-79.

Huang H, Xu C. 1999. Financial institutions and the financial crisis in East Asia [J]. European Economics Review, 43(4): 903-914.

Hubbard R G, Palia D. 1995. Executive pay and performance evidence from the US banking industry [J]. Journal of Financial Economics, 39(1): 105-130.

Hume D. 1740. Treatise of Human Nature [M]. London: Oxford University Press.

Jackson S E. 1992. Team Composition in Organizational Settings: Issues in Managing an Increasingly Diverse Work Force [M]. California:Sage Publications.

Jacques K, Nigro P. 1997. Risk-based capital, portfolio risk, and bank capital: a simultaneous equations approach [J]. Journal of Economics and Business, 49(6): 533-547.

Jagtiani J, Kaufman G, Lemieux C. 2002. The effect of credit risk on bank and bank holding company bond yields: evidence from the post-FDICIA period [J]. Journal of Financial Research, 25(4): 559-575.

Jahanshahloo G R, Lotfi F H, Zohrehbandian M. 2005. Finding the efficiency score and RTS characteristic of dmus by means of identifying the efficient frontier in DEA [J]. Applied Mathematics and Computation, 170(2): 985-993.

Jain S C. 2006. Emerging Economies and the Transformation of International Business: Brazil,

Russia, India and China（BRICs）[M]. Cheltenham: Edward Elgar Publishing.

Jehn K A. 1995. A multimethod examination of the benefits and detriments of intergroup conflict [J]. Administrative Science Quarterly, 40(2): 256-282.

Jehn K A. 1997. Affective and cognitive conflict in work groups: increasing performance through value-based intergroup conflict [A]//de Dreu C K W, van de Vliert E. Using Conflict in Organizations[C]. London: Sage Publications.

Jehn K A, Chadwick C, Thatcher S M B. 1997. To agree or not to agree: the effects of value congruence, individual demographic dissimilarity, and conflict on workgroup outcomes [J]. International Journal of Conflict Management, 8(4): 287-305.

Jehn K A, Northcraft G B, Neale M A. 1999. Why differences make a difference: a field study of diversity, conflict, and performance in workgroups[J]. Administrative Science Quarterly, 44(4): 741-763.

Jeitschko T D, Jeung S D. 2005. Incentives for risk-taking in banking: a unified approach [J]. Journal of Banking and Finance, 29(3): 759-777.

Jemison D, Oakley R. 1981. The need to reform corporate governance in the mutual insurance industry[J]. Journal of Business Strategy, 2(1): 52-60.

Jensen M C. 1993. The modern industrial revolution, exit, and the failure of internal control systems [J]. The Journal of Finance, 48(3): 831-880.

Jensen M C, Meckling W. 1976. The theory of the firm: managerial behaviour, agency costs and ownership structure [J]. Journal of Financial Economics, 3(4): 305-360.

Jensen M C, Murphy K J. 1990. Performance pay and top management incentives [J]. Journal of Political Economy, 98(2): 225-264.

John K, de Masi S, Paci A. 2016. Corporate governance in banks [J]. Corporate Governance: An International Review, 24(3): 303-321.

John K, Qian Y. 2003. Incentive features in CEO compensation in the banking industry [J]. Economic Policy Review, 9(1):109-121.

John K, Saunders A, Senbet L W. 2000. A theory of bank regulation and management compensation [J]. Review of Financial Studies, 13(1): 95-125.

John K, Senbet L W. 1998. Corporate governance and board effectiveness [J]. Journal of Banking and Finance, 22(4): 371-403.

Johnson S, Kaufmann D, Shleifer A. 1997. Politics and entrepreneurship in transition economies [R]. Working Paper.

Jokipii T, Milne A. 2008. The cyclical behavior of European Bank capital buffers [J]. Journal of Banking and Finance, 32(8): 1440-1451.

Jokipii T, Milne A. 2011. Bank capital buffer and risk adjustment decisions [J]. Journal of Financial Stability, 7(3): 165-178.

Joskow P, Rose N, Shepard A, et al. 1993. Regulatory constraints on CEO compensation [J]. Brookings Papers on Economic Activity, 33(1): 1-72.

Kahneman D, Tversky A. 1979. Prospect theory: an analysis of decision under risk [J]. Econometrica: Journal of the Econometric Society, 47(2): 263-291.

Kane E J. 1977. Good intentions and unintended evil: the case against selective credit allocation [J]. Journal of Money, Credit and Banking, 9(1): 55-69.

Kane E J. 1996. De jure interstate banking: why only now? [J]. Journal of Money, Credit and Banking, 28(2): 141-161.

Katz R. 1982. The effects of group longevity on project communication and performance [J]. Administrative Science Quarterly, 27(1): 81-104.

Kaufman H. 1991. How treasury's reform could hurt free enterprise [J]. Challenge, 34(3): 4-10.

Keeley M C. 1990. Deposit insurance, risk, and market power in banking [J]. The American Economic Review, 80(5): 1183-1200.

Keeley M C, Furlong F T. 1990. A reexamination of mean-variance analysis of bank capital regulation [J]. Journal of Banking and Finance, 14(1): 69-84.

Khawaja A I, Mian A. 2004. Corruption and politicians: rent-seeking in an emerging financial market [R]. Kennedy School of Government of Harvard University.

Kim D, Santomero A M. 1988. Risk in banking and capital regulation [J]. The Journal of Finance, 43(5): 1219-1233.

Kimbrough E O, Smith V L, Wilson B J. 2010. Exchange, theft, and the social formation of property [J]. Journal of Economic Behavior and Organization, 74(3): 206-229.

Kisin R, Manela A. 2016. The shadow cost of bank capital requirements [J]. Review of Financial Studies, 29(7): 1780-1820.

Klapper L F, Love I. 2002. Corporate governance, investor protection and performance in emerging markets [J]. Journal of Corporate Finance, 10(5): 703-728.

Klein A. 1998. Firm performance and board committee structure [J]. Journal of Law and Economics, 41(1): 137-165.

Knight D, Pearce C L, Smith K G, et al. 1999. Top management team diversity, group process, and strategic consensus [J]. Strategic Management Journal, 20(5): 445-465.

Knopf J D, Teall J L. 1996. Risk-taking behavior in the U.S. thrift industry: ownership structure and regulatory changes[J]. Journal of Banking and Finance, 20(8): 1329-1350.

Koehn M, Santomero A M. 1980. Regulation of bank capital and portfolio risk [J]. The Journal of Finance, 35(5): 1235-1244.

Koh P T N, Soon L C. 2004. Corporate governance of bank in Asia: country paper Malaysia [R]. Asian Development Bank Institute Tokyo.

Konishi M, Yasuda Y. 2004. Factors affecting bank risk taking: evidence from Japan [J]. Journal of Banking and Finance, 28(1): 215-232.

Kornai J. 1979. Resource-constrained versus demand-constrained systems [J]. Econometrica, 47(4): 801-819.

Kornai J. 1998. The place of the soft budget constraint syndrome in economic theory [J]. Journal of

Comparative Economics, 26(1): 11-17.

Kroszner R S, Strahan P E. 1999. What drives deregulation? Economics and politics of the relaxation of bank branching restrictions [J]. The Quarterly Journal of Economics, 114(4): 1437-1467.

La Porta R, Lopez-de-Silanes F, Shleifer A. 1999. Corporate ownership around the world [J]. The Journal of Finance, 54(2): 471-517.

La Porta R, Lopez-de-Silanes F, Shleifer A. 2002. Government ownership of banks [J]. The Journal of Finance, 57(1): 265-301.

La Porta R, Lopez-de-Silanes F, Shleifer A, et al. 1998. Law and finance [J]. Journal of Political Economy, 106(6):1113-1155.

Laeven L, Claessens S. 2003. What drives bank competition? Some international evidence [J]. Journal of Money, Credit and Banking, 36(3): 563-583.

Laeven L, Levine R. 2009. Bank governance, regulation and risk taking [J]. Journal of Financial Economics, 93(2): 259-275.

Lai Y H, Lin W C. 2008. Corporate governance and the risk-taking behavior in the property-liability insurance industry [R]. Working Paper.

Lane W R, Looney S W, Wansley J W. 1986. An application of the cox proportional hazards model to bank failure [J]. Journal of Banking and Finance, 10(4): 511-531.

Lang K. 1986. A language theory of discrimination [J]. Quarterly Journal of Economics, 101(2): 363-382.

Lau D C, Murnighan J K. 1998. Demographic diversity and faultlines: the compositional dynamics of organizational groups [J]. Academy of Management Review, 23(2): 325-340.

Lehn K M, Patro S, Zhao M. 2009. Determinants of the size and composition of US corporate boards: 1935－2000 [J]. Financial Management, 38(4): 747-780.

Leland H E, Toft K B. 1996. Optimal capital structure, endogenous bankruptcy, and the term structure of credit spreads [J]. The Journal of Finance, 51(3): 987-1019.

Leliveld M C, van Dijk E, van Beest I. 2008. Initial ownership in bargaining: introducing the giving, splitting, and taking ultimatum bargaining game [J]. Personality and Social Psychology Bulletin, 34(9): 1214-1225.

Lepetit L, Saghi-Zedek N, Tarazi A. 2015. Excess control rights, bank capital structure adjustments, and lending [J]. Journal of Financial Economics, 115(3): 574-591.

Levine A. 2007. Staying afloat: state agencies, local communities, and international involvement in marine protected area management in Zanzibar, Tanzania [J]. Conservation and Society, 5(4): 562.

Levine R. 2003. The corporate governance of banks [J]. Journal of Financial Regulation and Compliance, 47(14): 375-382.

Liang Q, Xu P, Jiraporn P. 2013. Board characteristics and Chinese bank performance [J]. Journal of Banking and Finance, 37(8): 2953-2968.

Lin J Y, Sun X, Wu H X. 2015. Banking structure and industrial growth: evidence from China [J]. Journal of Banking and Finance, 58(9): 131-143.

Lin J Y, Tan G. 1999. Policy burdens, accountability, and the soft budget constraint [J]. American Economic Review, 89(2): 426-431.

Linck J S, Netter J M, Yang T. 2008. A large sample study on board changes and determinants of board structure [J]. Journal of Financial Economics, 87(2): 308-328.

Linder J C, Crane D B. 1993. Bank mergers: integration and profitability [J]. Journal of Financial Services Research, 7(1):35-55.

Lindquist K G. 2004. Banks' buffer capital: how important is risk? [J]. Journal of International Money and Finance, 23(3): 493-513.

Lipton M, Lorsch J W. 1992. A modest proposal for improved corporate governance [J]. Business Lawyer, 48(1): 59-77.

Llorente G, Michaely R, Saar G, et al. 2002. Dynamic volume-return relation of individual stocks [J]. Review of Financial Studies, 15(4):1005-1047.

Lopez-de-Silanes F, Zamarripa G, La Porta R. 2003. Related lending[J]. Quarterly Journal of Economics, 118(1): 231-268.

Macey J R. 2004. Efficient capital markets, corporate disclosure, and enron [J]. Cornell Law Review, 89(2): 394-423.

Macey J R, O'Hara M. 2003. The corporate governance of banks [J]. Federal Reserve Bank of New York Economic Policy Review, 9(1): 91-107.

Mamatzakis E, Bermpei T. 2015. The effect of corporate governance on the performance of US investment banks[J]. Financial Markets, Institutions and Instruments, 24(2-3): 191-239.

March J G. 1966. Power of Power [M]. Euglewood: Prentice Hall Press.

Marcus A J. 1984. Deregulation and bank financial policy [J]. Journal of Banking and Finance, 8(4): 557-565.

Marcus A J, Shaked I. 1984. The valuation of FDIC deposit insurance using option-pricing estimates [J]. Journal of Money, Credit and Banking, 16(4):446-460.

Margarethe F W, Bantel K A. 1992. Top management team demography and corporate strategic change [J]. Academy of Management Journal, 35(1):91-121.

Martin C. 1997. Price formation in an open economy: theory and evidence for the UK, 1951-1991 [J]. The Economic Journal, 107(444): 1391-1404.

Martin S, Parker D. 1997. The Impact of Privatization: Ownership and Corporate Performance in the UK [M]. London: Routledge.

Martinez Peria M S, Schmukler S L. 2001. Do depositors punish banks for bad behavior? Market discipline, deposit insurance, and banking crises [J]. The Journal of Finance, 56(3): 1029-1051.

Marx L M, Mayers D, Smith Jr C W. 2001. Insurer ownership structure and executive compensation as complements [J]. Journal of Risk and Insurance, 68(3): 449-464.

Mayers D, Smith Jr C W. 1981. Contractual provisions, organizational structure, and conflict control in insurance markets [J]. Journal of Business, 54(3): 407-434.

Mayers D, Smith Jr C W. 1988. Ownership structure across lines of property casualty insurance [J].

Journal of Law and Economics, 31 (2): 351-378.

Mayers D, Smith Jr C W. 1992. Executive compensation in the life insurance industry [J]. Journal of Business, 65 (1): 51-74.

Mayers D, Smith Jr C W. 1994. Managerial discretion, regulation, and stock insurer ownership structure [J]. Journal of Risk and Insurance, 61 (4): 638-655.

Mayers D, Smith Jr C W. 2010. Compensation and board structure: evidence from the insurance industry [J]. Journal of Risk and Insurance, 77 (2): 297-327.

McCabe K, Smith V L, Chorvat T. 2005. Lessons from neuroeconomics for the law [A]// Parisi F, Smith V. The Law and Economics of Irrational Behavior[C]. Stanford: Stanford University Press.

McCain B E, O'Reilly C, Pfeffer J. 1983. The effects of departmental demography on turnover: the case of a university [J]. Academy of Management Journal, 26 (4): 626-641.

McMillan J, Woodruff C. 1999. Dispute prevention without courts in Vietnam [J] Journal of Law, Economics, and Organization, 15 (3): 637-658.

McNamara M J, Rhee S G. 1992. Ownership structure and performance: the demutualization of life insurers [J]. Journal of Risk and Insurance, 59 (2): 221-238.

McNeil C, Niehaus G, Powers E. 2004. Management turnover in subsidiaries of conglomerates versus stand-alone firms [J]. Journal of Financial Economics, 72 (1): 63-96.

Megginson W L, Nash R C, Netter J M, et al. 2004. The choice of private versus public capital markets: evidence from privatizations [J]. The Journal of Finance, 59 (6): 2835-2870.

Megginson W L, Netter J M. 2001. From state to market: a survey of empirical studies on privatization [J]. Journal of Economic Literature, 39 (2): 321-389.

Merton R C. 1977. An analytic derivation of the cost of deposit insurance and loan guarantees: an application of modern option pricing theory [J]. Journal of Banking and Finance, 1 (1): 3-11.

Mester L J. 1989. Testing for expense preference behavior: mutual versus stock savings and loans [J]. The Rand Journal of Economics, 20 (4): 483-498.

Mester L J. 1993. Efficiency in the savings and loan industry [J]. Journal of Banking and Finance, 17 (2): 267-286.

Mester L J. 1994. How efficient are third district banks? [J]. Business Review, (1): 3-18.

Mian A. 2003. Foreign, private domestic and government banks: new evidence from emerging markets [J]. Journal of Banking and Finance, 27 (7): 1219-1410.

Michel J G, Hambrick D C. 1992. Diversification posture and top management team characteristics [J]. Academy of Management Journal, 35 (1): 9-37.

Miles D. 1994. Economic issues in the regulation of mutual financial firms: the case of UK building societies [J]. The Manchester School, 62 (3): 227-250.

Miller C C, Burke L M, Glick W H. 1998.Cognitive diversity among upper-echelon executives: implications for strategic decision processes [J]. Strategic Management Journal, 19 (1): 39-58.

Miller D, Worman P. 1999. Seeking a structured approach to assessing corporate governance risk in emerging markets[C]. The Institute of International Finance.

Miller S M. 2011. Managerial discretion and corporate governance in publicly traded firms: evidence from the property-liability insurance industry [J]. Journal of Risk and Insurance, 78(3): 731-760.

Milne A, Whalley A E. 2001. Bank capital regulation and incentives for risk-taking [R]. Cass Business School Research Paper.

Molyneux P, Forbes W. 1995. Market structure and performance in European banking [J]. Applied Economics, 27(2): 155-159.

Morck R, Shleifer A, Vishny R M. 1988. Management ownership and market valuation: an empirical analysis [J]. Journal of Financial Economics, 20(88): 293-315.

Mulbert P O. 2009. Corporate governance of banks after the financial crisis-theory, evidence, reforms [R]. Working Paper.

Myers S C, Majluf N S. 1984. Corporate financing and investment decisions when firms have information that investors do not have [J]. Journal of Financial Economics, 13(2): 187-221.

Nam S. 2004. Relationship banking and its role in corporate governance [R]. ADB Institute Research Paper Series.

Nemeth C J. 1986.Differential contributions of majority and minority influence [J]. Psychological Review, 93(1): 23-32.

Nier E, Baumann U. 2006. Market discipline, disclosure and moral hazard in banking [J]. Journal of Financial Intermediation, 15(3): 332-361.

Nivorozhkin E. 2005. The informational content of subordinated debt and equity prices in the presence of bankruptcy costs [J]. European Journal of Operational Research, 163(1): 94-101.

Norburn D, Birley S. 1988. The top management team and corporate performance[J]. Strategic Management Journal, 9(3): 225-237.

Northcott C A. 2004. Competition in banking: a review of the literature [R]. Working Paper.

O'hara M, Shaw W. 1990. Deposit insurance and wealth effects: the value of being "too big to fail" [J]. The Journal of Finance, 45(5): 1587-1600.

O'Reilly III C A, Caldwell D F, Barnett W P. 1989. Work group demography, social integration, and turnover [J]. Administrative Science Quarterly, 34(1): 21-37.

O'Reilly III C A, Snyder R, Boothe J. 1993. Effects of executive team demography on organizational change [A]//Huber G P, Glick W H. Organizational Change and Redesign: Ideas and Insights for Improving Performance[C]. New York: Oxford University Press.

O'Sullivan N. 1998. Ownership and governance in the insurance industry: a review of the theory and evidence [J]. Service Industries Journal, 18(4):145-161.

O'Sullivan N, Diacon S. 1999. Internal and external governance mechanisms: evidence from the UK insurance industry [J]. Corporate Governance: An International Review, 7(4): 363-373.

O'Sullivan N, Diacon S. 2003. Board composition and performance in life insurance companies [J]. British Journal of Management, 14(2): 115-129.

Oxoby R J, Spraggon J. 2008. Mine and yours: property rights in dictator games [J]. Journal of Economic Behavior and Organization, 65(3): 703-713.

Park J H. 2004. Corporate governance of banks in Republic of Korea [R]. Working Paper.

Park S. 1995. Market discipline by depositors: evidence from reduced form equations [R]. Working Paper.

Park S, Peristiani S. 1998. Market discipline by thrift depositors [J]. Journal of Money, Credit and Banking, 30(3): 347-364.

Pathan S. 2009. Strong boards, CEO power and bank risk-taking [J]. Journal of Banking and Finance, 33(7): 1340-1350.

Pathan S, Skully M. 2010. Endogenously structured boards of directors in banks [J]. Journal of Banking and Finance, 34(7): 1590-1606.

Pelled L H, Eisenhardt K M, Xin K R. 1999. Exploring the black box: an analysis of work group diversity, conflict and performance [J]. Administrative Science Quarterly, 44(1): 1-28.

Peni E, Vahamaa S. 2012. Did good corporate governance improve bank performance during the financial crisis? [J]. Journal of Financial Services Research, 41(1-2): 19-35.

Peristiani S, Wizman T A. 1997. Mutual-to-stock conversions in the thrift industry in the 1990s[J]. Journal of Economics and Business, 49(2):95-116.

Peura S, Jokivuolle E. 2004. Simulation based stress tests of banks' regulatory capital adequacy [J]. Journal of Banking and Finance, 28(8): 1801-1824.

Polsiri P, Wiwattanakantang Y. 2004. Restructuring of family firms after the East Asian financial crisis: shareholder expropriation or alignment? [R]. Working Paper.

Prowse S. 1997. Corporate control in commercial banks [J]. Journal of Financial Research, 20(4): 509-527.

Putnam R D, Unum E P. 2007. Heterogeneity and community in the twenty-first century: the 2006 Johan Skytte Prize Lecture [J]. Scandinavian Political Studies, 30(2): 137-174.

Qian Y Y. 1994. A theory of shortage in socialist economies based on the "soft budget constraint" [J]. The American Economic Review, 80(1): 145-156.

Qian Y Y. 1996. Enterprise reform in China: agency problems and political control [J]. Economics of Transition, 4(2): 427-447.

Qian Y Y, Roland G, Xu C. 2006. Coordination and experimentation in M form and U form organizations [J]. Journal of Political Economy, 114(2): 366-402.

Rabin M. 1993. Incorporating fairness into game theory and economics [J]. American Economics Review, 83(5): 1281-1302.

Raheja C G. 2005. Determinants of board size and composition: a theory of corporate boards [J]. Journal of Financial and Quantitative Analysis, 40(2):283-306.

Reagans R, Zuckerman E W. 2001. Networks, diversity, and productivity: the social capital of corporate R&D teams [J]. Organization Science, 12(4): 502-517.

Regan L. 1997. Vertical integration in the property-liability insurance industry: a transaction cost approach [J]. Journal of Risk and Insurance, 64(1): 41-62.

Reger R K. 1997. Strategic leadership: top executives and their effects on organizations [J].

Academy of Management Review, 22 (3) : 802-805.

Reuben E, van Winden F. 2008. Social ties and coordination on negative reciprocity: the role of affect [J]. Journal of Public Economics, 92 (1) : 34-53.

Rime B. 2001. Capital requirements and bank behavior: empirical evidence for Switzerland [J]. Journal of Banking and Finance, 25 (4) : 789-805.

Rochet J C. 1992. Capital requirement and the behavior of commercial banks [J]. European Economic Review, 36 (5) :1137-1178.

Roland G. 2002. The political economy of transition [J]. Journal of Economic Perspectives, 16 (1) : 29-50.

Rosenbluth F, Schaap R. 2003. The domestic politics of banking regulation [J]. International Organization, 57 (2) : 307-336.

Roth A E, Prasnikar V, Okuno-Fujiwara M, et al. 1991. Bargaining and market behavior in Jerusalem, Ljubljana, Pittsburgh, and Tokyo: an experimental study [J]. The American Economic Review, 81 (5) : 1068-1095.

Ruffle B J. 1998. More is better, but fair is fair: tipping in dictator and ultimatum games [J]. Games and Economic Behavior, 23 (2) : 247-265.

Ruigrok W, Peck S, Tacheva S, et al. 2006. The determinants and effects of board nomination committees[J]. Journal of Management and Governance, 10 (2) : 119-148.

Salmon W J. 1993. Crisis prevention: how to gear up your board [J]. Harvard Business Review, 71 (1) : 68-75.

Sanders W G, Carpenter M A. 1998. Internationalization and firm governance: the roles of CEO compensation, top team compensation, and board structure [J]. Academy of Management Journal, 41 (2) : 158-178.

Santos J A C. 2001. Bank capital regulation in contemporary banking theory: a review of the literature[J]. Finance Markets Institutions and Instruments, 10 (2) : 41-84.

Sapienza P. 2004. The effects of government ownership on bank lending [J]. Journal of Financial Economics, 72 (2) : 357-384.

Saunders A, Strock E, Travlos N G. 1990. Ownership structure, deregulation, and bank risk taking [J]. The Journal of Finance, 45 (6) : 643-654.

Saunders A, Wilson B. 2001. An analysis of bank charter value and its risk-constraining incentives [J]. Journal of Financial Services Research, 19 (2) : 185-195.

Scharlemann J P W, Eckel C C, Kacelnik A, et al. 2001. The value of a smile: game theory with a human face [J]. Journal of Economic Psychology, 22 (5) : 617-640.

Schmid A A. 1987. Property, Power, and Public Choice: An Inquiry into Law and Economics [M]. New York: Praeger.

Schreiber M. 1978. Irregular integers [J]. American Mathematical Monthly, 85 (3) :165-172.

Schumacher L B. 1996. Bubble or depositor's discipline? A study of the Argentine banking panic [D]. Chicago: University of Chicago.

Sharfman B S, Toll S J. 2008. Dysfunctional deference and board composition: lessons from Enron [J]. Northwestern University Law Review Colloquy, 103: 153-162.

Shih V, Zhang Q, Liu M X. 2007. Comparing the performance of Chinese banks: a principal component approach [J]. China Economic Review, 18(1): 15-34.

Shleifer A. 1998. State versus private ownership [J]. The Journal of Economic Perspectives, 12(4): 133-150.

Shleifer A, Blasi J, Frydman R, et al. 1996. Corporate governance in Russia: an initial look[R]. Working Paper.

Shleifer A, Vishny R W. 1986. Large shareholders and corporate control [J]. Journal of Political Economy, 94(3): 461-488.

Shleifer A, Vishny R W. 1994. Politicians and firms [J]. Quarterly Journal of Economics, 109(4): 995-1025.

Shleifer A, Vishny R W. 1997. A survey of corporate governance [J]. The Journal of Finance, 52(2): 737-783.

Shleifer A, Vishny R W. 1998. The Grabbing Hand: Government Pathologies and Their Cures[M]. Cambridge: Harvard University Press.

Shrader C B, Blackburn V B, Iles P. 1997. Women in management and firm financial performance: an exploratory study [J]. Journal of Managerial Issues, 9(3): 355-372.

Shrieves R E, Dahl D. 1992. The relationship between risk and capital in commercial banks [J]. Journal of Banking and Finance, 16(2): 439-457.

Sierra G E, Talmor E, Wallace J S. 2006. An examination of multiple governance forces within bank holding companies [J]. Journal of Financial Services Research, 29(2): 105-123.

Simon B. 2001. Corporate governance on Indonesian banks [D]. Singapore: Nanyang Technological University.

Simons T, Pelled L H, Smith K A. 1999. Making use of difference: diversity, debate, and decision comprehensiveness in top management teams [J]. Academy of Management Journal, 42(6): 662-673.

Simpson W G, Gleason A E. 1999. Board structure, ownership, and financial distress in banking firms [J]. International Review of Economics and Finance, 8(3): 281-292.

Skipper Jr H D, Klein R W. 2000. Insurance regulation in the public interest: the path towards solvent, competitive markets [J]. Geneva Papers on Risk and Insurance-issues and Practice, 25(4): 482-504.

Smirlock M, Marshall W. 1983. Monopoly power and expense-preference behavior: theory and evidence to the contrary [J]. The Bell Journal of Economics, 14(1): 166-178.

Smith B D, Stutzer M J. 1990. Adverse selection, aggregate uncertainty, and the role for mutual insurance contracts [J]. Journal of Business, 63(4): 493-511.

Smith C W, Warner J B. 1979. On financial contracting: an analysis of bond covenants [J]. Journal of Financial Economics, 7(2):117-161.

Smith C W, Watts R L. 1992. The investment opportunity set and corporate financing, dividend, and compensation policies [J]. Journal of Financial Economics, 32(3): 263-292.

Smith R T. 1998. Banking competition and macroeconomic performance [J]. Journal of Money, Credit and Banking, 30(4): 793-815.

Soltes V, Penjak V. 2001. A structured approach to risk assessment using fuzzy logic [J]. Biatec Rocnik, 5: 35-36.

Spiller R. 1972. Ownership and performance: stock and mutual life insurance companies [J]. Journal of Risk and Insurance, 39(1): 17-25.

Sprague I H. 1986. Fear of Failing: Bailout: An Insider's Account of Bank Failures and Rescues [M]. New York: Basic Books.

Srivastav A, Hagendorff J. 2016. Corporate governance and bank risk-taking [J]. Corporate Governance: An International Review, 24(3): 334-345.

Staikouras P K, Staikouras C K, Agoraki M E K. 2007. The effect of board size and composition on European bank performance [J]. European Journal of Law and Economics, 23(1): 1-27.

Steuer R E, Qi Y, Hirschberger M. 2011. Comparative issues in large-scale mean-variance efficient frontier computation [J]. Decision Support Systems, 51(2): 250-255.

Stigler G J. 1971. The theory of economic regulation [J]. The Bell Journal of Economics and Management Science, 2(1): 3-21.

Stigler G J, Becker G S. 1977. De gustibus non est disputandum [J]. The American Economic Review, 67(2): 76-90.

Stiglitz E J, Weiss A. 1981. Credit rationing in markets with imperfect information [J]. The American Economic Review, 71(3): 393-410.

Stolz S, Wedow M. 2011. Banks' regulatory capital buffer and the business cycle: evidence for germany [J]. Journal of Financial Stability, 7(2): 98-110.

Sutter M. 2007. Outcomes versus intentions: on the nature of fair behavior and its development with age [J]. Journal of Economic Psychology, 28(1): 69-78.

Swope K J, Cadigan J, Schmitt P M. 2008. Personality preferences in laboratory economics experiments [J]. The Journal of Socio-Economics, 37(3): 998-1009.

Tanna S, Pasiouras F, Nnadi M. 2011. The effect of board size and composition on the efficiency of UK banks[J]. International Journal of the Economics of Business, 18(3): 441-462.

Thompson R S. 1991. Management buyouts: retrospect and prospects [J]. Management Research News, 14(1-2): 9-14.

Thomson J B. 1992. Modeling the bank regulator's closure option: a two-step logit regression approach [J]. Journal of Financial Services Research, 6(1): 5-23.

Tittenbrun J. 1996. Private versus Public Enterprise: In Search of the Economic Rationale for Privatization [M]. London: Janus Publishing Company.

Toninelli P M. 2000. The Rise and Fall of State-owned Enterprise in the Western World [M]. Cambridge: Cambridge University Press.

Tuggle C S, Schnatterly K, Johnson R A. 2010. Attention patterns in the boardroom: how board composition and processes affect discussion of entrepreneurial issues [J]. Academy of Management Journal, 53(3): 550-571.

Tulkens H. 1993. On FDH efficiency analysis: some methodological issues and applications to retail banking, courts and urban transit [J]. Journal of Productivity Analysis, (4): 183-210.

Useem M, Karabel J. 1986. Pathways to top corporate management [J]. American Sociological Review, 51(2): 184-200.

Valdes P S, Lomakin S A. 1988. Percepcion sobre la garantia estatal a los depositos durante 1987 en Chile[J]. Cuadernos de Economia, 25(75): 229-245.

van Roy P. 2005. The impact of the 1988 Basel Accord on banks' capital ratios and credit risk-taking: an international study [C]. European Centre for Advanced Research in Economics and Statistics.

VanHoose D. 2007. Theories of bank behavior under capital regulation [J]. Journal of Banking and Finance, 31(12): 3680-3697.

Verbrugge J A, Goldstein S J. 1981. Risk return, and managerial objectives: some evidence from the savings and loan industry [J]. Journal of Financial Research, 4(1): 45-58.

Verbrugge J A, Jahera Jr J S. 1981. Expense-preference behavior in the savings and loan industry [J]. Journal of Money, Credit and Banking, 13(4): 465-476.

Vives X. 2001. Competition in the changing world of banking [J]. Oxford Review of Economic Policy, 17(4): 535-547.

Wang J L, Jeng V, Lung Peng J. 2007. The impact of corporate governance structure on the efficiency performance of insurance companies in Taiwan [J]. The Geneva Papers, 32(2): 264-282.

Watanabe M. 2002. Holding company risk in China: a final step of state-owned enterprises reform and an emerging problem of corporate governance [J]. China Economic Review, 13(4): 373-381.

Webber S S, Donahue L M. 2001. Impact of highly and less job-related diversity on work group cohesion and performance: a meta-analysis[J]. Journal of Management, 27(2): 141-162.

Wei L, Wang Z, Young M. 2003. A test of upper echelons theory in Chinese shareholding enterprises [C]. Academy of Management Proceedings.

Weisbach M S. 1988. Outside directors and CEO turnover [J]. Journal of Financial Economics, 20(88): 431-460.

Westphal J D, Milton L P. 2000. How experience and network ties affect the influence of demographic minorities on corporate boards [J]. Administrative Science Quarterly, 45(2): 366-398.

Wiersema M F, Bantel K A. 1992. Top management team demography and corporate strategic change [J]. Academy of Management Journal, 35(1): 91-121.

Williams K Y, O'Reilly III C A. 1998. Demography and diversity in organizations: a review of 40 years of research [J]. Research in Organizational Behavior, 20(3): 77-140.

Williamson O E. 1975. Markets and hierarchies: analysis and antitrust implications: a study in the economics of internal organization[R]. Working Paper.

Yeh C P, Wang K M, Chai K C. 2010. Measuring the efficiency of securities companies by governance in a financial holding and non-financial holding system [J]. Expert System with Application, 37 (6): 4671-4679.

Yeh Y H, Chung H, Liu C L. 2011. Committee independence and financial institution performance during the 2007-08 credit crunch: evidence from a multi-country study [J]. Corporate Governance: An International Review, 19(5): 437-458.

Yeh Y, Lee T. 2004. Corporate governance and financial distress: evidence from Taiwan [J]. Corporate Governance: An International Review, 12 (3): 378-388.

Yermack D. 1996. Higher market valuation of companies with a small board of directors [J]. Journal of Financial Economics, 40 (2): 185-211.

Yeyati E L, Sturzenegger F. 2004. Dollarization: debates and policy alternatives [J]. The Economic Journal, 114 (493): 164-166.

Young H P. 1998. Social norms and economic welfare [J]. European Economic Review, 42 (3): 821-830.

Zalewska A. 2016. A new look at regulating bankers' remuneration [J]. Corporate Governance: An International Review, 24 (3): 322-333.

Zenger T R, Lawrence B S. 1989. Organizational demog-raphy: the differential effects of age and tenure distributions on technical communication [J]. Academy of Management Journal, 32 (2): 353-376.

Zhu W, Yang J. 2016. State ownership, cross-border acquisition, and risk-taking: evidence from China's banking industry [J]. Journal of Banking and Finance, 71 (10): 133-153.

索 引

605, 610

G

高阶理论　152, 153, 185, 293

公司治理　1～8, 13, 15～17, 19, 21～26, 28～31, 33, 34, 36～43, 46, 47, 51, 53, 57, 68, 115, 119, 120, 122, 124, 125, 127, 130, 134, 151, 169, 188, 190, 192, 229, 231～236, 239, 278, 279, 283, 285～290, 296, 299～303, 305, 312～317, 319～329, 331, 332, 334～370, 372～376, 378～382, 384～393, 399, 402, 405, 409, 441, 449, 451～455, 457, 466～481, 486, 488, 489～494, 497, 498, 500～511, 513, 515～556, 558～597, 601～606, 608～613

股东行为　4, 6, 8, 11, 12, 24, 30, 31, 33, 35, 39, 41, 42, 44～47, 49～54, 56, 59, 94, 115, 306, 327, 328, 386, 391, 393, 455, 478, 593, 606

股东治理　33～38, 40, 43～46, 55, 87, 100, 115～117, 289, 302, 313～316, 322, 323, 325～328, 348, 349, 352～354, 364～367, 369, 370, 373, 375, 376, 381, 382, 384, 385, 422, 454, 473, 489, 491, 493, 494, 495, 498～500, 503, 526, 527, 555, 556, 559, 560, 566, 570, 581, 582, 584, 593, 603

股东治理指数　348, 349, 352～354, 365, 367, 375, 376, 493～495, 498～500

国家治理　45, 55, 63, 508～510, 599, 600

国有控股　2～6, 8, 12, 28～47, 54, 55, 67, 80, 87, 100, 101, 115～117, 119, 136, 138～141, 143, 144, 190～192, 201, 207～212, 214～217, 221, 222, 226, 227, 235, 239, 300, 301, 314, 319～321, 324, 327, 338, 347, 350～～362, 365, 370, 383～386, 388, 390, 391, 415, 416, 418～421, 443, 445, 449, 450, 466, 467, 470～473, 477～479, 487～490, 494, 497, 505～508, 515, 517,

541, 558, 561～563, 570, 571, 574, 575, 577～579, 584, 587～591, 593, 595, 599, 602～606, 608～612, 619

国有控股金融机构　2～6, 8, 12, 28～38, 41, 42, 44～46, 54, 55, 67, 80, 100, 101, 115～117, 119, 190～192, 282, 285, 300, 301, 321, 324, 370, 384～386, 472, 489, 505, 570, 599, 602～604, 606, 609～612

J

绩效　12～22, 30, 38, 40, 47, 48, 50, 51, 57, 60, 68, 73～76, 78, 79, 100, 117, 150, 152, 155, 156, 158, 168～171, 182, 184, 187, 191, 199, 233, 241, 243, 244, 273, 274, 288, 289, 291, 292, 294～298, 300, 303, 320～323, 332, 333, 338, 347, 362～364, 366～370, 373, 378, 384, 385, 388, 395～399, 401, 403～405, 408, 410, 412, 422, 425, 436, 437, 442～444, 448, 451～453, 455, 462, 464, 465, 467, 468, 473, 474, 476～481, 483, 484, 486～490, 500～507, 515, 517, 521, 524, 525, 527, 530～532, 534～540, 547～549, 565, 581, 582, 610, 611

监事会治理指数　38, 313～316, 322, 323, 326, 334～336, 349, 353, 356, 357, 364, 365, 366, 369, 370, 373, 375, 376, 379, 381, 382, 385, 454, 489～495, 498～500, 503, 522, 555, 557, 559, 566

金融风险　3, 4, 8, 21, 28, 29, 33, 37, 42, 116, 122, 128, 129, 298～300, 319, 373, 374, 441, 472, 478, 507, 518, 522, 538

金融机构　1～8, 10, 12, 13, 16～22, 24, 25, 27～38, 40～46, 50, 51, 53～55, 67, 80, 81, 87, 98, 100, 101, 104, 109, 115～117, 119, 121, 122, 126～134, 183, 184, 186, 188～195, 225, 231, 240, 241, 244, 257, 268, 271, 272, 282, 283, 285, 286, 298～301, 306, 313, 317～321, 323, 324, 347～364, 367～

后　记

　　"金融很重要，是现代经济的核心。金融搞好了，一着棋活，全盘皆活。"[①]在后危机时期，特别是步入"十三五"规划之年，作为金融行业微观基础的银行、证券公司和保险公司等金融机构的治理状况受到了前所未有的关注。本书在充分把握我国公司治理系统行政型治理和经济型治理二元并存特征的基础上，搭建了一个我国国有控股金融机构的二元治理结构分析框架，同时围绕公司治理风险这一核心概念，构建了一个囊括超级股东、股东行为、股东相对谈判力、董事会权力配置等重要概念的逻辑体系。在此基础上，对我国国有控股金融机构的股东治理、董事会治理、外部治理、治理风险和治理评价进行了研究，同时对银行、证券公司和保险公司三类具体金融机构的治理进行了探讨。

　　在对我国国有控股金融机构进行了较为全面和深入的调查与研究之后，我们认识到要解决国有控股金融机构面临的现实问题，降低金融机构自身的治理风险及系统性金融风险，提高金融机构作为金融中介的资金配置效率，应当从改变政府的超级股东地位入手。其核心是要实现国有控股金融机构从行政型治理向经济型治理转变，充分发挥以董事会为核心的内部治理机制、以市场约束为主的外部治理机制，以及对于金融机构而言最特殊的外部监管这一治理机制的系统协同作用，形成金融机构的"治理合力"。我国国有控股金融机构治理未来改革的总体方向是，政府应当更多地以出资人的身份参

　　[①]　邓小平：《邓小平文选（第三卷）》，人民出版社 1991 年版。

与治理，减少对国有控股金融机构的行政干预，切实发挥金融市场的基础性作用，转换国有股权的行政色彩为关注经济效益的国有资本，提高其他利益相关者和监管机构的相对谈判力，从而制衡政府的超级股东地位；同时应当不断完善外部监管机制，以规范行业运营，防范金融机构治理风险累积。

本书是我主持的国家社会科学基金重大招标项目"完善国有控股金融机构公司治理研究"（项目号：10ZD&035）研究成果的进一步提炼和总结。2014 年社会科学基金重大招标项目结项后，课题组成员继续围绕金融机构治理问题进行了深入的研究，进一步优化研究框架和研究思路，同时更新了部分章节的研究数据。因此，在此基础上申报"国家哲学社会科学成果文库"。实际上，早在 2002 年，我就主持了金融机构治理领域较早的国家社会科学基金项目，即"我国金融机构风险控制与治理结构改革的研究"（项目号：02BJY127），该项目提出公司治理是我国金融机构改革的主线，治理风险是金融机构最大、最根本的风险。所以，从一定意义上来说，本书也是对金融机构治理问题研究的深入和拓展。

本书包括十章内容，具体分工如下：第一章为研究问题的提出，由李维安和郝臣主笔；第二章为国有控股金融机构股东治理研究，由李维安、李建标、汪敏达和王鹏程主笔；第三章为国有控股金融机构董事会治理研究，由李维安、张耀伟和刘振杰主笔；第四章为国有控股金融机构外部治理研究，由曹廷求和李维安主笔；第五章为国有控股金融机构治理风险研究，由李维安、刘振杰和郝臣主笔；第六章为国有控股上市金融机构治理评价研究，由李维安、郝臣和崔光耀主笔；第七章为国有控股商业银行治理研究，由曹廷求和李维安主笔；第八章为国有控股证券公司治理研究，由李维安、齐岳、王励翔和郝臣主笔；第九章为国有控股保险公司治理研究，由郝臣、崔光耀和秦晓天主笔；第十章为研究总结与启示，由李维安和郝臣主笔。

最后感谢国家社会科学基金的大力支持，感谢出版社编辑的专业校对，感谢课题组成员在金融机构治理研究领域的付出和努力！希望本书的出版能够助力我国金融机构治理能力现代化进程！

李维安

2017 年 11 月

于中国公司治理研究院